产品图片

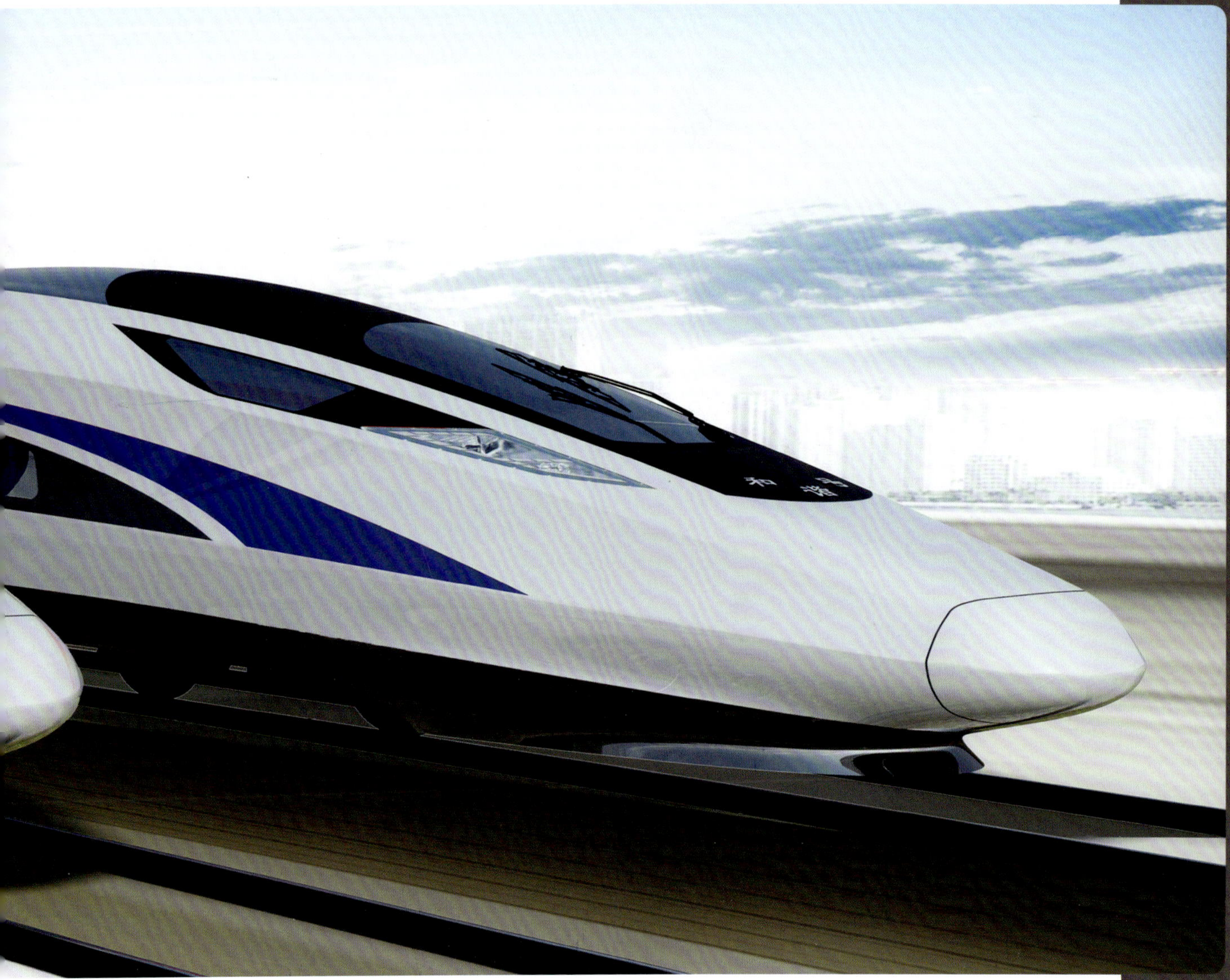

 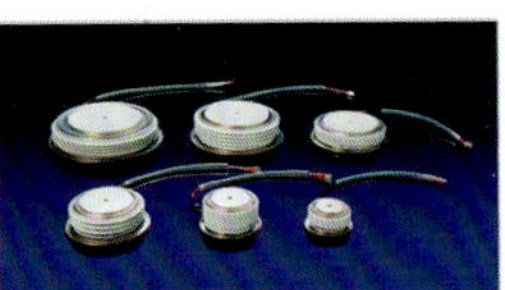 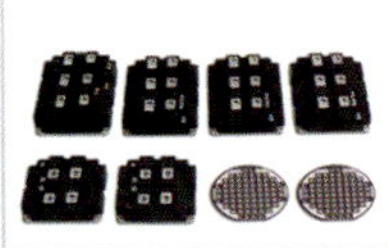 

西安西电开关电气有限公司

XI'AN XD SWITCHGEAR ELECTIC CO., LTD.

坚持自主研发，打造民族自主知识品牌

1100kV 交流特高压 GIS 用电磁式电压互感器的研制及应用

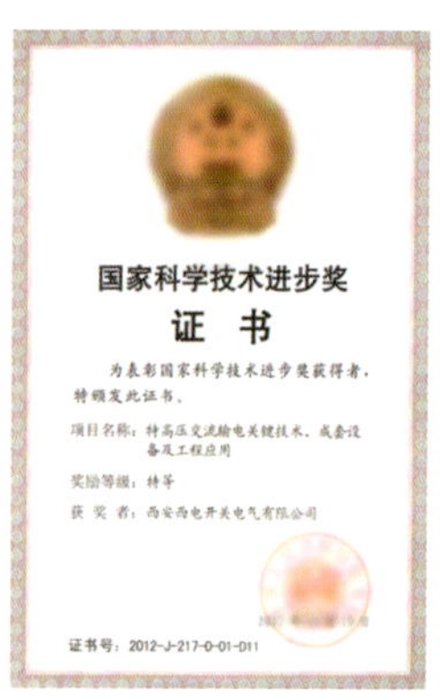

国家相关部门及国家电网公司立足我国能源分布和生产力发展不平衡的基本国情，根据我国能源发展的整体格局，优化电源结构，确立了建设以特高压电网为骨干网架的规划思路。2009 年 1 月，“晋东南—南阳—荆门”交流 1100kV 特高压试验示范工程正式投入商业运行。2010 年 8 月，世界上运行电压高、技术水平先进、拥有完全自主知识产权的 1100kV 特高压交流试验示范工程通过国家验收，这标志着我国已经进入了特高压电网建设的快车道。

为了满足我国交流特高压工程项目对 1100kV 交流特高压气体绝缘金属封闭开关设备（又称“GIS”）用电磁式电压互感器产品的需求，促进和实现我国重大关键设备技术与装备的国产化，西安西电高压开关有限责任公司（以下简称西开有限公司）从 2010 年 10 月着手进行 1100kV 交流特高压 GIS 用电磁式电压互感器的研制，经过近三年的努力，2013 年 7 月，国内 1100kV 交流特高压 GIS 用电磁式电压互感器在国家高压电器质量监督检验中心率先顺利通过全套型式试验，宣告了我国在特高压 GIS 用电磁式电压互感器领域取得重大突破。

2013 年 12 月 28 日，国家相关部门委托中国机械工业联合会组织召开了“西开有限公司研制的 1100kV 交流特高压 GIS 用电磁式电压互感器产品”技术鉴定会，与会专家一致认为该产品填补了国内特高压电磁式电压互感器空白，其综合技术性能处于国际领先水平。

目前，该产品已在国家电网公司特高压交流试验基地带电运行，另外，为国家电网公司“淮南—南京—上海”，“锡盟—山东”1100kV 交流特高压输电工程提供的产品也已成功交付。该产品的成功应用，填补了国内互感

荆门1000kVGIS二期扩建全面完工

器制造商在交流特高压 GIS 用电磁式互感器领域的空白，同时也提高了我国电力装备业在该产品领域的的核心竞争力。

一、项目研发背景

2006 年底，国家电网公司启动了晋东南—南阳—荆门 1100kV 特高压交流试验示范工程，特高压电网建设拉开序幕。国内企业通过自主研发或通过与国外公司技术合作、技术引进等方式，相继完成了 1100kV 特高压 GIS 产品中关键设备的研制工作，但 1100kV 特高压电磁式电压互感器一直没有实现国产化，完全依赖当前世界上仅有的一家国外公司，为了使这一被动局面得以改观，同时也为了推动国家特高压交流输电工程用设备的全面国产化，西开有限公司 2010 年着手进行 1100kV GIS 用电磁式电压互感器的研发工作。

在特高压交流试验示范工程实施前，国际上的特高压 GIS 用电磁式电压互感器的研发和制造技术尚不成熟，没有该电压等级产品和商业运行业绩。该产品于 2009 年 12 月由国外一家公司率先研制成功，此时相关资料、信息尚未公开，技术资料匮乏，没有成熟的经验可以借鉴，也没有合作伙伴，这对于西开公司来讲开发的难度可想而知，但是为了实现国产化和推动国家特高压交流输电工程的建设，西开有限公司技术人员迎难而上，在已有 72.5 ~ 550kV 系列 GIS 用电磁式电压互感器研发和制造的基础上，本着科学论证，自主创新的原则研制 1100kV 特高压 GIS 用电磁式电压互感器，实现民族自主知识品牌的技术突破和我国重大关键设备技术与装备的国产化，为我国交流特高压电网提供高效、安全、经济的设备。

二、1100kV 特高压 GIS 用电磁式电压互感器研制的核心

打造民族自主知识品牌，填补国内空白，达到国际领先水平是西开有限公司特高压产品研发的工作目标。在深入分析了研发工作面临的形势、机遇及可能出现的问题后，西开有限公司上下团结一致、克服困难，下决心通过 1100kV 特高压 GIS 电磁式电压互感器研发项目，全面掌握特高压产品的设计和制造技术，实现产业升级和跨越式发展，为我国特高压输变电事业的发展奠定基础。

该产品在电力系统承担着系统电压计量、测量和保护功能，准确度和可靠性要求高，是电力系统中的关键设备。西开有限公司目前量产的该类产品最高电压等级为 550kV。与 550kV 产品相比较，该产品电压等级更高，结构更复杂，产品体积庞大。因此，高压线圈的结构设计和固定方式以及卷绕技术、铁磁谐振的分析计算和抑制方法、铁心的加工和固定方式以及产品抗地震性能等方面设计难度很大。为了解决以上难题，技术人员利用西开有限公司完善的设计平台及多年研发制造的丰富经验，通过从

电磁式电压互感器产品试验中

高压静电场、电磁场、铁磁谐振现象的分析、机械强度等方面对产品全方位地进行了大量的模拟仿真分析计算，先后经过多次反复论证、多次评审和设计优化，确定了产品结构。在研发过程中，产品采用三维设计，以主模型为核心，实现模拟装配、干涉检查，提高了设计质量，加快了设计研发进度，攻克了特高压电压互感器产品的重大技术难题。

经过近三年的努力，西开有限公司率先研发的国内领先1100kV交流特高压GIS用电磁式电压互感器于2013年7月在国家高压电器质量监督检验中心一次性顺利通过全套型式试验验证，其中工频耐压值达到1200kV，雷电冲击耐压值能到2640kV，操作冲击耐压值能达到1980kV，通过了1.1倍的绝缘裕度试验考核。该产品的成功研发，宣告了我国在特高压GIS用电磁式电压互感器领域取得重大突破。同时，也使西开有限公司成为国内先期研制成功1100kV交流特高压电磁式电压互感器的制造商。

该产品的研制成功，将有力推进我国特高压电网的建设，为国家特高压后续工程提供坚实的设备保障，使我国在特高压互感器制造领域走在世界的前列。

三、项目工程应用

截至目前，西开有限公司研制的1100kV交流特高压GIS用电磁式电压互感器已在国家电网公司特高压交流试验基地带电运行，向国家电网公司“淮南一南京一上海”“锡盟一山东”1100kV交流特高压输电工程提供的产品已成功交付，取得了良好的经济效益和社会效益，实现了国家特高压重点项目互感器产品的国产化。

四、经济效益及意义

众所周知，GIS产品以其占地面积小，性能稳定可靠，维护简单方便，抗震性能优越，耐候性强、运输方便等优点，在电力系统中得到了广泛应用。由于1100kV特高压输电线路输变电设备体积庞大，且变电站、开关站多修建在远离城市的偏远地区，尤其在极端气候频发、环境污染加重的今天，GIS组合电器优越性更为显著，该产品市场前景广阔，因此，与之配套的电压互感器也具有良好的应用前景。

按照国家电网公司的发展计划，到2020年，国家特高压交流电网在华北、华中、华东负荷中心地区将形成坚强的多受端主网架，工程规模将达到45座交流变电站（开关站），交流特高压线路长度达到31490km，特高压输变电产品 市场前景良好。据了解，我国计划建设的后续1100kV特高压交流输电工程拟将采用带有电压互感器的1100kV GIS组合电器。

可以预见，随着交流特高压输电工程的进一步推广应用，其需求量也会逐步提高。经过对1100kV GIS用电磁式电压互感器市场需求状况的分析调研，国内外同行业中，除西开有

JDQX-1000 电磁式电压互感器

国家电网公司特高压交流实验基地产品带电运行

百万伏产品在皖南变现场运行

限公司外，目前仅有国外一家公司拥有 1100kV 特高压 GIS 用电磁式电压互感器的生产供货能力，因此，该电压互感器的研发成功必将带来较大的社会和经济效益。

通过该项目研发和重点工程的实施，西开有限公司掌握了特高压电压互感器产品研发、制造的关键技术，具备了电磁场、铁磁谐振现象分析和抑制方法等仿真分析能力，实现了 1100kV 交流特高压 GIS 用电磁式电压互感器产品的自主研发及批量供货。使西开有限公司互感器产品的研发能力、制造能力、创新能力等诸多方面均有了显著提升。同时，也极大地提升了我国互感器生产商在国际同行业的影响力。

上上电缆 连接世界 传输光明

企业简介

江苏上上电缆集团创建于1967年，是国家重点高新技术企业，拥有国家企业技术中心和博士后科研工作站。

上上品牌被评为“中国电器工业卓越品牌”，上上电缆荣获第二届“中国质量奖提名奖”。企业还获评“装备中国功勋企业”“中国质量诚信企业”“中国工业示范单位”“全国守合同重信用企业”“全国质量先进企业”等称号。

上上电缆产品为天安门城楼改造、北京奥运会、上海世博会、南京青奥会、首都机场、京沪高铁等国家重点项目所选用，并出口全球80多个国家和地区。

多年来，上上电缆坚持实施“精、专、特、外”发展战略，站在新起点，迈上新高度，坚持“改革、创新、争先”，不断提高企业核心竞争力，向着全球电缆制造业的引领者不断迈进。

湘电集团：争做高效节能

在我国国民生产领域，电机是用电大户，耗电量占全社会总用电量的 60% 以上，是名符其实的“电老虎”。近年来，在国家的大力支持下，我国电机能效水平有了大幅提升，但整体水平依然较低，普遍落后于国外 3~5 个百分点。据统计，工业领域电机能效每提高一个百分点，可年节约用电 260 亿 kW•h 左右，如果电机运行效率提高 5~8 个百分点，相当于每年新建 2~3 座三峡电站。可以看出，电机系统节能对国民经济发展来说意义非凡，不仅可以产生可观的经济效益，同时产生的社会效益和环境效益也不可估量。作为一个电机生产企业，湘电集团有限公司（以下简称“湘电集团”）响应国家号召，积极参与到高效电机的推广工作中去，近年来取得累累硕果。

技术力量雄厚，高效电机推广具有先天优势

湘电集团是一家老牌企业，自成立以来，历经 80 个春秋的悠悠岁月，湘电以自身的不懈努力和奋斗，在中国乃至世界机电行业史上留下了浓墨重彩的一笔，公司发展成为我国电工行业的大型骨干企业和国务院确立的我国重大技术装备国产化基地。

近年来，湘电保持持续、稳定的发展态势，产业范围不断延伸，产品涵盖大中型交直流电机、大中型水泵、城市轨道交通车辆、风力发电设备、矿山装备、电梯装备、电线电缆等，广泛应用于电力、钢铁、冶炼、水利、造纸、交通、核电、石化等领域。“十一五”以来，湘电集团通过推进产业结构的优化升级，逐步形成以高技术产业为先导、传统产业为支撑、高端装备制造业全面发展的产业格局。在节能环保领域，成功研制出高效永磁同步电机、无刷双馈变频调速电机、大中型高压高效电机等节能产品，大力推广高效节能电机。未来，湘电集团将以规模化、产业化为突出标志，着力将自己打造成为在电工装备制造领域中占据领先地位，以新能源成套装备、电气成套装备为支柱产业，保持科学跨越发展的国际型企业。

积极筹划布局节能环保产业，高效电机推广成果丰硕

随着我国节能减排压力的增大和民众对生活环境要求的提高，国家在节能减排领域加大了投入，提倡企业进行节能化改造。湘电集团积极响应国家节能减排政策，加快布局节能环保产业，2009 年，湘电集团投资 2.5 亿元，依托湘潭电机股份有限公司、清华大学和上海电器科学研究所（集团）有限公司等三家单位的产学研协同研发，利用“国家科技支撑计划资金”，购置专用生产设备，新建大中型高效节能电机试验站，理顺生产工艺，实现了高效节能电机产业化、系列化生产，形成年产总容量 350 万 kW 高效节能电机的产业化生产和试验能力，公司成为高效节能电机系列产品生产的专业厂家和制造基地。2011 年 3 月，湘电集团承办了由主管部门组织的全国高效电机推广工作会议，湘电集团代表高效电机生产企业发言。此次会议对我国高效电机的推广具有里程碑意义，确定了当年高效电机的推广任务，提出

电机推广的先锋

建立以财政补贴政策为核心的高效电机推广新机制，高效电机的推广和推广政策逐步得到落实。

湘电集团积极布局节能环保产业，取得了显著效果，自 2011 年高效电机纳入“节能惠民工程”以来，共入围“高效电机推广目录”型号 3859 个，是国内入围高效节能电机型号较多的企业之一。截至 2015 年 8 月，公司共上报高效电机 950 万 kW，完成财政部门下达的高效电机推广任务。在国家政策的大力支持下，在火电、冶金、石油石化、造纸等领域，公司生产的高效电机在市场上运行数量已达 800 万 kW，每年可节约电量达 8 亿 kW•h（1 万 kW 的高效电机运行一年，可节省电约 100 万 kW•h）。

加快产业结构优化调整，强化产业链延伸

2013 年 5 月，工信部门和质检部门发布了《电机能效提升计划 (2013—2015)》，加快推进高效电机的推广，并提出了未来 3 年高效电机的推广目标和任务。在当前经济环境恶化、制造业产能过剩的背景下，该计划的出台及国家对高效节能电机的政策支持，对于促进经济结构调整，破解当前产能过剩具有重要意义，对于国内电工企业来说，是淘汰落后产能、推动产业升级的重要机遇。可以预见的是，未来我国电机产业将会向节能化、高效化方向发展，对于低效、高耗能的电机产品，被市场淘汰已是必然趋势。电机产业是湘电集团的核心产业，也是湘电集团重点打造的产业，近年来，湘电集团一直依托国家政策的支持，调整和优化公司产业结构，谋求公司电机产业全面节能化，逐步淘汰公司落后产能，优化产品结构，以应对变化莫测的市场。在调整优化产业结构的同时，湘电集团还以电机产业为依托，加快电机产业链的延伸，逐步向清洁能源和节能汽车领域推进。

目前，依托电机产业，公司在风力发电、太阳能光热发电领域以及电动汽车领域取得不俗的成绩。以风力发电为例，公司风力发电机产品已经系列化，产品覆盖范围到从几千瓦到 5MW，市场上“XE”型号的风力发电装备，遍及全国各地，其中国内容量最大的 5MW 永磁直驱风力发电机自 2014 年下线以后，已经在荷兰和福建装机运行。2014 年，湘电集团以 178.1 万 kW 的新增装机容量，跃居国内风电行业第五，充分展示了湘电的发展活力。

借国家产业政策的东风，高效电机的市场推广迈上新台阶

随着我国经济结构的调整和产业结构的升级，节能环保产业逐渐成为国民经济增长的支柱产业，机电系统节能更是重中之重。2013 年 7 月 12 日，国家对发展节能环保产业作出了重要决定，其中重点就电机系统节能的持续推进进行了重点部署。并在前发布的数据中指出，节能环保产业产值年均增速在 15% 以上，到 2015 年，总产值达到 4.5 万亿元。在电机系统节能改造领域，未来 3 年，我国将累计推广高效电机 1.7 亿 kW，淘汰低效电机 1.6 亿 kW，电机系统节能改造 1 亿 kW， 高效电机再制造 2000 万 kW，据有关专家估算，高效节能电机及相关设备 3 年内将催生近千亿元市场需求。可以看出，国家对节能产业的重视力度进一步加大，对于节能设备生产企业来说，这是一个难得的市场机会。

面对一块如此诱人的蛋糕，湘电集团一直在依托自身优势，整合公司内外部资源，加快高效电机的推广。为此，2013 年 7 月，湘电集团召开系统节能会议，重新梳理公司高效电机产业，对公司节能系统进行重新调整，提出建立公司质量、生产、市场等部门的联动机制，充分解读国家高效电机产业政策，细化公司节能系统措施，增强公司内部产业与外部市场的适应能力，强化高效电机的推广力度。

作为一家国家认定的高新技术企业和国家重大装备产业化基地，湘电集团一直秉承着“兴业报国，共享共赢”的企业宗旨，坚持严谨、创新、感恩、自强的企业精神，积极响应党中央、国务院的号召，敢于负责，勇于担当，投身我国系统节能事业中，继续为建设“美丽中国”尽献自己的绵薄之力！

中国机械工业年鉴系列

中国电器工业年鉴

2015

中国机械工业年鉴编辑委员会
中 国 电 器 工 业 协 会
编

《中国电器工业年鉴》由综述、行业先锋、行业概况、标准化、统计资料和大事记6个部分组成，集中反映电器工业33个子行业的生产发展、产品产量、市场销售、科技成果及新产品、质量及标准、基本建设及技术改造等情况，公布电器工业权威统计数据，重点推出行业品牌企业。《中国电器工业年鉴》自1998年创刊以来，已连续出版18期，现已成为国内外了解中国电器工业和企业的重要窗口。

《中国电器工业年鉴》的主要发行对象为政府决策机构，电器工业相关企业决策者，从事市场规划、企业规划的中高层管理人员。同时，《中国电器工业年鉴》也发往国内外的投资机构、银行及证券机构等。

图书在版编目（CIP）数据

中国电器工业年鉴．2015/中国机械工业年鉴编辑委员会，中国电器工业协会编．—北京：机械工业出版社，2016.8

（中国机械工业年鉴系列）

ISBN 978-7-111-54401-2

Ⅰ．①中… Ⅱ．①中…②中… Ⅲ．①电气工业—中国—2015—年鉴 Ⅳ．①F426.6-54

中国版本图书馆CIP数据核字（2016）第172959号

机械工业出版社（北京市西城区百万庄大街22号　邮政编码 100037）

责任编辑：王　良　　董　蕾

北京宝昌彩色印刷有限公司印制

2016年8月第1版第1次印刷

210mm×285mm·21印张·14插页·855千字

定价：360.00元

凡购买此书，如有缺页、倒页、脱页，由本社发行部调换

购书热线电话（010）68326643、88379829

封面无机械工业出版社专用防伪标均为盗版

中国机械工业年鉴系列

作为『工业发展报告』

记录企业成长的每一阶段

中国机械工业年鉴

编辑委员会

中国电器工业年鉴

明鉴电器工业
装备现代电力

中国电器工业年鉴
执行编辑委员会

中国电器工业年鉴

明鉴电器工业
装备现代电力

中国电器工业年鉴
执行编辑委员会

王劲光　中国电器工业协会副秘书长
陈　奎　中国电器工业协会副秘书长
姚志光　中国电器工业协会电站锅炉分会秘书长
李　正　中国电器工业协会大电机分会秘书长
严宏强　中国电器工业协会汽轮机分会秘书长（兼）
李　丰　中国电器工业协会水电设备分会秘书长
李学明　中国电器工业协会内燃发电设备分会秘书长
王善武　中国电器工业协会工业锅炉分会秘书长
郑　军　中国电器工业协会高压开关分会秘书长
孙延宏　中国电器工业协会变压器分会秘书长
姚君瑞　中国电器工业协会绝缘子避雷器分会秘书长
姚致清　中国电器工业协会继电保护及自动化设备分会秘书长
元复兴　中国电器工业协会电力电容器分会秘书长
蔚红旗　中国电器工业协会电力电子分会秘书长
崔　静　中国电器工业协会电控配电设备分会秘书长
季慧玉　中国电器工业协会通用低压电器分会秘书长
蔡忠勇　中国电器工业协会设备网现场总线分会秘书长
金惟伟　中国电器工业协会中小型电机分会秘书长
周修源　中国电器工业协会分马力电机分会秘书长
张　朴　中国电器工业协会微电机分会秘书长
吴建国　中国电器工业协会防爆电机分会秘书长
李绍春　中国电器工业协会防爆电器分会秘书长
尹显华　中国电器工业协会电焊机分会秘书长
许亿祺　中国电器工业协会工业日用电器分会秘书长
谢浩江　中国电器工业协会电器附件及家用控制器分会秘书长
王建峰　中国电器工业协会变频器分会秘书长
李春林　中国电器工业协会牵引电气设备分会秘书长
李　琨　中国电器工业协会电炉及工业炉分会秘书长
潘顺芳　中国电器工业协会电动工具分会秘书长
王丽君　中国电器工业协会铅酸蓄电池分会秘书长
周　炯　中国电器工业协会电线电缆分会秘书长
马林泉　中国电器工业协会绝缘材料分会秘书长
王　冲　中国电器工业协会电工合金分会秘书长
李连胜　中国电器工业协会焊接材料分会秘书长
张启彪　中国电器工业协会电碳分会秘书长
赵成刚　中国电器工业协会热缩材料分会秘书长
李　锋　中国电器工业协会电气设备机械结构分会秘书长
卢琛钰　中国电器工业协会风力发电电器设备分会秘书长
王　琨　中国电器工业协会智能电网设备工作委员会秘书长
曾雁鸿　中国电器工业协会标准化工作委员会副秘书长
马桂山　中国电器工业协会发电设备生产运营专家委员会秘书长

中国电器工业年鉴

明鉴电器工业
装备现代电力

中国电器工业年鉴特约顾问
单位特约顾问、特约编辑

企业名称	特约顾问	特约编辑
华荣科技股份有限公司	胡志荣	郑晓荣
株洲中车时代电气股份有限公司半导体事业部	吴煜东	郭继军
西安西电开关电气有限公司	王亚平	张　慧
江苏上上电缆集团	丁山华	丁齐舰
湘电集团有限公司	柳秀导	宁练君
苏州太湖电工新材料股份有限公司	施文磊	马俊锋
常熟开关制造有限公司（原常熟开关厂）	王春华	秦海强
上海杨行铜材有限公司	倪林根	张彦峰
西安西电变压器有限责任公司	杨东礼	孙　琪
江苏华鹏变压器有限公司	钱洪金	陈　波
宁波天安（集团）股份有限公司	蒋善文	杜锡仁
宁夏力成电气集团公司	陈庆成	王文红
江苏天港箱柜有限公司	巫振祥	巫　珏
新黎明科技股份有限公司	郑振晓	魏　勇
南京汽轮电机（集团）有限责任公司	沈　群	杨德顺
合肥神马科技集团有限公司	岳光明	汪　敏
江苏新洛凯机电有限公司	臧文明	谈建平
钟祥新宇机电制造股份有限公司	游学峰	邹振环
上海天逸电器股份有限公司	陈　晓	杨晓舟
浙江正泰电器股份有限公司	南存辉	李明伟
平高集团有限公司	李永河	高凤梅
天津百利特精电气股份有限公司	史　祺	梁　燕
东方电气集团东方锅炉股份有限公司	徐　鹏	姚志光
巨邦电气集团有限公司	张建芳	虞胜财
苏州万龙电气集团股份有限公司	王立权	程玉标
浙江天正电气股份有限公司	高天乐	谭正彦
吉林永大集团股份有限公司	吕永祥	范学勇
上海良信电器股份有限公司	任思龙	陈　平
南阳防爆集团股份有限公司	白照昊	张红信
上海精益电器厂有限公司	张林寿	徐正阳
东芝水电设备（杭州）有限公司	广田达也	周佳虹
湖南科通电气设备制造有限公司	朱大可	朱一夫
菲尼克斯（中国）投资有限公司	顾建党	钱秀娟

中国电器工业年鉴

明鉴电器工业
装备现代电力

中国电器工业年鉴
编辑出版工作人员

总编辑 郭锐
主编 李卫玲
副主编 刘世博 曹军
执行主编 朱彩绵
责任编辑 王良 董蕾
编辑 曹春苗 徐艳艳
图文设计 刘青
录入排版 刘超琼

地址 北京市西城区百万庄大街22号（邮编100037）
编辑部 电话（010）88379829 传真（010）68997966
发行部 电话（010）68326643 电话（010）88379823
传真（010）88379825
E-mail:cmiy_cmp@163.com
http://www.cmiy.com

广告索引

前　言

2015 年，电器工业经济运行呈现“总量增长平稳、结构调整利好、转型升级取得进展、外贸形势不容乐观”的特点。全年实现销售收入 5.59 万亿元，同比增长 5.65%；实现利润总额 3 461 亿元，同比增长 11.80%；进出口总额 549 亿元，同比下降 6.03%。预计 2016 年电器工业将延续 2015 年走势，实现 5% 的小幅增长。

2015 年至 2016 年，国家陆续发布多项政策，如，《中国制造 2025》《中共中央关于制定国民经济和社会发展第十三个五年规划的建议》《国家创新驱动发展战略纲要》《能源技术革命创新行动计划（2016-2030 年）》。这些政策以创新、协调、绿色、开放、共享的发展理念，强化创新引领作用，推动形成绿色生产生活方式，要求大力推进结构性改革、加强供给侧结构性改革，对电器工业的发展提出了更高的要求。

2016 年，经济增速换挡、结构调整阵痛、新旧动能转换相互交织，经济下行压力加大。2016 年，是“十三五”开局之年，也是推进结构性改革的攻坚之年，电器工业要坚持创新驱动、智能转型、绿色发展，顺应供给侧结构改革，促进电工行业平稳健康发展；实施创新驱动发展战略，推动电工行业实施智能制造；坚持质量就是生命线，通过多种途径提质增效。

2015 年，电器工业在坚持以企业为创新主体，驱动产业转型升级中取得良好成效，行业技术创新体系不断完善，行业科技创新取得丰硕成果，科技成果产业化驱动转型升级。未来，电器工业要把科技创新摆在更加重要的位置，继续实施创新驱动发展战略，要关注并善加运用自动控制、感知技术、工业云与互联网以及制造业新技术、新模式与新业态等先进技术及理念，在继续扩大有效需求的同时，提高供给结构对需求变化的适应性和灵活性，发展服务型制造，提高供给的质量和有效性，提高全要素生产率。

“创新驱动，质量为先，绿色发展，结构优化，人才保障”是支撑“中国制造 2025”战略的 20 字方针，创新驱动要靠质量为先，二者是连在一起的，所有的创新驱动活动都要围绕“质量为先”来展开。电器工业仍然要提倡“工艺出精品，精品创品牌，品牌出效益，效益促发展”的精神。可靠性是产品的关键因素，要将以产品质量提升竞争力作为企业的座右铭，并贯穿于全体员工的思想意识中。在提升产品质量的过程中，要提高标准要求，注重从制造技术入手，再加上大数据、互联网做工具，在这个过程中，实现“双中高”。

2016 年，电器工业要把握好平稳增长与结构调整的平衡发展关系，处理好融合发展与创新驱动的协同引领关系，着力做好“三去一降一补”，实现由低水平供需平衡向高水平供需平衡的跃升，以良好开局为“十三五”发展奠定基础。

原机械工业部副部长　陆燕荪

2016 年 2 月

综合索引

电器年鉴微信

明鉴电器工业

装备现代电力

中国机械工业年鉴系列

《中国机械工业年鉴》

《中国电器工业年鉴》

《中国工程机械工业年鉴》

《中国机床工具工业年鉴》

《中国通用机械工业年鉴》

《中国机械通用零部件工业年鉴》

《中国模具工业年鉴》

《中国液压气动密封工业年鉴》

《中国重型机械工业年鉴》

《中国农业机械工业年鉴》

《中国石油石化设备工业年鉴》

《中国塑料机械工业年鉴》

《中国热处理行业年鉴》

《中国齿轮工业年鉴》

《中国磨料磨具工业年鉴》

《中国机电产品市场年鉴》

《中国机械工业集团年鉴》

编辑说明

一、《中国机械工业年鉴》是由中国机械工业联合会主管、机械工业信息研究院主办、机械工业出版社出版的大型资料性、工具性年刊，创刊于 1984 年。

二、根据行业需要，1998 年中国机械工业年鉴编辑委员会开始出版分行业年鉴，逐步形成了中国机械工业年鉴系列。该系列现已出版了《中国电器工业年鉴》《中国工程机械工业年鉴》《中国机床工具工业年鉴》《中国通用机械工业年鉴》《中国机械通用零部件工业年鉴》《中国模具工业年鉴》《中国液压气动密封工业年鉴》《中国重型机械工业年鉴》《中国农业机械工业年鉴》《中国石油石化设备工业年鉴》《中国塑料机械工业年鉴》《中国齿轮工业年鉴》《中国磨料磨具工业年鉴》《中国机电产品市场年鉴》《中国热处理行业年鉴》和《中国机械工业集团年鉴》。

三、《中国电器工业年鉴》作为该年鉴系列之一，1998 年创刊，每年出版，2015 年为第 18 期。该年鉴集中反映了电器工业各分行业的发展情况，全面系统地提供了电器工业各分行业的主要经济技术指标。

四、《中国电器工业年鉴》2015 年版内容由综述、行业先锋、行业概况、标准化、统计资料和大事记 6 部分构成，统计数据由国家统计局、中国机械工业联合会相关统计部门和中国电器工业协会提供，数据截至 2014 年 12 月 31 日。

五、《中国电器工业年鉴》主要发行对象为政府决策机构、电器工业相关企业决策者，从事市场规划、企业规划的中高层管理人员。同时，《中国电器工业年鉴》也发往国内外的投资机构、银行、证券机构等。

六、本年鉴在编撰过程中得到了中国电器工业协会及所属分会、研究院所和企业的大力支持和帮助，在此深表谢意。

八、由于水平有限，难免出现错误及疏漏，敬请批评指正。

中国机械工业年鉴编辑部

2016 年 7 月

目　　录

综　　述

行业概况

标 准 化

统计资料

大 事 记

Contents

Overview

General Situation of the Industry

Standardization

Statistical Data

Chronicle of Events

中国
电器
工业
年鉴
2015

综述

以宏观视角，分析2014年电器工业整体运行情况及上市公司发展情况

综述

行业概况

标准化

统计资料

大事记

综述

2014 年电工行业发展报告

一、2014 年电工行业运行总体情况

2014 年，电工行业经济运行呈现“总体实现平稳增长，价格仍在低位运行，资产投资有所加快，经济效益略有好转，对外贸易出现下滑，结构调整效果初显”的特点。

（一）总体实现平稳增长

2014 年，电工行业主营业务收入 5.33 万亿元，同比增长 8.55%，全年逐月主营业务收入同比增幅在 9% 左右。主要电工产品产量持续增长，2014 年发电产量 1.54 亿 kW，创历史新高，发电设备年产量已经连续 9 年超过 1 亿 kW。2014 年，变压器产量 17 亿 kV·A，又创历史新高，变压器年产量已经连续 7 年超过 10 亿 kV·A。2014 年交流电动机产量 3 亿 kW，再创历史新高。2014 年电工行业主要产品产量完成情况见表 1。

表 1　2014 年电工行业主要产品产量完成情况

产品名称	单位	产量	同比增长 (%)	产品名称	单位	产量	同比增长 (%)
发电机组	万 kW	15 360.18	9.16	电站水轮机	万 kW	936.20	13.34
其中：水轮发电机组	万 kW	2 409.86	-7.04	燃气轮机	万 kW	422.52	-33.12
汽轮发电机	万 kW	9 030.90	10.57	交流电动机	万 kW	30 134.40	4.43
风力发电机组	万 kW	2 311.54	13.81	变压器	万 kV·A	170 076.29	0.45
工业锅炉（蒸汽）	t	558 118	-12.60	电力电缆	万 km	5 570.37	8.87
电站锅炉（蒸汽）	t	477 991	1.41	电焊机	万台	741.99	1.22
电站用汽轮机	万 kW	8 125.69	12.14	电动手提式工具	万台	25 597.45	3.38

（二）产品价格仍在低位运行

从电工行业 28 类重点产品来看，其中价格指数连续在 100% 以下运行的有 17 类，占比超过 60%，包括电站锅炉、水轮机、互感器、隔离开关及断续开关等重要电工产品。2014 年电工产品价格指数见表 2。

表 2　2014 年电工产品价格指数

产品名称	1 月	2 月	3 月	4 月	5 月	6 月	7 月	8 月	9 月	10 月	11 月	12 月
钢绞线	95.4	94.8	94.5	94.4	94.5	94.61	94.84	95.01	95.22	95.16	95.08	94.95
电站锅炉	97.5	96.6	96.3	96.1	96.2	96.62	96.83	97.00	97.72	97.39	97.52	97.63
工业锅炉	100.1	100.1	100.1	100.1	100.0	100.00	100.00	100.07	99.94	99.86	99.79	99.73
锅炉用辅助设备及装置	100.8	100.7	100.7	100.8	100.7	100.50	100.50	100.44	100.40	100.36	100.28	100.22
锅炉及辅助设备零件	100.3	99.8	99.9	99.9	99.9	99.97	99.95	99.96	99.86	99.74	99.64	99.48
其他锅炉及辅助设备	101.4	101.3	101.4	101.8	101.9	102.20	102.30	102.48	102.60	102.70	102.66	102.62
汽轮机及辅机制造	102.8	102.5	102.4	102.4	102.3	102.30	102.30	102.14	102.10	102.07	102.07	102.05
电站用汽轮机	103.5	103.1	103.1	103.1	103.1	103.00	103.00	102.84	102.70	102.76	102.77	102.76
工业用汽轮机	98.5	99.1	99.3	99.5	99.5	99.56	99.59	99.62	99.64	99.65	99.54	99.45
水轮机	98.2	98.1	98.2	98.1	98.2	98.49	98.67	98.84	98.98	99.13	99.26	99.37
手动与电动葫芦	99.7	99.1	98.7	99.2	99.6	99.78	99.75	99.61	99.36	99.39	99.44	99.35
风动手提工具	97.9	98.0	98.0	98.0	98.0	98.21	98.36	98.51	98.73	98.83	98.89	98.91

（续）

产品名称	1月	2月	3月	4月	5月	6月	7月	8月	9月	10月	11月	12月
电动手提工具	100.0	99.9	99.9	100.0	100.0	100.20	100.10	99.92	99.78	99.64	99.55	99.50
交流发电机	100.5	100.5	100.2	99.9	99.5	99.06	98.69	98.43	98.22	98.11	97.95	97.86
直流发电机	98.3	98.3	98.9	99.1	99.3	99.52	99.66	99.73	99.77	99.82	99.83	99.86
水轮发电机组	100.1	99.8	99.8	99.8	99.9	99.87	99.90	99.94	99.96	99.97	100.02	100.01
汽轮发电机组	97.0	96.5	96.1	95.9	95.8	96.15	96.48	96.64	96.89	96.98	97.12	97.50
风力发电机组	99.4	99.3	99.1	99.1	99.2	99.13	99.14	99.19	99.20	99.28	99.40	99.47
直流电动机	99.9	99.5	99.5	99.6	99.7	99.68	99.75	99.80	99.75	99.76	99.75	99.75
交流电动机	98.3	98.7	98.7	98.6	98.6	98.57	98.55	98.55	98.57	98.59	98.57	98.57
变压器	99.3	99.3	99.4	99.4	99.5	99.53	99.58	99.61	99.66	99.72	99.76	99.81
互感器	99.3	99.3	99.2	99.3	99.4	99.47	99.55	99.59	99.62	99.65	99.66	99.68
电力电容器	98.9	99.4	99.4	99.5	99.5	99.46	99.31	99.22	99.16	99.10	98.98	98.81
高压开关设备	99.7	99.7	99.8	99.9	100.0	100.00	100.00	100.04	100.10	100.09	100.14	100.20
隔离开关及断续开关	98.7	98.8	98.9	98.8	98.8	98.85	98.86	98.93	98.96	98.97	99.01	99.02
低压电路开关装置	100.7	100.4	100.3	100.2	100.2	100.10	100.50	100.75	101.00	101.10	101.21	101.30
电线电缆	96.1	95.5	95.0	94.9	95.1	95.38	95.79	96.03	96.21	96.26	96.30	96.30
铅酸蓄电池	99.6	99.8	99.7	99.6	99.6	99.66	99.70	99.70	99.63	99.53	99.42	99.36

（三）固定资产投资增速有加快之势

电工行业保持了十多年的高速增长，在此期间，固定资产投资也一直呈现高速增长态势，同比增幅达到30%的年份屡见不鲜，有的年份甚至达到40%以上。在推动行业规模、体量快速发展膨胀的同时，也造成了全行业普遍的产能过剩。某些分行业的产能，已经超出了市场需求的近1倍。严重的产能过剩导致市场竞争加剧，行业盈利能力大幅度下降。由于市场机制的作用，近一两年电工行业固定资产投资的增速趋于理性。但近期电工行业固定资产投资增速有加快迹象。2014年，电工行业固定资产投资完成额为9 114.69亿元，同比增长13.75%，高于同期主营业务收入5.2个百分点。2014年电工行业固定资产投资情况见表3。

表3　2014年电工行业固定资产投资情况

固定资产投资完成额（亿元）		比重（%）	
1—12月	上年同期	1—12月	上年同期
9 114.69	8 013.22	20.28	20.10

（四）经济效益略有好转

2014年，电工行业实现利润总额3 112.49亿元，同比增长10.37%；总资产贡献率12.14%，成本费用利润率6.23%，主营业务收入利润率5.84%，总资产利润率7.18%，分别比上年同期增加0.03、0.08、0.09、0.06个百分点；流动资产周转率1.92次，比上年同期增加0.02次。2014年电工行业主要财务指标见表4。2014年电工行业主要经济效益指标见表5。

表4　2014年电工行业主要财务指标

名　称	单位	1—12月	同比增长（%）
企业数	家	19 079	
应收账款	亿元	10 220.60	8.16
产成品	亿元	2 107.58	14.42
流动资产合计	亿元	27 714.33	7.53
资产总计	亿元	43 370.73	9.57
负债总计	亿元	24 401.21	7.63
主营业务收入	亿元	53 263.58	8.55
成本费用总额	亿元	49 927.81	8.81
利润总额	亿元	3 112.49	10.37
税金总额	亿元	1 628.57	10.21

表5　2014年电工行业主要经济效益指标

名　称	单位	1—12月	2013年同期
亏损面	%	11.26	10.32
亏损额	亿元	310.88	318.49
总资产贡献率	%	12.14	12.11
资本保值增值率	%	112.17	
资产负债率	%	56.26	57.28
流动资产周转率	次	1.92	1.90
成本费用利润率	%	6.23	6.15
主营业务收入利润率	%	5.84	5.75
总资产利润率	%	7.18	7.12

（五）对外贸易出现下滑

2014 年，电工行业进出口总额 1 648.54 亿美元，同比增长 5.07%，增幅比上年同期减少 2.89 个百分点。进口额 573.52 亿美元，同比增长 1.73%，增幅比上年同期减少 4.05 个百分点。出口额 1075.02 亿美元，同比增长 6.95%，增幅比上年同期减少 2.27 个百分点。2014 年电工行业进出口情况见表 6。

表 6　2014 年电工行业进出口情况　（单位：亿美元）

名　称	1—12 月	同比增长（%）
进出口总额	1 648.54	5.07
其中：一般贸易	797.00	
加工贸易	618.85	
进口额	573.52	1.73
其中：一般贸易	245.25	
加工贸易	228.29	
出口额	1 075.02	6.95
其中：一般贸易	551.75	
加工贸易	390.56	
贸易差额	501.51	
其中：一般贸易	306.50	
加工贸易	162.27	

（六）结构调整效果初显

发电设备行业高参数大容量机组自主设计制造成绩突出，已占年度总产量的 75% 以上。发电设备结构不断优化，清洁发电设备装机占比逐年提高，水电、风电、太阳能发电、核电分别达到 22.19%、7.04%、1.95%、1.46%。其中新增水电机组 2185 万 kW，全国水电装机规模达 3.02 亿 kW，同比增长 7.9%，居世界第一；新增风电机组 2 033 万 kW，全国风电并网装机容量达到 9 581 万 kW，同比增长 25.6%，成为世界第一风电大国；新增光伏发电装机 1 052 万 kW，光伏发电总装机达到 2 652 万 kW。

二、2014 年电力建设情况

2014 年，全国全社会用电量为 55 233 亿 kW·h，同比增长 3.8%。增幅比上年同期降低了 3.7 个百分点。其中，第一产业用电量为 994 亿 kW·h，同比降低 0.2%，增幅比上年同期减少 0.9 个百分点；第二产业用电量 40 650 亿 kW·h，同比增长 3.7%，比上年同期减少 3.3 个百分点；工业用电量为 39 930 亿 kW·h，同比增长 3.7%，比上年同期减少 3.2 个百分点。从发电设备利用小时数来看，2014 年，全国发电设备累计平均利用小时数为 4 286h，较上年同期减少 235h。从用电量增速和发电设备利用小时数来看，宏观经济增速确实已经放缓。

2014 年，电源建设投资完成额为 3 646 亿元，较上年同期减少 71 亿元。其中水电建设投资 960 亿元，较上年同期减少 286 亿元；火电建设投资 952 亿元，较上年同期减少 24 亿元；核电建设投资 569 亿元，较上年同期减少 40 亿元。2014 年，发电设备新增装机容量 10 350 万 kW，较上年同期增加 950 万 kW。其中水电新增装机容量 2 185 万 kW，较上年同期减少 808 万 kW；火电新增装机容量 4 729 万 kW，较上年同期增加 1 079 万 kW。从 6 000kW 及以上电厂发电设备装机容量的变化情况看，风电、核电等清洁能源增幅显著提高，电源建设中进一步优化结构的同时，也更加体现了对环境保护的要求。

2014 年，电网建设投资完成额 4 118 亿元，较上年同期增加 224 亿元，随着国家电力建设投资结构的调整，近些年电网建设的投资仍会呈现加快的趋势。2014 年，新增 220kV 及以上变电设备容量 2.24 亿 kV·A，较上年同期增加 2 763 万 kV·A。新增 220kV 及以上线路长度 3.61 万 km，较上年同期减少 3 449km。2014 年全国电力工业统计数据见表 7。

表 7　2014 年全国电力工业统计数据

指标名称	单位	数量	同比增长（%）
全国全社会用电量	亿 kW·h	55 233	3.8
其中：第一产业用电量	亿 kW·h	994	-0.2
第二产业用电量	亿 kW·h	40 650	3.7
工业用电量	亿 kW·h	39 930	3.7
轻工业用电量	亿 kW·h	6 658	4.2
重工业用电量	亿 kW·h	33 272	3.6
第三产业用电量	亿 kW·h	6 660	6.4
城乡居民生活用电量	亿 kW·h	6 928	2.2
全口径发电设备容量	万 kW	136 019	8.7
其中：水电	万 kW	30 183	7.9
火电	万 kW	91 569	5.9
核电	万 kW	1 988	36.1
并网风电	万 kW	9 581	25.6
并网太阳能发电	万 kW	2 652	67.0
6 000kW 及以上电厂供电标准煤耗	g/(kW·h)	318	-3.0
全国线路损失率	%	6.34	-0.4
6 000kW 及以上电厂发电设备利用小时	h	4 286	-5.2
其中：水电	h	3 653	8.7
火电	h	4 706	-6.25
并网风电	h	1 905	-5.93
电源基本建设投资完成额	亿元	3 646	-5.8
其中：水电	亿元	960	-21.5
火电	亿元	952	-6.3
核电	亿元	569	-13.8
电网基本建设投资完成额	亿元	4 118	6.8
发电新增设备容量	万 kW	10 350	1.3
其中：水电	万 kW	2 185	-29.4
火电	万 kW	4 729	13.3
新增 220kV 及以上变电设备容量	万 kV·A	22 394	12.9
新增 220kV 及以上输电线路回路长度	km	36 085	-7.3

三、突出矛盾与存在的问题

电工行业面临的问题依然是产能过剩、市场需求不足以及产品同质化导致的企业间竞争加剧，由此造成产品销售价格走低和应收货款回收难度加大。

（一）市场内需不足与产能过剩矛盾凸显

改革开放以来，特别是入世以来，我国国民经济高速发展，在宏观经济环境高速发展的浪潮中，在“十五”、“十一五”期间，我国电工行业出现了“井喷”式的超高速发展。由于种种原因，各个分行业都形成了不同程度的产能过剩。根据中央经济工作会议的精神，我国经济发展进入新常态，国民经济增速将有所放缓，目前和今后一个时期，市场内需不足与产能过剩严重已经成为困扰电工行业发展的一个亟待解决的突出矛盾和问题。

（二）产业结构调整、转型升级压力增大

产业结构调整升级在全行业推进难度加大。随着我国工业化进程的深入推进，要素投入的边际效应将不断减弱，我国工业已进入了必须依靠创新驱动、加快转型升级、提高全要素生产率才能实现持续健康发展的关键阶段。然而，近年来国内电工企业在研发投入方面与世界跨国公司还存在较大差距，同时新产品销售收入占主营业务收入的比重也有所下降，凸现出我国电工行业创新能力不强以及为实现结构调整的投入力度不足两大问题。

（三）成本费用有升有降

虽然原材料价格略有下降，但是其他方面成本如劳动力费用等却一直不断攀升，如一线工人平均工资从2012年的3 000元涨到2013年的4 000元。人口红利逐渐消失，对企业造成压力。为了减少人力成本，电工行业某些分行业“机器换人”已经成为一种趋势，比如中小电机行业、小功率电机行业、微电机行业等。这种趋势将产生的影响是有其两面性的：一方面有利于提高生产自动化程度和生产效率，但另一方面也会对企业员工队伍的稳定产生负面影响。

（四）中小企业融资困难

尽管最近国务院出台了扶持小微企业的十条政策意见，但中小企业融资难贷款难的问题依然突出。

四、2014年电工行业科技创新获奖情况

2014年，电工行业继续坚持依靠技术创新驱动行业发展的方针，在科技创新中取得了丰硕成果。经中国机械工业科学技术奖评审委员会评审和中国机械工业科学技术管理委员会批准，电工行业共有54个项目获得2014年度中国机械工业科学技术奖，其中特等奖1项，一等奖3项，二等奖21项，三等奖29项。2014年电工行业获中国机械工业科学技术奖清单见表8。

表8　2014年电工行业获中国机械工业科学技术奖清单

序号	项目名称	项目单位	奖励等级
1	大功率风电机组研制与示范	新疆金风科技股份有限公司、湘潭电机股份有限公司、浙江运达风电股份有限公司、中国长江三峡集团公司、沈阳工业大学、中海油新能源投资有限责任公司、东方汽轮机有限公司、阳光电源股份有限公司、上海电气风电设备有限公司、北京科诺伟业科技股份有限公司、南车株洲电机有限公司、南京高速齿轮制造有限公司、同方股份有限公司、北京天源科创风电技术有限责任公司、国网电力科学研究院、全国风力机械标准化技术委员会、重庆齿轮箱有限责任公司、中材科技风电叶片股份有限公司、中航惠腾风电设备股份有限公司	特等奖
2	高效先进的超超临界660MW级三缸二排汽空冷汽轮机	上海电气电站设备有限公司	一等奖
3	三代核电AP1000壳内电缆	江苏上上电缆集团有限公司、上海核工程研究设计院、国核工程有限公司、环境保护部核与辐射安全中心	一等奖
4	5 000A特高压直流输电换流阀关键技术研究及推广应用	许继集团有限公司	一等奖
5	800kV西北超高压联网第二通道成套开关设备的研制及应用	西安西电开关电气有限公司	二等奖
6	自主研发600MW级超临界锅炉	上海锅炉厂有限公司	二等奖
7	基于非线性分析的水轮机结构刚强度研究	哈尔滨大电机研究所	二等奖
8	永磁同步电传动系统研究关键技术研究	南车株洲电力机车研究所有限公司、株洲南车时代电气股份有限公司	二等奖
9	直流融冰装置研发与大规模工程应用	南方电网科学研究院有限责任公司、贵州电力试验研究院、中国电力工程顾问集团西南电力设计院	二等奖
10	高水头冲击式水轮发电机组成套技术及产业化	重庆水轮机厂有限责任公司、重庆大学	二等奖
11	超高压气体绝缘直流套管设备开发及产业化	特变电工沈阳变压器集团有限公司	二等奖

（续）

序号	项目名称	项目单位	奖励等级
12	GCK2 低压成套开关设备	天津电气科学研究院有限公司、天津天传电控配电有限公司、宁波天安（集团）股份有限公司、北京电器有限公司、温州市中意锁具电器有限公司、慈溪奇国电器有限公司、天津市百利开关设备有限公司	二等奖
13	结合余热利用的冷热电联供技术和强化换热研究与应用	上海理工大学、上海青浦工业园区热电有限公司、上海市特种设备监督检验技术研究院、上海市浦东新区特种设备监督检验所	二等奖
14	两端为弱交流系统的直流工程技术开发和设备成套	西安西电电力系统有限公司	二等奖
15	EVC-8000 电动汽车充电站综合控制与管理系统	许继集团有限公司、许继电气股份有限公司	二等奖
16	大型电站锅炉烟气脱硝技术开发及工业应用	东方电气集团东方锅炉股份有限公司	二等奖
17	柔性直流输电用 ±160kV 挤包绝缘高压直流电力电缆及附件国产化研究和应用	上海电缆研究所、中天科技海缆有限公司、宁波东方电缆股份有限公司、上海三原电缆附件有限公司	二等奖
18	“疆电外送”特高压工程 750kV 单相自耦有载调压变压器关键技术研究及产业化推广	特变电工股份有限公司新疆变压器厂	二等奖
19	750kV 交流有级可控并联电抗器的研制及产业化	西安西电变压器有限责任公司	二等奖
20	高性能光伏发电系统关键元件的研发	常熟开关制造有限公司（原常熟开关厂）	二等奖
21	ZF9D-252/T4000-50 型气体绝缘金属封闭开关设备	西安高压电器研究院有限责任公司、西安西电开关电气有限公司	二等奖
22	百兆伏安级静止同步补偿装置关键技术开发及工程应用	广东电网公司、荣信电力电子股份有限公司、清华大学、南方电网科学研究院有限责任公司、广东电网公司东莞供电局	二等奖
23	QFSN-1100-4 1100MW 级核电四极水氢氢发电机开发及产业化	上海电气电站设备有限公司	二等奖
24	超低温智能石油钻机电传动系统	天水电气传动研究所有限责任公司、甘肃省变频调速系统及技术重点实验室	二等奖
25	大型管道热处理温控关键技术研究及产品开发	江苏大学	二等奖
26	额定电压 500kV 超高压交联聚乙烯绝缘电缆	青岛汉缆股份有限公司	三等奖
27	LW13A-550/YQ 专项技术研究	西安西电开关电气有限公司	三等奖
28	核电厂废滤芯更换转运容器的设备结构设计研究与改进	中广核工程有限公司	三等奖
29	轧制挤压法生产铜包钢包覆线设备及技术的开发	傅氏国际（大连）双金属线缆有限公司	三等奖
30	矿用隔爆型干式变压器	天津市特变电工变压器有限公司	三等奖
31	堆芯中子注量率测量系统路组选择器和驱动装置	北京工研精机股份有限公司、中核控制系统工程有限公司	三等奖
32	14～58MW 新型清洁高效煤粉工业锅炉成套技术及装备应用及产业化	山西蓝天环保设备有限公司、上海工业锅炉研究所、机械工业北京电工技术经济研究所	三等奖
33	燃煤电站锅炉烟气脱硝关键技术	长沙理工大学、永清环保股份有限公司	三等奖
34	500kV 特大容量组合式变压器	特变电工衡阳变压器有限公司	三等奖
35	SC(B)H15 型三相三柱式非晶合金铁心干式变压器	许继变压器有限公司	三等奖
36	ZCW6-816/J6300-25 型高压直流隔离开关	河南平高电气股份有限公司	三等奖
37	WTX-811 通信管理机	许继电气股份有限公司	三等奖
38	CJK-8506B 智能变电站一体化监督系统	许继电气股份有限公司	三等奖
39	CBS-8000B 变电站高压设备在线监测系统	许继集团有限公司	三等奖
40	CBZ-8000B 智能变电站系统	许继集团有限公司、中电装备山东电子有限公司	三等奖

（续）

序号	项目名称	项目单位	奖励等级
41	石油钻井平台顶驱电缆及其配套装置	特变电工（德阳）电缆股份有限公司	三等奖
42	电力电子式大功率直流母线系统	天津电气传动设计研究所有限公司、武汉钢铁股份有限公司冷轧薄板总厂、天津天传电气有限公司	三等奖
43	额定电压 6kV（U_m=7.2kV）到 35kV(U_m=40.5kV) 交联聚乙烯绝缘垂直吊装大功率变频器用无卤低烟阻燃电力电缆	宝胜科技创新股份有限公司	三等奖
44	水轮机简型阀及控制系统	天津市天发重型水电设备制造有限公司、天津大学	三等奖
45	NB1L 小型化整体式系列剩余电流断路器研发及产业化	浙江正泰电器股份有限公司	三等奖
46	空调用高效稀土永磁电机	浙江特种电机有限公司	三等奖
47	PCS-9570 输电线路串联补偿系统	南京南瑞继保电气有限公司、常州博瑞电力自动化设备有限公司	三等奖
49	1 100kV GIS 关键零部件国产化工艺研究	河南平高电气股份有限公司	三等奖
50	提高巨型水轮发电机组定转子安装圆度工艺研究	哈尔滨电机厂有限责任公司	三等奖
51	二代加百万千瓦级核电蒸汽发生器研制	上海电气核电设备有限公司	三等奖
52	GSC2-1000/1250、2000 接触器的研制	天水二一三电器有限公司	三等奖
53	18kV 发电机保护真空断路器及其可移开式交流金属封闭开关设备	天水长城开关厂有限公司	三等奖
54	高效节能型高温高压 100 ～ 150MW 系列供热汽轮机研制及系统集成	中国长江动力集团有限公司	三等奖

〔供稿单位：中国电器工业协会行业发展与咨询部〕

电力设备行业上市公司 2014 年年报综述

2014 年，电力工业持续健康发展，装机总量及发电量进一步增长，非化石能源发电量占比首次超 25%，火电发电量负增长，设备利用小时创新低。

2014 年，全国全口径发电量 55 459 亿 kW·h，比上年增长 3.6%。分类型看，水电发电量 10 661 亿 kW·h，同比增长 19.7%，占全国发电量的 19.2%，比上年提高 2.6 个百分点；火电发电量 41 731 亿 kW·h，同比下降 0.7%，占全国发电量的 75.2%，比上年下降 3.3 个百分点；核电、并网风电和并网太阳能发电量分别为 1 262 亿 kW·h、1 563 亿 kW·h 和 231 亿 kW·h，同比分别增长 13.2%、12.2% 和 171%，占全国发电量的占比分别比上年提高 0.2 个、0.2 个和 0.3 个百分点。

2014 年，全国电力消费增速放缓，全社会用电量 55 233 亿 kW·h，同比增长 3.8%。其中，第一产业用电量 994 亿 kW·h，同比下降 0.2%；第二产业 40 650 亿 kW·h，同比增长 3.7%；第三产业 6 660 亿 kW·h，同比增长 6.4%；城乡居民生活 6 928 亿 kW·h，同比增长 2.2%。工业用电量 39 930 亿 kW·h，同比增长 3.7%，其中，轻、重工业用电量分别为 6 658 亿 kW·h 和 33 272 亿 kW·h，分别比上年增长 4.2% 和 3.6%。

2014 年，全国主要电力企业电力工程建设完成投资 7 764 亿元，同比增长 0.5%。其中，电源工程建设完成投资 3 646 亿元，同比下降 5.8%，占全部电力投资的 46.96%；其中，水电完成投资 960 亿元，同比减少 23%，火电完成投资 952 亿元，同比增长 2.6%，核电完成投资 569 亿元，同比下降 6.6%，风电完成投资 993 亿元，同比大幅增长 57.4%。电网工程建设完成投资 4 118 亿元，同比增长 6.8%，占全部电力投资的 53.04%。

2014 年，全国基建新增发电设备容量 10 350 万 kW，其中，水电新增 2 185 万 kW，火电新增 4 729 万 kW，核电新增 547 万 kW，并网风电新增 2 072 万 kW，并网太阳能发电新增 817 万 kW。截至 2014 年底，全国发电装机容量136 019万kW，同比增长8.7%；其中，水电30 183万kW（含抽水蓄能2 183万kW），占全部装机容量的22.2%；火电91 569万kW（含煤电82 524万kW、气电5 567万kW），占全部装机容量的67.4%，比上年降低1.7个百分点；核电1 988万kW，并网风电9 581万kW，并网太阳能发电2 652万kW。

2014年，全国基建新增220kV及以上输电线路长度和变电设备容量分别为3.61万km和2.24亿kV·A，同比分别少投产2 842km和多投产2 563万kV·A。截至2014年底，全国电网220kV及以上输电线路回路长度、公用变电设备容量分别为57.20万km、30.27亿kV·A，同比分别增长5.2%和8.8%。

2014年11月，"两交一直"（淮南—南京—上海、锡盟—山东、宁东—浙江）特高压工程正式开工，这是国家大气污染防治行动计划12条重点输电通道中，首批获得核准并率先开工建设的特高压工程，标志着特高压电网进入全面大规模建设和加快发展的新阶段。2014年，随着浙北—福州特高压交流，溪洛渡—浙西、哈密南—郑州特高压直流工程建成投运，我国已累计建成"三交四直"特高压工程。国家电网在运在建特高压线路、变电（换流）容量超过1.5万km和1.5亿kV·A（kW），累计输电量超过2 800亿kW·h。

2014年，全国完成跨区送电量2 741亿kW·h、同比增长13.1%；全国跨省送出电量8 420亿kW·h、同比增长10.8%。南方电网完成西电东送电量1 723亿kW·h，同比增长31.1%。

电厂环保工作继续推进。2014按照修订后的《火电厂大气污染物排放标准》（GB 13223—2011），燃煤电厂除尘设施进行了大范围改造。同时，通过优化现有脱硫吸收塔内流场、改造湿法脱硫除雾系统等方式提高了对烟尘的协同脱除能力。2014年煤电平均除尘效率达到99.75%以上，比2013年提高0.1个百分点。二氧化硫控制方面，截至2014年底，统计口径内的燃煤发电机组基本上全部采取了脱硫措施，其中，烟气脱硫机组容量约7.55亿kW，约占全国煤电机组容量的91.5%。氮氧化物控制方面，截至2014年底，烟气脱硝机组容量约6.6亿kW，约占全国煤电装机容量的80%，比2013年提高了近22个百分点，预计火电烟气脱硝比重达到72%左右。

现役火力发电机组自2014年7月1日起实施《火电厂大气污染物排放标准》（GB13223—2011），随着现役机组达标改造完成，2014年电力大气污染物排放量大幅下降。电力烟尘、二氧化硫、氮氧化物排放量预计分别降至98万t、620万t、620万t左右，分别比2013年下降约31.0%、20.5%、25.7%。电力二氧化硫排放量（2013年实现）、氮氧化物排放量（2014年实现）全面提前完成《节能减排"十二五"规划》规定的电力二氧化硫800万t、氮氧化物750万t的减排目标。

2014年，全国6 000kW及以上电厂发电设备平均利用小时数4 286h，同比降低235h。其中，水电设备平均利用小时3 653h，同比增加293h；火电设备平均利用小时4 706h，同比降低314h；核电7 489h，同比降低385h；风电1 905h，同比降低120h。

2014年，全国6 000kW及以上电厂供电标准煤耗318g/(kW·h)，同比降低3g/(kW·h)；全国电网输电线路损失率6.34%，同比降低0.4个百分点。

2014年，国家电网公司的电网投资资金达到3 855亿元。110（66）kV及以上线路开工5万km，投产5.2万km；变电（换流）容量开工3.2亿kV·A（kW），投产2.8亿kV·A（kW）。与2013年相比，线路与站点开工数量基本持平，而投产数量则略有上升。2014年国家电网公司解决了10个"孤网"运行、38个县域电网与主网联系薄弱问题；完成336万户"低电压"治理，21万户、87万无电人口实现了通电。2014年国家电网公司以基石投资人身份认购20%股权的香港电灯有限公司与巴西国家电力公司组成联营体，中标美洲第一个特高压工程—巴西美丽山水电±800kV特高压直流送出特许经营权项目，标志着我国特高压技术"走出去"取得重大突破。同时，国家电网公司还成功收购意大利能源网公司、新加坡能源国际澳资和澳网公司部分股权。分别与俄罗斯电网公司、哈萨克斯坦国家主权基金、埃及电力和能源部签署能源合作协议。稳健运营菲律宾、巴西、葡萄牙、澳大利亚等境外项目。

2014年，南方电网全面投产了8个重点工程，溪洛渡直流工程全面投产。继续深化节能发电调度管理，全年减少标准煤消耗1 096万t，减排二氧化碳2 915万t、二氧化硫21万t；单位发售电量化石能耗减少22g标准煤/(kW·h)。综合线损率6.94%，下降0.26个百分点；节能减排工作有序开展，推广节能示范项目与合同能源管理，全年节约电量3.2‰，节约电力3.7‰，超额完成国家两个"千分之三"考核指标；全年共有124个分布式光伏项目并网，总容量38.5万kW，其中居民项目46个；支持电动汽车发展，已接入广东、海南两省7座充电站、1座换电站共计548个充电机、24个分散交流充电桩以及189辆电动汽车的运行信息。

一、2014年年报业绩评述

截至2015年3月，电气设备行业上市公司从97家增加到105家，平均总股本为74 749万股。2014年，电气设备行业公司营收保持平稳增长，由于华锐风电、保变电气实现业绩大幅扭亏，板块整体利润水平实现明显增长。其中，大型发电设备公司多数收入下滑，一次设备和二次设备上市公司增长趋势延续。

2014年，电气设备行业上市公司中实现营业收入增长的有70家，占总数的67%，营业利润增长有65家，占总数的62%，实现净利润增长有68家，占总数的65%。整体营业收入同比增长6.44%，营业利润同比增长63.41%，净利润同比增长89.09%。电气设备行业保持平稳的景气程度，但受原华锐风电、保变电气盈利扭亏影响，整体利润规模大幅增长。

2014 年电气设备行业上市公司平均营业收入为 386 739 万元，净利润 20 979 万元，股东权益 292 733 万元，每股收益 0.29 元，净资产收益率 7.68%。平均总资产 696 527 万元，资产负债率 57.97%，流动资产 507 299 万元，流动负债 353 897 万元，流动比率 1.43，速动比率 1.08。行业资产负债率有所下降，流动比率和速动比率保持稳定，整个行业财务指标仍然保持在合理范围。

二、发电设备行业：需求不旺，多数公司营收下降

生产发电设备的上市公司有上海电气（601727）、湘电股份(600416)、华光股份(600475)、卧龙电气(600580)、东方电气(600875)、江特电机(002176)、金风科技(002202)、海陆重工（002255）、浙富控股（002266）、杭锅股份（002534）、华西能源（002630）、华锐风电（601558）、佳电股份(000922)、天保重装(300362)、中电电机(603988) 15 家公司，综合大型发电设备是上海电气、东方电气，中型发电设备是浙富股份、天保重装，生产中型电机是湘电股份、金风科技和华锐风电，生产小型电机是卧龙电气、江特电机、佳电股份、中电电机，生产中大型锅炉是华光股份、华西能源，生产余热锅炉是杭锅股份、海陆重工。平均营业收入为 1 113 319 万元，净利润 45 620 万元，股东权益 759 884 万元，每股收益 0.23 元，净资产收益率 6.28%。平均总资产 2 359 975 万元，资产负债率 67.80%，流动比率 1.24，速动比率 0.88。发电设备行业上市公司经营情况见表 1。

表 1　发电设备行业上市公司经营情况

简称	总股本（万股）	营业收入（万元）	同比增长（%）	净利润（万元）	同比增长（%）	每股收益（元）	净资产收益率（%）	资产负债率（%）	流动比率	速动比率
湘电股份	60 848.45	774 943.62	16.95	5 440.04	13.14	0.09	2.55	86.36	1.03	0.78
华光股份	25 600.00	314 434.48	-5.43	8 322.73	10.00	0.33	6.09	66.06	1.24	0.91
卧龙电气	111 052.72	689 256.22	20.34	44 578.34	22.46	0.40	11.82	57.72	1.31	0.98
东方电气	200 386.00	3 903 616.48	-7.91	127 825.84	-45.59	0.64	6.54	75.98	1.16	0.69
江特电机	52 315.79	79 329.91	-7.26	3 873.99	-31.89	0.08	2.02	12.53	6.13	4.87
金风科技	269 458.80	1 770 421.80	43.84	182 968.23	327.85	0.68	12.39	66.74	1.26	1.10
海陆重工	25 820.00	140 415.32	-5.19	6 350.33	-38.10	0.25	4.10	48.38	1.53	0.86
浙富控股	152 209.22	68 601.52	-13.83	10 120.94	10.66	0.07	3.54	39.55	1.22	0.57
上海电气	1 282 362.67	7 678 451.60	-3.07	255 448.70	3.72	0.20	7.46	68.36	1.19	0.91
华西能源	36 900.00	326 858.54	4.20	14 912.23	13.47	0.41	5.44	61.72	1.43	0.80
华锐风电	603 060.00	361 988.08	-1.15	8 073.28	-102.34	0.01	0.92	49.61	1.85	1.13
杭锅股份	40 052.00	313 278.07	-47.28	7 064.17	1.50	0.18	2.67	55.12	1.77	1.50
佳电股份	59 586.67	205 209.13	-23.25	565.07	-96.67	0.01	0.24	41.39	2.11	1.50
天保重装	10 273.16	39 932.40	12.20	3 327.13	3.47	0.33	5.42	60.78	1.40	0.58
平均	195 861.70	1 113 319.16	-1.11	45 620.34	128.49	0.23	6.28	67.80	1.24	0.88

从表 1 可以看到，受华锐风电大幅减亏影响，2014 年发电设备行业整体盈利情况大幅提升，但行业内多数公司收入下滑，行业景气度依然较低。

湘电股份：利润水平仍处低位，再融资工作取得推进

2014 年度，公司全年实现营业收入 77.49 亿元、归属于上市公司股东的净利润 54 400 377.17 元，较上年同期分别增长了 16.95%、13.14 %，每股收益 0.09 元。

电机行业，公司收入有所下滑，毛利率水平同比下降，我国在提高电机系统效率方面有着巨大需求前景，高效、节能电机在未来市场中将会占据主导地位。

水泵行业，公司水泵产业以湘电长沙水泵有限公司为依托，产品主要集中在大型工业用泵领域，涉及到电力、水利，石化、核能用泵等领域。其中在电力领域，依托公司电机产业，市场占有率较高，产品具有较强的竞争能力。

风电行业，当前国内风电行业仍然存在产能过剩问题，虽然国内风电市场需求出现增长，但风电整机制造商企业之间的市场竞争依然激烈。

2014 年 6 月 20 日，公司 2014 年度股东大会审议通过了《关于湘潭电机股份有限公司 2014 年度非公开发行 A 股股票预案》。2015 年 1 月 9 日公司收到中国证监会《关于核准湘潭电机股份有限公司非公开发行股票的批复》(证监许可〔2015〕75 号），获准非公开发行不超过 19 837 万股新股。截至 2015 年 2 月 3 日，公司共向十名特定对象非公开发行人民币普通股（A 股）134 920 634 股，共募集资金人民币 1 699 999 988.40 元，2015 年 2 月 9 日非公开发行股份在上海证券交易所上市。

2015 年，公司预计实现主营业务收入 80 亿元，推动湘电股份持续健康稳定发展。

华光股份：订单水平保持增长，大型项目稳步推进

2014 年，公司实现销售收入 31.44 亿元，同比下降 5.43%，实现利润 1.47 亿元，同比下降 0.94%；实现归属于母公司所有者的净利润 8 322.73 万元，同比上升 10.00%。

在市场销售方面，公司在稳定传统优势市场的同时，大力推进向新能源设计、工程总包领域转型。2014 年，公司新增订单 43.20 亿元，其中节能高效发电设备订单 21.70 亿元，占比 50.22%；环保新能源发电设备订单 5.06 亿元，占比 11.72%；电站工程与服务订单 9.92 亿元，占比 22.95%，其中光伏电站新增订单 1.16 亿元；环境工程与服务订单 6.53 亿元，占比 15.10%。

2014 年，华光环保完成催化剂生产车间的扩建改造，目前已具备年产 7 000m^3 催化剂的能力，催化剂的研发、生产布局已全面完成。2014 年，公司项目建设任务繁重，华光股份全年共实施开展电站总承包项目 10 个，脱硝及设备改造、成套等项目 13 个，光伏项目 1 个。华光环保全年长期保持 20 个以上工程项目施工的同时，催化剂也满负荷生产，全年产量完成 6 289m^3。2014 年，公司设计制造的单笔金额最大的出口订单项目、也是博茨瓦纳目前投资最大的 Morupule B 4×150MW 燃煤电站项目一次性完成整体性性能试验，顺利通过业主验收。

卧龙电气：多线业务共同发展

2014 年，公司实现营业收入 68.93 亿元，同比增长 20.34%；实现归属于母公司所有者的净利润 4.46 亿元，同比增长 22.46%；实现经营性现金流净额 6.43 亿元，同比增长 137.69%。

公司实现电机及控制类产品销售收入 49.63 亿元，销售利润 10.35 亿元，分别占业务比重的 73.71% 和 76.23%。公司不断加大电机与控制产业的资源配置，该类净资产占比达到 84.18%，增强日本、荷兰、杭州技术研究院对产业发展的技术支撑，努力向全球电机产业第一方阵梯队迈进，加快实现国际一流的系统集成商和整体方案解决商的战略步伐。

公司新能源汽车电机业务快速发展，并成功实现自主研发的驱动系统与汽车电机的总成；公司电动汽车电机产品通过匹配驱动系统产品实现在国内主要新能源汽车生产厂家的应用，报告期公司实现电动汽车电机销量同比增长 125%。另外，公司投资建设的分布式屋顶光伏发电站也取得了快速发展。报告期，新建分布式屋顶光伏电站 30.4MW，实现并网运行 6.82MW，在建电站 23.58MW。

受益于国家基础建设投入持续加大，公司变压器业务得到快速发展，尤其是高速铁路牵引变压器和地铁用整流变压器产品，盈利能力大幅提升，变压器业务产品毛利率同比提升 4 个百分点。此外，公司 500kV 超高压变压器和 330kV 级有载调压整流变压器分别完成产品科技成果鉴定，其技术水平分别达到国内领先和国际先进水平，其中 330kV 级有载调压整流变压器实现产业化销售。

公司成功收购章丘海尔电机 70% 的股权，实现了对家用类电机系列产品包括洗衣机、冰箱、空调用电机及控制的全覆盖；收购了意大利 SIR 机器人公司，在电机驱动控制及系统集成产品战略上跨出了实质性步伐，取得了在工业机器人应用的前端性技术及整体方案的设计与解决能力；开展了对南阳防爆集团股份有限公司前期尽职调查和商务谈判工作，并在 2015 年年初完成了 60% 股份的收购事宜。

东方电气：市场拓展情况良好，毛利率大幅下滑影响业绩

2014 年，公司实现营业总收入 390 亿元，同比减少 7.91%；归属上市公司股东净利润 12.78 亿元，同比减少 45.59%；实现每股收益 0.64 元；主营业务综合毛利率 16.59%，同比减少 3.51 个百分点。

2014 年，公司完成发电设备产量 3 445.5 万 kW，同比增长 4%，其中水轮发电机组 343.45 万 kW，汽轮发动机 2 996 万 kW，风电机组 106.05 万 kW，电站锅炉 2 301 万 kW，电站汽轮机 3 129.4 万 kW。

2014 年，全年公司新增订单 382 亿元，其中出口项目 18 亿元，约占 5%。新增订单中，高效清洁能源占 58%，新能源占 16%，水能与环保占 5%，工程及服务占 21%。截至 2014 年末，公司在手订单达 1 267 亿元，其中：高效清洁能源占 64%、新能源占 16%、水能与环保占 4%、工程及服务占 16%。在手订单中，出口项目约占 13%。

国内市场签订多个重大项目。获得惠来三期 2×100 万 kW 项目订单，签订徐矿新疆库车 2×66 万 kW 超超临界坑口电厂工程总承包合同；获得国内首个百万 kW 核电主机改造合同；布局未来 3 ～ 5 年重型燃机市场，推出了 F5 和 J 型新型燃机机组；直驱 DF121 - 2500 机型获得批量合同，新型双馈 FD116 - 2000 机型投运，订单量稳步提升；获得首台 60 万 kW 通流改造项目订单，并与中国大唐集团公司签订机组改造协议。

江特电机：电机订单下滑，继续加码锂电新能源业务

2014 年，受国家宏观经济增速下滑、传统产业持续低迷的影响，公司起重冶金电机、高压电机及矿产等产品的销售受到了很大的影响，订单减少，销售回笼困难，导致公司经济效益同比出现下降。报告期公司实现营业收入为 79 329.91 万元，同比下降 7.26%；利润总额 5 321.81 万元，同比下降 26.87%；净利润 4 376.68 万元，同比下降 31.74%。

电机产业方面，2014 年，公司以市场为导向，加大产品结构调整步伐，加快节能、高效、智能电机的发展速度，新能源汽车电机、电梯扶梯电机、风力发电配套电机等产品的销售收入实现了快速增长，特别是新能源汽车电机的销售收入实现了 811.74% 的增长，向节能、高效电机产品转型成效明显。同时并购了上海交鸿，拓展机器人等自动化产业，加快了向智能电机转型的步伐。

矿产业方面，何家坪矿区的道路建设等前期工作已全部完成，宜丰矿区征地、征林、修路等前期准备工作大部分已完成。泰昌矿业二期技改扩建已全部完成，2015 年将实现满负荷生产，宜丰矿区“年采选 120 万 t 锂瓷石高效综合利用项目”正在紧张实施之中，矿产业发展速度明显加快。

锂电新能源产业方面，宜春银锂锂云母制备碳酸锂生产稳定，产品销量良好，为了更好地实现规模化、低成本生产碳酸锂，目前正在结合设计院的工艺优化方案扩大产能，同时聘请设计院启动募投项目建设，计划 2014 年底完成。江特锂电正极材料受益于锂电产业的政策支持，销售较为稳定。电动车方面：公司收购宜春客车厂后，具备了客车制造资质，将在 2015 年实现新能源客车的生产和销售；低速电动车拟采用国内外先进技术提升产品品质，抢占中国低速电动车行业的制高点。

金风科技：风机毛利率提升，风电运营收入快速增长

2014 年，公司营业收入 1 770 421.80 万元，同比上升 43.84%；实现营业利润 205 231.86 万元，同比上升 331.52%；实现净利润 185 351.32 万元，同比上升 327.44%；实现归属母公司净利润 182 968.23 万元，同比上升 327.85%。

2014 年，公司继续加大研发力度，注重现有产品的优化、升级以及新产品的推出。公司 GW93/1500 高海拔型机组、GW121/2500 低风速机组均实现批量装机，目前运行情况良好。公司推出的新产品 2.0MW 机组首台样机成功实现并网。公司通过多种措施有效降低成本，加强存货管理，全年机组毛利率为 24.53%，同比提升了 4.28 百分点；存货周转率得到提高，较上年同期提高了 30.39%。

公司风力发电机组及零部件销售收入 1 578 529.13 万元，同比上升 39.69%，实现对外销售容量 4 189.75MW，同比上升 43.33%。截至 2014 年底，公司累计装机容量超过 24GW，在全球的总装机数超过 17 600 台，其中 1.5MW 机组装机超过 12 300 台，2.5MW 机组装机超过 900 台。根据可再生能源学会风能专业委员会统计数据，2014 年，公司国内新增装机 443.4 万 kW，市场占有率为 19.12%，连续四年国内排名第一。

报告期内，公司经营的风电项目实现发电收入 116 936.81 万元，同比增加 217.66%。风电场销售的投资收益 33 314.85 万元，同比增长 148.89%。截至报告期末，已完工风电场装机容量 2 000MW，权益装机容量 1 522.42 MW；在建风电场项目容量 1 473.50 MW，权益容量 1 453.70 MW。除北京天润外，公司亦在国际市场投资风电场项目，于报告期内转让 1 个澳洲风电项目公司部分资产，转让权益装机容量 124.13MW。截至报告期末，公司国际风电项目已完工风电场装机容量 246MW，权益装机容量 121.74MW。

海陆重工：下游不畅影响业绩，核电项目迎来机遇

2014 年，受下游行业不景气的影响，公司新签订单量和接单毛利都有一定比例下滑。部分项目进度低于预期，部分客户延期交货，部分子公司遭遇行业困境，面对诸多不利局面，公司尽力化解外部不利因素，努力生产经营，共实现营业总收入 140 415.32 万元，比上年同期减少 5.19%；实现营业利润 7 232.27 万元，比上年同期减少 32.13%；实现利润总额 8 032.52 万元，比上年同期减少 32.28%；实现归属于上市公司股东的净利润 6 350.33 万元，比上年同期减少 38.10%。

报告期内，公司 2009 年非公开发行股份募集资金建设的大型及特种材质压力容器制造技术改造项目核承压设备制造技术改造项目业已全面竣工投产，随着 2015 年国内核电建设重启，公司的核电业务板块也将随之迎来一个快速发展的机遇期。

报告期内，控股子公司广州拉斯卡工程咨询有限公司与东北制药集团股份有限公司签署了《东北制药集团股份有限公司异地改造建设项目污染治理工程 – 焚烧车间 EPC 总承包合同》，公司加快向高端医药与环保工程总承包领域布局的步伐。

浙富控股：践行“大能源 + 互联网等新兴领域投资”

2014 年，在节能减排的压力下，随着节能环保升级为国家支柱产业，核电项目正式启动，水电行业开始回暖。发电设备市场竞争激烈，市场需求下滑，发电设备价格持续下降，公司经营业绩下降。2014 年度公司实现营业收入 68 601.52 万元，同比下降 13.83%；净利润 1.01 亿元，同比增长 10.6%。

为应对近年来国内水电设备市场需求下降的趋势与激烈的行业竞争现状，公司逐步将水电业务扩展至海外，并取得了积极的成果。累计获取三个重大海外水电订单，分别来自于乌干达、老挝和土耳其，属于“一带一路”沿线国家。

控股子公司四川华都核设备制造有限公司获核电订单，标志着公司真正成为核一级部件设计制造商。报告期内，国内核电建设正式重启，控股子公司华都公司凭借卓越的产品质量和竞争力，一举拿下国内国外两个控制棒驱动机构订单。这不仅是核电业务质的突破，也让公司在核电行业站稳脚跟，成为核一级部件的主要供应商。

公司以持有的上海二三四五网络科技股份有限公司的股权参与海隆软件的重大资产重组交易。海隆软件与二三四五的并购重组有利于完善公司战略投资的退出渠道及丰富投资收益实现路径，同时有利于优化公司资产流动性。

2014 年 4 月 24 日，公司与璀灿星河文化传媒有限公司及田明先生正式签署了梦响强音文化传播（上海）有限公司之股权转让协议，公司将受让梦响强音 40% 股权。

上海电气：各版块业务健康发展

2014 年，公司实现营业收入 767.85 亿元，同比减少 3.1%；归属于母公司股东的净利润 25.54 亿元，同比增加 3.7%。

新能源设备：国内核电市场开始逐渐恢复，新建核电项目开始处于缓慢推动状态，在国家内陆建设核电项目的呼声不断出现；中国核电走向海外市场项目开始启动，新接核电核岛设备订单逾29亿元，同比增长显著。新接风电订单逾94亿，创历史新高。通过引进西门子技术，首台4.0MW海上风力发电机组成功下线。新能源板块实现营业收入77.51亿元，比上年同期增长31.6%，其中风电产品营业收入同比增长73.6%；板块毛利率为12.5%，同比增加3.1个百分点。

高效清洁能源设备：在燃气轮机领域，出资收购意大利安萨尔多能源公司40%股权并将通过与安萨尔多在重型燃气轮机市场的通力合作，加快实现燃气轮机业务的国际化进程，提升在全球能源装备领域的竞争力。高效清洁能源板块实现营业收入286.94亿元，比上年同期减少12.7%，其中输配电设备业务同比增长9.5%，板块内的燃煤发电设备业务同比减少11.0%；板块毛利率为19.4%，较上年同期下降0.8个百分点。

工业装备：2014年，新型城镇化的推进、公共设施投资、节能更新及旧梯改造等因素，对于电梯行业持续发展起着有利的推动作用。国内电梯市场需求保持了平稳中略有发展的格局。上海三菱电梯继续围绕“全面覆盖、重点突出、纵深发展、两头延伸”的市场发展战略，抓住公共设施建设的机遇，同时兼顾低端保障房市场；推出以满足不同用户的个性化需求为导向的电梯产品，并重点发展高端高速电梯产品。工业装备板块实现营业收入260.19亿元，比上年同期增长2.2%，其中电梯业务收入同比增长5.1%；板块毛利率22.6%，同比增加0.8个百分点。

现代服务业：从单一火电为主，转向火电+新能源领域，逐步培育燃气轮机、风电、环保工程项目的承接和执行能力；2014年承接了甘肃金昌中新能100MW光伏电站工程，为进一步拓展光伏市场奠定良好基础。现代服务业板块实现营业收入181.40亿元，比上年同期减少10.9%，虽然板块内输配电工程业务收入增长12.0%，金融业务收入增长27.7%，但电站工程业务收入同比下降26.8%；板块毛利率为17.0%，较上年同期大幅增加6.2个百分点。

华西能源：订单大幅低于预期，环保项目取得进展

2014年度，公司实现营业总收入3 268 585 422.70元，比上年同期增长4.20%；实现营业利润157 492 378.80元，比上年同期增长23.56%；利润总额168 669 880.11元，比上年增长12.80%；归属于母公司所有者的净利润149 122 301.05元，比上年同期增长13.47%。

1—12月，公司正式签订及中标合同总金额21.85亿元，仅完成年度方针目标计划的42.84%。在国内经济持续低迷的宏观环境下，电力需求增速持续放缓，火电投资持续下降；行业内，各主要企业产能提升，火电装备出现产能过剩、竞争日益加剧；国际市场上，公司重点出口地区南亚、东南亚等地区市场经济增速持续放缓、电力投资增速明显下降。受上述诸多不利因素的影响，尤其是海外市场拓展未取得预期重大突破，全年新增订单未能达到年初预订目标。

报告期内，公司国内市场稳步发展、中小机组及余热锅炉产品市场开拓取得进展，成功签订了多台煤气锅炉、生物质锅炉、大型燃气轮机余热利用锅炉、EPC工程总包供货合同；公司承接制造的安德利茨GP大型碱回收锅炉项目模块制造完工并顺利交付客户，这是中国同类产品首次进入美国本土市场；公司特种锅炉产品市场得到巩固和发展。

公司专业化分工业务构架调整取得重大进展。华西能源工程有限公司、自贡华西能源工业有限公司、四川鼎慧商贸有限公司等全资子公司先后成立，专业负责承接公司工程总包、装备制造等板块业务。

报告期内，公司自主研发制造的自贡垃圾焚烧发电项目顺利通过四川省科技厅省级科技成果鉴定，受到中国工程院院士和业内资深专家的认可。报告期内，公司完成了大容量、高参数锅炉的技术开发，光热项目技术研发、智能化装备车间等项目按期推进；公司技术研发水平持续提高。

成功并购广东博海昕能环保有限公司；广安垃圾发电项目1#炉成功点火、张掖垃圾发电项目开工建设；公司固废处理市场领域竞争实力进一步得到提升。

华锐风电：尽力实现扭亏，前途依然未卜

2014年，公司营业收入3 619 880 770.06元，营业成本3 153 492 489.71元，主营业务毛利率同比增加5.4个百分点；2014年，公司加强预算管理、大力控制费用支出，销售费用、管理费用、财务费用三项合计支出974 354 043.70元，同比下降28.99%；2014年12月，公司向富海新能、大连汇能转让部分应收账款，转回应收账款计提的坏账准备。同时公司还取得部分供应商的质量损失赔偿和债务豁免，2014年公司净利润80 732 834.44元，实现扭亏为盈。

公司于2011年12月发行的规模为26亿元的“122115”公司债券，赋予了投资者在第3年末的回售选择权。由于公司经营业绩连续下滑、被证监会立案调查、公司资金紧张等原因，“122115”公司债券的相关持有人行使回售选择权的意愿强烈，如果届时公司未能按期足额兑付，可能产生重大风险。为此，公司成立了专门的债券偿付工作组，在政府、监管机构和公司股东的支持和帮助下，公司顺利实施了有关偿债方案。公司以17.8亿元人民币的价格向富海新能、大连汇能转让了部分应收账款，并以低于账面值的方式向相关客户回收了7.59亿元货款。2014年12月26日，公司如期完成公司债券本息兑付工作。

2014年12月，公司实施了资本公积金转增股本，除重工起重之外的其他21家发起人股东于本次取得的转增股份让渡给富海新能、大连汇能，富海新能成为公司第一大股东，为公司未来的长期稳定发展奠定了基础。

2014年，公司通过各种方式积极消化库存，通过统筹调配各区域子公司生产服务性库存物资、建立维修中心缩短物资修复周期、加强技改升级等措施，保障物资的合理利用，减少不必要采购支出。2014年末，公司存货余额6 078 086 455.21元，较2013年末下降19.98个百分点。

2014年，尽管渡过了公司债券兑付危机、实现扭亏为盈，但公司经营仍十分困难，部分经营指标完成情况不理想。2014 年，公司在国内新增装机容量排名已下降至第十位；2014 年，公司未能获得新增订单，在手订单执行率低；公司目前在手资金严重不足，银行融资尚未恢复，回款仍不畅，资金紧张对公司的配套供应、项目执行造成重大影响；公司面临大量仲裁、诉讼，如公司经营、资金状况不能尽快扭转，公司涉诉事项的解决将十分困难，潜在的涉诉风险也会增加。

杭锅股份：控制贸易业务规模导致收入下滑，锅炉业务订单持续下降

2014 年，公司实现营业收入 313 278.07 万元，较上年同期下降 47.28%，实现营业利润 11 043.92 万元，较上年同期下降 26.61%，实现归属于母公司的净利润 7 064.17 万元，较上年同期增长 1.93%。

部分省市天然气发电上网电价已经确定，一旦各地上网电价确定，天然气发电将迎来快速发展期，公司将抓住该机遇，促进公司燃气轮机余热锅炉订单增长；报告期内，公司新增燃汽轮机联合循环余热锅炉订单与上年同期相比下降 35.5%。2014 年，部分省市天燃气发电上网电价虽已确定，但尚未落地，加上天燃气价格上涨，部分天燃气发电项目暂缓，公司有项目中标，但未能在当年生效。公司将继续努力保持在该市场的领先地位。

抓住节能减排和大气治污带来的余热利用设备和工程服务的发展机遇，促进公司余热锅炉和 EPC、EMC 业务订单增长。报告期内，公司新增 EPC、EMC 订单 56 858 万元，比上年同期略降。因为国内经济去产能化，公司的目标客户经营情况不景气，公司在新接 EPC、EMC 订单时趋向谨慎。

加快拓展海外市场，使之成为国内市场的有效补充；报告期内，公司新增海外订单（不含税）79 833 万元，比上年同期增长 17.4%；主营业务外销实现收入 77 025 万元，比上年同期增长 21.7%。

控制贸易业务规模，加强在手订单业务的风险控制以及出险业务的持续跟进，尽可能地降低出险贸易业务给公司业绩带来的冲击；报告期内，公司贸易业务实现收入 35 513 万元，比上年同期下降 84.6%。

天保重装：新开工项目减少，积极开拓节能环保业务

2014 年，公司实现营业收入 39 932.40 万元，同比增长 12.20%，营业利润 3 845.57 万元，同比增长 4.35%，归属于上市公司股东扣除非经常性损益后的净利润 3 123.71 万元，同比增加 3.37%。

2014 年，公司下游电力、化工等行业投资进度放缓，新建项目少，项目停建、延期普遍，电力设备投资和新开工项目减少，海外市场水电设备品质要求高，同时受经济，政策、文化等因素影响，市场开拓存在一定难度，在市场竞争激烈，企业成本增加，行业利润持续走低的形势下，传统制造业面临着严峻的挑战。

公司立足于水电设备制造行业，继续加强同安德里茨、哈电等战略合作。报告期内，针对公司重点项目重点组织，取得突破。在环保业务方面，控股子公司天圣环保作为国内领先的污泥处理设备生产制造商和环境治理综合服务商，核心设备广泛应用于市政、石油、石化、化工、隧道、电力、矿业、食品等领域。

另一方面，受宏观经济的影响，传统业务分离机械产品业务出现明显下降，为抓住国家“十二五”规划和新兴产业政策带来的发展机遇，公司在保持水电业务稳步发展的同时，报告期内公司开拓节能市场，转变业务模式，2014 年 3 月，公司与湖南裕华化工集团有限公司签订《湖南裕华化工集团有限公司 15 万 t/a 热法氯化铵项目机电设备总承包合同》、2014 年 6 月 9 日公司与金昌奔马农用化工股份有限公司签订《金昌奔马农用化工股份有限公司 30 万 t/a 原料煤节能技术改造项目合同能源管理服务合同》，实现了公司在节能业务领域的突破。

中电电机：需求不旺业绩下滑，市场开拓取得一定成效

2014 年，公司实现营业收入 330 501 733.49 元，同比减少 49 723 070.44 元，降幅 13.08%；利润总额 62 639 322.03 元，同比减少 6 453 867.62 元，降幅 9.34%；净利润 54 340 124.75 元，同比减少 5 503 029.63 元，降幅 9.19%。

2014 年，在国内经济面临经济增速放缓以及总需求不足等压力下，冶金、机械、建材等领域产能过剩严重，行业扩张受到影响，公司作为此类行业动力设备的供应商，也受到了一定影响，导致公司高压电机、直流电机等产品订单有所下滑，企业利润也出现了小幅下滑。

在复杂严峻的宏观经济形势背景下，公司在全面分析宏观经济走势、行业发展趋势的基础上，通过持续不断地推进技术创新、降本增效，加强生产质量管理，拓展销售渠道，优化基础管理工作。在产品研发方面，DSF-50-2 13.8kV 冲击发电机、YSBFKS 3.1MW 双馈风力发电机等产品被评为江苏省高新技术产品；在市场开拓方面，外贸订单再创佳绩，石化项目有了质的提升，公司产品顺利进入矿山行业高难度、重大电机市场；在产品生产方面，超大容量绕线型三相异步电动机成功交付欧洲知名企业 LAFARGE（拉法基）使用、江苏省高新技术产品 DSF 冲击发电机等产品顺利投入使用。这些都为 2015 年公司的发展打下了坚实的基础，使公司的经营业绩在日益严峻的市场环境下，公司业务仍能保持在较为稳定的水平。

综上所述，从 15 家上市公司经营状况来看，2014 年由于经济增速放缓，下游行业产能依旧过剩，发电设备行业市场需求依旧低迷。多数公司新增订单水平出现下滑。市场竞争环境继续恶化，对订单价格形成冲击，毛利率也有所下降。发电设备上市公司大多收入下滑，若不考虑华锐风电大幅扭亏，行业利润实际增速约为 5%。

2014 年，国家通过出台多项促进风电市场发展的政策，全面优化该产业的发展基础和空间，包括调整陆上和海上风电上网电价、加强风电项目规划及核准管理、多举措促进风电消纳等。在一系列有针对性的行业政策支持下，2014 年，我国风电行业延续 2013 年明显复苏的良好势态，继续稳步增长。国内新增风电吊装容量创历史新高，弃风限电问题进一步改善，国家能源局及国家电网也加快了对清洁能源外送线路的规划和建设步伐。2014年，国内新增风电装机容量迎来新的高峰。根据中国风能协会的初步统计，2014年，国内风电新增吊装容量同比增长44.2%，达到23.20GW，刷新2010年18.93GW的历史纪录；我国累计风电装机容量突破100GW，达到114.61GW。随着风电消纳和企业现金流的持续改善，风电项目投资的前景明朗化，促进新项目的建设需求；另一方面，风电上网电价调整的预期使得部分地区在2014年下半年出现抢装的现象。2014年，全国新增并网容量为1 981万kW，同比增长36.7%，累计并网容量9 637万kW，同比增长26%。

三、电气一次设备行业：盈利情况持续回暖

以提供输变电一次设备为主的上市公司有特变电工（600089）、长征电气（600112）、长城电工（600192）、华仪电气（600290）、平高电气（600312）、旭光股份（600353）、宝光股份（600379）、置信电气（600517）、中天科技（600522）、天威保变（600550）、精达股份（600577）、宝胜股份（600973）、中国西电（601179）、广电电气(601616)、正泰电器(601877)、万家乐(000533)、东北电气（000585）、思源电气（002028）、东源电器（002074）、三变科技(002112)、荣信股份（002123）、蓉胜超微(002141)、深圳惠程(002168)、南洋股份(002212)、奥特迅(002227)、万马电缆(002276)、鑫龙电器(002298)、太阳电缆(002300)、中利科技(002309)、英威腾(002334)、科华恒盛（002335）、北京科锐（002350）、森源电气（002358）、中恒电气（002364）、摩恩电气（002451）、长高集团（002452）、中超电缆（002471）、汉缆股份（002498）、金杯电工（002533）、通达股份（002560）、特锐德(300001)、南风股份(300004)、九洲电气(300040)、合康变频（300048）、中能电气（300062）、金利华电（300069）、经纬电材（300120）、汇川技术（300124）、启源装备（300140）、科泰电源（300153）、露笑科技（002617）、永大集团（002622）、通光线缆（300265）、阳关电源（300274）、麦迪电气（300341）、大连电磁（002606）、远程电缆（002692）、欣泰电气（300372）、易世特(300376)、良信电器(002706)、东方电缆(603606)、鲁亿通(300423)、杭电股份(603618)、弘讯科技(603015) 64家公司，一次设备行业平均营业收入为300 435万元，净利润17 186万元，股东权益232 497万元，每股收益0.31元，净资产收益率8.02%。平均总资产455 996万元，资产负债率49.01%，流动比率1.72，速动比率1.37。电气一次设备行业上市公司经营情况见表2。

表2　电气一次设备行业上市公司经营情况

简称	总股本（万股）	营业收入（万元）	同比增长（%）	净利润（万元）	同比增长（%）	每股收益（元）	净资产收益率（%）	资产负债率（%）	流动比率	速动比率
万家乐	69 081.60	389 645.86	68.62	12 715.32	-30.35	0.18	9.85	48.37	2.11	1.73
东北电气	87 337.00	19 751.35	0.79	616.91	-37.60	0.01	2.16	40.61	2.23	1.98
思源电气	62 097.53	367 130.48	8.44	45 628.85	31.59	0.74	12.79	30.67	2.72	2.27
东源电器	25 336.80	88 550.62	19.91	3 764.13	29.18	0.15	7.60	58.73	1.11	0.90
三变科技	20 160.00	92 382.51	0.29	1 670.97	-14.46	0.08	3.50	63.03	1.23	0.94
荣信股份	50 400.00	92 779.98	-38.04	-25 768.39	-439.76	-0.51	-14.41	48.08	2.70	2.12
蓉胜超微	18 188.80	98 953.74	-1.10	224.42	-73.54	0.01	0.75	46.49	1.35	0.96
深圳惠程	75 710.48	31 320.10	-27.63	-8 885.23	-349.17	-0.12	-8.51	20.48	3.61	3.17
南洋股份	51 026.00	225 889.33	23.26	5 179.05	3.90	0.10	2.96	41.83	2.87	2.01
奥特迅	21 944.91	45 795.63	31.61	8 168.78	58.89	0.37	10.71	21.07	3.83	2.87
万马股份	93 963.55	584 695.02	20.42	23 540.63	6.99	0.25	8.66	41.68	2.17	1.92
鑫龙电器	41 384.83	80 940.89	-10.58	1 499.85	-82.86	0.04	1.17	41.84	2.05	1.33
太阳电缆	45 225.00	335 354.25	-0.19	16 648.43	20.10	0.37	13.63	54.34	1.03	0.77
中利科技	56 829.23	924 607.16	14.50	28 557.95	64.67	0.52	6.80	69.70	1.59	1.27
英威腾	35 762.48	105 788.43	13.99	16 191.40	31.12	0.45	11.14	15.28	5.24	4.57
科华恒盛	22 419.55	148 566.47	46.57	12 696.08	11.40	0.58	11.23	41.55	1.78	1.51
北京科锐	21 828.00	134 777.45	35.67	7 362.96	19.82	0.34	6.82	34.18	2.09	1.59
森源电气	39 779.77	114 574.06	-13.15	26 308.99	1.26	0.66	12.63	45.40	1.74	1.42
中恒电气	26 112.12	60 090.65	39.14	12 570.93	41.33	0.49	13.07	20.29	5.01	3.61

（续）

简称	总股本（万股）	营业收入（万元）	同比增长（%）	净利润（万元）	同比增长（%）	每股收益（元）	净资产收益率（%）	资产负债率（%）	流动比率	速动比率
摩恩电气	43 920.00	64 665.13	46.09	2 641.82	55.47	0.06	3.98	56.93	0.82	0.71
长高集团	26 123.20	47 836.57	-3.61	9 041.25	18.03	0.35	7.71	15.77	5.34	3.86
中超电缆	50 720.00	486 577.14	9.39	10 383.00	-37.08	0.20	6.32	63.38	1.50	1.14
汉缆股份	107 316.00	463 761.04	-3.53	23 789.00	-45.17	0.22	5.64	28.39	2.74	2.09
金杯电工	55 351.68	317 712.82	5.85	12 790.47	12.61	0.24	6.52	25.40	3.10	2.50
通达股份	13 980.31	79 857.14	-17.63	4 688.27	-21.18	0.34	3.38	18.41	4.36	3.87
露笑科技	18 000.00	264 828.66	-2.98	-3 913.82	-202.70	-0.22	-4.62	60.98	1.33	1.10
永大集团	15 000.00	16 104.26	-12.80	4 725.35	22.19	0.32	3.87	13.21	3.98	3.46
特 锐 德	40 080.00	193 205.42	42.77	15 908.82	34.40	0.40	11.25	48.30	1.48	1.24
南风股份	25 460.95	81 836.29	100.84	10 872.94	134.55	0.50	3.63	20.03	2.29	1.47
九洲电气	27 780.00	18 951.37	-9.41	-5 572.32	-714.02	-0.20	-4.71	15.23	6.47	5.55
合康变频	33 814.48	66 744.67	0.85	4 370.93	-1.70	0.13	2.87	19.78	3.61	2.52
中能电气	15 420.70	45 752.88	2.56	3 036.02	-23.98	0.20	3.98	19.94	3.81	2.86
金利华电	11 700.00	20 772.59	8.13	1 569.82	-33.41	0.13	3.24	26.30	2.35	1.23
经纬电材	20 590.00	42 502.05	2.81	494.99	-85.16	0.02	0.83	15.18	3.97	3.53
汇川技术	78 245.13	224 255.01	29.94	66 631.65	18.94	0.85	19.21	21.95	4.09	3.64
启源装备	12 200.00	26 747.41	11.92	849.92	-7.05	0.07	1.08	16.02	3.70	3.19
科泰电源	16 000.00	63 453.53	36.20	3 132.72	55.65	0.20	3.34	18.46	4.10	3.13
通光线缆	13 500.00	85 684.11	11.59	3 224.01	-23.85	0.24	4.13	35.03	2.01	1.64
阳光电源	65 828.50	306 224.74	44.42	28 328.64	56.48	0.43	11.97	51.50	1.81	1.48
特变电工	324 013.37	3 607 475.63	23.65	164 860.06	24.11	0.52	8.43	64.55	1.23	0.93
天成控股	50 920.48	48 916.26	-25.28	1 591.12	118.59	0.03	1.26	51.86	0.96	0.84
长城电工	44 174.80	205 800.28	2.34	7 771.10	9.30	0.18	4.19	54.58	1.55	1.11
华仪电气	52 688.37	174 903.22	14.12	9 072.37	103.38	0.17	4.55	56.63	1.66	1.47
平高电气	113 748.56	460 582.65	20.62	69 322.50	73.91	0.66	11.81	38.57	1.70	1.36
旭光股份	27 186.00	54 539.23	22.95	6 320.42	-27.11	0.23	6.44	20.73	3.71	3.06
宝光股份	23 585.83	59 214.33	0.33	2 030.23	8.51	0.09	4.99	34.01	2.17	1.52
置信电气	124 452.23	420 137.38	28.53	28 557.06	0.76	0.23	12.41	52.37	1.51	1.26
中天科技	86 276.75	864 134.05	27.62	56 552.74	7.41	0.76	7.20	31.14	2.57	1.94
保变电气	153 460.71	389 504.27	-10.64	6 770.78	-101.29	0.05	7.40	86.78	1.03	0.74
精达股份	97 766.21	926 809.78	-2.95	13 488.47	2.42	0.17	4.93	41.14	1.72	1.45
宝胜股份	41 138.75	1 216 237.64	24.01	12 867.44	29.51	0.31	6.24	75.07	1.14	0.93
中国西电	512 588.24	1 408 203.71	6.70	68 412.91	112.64	0.13	3.80	39.14	2.10	1.70
广电电气	93 258.00	89 219.72	-19.39	3 876.56	-28.98	0.04	1.54	16.88	3.78	3.46
正泰电器	101 146.65	1 276 723.00	6.78	183 277.81	18.88	1.82	30.34	47.20	2.20	1.90
大连电瓷	20 000.00	59 160.39	-5.09	2 574.65	-15.71	0.13	3.53	42.86	1.60	1.01
远程电缆	32 643.00	249 380.67	8.28	9 857.21	-24.70	0.30	7.64	49.74	1.46	1.16

（续）

简称	总股本（万股）	营业收入（万元）	同比增长（%）	净利润（万元）	同比增长（%）	每股收益（元）	净资产收益率（%）	资产负债率（%）	流动比率	速动比率
麦迪电气	18 400.00	30 594.66	3.01	3 760.51	-15.67	0.20	6.86	11.44	6.99	6.28
欣泰电气	8 577.86	41 901.11	-11.50	4 409.98	-29.92	0.51	6.71	37.01	2.31	2.09
易事特	1 7890.00	196 908.54	46.09	17 353.63	9.53	0.98	16.01	56.80	1.76	1.50
良信电器	8 845.70	85 570.56	25.13	10 027.48	23.74	1.19	12.75	24.26	3.40	2.92
东方电缆	14 135.00	159 326.66	19.48	6 501.57	3.92	0.55	8.43	53.09	1.48	1.06
鲁亿通	—	30 404.88	15.42	4 281.89	29.64	0.65	19.93	54.71	1.53	1.44
杭电股份	—	266 806.95	10.81	11 702.31	21.12	0.73	13.88	67.04	1.22	0.73
弘讯科技	—	45 704.54	4.29	8 980.41	-4.86	0.60	16.80	25.93	3.28	2.59
平均	57 746.15	300 425.42	13.45	17 186.04	137.93	0.31	8.02	49.01	1.72	1.37

注：鲁亿通、杭电股份、弘讯科技为2015年上市新股，股本指标未纳入统计。

从表2可以看到，一次设备行业营业收入同比增长13.45%，保持较快增长，净利润同比大幅增长137.93%，主要是受保变电气实现扭亏影响。整体上看，2014年一次设备行业保持平稳增长，盈利水平持续改善，财务指标优化。

万家乐：顺特电气订单增长，厨卫业务市场地位稳固

2014年，公司实现营业收入389 646万元，同比增长69%；营业利润22 666万元，同比增长19.5%；归属于上市公司股东的净利润12 715万元，同比减少30%，扣除非经常性损益后，归属于上市公司股东的净利润10 428万元，同比增长9.2%。

输配电方面，在严酷的市场竞争形势下，顺特设备制定完成“2014—2020年发展战略规划”，明确战略发展目标和行动路径。根据战略规划，顺特设备积极调整完善营销管理政策，以地域+客户管理来提升销售的针对性，并通过统筹项目、整合资源和加大重点大项目的跟进和支持来提高大项目的中标率和中标额。2014年，国内市场新能源投资提速和海外市场新能源EPC项目需求上升，带来了公司相关业务的增长。在顺特设备各部门的共同努力下，全年订单总额同比增长21%，干变、组变、开关、电网四大类产品订单全线增长。报告期内，顺特设备实现营业收入126 588万元，同比增长9.5%；实现营业利润13 007万元，同比减少18.6%，营业利润减少的主要原因是2014年确认的一次性投资收益较上年减少，扣除该部分投资收益的影响，营业利润同比持平。

厨卫电器方面，受宏观经济下行压力大、国内房地产市场步入调整期、国家节能惠民补贴政策到期等因素的影响，厨卫电器行业整体增速放缓。公司厨卫电器业务板块以百亿战略发展规划为指导，树立“用户体验至上”的经营理念，持续推进渠道优化创新和新产品研发，经营规模和盈利水平得到提升。2014年，公司厨卫电器业务实现营业收入261 798万元，同比增长16.7%；实现营业利润15 190万元，同比增长57.8%。

思源电气：新增订单保持高位，产品质量持续提高

2014年，公司当年新增销售订单50.89亿元，同比增长0.67%；当年发货42.66亿元，同比增长10.80%；实现营业收入36.71亿，同比增长8.44%；实现净利润4.56亿元，同比增长31.59%。

2014年，公司新产品实现了市场突破，在高端项目获得了订单，充分说明了公司产品及品牌受到了客户的认可。公司重点研发投入的550kV GIS通过了鉴定，550kV罐式断路器已经取得了国家电网的订单。公司在直流或特高压工程取得了较好的成绩，公司成功中标±800kV灵—绍特高压直流工程、金中直流工程、1 000kV锡盟-山东特高压交流工程、鲁西背靠背直流工程等高端项目的订单。2014年，公司首次实现高端项目的海外突破，中标埃塞俄比亚复兴大坝输变电工程电容器供货合同（中标金额6 925万元）。

在管理上，公司对标准元器件进行了集团化统一管理，标准件种类下降7.9%；加强了项目管理及产品交付管理；产品生命周期管理（PLM系统）功能不断完善，在公司下属各产线公司内得到推广应用，并成功与ERP系统实现功能对接。公司产品质量持续提高，公司通过持续推进8D方法，完善分层过程审核检查流程，提升纠正预防措施的有效率，产品质量得到明显提升，2014年度产品运行事故总体下降40%；产品运行故障率平均下降30%。

特变电工：受益“一带一路”战略，订单饱满

2014年，公司实现营业收入360.75亿元，营业利润16.93亿元，利润总额20.51亿元，净利润18.11亿元，归属于上市公司股东的净利润16.49亿元；与2013年相比分别增长23.65%、31.07%、32.01%、31.42%、24.11%。

2014年，公司通过进一步提升市场响应速度，市场开拓取得了新进展。输变电产业在特高压、大型火电、大型水电、大型核电等领域中标率继续保持行业领先；围绕国家“一带一路”的重大战略，进一步加快“走出去”的步伐。2014年，公司国内输变电市场签定订单220亿元。截至2014年12月31日，正在执行及尚待执行的国际成套合同金额超过33亿美元。公司订单任务饱满，可支撑公司正常的经营发展。

公司输变电产业中变压器实现产量2.5亿kV·A，公司的输变电产品采取以销定产的方式生产，不存在积压情况。公司新能源产业多晶硅产量1.75万t，库存量1 515t，订单饱满，不存在积压情况；新能源开工建设的光伏电站、风电场规模超过1GW。公司生产设备基本处于满负荷运转状态，开工率较高。

长城电工：继续加大市场投入，业绩平稳增长

2014年，公司完成营业收入205 800.28万元，同比增长2.34%；实现利润总额9 935.34万元，同比增长2.52%；归属于母公司所有者的净利润7 771.10万元，同比增长9.29%。

针对新的市场形势，公司及时调整营销策略，推行“横向市场平面铺开、纵向市场做细做实”“行业与区域并重、成套与元件并举”的营销策略。在原有区域市场基础上，对行业市场进行重点开发，稳步提升央企集采业绩。强化以国网为代表的行业市场开拓，加大对电网、石油、石化、铁路、新能源、节能环保、通讯电源等领域的投入与开发，开展与大客户的战略合作。组建了公司电工电器统一出口业务平台，以电子商务开发与驻点开发并举，直接与间接出口并重，外贸市场开发初见成效。公司全年累计完成订货24.54亿元，同比增长9.8%，市场结构更趋合理，订货总量稳中有升。

为进一步调整产品结构，促进公司主导产品技术升级，延伸产业链，提高产品的竞争实力，转变发展方式，公司加大科技创新力度。公司全年完成适用国网规范的环网柜、核电1E级开关设备、GSM3E系列智能型塑壳断路器、紧凑型模块化1200kW逆变器等26项新产品新技术项目的研发。共通过省级以上新产品（科技成果）鉴定27项，其中国际领先水平1项，国际先进水平18项，国内领先水平5项。获得甘肃省科技进步一等奖1项，二、三等奖3项。获得授权专利54项，其中发明专利7项。公司荣获2014年度甘肃省人民政府质量奖，“二一三牌ZN-1智能IC卡水表”“长控牌直流接触器”“TEDRI牌矿井提升机电控装置”荣获2014年度甘肃省名牌产品称号。

平高电气：特高压产品放量，延续高增长

2014年全年，公司实现营业收入46.06亿元，同比增长20.62%；实现净利润70 339.46万元，同比增长77.03%；实现归属于上市公司普通股东的净利润69 322.50万元，同比增长73.91%，经营绩效创历史最好水平。

全年超特高压GIS/罐式断路器、常规GIS、断路器、隔离开关产量分别同比增长65%、9%、41.7%、43.5%，较好地应对了大规模批量供货的巨大挑战。圆满完成浙北—福州、淮南站扩建、平圩电厂送出工程等特高压工程批量供货任务，顺利完成西安变、酒泉变、青海当洛、太原第二热电厂等重大项目交货。印度、波兰、埃塞俄比亚等海外工程按合同要求稳步推进。

报告期内，公司在国家电网和南方电网集中招标中，总体市场占有率名列前茅，高端产品占有率领先。成功签订淮南—南京—上海、锡盟—山东特高压项目27个间隔1100kVGIS。控股合资企业平芝公司签订550kVGIS 203个间隔，在南方电网集中招标中屡创新高。配合国家电网及平高集团开拓国际市场，签订伊朗、埃塞俄比亚等配套EPC项目，初步形成了以工程总承包带动配套供货出口的国际业务新格局。

置信电气：“三次创业”取得良好开局

2014年，公司新签合同48.93亿元；实现营业收入42.01亿元，比上年同期增长28.53%；归属于上市公司股东的净利润2.86亿元，比上一年同期增长0.76%；实现每股收益0.23元。

借由结构调整和产业升级的契机，置信电气迈入“三次创业”新征程，公司坚持科技攻关年、管理提升年和业务发展年的年度主线，砥砺奋进、开拓创新，强化内部管理，加快市场拓展，在巩固传统非晶变行业龙头地位的同时，初步形成电气装备、低碳节能、电网运维三大产业格局。

报告期内，公司传统市场进一步巩固提高。克服国家电网招标规则授标上限由7.68%下调为5.98%的不利影响，在2014年度6批次招标中保持良好业绩；面对南方电网招标规则限制，市场需求下降等压力，保持相应市场份额稳中有升；在各省公司配（农）网协议库存中标创历史新高；在江苏、山东、上海、重庆等用户出资市场取得可喜成绩，中标金额稳步增长；系统外市场重点开拓有成效，公司知名度和品牌影响力在石油化工、新能源、通信三大运营商、交通市政等重点行业逐步提升，前景看涨。低碳节能布局加快。置信碳资产协助南瑞集团编制《南瑞集团碳资产管理办法》。与国内7大碳交易所建立合作，率先开设国家登记簿CCER账户以及各地交易所CCER交易账户，并行推进碳交易一级市场和一级半市场。

报告期内，公司启动重大资产重组，拟通过定向非公开发行股份的方式，购买控股股东国网电科院持有的武汉南瑞100%股权。目前，公司已披露“置信电气发行股份购买资产暨关联交易的预案”，正在积极推进本次重大资产重组进程，待相关工作完成后，公司将召开董事会及股东大会审议相关事项，并报国有资产主管部门批准以及中国证监会核准。

蓉胜超微：盈利持续下滑

2014年，公司实现合并营业收入989 537 365.06元，同比减少1.10%；利润总额3 730 030.01元，同比减少69.48%；归属于母公司所有者的净利润2 244 193.96元，同比减少73.54%。

2014年，工业原材料价格持续走低，有色金属行业不改低迷的局面。在此形势下，公司管理层积极转变经营思路，通过整合并重新分配现有资源，量化指标，对外积极寻找高回报客户，对内严格制定高标准要求，巩固公司在微细漆包线业务领域的竞争力。在保持公司原有的市场开发、客户维护制度的基础上，制定更有针对性的营销规划，积极扩展高回报客户群体；另外，报告期内产品直接出口业务发展迅猛，公司将持续推动已步入成熟期的国际业务架构的发展，推行国际化销售战略，完善公司全球化市场格局。

公司在优化了整体产品结构的同时，也对节能、环保产品研发及其他科技资金进行了投入。公司在生产型新产品、前瞻性新产品以及特殊条件和要求下的新产品进行了相关的开发和研究工作，为公司漆包线的生产和销售提供了较好支撑。

中天科技：电缆、新能源双主业齐发展

2014 年，得益于国家工信部“宽带中国”战略及 4G 建设的加快，公司主营产品市场环境良好，光纤光缆市场需求增长较快，电力产品的特种导线应用范围进一步扩大，新能源业务取得突破性进展，使公司主要产品收入均有一定幅度增长。2014 年，公司实现各类产品销售 864 134.05 万元，比上年同期增长 27.62%；营业利润 67 111.55 万元，同比增加 9.39%；净利润 59 138.56 万元，同比增加 6.81%。

电信、电力产品市场需求增长，公司产品结构调整，保持稳步增长。报告期内，公司 85% 的营收来自于电信和电力产品，其中：电信产品实现销售收入 39 亿元，同比增长 10%。因报告期内光纤光缆价格均有下降，且营业成本有所上升，但公司光纤预制棒产量的快速提升，使公司光通信产业链未受到光纤光缆价格下降的过多影响。电力产品实现销售收入 29 亿，同比增长 8.5%。因国家电网、南方电网对普通导线中标价格策略的调整，且营业成本有所下降，使电力产品毛利率有所提升，并随着特种导线及中、高压交联电线销售比例的提升，电力产品的毛利率还将进一步的改善。

海缆系列产品，多块市场需求急增。报告期内，国内风力发电项目快速增长，对海底线缆的需求量爆发式增长；公司长期跟踪的特种项目加快推进，陆续推出订单，使海底光缆收入快速增长；国内、外海洋石油勘探加快也给海底线缆提供了更多市场平台。2014 年，在多项有利市场环境的推动下，公司海底线缆实现销售收入 5.3 亿元，同比增长 83.72%。

完成再融资，新能源产业快速提升，利润贡献初现。报告期内，公司新能源业务按计划有序开展，并取得了突破性进展。控股子公司中天光伏技术实现 53MW 分布式光伏电站并网运行，领先于国家首批 18 个示范区；中天光伏材料的背板产品通过主流厂商鉴定，并实现供货；中天储能科技实现量产，并向移动运营产品供货，新能源产业链进入快速增长期。

三变科技：市场环境未见好转

2014 年度，公司实现营业收入 92 382.51 万元，营业利润 1 386.44 万元，利润总额 1 627.13 万元，归属于上市公司股东的净利润 1 670.97 万元，与 2013 年相比分别增长了 0.29%、-26.57%、-16.71%、-14.46%。

公司进一步加大市场的开拓力度，完成了电网销售目标所需相配套的组织、人员、流程、考核激励制度调整变革，继续提高电网招标中标量，南方电网取得了订单的突破，首次实现了城市轨道变压器的试运行。

为了进一步提升产品的附加值与竞争力，公司不断加强新技术、新工艺的开发与研究，完成变频干式变压器、铁道牵引变压器、地铁牵引干变的产品鉴定；针对当前城网主变的发展要求，开展主变降噪等性能优化的研究开发；推进产品标准化、通用化、节材等优化改进，完成风电、太阳能组合式箱变等优化设计开发；从降低劳动强度、提供产品质量和作业效率、缩短生产周期等方面做出工艺改进。

强化生产排产，推进精益管理，提高了组合变风电、光伏产品的生产能力；加大了自动化、机械化的改造力度，积极提高人均效率；加强物料管理，围绕领发料、补料、退料、滞料等提出所需的指标、流程、管理制度的完善计划，并加以实施；完成供应商管理部门人员配置及相关流程、制度的完善，年采购成本有所下降。

保变电气：业绩扭亏，市场占有率提升

2014 年度公司实现营业收入 38.95 亿元，同比下降 10.64%；利润总额 8 530.04 万元，归属于上市公司股东的净利润 6 770.78 万元，实现了扭亏为盈。

报告期内，公司创新市场营销模式，深挖市场潜力，全年累计实现变压器订货量较上年同期增长 17%，合同价款同比增长 63%，市场占有率明显提高。公司在巩固和发展变压器中低端市场的同时，进一步发挥在特高压、直流项目等高端产品市场的竞争优势，其中中标国网灵州—绍兴 ±800kV 特高压直流项目和锡盟—山东 1 000kV 特高压交流项目，合同金额 11.9 亿元；中标云南电网观音岩项目永仁站全部 14 台换流变压器和 5 台平波电抗器，合同金额近 5.3 亿元；中标南网金中项目全部高端 14 台变压器，合同金额逾 4.2 亿元。

在国际市场方面，公司中标北美 75MV・A/500kV 电抗器，实现了公司出口北美 500kV 电压等级电抗器零的突破。同时，公司在报告期内完成了第一个国外 EPC 项目——孟加拉 132kV 变电站扩建项目的投标，为后续总包项目的开展奠定了基础。

报告期内，公司通过实施资金集中管理、开拓多元化融资渠道有效提高了资金使用效率，降低了财务成本；通过开展应收和存货专项治理工作，提高了资金和存货周转率。公司通过强化财务管控，实现应收账款同比减少 38 754.64 万元，存货净额同比减少 30 513.27 万元。

荣信股份：上市以来首次亏损，积极谋求转型

2014 年，公司实现营业收入 9.27 亿元，同比下降 29.73%；实现净利润 -2.58 亿元，同比下降 439.24%。公司经营业绩不符合预期，新签订单、销售收入及归属于上市公司股东的净利润均有所下降，公司自上市以来首次出现经营业绩亏损。

报告期内，国内经济增速持续低迷，国内各行业深受其影响，尤其装备制造业，公司重要下游行业如煤炭、冶金、有色金属等行业需求萎缩，公司面临着新签订单下降及部分合同延后执行等问题。节能大功率电力电子设备制造业在节能减排的宏观背景下，受国家政策支持，成为国内外公司重点研发和投资的领域，导致包括许多上市公司在内的企业加入到电力电子高端设备生产制造中来，市场竞争逐渐加剧，产能急剧增加，受此影响，公司主导产品市场份额和毛利均有所下降。

近年来，公司规模持续扩张而积累的管理上的弊端开始显现，影响了公司经营业绩。新设子公司较多，产品研发投入较大，部分产品尚未体现出效益，反而加大了公司的管理成本，导致公司营业费用、管理费用和财务费用居高不下，极大拖累了公司的业绩。

公司传统业务以制造业和国内市场为主，在国家经济结构转型和电力电子设备制造业日趋成熟、竞争日趋激烈的背景下，面临着增长放缓的压力，公司业绩受到较大影响，促使公司下决心从传统制造业向现代智能制造业的转型和融合，即节能大功率电力电子设备、设施和系统网络与互联网革命带来的智能设备、智能网络和智能决策间的融合，是数据流、硬件、软件和智能的交互。

公司目前已启动重大资产重组工作，拟通过发行股份及支付现金购买深圳市梦网科技股份有限公司100%股权，希望通过并购重组方式加快战略新兴产业布局的步伐，实现原有传统产业和新兴产业的双轮驱动发展，为公司未来的可持续快速发展奠定坚实的基础。

深圳惠程：主业亏损，寻求外延发展

公司电气业务受配电行业市场竞争加剧、产品价格及毛利率下降等不利因素影响，营业收入及利润同比下降；聚酰亚胺新材料业务受市场接受程度影响，产品销售没有达到盈亏平衡的预期；2014 年公司全年发生较大亏损。全年实现收入 3.13 亿元，同比下降 27.63%；实现净利润 -8 885.23 万元，同比下降 349.17%。

公司继续加大电气业务和聚酰亚胺新材料业务市场开发力度。电气业务，一是在公司传统的电网公司的招标市场上持续改进，优化投标工作，努力提升中标份额；二是加强重点产品宣传推广工作，突出产品特点和优势，通过优化销售方法，在满足客户需求的基础上，提高产品的市场认可度，从而扩大销售规模；三是在巩固电网市场的基础上，依靠公司在电网市场多年积累的经验和知名度，大力开拓行业用户、工程用户和国际市场，支撑公司业绩回升；四是积极采取措施提高客户服务水平，提高产品质量，加强售后服务工作。

新材料业务，公司认真细分市场，仔细研究目标客户，探索了多个市场方向和营销路径，积极拓展多元化下游市场，努力推广聚酰亚胺系列产品。尽管没有达到盈亏平衡的销售预期，但聚酰亚胺产品销售呈现出快速增长的势头，2012 年实现营业收入 1 439.22 万元，2013 年实现营业收入 2 907.39 万元， 2014 年实现营业收入 4 543.73 万元，平均增长达到 79.15%。

奥特迅：经营稳健，利润保持快速增长

2014 年，公司实现营业收入 45 795.63 万元，同比增长 31.61%；实现营业利润 8 239.67 万元，同比增长 87.09%；实现利润总额 9 160.37 万元，同比增长 73.60%；归属于上市公司股东的净利润 8 168.78 万元，同比增长 58.89%；截至 2014 年 12 月 31 日，公司总资产 96 884.32 万元，比 2013 年末增加 15.68%。

报告期内，在技术、市场双轮驱动下，成立产品事业部，以技术促销售，以用户需求促产品升级，创新营销模式；另一方面积极拓展市场，新增销售订单 46 555.96 万元；成功中标“国家电网公司变电项目 2014 年第三批货物直流电源类设备集中招标”“国家电网公司变电项目 1 000KV 特高压电网工程招标”等项目。

报告期内，公司持续进行研发投入，加快产品升级及新产品开发力度，组建了“深圳市电动汽车与电网双向互通工程实验室”，重点研究电动汽车大功率充电与电网之间协调发展的先进技术，如 V2G、V2H、V2V 及新能源发电用于电动汽车充电、智能微网技术等。

报告期内，公司继续加强团队建设，打造高效团队。一方面，完成了股权激励计划预留期权的授予及第一期股权激励计划的行权解锁工作；另一方面，深入推进绩效考核制度，进一步提升了工作效率和工作质量。

南洋股份：北方市场开拓取得成效

2014 年，公司通过不断努力，克服了国内外经济大环境复杂多变的影响，实现营业收入 225 889.33 万元，同比增长 23.26%；利润总额 6 566.18 万元，同比增长 0.51%；归属于上市公司股东净利润 5 179.05 万元，同比增长 3.90%。

公司继续贯彻利用品牌、服务、技术优势，做强高压电缆，做优特种电缆；利用集约化、规模化优势做大中压电缆；不断巩固华南市场，持续开拓并占领北方市场，最终形成“南北呼应”的市场格局的发展战略目标，认真执行年度经营计划，持续发挥品牌、服务优势，加大重点客户开拓力度；继续丰富渠道体系，适时采用多种销售模式；持续优化、扩充销售团队，不断加强营销团队的建设；规范管理，加强内控，持续提升公司治理水平。

万马股份：电缆业务稳定，新能源新材料快速发展

2014 年，公司实现营业收入 584 695.02 万元，同比增长 20.42%，实现归属于上市公司股东的净利润 23 540.63 万元，同比增长 6.99%。

电力通信版块，实现稳步健康发展。公司力抓转型，调整客户结构，聚焦优质客户，2014 年专用线缆销售业绩增幅明显；产品研发力度加强，开发多个新产品，实现新品销售增长；试点实施事业合伙人制，激发团队事业热忱。通信电缆版块的发展符合行业整体趋势，业绩稳步增长。

新材料版块，研发驱动，蓄势待发。全年实现营业收入较上年增长 33.57%，净利润增长 36.06%。万马高分子着重墨于研发及技术团队建设，在研发及创新方面迈出坚实步伐。

新能源版块，抓住机遇，迎来政策暖风。2014年，万马新能源积蓄四年的能量终于迎来初爆发，销售收入、利润创新高。连续三批中标国网充电桩集采，并成功交付。成功研制多功能充电树、欧标国标智能转换插座等多项专利产品，联手电腾云光伏建成国内首座风光储一体化智能运维电动汽车充电站。销售全面开花，建立了与多家车企、电力公司、行业客户等的合作，产品技术上积极开展国际合作，强强联合与国际优秀充电桩领军企业战略合作。

鑫龙电器：利润下滑，大幅调整募投项目

2014年，公司主营业务构成未发生重大变化，公司克服了国际环境影响、投资放缓、GDP增长下调、市场需求下降等不利因素。公司实现营业收入80 940.89万元，同比下降10.58%；实现营业利润918.07万元，同比下降82.78%；实现利润总额2 035.11万元，同比下降79.59%；实现净利润1 665.45万元，同比下降80.98%；其中，实现归属于母公司所有者的净利润1 499.85万元，同比下降82.86%。

募集资金项目进展情况。公司终止实施“年产2万台VA-12智能化固封极柱式高压真空断路器项目”并使用剩余募集资金（含利息）19 734.48万元永久补充流动资金，可以改善资产结构抗风险能力上的不足，盘活资金，有效降低公司的资产负债率及财务费用，提升公司的盈利能力。公司“年产17万台智能型电力电器元件产品生产线项目”的部分募集资金变更为“收购天津市泰达工程设计有限公司项目”，改变投向的募集资金总额为人民币1亿元，用于收购股权的价款支付。公司“高、低压开关柜及元件技术研究中心建设项目” 达到预定可使用状态日期由2014年8月延后11个月至2015年7月，并于2015年1月完成验收正式投入使用。

2014年9月30日，公司披露了《关于筹划重大事项停牌的公告》，并于2014年10月14日披露了《关于重大资产重组停牌的公告》，目前公司及有关各方正在积极推动本次重大资产重组事项涉及的各项工作。

太阳电缆：继续巩固省内优势

2014年，公司合并报表实现营业总收入335 354.25万元，同比减少636.47万元，实现利润总额23 705.19万元，同比增加4 377.58万元，实现净利润17 505.28万元，同比增加2 770.38万元，其中归属于上市公司股东的净利润16 648.43万元，同比增加2 785.72万元。

公司着力巩固福建省市场，提升省内分销网络，把更多的营销职能授予分销商，使其具有快速响应市场的能力。持续发展县级分销网络，提升太阳产品在县级市场的占有率，2014年，公司授权专卖店143家。积极发展省外代理网络，整合有效资源，2014年公司新增代理商32个，目前共组建销售大区8个，代理商117个，覆盖全国主要大中城市。

近年中国电网建设、特高压工程、地铁、高铁等投入加大，以及城镇化进程的持续推进、产业结构调整升级等带来电线电缆新增长点，给电线电缆行业创造了巨大市场机遇，未来电线电缆业还有巨大的发展潜力。公司坚持品质制胜，加强内部管理、市场拓展、技术开发及立品创新，不断提升竞争优势。

中利科技：光伏业务发展壮大

2014年，公司实现营业收入92.46亿元，同比增长14.50%；实现利润总额3.65亿元，同比增长12.09%；归属母公司所有者的净利润2.86亿元，同比增长64.67%。

受4G建设加大投入的有利时机影响，线缆业务较好地扩大了销售规模。在国内，公司线缆业务在传统市场的优势地位继续巩固，在运营商和通讯设备制造商市场方面继续保持领先优势；海外市场方面，公司与耐克森、华为等知名企业合作，销售也有较大幅度提升。此外，铁路系列电缆市场销售额跟随着我国高铁建设的不断加快而持续增长；电力市场、舰船、海洋工程用缆市场也有好表现；铝合金电缆系列产品也形成了规模销售。同时，公司特种线缆产品线不断拓宽，研发能力不断加强，有利于公司产品结构升级，进一步提升公司核心竞争力。

光伏业务坚持采取以开发建设转让光伏电站为主、组件销售为辅的经营策略。公司选取价格较高、盈利能力较好，回款条件较好的订单进行组件销售，对于盈利水平低的订单不予以承接，有利于提升制造环节盈利水平。光伏电站领域，全年国内外共完成391MW光伏电站的并网销售。通过连续三年的大规模光伏电站的开发建设并成功转让，公司已在国内光伏行业内树立了良好的市场形象，累计装机总量名列前茅，并创立了“中利腾晖”品牌。光伏业务已成为公司盈利的主要来源。

科华恒盛：全面转型，三大业务取得推进

2014年，公司实现营业总收入148 566.47万元，同比增长46.57%；归属于上市公司股东的净利润为12 696.08万元，同比增长11.40%。

公司明确以“高端电源”产品解决方案、“新能源”产品解决方案和“数据中心”解决方案三大业务为基础，在智慧城市、信息安全、光伏发电、云计算基础设施及服务、交通、工业与信息两化融合、电动汽车领域、军工领域和互联网金融等方面，以及跟随国家的“一带一路”战略开拓国际市场，都面临非常好的发展机遇。

高端电源领域。公司产品解决方案应用于国家重点工程项目，成功中标南京青奥会、中国工程物理研究院、中国科学院等，继续成为各大银行和商业银行UPS入围供应商，包括中国银行、建设银行、农业银行、工商银行、中国人寿、平安银行等重要行业客户；轨道交通解决方案在北京、上海、广州等20多个城市取得广泛应用；在厦门、山西等机场也获得成功应用；中石油、中石化、中海油、中化等行业应用成为工业市场的新亮点；中国移动、中国电信、中国联通等高端UPS集采项目连连中标；公司通过国军标体系认证，入选军队物资采购名录。

新能源领域。公司的光伏风电新能源产品方案在光伏并网电站、分布式发电、风光互补并离网应用等领域均取得良好进展，成功应用于宁夏分布式地面电站、兰州九州绿色经济新区光电建筑应用示范专案项目、佛山华南电源创新科技园光伏屋顶项目、尼日利亚分布式光伏项目等国内外重点项目。公司的电动汽车充电系统融合电力电子和互联网技术形成解决方案，并进入市场应用。

数据中心领域。公司坚持“智慧电能”的互联网技术融合，数据中心业务从电能、环境延伸到数据服务，形成富有竞争力的云动力绿色数据中心解决方案，成功中标中国商飞EDC、中移动万庄IDC、辽宁移动IDC、吉林移动IDC、凤凰传媒IDC、华北油田IDC等高端应用项目。

北京科锐：主营业务稳定，积极进行对外投资

2014年，公司新签合同15.73亿元，同比增长37.98%；实现营业收入134 777.45万元，同比增长35.67%；实现归属于上市公司股东的净利润7 362.96万元，同比增长19.82%。

箱变业务继续增长，箱变产品结构进一步调整。报告期内，箱变事业部积极扩宽产品线，加强新产品研发，完善产品资质，增加入围产品种类，低压柜、干式变压器、高过载变压器的研发成功与产品线扩充，为收入增长提供了有力支撑，非晶合金变压器和低压柜的销售比例进一步上升，成为箱变业务结构的重要部分，而传统欧式箱变和美式箱变的占比下降。

开关业务实现快速增长，环网柜依然为主要的销售产品，公司开关业务模式由以前的差异化产品为主积极转型为适应电网的招标需求的标准化产品，扭转被动局面，积极调整永磁机构开关业务，保持业绩增长。

自动化业务依然保持较高毛利水平，但营业收入规模未达预期。报告期内，公司自动化业务合同下降，对于整个自动化业务经营指标均有较大影响。公司传统的故障指示器和故障定位类产品销量和收入保持增长态势，而自动化装置业务则出现下滑，新增的业务如变电监测、大坝监测等尚未真正见效。

报告期内，公司完成了对北京科锐博润电力电子有限公司股权收购付款及增资等后续事宜，并对双方的管理、技术、人员等方面进行了有效整合，为公司在电力电子技术方面的研发实力奠定了基础。公司收购了北京博实旺业电力科技有限公司100%的股权，间接取得其所拥有的北京市怀柔区北房镇的相关土地使用权及房屋所有权，旨在进一步丰富产品线，实现公司整体规划和一体化管理。公司投资成立了河南科锐电力设备运行维护有限公司，开始积极向电力设备服务行业探索。同时，公司也一直在积极寻求新的机会，期望通过投资、合作、并购等方式，努力扩大自身业务范围和完善现有产品体系。

森源电气：“大电气”战略大有可为

2014年，在社会资金紧张、公司在手订单中部分项目缓建的情况下，克服种种困难，仍预期完成了公司经营计划，保持了公司业务的发展。但公司出于审慎原则，公司兰考县地面光伏电站项目收入没有在2014年确认，因此实现业务收入114 574.06万元，同比减少13.15%，归属于上市公司股东的净利润26 308.99万元，同比增长1.26%。

公司设立了变压器分厂，建成了35kV及以下电压等级检验项目全、智能化水平高，测量精度高的变压器质量检验检测中心，并适时推出了专用光伏变压器等系列产品。2014年，公司完成了SNB250k-380型250kW逆变器、SPDC500-1型500kW可控直流源、SZGQ30k-480型30kW组串式光伏逆变器以及SSVG-5000/10型静止无功发生器的研制。其中250kW和500kW光伏逆变器通过了国家智能微电网控制设备及系统质量监督检验中心的型式试验，静止无功发生器通过了国家电控配电设备质量监督检验中心的测试，SPDC500-1型500kW可控直流源成功研制和投用，丰富了公司的产品结构，有效支撑了公司光伏电站的建设，为公司的持续发展奠定了基础。

2014年，公司积极拓展光伏发电领域市场，先后分别与兰考县政府、洛阳市政府签订战略合作协议，在两地建设光伏电站。2014年，公司完成了兰考县200MW地面光伏电站的工程建设，并确认了部分收入。同时，迅速推出了相配套的SVG、逆变器、特种箱式变电站等系列新能源光伏发电专用设备，完成了光伏发电与公司原有业务的资源整合，不仅满足了兰考项目的需求，还充分利用各类产品之间的相关性和协同性，通过易货贸易的商业模式，先后与多个在行业有较大影响力的公司签订了战略合作协议，很好地拉动了森源电气其他产品的增长，迅速使之成为公司新的利润增长点。

2013年8月，公司顺利完成了非公开发行，公司董事会把募投项目确定为公司2014年的主要工作任务。到2014年底，募投项目主体工程已经竣工，部分投入运营。募投项目全部投产运营后，森源电气将建成规模大、智能化水平高的现代化电气产业基地，将进一步提升公司核心竞争力，降低产品成本，有力支撑公司产品定位高端市场，实现“大电气”的发展战略目标，支撑公司持续、快速发展。

摩恩电气：迎来产能释放，新业务稳步推进

2014年，公司实现营业收入64 665.13万元，同比增长46.09%；实现归属于上市公司股东的净利润2 641.81万元，同比增长55.47%。

2014年，公司完成整个项目的建设并将公司生产基地搬迁至临港重装备工业园区，根据新厂区的生产能力，预计产能在2015年实现大幅度扩张。

2014年，公司进行了防火电缆、船级社、铁路机车用电缆等认证工作，根据目前取得的进展来看对公司2015年进行产品市场推广具备强有力的支撑。2014年，公司研发了充电桩电缆和光伏电缆，目前充电桩电缆已取得实质性成果，取得国家电线电缆技术中心的检测报告，已面向市场进行推广。

2014年，公司控股子公司摩恩租赁继续保持平稳增长的基础上，开拓了医疗租赁领域。公司全资子公司摩恩保理在上海自贸区取得工商营业执照，拓宽了公司金融业务领域。

长高集团：积极开拓市场，布局新能源汽车行业

2014年，公司实现营业收入47 836.67万元，同比下降 3.61%；实现营业利润 9 702.88 万元，同比增长 13.72%；实现净利润 9 041.25 万元，同比增长 18.03%。

长高集团开关电气分公司经过两年多时间布局和市场准备，其目前的主要产品 110kV 组合电器在 2014 年国家电网集中招标中取得了突破性的进展，使组合电器逐步成为公司隔离开关之外的又一个核心产品，为公司主业的扩大和利润的增长带来了有力的支撑。经过两年的组建，成套事业部步入试生产阶段并日益完备成熟，今年成套销售合同实现零的突破，并且联合设计和开发了固定式开关柜和智能化环保固体绝缘环网柜，完成了中置柜和断路器的全套图纸转化。报告期内，完成了 5 条装配生产线的安装和调试，其中 2 条全自动装配流水线，达到了国内同类生产线领先水平。

公司继续加大对系统外市场和海外市场的开拓，积极对外宣传，使国内外更多的客户接触和了解到公司的产品。系统外新增订单相较往年有了显著的增长。报告期内，公司配合项目总包商成功中标厄瓜多尔国家电力公司（CELEC）厄瓜多尔 500kV 超高压及相关的 230kV 输变电项目，并陆续成功签约赞比亚、尼泊尔、尼日利亚等海外业务，海外市场拓展成果显著。

公司一直在积极寻求符合公司长期发展战略目标的项目，拟通过对外投资、并购重组等外延式发展方式实现公司的快速发展壮大。报告期内，公司开始布局新能源汽车行业，披露了《关于收购杭州富特科技有限公司股权并增资扩股的公告》，杭州富特科技有限公司主要从事动力电池智能充电装置、电池管理系统（BMS）和智能均衡装置的研制、生产，主要产品包括电动汽车车载充电机、智能均衡充电机（充电桩）、车载 DCDC 转换器、动力电池均衡维护设备等，客户覆盖国内多家新能源汽车生产厂商。新能源汽车是未来汽车领域的发展方向，公司拟围绕新能源汽车充电机、电机电控等专用部件及关键基础设施充电桩等领域展开产业并购，并在并购后加大新能源汽车相关领域。

特锐德：二次创业成果显著，电动汽车充电业务前景广阔

2014 年，公司实现营业收入 19.32 亿元，同比增长 42.77%；实现归属于母公司股东的净利润 1.59 亿元，同比增长 34.40%；实现经营活动产生的现金流量净额 1.13 亿元，同比增长 75.15%。

全面进军电动汽车充电领域。公司用互联网的思维，创新实施“电动汽车充电商业模式”，目标是做中国最大的电动汽车互联网云平台，成为中国最大的汽车充电企业。“电动汽车群智能充电系统”是公司历经两年的深入研究、在电动汽车充电领域的重大突破，是对传统充电桩模式的颠覆，实现了电网、车网、互联网的“三网融合”，是对电动汽车充电技术实现了重大创新，为公司电动汽车充电业务的迅猛发展打下良好基础。

公司继续加大产品创新研发力度，利用特锐德系统集成的技术和箱变产品优势，把脉客户的需求，不断创造出让客户尖叫的产品，公司创新的“110kV 城市中心模块化智能变电站”获得了“产品世界首创、技术水平世界领先”的鉴定评价，使特锐德在户外箱式产品的技术研发能力和水平成为世界的领航者；“城市轨道交通智能箱式变电站”“一体式光伏发电箱变”等创新产品也开辟了行业创新的先河，成为公司的未来发展新的增长点，并逐步进入市场推广阶段。

公司继续推进西海岸工业园的建设，由于工业园特殊地理环境及天气等原因影响了工期，一期工程的部分车间已基本建设完毕并进入设备调试阶段，工业园未能在 2014 年内投入使用。该项目建成后，将满足公司“将箱式电力设备做精、做强、做大，逐步掌握上游产品的核心技术，使主导产品向高附加值、高技术含量、高电压等级和高度集成化方向发展”的需求，逐步使公司具有电力设备核心部件的产能拓展能力。

合康变频：变频器订单下滑，开启外延式发展模式

2014 年，公司实现营业收入 66 744.67 万元，同比增长 0.85%；因报告期内公司加大了研发投入力度、控股子公司数量增加，同时募集资金存款减少，利息收入减少，使管理费用、财务费用有所增加，使公司实现营业利润为 3 320.02 万元，同比下降 8.68%；利润总额 6 129.54 万元，同比增加 4.41%；归属于母公司股东的净利润为 4 370.93 万元，同比下降 1.70%。

公司高压变频器订单情况与去年同期相比有所下滑，主要是受国内经济增速出现放缓态势影响，同时也受到产品结构波动的影响。虽然部分产能过剩行业仍然会在很长时间内保持其在国民经济中的支柱地位，但是其暂时的波动影响了公司业绩的增长。在当前的经济形势下，高压变频器行业竞争更加激烈，公司更加慎重地选择客户，以保证合同质量，舍弃回款条件及客户信用条件较差的订单，并提高回款管理力度，以保证公司健康稳定发展，以坚实的步伐向公司战略发展规划的目标稳步迈进。公司继续加大中低压及防爆变频器产品、伺服产品、新能源汽车及相关产品的研发及销售推广力度。武汉基地在全体员工的一致努力及代理商合作范围适度扩大的双重作用下，取得了产品订单的大幅增长。

公司利用资本市场发展机遇，加快推进产业链整合与并购重组，推动公司外延式发展。公司在整体战略指导下，针对行业对外投资方面，提出了明确目标与实施计划，继续寻求有协同效应的收购兼并对象，同时布局新能源汽车领域，进入新的蓝海市场。报告期内，公司受让东菱技术股份有限公司 40% 股权，收购宁波瑞马驱动科技有限公司 65% 股权，在伺服领域有了很好的合作平台，有利于实现子公司的产品整合，有利于强化公司在相关行业内的技术和市场优势，开拓了公司在伺服产品更广阔的应用领域；合资新设武汉合康动力技术有限公司，进军新能源领域，开拓新的产品线；公司通过对深圳市日业电气有限公司增资，有助于迅速提升公司在中低压变频器行业市场销售额及赢利能力，提升公司在低压变频器市场乃至整个工控设备市场的影响力。

汇川技术：多领域取得突破

2014 年，公司实现营业总收入 2 242 550 146.06 元，同比增长 29.94%；实现营业利润 616 774 639.22 元，同比增长 20.00%；实现利润总额 775 395 401.20 元，同比增长 16.17%；实现归属于上市公司股东的净利润 666 316 532.80 元，同比增长 18.94%。

2014 年，我国经济持续低迷，房地产市场出现下滑，导致整个工控行业市场需求放缓，市场竞争日益加剧。2014 年，变频器类产品收入为 13.41 亿元，同比增长 11.45%，其中公司电梯一体化相关产品实现销售收入 8.90 亿元；运动控制类产品收入为 2.96 亿元，同比增长 10.45%，其中通用伺服产品实现销售收入 1.26 亿元；新能源类产品收入为 3.76 亿元，同比增长 141.63%，其中新能源汽车电机控制器实现销售收入 2.94 亿元；子公司宁波伊士通技术股份有限公司被纳入合并范围，其销售收入贡献 1.38 亿元。由于新能源汽车电机控制器、通用伺服等产品收入表现良好，以及宁波伊士通技术股份有限公司被纳入合并范围，使得公司营业收入同比取得较快增长。

在新能源汽车领域，公司电机控制产品订单突破 4 亿元，不仅成为公司第三大产品，而且公司已经成为中国新能源汽车电机控制器最大份额的供应商。在智能装备领域，公司通用伺服系统经过一年的磨合与攻关，行业与技术营销策略在电子生产设备、LED 封装、机械手等行业得到有效落实，销售收入取得快速增长，不仅巩固了公司通用伺服系统领先的市场地位，而且也为公司进一步拓展高端自动化装备制造业奠定了坚实的基础。公司在高压变频器领域虽然是后来者，但公司凭借矢量控制、三电平拓扑、大功率同步机等技术优势以及公司品牌优势，2014 年订单实现 100% 增长，同时在国有大型电厂建立了样板点；3 300V 产品在煤矿也确立了领先地位。

工业视觉在 13 个行业输出了 31 套解决方案，并在电子非标、纺织、食品罐装、木材、精密加工、光伏等行业实现销售，其中不少应用属于业界领先水平。工程型变频器在电铲、石油钻机、电机测试台、岸用电源等行业实现销售，并在多个行业实现国产品牌零的突破。物联网产品不仅在电梯行业确立了领先地位，且逐渐向起重设备、空压机等行业渗透，公司开始培育工业互联网业务。2014 年公司积极布局机器人产业，从 DDR 电机、多圈绝对值编码器到机器人专用控制器，公司已经能够为工业机器人产业提供包括伺服系统、控制系统、工业视觉系统等核心部件在内的电气解决方案。通过培育工程型变频器、物联网、机器人相关产品，为公司将来持续增长打下良好基础。

科泰电源：渠道建设取得成效，业绩快速增长

2014 年，公司实现营业收入 63 453.53 万元，同比增长 36.20%；营业利润 3 176.20 万元，同比增长 44.93%；利润总额 3 516.87 万元，同比增长 55.75%；净利润 3 132.72 万元，同比增长 55.65%。

通信领域业绩稳定增长，IDC 领域业务优势明显。公司抓住通信行业基础设施建设的市场机遇，积极开展相关市场领域业务。报告期内，公司在通信行业实现主营业务收入 26 870 万元，同比增长 41.62%，巩固并进一步提升了公司在通信领域的优势地位。2014 年，公司进一步加大力度拓展 IDC 机房备用电源领域的市场空间。随着市场规模的增长和公司市场拓展投入的增加，公司争取了较大的市场份额，在行业中排名靠前，使数据中心机房业务成为公司主要的收入构成和利润增长点。

海外市场空间得到进一步拓展。公司重新组建了出口业务部，充实了专业人才，完善了出口业务团队建设，进一步明确了出口业务拓展策略。报告期内，海外出口产品销售增长迅速，产品出口的主营业务收入销售额达 17 518.93 万元，同比增长 106.94%，公司海外市场空间得到进一步拓展，为公司提供了新的收入增长点，平衡了公司在国内外市场的收入构成。

营销服务网络得到进一步完善。2014 年，公司对国内原有的销售网络进行了梳理，并针对不同产品条线制定了差异化的管理模式；在行业拓展团队方面，增加了 IDC/EPC 行业的人力配置，并在业务开展方面取得了实质性的进展；积极探索新的国内渠道建设模式，与多家实力较强的企业建立了代理合作关系；同时，补充了出口业务专业人才，健全了出口业务团队。通过一系列团队和网络建设工作，公司进一步完善了营销服务网络，为市场拓展和运维服务工作的更好开展提供了条件。

大连电磁：行业地位稳定，产能提升

2014 年，公司实现营业总收入 59 160.39 万元，同比降低 5.09%；营业成本 40 263.92 万元，同比降低 3.45%；实现净利润 2 487.27 万元，同比降低 19.21%。

国内市场，基于现有营销管理体系，公司适时有度的进行调整和激励，不断提高员工的质量意识和服务意识，以产品建口碑、以服务促销售，提升用户信任度和满意度；同时，针对重大项目，公司密切跟踪项目进展，提前进行投标策划，合理进行产能布置，灵活调整投标策略，中标量、中标率均保持稳定。2014 年，在国家电网公司的集中采购招标中，公司中标金额合计 3.03 亿元，占招标总量的 32.72%，行业地位巩固稳定。国际市场，反倾销调查使公司在印瓷绝缘子市场受到波及。鉴于此，公司加大了对印复合绝缘子销售力度，力求保持印度市场的稳定；同时，公司采取更为积极的产品推广思路，与中电、哈电等电力工程承包商强强联手，不断开拓渠道，取得了一定成效。目前公司产品已成功打入厄瓜多尔、苏丹、巴基斯坦、孟加拉等国市场，出口颓势得以缓解。

公司利用无形资产和自有资金，累计收购了福建新百纳 61% 股权。

2014 年初，公司股东大会审议通过了《关于项目终止且剩余资金永久补充流动资金的议案》，决定将复合绝缘子项目结项，并终止实施“瓷绝缘子扩大生产能力项目”和“创建国家级技术中心项目”。报告期内，在保证工程和设备质量的基础上，公司加快了项目收尾验收工作，并大力推动建设复合绝缘子生产基地在生产组织、质量管控方面的规范化运作，不断尝试调整工艺布局，理顺生产流程，加大人员培训力度，现该制造基地已达到设计生产能力。

麦迪电气：外销低迷拖累业绩

2014 年，公司实现营业总收入 30 594.66 万元，同比下降 3.01%；实现营业利润 4 311.22 万元，同比下降 12.48%；实现利润总额 4 369.70 万元，同比下降 16.03%；实现归属于上市公司股东的净利润 3 760.51 万元，同比下降 15.67%。

募投项目“APG 环氧绝缘制品扩产项目”和“高压开关绝缘拉杆项目”仍在稳步推进，“金属件加工配套项目”作为包括“APG 环氧绝缘制品扩产项目”和“高压开关绝缘拉杆项目”的内部配套项目，目前公司正在根据以上投入的实际情况，进一步评估和优化项目方案。截至期末，总共使用募集资金 8 099.34 万元，其中募投项目实际投入 4 799.34 万元，永久性补充流动资金 3 300 万元。

在巩固原有客户的基础上，加强对于新客户的开发，保持同全球输配电行业跨国企业集团合作的同时，也需要减少对其的过分倚重。海外销售团队加紧开发新的海外客户特别是伺机进入新兴市场，在国内继续利用自身的工艺技术和质量控制优势，寻找行业内知名重点企业开展合作，通过固封极柱、固体绝缘等新技术的推广和应用，来丰富企业的产品线。通过优化市场结构、客户结构和产品结构，实现企业发展的平衡性，保证利润来源的稳定，提高抗风险能力。报告期，公司客户过度集中的风险有所改善，前五名客户合计销售收入占年度营业总收入的比例从上年的 53.79% 下降至 49.74%，同时年销售额超千万元的客户也从上年的 7 家增加至 10 家。

中国西电：经营指标全面提升

2014 年，公司加快实施转型升级，加强科技创新，加大国际化经营步伐，提高管理创新、技术创新能力，推进数字化、智能化制造，不断巩固高压输变电产业优势，生产经营各项指标稳中有升，经济效益逐步提高。报告期内实现营业收入 138.70 亿元、利润总额 8.23 亿元、归属于母公司净利润 6.84 亿元，同比分别增长 6.27%、109.01%、和 104.95%。

公司期初在手订单 143.55 亿元，报告期内新增订货 160.32 亿元，期末在手订单 147.61 亿元。以西电埃及为依托，与埃及国家电力公司开展全面战略合作，累计实现西电产品在埃及市场订货约 3 亿元；与印尼国家电力公司达成战略合作意向。

2014 年，公司围绕转型升级，加快开展了产业转型升级与新产品开发，并取得了新突破，完成 48 项重点产品研发项目开发。在关键技术研究方面，建立了超级电容器研发实验室，研发成功了国际先进的超级电容器；研制成功了“863”计划的高电压大容量新型模块化多电平四象限变流器。在重大产品线完善方面，完成了 1 100kV 开关电气用瓷套管和空心瓷绝缘子、750kV 变压器用出线装置和 ±800kV 换流变用出线装置；在产品线开发方面，完成了 252kV 智能隔离断路器、40.5kV 智能开关柜及真空断路器等。在解决方案研制与服务方面，开发成功高压开关设备专家诊断系统、变压器智能监控装置、72.5kV 移动式变电站成套设备等，极大地支持了公司产业转型和技术升级，满足了公司经营目标和持续发展需求，提升国内市场核心竞争力。

通达股份：经营平稳，新产品放量值得期待

2014 年，公司实现营业总收入 79 857.14 万元，同比减少 17.63%；归属于上市公司所有者的净利润 4 688.27 万元，同比减少 21.18%。

公司对现有国内销售体系进行了改革，增强了部分地区的销售力量，对销售队伍进行了定期专业培训，强化了销售服务体系的制度建设和售后服务水平；国际市场方面，除继续增强非洲、南美洲等原有市场的营销工作外，进一步加大了对东南亚和中东地区的开拓力度。

公司加强产品研发和技术创新，提升公司的核心竞争力。在铝合金导线技术较为成熟的基础上，又新建了电缆生产线，各种电缆生产工艺日益完善，于 2014 年 11 月取得了国家质量认证中心颁发的聚氯乙烯绝缘电缆的国家强制性产品认证证书（3C 认证）；公司于 2014 年 12 月取得由中铁检验认证中心颁发的电气化铁路用铜合金承力索及接触线（200 ～ 250km/h）的认证，并通过了中国铁路总公司组织的铁路产品生产许可证现场审核，标志着公司生产的相关产品将可应用于相应高速铁路市场，为进一步拓展铁路市场铺平道路。

2014 年 1 月，公司收到中国证监会核发的《关于核准河南通达电缆股份有限公司非公开发行股票的批复》。此次非公开发行的股票 3647 0317 万股，募集资金总额 4.6 亿元。募集资金主要用于“年产 8 000t 新型铜合金接触线及承力索建设项目”“新型节能特种导线生产线项目”和“河南省超高压导线工程技术研究中心升级建设项目”。以上项目的顺利实施，将进一步提升公司综合竞争能力，促进公司主营业务的稳定健康、持续发展。

广电电气：市场需求下滑，积极调整产品结构

2014 年，中国宏观经济增速及工业投资需求放缓，公司所处的输配电行业也受此影响，市场需求下降，竞争加剧。2014 年，公司实现营业收入 8.92 亿元，同比下降 19.39%，实现净利润 4 162 万元，同比下降 25.02%。

公司的成套设备业务营业收入下降 2.44 亿元，同比下降 34.16%。2014 年，成套开关柜行业产能处于过剩状态，国家发电行业投资放缓、项目工期延长，公司传统电厂、地铁等优势行业中的订单下降。公司经营管理团队积极面对不利市场因素，加强内部生产经营管理，应对市场变化调整结构，优化订单质量，成套业务的毛利率水平由 2013 年度的 14.56% 提高至 2014 年度的 15.90%。

2014 年，元器件业务营业收入增加 3 393 万元，同比增加 13.61%。2014 年，公司继续增强渠道的投入，在增加市场覆盖、拓展客户群、培养长期合作伙伴等方面取得了一定成效。产品结构的优化以及成本控制效果明显，元器件业务的毛利率由 2013 年度的 22.46% 提高到 2014 年度的 27.04%。

2014 年，电力电子业务营业收入下降 777 万元，同比下降 6.21%，主要是由于受到中石油管线项目延期的影响。应对不利的市场因素，公司管理层进行了积极的市场开拓工作，OEM 配套变频器市场占有率继续保持国内领先，中石化市场实现零的突破，实现输气管线行业近千万订单。产品结构的调整导致电子电子业务的毛利率较上年下降 3.83%。

SJV 的投资收益较 2013 年度下降 678 万元，同比下降 13.65%。2014 年，SJV 整体营业收入较 2013 年下降 1.36 亿元，同比下降 12.35%。由于产品结构的优化，CJV 断路器的业务增长良好，SJV 的经营性利润与去年基本持平，抵消了销售收入下降的影响。2014 年，SJV 加大了新产品研发投入，研发费用大幅增加。

2014 年，公司管理层继续坚持稳健的经营思路，全年实现经营性现金净流入 3 644 万元，资产负债率 16.88%，现金储备充分，能够支持企业持续经营和包括收购兼并在内的对外投资。

正泰电器：毛利率创历年新高

2014 年，公司全年实现销售收入 127.67 亿元，同比增长 6.78%；实现归属于母公司的净利润 18.33 亿元，同比增长 18.88%；净资产收益率达到 32.17%。

2014 年，公司在宏观经济增速下滑的新常态下，营销工作稳中有进，全年共召开 29 次技术交流会，聚焦行业重点大客户。从分产品来看，公司主要的三大类产品终端电器、配电电器和控制电器（占公司营业收入 71.93%）基本实现了稳定增长，但低压电器作为工业资本品，受宏观经济增速下滑的影响，收入增速有所放缓。建筑电器积极开发智能家居产品，创新推广模式，实施区域市场终端促销，营销手段灵活，并实现了电商业务的突破，2014 年，建筑电器实现销售收入 9.50 亿元，同比增长 26.98%。2014 年公司生产低压电器产品共计 70 688 万台（套），同比增长 7.40%，实现销售 70 595 万台（套），同比增长 12.16%，产销率为 99.87%，截至报告期末，公司库存量为 5 951 万台（套）。

2014 年，公司毛利率为 33.34%，同比增长 1.62 个百分点，达到公司历年新高，主要原因是公司低压电器产品的主要原材料铜、银、钢材和塑料采购成本稳中有降，此外公司增加新产品的销售，进一步优化产品结构，努力降本增效，提升劳动生产效率，有效提升了总体的毛利率。分产品来看，终端、配电、控制、建筑和电源电器五大类产品的毛利率均保持了比较稳定的增长，增幅在 1 ～ 3 个百分点；电子电器的主要产品为光伏逆变器，2014 年，电源系统公司一方面开发了新产品，有效降低了产品成本，另一方面，成功开拓了北美市场，大幅度提高了出口产品的盈利能力，总体毛利率同比增长 10.28 个百分点；控制系统由于市场竞争激烈和积极开拓新业务领域等原因，总体毛利率有所下降。电源电器在报告期进行了产品结构的调整，减少了部分老型号产品的销售，此外部分产品价格有大幅度的调整，影响了整体的收入，销售收入有所下滑。

阳光电源：把握光伏行业发展机遇，业绩维持高速增长

2014 年，公司实现营业收入 306 224.74 万元，同比增长 44.42%；实现营业利润 27 878.85 万元，同比增长 58.57%；归属于母公司股东的净利润为 28 328.64 万元，同比增长 56.48%。

光伏逆变器领域：2014 年，新推出的大功率产品 SG500MX-M 光伏逆变器，采用 3M（Multi-level 多电平、Module 模组化，Multi-Mppt 多路功率跟踪）智能设计，具有完美的电网友好性、更高的整机运行效率、更加安全可靠的性能、便捷的维护等优势。产品符合最新国家标准，能更好地适应集中式地面电站、分布式屋面电站及荒坡、滩涂等地面电站的应用需求，极大地提高了公司产品的竞争能力。SG60KTL 系列组串逆变器，其主打新品 SG60KTL 是一款大功率组串逆变器，功率达到 60kW，逆变效率超过 99%，是全球第一款效率超过 99% 的商业化逆变器，具备快速安装、整站调试、组件 PID 效应消除、直流拉弧检测、以及对光伏组件的组串监测和诊断等业内领先功能，具有极高的性能价格比，不仅能显著提升光伏电站发电量，减少电站安装、调试和维护成本，更全面提升了逆变器对光伏组件直流端的安全检测和高效运行保障，为公司加快国内外市场的开拓提供了新的有力支撑。

光伏系统集成领域：作为公司近两年新开拓的光伏电站系统集成业务，公司利用自身的品牌延伸，尽快布局，乘势而上，获得了客户的认可。2014 年 9 月，新发布了智慧光伏电站，为广州易玛时装公司的光伏电站拿到中国第一张分布式光伏项目的 TÜV 认证证书，同时公司抢抓市场机遇，通过集成技术及商业模式上的持续创新，提高项目管理水平，努力推动公司电站业务的持续更好地发展。

储能电源领域：公司与三星 SDI 株式会社于 2014 年 11 月在韩国釜山签订了正式的合资合约，双方将在合肥建立合资公司，携手开展电力用储能系统相关产品的研制、生产和销售。依据计划，双方将在合肥高新区新设立储能电池和储能电源两个合资公司，分别从事电力用锂离子储能电池包的开发、生产、销售和分销，及电力设施用变流设备和一体化储能系统的开发、生产、销售和分销。双方约定，将充分利用各自优势，强强联合，共同开拓电力储能市场，并致力于成为全球领先的储能产品及系统解决方案供应商。

远程电缆：业绩未达预期，推进募投项目建设

2014 年度，公司实现营业总收入 248 380.67 万元，同比减少 8.28%，实现归属于上市公司股东的净利润 10 974.19 万元，同比减少 17.93%。

2014 年，国内传统制造业产能结构性过剩问题依然突出，电线电缆产品亦受到产能扩张的冲击，低水准同质化竞争激烈。公司还面临着人工、生产配套综合成本上涨等不利情况，虽然积极采取应对措施，内部降低生产成本、外部稳定市场份额，但报告期内盈利能力仍出现下降。

公司把握上市契机，依托募投项目，组建了高效专业的项目管理团队，引进培育储备人才资源和技术，推进标准化车间建设，工作呈现良好势头。虽然由于宏观经济环境、产品价格下跌等多重不利因素的影响，已完工募投项目当年实现效益略低于预期，但相信通过市场开发力度的不断加强，国家基础建设特别是海外基建项目的扩张，配合产品研发和技术支持，以市场需求和新产品技术革新为导向，并随着超高压项目第二条生产线的投产，早日为公司贡献效益。

易世特：新能源投资取得良好效益

2014 年，公司实现营业收入 196 908.54 万元，同比增长 46.09%；营业利润 17 973.93 万元，同比增长 9.31%；归属上市公司普通股股东净利润 17 353.63 万元，同比增长 9.53%；本期经营活动产生的现金流净额 5 321.84 万元，同比下降 11.45%。

在高端智能 UPS、EPS 电源领域，公司核心研发团队通过提升高频大功率及模块化 UPS 电源产品功率密度、工作效率、功率可柔性扩展及全程智能监控等技术性能，加大重点行业高端市场拓展力度，在激烈的市场竞争环境中取得优异的业绩。

2014 年，公司通过上市募投项目（分布式发电电气设备与系统集成制造项目）的实施，光伏逆变器、汇流箱等主导产品加大了研发投入及市场拓展，成熟并广泛应用的 500kW 光伏逆变器、一站式兆瓦级户外光伏电站集成系统等全系列产品市场销售大幅增长。同时，公司抓住了光伏行业的良好发展环境，利用自有光伏产品及系统集成的优势，布局电站开发运营，取得了建筑智能化工程专业承包三级资质。在光伏地面电站及大型屋顶分布式开发、建设、运营等方面得到了进一步的应用与拓展，取得了较好的业绩。为公司未来几年经营业绩的可持续稳定增长提供了强劲的动力和良好的前景。

公司积极布局新能源车领域，公司采用全数字化控制、三电平 PFC 技术、交错并联 LLC 技术，开发完成 400V/6kW 和 650V/6kW 高频充电桩模块，并实现“N+X”并联冗余技术，成功应用于 30 ～ 150kW 充电桩快充系统的研制与产业化。并成功研制出适用各种端口的新能源汽车充电桩（站）及模块产品，并批量生产。公司作为主投标方在 2014 年 10 月成功中标了东莞市新能源汽车推广应用项目第一期第三方运营资质采购项目，该项目目前正由公司投资 5 000 万元设立的子公司（中能易电新能源技术有限公司）在实施，且东莞市首座电动汽车智能充电站在东城汽车站已顺利完工，产生了良好的示范效应和社会效益。

良信电器：顺利完成经营目标

2014 年，公司实现营业收入 85 570.56 万元，同比增长 25.13%；营业成本 54 857.49 万元，同比增长 28.46%；净利润 10 027.48 万元，同比增长 23.74%；经营活动产生的现金流量净额 8 359.63 万元，同比增长 82.98%。

在市场与营销方面，公司通过对营销组织架构的变革，强化了专业化分工的营销团队，继续贯彻“集中、聚焦”的原则，不断挖掘原有客户新的需求，同时积极拓展新的行业客户。在电信行业，随着国家 4G 建设的持续投入，电信行业订单有较大增长；新能源与电力行业开发取得初步成效；在地产行业，除了维护现有客户之外，公司业务逐步从商业住宅向工业建筑和公共建筑延伸；在工控行业，公司产品在石化、冶金、制冷、起重、轨交、轻工等行业的开发均得到有效进展。客户结构愈加合理，品牌知名度和美誉度不断提升。

在技术与研发方面，公司编制了近 5 年的产品战略规划，确定了 7 个产品线产品项目路标，初步形成了未来 5 年的产品格局。同时，公司顺利导入了 IPD 集成产品开发体系，在转变研发观念、优化研发模式、提高研发效率、降低研发成本上的效果已初步显现。与此同时，NDR2 热过载式继电器、NDG3 隔离开关、NDQ2A 双电源、NDM1F-63 系列预付费小型断路器、NDW1-1600 万能式断路器等新产品相继上市，使产品线更加完善。公司高度重视自主研发成果的保护，截至 2014 年 12 月 31 日，公司已拥有有效专利 196 项，其中发明专利 21 项，实用新型专利 121 项，外观设计专利 54 项。

在内部运营方面，公司继续推行精益生产、不断优化供应链管理，完善产品质量管控体系，提升产品交付能力。2014 年初，公司顺利上线了 SAP 企业资源计划（ERP）系统，进一步优化了管理流程，实现了企业资源的高效管理。

东方电缆：推进“海陆并进”战略目标

2014 年，公司的经营规模稳步增长，全年实现营业收入 159 326.66 万元，同比增长 19.48%；实现净利润 6 501.57 万元，同比增长 3.92%，扣除非经常性损益后的净利润为 5 308.02 万元。

公司的 IPO 申请于 2014 年 8 月 20 日获得了证监会第 124 次发审委会议无条件通过，并于 9 月 15 日获得了证监会的正式核准批复。9 月 25 日，公司完成了新股的首次公开发行。本次共发行新股 3 135 万股，老股转让 400 万股，发行价 8.20 元 / 股，筹资 25 707 万元，扣除发行费用后的募集资金净额为 22 194.54 万元。

遵循“高端引领未来”的战略思路，整合资源，明确市场布局，在陆域市场的巩固、开拓以及海域市场的加快培育方面都取得突破，为实现“十二五”末海洋产品销售占 25%，实现海陆并进的目标打下了坚实的基础。

陆域：参与国家电网两次大型框架招投标，横跨 8 省，共计中标 6.65 亿元；同时成功开拓湖北、重庆、陕西等市场。

海域：2014 年，密切与中海油的合作，已累计中标 6 000 余万元海洋产品；一举中标 1.22 亿元福建龙源 220kV 海缆项目，这是我国首根国产 220kV 高等级交联聚乙烯绝缘光电复合海底电缆，也将是首次产业化应用。该产品的导体规格为 1 600mm^2，长度为 43.80km，是目前交联聚乙烯绝缘海底电缆国际应用史上的最大截面，也是长度最长的单芯 220kV 光电复合海底电缆；并成功入围五大发电集团为首的央属企业供应商，为开拓陆上、海上风电项目奠定了基础。

四、电气二次设备行业：景气度保持领先

以提供输变电二次设备为主的上市公司有国电南自（600268）、国电南瑞（600406）、泰豪科技（600590）、四方股份（601126）、许继电气（000400）、河南思达（000676）、东方电子（000682）、银河科技（000806）、金智科技(002090)、科陆电子(002121)、智光电气(002169)、万力达(002180)、理工监测（002322）、浩宁达（002356）、科远股份（002380）、科士达（002518）、新时达（002527）、新联电子（002546）、和顺电气（300141）、恒顺众昇（300208）、科大智能（300222）、安科瑞（300286）、光一科技（300356）、炬华科技（300360）、凯发电气（300407）、红相电力（300427）、川仪股份（603100）27 家公司，二次设备行业平均营业收入为 180 023 万元，净利润 16 100 万元，股东权益 1 714 980 万元，每股收益 0.38 元，净资产收益率 10.33%。平均总资产 328 922 万元，资产负债率 47.86%，流动比率 1.69，速动比率 1.38。电气二次设备行业上市公司经营情况见表 3。

表 3　电气二次设备行业上市公司经营情况

简称	总股本（万股）	营业收入（万元）	同比增长（%）	净利润（万元）	同比增长（%）	每股收益（元）	净资产收益率（%）	资产负债率（%）	流动比率	速动比率
许继电气	100 832.73	835 919.36	16.84	106 227.76	103.15	1.06	18.74	42.23	2.46	1.98
河南思达	31 458.67	37 307.56	-15.29	-6 858.98	-425.95	-0.22	-48.31	76.15	0.80	0.57
东方电子	97 816.32	184 059.52	10.53	4 416.52	21.05	0.05	3.02	43.54	1.74	1.14
银河投资	69 921.50	80 192.37	2.28	2 608.62	113.60	0.04	3.19	61.77	1.13	0.86
金智科技	20 787.75	117 908.13	12.04	10 745.53	81.90	0.52	14.90	51.50	1.63	1.30
科陆电子	39 955.30	195 460.89	38.74	12 569.43	46.28	0.32	8.67	68.42	0.96	0.79
智光电气	26 647.24	60 741.04	7.75	4 174.73	107.14	0.16	7.00	56.95	1.37	1.14
理工监测	28 252.00	19 538.04	-37.09	6 156.22	-53.75	0.23	4.99	6.14	15.85	14.97
浩 宁 达	10 349.15	77 412.06	26.51	4 356.62	102.04	0.50	2.98	37.20	1.87	1.00
科远股份	10 200.00	31 430.33	29.49	4 252.93	32.03	0.42	4.51	15.35	4.68	4.03
科 士 达	29 717.66	138 787.81	18.45	15 255.85	20.43	0.51	9.82	27.33	2.96	2.48
新 时 达	39 318.04	130 507.56	30.43	20 327.51	22.37	0.55	9.96	17.52	3.47	2.68
新联电子	25 200.00	58 036.11	6.86	15 343.98	3.46	0.61	11.65	20.03	4.02	3.77
和顺电气	16 694.50	32 497.20	-5.22	5 195.37	-17.10	0.31	7.56	16.03	5.06	4.56
恒顺众昇	30 197.00	67 044.26	296.56	10 953.07	188.75	0.38	13.60	43.79	1.45	1.25
科大智能	16 389.58	61 472.38	84.51	7 688.74	704.64	0.53	5.97	24.42	2.54	1.86
安 科 瑞	14 300.00	28 347.85	34.13	7 137.93	12.03	0.51	14.56	20.02	4.15	3.69
国电南自	63 524.64	486 057.83	-6.41	-34 096.11	-6 753.97	-0.54	-17.18	73.96	0.96	0.80
国电南瑞	242 895.34	890 700.19	-6.98	128 305.94	-19.82	0.53	17.95	51.21	1.79	1.51
泰豪科技	50 632.57	292 070.96	16.76	5 859.59	299.32	0.12	2.68	61.11	1.00	0.80
四方股份	40 658.60	326 411.13	6.93	34 077.91	-8.02	0.84	9.91	32.15	2.61	2.13
光一科技	13 000.50	34 334.69	6.15	3 593.10	-24.10	0.28	2.77	30.81	2.27	2.11
炬华科技	24 144.00	98 832.50	29.00	21 388.77	24.48	0.90	24.80	42.07	2.30	1.68
凯发电气	6 800.00	34 150.26	15.37	7 339.33	7.97	1.40	10.03	31.89	2.55	2.11
川仪股份	39 500.00	334 626.01	4.99	15 943.56	12.74	0.47	9.34	56.86	1.45	1.25
红相电力		26 759.70	10.53	5 630.53	6.09	0.85	17.47	23.99	3.97	3.74
平均	43 567.72	180 023.30	8.49	16 099.79	3.82	0.38	10.33	47.86	1.69	1.38

从表3可以看到，二次设备行业主营业务收入同比增长9.25%，净利润同比增长8.73%，净资产收益率同比增长10.70%。二次设备行业2014年盈利继续保持增长，但增速相比过去两年增速明显放缓，行业整体财务指标保持健康。

国电南瑞：各项业务稳步推进，业绩未能延续增长

2014年，公司新签合同167.62亿元，同比增长19.29%；实现营业收入89.07亿元，同比下降6.98%；归属于母公司所有者的净利润12.83亿元，同比下降19.82%。

电网自动化业务平稳增长，全年签订合同85亿元，其中智能调度、电力市场技术支持系统市场占比保持领先水平，变电站自动化业务市场份额稳步提高，配用电产品市场份额逐步提升。

发电及新能源业务快速发展，全年签订合同29亿元，励磁、高压管件等发电领域产品继续保持国内领先，300MW以上机组励磁市场优势明显，风电、光伏等清洁能源市场份额进一步提高，风功率预测产品市场占有率稳步提高。承接南网能源公司屋顶光伏、广东佛山屋顶光伏、华能金昌等一批光伏项目。中标华能铜川、神华国能鸳鸯湖等8个百万机组励磁项目。中标江苏田湾核电站、大唐抚州等多个项目高温高压管件设备，中标国网公司高速公路充电站项目，进一步凸现技术优势。

工业控制（含轨道交通）市场拓展力度持续加大，全年签订合同40亿元，大铁路、大型客户等工业电气控制设备市场份额快速增长。公司中标南京宁和城际轨道交通一期工程PPP项目，极大提升了公司在轨道交通项目总包方面的影响力，并逐步实现由系统集成商向总承包商的转型，中标贵广、沪昆、青荣城际等项目，大铁路方面实现重大突破。

节能环保业务稳步推进，全年签订合同13亿元，中标江苏、重庆公司配电网节能，APEC会议北京市雁栖湖节能项目。节能环保产品、整体解决方案在煤电、化工等高耗能行业且逐步应用。国际化业务发展顺利，全年签订国际项目合同额13.8亿元，同比增长150%，占总合同的8%，国际业务比重逐步上升。签订菲律宾20MW及30MW光伏、澳洲屋顶光伏总包等重大项目，老挝国调二期项目进入正式实施阶段。重点工程项目顺利推进，全国统一电力市场交易平台正式上线运行，成为国内首套正式投入运行的大用户直接交易平台。华东等27个网省调系统上线运行，智能变电站二次设备首次在750kV西安南变电站实现整站应用，完成福州至浙北1 000kV特高压工程项目监测和川藏联网示范工程巴塘500kV变电站投运。京沪、京港澳高速电动汽车充电系统上线运行。

国电南自：大幅计提资产减值损失导致亏损

2014年，公司累计完成订货合同金额57亿元，同比下降12%，回款55.1亿元，同比增长2.4%。2014年，公司营业收入48.61亿元，同比下降6.41%；实现利润总额-24 428.35万元，同比下降241.85%；实现净利润-27 718.21万元，其中归属母公司净利润-34 096.11万元，同比下降8 819.58 %。

公司智能电网产业累计订货269 590万元，实现营业收入227 764万元。公司变电站自动化业务保持了原有电力系统市场份额的稳步增长，首次中标1 000kV电抗器保护，首次提供750kV智能变电站全站二次设备，成功实施国内首个双列布置标准配送式智能变电站试点工程。在海外市场中，公司中标厄瓜多尔、白俄罗斯、菲律宾、越南、土库曼斯坦、安哥拉、巴基斯坦等多个项目。

公司电厂与工业自动化产业累计订货139 876万元，实现营业收入140 702万元。公司在铁路自动化市场占有率继续保持领先，大型系统平台集成能力取得了里程碑式的发展，有轨电车市场继续扩大。公司热控专业共中标项目211个，maxDNA系统在困难燃料控制系统领域的领先优势继续扩大。公司自主研发的电厂电气自动化系统、监控与测控系统，中标项目1 258个，并实现了国产励磁系统在9F级燃机应用上的重大突破。

公司信息与服务累计订货26 213万元，实现营业收入15 670万元。公司在新能源远程集控项目领域，成功投运蒙西风电集控中心、中电投哈密、华电苇湖梁风电等多个风电集控项目，有利于解决新能源偏远现场无人值守问题。

公司新能源与节能环保产业累计订货134 906万元，实现营业收入94 897万元。

理工监测：中标情况低于预期，并购重组动作频繁

2014年，公司实现营业收入19 538.04万元，同比减少37.09%；利润总额6 512.89万元，同比减少54.12%；归属于上市公司股东的净利润6 156.22万元，同比减少53.75%。

2014年，国网放缓了在线监测产品招投标工作、招标方式发生了一定的变化，新产品拓展工作没能取得实质性进展，公司营业收入、利润出现不同程度下滑。

公司GIS局部放电在线监测系统在南方电网公司招投标工作中取得突破。公司继续深入应收款管理工作和控制成本、降低费用工作，取得一定成效。制定了《宁波理工监测科技股份有限公司高级管理人员及核心人员绩效考核与薪酬激励管理办法》，并积极探索改进考核激励办法。

公司并购重组探索迈出了可喜一步，公司拟向江西高能投资集团有限公司、宁波博联众达投资合伙企业（有限合伙）、朱林生等48名自然人合计支付67 613 946股股份和40 468.32万元现金收购其持有的江西博微新技术有限公司100%股权。拟向成都尚青科技有限公司、浙江银泰睿祺创业投资有限公司、北京银汉兴业创业投资中心（有限合伙）、江苏凯地电力技术有限公司、北京薪火科创投资中心（有限合伙）、北京中润发投资有限公司和熊晖等3名自然人合计支付24 901 182股股份和13 500万元现金收购其持有的北京尚洋东方环境科技股份有限公司100%的股权。同时拟向天一世纪、周方洁非公开发行不超过33 794 366股股份，募集配套资金不超过42 750万元，并不超过本次交易对价的25%。上述事项尚需中国证监会审核批准。上述事项如能顺利完成则能使公司在战略发展上迈出坚实一步。

许继电气：特高压项目迎来收获

2014 年，公司实现主营业务收入 8 306 090 487.94 元，实现净利润 1 062 277 611.68 元，较去年同期同口径追溯调整后，净利润同比增长 45.74%。

公司大力推进科技攻关，±1 100kV 特高压直流场关键设备完成研制；±200kV 柔性直流换流阀成功应用于舟山五端柔性直流输电示范工程；承担了国家电网公司重庆 220kV、上海 110kV 新一代智能变电站示范工程；研制了国内首个基于云计算的省域配电网智能监控平台、国内首套电动汽车高速公路快速充电设备及绿色海岛微电网能源管理系统等关键设备。

市场业绩较快增长。公司积极调整营销策略，创新营销模式，全力开拓市场，成功中标灵州—绍兴特高压直流、鲁西背靠背直流工程等重大项目；电网集招、批招市场份额稳中有升，拉动了智能电表、保护自动化、中压开关等业务板块的快速发展，开创了公司营销工作的新局面。

重大工程建设赢得好评。公司承担的浙北—福州特高压交流，哈密南—郑州、溪洛渡左岸—浙江金华、糯扎渡—广东特高压直流，溪洛渡—广东同塔双回直流，舟山多端柔性直流，京沪、京港澳、青银高速公路充电站，甘青铁路、京福铁路、大西客专、长沙地铁等重大工程实现成功投运。青岛、郑州电动汽车充换电站，冀北、湖北、重庆智能变电站等工程现场安装调试工作顺利推进，赢得了客户的广泛好评。

国际化水平稳步提升。公司加快海外营销中心建设和人才引进，夯实国际业务发展基础；公司以多种业务模式灵活开展海外业务；深化国际交流，加纳、尼日利亚、蒙古等国电力部、电力公司高层来访洽谈；推动公司的开关柜、直流电源等产品分别完成 TÜV、CE 国际认证，推进监控保护、变压器等产品的标准转化，产品国际化水平进一步提升；蒙古乌兰巴托第三热电厂扩容改造、尼日利亚 TCN 变电站及输电线路等重点项目取得新进展。

金智科技：业务多点开花，保持良好增长势头

2014 年，公司总体经营情况良好，公司实现营业收入 117 908.13 万元，同比增长 12.04%；归属于上市公司股东的扣除非经常性损益的净利润同比增长 21.39%。2014 年，公司营业利润、利润总额、归属于上市公司股东的净利润分别同比增长 192.33%、87.42%、81.90%，主要原因为公司 2014 年完成江苏银行股份有限公司 1 200 万股股权的转让，对公司业绩影响较大。

在电网自动化业务方面，公司在国家电网集中招标采购和智能变电站推广应用方面，继续取得良好业绩。在国家电网公司 2014 年度输变电统一招标采购及协议库存招标采购中，公司累计中标合同金额 1.75 亿元。

在发电及工业企业电气自动化业务方面，全年实现合同额超过 1.97 亿元，再创历史佳绩。在火电厂电气自动化领域，公司以行业领先的品牌及技术优势，业绩持续保持增长。同时，公司积极开拓风电、光伏发电等新能源市场。在石化、煤炭等行业领域，公司继续取得进展，参与了中天合创煤炭深加工项目电气框架招标并取得良好成绩。公司还积极开拓境外市场，成立了国际市场部，在印度尼西亚、印度、土耳其等国家获得合同业绩。

在 IT 业务方面，公司积极参与智慧城市建设，承建了“南京青奥会国家层面安保指挥部通信指挥系统”和“首个国家公祭日 12.13 安保指挥系统”等重大项目，参与了南京高铁南站、保障房、重点公交站台等民生工程项目的安保系统建设。在区域拓展上，公司进一步加强新疆、湖南等区域的市场拓展工作，成功中标新疆大剧院、湖南长沙梅花岭腊八寺等智能化项目。

在电力工程设计与服务业务方面，公司完成了从电力设计到工程总包到电站投资的战略跨步，业务视野得到了大幅提升，战略新业务板块已经初具雏形。

智光电气：“产品 + 服务 + 投资”协同效应初步显现

2014 年，公司实现营业收入 607 410 442.54 元，同比增长 7.75%；实现归属于上市公司股东的净利润 41 747 271.00 元，同比增长 107.14%；经营活动产生的现金流量净额为 86 058 500.96 元，同比增加 254.43%。公司盈利能力和经营质量均有较大的改善和提升。

公司抓住市场机遇，围绕三大核心优势业务——发电厂节能增效、工业电气节能增效和工业余热余压发电利用等，全面发展，并从战略高度有选择地发展新的业务方向。公司集中优势资源继续发展电机系统控制与节能、智能配电网、电力自动化与信息化三大产品线，在电厂、冶金、建材等大型水泵、风机控制、永磁电机及伺服控制应用、风力发电和太阳能发电接入电网控制，配电网和供用电系统保护控制、能量管理等领域，不断增强产品线覆盖能力和定制能力，为客户提供系统解决方案，并积极开发新技术、新产品和新业务，保持延伸和扩张态势。

2014 年 11 月，子公司广东智光用电投资有限公司成立，标志着公司在供用电服务领域的布局又迈出了坚实的一步。智光用电投资聚焦供用电领域，以用户电气设备托管服务业务为切入点和依托，开展用户用电咨询、节能规划设计、技术改造、智能化管理、用电设备融资托管等供用电高端服务业务。2014 年 12 月，公司以智光用电投资为平台，设立了控股公司广州智光用电服务有限公司（注册资本 1 000 万元，智光电投持股 51%），重点拓展广州区域的用电服务市场。

公司积极发挥品牌和平台优势，投资优质节能项目，并通过投资，加大对外合作力度，整合优势资源，实现快速发展。报告期内，智光节能与南方电网综合能源有限公司对贵州南能智光综合能源有限公司进行同比例增资，南能智光的注册资本由 900 万元增至 5 700 万元（智光节能持股 49%），其区域竞争力得到明显提升，双方合作的优势逐步显现。

银河投资：经营平稳，着力构建生物医药产业架构

2014 年，公司实现营业收入 80 192.37 万元，同比增长 2.28%；营业利润 3 579.56 万元，同比增长 99.40%；归属于母公司所有者的净利润为 2 608.62 万元，同比增长 113.60%。

报告期内公司积极布局主流电力市场和拓展新兴行业。在输配电领域，公司有计划地推进国网、南网、中电投、中石油、中石化等大型央企集团的入网工作和加大投标力度，在山东电网集中招标中取得 2 000 多万元订单，实现非晶合金变压器在国网市场上批量供货，同时成功承接武汉 712 所 2 台单相 10 分裂牵引变压器订单，为公司在电气化铁路（包括高铁）市场突破奠定基础；除此之外，公司还和广西贵港供电局、江西 4 个地市局开展了变压器维保和检修业务，初步形成服务增值的新盈利模式。在电子信息领域，四川永星重点加强了对军品、能源、轨道交通、通讯领域的市场开发，新增客户 131 家，军品订货同比增长 22.8%，民品订货同比增长 17.1%，并且与 014 中心、611 所、华为、中兴、南车集团等 45 家业内知名企业联系合作日益密切，为今后发展打下坚实基础。

公司现有的电气设备、电子元器产业的成长性受到行业周期性因素制约较大。从长期发展来看，在巩固现有业务在细分市场上领先地位的前提下，公司逐渐进入高成长性的新兴行业将有效拓宽业绩成长的边界。报告期内，公司集中人员组织开展大量行业调研论证，明确提出以生物技术为核心构建公司医药及医疗服务产业，并将此领域作为公司未来五年的战略性产业发展方向。在未来五年中，公司将通过组建产业并购基金、自主建设、收购等多种方式来逐步构建银河生物医药产业的架构，力争在较短时间内把医药及医疗服务产业打造成上市公司最具盈利能力的核心业务之一。

科陆电子：多维布局取得成效

2014 年，公司实现营业收入 19.55 亿元，同比增长 38.74%，实现利润总额 1.46 亿元，同比增长 41.83%，实现归属于上市公司净利润 1.26 亿元，同比增长 46.28%。

智能电网领域方面，2014 年，公司在国家电网公司和南方电网公司的电能表类招标项目中，中标数量及金额排名情况良好，较 2013 年增长明显。报告期内，公司 FUT/DTU 设备、配网自动化终端等新产品分别通过了国网专业检测和型式试验报告及部分省网公司的招标检测，市场拓展情况良好。

新能源光伏发电方面，报告期内，公司通过收购润峰格尔木电力有限公司及格尔木特变电工新能源有限责任公司方式，正式进入电站运营领域。截至目前，公司累计控制的地面电站约有 220MW，并均已实现并网发电。

储能方面，公司依托国家能源局成立的可再生能源规模化储能并网工程实验室，已研制出具有虚拟同步机特性的光伏一储能一体化高效智能充放电控制技术，研制成功 500kW 级的具有自同步电压源（V/F 模式）电力能量路由器，能实现 8 台以上并联运行；兆瓦级箱式储能电站继成功应用于中广核曲麻莱 7 203MWp 离网光伏电站、祁连 3 087MWp 离网光伏电站等几个示范项目后，2014 年 7 月中标青海黄河上游水电开发有限责任公司青海玉树州无电地区电力建设独立光伏供电工程户用系统设备采购项目，公司为此项目唯一中标人，合计中标金额 14 940.47 万元。

新能源电动汽车充电网络建设方面，报告期内，公司凭借雄厚的技术实力，整体拿下扬州公交集团直流快速充电桩项目，总金额接近 1 500 余万元；公司与南昌市公共交通总公司就共同经营新能源汽车充电系统及终端网络投资建设、充电配套系统及运维管理达成合作协议，第一期投资建设和运营红谷滩、民营、昌南、长陵、城南及朝阳共计 6 个新能源汽车充电站。截至目前，红谷滩、昌南充电站已经完成建设并投入运营。2015 年 3 月，公司作为总包方，在贵州凯里中昊工业园和民族风情园承建电动汽车充电站，为公司布局西南旅游带新能源充电市场奠定了基础。

浩宁达：新增业务板块贡献收益

2014 年，公司营业总收入 77 412.06 万元，同比增长 26.51%；实现净利润 4 356.62 万元，同比增长 102.4%。在保证电能表业务板块维持相对稳定发展的同时，公司新增业务板块带来实质性的贡献，从而使得公司整体经营达到预期成果。

生产基地建成并投产，产能显著提升。多年以来，随着公司业务规模的不断扩大，生产、研发及管理用地不足一直是制约公司发展的瓶颈。报告期内，浩宁达惠州生产基地建设完成并投产，使得公司电能表及用电信息采集系统的生产能力大幅提升，从而将发展瓶颈扭转为竞争优势之一。

纵向延伸、横向拓展，强化公共计量主营业务。经过广泛调研和充分研讨，公司将公共计量业务的战略目标定位为“公共计量领域优秀服务提供商”。在全面提升电能表及用电信息采集系统合同履约能力的同时，一方面在电力领域进行表计业务的纵向延伸；另一方面决定适时进入水、气、热等流量计量领域，并优先发展智能水表业务，进行业务的横向拓展。报告期内，公司完成智能水表业务的团队、产品队列及产能建设，已形成规模销售的支撑能力。

适度多元经营取得实质进展。在强化现有主营业务的同时，公司明确进行结构调整、开拓布局等一系列着眼于长远发展的工作。2014 年 9 月，完成对每克拉美（北京）钻石商场有限公司的并购重组，公司正式进军奢侈品零售行业，形成了“双主营业务”的格局，每克拉美进一步强化市场营销，狠抓市场份额的提升，实现了持续盈利，在一定程度上规避了公司主营业务单一的经营风险。

和顺电气：招标规则变化，省内市场占有率下滑

2014 年，公司实现营业收入 32 497.20 万元，同比下降 5.22%；实现净利润 5 195.76 万元，同比下降 17.10%。

公司防窃电电能计量装置收入有所下降，以往江苏省电能计量箱的招投标范围仅局限于江苏省内的生产厂家，其他外省厂家无法参与进来，在国家电网公司要求下，改为面向全国招标，这种招标形式的改变，直接影响到该产品的销售订单。公司全资子公司苏州电力电容器有限公司本期的销售业绩和效益下降，直接影响公司整体净利润的下降。

苏容公司新厂的搬迁已于 2014 年 1 月份顺利完成，搬迁后苏容公司在生产能力、工艺水平、产品性能、产品质量等方面都有较大的提升，苏容公司的市场竞争力有了大幅提高。报告期内，由苏容公司承建的平高集团大容量强电流试验站合成回路主电容塔、调频电容塔项目已顺利完工，本项目无论在规模还是先进性方面都处于行业领先地位，已成为国内此类项目的标杆。

恒顺众昇：印尼项目大幅贡献收益

2014 年，公司实现营业收入 67 044.26 万元，同比增长 296.56%；实现营业利润 13 518.29 万元，同比增长 3 430.77%；实现归属于母公司股东的净利润 10 953.07 万元，同比增长 188.75%。

国内业务方面，公司坚持以无功补偿产品为主导，积极开发智能电网、智能配网产品，在国内经济下行和招标量下滑的情况，仍维持收入和盈利的稳定。国外业务方面，公司以新加坡作为国外业务的总部，在新加坡、印尼开展矿产资源的投资收购和物流贸易等。在印尼市场，公司已经取得煤矿、镍矿、锰矿等多项矿产资源，并开始修建码头或道路等公共设施，目前煤矿已投产，2014 年，煤炭产销达到 227 196 448.61 元，超过公司 2013 年全年营业收入。2014 年 2 月，公司印尼工业园项目正式启动，公司通过开展建设和招商工作，拉动自主产品的出口，机械成套装备收入取得大幅增长。目前，印尼工业园内“三通一平”工作已完成，现正按照公司的战略部署，有序地开展其他各项建设工作。

印尼苏拉威西镍铁工业园一期项目已全面启动，工业园内“三通一平”工作已完成，目前，印尼苏拉威西镍铁工业园一期项目的各项建设工作，按照公司的战略部署，已在有序地开展当中。“营销网络和客户服务基础平台建设项目”公司已完成了募集资金承诺项目所需营销网络和客户服务基础平台的基本建设，累计投入 1 121.81 万元（其中项目尾款为 3.2 万元），结余资金为 1 451.38 万元，具备了正常使用的条件。

印尼收购项目方面：公司全资子公司于 2014 年 12 月完成了对 Pt.Madani Sejahtera 镍矿公司 95% 股权的收购，并完成了股权过户及资产交接，Pt.Madani Sejahtera 于 2014 年 12 月起纳入公司合并报表范围。此次收购的完成，将为公司印尼镍铁工业园提供低价高质镍矿的原材料。公司全资子公司于 2014 年 9 月 19 日与 CV Alam Jaya 公司签订了收购其 100% 股权的正式协议，目前双方正在办理股权过户及资产交接。

新时达：机器人业务保持良好增长势头

截至 2014 年 12 月 31 日，公司实现营业收入 130 507.56 万元，同比增长 30.43%；实现营业利润 18 280.50 万元，同比增长 11.96%；实现利润总额 22 665.62 万元，同比增长 12.82%；实现净利润 20 323.49 万元，同比增长 15.86%；其中，实现归属于母公司所有者的净利润 20 327.51 万元，同比增长 22.37%。

报告期内，公司继续立足于研发创新和技术先导战略，加大研发投入，深化技术和产业储备，加快企业并购重组步伐，努力实现公司发展的新跨越，不断推进工业机器人与运动控制类产品的市场拓展，持续开拓电梯控制与驱动类产品业务，着力海外市场的布局，坚持贯彻“以技术领先确立市场优势，以技术拓展谋求市场延伸，以市场延伸进一步带动技术升级”的技术与市场相互递进的总体发展策略来开展企业的各项经营工作，经营业绩继续保持较快递增的势头。

报告期内，公司机器人业务获得迅猛增长，顺利完成了销售收入 2 000 万元的年度目标，产品进入了广日股份、开能环保、康力电梯等众多知名企业；众为兴的总线型运动控制类产品成功地批量进入了格力、比亚迪等 3C 龙头企业；海外业务同比增长超过 60%，市场布局更趋完善；工业机器人专用伺服系统项目被列入“上海市重大技术装备研制专项”，并获得政府核定的支持资金；公司在 2013 年年度报告中提出的经营计划目标全部完成，公司销售增长率超过 30%；公司股权激励计划提出的连续三年扣除非经常性损益后的归属上市公司股东净利润年均增速不低于 20% 的核心考核指标在 2014 年顺利实现。

科大智能：业绩大幅提升，内涵与外延式发展相结合

2014 年，公司实现营业收入 61 472.38 万元，同比增长 84.51%；营业利润 8 013.79 万元，同比增长 1 137.19%；利润总额 9 486.75 万元，同比增长 529.25%；归属于上市公司股东的净利润为 7 688.74 万元，同比增长 704.64%。

公司进一步加大市场开拓力度，用电自动化方面，公司产品已成功销往全国 26 个省市自治区，产品市场占有率得到进一步提升；在国网集采招标方面成绩显著，中标份额进一步提高；成功入围配网自动化标委会，参与标准制定；多次参与配用电自动化行业展会及技术交流会，深层次了解行业动态，为公司进一步拓展市场份额奠定了基础；积极进行项目拓展和推进，扩大品牌宣传，提高行业影响力。工业生产智能化方面，在物料装配、搬运、输送等传统机械手应用领域的市场份额逐步增长，并积极致力于高自动化、高精密度设备的研发和推广，进一步拓展产品的应用领域。报告期内，公司进一步优化营销系统的考核激励机制，加强营销团队建设，提高了营销业务能力。

公司积极推进内涵式和外延式相结合的发展战略，择机实施资本运作，推进外延式扩张。在内涵式发展的基础上，通过收购、兼并、合资等多种资本运作手段，向产业链横向和纵向扩张，积极拓展新的业务领域，努力优化公司产品结构，打造新的利润增长点，迅速扩大公司规模，提升公司整体实力和盈利水平，促进公司快速发展壮大。

报告期内，公司成功实施的资产重组进一步优化了公司的产品体系和产品布局，显著提升了公司的业务规模和盈利能力，增强了公司的核心竞争力和抗风险能力；报告期内，公司对北京科能电通科技有限公司的股权资产进行了处置，进一步整合了下属子公司业务，提高了管理效率，降低了运营成本，优化了资源配置。

新联电子：经营平稳，收购瑞特电子延伸产业链

2014年，公司实现营业收入5.8亿元，同比增长6.86%；实现归属于上市公司股东的净利润1.53亿元，同比增长3.46%。

营销方面，公司进一步加强营销队伍建设，大力提升团队销售能力，建立高效的营销管理体系，采取与市场相适应的营销策略，继续加大市场开拓力度，及时了解掌握市场信息，以服务促销售，用服务创造价值，提升用户信任度和满意度，继续保持用电信息采集业务的市场优势。报告期内，公司在国家电网公司组织的五次用电信息采集类产品集中招标采购中，公司中标总金额名列第一。同时，公司不断加强品牌建设和推广工作，将品牌影响延伸，积极拓展低压成套设备、能效管理等新业务市场，通过多种形式大力宣传公司配电产品，逐步得到客户的认可。

研发方面，公司一直重视产品研发和技术创新，通过人才引进和自我培养，建立了高水平的创新研发队伍，并坚持以市场导向为原则，立足于电力行业的发展，加大新产品研发力度，优化完善产品结构，切实发挥技术创新在增强公司核心竞争力方面的作用，巩固了在用电信息采集行业的技术领先优势。报告期内，公司通过了高新技术企业重新认定；公司申请专利18项，其中发明专利5项，获得专利13项，其中发明专利3项；公司“大电网广域电能量测系统关键技术研究及工程应用”项目荣获国家电网2014年度科学技术进步奖三等奖。

资本运作方面，公司充分利用已形成的市场、技术、资金、管理、品牌等优势，寻找合适的投资项目，优化产品结构，推动公司战略规划的顺利实施。报告期内，公司利用超募资金收购瑞特电子65.52%股权，提升了公司加工制造能力和水平，扩大了低压成套设备的产能，通过整合资源，打通产业链，达到提高产品毛利率，增强市场竞争力；通过股权置换收购盘谷电气，引进配电自动化产品技术和管理团队，以抓住配电网行业发展机遇，更快更好地进入配电网行业。

光一科技：市场拓展取得成效，投资活动频繁

2014年，公司实现营业收入34 334.69万元、同比增加6.15%；由于报告期对未来发展方向的投入增加及受原控股子公司南京宇能影响，对公司经营业绩产生一定影响，报告期实现利润总额3 832.83万元、归属于上市公司普通股股东的净利润3 593.10万元，同比减少29.16%、24.10%。

公司智能终端事业部积极组织参加国网及网省公司的投标工作，积极推动自主项目成果，加强市场开发及维护，完善售后服务体系建设，较好的完成了各区域的技术服务工作。在国家电网公司2014年采集系统建设专项批次采购及2014年四批电能表及用电信息采集设备招标采购中，公司累计中标41个包、中标金额25 028.44万元。公司在巩固原有市场的基础上又进一步拓展了河南、河北、新疆、宁夏等新的市场区域，确保了公司在用电信息采集第一梯队的排名，为未来智能电网建设的第三阶段打下坚实的基础。随着公司市场覆盖面的扩大，相应的履约成本及售后服务成本显著增加；同时由于国网新技术规范的颁布与实施增加了公司研发投入，对公司业绩均造成一定影响。

报告期内，公司以发行股份及支付现金购买资产的方式初步完成了对索瑞电气的重大资产重组，本次交易对价70 403.20万元，其中支付现金10 560.48万元、定向发行股份31 216 848股。公司收购索瑞电气，符合公司总体发展战略的需要，有助于拓展公司国内市场渠道、丰富产品线，改善现有业务结构，提高资本实力和盈利能力，为公司向其他物联网领域发展奠定基础。

公司以自有资金1 144万元向南京云商天下增资，增资后公司持有南京云商天下51%的股权，其成为公司控股子公司。南京云商天下作为公司的健康医疗业务的运行主体，拥有与广电网络合作的技术、产品、服务及经验优势，通过增资控股云商天下有利于公司快速进入健康医疗管理领域，在业务模式上更进一步向纵深扩张，在公司原有业务基础上，有效拓展新市场，为公司增加新的利润增长点奠定良好基础。

四方股份：市场地位稳固，订单维持较高水平

2014年，公司实现营业收入32.64亿元，同比增长6.93%；实现归属上市公司股东净利润3.41亿元，同比下降8.02%。全年合并范围内的公司累计完成订货合同金额41.34亿元，同比增长4.84%。

公司在国网各批次集中招标、南网框架招标中标总份额位列第一军团，公司行业总排名稳居前三。公司电厂业务在保持、扩展传统优势产品的同时，积极开拓新方向和新市场。公司继续加大国际业务投入，在直接开拓海外市场的同时，加强了与国内EPC总包方的合作，使得这方面的国际业务合同较去年有了较大的增长。

为适应未来公司发展对生产规模的需求，公司在保定、南京开始了二期生产厂房的工程建设，预计二期工程在2015年全部投入使用，可以满足未来三至五年公司在智能电网、智能变电站、电力系统及继电保护自动化、发电厂自动化、工业自动化等主营业务产品生产规模的需要，能够满足国网特高压项目中变电站自动化系统、各类继电保护产品的生产要求。

炬华科技：智能电能表箱实现中标

2014年，公司实现营业收入98 832.50万元，比2013年的76 617.05万元增长29.00%；归属于母公司所有者的净利润21 388.77万元，比2013年的17 181.95万元增长24.48%。

2014年，公司积极开展与智能用、配电设备相关的业务，中标总额7 247.56万元，取得了电力监测设备、配电自动化设备等相关认证。2014年，公司国际业务保持稳步发展。公司在原有营销服务体系的基础上，根据市场和客户的需求，通过优化营销服务团队的组织架构、增加营销服务网点布局、扩充营销服务人员数量、细分客户服务内容等，进一步提升市场响应和客户服务能力，2014 年，公司各类产品销售及客户服务满意度均创新高。

公司在电能计量仪表和用电信息采集系统产品领域中，拥有了高可靠性数据存储技术、高精度测量技术、低功耗产品设计技术、数据交换技术、防窃电设计技术等核心技术，并积累了丰富经验。

凯发电气：登陆创业板，合同金额上升

2014 年，公司业绩保持持续增长，公司全年实现营业收入 34 150.26 万元，较上年同期增长 15.37%；实现营业利润 7 542.28 万元，较上年同期增长 2.36%；利润总额 8 672.11 万元，较上年同期增长 8.43%；归属于上市公司所有者的净利润为 7 339.33 万元，较上年同期增长 7.97%。

2014 年，公司全年签订销售合同金额为 5.29 亿元，同比增长 22.2%；其中国铁方面合同总金额为 3.014 亿元，与上年度持平；城轨方面合同总金额为 2.276 亿元，同比增长 81%。国铁市场在哈尔滨铁路局取得突破，先后签订了京哈客运专线、哈齐客运专线、哈牡客运专线等项目。城轨项目在合肥地铁、天津地铁取得新突破，成功中标天津地铁 6 号线综合监控系统项目。公司的二次防雷系统在中南通道等 8 个工程项目上得到应用。公司与捷克阿尔法尤尼公司合作的车载产品也在深圳地铁、天津地铁、南车南京铺镇车辆有限公司获得了销售合同。

公司自 2009 年与德国保富铁路有限公司合资成立天津保富以来，国际合作逐步加强。公司与捷克阿尔法尤尼公司签署了合作协议，获得阿尔法尤尼产品在中国独家销售和服务权。经过一年来的合作和市场调研、开拓，已初步获得深圳地铁、天津地铁、南车南京铺镇机车车辆有限公司等相关订单。鉴于中国未来地铁、轻轨和有轨电车巨大的市场机会，双方达成初步意向在中国天津共同出资成立合资企业。

占地 26 640m^2，建筑面积 4.34 万 m^2 的现代化厂房及办公设施“凯发轨道交通产业化基地”基本落成，公司于 10 月份顺利迁入，极大的改善了生产、办公条件，为公司今后的发展奠定了基础。2014 年 11 月 6 日，公司获得中国证券监督管理委员会核准批文（证监许可〔2014〕1183 号），于 2014 年 12 月 3 日在深圳证券交易所创业板上市交易。

〔撰稿人：中银国际证券研究部于振家、易佳丰投资管理公司殷亦峰〕

中国电器工业协会行业信用建设工作概况

一、电器工业 A 级以上诚信企业情况

2008 年 5 月经国家商务部商信用字〔2008〕1 号文件的授权，电器工业开展信用建设（信用等级评价）工作以来，始终坚持“忠于职守，不辱使命，确保质量，宁少勿滥，稳步推进”的工作原则，不断强化自身建设，深刻认识信用建设工作的重要意义，增强使命感和责任感，建立了组织领导机构和相应的管理制度；突出发挥协会的主导作用，并充分发挥分会的优势，通过协会网站、刊物、各级行业会议等方式，不断向行业（企业）宣传灌输诚信经营的理念，扩大诚信建设工作影响力；认真部署，稳步推进，贯彻标准，公平公正，开展行业信用等级评价工作，对提高企业软实力和信用管理水平、提高诚信企业在本行业的知名度、提高诚信企业在国内外市场中的信誉起到了传递正能量的作用。经过近几年的不懈努力，现在，电器工业协会已经评出了 A 级以上诚信企业百余家。电器工业 A 级以上诚信企业见表 1。

表 1　电器工业 A 级以上诚信企业

序号	企业名称	等级	证书编号
1	南京汽轮电机（集团）有限责任公司	AAA	200904611100001
2	许继集团有限公司	AAA	200904611100002
3	江苏华鹏变压器有限公司	AAA	200904611100003
4	超威电源有限公司	AAA	200904611100004
5	浙江天能电池有限公司	AAA	200904611100005
6	浙江恒友机电有限公司	AAA	200904611100006
7	浙江正泰电器股份有限公司	AAA	200904611100007
8	浙江意达电器有限公司	AAA	200904611100008

（续）

序号	企业名称	等级	证书编号
9	哈尔滨光宇蓄电池股份有限公司	AAA	200904611100009
10	浙江卧龙灯塔电源有限公司	AAA	200904611100010
11	山东瑞宇蓄电池有限公司	AAA	200904611100011
12	山东圣阳电源股份有限公司	AAA	200904611100012
13	绍兴汇同蓄电池有限公司	AAA	200904611100013
14	湖北骆驼蓄电池股份有限公司	AAA	200904611100014
15	浙江古越蓄电池有限公司	AAA	200904611100015
16	深圳市瑞达电源有限公司	AAA	200904611100016
17	天津市金桥焊材集团有限公司	AAA	200904611100017
18	天津大桥焊材集团有限公司	AAA	200904611100018
19	四川大西洋焊接材料股份有限公司	AAA	200904611100019
20	创正防爆电器有限公司	AAA	200904611100020
21	新东北电气集团高压开关有限公司	AAA	200904611100021
22	沈阳北方防爆电气有限公司	AAA	200904611100022
23	华荣集团有限公司	AAA	200904611100023
24	合肥神马科技股份有限公司	AAA	200904611100024
25	华夏防爆电气有限公司	AAA	200904611100025
26	江苏恒通电气仪表有限公司	AAA	200904611100026
27	新东北电气（沈阳）高压开关有限公司	AAA	200904611100027
28	上海宝临防爆电器有限公司	AAA	200904611100028
29	浙江富春江水电设备股份有限公司	AAA	200904611100029
30	上海杨行铜材有限公司	AAA	200904611100030
31	天津百利特精电气股份有限公司	AAA	200904611100031
32	电光防爆电气有限公司	AAA	200904611100032
33	昆山市东升变压器辅机有限公司	AA	200904601100033
34	西安启源机电装备股份有限公司	AAA	201004611100034
35	南阳防爆集团股份有限公司	AAA	201004611100035
36	宁夏西北骏马电机制造股份有限公司	AAA	201004611100036
37	大连日牵电机有限公司	AAA	201004611100037
38	湘潭牵引机车厂有限公司	AAA	201004611100038
39	积成电子股份有限公司	AAA	201004611100039
40	重庆新世纪电气有限公司	AAA	201004611100040
41	广东嘉和微特电机股份有限公司	AAA	201004611100041
42	上海华通自动化设备有限公司	AA	201004601100042
43	宁波奇乐电气集团有限公司	AAA	201004611100043
44	苏州万龙电气集团股份有限公司	AAA	201004611100044
45	嘉禾工具有限公司	AAA	201004611100045
46	上海锅炉厂有限公司	AAA	201104611100046
47	无锡华光锅炉股份有限公司	AAA	201104611100047
48	江苏太湖锅炉股份有限公司	AAA	201104611100048
49	鞍山锅炉厂有限公司	AAA	201104611100049
50	四川川锅锅炉有限责任公司	AAA	201104611100050

（续）

序号	企业名称	等级	证书编号
51	唐山盾石电气有限责任公司	AAA	201104611100051
52	北京西电华清科技有限公司	AAA	201104611100052
53	杭州锅炉集团股份有限公司	AAA	201104611100053
54	济南锅炉集团有限公司	AAA	201104611100054
55	东方电气集团东方电机有限公司	AAA	201104611100055
56	江苏大中电机股份有限公司	AAA	201104611100056
57	上海科泰电源股份有限公司	AAA	201104611100057
58	飞雕电器集团有限公司	AAA	201104611100058
59	浙江中龙电机股份有限公司	AAA	201104611100059
60	杭州乾龙电器有限公司	AA	201104601100060
61	北京巴布科克·威尔科克斯有限公司	AAA	201104611100061
62	法泰电器（江苏）股份有限公司	AAA	201104611100062
63	能科节能技术股份有限公司	AAA	201104611100063
64	江苏锡安达防爆股份有限公司	AAA	201104611100064
65	浙江华年电机有限公司	AA	201104601100065
66	湖州越球电机有限公司	AAA	201104611100066
67	江苏环球特种电机有限公司	AAA	201104611100067
68	苏州苏龙电气有限公司	AAA	201104611100068
69	温州兴机电器有限公司	AAA	201104611100069
70	上海人民企业集团温州电器有限公司	AAA	201104611100070
71	上海德创电器电子有限公司	AAA	201104611100071
72	长园集团股份有限公司	AAA	201104611100072
73	慈溪宏一电子有限公司	AAA	201104611100073
74	宁波凯峰电器有限公司	AAA	201104611100074
75	公牛集团有限公司	AAA	201104611100075
76	广东美的照明电气制造有限公司	AAA	201104611100076
77	柳州市建益电工材料有限公司	AAA	201104611100077
78	安徽博瑞特热能设备股份有限公司	AAA	201104611100078
79	河北电机股份有限公司	AAA	201104611100079
80	陕西利昌电气有限公司	AAA	201104611100080
81	哈尔滨电机厂有限责任公司	AAA	201204611100081
82	电光防爆科技股份有限公司	AAA	201204611100082
83	超威电源有限公司	AAA	201204611100083
84	华荣科技股份有限公司	AAA	201204611100084
85	绍兴汇同蓄电池有限公司	AAA	201204611100085
86	江苏恒通电气仪表有限公司	AAA	201204611100086
87	佳木斯电机股份有限公司	AAA	201204611100087
88	河北宝凯电器有限公司	AAA	201204611100088
89	安徽皖南电机股份有限公司	AAA	201204611100089
90	无锡华达电机有限公司	AAA	201204611100090
91	骆驼集团股份有限公司	AAA	201204611100091
92	四川大西洋焊接材料股份有限公司	AAA	201304611100092

（续）

序号	企业名称	等级	证书编号
93	江苏国星电器有限公司	AAA	201304611100093
94	宁波耀华电气科技有限责任公司	AAA	201304611100094
95	天能电池集团有限公司	AAA	201304611100095
96	合肥神马科技集团有限公司	AAA	201304611100096
97	许继集团有限公司	AAA	201304611100097
98	南京汽轮电机（集团）有限责任公司	AAA	201304611100098
99	江苏华鹏变压器有限公司	AAA	201304611100099
100	波瑞电气有限公司	AAA	2013046111000100
101	沈阳北方防爆股份有限公司	AAA	2013046111000101
102	浙江正泰电器股份有限公司	AAA	2013046111000102
103	浙江意达电器有限公司	AAA	2013046111000103
104	浙江恒友机电有限公司	AAA	2013046111000104
105	山东华凌电缆有限公司	AAA	2013046111000105
106	浙江富春江水电设备股份有限公司	AAA	2013046111000106
107	山东圣阳电源股份有限公司	AAA	2013046111000107
108	天津大桥焊材集团有限公司	AAA	2013046111000108
109	哈尔滨光宇蓄电池股份有限公司	AAA	2013046111000109
110	上海杨行铜材有限公司	AAA	2013046111000110
111	余姚市电力设备修造厂	AAA	2013046111000111
112	大连日牵电机有限公司	AAA	2014046111000112
113	南阳防爆集团股份有限公司	AAA	2014046111000113
114	上海品星防爆电机有限公司	AAA	2014046111000114
115	宁夏西北骏马电机制造股份有限公司	AAA	2014046111000115
116	湘潭牵引机车厂有限公司	AAA	2014046111000116
117	积成电子股份有限公司	AAA	2014046111000117
118	重庆新世纪电气有限公司	AAA	2014046111000118
119	山东齐鲁电机制造有限公司	AAA	2014046111000119
120	温州宏丰电工合金股份有限公司	AAA	2014046111000120
121	苏州万龙电气集团股份有限公司	AAA	2014046111000121
122	邳州市国龙电器有限公司	AAA	2014046111000122
123	上海电器陶瓷厂有限公司	AAA	2014046111000123
124	温州兴机电器有限公司	AAA	2014046111000124
125	上海锅炉厂有限公司	AAA	2014046111000125
126	无锡华光锅炉股份有限公司	AAA	2014046111000126
127	济南锅炉集团有限公司	AAA	2014046111000127
128	鞍山锅炉厂有限公司	AAA	2014046111000128
129	四川川锅锅炉有限责任公司	AAA	2014046111000129
130	北京巴布科克·威尔科克斯有限公司	AAA	2014046111000130
131	江苏环球特种电机有限公司	AAA	2015046111000131
132	江苏锡安达防爆股份有限公司	AAA	2015046111000132
133	法泰电器（江苏）股份有限公司	AAA	2015046111000133
134	杭州乾龙电器有限公司	AAA	2015046111000134
135	江苏太湖锅炉股份有限公司	AAA	20150461110001135
136	上海科泰电源股份有限公司	AAA	2015046111000136

二、进一步发挥协会引领作用，拓展信用评价工作范围，为企业提供有的放矢的服务

截至 2014 年底，先后组织 3 次电器行业信用建设工作的年度会议，并根据在信用评价过程中企业反映的共性问题，组织了“企业经营风险”“知识产权运用”的专题培训。通过会议及活动的开展，促进了协会与企业、与分支机构代表面对面的沟通，活跃了同行业之间的直接交流，增强了企业市场经营风险的防范意识，增强了企业对知识产权的保护意识。这个平台拉近了协会与各方的距离，发挥协会引领行业（企业）深入推进信用体系建设工作和服务企业的作用，进而不断夯实电器工业行业信用体系建设的工作基础。

三、不断完善信用建设的基础管理工作

坚持做好每批次的信用结果公示工作，按照商务部办公厅、国资委行业协会联系办公室《关于规范行业信用评价试点工作的通知》（商信用字〔2008〕2 号）文件和协会《行业信用管理实施办法》的要求，在中国市场秩序网——全国行业信用公共服务平台，做好每批次的信用结果公示和备案工作。

不断健全信用评价专家库的建设，实行专家聘任制。为确保信用评价的工作质量，提高评价过程公平、公开、公正度，保证评价工作有序进行，经分支机构推荐，协会审批，吸收精通或熟识相关行业产品技术、质量、生产、财务和企业管理等方面的 95 名专家加入了电器工业信用评审专家库。

四、开展诚信建设（信用评价）工作面临的主要问题

企业参加申报信用等级评价和复评企业的数量最近一直呈下降趋势，根据对行业内企业的调研，主要问题表现在以下几方面：

（一）信用评价工作的市场竞争呈上升态势

目前地方省市的协会、工商部门甚至宣传部、文明办的都在进行信用评审活动，因其占有天时、地利、人和的优势。加之企业申报评审的费用较低，有的甚至不收取任何费用，所以有些隶属于协会的会员单位就近选择了在当地进行信用评价。

（二）企业信用评价结果的应用与市场脱节

早在 2010 年 5 月 25 日，商务部与国资委共同召开的行业信用建设工作会议上，时任商务部市场秩序司的向欣司长就讲到，目前社会对行业信用评级结果依然存在着认同度低的问题，“在行业信用评价中获得高等级信用资质的企业，相当于取得了绿色通行证，但是现在社会对于这些企业的认同度还不够，在政府采购和招标方面，对这些企业的认知和提供的扶植也不足。”

2013 年 6 月 6 日国家发改委下发了（发改财金〔2013〕920 号）文件，明确要求：各级政府、各相关部门应结合地方和部门实际，在政府采购、招标投标、行政审批、市场准入、资质审核等行政管理事项中依法要求相关市场主体提供由第三方信用服务机构出具的信用记录或信用报告。各级政府、各相关部门要树立大局意识，把在行政管理事项中使用信用记录和信用报告工作纳入重要工作日程。要加强协同配合，推动形成信用记录和信用报告跨部门、跨区域应用的联动机制。但在招标活动中文件很难执行。

尽管国家和协会都在宣传信用建设的重要，都要求评价结果与市场挂钩，但是，参加过信用评价并取得诚信资质的企业，经过 3 年的市场实践，认为《诚信证书》没有给企业带来经济收益，在政府采购和市场招标方面，对参与企业有无《诚信证书》也没有要求，使他们感到投入很多精力取得的证书没有用武之处，投入和回报不对等，挫伤了企业参与社会、行业诚信建设的积极性，最终选择放弃参与信用评价或复评的工作。

五、开展行业信用建设工作的建议

要充分运用各种媒体平台，以宣传贯彻《社会信用体系建设规划纲要 2014—2020》为有利契机，结合“信用中国”“行业信用宣传周”等活动，精心筹划各种主题，深入持久开展诚信宣传活动，解读诚信政策，通过制度建设、教育引导和舆论宣传，调动社会各方面力量关注、鼓励社会各界及新闻媒体对企业失信行为进行举报和监督，形成自觉守法、崇尚诚信的社会风尚。

尽快制定在政府采购、招标投标、行政审批、市场准入、资质审核等行政管理事项中依法要求相关市场主体提供由第三方信用服务机构出具的信用记录或信用报告的实施意见。

进一步规范、管理第三方信用评价机构，已授权的行业协会、第三方信用评价机构，做好自身领域的信用评价工作，切勿交叉互评，以免造成重复评价、评价市场混乱的现象。

加强相关类似的评价活动的整合和管理，制定信用标准，加快标准建设，发挥行业组织的作用。

建立信用信息共享交换平台，开通互联网查询服务。在确保信息安全和保护国家秘密、企业秘密、个人隐私的前提下，凡是可公开的信息都要向社会公开。

社会信用体系建设是一项复杂的系统工程，任务重、难度大，要把贯彻落实《社会信用体系建设规划纲要 2014—2020》纳入重要议事日程，进一步理顺工作关系，加强工作力量建设，确保机构到位、人员到位、责任到位、保障到位。

〔撰稿人：中国电器工业协会亢荣、钱斌〕

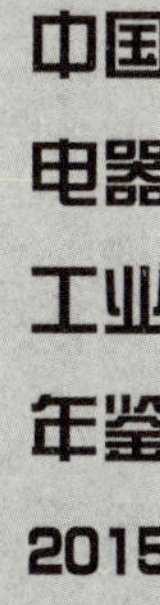

行业概况

逐一分析电器工业33个分行业的生产、市场、科技成果及新产品、质量标准、基本建设及技术改造、管理等方面在2014年取得的成果，展现未来发展目标

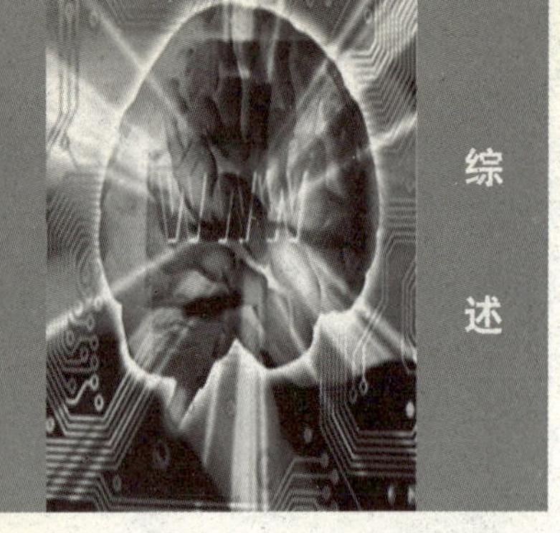

综述

行业概况

标准化

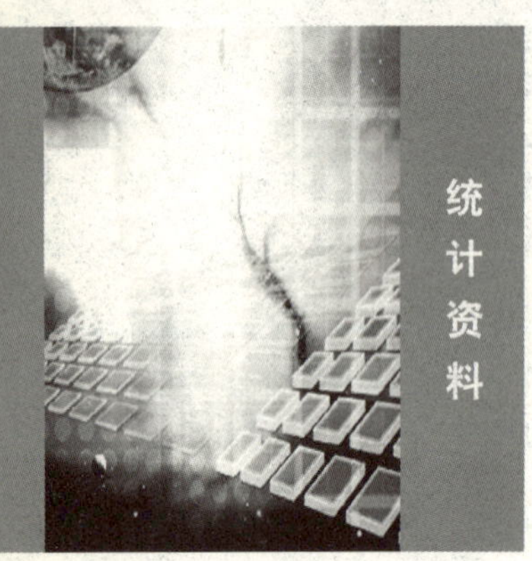

统计资料

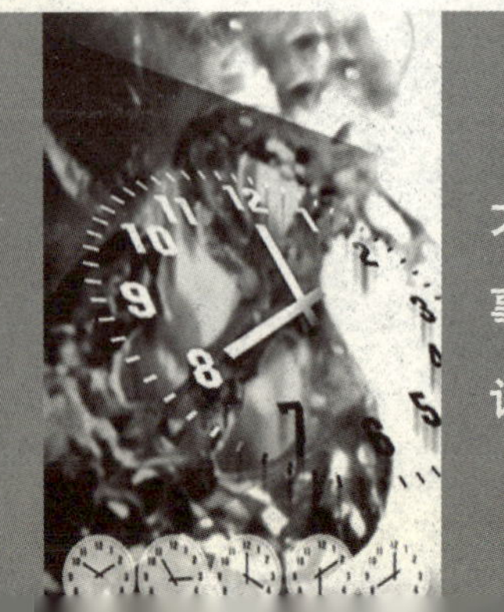

大事记

中国电器工业年鉴 2015

行业概况

中国第一、全球第十！江苏上上电缆集团有限公司（简称上上电缆）于2014年9月23日荣获“中国线缆行业最具竞争力企业第一名、世界线缆企业规模排名全球第十”！获奖后，各路记者云集上上电缆。10月25日，上上电缆召开新闻发布会，上上电缆董事长、总经理丁山华向媒体记者介绍了获奖的艰难历程。

CRU THE INDEPENDENT AUTHORITY MINING I METALS I FERTILIZERS

世界主要电缆生产商仍在发达国家地区

2013年产值超过10亿美金的绝缘线缆制造商列表

	Company	Head Office		Company	Head Office
1	Prysmian Group	Europe	16	Riyadh Cables	Middle East
2	Nexans	Europe	17	Far East Cables	China
3	General Cable	N America	18	Tongling Jingda	China
4	LS Cable	N E Asia	19	Belden	N America
5	Southwire	N America	20	Viakable	N America
6	Sumitomo Electric	N E Asia	21	NKT Cables	Europe
7	Furukawa	N E Asia	22	Baosheng Group	China
8	CommScope	N America	23	El Sewedy Electric	Africa
9	Hitachi Cable	N E Asia	24	Encore Wire	N America
10	Jiangsu Shangshang	China	25	SWCC Showa	N E Asia
11	Fujikura	N E Asia	26	Tele-Fonika	Europe
12	Leoni	Europe	27	Condumex	N America
13	Yazaki Corporation	N E Asia	28	Xingle Group	China
14	Shanghai Shenghua	China	29	Wilms Group	Europe
15	Rea Magnet Wire	N America	30	Sam Dong	N E Asia

世界线缆企业规模排名，上上电缆排名全球第十，中国第一

上上电缆：传递行业强音

这是我一生最受感动的一件事

7 500家行业大企业竞争排名，其结果在国内线缆行业举足轻重，上上电缆脱颖而出，实至名归！评比依据国际通用的“企业竞争力”评价原则，近乎苛刻！上上电缆获得“第一名”实属不易！与此同时，在行业大会上国际权威机构“英国商品研究所（CRU）”公布了“年度世界绝缘线缆达10亿美元以上的供应商排名”，上上电缆位居全球第十、中国第一。

丁山华激动不已：“电缆行业第一次公布排名。‘两个第一’之于我，是人生最感动的一件事，可能也是‘上上人’最受感动的一件事。几十年不懈努力终得回报啊。上上电缆的目标是‘行业状元、百年老店、百亿规模’。百亿规模实现了，第一即状元。这‘两个第一’的获得来之不易、弥足珍贵，她更加坚定了我对‘百年老店’的信心——只要付出就有回报，命运掌握在自己手中，路在自己的脚下。‘两个第一’公布后，非常兴奋，但3分钟后，我就兴奋转冷静，开始考虑怎么办？还好，上上电缆领导意志高度统一：没有最好只有更好。要以此为新起点，扬长避短，把好的做得更好，把短板补起来！”

我瘦了，但企业胖了

国家经济高速发展把电缆行业的能力拉起来了，现在进入了新常态，这对电缆行业是个巨大挑战。丁山华说：“高速发展时，电缆行业就供大于求了，如今行业整合期，竞争更加激烈。得益于长期历练，上上电缆大风大浪搏击胜似闲庭信步，2013年同比实物量增长20%。这个逆天的增幅，是获得‘两个第一’的硬指标，是市场有力的手给上上电缆的隆重回报。”

上上电缆几经考验，凤凰涅磐！48年发展，大体经历了四个阶段：1967年建厂至1992年，25年间产值从0到1亿元；自1992—2001年，产值从1亿元发展到5亿元，10年间翻了5倍；2002—2007年，产值从5亿元发展到50亿元只用了5年……此后，每年稳定10亿元增幅，2011—2014年，连续4年实现销售突破100亿元；在许多电缆企业出现“订单荒”之时，仍保持产销双增长。

逆水行舟，充满活力。上上电缆自信地站在行业前端风口，扶摇直上！丁山华剖析发展成因，谈及“要有危机感”话题时，幽默地说：“我想我这么瘦是有原因的，长期背水战，能不瘦吗；我是瘦了，但企业胖了，这是好事。”

天安门城楼用咱的上上电缆

时刻处于一级战备！因危机感，确立战略；因上进心，而奋斗着。上上电缆不求规模最大，但求综合素质最佳、人诚品优，但求有质量、可持续的转型升级。为此，设立“精、专、特、外”目标与要求，并化作全员行动。

精——生产质量。丁山华深情地说：“质量比天大！‘上上’把产品质量放在第一位，说得最多的是质量，做得最

多的是质量，持续不断改进提高的还是质量。说‘上上’的产品好，看北京的用户最有说服力——上天的首都机场设施、地下的北京地铁设施，天安门城楼、奥运场馆、国家大剧院、APEC会议设施等，不少‘高大上’项目工程都指定用‘上上’电缆。国人这么看得起咱们，还不把产品做好。要让用户用了第一次，还用第二次、三次……”

同共和国一起做“第一个吃螃蟹者”；美国不能，我们能

创新有前景、有潜力的新产品，就是赢得未来。特殊用途、特殊要求的产品，因其难做，令人却步。上上电缆却底气十足：做！在特种产品、特种材料的开发上，上上电缆走在行业前面。在建的、运行的，所有核电站都有上上电缆。

这是值得国人骄傲的诗篇、赞歌、强音！

日本福岛事故后，谈及核电，世界各国陷入谈虎色变境地。利用核电清洁能源，必须万无一失、绝对安全！

中国是“三代核电AP1000”的第一个吃螃蟹者——中国第一个建。AP1000壳内、壳外电缆都实行国际招标，壳内电缆中标的是美国一家公司。可3个月以后，他们分析技术难度后宣布：“我不干了。”

美国企业为什么不干？不可思议，却在情理之中。AP1000的寿命要求60年！以目前技术论，60年的电缆已到文物级别了。不仅60年内要完好，还要正常高效通电！还要在高温、高压、高辐射的情况下，在事故的状况下保证安全运行！这个难度可说是电缆行业顶尖的难度！

难度面前却步不是中国人的性格、不是上上人的性格。美国做不了、不做了，上上电缆伸援手、勇担当！

上上电缆在核电领域可谓“二十年磨一剑”！在过硬的核电电缆产品经验的基础上，上上电缆把这个世界级顶尖难题给破解了。至2014年，上上电缆为AP1000核电站供货2个堆，AP1000壳内电缆被评为“中国机械工业科学技术奖一等奖”。

世界首堆AP1000壳内电缆交付仪式

技术进步，创新创业，不断开发“高精尖”新品高质材料，这也是上上拿“两个第一”的秘籍。

咱的新技术中心，业内首屈一指

创新年代，要舍得在技术研发上投入。从2001年改制到2015年，上上电缆7次大技术改造，一路创业没有停止技术改造关键环节。老的技术中心面积不够用了，投巨资盖起6 000多m^2技术中心，在国内乃至世界线缆行业首屈一指。中心配置最好的设备和研发仪器，上上电缆坚信没有好装备就做不出好产品，于是在技术改造方面不乏大手笔：

——在全球金融危机来袭之时的2009年，照样开工总投资达23亿元的电缆行业史无前例的技改项目。结果如丁山华所料：“经济低迷时投入，成本低，速度快，成效好。如果没有连续投入，‘两个第一’不可能花开‘上上’，不可赢得收获佳期：2001年改制时固定资产2亿元，到2013年年底10.5亿元；2001年销售8.6亿元，2013年125亿元，是2001年的14.5倍。”

——呈现逆周期性投入。国际金融危机时投入23亿元，2014年又投入6亿元，进行大规模的技改，在“新常态”下再续大手笔，彰显的是发展信心。

为何逆天而为？丁山华说：“投资绝不可冒进，而是要量力而行！需求而为！市场供需接近饱和，才投下一期。每次投资技改都是对装备适应能力的大提升。现在‘上上’的人均劳动生产率400多万元，主要依赖先进装备。我们要搞自动化，搞智能化，搞工业4.0，这又将是一个新境地。”

上上电缆在业内首屈一指的全新研发中心

转型升级，践行三个转变

上上电缆正以“两个第一”为新起点，力求新成果、新发展。丁山华说：“在企业转型升级方面，‘上上’践行习总书记‘三个转变’——由制造向创造转变、由速度向质量转变、由产品向品牌转变。‘三个转变’是生路、出路、光明之路，是‘上上人’的自觉行动。”

上上人用行动展示对发展的自信：一是建造领先中国电缆行业的中试平台，目标直指新产品、新材料，再拿下几块硬骨头，填补几个国际空白，努力成为中国电缆行业的引领者。二是既然进入“新常态”，就用新动作应对！兴建7万m^2厂房，为特种电缆夯实基础。

丁山华坦言：“规模不是‘上上’追求的主要目标，追求的仍旧是综合素质、技术进步、产品创新，以及‘优质、高产、低耗’；仍旧是提高劳动生产率与产品质量，不断开发特种新品，不断

进入新市场。‘上上’开发的产品比较多，有人说‘上上’嘴里吃1个、眼睛看1个、手里抓1个，‘上上’的产品开发可以说是嘴里吃3个、手里抓3个、眼睛盯3个。‘上上’产品开发的目标就是可替代进口，扩大出口。”

上上品牌，中国至上；连接世界，传输光明

品牌是个大概念，是国家的名片。高铁成了中国的亮丽名片，所以在领跑世界中风光无限，这就是品牌的力量。上上电缆努力铸造品牌，以产品质量及服务为强支撑，变的是持续改进与提高，不变的是“不求规模最大，但求素质最佳”的主旨与“不求独大，但求共赢”的理念。

——着力质量提升。主要做法是：不合格品在内部网上公布，出周质量报告，每月进行改进项目评定，每年召开科技成果发布会。公司月评比项目70多项。可以说质量改进、质量提升在上上电缆是“车轮战”。

——抓住企业发展的灵魂，牢牢抓住发展的机遇期。从国际化的角度讲，上上电缆出口的产品地区比较多，绝对值年年上升，2014年要比上年增长30%。获得“两个第一”以后，上上电缆追赶世界的脚步更加快捷了、矫健了。

企业就是一个大写的人

人是万物之主。没有好人品就做不出好产品，没有优秀的人才就开发不出优秀的产品。上上电缆坚信企业就是一个大写的人。丁山华严己宽人：首先努力当好“家长”，让员工享受“上上家”的温暖。其次让员工都能如愿规划愿景，实现价值。三是公正、公平、公开，让全员都有施展才能、发展自己的相应舞台、得到相应报酬。不是领导干部也可获高报酬，一线操作工工资上万元不是新鲜事，很多操作工开车上班。“我从一线操作工做起，现在是中压分厂设备组组长，月收入近万元。”谈及自己的成长经历，王敏满脸笑容、眼里闪烁着自豪的光芒。

像王敏学历不高、从基层做起、成为精英的员工，在上上电缆数不胜数。堪比行业技术专家、管理专家的不在少数，有的被评为“全国劳动模范”“江苏省六大高峰人才”；有的享受“国务院津贴”……都有满满的幸福感。

“人是企业最宝贵的财富。”丁山华这一人才理念如同种子，在上上电缆这片沃土上结出了“人才辈出”的硕果。“上上人”都是“上上梦”的“造梦师”、中国梦的添彩使者。

欲得其上，必求上上

上上之道，人间正道，美好之道。上上电缆充满向上氛围，细微之处都体现着老牌知名企业的精神风貌。这是“全球第十、中国第一”神话可从一个小小电线厂诞生的必然。

48年弹指一挥间，硕果满枝。上上电缆收获两个“第一名”殊荣。这背后之细微集合成了令人仰望的上上电缆神话。上上电缆神话的缔造者，就是江苏上上电缆集团董事长、总经理丁山华。

●传奇企业家必有传奇的神力。 缔造上上电缆神话的丁总办公室普通且老旧，除办公桌椅、书柜和沙发等必备设备外，无繁复奢华饰品。一张经年累月的藤椅有明显的修补痕迹；地板几许开裂。丁总在此陋室运筹帷幄，决胜千里。他总是一袭利落的素色西装将自己轮廓分明、清瘦高挑的身板修饰得更加干练；总是一脸平和的笑容让人倍感亲切；总是一身挥之不尽的干事业的火热激情。谈起创业史，他如小伙子向你款款走来。

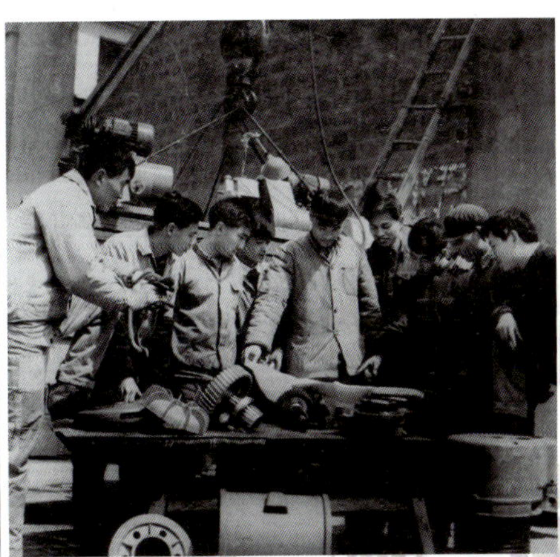

1968年，丁山华与同事一起讨论刚生产出的产品——“电葫芦”

丁山华创业始于机电厂。1963年，17岁的丁山华入职溧阳县机电厂当工人，4年里干过铁匠、钳工、车工、刨工的活。

铁在高温下变软，常温下则异常坚硬，这让他如痴如醉。人何尝不是！凡成大事者必经地狱般锻造！当工人时，让他无法忘掉的是一次锻铁。那次锻造，一块铁饼“唰”地擦脸飞过，生死就在毫厘之间，差点丢了命！虽说初生牛不怕虎，当时丁山华也脑子空白，满身冷汗。然而，惊险没有阻挡丁山华摸索技术、掌握技能的步伐，反而更加激励他练就硬功。

“那时很多东西包括螺丝都用进口的，用的是公英制，必须要学会换算，记住公式。当时正处文革时期，人人都在背毛选，我就把表格夹在毛选里，背不下来的时候看一眼，有时候走路也在背。我现在还背得出，一英寸=25.4mm、两英寸=50.8mm……”丁总对过往一往情深。

尊师、重技、勤奋、好学，加上钻劲儿、不服输，很快，丁山华被工友们誉为“车钳刨一把抓，打铁带翻砂，哪里有困难哪有他”。

1967—1976年，技术精湛、经验丰富的丁山华被提任为车间主任、生产调度、技术科长等。他和工人摸爬滚打，“蚂蚁啃骨头”般用小设备解决大工件，一个个迎面而来的困难都被他们攻克了！

1977年，丁山华被任命为机电厂厂长。上任之初，敏锐的他意识到“企业必须出击市场”，便带推销员“拉网”式地一天跑三四个地方。

技术创新和市场拓展并举，丁山华和他的伙伴们硬生生地闯出了一条新路：企业产销两旺，其数字成倍增长。

在机电厂的20年，让丁山华市场意识日渐浓烈，并助力他成就辉煌。

●心血成就事业。 1983年10月，37岁的丁山华由机电厂厂长转任上上电缆厂厂长，自此丁山华与上上电缆的命运拴在了一起。

瞬时惊初见，已改旧时容。转任之初，目光所及让他不由地揪心、郁闷的狭窄厂路、低矮厂房、陈旧设备……而这一切很快便以“崭新”的面貌替代了。接下来，通过人事、制度等一系列大刀阔斧的改革，厂子走向正轨。

一鼓作气。丁山华推行厂长负责制，

组织12名中层以上干部，兵分8路，跑遍全国，触角伸向大江南北，广泛捕捉信息，依市场需求进行产品开发。

市场是试金石！4年后，厂子摘掉了“候补供货单位”的帽子；5年后，晋升为江苏线缆行业导向企业；10年后，发展成远近闻名的中等规模企业，固定资产增长36倍，产值增长14倍。

电缆厂在他的手里像川剧变脸，一时一个样，越变越好看，一袭向上端容。

●**横刀立马才是真本色。** 1992年3月，丁山华调任溧阳市经委副主任，虽然留下了7 000万元的账面利润，厂子却像没了魂一般，由盈变亏，陷入困境，濒临破产。危难时刻，溧阳市委、市政府请丁山华“回山”，说是委以重任，不亚于“救火”。为此，亲友们极力劝阻！

“退缩。”丁山华人生辞海里没有这个词。丁山华作出了一个影响自己一生的决定：放弃公务员的铁饭碗，披挂上阵，再度回厂担纲。

1995年3月，丁山华再续上上电缆缘分。二度回厂，企业的困难远远超出他的预料！他深有感触地说：“第二次进厂，厂子规模大了、人也多了，设备

引进世界先进的芬兰诺基亚公司110kV交联生产线

却像老牛推磨，一派惨淡景象。”

“不能倒！”丁山华岂止“三板斧”：全面推出系列改革，集中有限资金，把钱用在刀刃上，保证企业正常运转。

半年后，电缆厂扭亏为盈。

一而再，再而三！丁山华发现3.5万V交联电缆很有潜力。于是，不分昼夜连轴转，主持召开13次研讨会，最终拍板决定：上！

上上电缆获得了新生：当年实现产值1.44亿元，销售1.53亿元，创下产销最高纪录。这一开天辟地的大跨步、大飞跃，更加坚定了丁山华办好企业的信心。

●**勇立上上风口，得上上品质。** 2001年，电缆厂转轨改制为民营企业，更名为江苏上上电缆集团，改革的浪潮把丁山华又一次推到了人生的风口浪尖。这之于丁山华来说，意味如山责任。

电缆市场竞争越来越激烈，换了身份的企业如何做大做强？了解世界才可应对世界，了解今天才可应对明天。丁山华深入考察欧美等发达国家同行现状，结合国内线缆行业发展态势深度思考，为上上电缆确立“不求规模最大，但求综合素质最佳”发展思路，确立“精、专、特、外”战略目标，将质量视作企业的生命，把质量视作永恒的追求、人生的寄托。

始后，丁山华守着电缆这份“苦行当”，稳扎稳打，步步为营，实施技术改造，追求技术创新，不断提高核心竞争力，锁定目标，将电缆做精、做专。

丁山华的传奇就是上上电缆的传奇。高瞻远瞩、敢为人先、人有我强、人无我有、坚守到底，有了这般品质与追求，于己于企业，都有可能成就神奇。

●**“不争气，只有生气的份”。** 核电缆是上上电缆的核心产品，丁山华重金投入、倾注心血，全力推动。正是凭借这股争气的劲儿，丁山华与团队顽强地攻下了核电领域一座座“险要山头”、制胜高地，直至攀上核电“顶峰”。

——1998年，1E级K3类核电缆成功研制，达到国内领先水平；2007年，1E级K1类核电缆成功研制，填补国内空白；2013年，三代AP1000壳内电缆成功研制，填补世界空白。

这不仅为企业争了气，为未来争得一片天地，更为复兴之路上的祖国打造“中国制造2025”、工业4.0、国际化赢得一张辉耀世界的名片。

2006年，新加坡电网公司国际招标，上上电缆中压交联电缆中了3 000万美元的标，占总标额的2/3，是当时国内电缆企业中标额最高的中压交联电缆订单。不巧，中标后国内铜价从6.5万元/t蹿升至8万元/t。高额的成本如同一把利剑，顶住了丁山华的咽喉。

“合同如天，必须履约！”信奉诚信的丁山华硬着头皮带领企业如期高质地履约“标王”，这一年亏损便达数千万元。祸福相依，这番“愚诚”却赢得了上上电缆在新加坡市场无价的信誉，此后来自新加坡市场的订单源源不断。

上上电缆团队有闯劲儿、有激情、守信用。丁山华对员工说：“人家做不起来，我们就要做起来。哪里有困难，我们就攻哪里！”国际金融危机来袭，大多数企业“猫冬”，而丁山华如前所述，却创造了“投资23亿元！获得丰厚回报”的神话——技改项目全面投产后，一举迈进100亿元阵营，其中特种电缆产品品种国内最为齐全！如今，上上电缆具备从220V直至国内电压等级最高的50万V电力电缆全系列生产能力，产品广销海内外……

丁山华话里话外，难掩自豪之情与幸福之意：“上上电缆产品被运用到北京上天入地诸多重点工程中，零投诉；世界各地原子能行业的老外来‘上上’参观都被震惊了，大为惊叹，进而跟我谈合作，这是对‘上上’的肯定。”

●**中国梦我的梦。** 怀揣有梦想就有希望。岁月是隆重大奖的颁发者。奋斗不息的丁山华，以及上上电缆，理应是岁月奖杯的获得者。丁山华用40多年的奋斗，缔造了名叫上上电缆的神话，诠释了上上电缆的精神。

神话缔造者——丁山华并非三头六臂人物，其经历并非传奇：机电厂20年，厚积薄发；经委3年，淡泊明志；其余时间都交给了上上电缆。啊，用专注和坚韧、用智慧与奉献、用坚守与闯劲，丁山华书写了一个上上电缆的神话。

一根根你我身边的名优特电缆，铺就了传奇企业家丁山华追梦、筑梦的辉煌人生；一根根犹如血脉的高大上电缆，织就了传奇企业上上谋发展、争第一的如梦神话。

“两个第一”实现后，谈及下一个目标，丁山华充满自信：“荣誉高了起点也就高了，未来的压力也大了；还是少说多干，干出个样子来！”

淡泊而辽远，宁静而致远。你看：在上上电缆厂区里，丁山华和员工们聊上了，并会心地笑着，那不正是活的上上电缆精神。一聊一笑间传递着上上之道：欲得其上，必求上上。

董事长：胡志荣先生

华荣的国际化之路

——向着打造世界名牌的宏伟目标挺进

华荣科技股份有限公司（简称华荣公司）是一家专注于防爆电气、能源电气、照明灯具、海工平台、太阳能光伏、LED 光电、合同能源管理、工业自动化等产品研发、生产、销售、服务为一体的先进制造型企业。公司注册资本 2.483 亿元，建筑面积 16 万平方米，拥有先进的自动化设备和生产工艺，系名副其实的行业龙头企业。

公司在上海建设“四个中心”、大力发展先进制造业战略的大好环境下，不断加强团队建设和品牌建设，走上了高速发展的快车道。2010 年公司进行了上市前改制，所辖厂用、能源电气、专业照明、光电、自动化五大事业部，500 多家国内销售中心和经销商，30 多家国外销售分支机构，能及时、高效、系统的为客户提供售前、售中、售后服务。到 2015 年年底公司各项经济增长指标都位居全国同行业首位，企业综合实力名列上海市民营企业 100 强前列。

华荣公司产品广泛应用于石油、化工、天然气、海洋平台、煤矿、公安、消防、铁路、公路、港口、场馆等领域，并被注册编入《中国人民解放军装备承制单位名录》，在业内享有良好的口碑和较高的声誉。公司荣获上海市文明单位、上海市名牌产品、上海市著名商标、上海市高新技术企业、上海市科技小巨人企业、上海市知识产权示范企业、上海市创新型企业，同时，2016 年被国家质检总局授予“中国出口产品质量安全示范企业”。

在世界经济全球化和一体化不可逆转的大环境下，2003 年，华荣公司开始进军国际市场。起步时，虽然华荣品牌在国内市场早已享有盛誉，但在国际市场舞台上完全是一位后来者，凭借着过硬的产品和技术自信地驰骋在国际市场的大道上。从经营结果来看，华荣海外业务一年一个台阶，2003 年签约订单不足 100 万元，而到 2015 年销售 2 亿元，最近几年连年销量高速增长。

这一系列成果的取得不是一蹴而就的突进式飞跃，在成功的背后，蕴含着华荣公司国际化战略的创新思维，实现可持续发展做出的不懈努力和不断实践，更可贵的是，还有一个坚定的国际市场理念，一系列精确的营销策略，以及一支年轻有为、积极奋发的国际营销精英团队。正是这股盎然的生命力，助推华荣公司从容应对国际市场大潮的瞬息万变。

科技创立国际化品牌

20 世纪 90 年代，华荣公司初具规模后，迅速确立企业技术创新工作的总体目标，即坚定不移地走自主创新之路，实现科技、经济一体化，逐步加大设计、生产、工艺中的新技术含量，在世界防爆最新技术及国际市场领域内占有一席之地，使华荣成为防爆行业最新技术产业和研究开发基地。以此为导向，公司以技术中心为主阵地，积极开展市场开发、新产品研制、各种产品的工艺攻关研究和科技成果管理，年度开发经费连年超过年销售总额的 5%，每年基本保持了新产品开发速度平均达到 30~60 个系列的速度，确保了国内市场的领军地位。如“WAROM”多项系列产品获上海市重点新产品、上海市高新技术成果转化项目，BAD84 防爆高效节能 LED 灯装置被上海市嘉定区人民政府授予科学技术进步奖。华荣商标被认定为“上海市著名商标”，主导产品 BAD 系列防爆灯具获上海市名牌产品。

华荣技术中心于 2008 年被上海市人民政府批准为“上海市企业技术中心”。中心下设厂用防爆、矿用防爆、专业照明三个分中心，拥有强大的高、中级技术人才团队，技术人员涉及到电气、机械、自动化控制、化学腐蚀、计算机、通讯、机械工艺、铸造、测量、照明等 10 大类专业学科，老、中、青三代结合，平均年龄 35 岁，具有强大的技术传承、创新能力。华荣公司一直致力重视知识产权的开发和运用，不断提高自主知识产权创造能力，目前 20 多种产品达到国际先进水平，主持、参与制定了国家 GB 3836 系列防爆标准、国家 GB 7000 系列灯具标准等十余项防爆行业的国际国家标准，拥有 300 多项发明、实用新型和外观专利，500 多个国家防爆证书，300 多个国际证书，产品屡次获得国内外各项殊荣，是国内最先接轨国际防爆标准的企业。公司建立产、学、研战略合作机制，如与科研院所合作开发“高效节能 FBD 系列矿用隔爆型压入式对旋轴流局部通风机”，成为国内首创；与 PTP 德国物理研究院、LCIE 法国中央实验室联合开发“工程塑料系列防爆产品”获得成功，产品获得欧洲、IECEX证书，成功打入欧洲市场。在进行国际贸易的过程中，华荣尝到了自主知识产权的甜头，在“德国汉诺威工业展览会”等国际舞台上，凭自主知识产权的产品登台亮相，与国际高水平同行进行业务竞争，取得了非常好的实效。

在信息化建设方面，华荣公司以完善的信息化系统推动公司生产过程的自动化、管理手段的现代化、营销模式的网络化。以企业门户网站和办公OA系统为基础加强企业与外界、企业内部的信息沟通、协作，以ERP系统为核心，实现财务管理、生产管理、采购管理、销售管理、仓储管理、质量管理、人才管理达到国际先进水平，从而提升公司的综合竞争能力。目前华荣拥有一个高效的覆盖整个公司的信息网络，完善了从微机、工作站到小型机的配置，拥有专用信息数据库，实现了产品数据管理、工艺辅助设计、电子商务管理和办公的自动化管理。

科技创新为华荣公司国际化战略夯实了基础，通过持续改进和创新，使得华荣产品在国内市场取得稳固的地位后，一举进入国际市场，销量稳定增长，并逐步在国际市场上树立了自己良好的品牌形象。

质量铸就国际化品牌

华荣公司在品牌国际化的道路上，更是走在国内同行的前列。公司领导层很早就意识到：只有把国内市场做大做强，才有资格谈国际化的问题。公司在创始的初级阶段，就牢固树立了职工的质量意识，树立品牌观念。1995年提出了分两步走的品牌战略：第一步，打出华荣品牌，让市场接受华荣；第二步，创立国内名牌，成为中国防爆电器行业的龙头。经过五年的努力，销售业绩列全国行业第一，设计能力居于行业领先水平，产品质量和服务质量得到普遍认可，基本实现了两步走的品牌战略。2000年开始，公司就开始申报、注册了“华荣”商标，并启动了商标的国际注册工作，首先在“马德里协定国”范围内成功注册了“华荣”商标，然后不断拓展，时至今日，华荣已获得美国、俄罗斯、德国、法国、意大利、西班牙、马来西亚、印度、沙特阿拉伯等28个国家和地区的商标注册权。在此基础上，公司积极实施知识产权战略，从2003年开始，公司与知识产权代理机构、律师事务所签订“商标委托监管协议”，并花费人力物力投入到侵权监测、打假维权及专利侵权案件中，确保企业的无形资产不受损害。如在2006年、2007年发现有国外企业两次抢注“华荣”商标，通过启动法律程序成功维权，保护了华荣商标的知识产权。同时，公司成立了打假办公室和法律事务部，启动国内外营销网络实行全面市场监督，并联合各地质量技术监督部门，严厉打击假冒“华荣”品牌、商标的行为和各种假冒伪劣产品，取得了一定效果。例如，2010年在广州、山东、河南等地的联合打假事件，为维护华荣知识产权和品牌建设扫清了障碍，“华荣”品牌成为中国防爆行业公认的知名品牌。

产品质量是品牌战略的核心。当初，很多发达国家不信任“中国制造”的产品，尤其是防爆电气这个特殊的行业，质量标准在不同国家和地区甚至是不同的企业都要经过各自严格的认证。华荣公司从20世纪90年代初开始推行全面质量管理，把质量体系的推行认证作为提升管理水平、规范内部管理、提高产品质量的契机，不断完善和健全质量保证体系，以ISO9001质量管理体系、ISO14001环境管理体系、ISO10012测量管理体系认证及OHSAS18001职业健康安全管理体系四大体系作为企业质量管理的基础，同时取得美国FM/UL、欧盟ATEX、国际IECEX、俄罗斯GOST、德国PTB认证、法国LCIE认证，质量管理全面与国际先进水平接轨，被长城认证中心列为重点培训基地。2012年，华荣公司又获得了上海市质量监督检验检疫局“一类管理企业”称号，产品出口由原来的检验检疫人员现场检验改为企业自检，更是将华荣外贸业务推向了历史性的飞跃阶段。

华荣公司不以价格作为唯一优势。在国际市场上，客户更看重的是产品的质量和服务，为此，公司一贯奉行质量保证信誉，从原材料进厂到成品出厂，每道工序都严格把关。公司的生产工艺和设施先进，连续投资数千万购置了加工中心、车削中心、钻铣中心等自动化生产设备，通过设备、工艺来提高和保证产品质量。华荣工业园建筑面积16万m^2，其中低压重力铸造、大吨位压力铸造、自动化加工、自动喷涂等关键工艺全部实现了自动化或半自动化，是世界规模最大、设施最先进的防爆电气生产基地之一。为改善产品试验条件，公司投入2000多万元，建成了华荣产品检测中心，购置了直读式光谱分析仪、分布光度计、高低温试验箱、湿热试验箱、盐雾试验箱、积分球、极限低温试验箱、粉尘试验箱、防护试验室等一大批先进的检测设备，能独立完成环境、光电、机械等性能试验，被中国石化行业认可为A类实验室。在创新实践中，公司率先推行机器换人、自动化、智能化制造，瞄准世界先进防爆技术及发展方向，高起点、高技术，全新、

持续研发世界一流水平的产品。如“集中化铝”工艺，有效保证铸造熔炼铝的工艺技术指标和大批量铸造产品的质量控制；“全自动压铸”工艺，统一压铸参数，保证压铸产品质量；“低压铸造”工艺，确保大型隔爆壳体的结构强度和压铸成型质量；“全自动机加工”工艺，利用高精度加工中心、切削中心、钻攻中心等集群化数控设备，建立“五轴联动全自动”加工中心，实现一次装夹全部完成加工，确保加工精度和效率；“全自动现浇密封成型”工艺，使密封垫与产品壳体整体现浇发泡固化成型，长期有效地保证产品的防护性能；“产品质量在线检测”控制工艺，在产品流水线上嵌装质量检测点，对所生产产品的要求、性能等参数进行 100% 全检，确保产品出厂全部合格。

如今，华荣公司的整体规模、技术水平、产品品种、产量、品牌影响力都跃居世界防爆电器先进企业行列，先后成为中石化、中石油、中海油、神华集团、中煤集团、大同煤业集团等著名企业的入网供应商和合作伙伴，占据了国内较大的市场份额，而且已在国际市场竞争中赢得一席之地。

服务弘扬国际化品牌

2003 年初，华荣公司做出一项战略性决定，在开拓国内市场的同时，同步进军国际市场，欲在防爆电气领域与国际同行一争高低。公司成立了国际贸易部，开始对树立世界防爆品牌进行探索。2005 年成立外贸中心，2006 年正式确定了 10 年内成为全球最大的金属防爆制造企业，创世界防爆品牌的目标。虽然华荣品牌在国内市场早已享有盛誉，但在国际市场舞台上，完全是一位后来者，为了真正摸清与世界一流水平的差距，公司每年都要派人到德国、美国、意大利等国在国际上影响较大的防爆企业、防爆科研机构进行考察、交流和调研，连续 12 年参加世界顶级的工业展——汉诺威工业展，成为我国防爆行业中唯一参加过汉诺威展的企业。

2003 年，华荣公司外贸部不足 10 人，如今，这个团队已经发展到300多人，团队足迹也从最初的小区域扩展到亚太、南美、非洲、欧洲、中东等七个大区域，包括了俄罗斯、西班牙、荷兰、波兰、土耳其、科威特、阿联酋、沙特阿拉伯、伊朗、阿曼、约旦、印度、印尼、泰国、越南、马来西亚等 30 多个海外营销代理机构。在国际化大市场浪潮中，外贸中心营销精英团队发挥整体协作优势和专业营销，为公司外贸业绩创造了奇迹，华荣品牌真正成为大家公认的后起之秀。

国际市场的迅速崛起得益于华荣公司高起点的产品策略和精准的市场战略：以非核心市场为核心。在国际市场战略上，公司并不急于先打入发达市场，而是追随中石油、中石化、中海油等知名企业的海外拓展步伐，首先致力于东南亚、非洲、中东、南美等市场的开拓，力争成为这些新兴市场的防爆电气产品核心供应商之一。公司领导的超前眼光使得华荣产品得以较早进入这些国家和地区。阿拉伯地区虽是新兴市场，但竞争程度完全白炽化，库柏等欧美国际大企业纷纷抢滩当地，要占得一席之地，华荣外贸团队需要付出更多的汗水与这些企业竞争抢占市场，公司采取的措施是先在阿联酋、科威特、卡塔尔、利比亚、伊拉克、沙特阿拉伯、阿曼、也门、约旦、埃及、苏丹、巴勒斯坦等国家迅速建立国际代理机构，让华荣产品有效进入这些国家市场，然后随着品牌形象的进一步确立，公司与沙特代理机构 EES 在达曼合作建立华荣防爆电气产品组装线，同时又在迪拜设立自己的办事机构，专门为中东地区客户提供及时的售前、售中、售后服务和全方位的技术支持。

国际会展也是华荣向外界推介产品和服务的一扇窗口，更是一种最为便捷的营销方式，在每年的德国汉诺威工业展、俄罗斯石油天然气展、中东国际石油天然气展、伊朗国际石油展、南非国际矿山机械展、法兰克福照明展、迪拜国际电力展等大型展会上，公司外贸中心商务代表们专业的服务水平能够将客商深深吸引。展会上潜在的客户如果还不信任商务代表，就邀请客商过来参观华荣工业园这个全球规模最大的防爆电器生产基地，让更多的国际客商对华荣品牌有一个深入的了解。很多客户看完制造基地后会觉得这个公司非常年轻但值得信任，可以给机会试用，然后再寻求进一步合作的可能。俄罗斯一客户合作之初只给了华荣五台防爆灯的订单，价值很小。执行这个订单时，公司外贸部高度重视，完成得很好。第一次合作取得了对方的信任，对方就继续给十台、二十台的订单，再慢慢将产品供应延伸到配电箱、操作柱、防爆空调等全系列产品，直至成为长期的战略合作伙伴。

销售服务是华荣综合实力的体现，各生产中心亦明确了销售为本的思想，从技术、生产等方面为销售服务给予支持。而且随着销售业绩的提升，员工的主人翁意识逐步增强，沟通协调更加顺畅。外贸中心的区域经理们不仅精通业务，还将自己的经验和技能倾力传授给整个团队，提高了整个公司的国际营销水平，形成在行业内具有核心竞争力的营销实力团队。2016 年 4 月中旬，外贸中心与阿布扎比客户达成合作，在整个接洽过程中，让客户感受最深的就是华荣严格的质保体系和细致的服务理念。阿布扎比客户工程师来考察，不看公司规模，不看产品，就在生产组装车间呆了一整天。他们非常详细地询问生产流程、检测手段，甚至 ISO 9001 的规则，他们都要看，问华荣的供应商来自哪里，如何评估供应商等等。这期间，技术、生产中心也为了这些需求互相沟通协调，提供相应的资料数据。经过多方配合、日夜攻坚，最终赢得了此标。

在核心客户定位上，华荣公司以海外国家石化公司和国际石化项目工程承包公司为自己的核心目标客户。这些国际大客户有强大的实力渗透到众多新兴国家的石油化工系统和大工程项目中去，能将华荣产品和服务随之带进国际市场，迅速打开局面，并且带来巨大的品牌价值。通过这种方式，最近两年，公司赢得了多个千万级出口产品大单，正确及时的策略调整带来华荣外贸业务历史性的飞跃。2015 年，公司产品出口同比增长 36%，2016 年外贸出口 1~5 月份销售订单累计近 1 亿元，同比增长 40%。近期，公司与阿布扎比国家炼油公司签订了 TAKREER CBDC 项目防爆电气供货合同，并与泰国国家石化公司（IRPC）达成 UHV 项目防爆电气产品供货协议，还一举中标越南 Thai-Bink 电厂项目防爆电气产品订单。

华荣产品在国际市场中属于行业新星，销售业绩逐年攀升，其本质就是品质、技术、服务的独特优势。近年来，随着物联网时代的到来，"中国制造"越来越受到国际客户的认同，防爆电气领域亦是如此，国际石化企业和工程公司采购时，就是看准中国产品性价比高，选择华荣产品，更是看重华荣防爆电气系列全、规模大、管理正规。相比较而言，华荣售前、售中、售后服务做得比较好，客户服务能力是公司的相对竞争优势。通过公司多语种网站信息的快速更新，对产品清晰定位，客户可以很快从互联网中把华荣的信息搜索出来。今后，华荣的国际化将重点在这些软服务上下功夫，实现年订单量增长 40%~50%，力争做到"华荣的价格不是最低的、经验不是最多的、但我们的服务一定是最好的。"

喜获产品出口"通关绿卡"

国家质检总局审核公布第二批"中国出口质量安全示范企业"名单，华荣科技股份有限公司喜获产品出口"通关绿卡"，被授予"中国出口质量安全示范企业"，成为业内首家获此荣誉的企业。

"中国出口质量安全示范企业"是出口企业商品品质的最高信用等级，代表着当代和未来中国出口工业发展的实力和先进水平。所参选企业经过了严格考核、评估和筛选，具有一定规模，在全国同行业中均处于领军地位，企业产品科技含量高，拥有著名商标和自主品牌，产品质量享誉国内国外，是中国出口企业的佼佼者，在同行业中真正起到示范、引领作用。公司经过上海浦江出入境检验检疫局的严格评估和国家质量监督检验检疫总局的材料审核，"WAROM"全系列产品全部符合《中国出口质量安全示范企业审查条件》的标准，达到了"中国出口质量安全示范企业"审查的要求。该资质被业界誉为"出口免验"的升级版，可享受质检总局赋予的进出口贸易免予检验等十项便利化政策，将为企业拓展更为宽松的出口环境，为企业带来竞争优势。华荣凭借这张"通关绿卡"，出口产品的通关速度将进一步提升，出口环节将进一步简化，物流周转速度将进一步加快。而且通过创新监管模式，有利于优化资源配置，提高公司质量体系运行的一致性，企业供应链成本将进一步降低，出口产品的效益也将进一步增长，从而实现国际市场销售规模的更大突破。

作为中国防爆电气企业"走出去"的先行者和探路者，华荣公司一直致力于打造引领业界最顶端的高品质产品，以质取胜的理念深入到每个华荣人的心里。尤其是在进军海外市场的十几年，业务覆盖 100 多个国家和地区。在全球 59 个国家注册了"WAROM"商标，先后获得美国 FM/UL、欧盟 ATEX、国际 IECEX、俄罗斯 GOST、德国 PTB、法国 LCIE 等全球多个认证，并拥有自己的检测中心，每一款产品在提供给客户之前都经过层层严格测试，在可靠性、稳定性、安全性和绿色环保等方面均达到了国际领先水平。今天的华荣公司在全球市场昂首阔步，以高品质的产品、技术和服务，不断打造国际品牌与全球影响力。

雄关漫道真如铁，而今迈步从头越。在华荣公司国际化的道路上，正如胡志荣董事长所设想的："我们将坚持不懈的向着国际化目标坚实迈进，不久的将来，公司要把全球多个国家和地区的合作伙伴和大客户聚首中国，每两年召开一届国际营销大会，风云际会，共享发展，将世界各地的目光聚焦过来。"要实现这一宏伟蓝图，未来更需要不断地创新、不断地去探寻最佳的国际营销方式和最优的核心目标客户，大力提升专业性和服务性，争取再用五年左右的时间，将国际市场的销售额从现在的水平再翻番，在全球各个区域市场上拥有比较强的合作伙伴和销售渠道，成为一家真正具有全球品牌效应的系统防爆技术服务供应商。然后通过国外市场占有率的提升反过来推动华荣品牌走向国际化，包括管理、产品、标准、技术、语言等方面，为全面国际化打下扎实基础。最终目标实现"做行业先锋，创世界品牌"的企业愿景，让华荣产品应用于地球上每一个需要安全的地方。

工业锅炉

行业结构 锅炉行业实行生产许可证制度，即锅炉生产企业须根据国家质量技术监督部门颁发的“制造许可证”进行生产。2014年，我国持有各种锅炉制造许可证企业有1491家，首次出现生产厂家总数下降的现象。

2014年锅炉行业不同所有制企业数量分布见图1。

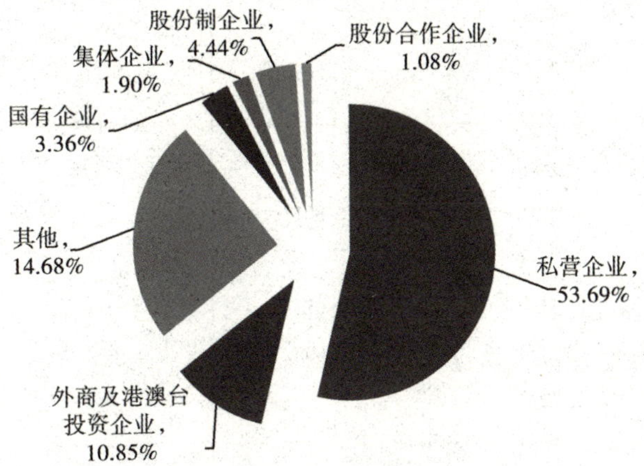

图1 2014年锅炉行业不同所有制企业数量分布

2014年我国锅炉及原动设备制造行业不同所有制企业销售收入分布见图2。

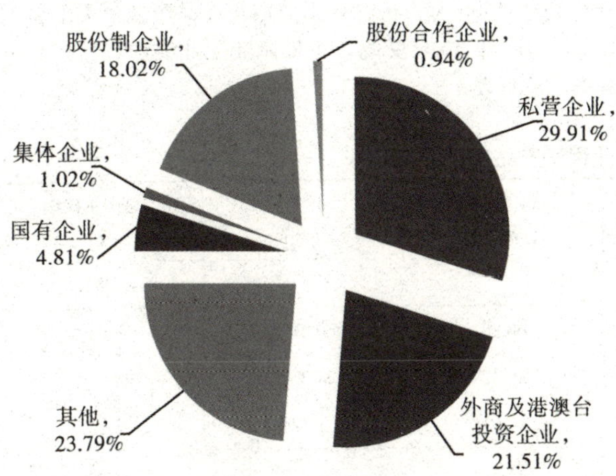

图2 2014年我国锅炉及原动设备制造行业不同所有制企业销售收入分布

生产发展情况 根据中国电器工业协会锅炉行业分会统计，2014年55家锅炉主机生产企业主要经济指标见表1。

表1 2014年55家锅炉主机生产企业主要经济指标

指标名称	单位	2014年	2013年	同比增长(%)
全年工业总产值（当年价）	万元	1 442 942	1 514 460	-4.72
新产品产值	万元	653 985	707 870	-7.61
全年工业销售产值（当年价）	万元	1 451 430	1 525 920	-4.88
其中：出口交货值	万元	84 187	127 245	-33.84
工业增加值	万元	318 730	356 818	-10.67
全年从业人员平均人数	人	25 728	25 885	-0.61
自年初累计完成固定资产投资	万元	63 471	71 489	-11.22
年末科技活动人员合计	人	5 207	4 942	5.36
科技活动经费筹集总额	万元	58 033	58 489	-0.78
年末研究与试验发展人员	人	2 967	3 128	-5.15
研究与试验发展经费支出	万元	39 553	44 657	-11.43
新产品开发经费支出	万元	39 610	43 309	-8.54
年末资产合计	万元	2 616 741	2 568 673	1.87
流动资产小计	万元	1 684 315	1 752 329	-3.88
流动资产年平均余额	万元	1 509 860	2 188 665	-31.01
固定资产小计	万元	455 152	488 863	-6.90
固定资产净值年平均余额	万元	312 882	378 020	-17.23
年末负债合计	万元	1 690 804	1 660 382	1.83
年末所有者权益合计	万元	859 969	1 489 990	-42.28
主营业务收入	万元	1 502 051	1 505 538	-0.23
主营业务成本	万元	1 150 925	1 165 967	-1.29
主营业务税金及附加	万元	11 032	10 571	4.36
其他业务收入	万元	26 085	30 522	-14.54
营业费用	万元	80 843	84 891	-4.77
主营业务利润	万元	208 489	205 527	1.44
管理费用及财务费用	万元	142 808	152 386	-6.29
利息支出	万元	24 355	25 441	-4.27
利润总额	万元	94 054	91 384	2.92
工业中间投入合计	万元	743 341	875 446	-15.09
应交增值税	万元	56 255	56 632	-0.66

（1）全年工业总产值（当年价）为144.29亿元，与2013年同期相比，降幅为4.72%。

（2）全年工业销售产值（当年价）为145.14亿元，与2013年同期相比，降幅为4.88%。

（3）工业增加值为31.87亿元，与2013年同期相比，降幅为10.67%。

（4）年末负债合计为169.08亿元，与2013年同期相比，增幅为1.83%。

（5）利息支出为2.44亿元，与2013年同期相比，降幅为4.27%。

（6）利润总额为9.41亿元，与2013年同期相比，增幅为2.92%。

（7）年人均创利为3.64万元/年，与2013年的3.53万元/年略有提高。

（8）全员劳动生产率12.39万元/人，与2013年的13.78万元/人有所下降。

产品产量 2014年我国电站锅炉产量为47.8万t（蒸汽），比上年增长1.7%。

根据国家统计局公布的数据，2014年生产工业锅炉55.81万t(蒸汽)。

全国各省工业锅炉产量见表2。

表2 全国各省工业锅炉产量

〔单位：t(蒸汽)〕

地区	2013年	2014年
全国	512 739	558 118.10
北京	3 718	4 399.50
天津	5 927	6 022.62
河北	11 576	8 983.45
山西	16 293	17 930.90
内蒙古	324	786.09
辽宁	23 201	41 924.94
吉林	15 060	13 507.53
黑龙江	18 381	18 401.50
上海	9 219	2 408.00
江苏	30 611	106 190.49
浙江	16 752	15 763.71
安徽	25 799	31 625.71
福建	8 964	5 914.00
江西	1 515	1 216.00
山东	84 679	54 392.44
河南	130 154	131 184.60
湖北	3 755	3 865.68
湖南	17 517	14 380.70
广东	2 123	1 489.30
广西	11 107	12 284.00
重庆	1 383	981.25
四川	64 304	56 550.18
贵州	861	928.19
云南	–	–
陕西	5 073	4 582.68
甘肃	2 695	1 168.00
青海	–	–
宁夏	77	
新疆	1 671	1 236.62

注：河南省的统计数据谨慎使用，因该省缺少大型工业锅炉厂家，数据却占全国工业锅炉产量的23.5%。

2014年55家主机企业工业锅炉产品产量分类汇总见表3。2014年55家受统计主机企业工业锅炉产品按容量分类汇总见表4。

表3 2014年55家主机企业工业锅炉产品产量分类汇总

名 称	产量（台）	占总产量比例（%）	产量（t/h）	占总产量比例（%）
按介质划分				
(1) 蒸汽锅炉	6 432	63.26	60 211	58.74
(2) 热水锅炉	2 666	26.22	34 862	34.01
(3) 有机热载体锅炉	1 069	10.51	7 429	7.25
按锅炉炉型划分				
(1) 水管锅炉	2 221	21.85	54 760	53.42
(2) 锅壳锅炉	6 250	61.47	26 564	25.92
(3) 其他(有机热载体炉)	1 069	10.51	7 429	7.25
(4) 其他（余热锅炉）	627	6.17	13 749	13.41
按燃烧方式划分				
(1) 固定炉排	85	0.84	194	0.19

（续）

名　称	产量（台）	占总产量比例（%）	产量（t/h）	占总产量比例（%）
(2) 链条炉排	3 560	35.02	42 574	41.53
(3) 往复炉排	111	1.09	2 908	2.84
(4) 循环流化床 / 沸腾炉	140	1.38	9 013	8.79
(5) 室燃炉	6 271	61.68	47 811	46.64
按压力划分				
(1) 常压	529	5.20	900	0.88
(2) $P \leqslant 0.69$MPa	262	2.58	620	0.60
(3) 0.69MPa $< P \leqslant$ 1.25MPa	8 402	82.64	72 454	70.69
(4) 1.25MPa $< P \leqslant$ 2.5MPa	776	7.63	23 545	22.97
(5) $P >$ 2.5MPa	198	1.95	4 984	4.86
按燃料划分				
(1) 烟煤	3 313	32.59	40 855	39.86
(2) 无烟煤	46	0.45	504	0.49
(3) 其他煤种	106	1.04	7 715	7.53
(4) 油、气	5 567	54.76	33 345	32.53
(5) 煤粉	2	0.02	16	0.02
(6) 水煤浆	36	0.35	647	0.63
(7) 生物质	417	4.10	5 059	4.94
(8) 电	39	0.38	55	0.05
(9) 余热利用	627	6.17	13 749	13.41
(10) 垃圾	14	0.14	557	0.54
按容量划分				
(1) $Q \leqslant$ 1t/h	1 010	9.93	924	0.90
(2) 1t/h $< Q \leqslant$ 4t/h	3 593	35.34	9 408	9.18
(3) 4t/h $< Q \leqslant$ 10t/h	3 464	34.07	22 677	22.12
(4) 10t/h $< Q \leqslant$ 20t/h	1 249	12.28	20 632	20.13
(5) 20t/h $< Q \leqslant$ 35t/h	280	2.75	7 755	7.57
(6) 35t/h $< Q \leqslant$ 75t/h	345	3.39	18 397	17.95
(7) $Q >$ 75t/h	226	2.22	22 707	22.15

注：表中室燃炉包括余热锅炉、燃油气锅炉、煤粉锅炉和水煤浆锅炉等。

表 4　2014 年 55 家受统计主机企业工业锅炉产品按容量分类汇总

名　称	≤ 1t/h		1 ～ 4t/h		4 ～ 10t/h		10 ～ 20t/h		20 ～ 35t/h		35 ～ 75t/h		75t/h		总计	
	台数	蒸吨	台数	蒸吨	台数	蒸吨	台数	蒸吨	台数	蒸吨	台数	蒸吨	台数	蒸吨	台数	蒸吨
1. 总计	1 010	924	3 593	9 408	3 464	22 677	1 249	20 632	280	7 755	345	18 397	226	22 707	10 167	102 500
占总产量比例（%）	9.93	0.90	35.35	9.18	34.07	22.12	12.28	20.13	2.75	7.57	3.39	17.95	2.22	22.15	100.00	100.00
2. 按介质划分																
(1) 蒸汽锅炉	699	637	2 415	6 539	1 868	11 903	953	15 478	231	6 531	199	11 466	67	7 657	6 432	60 211

（续）

名　称	≤ 1t/h		1 ～ 4t/h		4 ～ 10t/h		10 ～ 20t/h		20 ～ 35t/h		35 ～ 75t/h		75t/h		总计	
	台数	蒸吨	台数	蒸吨	台数	蒸吨	台数	蒸吨	台数	蒸吨	台数	蒸吨	台数	蒸吨	台数	蒸吨
占总产量比例（%）	6.88	0.62	23.76	6.38	18.37	11.61	9.37	15.10	2.27	6.37	1.96	11.19	0.66	7.47	63.26	58.74
(2) 热水锅炉	304	281	799	1 986	1 063	6 741	168	3 193	27	680	146	6 931	159	15 050	2 666	34 862
占总产量比例（%）	2.99	0.27	7.86	1.94	10.46	6.58	1.65	3.12	0.27	0.66	1.44	6.76	1.56	14.68	26.22	34.01
(3) 有机热载体锅炉	7	6	379	884	533	4 033	128	1 962	22	544	0	0	0	0	1 069	7 429
占总产量比例（%）	0.07	0.01	3.73	0.86	5.24	3.93	1.26	1.91	0.22	0.53	0.00	0.00	0.00	0.00	10.51	7.25
3. 按锅炉炉型划分																
(1) 水管锅炉	70	115	312	814	678	4 686	515	8 886	161	4 569	261	13 268	224	22 422	2 221	54 760
占总产量比例（%）	0.69	0.11	3.07	0.79	6.67	4.57	5.07	8.67	1.58	4.46	2.57	12.94	2.20	21.88	21.85	53.42
(2) 锅壳锅炉	932	802	2813	7535	2181	13422	315	4469	5	175	4	161	0	0	6 250	26 564
占总产量比例（%）	9.17	0.78	27.67	7.35	21.45	13.09	3.10	4.36	0.05	0.17	0.04	0.16	0.00	0.00	61.47	25.92
(3) 其他（有机热载体炉）	7	6	379	884	533	4 033	128	1 962	22	544	0	0	0	0	1 069	7 429
占总产量比例（%）	0.07	0.01	3.73	0.86	5.24	3.93	1.26	1.91	0.22	0.53	0.00	0.00	0.00	0.00	10.51	7.25
(4) 其他（余热锅炉）	1	1	89	176	72	536	291	5 316	92	2 467	80	4 968	2	285	627	13 749
占总产量比例（%）	0.01	0.00	0.88	0.17	0.71	0.52	2.86	5.19	0.90	2.41	0.79	4.85	0.02	0.28	6.17	13.41
4. 按燃烧方式划分																
(1) 固定炉排	13	13	71	175	1	6	0	0	0	0	0	0	0	0	85	194
占总产量比例（%）	0.13	0.01	0.70	0.17	0.01	0.01	0.00	0.00	0.00	0.00	0.00	0.00	0.00	0.00	0.84	0.19
(2) 链条炉排	70	106	1 008	2 509	1 438	9 661	728	11 375	103	2 752	87	4 435	126	11 736	3 560	42 574
占总产量比例（%）	0.69	0.10	9.91	2.45	14.14	9.43	7.16	11.10	1.01	2.68	0.86	4.33	1.24	11.45	35.01	41.54
(3) 往复炉排	4	4	28	78	26	216	13	255	18	405	6	290	16	1 660	111	2 908
占总产量比例（%）	0.004	0.004	0.28	0.08	0.26	0.21	0.13	0.25	0.18	0.40	0.06	0.28	0.16	1.62	1.09	2.84
(4) 循环流化床 / 沸腾炉	0	0	1	2	3	26	11	157	24	763	78	4 189	23	3 876	140	9 013
占总产量比例（%）	0.00	0.00	0.01	0.00	0.03	0.03	0.11	0.15	0.24	0.74	0.77	4.09	0.23	3.78	1.38	8.79
(5) 室燃炉	923	801	2 485	6 644	1 996	12 768	497	8 845	135	3 835	174	9 483	61	5 435	6 271	47 811
占总产量比例（%）	9.08	0.78	24.44	6.48	19.63	12.46	4.89	8.63	1.33	3.74	1.71	9.25	0.60	5.30	61.68	46.64
5. 按压力划分																
(1) 常压	230	182	288	653	11	65	0	0	0	0	0	0	0	0	529	900
占总产量比例（%）	2.26	0.18	2.83	0.64	0.11	0.06	0.00	0.00	0.00	0.00	0.00	0.00	0.00	0.00	5.20	0.88
(2) $P \leqslant 0.69$MPa	70	58	163	407	29	155	0	0	0	0	0	0	0	0	262	620
占总产量比例（%）	0.69	0.06	1.60	0.40	0.29	0.15	0.00	0.00	0.00	0.00	0.00	0.00	0.00	0.00	2.58	0.60
(3) 0.69MPa $< P \leqslant$ 1.25MPa	646	621	3 007	7 894	3 226	20 883	1 057	17 307	145	3 870	234	12 457	87	9 422	8 402	72 454
占总产量比例（%）	6.35	0.61	29.58	7.70	31.73	20.37	10.40	16.88	1.43	3.78	2.30	12.15	0.86	9.19	82.64	70.69
(4) 1.25MPa $< P \leqslant$ 2.5MPa	64	64	87	295	155	1 261	173	3 056	90	2 563	75	3 911	132	12 395	776	23 545
占总产量比例（%）	0.63	0.06	0.86	0.29	1.52	1.23	1.70	2.98	0.89	2.50	0.74	3.82	1.30	12.09	7.63	22.97
(5) $P >$ 2.5MPa	0	0	48	159	43	314	19	269	45	1 322	36	2 030	7	890	198	4 984
占总产量比例（%）	0.00	0.00	0.47	0.16	0.42	0.31	0.19	0.26	0.44	1.29	0.35	1.98	0.07	0.87	1.95	4.86

（续）

名　称	≤ 1t/h		1 ～ 4t/h		4 ～ 10t/h		10 ～ 20t/h		20 ～ 35t/h		35 ～ 75t/h		75t/h		总计	
	台数	蒸吨	台数	蒸吨	台数	蒸吨	台数	蒸吨	台数	蒸吨	台数	蒸吨	台数	蒸吨	台数	蒸吨
6. 按燃料划分																
(1) 烟煤	67	58	906	2 206	1 297	8 498	729	11 399	112	2 943	88	4 381	114	11 370	3 313	40 855
占总产量比例（%）	0.66	0.06	8.91	2.15	12.76	8.29	7.17	11.12	1.10	2.87	0.87	4.27	1.12	11.09	32.59	39.86
(2) 无烟煤	0	0	14	56	20	168	4	80	8	200	0	0	0	0	46	504
占总产量比例（%）	0.00	0.00	0.14	0.05	0.20	0.16	0.04	0.08	0.08	0.20	0.00	0.00	0.00	0.00	0.45	0.49
(3) 其他煤种	0	0	0	0	1	10	1	15	9	315	76	4 059	19	3 316	106	7 715
占总产量比例（%）	0.00	0.00	0.00	0.00	0.01	0.01	0.01	0.01	0.09	0.31	0.75	3.96	0.19	3.24	1.04	7.53
(4) 油、气	906	787	2 373	6 426	1 908	12 106	195	3 310	33	1 126	93	4 440	59	5 150	5 567	33 345
占总产量比例（%）	8.91	0.77	23.34	6.27	18.77	11.81	1.92	3.23	0.32	1.10	0.91	4.33	0.58	5.02	54.76	32.53
(5) 煤粉	0	0	0	0	2	16	0	0	0	0	0	0	0	0	2	16
占总产量比例（%）	0.00	0.00	0.00	0.00	0.02	0.02	0.00	0.00	0.00	0.00	0.00	0.00	0.00	0.00	0.02	0.02
(6) 水煤浆	0	0	0	0	14	110	11	220	10	242	1	75	0	0	36	647
占总产量比例（%）	0.00	0.00	0.00	0.00	0.14	0.11	0.11	0.21	0.10	0.24	0.01	0.07	0.00	0.00	0.35	0.63
(7) 生物质	20	65	188	502	150	1 234	18	293	6	174	3	205	32	2 586	417	5 059
占总产量比例（%）	0.20	0.06	1.85	0.49	1.48	1.20	0.18	0.29	0.06	0.17	0.03	0.20	0.31	2.52	4.10	4.94
(8) 电	16	13	23	42	0	0	0	0	0	0	0	0	0	0	39	55
占总产量比例（%）	0.16	0.01	0.23	0.04	0.00	0.00	0.00	0.00	0.00	0.00	0.00	0.00	0.00	0.00	0.38	0.05
(9) 余热利用	1	1	89	176	72	536	291	5 316	92	2467	80	4 968	2	285	627	13 749
占总产量比例（%）	0.001	0.001	0.88	0.17	0.71	0.52	2.86	5.19	0.90	2.41	0.79	4.85	0.02	0.28	6.17	13.41
(10) 垃圾	0	0	0	0	0	0	0	0	10	288	4	269	0	0	14	557
占总产量比例（%）	0.00	0.00	0.00	0.00	0.00	0.00	0.00	0.00	0.10	0.28	0.04	0.26	0.00	0.00	0.14	

注：表中室燃炉包括余热锅炉、燃油气锅炉、煤粉锅炉和水煤浆锅炉等。

政策法规　2014 年 4 月 24 日，第十二届全国人民代表大会常务委员会第八次会议通过《中华人民共和国环境保护法》（2014 年修订），国家主席签署第 9 号主席令，公布修订后的《环境保护法》于 2015 年 1 月 1 日起施行。

2014年6月7日，国务院办公厅以(国办发〔2014〕31号)印发《能源发展战略行动计划（2014—2020 年）》。作为我国未来一段时间能源发展的行动方略，能源行动计划提出四大战略：节约优先、立足国内、绿色低碳、创新驱动。

按照规划，到 2020 年一次能源消费总量控制在 48 亿 t 标准煤，煤炭消费总量控制在 42 亿 t。

2014 年我国煤炭消费总量是 36.8 亿 t，到 2020 年控制在 42 亿 t，年均复合增长率为 1.91%。

能源行动计划给出的路径是：降低煤炭消费比重，提高天然气消费比重，大力发展风电、太阳能、地热能等可再生能源，安全发展核电。

2014 年 3 月 24 日，国家发展改革委、国家能源局、环境保护局印发《关于能源行业加强大气污染防治工作方案》（发改能源〔2014〕506 号）；2014 年 6 月 8 日，国家能源局、环境保护部印发《关于开展生物质成型燃料锅炉供热示范项目建设的通知》（国能新能〔2014〕295 号）；2014 年 5 月 15 日，国务院印发《2014—2015 节能减排低碳发展行动方案》（国办发〔2014〕23 号）。

产品技术的发展　由于我国的能源结构特殊，因此煤炭在整个能源领域的地位没有改变，煤炭行业结构调整，首先要重点发展煤炭清洁利用，支持超低排放的改造。

“工业供热系统和高耗能特种设备能效促进”项目获得全球环境基金理事会批准。

2014 年 11 月 17 日，工业和信息化部发布《节能机电设备（产品）推荐目录（第五批）》工业装备类《“能效之星”产品目录（2014）》。工业锅炉类入选《“能效之星”产品目录》产品见表 5。

表5 工业锅炉类入选《"能效之星"产品目录》产品

5.1 工业锅炉：燃气锅炉

序号	制造商	产品型号	能效指标（实测值）热效率（%）	能效指标（评价值）热效率（%）
1	浙江特富锅炉有限公司	WNS4-1.25-Q(LN)	97.30（反平衡）	优于能效一级
2	哈尔滨红光锅炉总厂有限责任公司	SZS58-1.6/130/70-Q	97.85	
3	金牛股份有限公司	QXS14-1.25/130/70-Q	94.89	
4	大连锅炉集团有限公司	SZS46-1.6/130/70-Q	96.83	
5	扬州晨光特种设备有限公司	WNS8-1.25-Q	96.57	
6	黑龙江双锅锅炉股份有限公司	WNS7.0-1.25/115/70-Q	96.81	

泰山锅炉公司与中国科学院工程热物理研究所签订技术合作协议，合作生产公司第三代节能环保型循环流化床锅炉。

在用锅炉的能效测试 据中国节能协会节能服务委员会（EMCA）的统计数据，截至2013年底，全国从事节能服务业务的企业共4 852家，产值超过2 000亿元，较2012年增幅超过30%。但从企业规模来看，产值超过1亿元的企业共100余家。也就是说，绝大多数的节能服务企业都是中小企业。

国家质量监督检验检疫总局《质检总局关于公布第六批锅炉能效测试机构的公告》（2014年第113号）中公布了10家在用锅炉能效测试机构的名单。在用工业锅炉能效测试机构名单见表6。

表6 在用工业锅炉能效测试机构名单

序号	机构名称	测试工作范围
1	北京市海淀区特种设备检测所	在用工业锅炉能效测试（含蒸汽锅炉、热水锅炉、有机热载体锅炉）
2	中节能咨询有限公司	同上
3	鞍山市特种设备监督检验所	同上
4	营口市锅炉压力容器检验研究所	同上
5	辽源市特种设备检验中心	同上
6	吉安市特种设备监督检验中心	同上
7	山东省特种设备检验研究院泰安分院	同上
8	山东省高校热能工程重点实验室（青岛科技大学）	同上
9	烟台市清洁能源检测中心	同上
10	六盘水市特种设备检验所	同上

质量及标准 随着经济发展进入新常态，我国将执行更加严格的污染物排放标准，国家新修订了《锅炉大气污染物排放标准(GB/13271—2014)》，以促进洁净煤利用技术的推广和使用。其中，增加汞及其化合物排放控制要求。要求自2015年7月1日起所有燃煤锅炉汞及其化合物排放浓度限值执行《锅炉大气污染物排放标准(GB/13271—2014)》中0.05mg/m^{3}的要求。

4月14—16日，为总结近年来锅炉行业制造工艺与装备发展的新成果，促进先进工艺技术、新工艺装备的应用和传统制造工艺的创新，提高工业锅炉行业整体的制造水平和质量保证能力，中国电器工业协会工业锅炉分会、上海工业锅炉研究所在江苏省无锡市召开"锅炉制造工艺和装备发展研讨会暨《工业锅炉通用工艺守则》与《典型工艺规程》修订工作会议"。

协会工作 2014年8月，工业锅炉分会五届七次理事长会议在哈尔滨召开。

2014年10月29日，由中国电器工业协会工业锅炉分会、上海工业锅炉研究所主办，雅式展览服务有限公司承办的"中国国际供热及热动力技术展览会"暨"第十二届中国（上海）国际锅炉、辅机及工艺设备展览会、2014上海国际生物质利用及技术展览会" 在上海世博展览馆隆重召开。

展会同期，召开了第六届第一次会员大会。会议审议通过了五届理事会工作报告及分会工作条例、分会会费标准和管理办法、分会会籍管理办法等文件。

基本建设及技术改造 方快锅炉成立了"国内首家清洁锅炉研发及热工测试中心"，并率先研发出锅炉远程监控系统，可实时监控全球用户的锅炉运行情况，保证了用户的锅炉时刻保持最佳运行状态。

威孚公司基于"卓越绩效经营管理模式"，导入以ERP为核心的信息化系统以来，初步实现了公司基础员工工作的标准化、流程化、规范化和工作的自动化。

2014年12月10日，威孚锅炉APS项目启动会在公司本部召开。

江联重工股份有限公司新建的3万m^2管件生产厂房正式投产。

〔撰稿人：中国电器工业协会工业锅炉分会、中国联合工程公司张浩〕

余热锅炉

生产发展情况 2014年，国内经济下行压力持续加大，多重困难和挑战相互交织，发电设备制造行业去产能化导致行业竞争愈加激烈，给余热锅炉制造行业发展带来新的挑战。据不完全统计，2014年，各企业生产各类余热锅炉608台，合计30 012t（蒸汽），实现产值435 189万元。与上年相比，余热锅炉生产台数与上年基本持平，折合蒸汽量同比下降6.0%，余热锅炉产值同比下降9.1%。

面对诸多不利因素，杭州锅炉集团股份有限公司、苏州海陆重工股份有限公司、江苏东九重工股份有限公司（原盐城市锅炉制造有限公司）、无锡华光锅炉股份有限公司、江联重工股份有限公司和济南锅炉集团有限公司等余热锅炉行业重点骨干企业坚持改革创新、转型升级的发展思路，加快向环保新能源产业发展的步伐，积极发展余热锅炉产品。这些企业余热锅炉的产量、产值、品种等指标继续处于行业前列。2014年余热锅炉主要生产企业指标见表1。

表1 2014年余热锅炉主要生产企业指标

序号	企业名称	余热锅炉产量		产值（万元）
		台	t(蒸汽)	
1	杭州锅炉集团股份有限公司	171	11 758	172 788
2	苏州海陆重工股份有限公司	103	3 736	94 923
3	江苏东九重工股份有限公司（盐城市锅炉制造有限公司）	210	7 750	69 000
4	无锡华光锅炉股份有限公司	16	1 838	39 751
5	江联重工股份有限公司	36	2 631	30 805
6	济南锅炉集团有限公司	13	1 077	15 823

2015年，环保与能源行业有望迎来重要战略机遇期，被称为史上最严的《环保法》于2015年1月1日起正式施行；《大气污染防治法》于2015年8月29日修订通过，2016年1月1日起施行。在治理雾霾、节能减排和国际油价不断下跌等因素影响下，煤电机组比重将持续下降，新能源和可再生能源新增发电机组呈快速增长的态势，余热锅炉行业必将迎来新的发展黄金期。

产品分类产量 2014年各类余热锅炉产量见表2。从表中可以看出，2014年高炉煤气余热锅炉、垃圾焚烧余热锅炉和干熄焦余热锅炉等产品产量较上年明显增加，显示出较好的市场机会。

表2 2014年各类余热锅炉产量

序号	余热锅炉类别	产量		主要生产企业
		台	t(蒸汽)	
1	燃气轮机余热锅炉	18	4 833	杭州锅炉集团股份有限公司、无锡华光锅炉股份有限公司
2	烧结机余热锅炉	72	3 138	江苏东九重工股份有限公司、杭州锅炉集团股份有限公司、唐山信德锅炉集团有限公司
3	垃圾焚烧余热锅炉	47	1 779	江联重工股份有限公司、无锡华光锅炉股份有限公司、杭州锅炉集团股份有限公司、唐山信德锅炉集团有限公司、济南锅炉集团有限公司、山东华源锅炉有限公司、鞍山锅炉厂有限公司
4	水泥窑余热锅炉	98	3 498	杭州锅炉集团股份有限公司、江苏东九重工股份有限公司、鞍山锅炉厂有限公司
5	干熄焦余热锅炉	36	2 666	苏州海陆重工股份有限公司、杭州锅炉集团股份有限公司、唐山信德锅炉集团有限公司
6	生物质锅炉	29	1 979	济南锅炉集团有限公司、江联重工股份有限公司、苏州海陆重工股份有限公司、无锡华光锅炉股份有限公司、唐山信德锅炉集团有限公司、山东华源锅炉有限公司
7	高炉煤气余热锅炉	37	5 906	杭州锅炉集团股份有限公司、江联重工股份有限公司、唐山信德锅炉集团有限公司
8	焦炉煤气余热锅炉	7	1 020	杭州锅炉集团股份有限公司、唐山信德锅炉集团有限公司
9	氧气转炉余热锅炉	25	581	苏州海陆重工股份有限公司

（续）

序号	余热锅炉类别	产量		主要生产企业
		台	t(蒸汽)	
10	有色冶金余热锅炉	28	716	苏州海陆重工股份有限公司
11	硫酸余热锅炉	34	1 162	江苏东九重工股份有限公司、苏州海陆重工股份有限公司、山东华源锅炉有限公司、杭州锅炉集团股份有限公司
12	玻璃窑余热锅炉	36	434	杭州锅炉集团股份有限公司、江苏东九重工股份有限公司、苏州海陆重工股份有限公司、山东华源锅炉有限公司
13	低热值尾气余热锅炉	9	278	杭州锅炉集团股份有限公司、苏州海陆重工股份有限公司、鞍山锅炉厂有限公司
14	小化肥造气余热锅炉	16	585	江苏东九重工股份有限公司
15	加热炉余热锅炉	14	262	江苏东九重工股份有限公司、苏州海陆重工股份有限公司
16	炼油催化装置余热锅炉	1	12	鞍山锅炉厂有限公司
17	其他余热锅炉	101	1 163	江苏东九重工股份有限公司、杭州锅炉集团股份有限公司、山东华源锅炉有限公司、苏州海陆重工股份有限公司、唐山信德锅炉集团有限公司、鞍山锅炉厂有限公司
合计		608	30 012	—

市场及销售 我国余热锅炉市场竞争充分，锅炉制造行业整体产能扩大，加之国内经济增速放缓，必然影响到余热锅炉行业产品的生产和销售。据不完全统计，2014 年，各锅炉制造企业销售余热锅炉 604 台(套)，合计 29 392 t(蒸汽)，销售收入 452 024 万元。与 2013 年相比，除余热锅炉销售台数与上年基本持平外，折合蒸汽量和销售收入与上年相比均呈下降趋势，同比分别下降 9.7% 和 12.2%。

面对国内市场日趋激烈的竞争态势，行业内许多企业利用各自的技术、营销方面的优势，积极拓展海外市场，使之成为国内市场的有效补充，取得了很好的效果。据统计，2014 年，行业相关企业出口余热锅炉 22 台（套），合计 2 316t（蒸汽），销售收入 8 281 万美元，与上年同期相比有较大幅度的提升。其中，折合蒸汽量同比上升 46.8%，销售收入同比增长 73% 。其中，杭州锅炉集团股份有限公司向阿根廷和我国台湾地区出口 2 台 9F 级燃气轮机余热锅炉和 2 台高炉煤气余热锅炉，折合蒸汽 1 244t，销售金额近 5 700 万美元；江苏东九重工股份有限公司向印度和南非等国出口水泥窑余热锅炉 10 台，折合蒸汽 575t，销售金额约 1 500 万美元；无锡华光锅炉股份有限公司向巴基斯坦出口燃气轮机余热锅炉和生物质锅炉各 1 台，合计折合蒸汽 316t，实现销售金额约 800 万美元；江联重工股份有限公司向伊朗出口 1 台高炉煤气余热锅炉，折合蒸汽 120t，销售金额近 130 万美元；山东华源锅炉有限公司向泰国出口 4 台玻璃窑余热锅炉，折合蒸汽 16t，销售金额 100 万美元；苏州海陆重工股份有限公司向菲律宾出口闪速炉余热锅炉 1 台，折合蒸汽 40t，销售金额近 50 万美元。

2014 年，杭州锅炉集团股份有限公司还联合国内其他工程公司，向孟加拉国和印度等国出口 4 台燃气轮机余热锅炉和干熄焦余热锅炉，折合蒸汽量 658t，销售金额 18 000 万元。

新产品研发及成果转化 余热锅炉行业主要企业坚持走自主创新、持续创新的发展道路，不断提升科技创新能力。同时，密切关注行业和产业政策发展趋势，深入挖掘潜在的市场机遇，根据企业自身特点，不断推出高效节能新产品满足市场需求，有效缓解了经济运行下行压力给企业带来的不利影响。

杭州锅炉集团股份有限公司下属的杭州新世纪能源环保工程股份有限公司是一家专门从事生活垃圾焚烧锅炉研发、制造、运营的公司。该公司继牵头承担“十五”国家“863”计划课题、“十一五”国家科技支撑计划课题后，再次牵头承担“十二五”国家科技支撑计划——“大型垃圾智能化焚烧成套装备与安全运营技术与示范”项目，浙江中控技术股份有限公司、南安市圣元环保电力有限公司、中国计量学院、上海市环境工程设计科学研究院有限公司等共同参与项目实施。该项目首要目标是研发大型(700t/d)炉排式垃圾焚烧炉及配套余热锅炉和烟气净化设备并在示范工程中投入运行，整体性能达到同类产品中的国际先进水平，各项技术和排放指标满足最新的排放标准；第二个目标是研发适应我国生活垃圾特点的智能化自动燃烧控制系统（ITCC），大幅提升生活垃圾焚烧厂的自动控制水平，最大限度地降低垃圾特性变化对焚烧工况的影响，并进行工程示范。该项目的实施将研发完成具有自主知识产权的、智能化的大型（700t/d）炉排式垃圾焚烧成套装备，并实现工业化制造和工程应用，有助于全面提升我国垃圾焚烧装备的单台规模和技术水平，有力推动国内垃圾焚烧产业的发展。杭锅集团还针对国内回转窑氧化锌冶炼系统的特点，开发了国内首台 QC38/650-10.5-2.45 型水冷燃尽沉降室卧式氧化锌余热锅炉，开启了氧化锌回转窑余热发电项目的先河。2014 年，公司新增 2 项发明专利和 7 项实用新型专利授权，申请专利 4 项。

无锡华光锅炉股份有限公司加强与行业领先企业和科研院所的战略合作，通过技术创新、加强产学研合作，优化产品结构，提升公司核心竞争力。公司和东南大学合作研制开发的“75 ～ 110t/h 国产化生物质直燃锅炉系列产品”，被国家科技部列入“国家火炬计划产业化示范项目”。公司研发的“F 级燃气轮机联合循环立式余热锅炉”被认定为“2014 年度江苏省首台(套)重大装备及关键部件”。2014 年，公司新增授权专利 35 项（其中：发明专利 5 项，实用新型专利 30 项）。

苏州海陆重工股份有限公司加大自主创新力度，进一步加强细分领域的技术革新，重点布局高、尖、精产品，拓宽上下游，开发新产品。下属子公司广州拉斯卡工程咨询有限公司获得东北制药集团股份有限公司异地改造建设项目污染治理工程 —— 焚烧车间 EPC 总承包合同，加快向高端医药与环境保护工程总承包领域布局的步伐。该公司同美国德尔塔公司签订了燃气轮机余热锅炉技术（HRSG）许可协议，获得该技术在中国范围独占实施许可权及印尼市场的投标优先权。2014 年，公司新增 4 项发明专利授权和 9 项实用新型专利授权。

近年来，江联重工股份有限公司加大对新一代黄色秸秆循环流化床直燃关键技术的研究和产品研制力度，公司自主开发的“JG-130/9.8-T 型黄色秸秆直燃锅炉”和“LC600-56-4.3/400 型卧式垃圾焚烧余热锅炉”被江西省工业和信息化委员会评为江西省优秀新产品一等奖。该公司与中国科学院广州能源研究所合作开展“高效节能型煤气锅炉关键技术研究与工程应用”项目，该项目在江联成熟的低热值煤气锅炉技术基础上，结合先进的三维变空间变流场高效空预器，不仅降低了锅炉重量，而且降低了排烟温度、提高锅炉效率，同时，降低运行阻力，可减少锅炉运行能耗，达到节能的效果。

济南锅炉集团有限公司自主研发的省级技术创新项目 ——YG-130/9.8-T3 型联合炉排生物质锅炉顺利通过省级鉴定，鉴定会由济南市经济和信息化委员会主持，来自中科院工程热物理研究所、华北电力大学、山东大学、山东建筑大学等单位的专家对济锅提供的项目材料进行了认真审核。与会专家一致认为，济锅研发的 YG-130/9.8-T3 型联合炉排生物质锅炉符合国家产业政策，其联合炉排的燃烧技术，提高了生物质层燃锅炉对多种生物质燃料的适应性，特别适合燃用高水分生物质燃料；所设计的整体配风炉排送风装置，可均匀灵活地布置风量，适应因燃料变化对配风的要求，燃烧效率也明显得到提高；其自主研发的可控温式省煤器，解决了传统烟气旁路系统占用空间大、投资大、尾部结焦等问题，达到了控制烟温的良好效果，项目完全实现了山东省技术创新项目计划任务书的要求。该项目主要技术性能达到了国内领先水平，适合市场需求。2014 年，该公司新增 5 项实用新型专利。

2014 年，江苏东九重工股份有限公司成立了江苏余热锅炉研究设计院，专业从事余热锅炉新品开发，陆续开发出如干熄焦余热回收锅炉等适应钢铁行业的 4 种新产品，目前这些新产品的销售额已占公司销售额的 40%。该公司正积极与东北大学等科研院所合作，着力开发国内首台转炉中低温余热回收锅炉。

山东华源锅炉有限公司以技术创新为企业立身之本，重视新产品开发，先后与北京煤炭科学院、上海交通大学、西安交通大学、上海理工大学等科研院所建立长期的技术协作关系，成立了锅炉技术研发中心，拥有一支校企联合攻关的专业技术人才队伍。公司在市场与产品的对接方面夯实了与国家能源政策和环保政策对接的节能减排产品的开发，开发了针对焦化行业低温段和高温段的余热回收利用设备等适销对路的新产品。

标准化工作 2013—2014 年，能源行业余热利用设备标准化技术委员会会同相关单位完成多项国家标准和行业标准的制（修）订。其中，由国家质量监督检验检疫总局和国家标准化管理委员会颁布、实施的国家标准 2 项，由国家能源局颁布、实施的行业标准 3 项。2014 年国家质量监督检验检疫总局和国家标准化管理委员会批准并发布的余热锅炉国家标准见表 3。2013 年国家能源局批准并发布的余热锅炉行业标准见表 4。

表 3 2014 年国家质量监督检验检疫总局和国家标准化管理委员会批准并发布的余热锅炉国家标准

标准编号	标 准 名 称	制定或修订
GB/T 30576—2014	水泥窑余热锅炉技术条件	制定
GB/T 30577—2014	燃气－蒸汽联合循环余热锅炉技术条件	制定

表 4 2013 年国家能源局批准并发布的余热锅炉行业标准

标准编号	标 准 名 称	代替标准
NB/T 47030—2013	锅炉用高频电阻焊螺旋翅片管技术条件	JB/T 6512—1992
NB/T 47031—2013	螺旋翅片管箱及模块技术条件	JB/T 6511—1992
NB/T 47032—2013	余热锅炉用小半径弯管技术条件	JB/T 6509—1992

此外，列入“2011 年第二批能源领域行业标准制修订计划项目”的 2 项余热锅炉行业标准 ——《余热锅炉用钢制烟囱技术条件》和《单轴单页式烟气挡板门设计制造和验收标准》，以及列入“2012 年第二批能源领域行业标准制修订计划项目” 的 2 项余热锅炉行业标准 ——《干熄焦余热锅炉技术条件》和《烧结机余热锅炉技术条件》已完成报批稿并上报国家能源局审定。

基本建设及技术改造 2014 年，余热锅炉行业主要生产企业实现基本建设及更新改造投资额约 13 113 万元，同比下降 44%，投资速度明显放缓。其中，基本建设投资 6 658 万元，技术改造投资 6 455 万元。

企业管理 无锡华光锅炉股份有限公司以“发展成为有特色的高新技术骨干企业”为目标，充分利用社会各类资源，做强做大、做专做精，提升自主创新能力、调整产业结构、转变发展方式，努力成为引领我国高新技术产业跨越发展的中坚力量。公司被科技部火炬高新技术产业开发中心授予“国家火炬计划重点高新技术企业”证书，被中国机械工业联合会评为“全国机械行业文明单位”荣誉称号；并再次获得江苏省科学技术厅、省财政厅、省国家税务局、省地方税务局联合授予的“高新技术企业”荣誉称号。

杭州锅炉集团股份有限公司坚持走自主创新、持续创新的发展道路，不断提升科技创新能力。公司再次获得浙江省科学技术厅、省财政厅、省国家税务局、省地方税务局联合颁发的“高新技术企业”荣誉称号，标志着该公司在开拓高新技术领域里又迈上了一个新台阶。公司“NG”牌余热锅炉被浙江省质量技术监督局认定为浙江名牌产品。

盐城市锅炉制造有限公司根据公司战略发展的需要，经江苏省盐城工商行政管理局依法变更登记，公司名称变更为“江苏东九重工股份有限公司”。

山东华源锅炉有限公司注册商标被山东省工商管理局授予山东省著名商标荣誉。

〔撰稿人：杭州余热锅炉研究所蒋建民 审稿人：杭州余热锅炉研究所赵剑云〕

工业燃气轮机

生产发展情况 截止到 2014 年底，天然气发电装机为 5 678 万 kW，占总装机的 4%；全国燃气发电企业共有 150 余家，燃气发电机组 600 多台（套），其中 F 级、E 级等大中型燃气机组 167 台（套），装机 4 200.6 万 kW，占总装机容量的 90% 以上。中国电力企业联合会发布的《“十三五”天然气发电需求预测》报告指出，到 2020 年中国天然气发电装机规模将达 1 亿 kW 左右，占总发电装机的 4.71%。

2014 年，经过哈尔滨电气集团、上海电气电站设备有限公司上海汽轮机厂、东方电气集团东方汽轮机厂有限公司、南京汽轮电机（集团）有限责任公司、杭州汽轮机股份有限公司等诸多燃气轮机制造企业的努力，燃气轮机技术转让与国产化水平有了进一步的提升。燃气轮机及其联合循环发电装置、热电联产、中低热值冶金煤气回收利用、化工行业尾气回收利用等节能环保项目均有不同程度的发展。我国燃气轮机及联合循环发电装置制造公司的生产发展情况如下：

1. 哈尔滨电气集团

哈尔滨电气集团（以下简称哈电集团）的重型燃气轮机及联合循环业务分别由哈尔滨电气股份有限公司与哈电集团子公司哈尔滨汽轮机厂有限责任公司负责。前者主要承担通用电气公司（GE）出品的 9FA、9FB 及 9HA 型重型燃气轮机相关业务，后者主要负责 Alstom 的 E 级燃气轮机产品的业务。

哈电集团（哈电股份）在 2003 年与美国通用电气公司(简称GE公司)签订 9FA 型重型燃气轮机技术转让协议，合作生产 MS9001FA(简称 9FA) 重型燃气轮机；同时哈尔滨汽轮机厂有限责任公司及哈尔滨电机厂有限责任公司分别与 GE 公司签订与 9FA 燃气轮机配套的 D10 蒸汽轮机、390H 发电机的技术转让协议。

9FA 重型燃气轮机是当今世界上正式投入商业运行的、技术成熟度最高的燃气轮机机组之一，具有可靠性好、可用率高、安装周期短、机组启停灵活、运行维护费用低等优点，是目前世界上市场占有率最大、累计运行时间最长的 F 级燃气轮机组。

为应对国内大容量燃气轮机联合循环机组的需求，2011 年，哈电集团同 GE 公司开展了 9FB 型重型燃气轮机的合作，并为国内业主有针对性地提供了各种配置要求的联合循环机组。9FB 型重型燃气轮机主要性能指标高于 9FA 型重型燃气轮机机组。

为了利用更可靠的技术来降低用户发电的成本，GE 公司推出了 9HA 型重型燃气轮机，该产品利用了最先进的燃气轮机技术，并且在全世界首创的也是唯一全速全负荷试验台进行了一系列的试验，产品性能得到了有效的验证。9HA 型重型燃气轮机主要产品型号包括 9HA.01 和 9HA.02。2014 年 8 月，哈电集团（哈电股份）与 GE 公司签订新一代 9HA.01 重型燃气轮机的技术转让协议，开始引进 GE 公司最新开发的 9HA.01 重型燃气轮机。

哈电集团生产的燃气轮机参数和性能见表 1。

表 1 哈电集团生产的燃气轮机参数和性能

项 目	9FA	9FB	9HA.01	9HA.02
压气机压比	16.70	18.3	21.8	21.8
燃烧温度 (℃)	1 327	约 1 400	约 1 500	约 1 500
简单循环出力 (MW)	259.60	297.1	397	470
简单循环热耗〔kJ/(kW·h)〕	9 510	9 176	8 673	8 673
联合循环出力 (MW)	398.15	444.26	592	701
联合循环热耗〔kJ/(kW·h)〕	6 260	6 091	5 560	5 560
联合循环效率	57.5%	59.1%	＞61%	＞61%

哈尔滨汽轮机厂有限公司与法国阿尔斯通公司在 E 级燃气轮机领域开展合作，并陆续在国内签订了多个项目的燃气轮机、余热锅炉、电机及燃气轮机主辅设备成套供货

总包合同。GT13E2燃气轮机为E级，ISO条件下单机出力180MW，热效率37.3%，联合循环时总出力255MW，全厂热效率53.5%以上。

2014年哈电集团有8台机组投运，包括大唐高井（MS109FB×3），天津临港（MS109FB×1），横琴（MS109FA×2），镇海（MS109FA×2）。2014年哈电集团燃气轮机产品主要合同业绩见表2。

表2 2014年哈电集团燃气轮机合同业绩

序号	项　目	合同买方	产品配置
1	新会燃机项目	粤电	MS109FB×2
2	万众燃机项目	中能达	MS109FB×2

2. 上海电气电站设备有限公司上海汽轮机厂

上海电气电站设备有限公司上海汽轮机厂（以下简称为上海汽轮机厂）同时拥有V94.3A型燃气轮机和V94.2型燃气轮机技术，并拥有燃气轮机控制（I&C）技术。

V94.3A型燃气轮机是上海汽轮机厂引进的先进性F级重型燃气轮机，该机型通过不断技术改进，在ISO工况下，出力约300MW，效率约40%。

V94.2燃气轮机是上海汽轮机厂引进的E级重型燃气轮机，该机型从20世纪70年代开始制造并投入使用，经过几十年的更新升级，设计成熟、可靠性高。在ISO工况下，出力168MW，效率34.5%，透平进气温度1 080℃。此外，该机组的改进型已经成功应用于整体煤气化联合循环发电（IGCC），具有丰富的燃烧合成气的运行经验。

上海汽轮机厂已经初步具备了V94.3A型燃气轮机100%国产化的基本条件。依托国内项目，2014年，上海汽轮机厂已完成压气机支撑、透平支撑、压气机1#静叶持环、压气机2#静叶持环、压气机轴承座、透平轴承座、透平静叶持环、排气扩散器以及压气机叶片等冷端部件的国产化目标，预计在2015年实现E级燃气轮机剩余冷端部件的国产化，也就是说在2015年实现E级燃气轮机的100%国产化。

截至2014年底，上海汽轮机厂共获得60台燃气轮机订单，其中F级V94.3A 42台，E级V94.2 18台，国内首个大型IGCC示范项目——绿色煤电有限公司天津临港项目IGCC合成气燃气轮机1套。

2014年，上海汽轮机厂共完成4台V94.3A型燃气轮机的加工制造和装配，圆满地完成了全年生产任务。

2014年10月，上海汽轮机厂生产的北京京能西北热电联产工程机组顺利通过了168h试运行。该"一拖一"机组从燃气轮机盘车到结束168h试运行仅用了1个月零12天的时间，赶在北京市政府严令要求的10月底的截止日期之前提前完成任务。京西热电的供暖管道可以直通中南海，为北京市的"保电保供暖"添加了重要的砝码。

2014年12月，随着上海汽轮机厂生产的北京京能高安屯热电联产工程顺利通过168h试运行，上海汽轮机厂在"华北战区"里，北京西南的京桥项目，北京东北的未来城项目，以及北京西北的京西项目，都已顺利完工，北京"十二五"期间建设的四大燃气热电中心全部完成。

3. 东方电气集团东方汽轮机有限公司

东方电气集团东方汽轮机有限公司（以下简称东汽公司）2003年从日本三菱公司引进了E级M701D型和F级M701F型燃气轮机制造技术，经过多年的努力，已经具备了制造F级和E级燃气轮机及联合循环机组的能力。随着近年来燃气轮机市场增长，东汽公司一方面着力培养燃气轮机研发设计和制造人才，一方面加强和三菱重工的技术合作，加快技术引进和消化吸收的步伐。相继建成19个加工中心，配备主要加工设备达2 000余台，形成了年产15台以上F级机组的生产和服务能力。

东汽公司一直高度重视燃气轮机产业发展，但国内燃气轮机设计技术和高温部件制造技术等主要依赖进口。为实现燃气轮机完全国产化，自2012年起，东汽公司在国内率先开展5万kW燃气轮机自主研制工作，截至2014年底，东汽公司已相继建成压气机、燃烧器、长寿命高温材料三大核心部件实验室，自主研发的5万kW燃气轮机整机设计及试验研究已全面启动并取得突破，并已成功掌握该燃气轮机核心部件——高温燃烧器制造技术。2014年11月5日东方汽轮机有限公司重型燃气轮机试验中心开始进行首次压气机试验，标志着我国自主研发的5万kW重型燃气轮机试验正式启动。

2014年，东汽公司共生产F级燃气轮机10台，均为M701F4+型，燃气轮机透平初温为1 400℃，燃气轮机出力为324MW，联合循环（"一拖一"）出力为478MW，联合循环效率（"一拖一"）为60%。东汽公司生产E级燃气轮机M701S型1台，其中本体由三菱公司提供。M701S燃气轮机透平初温为1 250℃，燃气轮机出力为133MW，联合循环（"一拖一"）出力为190MW，联合循环效率（"一拖一"）为52%。2014年东汽公司燃气轮机生产情况见表3。

表3 2014年东汽公司燃气轮机生产情况

机型	电厂机组编号	工厂完工发运时间
M701F4+	重庆1#	2014年1月
M701F4+	高安屯1#A	2014年1月
M701F4+	重庆2#	2014年3月
M701F4+	高安屯1#B	2014年4月
M701F4+	中山3#	2014年5月
M701F4+	东莞1#	2014年9月
M701F4+	东莞2#	2014年11月
M701F4+	江东1#	2014年9月
M701F4+	东山1#	2014年12月
M701F4+	江东2#	2014年12月
M701S	包钢2#	2014年6月

4. 南京汽轮电机（集团）有限责任公司

南京汽轮电机（集团）有限责任公司（以下简称为南汽集团公司）是国内最早研制生产燃气轮机的企业。从20世纪80年代中期开始，南汽集团公司与美国通用电气公司建立了燃气轮机合作生产关系，合作生产6B（36～42MW）系列燃气轮机。随后双方合作生产6B系列与9E系列重型燃气轮机，成为我国重型燃气轮机生产基地。6B系列产品主要有MS6001B燃气轮机、S106B和S206B燃气—蒸汽联合循环发电机组、PG6581B-L低热值高炉煤气燃气轮发电机组、PG6581B-M整体煤气化燃气联合循环发电机组。9E系列产品主要有MS9001E燃气轮机、S109E和S209E燃气—蒸汽联合循环发电机组。截至2014年底，南汽集团公司生产累计达到100台（套）的业绩，其中6B系列燃气轮机产品74台（套），9E系列燃气轮机产品26台（套），产品分布国内多个地区并出口35台（套）。

2012年，南汽集团公司与GE公司签署了6F.03重型燃气轮机技术转让协议，并已获得5套订单。6F.03重型燃气轮机ISO条件下功率为77.4MW，效率为35.5%；燃气—蒸汽联合循环发电成套设备的总功率达120MW，循环热效率达54.0%。

2014年，南汽集团公司与GE公司签署了6F.01重型燃气轮机技术转让协议，并已获得3套订单。6F.01重型燃气轮机ISO条件下功率为49.3MW，效率为37.5%；燃气—蒸汽联合循环发电成套设备的总功率达72MW，循环热效率达54.5%。

2014年，南汽集团公司完成华电武昌、浙江龙游、上海罗泾、武汉关山、广州永和五个项目9套9E机组中7套机组的生产交货，并取得协鑫无锡9E燃气轮机2套、华能桂林6F.01燃气轮机3套的机组订单。

南汽集团公司生产的S206B燃气—蒸汽联合循环机组，2014年8月在马来西亚沙巴洲Kimanis电站通过168h考核，投入商业运行；2014年10月山西寿阳项目顺利完成了(72+24)h商业试运行，煤层气热电联产工程顺利移交生产。2014年9月南汽集团公司生产的天津华电武清燃气分布式能源站工程第1套机组顺利通过（72+24）h满负荷运行，正式投产发电。试运行期间，机组主要经济技术指标均达到了国家优良标准。

5. 杭州汽轮机股份有限公司

杭州汽轮机股份有限公司(以下简称杭汽公司)生产的工业燃气轮机是以钢铁公司富余的高炉煤气为燃料，其联合循环发电装置功率为50MW等级，型号为M251S。该型号燃气轮机自首台成功投运后，普遍被我国钢铁企业所认同。

2014年，杭汽公司完成了1台工业燃气轮机机组M251S的生产，最终用户为青钢集团，合同金额约为2.3亿元。

杭汽公司作为一家引进燃气轮机制造技术的企业，近几年通过工艺技术攻关和生产经验的积累，生产制造水平、零部件国产化率有了较大的提高。主机部分除热部件外，其余均实现了国产化，零部件的国产化率已达85%。为了更好地服务燃气轮机用户，杭汽建立了完善的燃气轮机售后服务体系，不仅可以为用户提供日常运行数据分析、检修等技术支持，还可以承接保运、大修等服务。

2014年燃气轮机行业主要企业经济指标见表4。

表4　2014年燃气轮机行业主要企业经济指标

指标名称	南京汽轮电机（集团）有限责任公司	上海电气电站设备有限公司上海汽轮机厂	东方电气集团东方汽轮机有限公司	杭州汽轮机股份有限公司
从业人员平均人数（人）	2 853	3 267	11 106	2 476
工业总产值（万元）	261 737	587 062	1 369 273	262 990
固定资产净值平均余额（万元）	53 229	195 342	428 403	30 763
销售收入（万元）	263 211	546 245	1 488 515	259 577
利税/利润（万元）	31 381/13 846	17 704 /2 498	38 151/-26 610	55 933/41 703
全员劳动生产率（元/人）	263 617	329 194	315 070	381 338
资本保值增值率（%）	99.67	104	88.46	106.31
总资产贡献率（%）	4.77	0.5	1.37	9.87
产销率（%）	100.16	100	100	103.18
质量损失率（%）	0.27	0.59	0.34	0.49
燃气轮机产量（台/MW）	5/624.2	6/1 120	8/2 401	2/56.1
燃气轮机出口量（台/MW）	0	0	0	0
燃气轮机工业产值（万元）	69 313	83 941	286 882	38 274.3

注：1. 东方电气集团燃气轮机产值统计只有8台，是由于12月底完工的2台未计算。

2. 哈尔滨电气集团因统计原因未提供数据。

由于燃气轮机的关键部件尚不能自主设计和制造，燃气轮机运行维护的核心技术仍依赖技术提供方，2014 年国内燃气轮机制造企业、发电企业和相关科研院校相继成立了联合体来共同研发燃气轮机的有关技术。

2014 年 2 月，清华大学燃气轮机研究院成立。清华大学燃气轮机研究院是依托清华大学热能工程系、联合相关院系的非独立法人的校级科研机构。

2014 年 3 月，中国东方电气集团有限公司牵头成立了四川省战略新兴产业第一家联盟——四川省燃气轮机产业联盟。该联盟整合东方电气集团中央研究院、中科院成都分院、中国第二重型机械集团公司、四川成发航空科技股份有限公司等 22 家联盟成员单位资源，共同开展燃气轮机共性技术和关键核心技术研究，力争在未来 5 到 10 年内在重型燃气轮机核心技术研发能力方面取得实质性突破，实现燃气轮机自主研制。

2014 年 9 月，为实体化推进重型燃气轮机自主研制工作，中国电力投资集团公司、哈尔滨电气集团公司、中国东方电气集团有限公司、上海电气（集团）总公司合作组建了中电联合重型燃气轮机技术有限公司，中国大唐集团公司、中国华电集团公司、中国科学院也将入股。中电联合重型燃气轮机技术有限公司囊括了我国装备制造企业、发电企业和相关科研院校，并采取开放机制，吸纳相关企业入股和科研院校参加。

2014 年 10 月，中国华电集团公司与美国通用电气公司合作，组装生产的首台（套）航改型燃气轮机发电机组在华电通用轻型燃气轮机设备有限公司下线，标志着我国分布式能源产业在技术和产品领域取得了重要进展。长期以来，作为分布式能源核心设备的燃气轮机发电机组依赖整套进口。此次下线的 LM6000PF 燃气轮机发电机组是世界上最先进的 5 万 kW 等级发电机组，联合循环发电效率可达 52%。

科技成果及新产品 2014 年 3 月，国家科技部高新司组织专家对国家 863 计划先进能源技术领域燃气轮机重大项目“R0110 重型燃气轮机研制与调试”课题进行了验收。该课题以中航工业集团沈阳黎明航空发动机公司为依托单位，组成了产学研用相结合的研发团队，以我国现有航机、燃气轮机技术为基础，经过多年自主研发，突破了一系列关键技术，完成了我国首台 R0110 重型燃气轮机的研制，建立了重型燃气轮机试验平台，完成了厂内全转速空负荷调试，通过了电厂简单循环 72h 试运行和联合循环 168h 试运行考核，为我国进一步自主研制系列化重型燃气轮机奠定了良好的基础。

质量及标准 2014 年，全国燃气轮机标准化委员会完成了四项国家标准《燃气轮机 验收试验》《燃气轮机辅助设备通用技术要求》《燃气轮机应用 安全》《热电联供系统 用于规划、评估和采购的技术说明》的复核、报批工作。第一项标准的起草单位为南京燃气轮机研究所、西安热工研究院有限公司、哈电集团（秦皇岛）重型装备有限公司；第二项标准的起草单位为神华浙江国华余姚燃气发电有限责任公司、南京燃气轮机研究所、哈尔滨汽轮机厂有限责任公司；第三项标准的起草单位为南京燃气轮机研究所、东方汽轮机有限公司、上海电气电站设备有限公司上海汽轮机厂；第四项标准的起草单位为浙江省电力设计院、南京燃气轮机研究所、中国联合工程公司。

南京汽轮电机（集团）有限公司作为起草单位起草的两项燃气轮机振动国家标准——《机械振动 在旋转轴上测量评价机器的振动 第 4 部分：具有滑动轴承的燃气轮机组》和《机械振动 在非旋转部件上测量评价机器的振动 第 4 部分：具有滑动轴承的燃气轮机组》于 2014 年 10 月经全国振动标准化委员会讨论获一致通过。

对外合作 2014 年 5 月，上海电气集团与意大利安萨尔多能源公司签署了转让协议，上海电气集团正式收购安萨尔多能源 40% 的股份，并成为安萨尔多唯一的具有产业背景的股东。上海电气集团与安萨尔多同时达成多项合作协议，其中包括在上海成立两家合资公司——上海电气燃气轮机有限公司 (SGC) 和上海安萨尔多燃气轮机科技有限公司 (AGT)。双方通过合资公司拓展在中国及全球的业务，其中 SGC 由上海电气集团控股，占 60% 股份，安萨尔多公司占 40% 股份，运营范围包括产品的研发、销售、生产、采购、安装、调试、维护和服务。产品包括 AE64.3A、AE94.2、AE94.2K/K2、AE94.3A 以及该公司和安萨尔多公司新研发的产品。AGT 安萨尔多公司的股比为 60%，上海电气集团为 40%，运营范围包括生产和销售重型燃气轮机热通道部件：包括燃烧室、燃烧器、隔热瓦、透平静叶和动叶。这两家公司的总经理均由中方任命，公司具体的业务运营全由上海电气集团负责。

采取收购意大利安萨尔多公司股份的方式，上海电气集团将完全拥有重型燃气轮机核心技术，涵盖研发、设计及长协服务等各个领域，打破了之前国内重型燃气轮机面临的“设计技术不转让，制造技术不完整，服务能力不具备，海外市场不允许”的尴尬局面。

〔撰稿人：南京燃气轮机研究所朱燕 审稿人：南京汽轮电机（集团）有限责任公司刘卫宁〕

大型水电设备

截至 2014 年年底，我国电网发电装机容量 13.6 亿 kW，其中，水电 3 亿 kW（含抽水蓄能 2 183 万 kW），占全部装机容量的 22.2%。2014 年，全国发电设备完成总产量 1.33 亿 kW，同比增长 5.2%，其中，水电机组 2 290 万 kW，占 17.3%，同比下降 9.2%。全国抽水蓄能布局存在相当的不均衡状态。与发达国家相比，我国抽水蓄能电站建设规模远不能满足全社会经济发展和电力系统安全稳定经济运行的需要，具有非常广阔的发展空间。

根据《可再生能源发展“十二五”规划》，“十二五”期间应新增水电投产 7 400 万 kW，新开工常规水电 12 000 万 kW，抽水蓄能 4 000 万 kW，2015 年水电总装机容量达到 29 000 万 kW（含抽水蓄能 3 000 万 kW），2020 年水电总装机容量达到 42 000 万 kW（含抽水蓄能 7 000 万 kW）。

生产发展情况　2014 年是哈尔滨电机厂有限责任公司迎难而上、砥砺奋进的一年，由于国内外经济形势的不利影响以及市场形势的复杂变化，生产经营工作经受了严峻挑战。全体员工紧紧围绕“提质增效控风险，转型升级促发展”这个年度目标，凝心聚力、顽强拼搏，为全力扭转规模效益下滑的被动局面，保持生产经营平稳运行，做了大量扎实有效的工作。全年完成工业总产值 408 475 万元，同比下降 5.4%；完成工业增加值 155 555 万元；完成产品销售收入 477 007 万元；年末固定资产原价 279 045 万元，固定资产净值 103 515 万元；全员劳动生产率 26.3 万元 / 人。

2014 年，东方电气集团东方电机有限公司完成工业总产值 702 911 万元，同比下降 0.62%；完成工业增加值 257 134 万元，同比下降 3.6%；完成发电设备产量 3 350.7 万 kW，同比下降 1.51%。

2014 年，东方电气集团东方电机有限公司的生产特点是发电设备产量继续高位运行，用户主体发生变化，火电、燃机用户要求交货迫切，生产组织难度加大；水电产品小容量机组较多，部分生产能力放空；风电产品市场需求开始恢复，增幅较大。

南宁广发重工发电设备有限责任公司完成工业总产值 6 615 万元；完成工业增加值 385 万元；固定资产净值平均余额 4 431 万元。

2014 年，哈尔滨电机厂（昆明）有限责任公司克服业主资金不到位、项目调整频繁、生产组织难度加大等因素影响，完成水电产值 2.88 亿元，机组产量 94.04 万 kW，较 2013 年产值增加 1.05%，产量增加 27.13%。

产品产量　2014 年，东方电气集团东方电机有限公司生产任务仍处于高位运行，发电设备产量虽然比上年有所下降，但仍在 3 000 万 kW 以上。其中：水轮发电机组 30 组 /343.45 万 kW，比上年下降 50.69%。

哈尔滨电机厂（昆明）有限责任公司生产 20 万 kW 水轮发电机 2 台。

市场及销售　2014 年，国内水电市场形势依然持续低迷，哈尔滨电机厂有限责任公司全年共参与 12 个项目的竞标，即刘家峡扩机、黄登、丰满重建、琼中、白鹤滩、乌东德、里底、乌弄龙、大华桥及绩溪、丰宁、敦化抽水蓄能机组，另有 2013 年参与竞标未定标的向家坝扩机、玛尔挡项目。2014 年国内水电设备销售情况见表 1。

表 1　2014 年国内水电设备销售情况

序号	项目名称	容量(MW)	型式	业主	中标情况			
					哈电	东电	福伊特	天阿
1	向家坝扩机	3×450	混流式	三峡集团公司		3（全台套）		
2	玛尔挡	4×520+1×120	混流式	青海华鑫水电公司		5（全台套）		
3	刘家峡扩机	2×150	混流式	甘肃省电力公司	2（全台套）			
4	黄登	4×475	混流式	华能澜沧江	4（发）	4（水）		
5	丰满重建	6×200	混流式	国网新源公司	6（全台套）			
6	琼中	4×200	蓄能	南网调峰调频发电公司				4（全台套）
7	白鹤滩	16×1000	混流式	三峡集团公司	8（全台套）	8（全台套）		
8	乌东德	12×850	混流式				6（全台套）	6（全台套）
9	绩溪	6×300	蓄能	国网新源公司		6（全台套）		
10	丰宁	6×300	蓄能		6（全台套）			
11	敦化	4×350	蓄能		2（全台套）	2（全台套）		
12	里底	3×140	轴流式	华能澜沧江公司		3（全台套）		
13	乌弄龙	4×220	混流式		4（发）		4（水）	
14	大华桥	4×230W	混流式		4（全台套）			

2014 年 7 月 12 日，哈尔滨电机厂有限责任公司制造的锦屏一级水电站 6 台发电机全部投产发电。

2014 年 11 月 23 日，由哈尔滨电机厂有限责任公司生产的藏木水电站首台机组成功发电。

2014 年，东方电气集团东方电机有限公司全年新增生效合同 82.58 亿元，比上年增长 36.77%。国内产品销售收入592 587万元，比上年增长7.76%，其中水电占32.28%，比上年下降9.33个百分点。国外产品销售收入84 552万元，比上年下降46.66%，其中水电占53.71%，比上年下降8.91个百分点。水电产品主要销往巴西、埃塞俄比亚、伊朗、哥斯达黎加。

2014年6月26日，溪洛渡电站18号机于19点10分顺利结束72h试运行，标志着东方电气集团东方电机有限公司自主设计制造的溪洛渡电站右岸厂房9台机组全部顺利投产，实现了公司产品在溪洛渡电站的完美收官。

科技成果及新产品

1.2014年，哈尔滨电机厂有限责任公司重大技术装备研制及重大技术攻关项目进展情况

大型半速汽轮发电机关键技术研究（下设8个专题）：

专题一：大型核电半速汽轮发电机电磁方案及结构设计技术研究

以AP1000核电站大型半转速发电机引进技术消化吸收为基础，进行大型核电半速汽轮发电机电磁方案及结构设计技术研究，提出大型半速汽轮发电机的电磁设计方法及电磁方案。进行空载及满载时励磁电流的精确计算，分析直接计算得出大型半速汽轮发电机空载及满载的励磁电流。进行发电机结构设计研究，包括总体结构的设计、通风方式的选择、定子端部结构的优化设计、转子结构形式的研究、励磁方式的设计研究。

专题二：大型核电半速汽轮发电机端部电磁场及端部损耗的数值分析

建立大型半速汽轮发电机端部结构的三维物理模型和数学模型，采用三维电磁场有限元方法分析研究端部磁场，重点对负载工况的端部磁场和结构件的损耗进行分析和计算，获得损耗和温度分布数据，进行端部结构的优化。

专题三：大型核电半速汽轮发电机的通风冷却技术研究

研究大型半速汽轮发电机的冷却分析关键技术，对大型半速汽轮发电机的冷却系统进行计算分析和设计优化，获得冷却系统的最佳设计方案。

通风方式选择、通风结构设计、冷却系统设计、数学模型建立及计算程序编制，进行风压分配、风量分配、风阻系数计算。根据相似理论，进行模型设计和模型试验，并进行真机风量、温度试验实测，达到发电机通风系统结构设计的优化。

专题四：大型核电半速汽轮发电机瞬态运行方式及转子扭振疲劳研究

综合考虑电机、电网、机械轴系及励磁系统的影响，建立核电半速发电机瞬态运行方式的物理模型和数学模型，并开发核电发电机瞬态运行的分析软件。

采用数值技术进行系统扰动对核电发电机运行影响的仿真，研究大型半速汽轮发电机转子扭振疲劳损耗，提高汽轮发电机组的运行性能和安全稳定性；获得电力系统异常情况和冲击等扰动对汽轮发电机组轴系影响的分析数据，为机组的设计、制造、运行提供可靠依据，并提高大机组和大电网的可靠性。

进行大型半速汽轮发电机承受系统长期不对称负荷的数值分析、大型半速汽轮发电机承受瞬态不对称故障的能力研究，以获得发电机结构的合理设计，提高大型半速汽轮发电机的负序电流承载能力。

专题五：大型核电半速汽轮发电机定子绝缘技术研究

大型半速汽轮发电机定子高电压等级下定子绝缘技术研究及可靠性研究。

通过大型半速汽轮发电机定子线圈内部绝缘结构的设计，确定24～27kV电压等级下定子线圈合理的主绝缘厚度和可靠的防晕结构；试验确定合理的线圈VPI工艺参数，满足电气性能和机械性能的要求。进行定子线圈绕组端部和槽内的固定结构及绝缘件研究。进行铁心冲片水溶性绝缘漆应用研究，并推进绝缘材料的国产化。

专题六：大型核电半速汽轮发电机的刚强度及动力特性研究

对定子机座进行选型论证及结构设计，采用有限元法研究大型半转速汽轮发电机定子机座刚强度和振动特性，并进行模型试验验证、真机试验和测试。

采用有限元方法研究大型汽轮发电机定子绕组端部及其固定结构件的固有频率，以及电磁力作用的动力响应，掌握端部结构的动力特性。建立端部绕组及其结构件的动力学建模，考虑定子线棒出槽后复杂几何形状的端部绕组试验模型和计算模型、各种环氧绝缘材料力学性能，进行端部绕组及其固定结构件的电磁力及其分布规律数值计算。

专题七：大型半速汽轮发电机励磁及氢油水辅助系统研制

研究与大型半速汽轮发电机配套的大容量半速无刷和静态励磁设计制造技术，研究大容量半速无刷励磁机的电磁性能、强励能力，以及制造工艺技术。

在大型半速汽轮发电机氢油水系统技术引进消化吸收基础上，进行氢系统技术研究、油系统技术研究及水系统技术研究，通过系统试验测试验证设计，开发出适合国产半速发电机的辅助系统。

专题八：大型半速汽轮发电机轴承特性研究

通过研究大型半速汽轮发电机大直径重负荷轴承选型论证、结构设计以及大直径轴承静态特性、动态特性来确定数学模型并计算程序，通过模拟试验和测试，完善计算程序，优化结构设计。

2.哈尔滨电机厂有限责任公司列入国家、省级科研项目完成情况

国家科技支撑计划项目：大型抽水蓄能机组发电电动机研制。

2014年度完成了：提出大型发电电动机的实用电磁设计方法，获得典型工程的电磁方案，给出合理的端部结构；建立电机主要部件刚强度分析模型，获得转子、磁极及相应连接结构的优化设计方案；研制一套适用于大型发电电动机的高速重载推力轴承和导轴承；提出适用于大型抽水

蓄能电机定子绕组的高电压增强绝缘技术，在试验线棒上完成各项性能试验；建立典型发电电动机通风冷却系统，提高通风冷却效果，并完成发热计算及通风模型试验研究，保证机组的安全可靠运行；开发一套发电电动机各种运行工况及其相互转换的分析计算程序；建立发电电动机机网暂态过程的分析程序，获得电机承受电网暂态过程的能力评价结果。

国家科技支撑计划项目：大型抽水蓄能机组水泵水轮机研制。

2014年度完成了：开发出2个水头段2个比转速的模型转轮，具有良好的效率、空化、稳定性等性能，达到国际先进水平，其成果不仅可以用于依托项目，而且可以用于水头和比转速接近的其他电站水泵水轮机，可大大提升我国水泵水轮机在上述水头段和比转速范围内的水平。课题的研究解决了大型抽水蓄能机组开发过程中的若干技术瓶颈，为我国更好地开发利用水电提供了坚实的技术基础。

国家科技支撑计划项目：大型抽水蓄能机组控制系统装置及系统集成技术研发。

2014年度完成了：大型抽水蓄能机组控制系统装置的研究开发工作；完成了预定的发电机和水轮机的各项性能工况试验；掌握了抽水蓄能机组现场整体调试技术；形成了科技报告《大型抽水蓄能机组控制系统装置及系统集成技术科技报告》。

3. 哈尔滨电机厂有限责任公司在科研上采取的重大措施

(1) 制定和完善了《科研课题成果奖励制度》《新产业、新产品科研储备项目成果奖励办法》等管理制度和工作标准。实现从组织申报、前期调研、项目落实、结题验收等全过程管理，切实提高科研项目从申报、立项、评审及成果报奖的技术管理效率。

(2) 构建了集项目管理、科研开发、成果推广转化为一体的科技创新平台，更新了技术委员会委员名单，形成了高效、严谨、功能较为完善的创新管理体系。组织抓好科技发展规划的制定和落实，为科技创新战略的实施建立了组织保证平台。承担并完成国家和省级的多项科技任务。

4. 哈尔滨电机厂有限责任公司新产品试制、鉴定情况

2014年，哈尔滨电机厂有限责任公司共完成科研课题67项，申请专利135项，获授权专利66项，其中发明专利12项；按产品类型进行跨专业融合，推进规范化成果应用。

2014年初，按哈尔滨电机厂有限责任公司要求，召开了“冲击式水力模型试验台的改造研制”“大型转轮三支点压力传感器静平衡工艺研究”“水泵水轮机过渡过程研究”“1 250MW核电半速汽轮发电机模压定子线棒研制”“大型半速汽轮发电机通风冷却技术研究”“大型贯流机组非均布可倾瓦径向轴承研究”6个项目的成果鉴定会，并组织申报了上级部门及行业科技成果奖励。

东方电气集团东方电机有限公司的国家科技重大专项“大型先进压水堆及高温气冷堆核电站”课题“半速汽轮机、发电机等设备共性技术研究”中的子课题“大型半速汽轮发电机关键技术研究”三大专题研究工作已经通过国家验收。课题“常规岛关键设备自主设计和制造”中的子课题“CAP1400半速汽轮发电机研制”七大专题正在进行（该课题依托国核示范工程项目开展研究）。

2014年东方电气集团东方电机有限公司完成的重大生产任务有：呼蓄4#、埃塞俄比亚吉布Ⅲ 8#9#、巴西杰瑞19#～22#、大岗山3#4#水轮发电机组和桐子林1#～3#水轮发电机、鲁地拉6#水轮机。

2014年东方电气集团东方电机有限公司自主设计制造的溪洛渡电站右岸厂房9台770MW水电机组全部顺利投产，实现了在溪洛渡电站的完美收官，机组运行性能达到行业领先水平；自主设计制造的世界单机容量最大的巴西杰瑞75MW贯流式水轮发电机组，已有12台投入商业运行，性能优良，获得业主颁发的优质供货商奖；自主设计制造的有云南小三峡之称的糯扎渡650MW水轮发电机、国内自主开发单机容量最大的安谷190MW轴流式水轮机、呼和浩特300MW抽水蓄能1#、2#机组等成功投运，瓦温、振摆等各项运行参数均优于合同及规范要求。

东方电气集团东方电机有限公司制造的深圳300MW抽水蓄能水泵水轮机转轮第三方验证试验完成，效率及稳定性同步达到行业领先水平；1 000MW水电机组技术研究获得阶段性成果，水平再上新台阶，预中标白鹤滩项目；绩溪等700m超高水头抽水蓄能水力开发再获新突破，模型转轮第三方同台对比性能试验拔得头筹。交流励磁变频调速发电电动机（变速抽蓄）技术研究深入开展，模拟转子样机制造及试验准备正在进行；向家坝扩机480MW、玛尔挡520MW混流式水电机组开发进展顺利。

东方电气集团东方电机有限公司承担的国核示范工程（CAP1400）、华龙一号工程（ACP1000）等核电自主技术开发通过外部专家评审，进展顺利；台山1 750MW EPR核电第二台通过型式试验，成功交付；红沿河核电站一期工程3号机组一次冲转成功，性能优良；自主开发的350MW全空冷汽轮发电机样机制造进展顺利；哥伦比亚300MW/60Hz全氢冷汽轮发电机自主开发技术准备进展顺利。

2014年，东方电气集团东方电机有限公司完工新产品11项，安谷190MW轴流式水轮机、桐子林150MW轴流式水轮发电机、黄金坪200MW混流式水轮发电机组、多布30MW贯流式水轮发电机组等重点新产品按期完工，并在厂内进行了鉴定。2014年大型水电设备行业部分企业新产品开发情况见表2。

表 2　2014 年大型水电设备行业部分企业新产品开发情况

电站名称	水轮机型号	水头范围（m）	额定功率（MW）	转轮直径（m）	额定转速（r/min）	发电机型号	额定容量（MW）	电压（kV）	功率因数（cosϕ）
哈尔滨电机厂有限责任公司									
丰满重建	HLA1293-LJ-670	71 ～ 44	204	6.7	93.75	SF200-64/14200	200	15.75	0.9
黄河刘家峡洮河口排沙洞及扩机工程	HLA1275-LJ-500	63 ～ 114	153	5	136.4	SF150-44/10200	150	15.75	0.875
伊朗 SARDASHT 水电站	HLA1272-LJ-210	151 ～ 193	51	2.1	428.6				
卡里巴南岸扩机工程	HLA1015C-LJ-472	80 ～ 107.6	154.31	4.72	150	SF151.7-40/10500	151.7	15.75	0.85
黄登						SF475-54/1500	475	18	0.9
黄丹	ZZA1101-LH-330	15.26 ～ 27	16.5	3.3	214.3	SF16-28/5500	16	10.5	0.8
东方电气集团东方电机有限公司									
四川黄金坪	HLD597-LJ-600	57.4 ～ 77.7	204	6	107.1	SF200-56/13200	200	15.75	0.9
四川安谷	ZZD706-LH-865	31.14 ～ 37.4	193.88	8.65	88.2				
四川桐子林						SF150-90/16000	150	15.75	0.9
越南松邦Ⅱ	HLD430-LJ-194	304.94 ～ 374.61	51.546	1.94	600	SF50-10/4120	50	13.8	0.85
青海石头峡	HLD538-LJ-210	83.6 ～ 111.63	34.536	2.1	333.3	SF33.5-18/4800	33.5	10.5	0.85
西藏多布	GZ(650)-WP-485	13.5 ～ 24	30.77	4.85	125	SFWG30-48/5800	30	10.5	0.92

质量及质量管理　2014 年，哈尔滨电机厂有限责任公司完工水轮机 27 台、水轮发电机 18 台、汽轮发电机 42 台。按产品质量分等标准考核，其厂内制造质量均被评定为一等品，完成了质量计划指标。2014 年，哈尔滨电机厂有限责任公司完工的水轮机比 2013 年增加了 2 台，而水轮发电机、汽轮发电机比 2013 年分别减少了 1 台和 10 台。

2014 年，水轮机主件项次合格率、水轮发电机主件项次合格率、汽轮发电机主件项次合格率与 2013 年相比分别上升了 0.18%、0.6% 和 0.1%，这表明哈尔滨电机厂有限责任公司 2014 年水轮机、水轮发电机主件项次合格率、汽轮发电机主件项次合格率保持稳定上升趋势。2015 年，该公司将进一步加大对产品加工质量的管理。

2014 年哈尔滨电机厂有限责任公司主件主序一次交检合格率为 98.8%（金工），与 2013 年指标 99%（金工）相比稍有下降。

2014 年，哈电集团考核哈尔滨电机厂有限责任公司的质量指数、工业产品销售率都高于 2013 年，且质量损失率又低于 2013 年，这表明 2014 年上述三项指标都处于上升趋势。而产品质量等级品率 2014 年为 83.8%、2013 年为 86.7%，都在规定的 80% ～ 100% 范围内，这说明，哈电机公司工业产品总体处在一等品水平与优等品水平之间。随着企业采用国际标准和国外先进标准的力度加大，产品质量等级品率将逐步提高，并接近 100%。

2014 年，哈电机公司的新产品产值率为 51.2%，比 2013 年下降了 17.8%，这表明，2014 年哈电机公司的新产品产值率指标呈明显下降趋势。

2014 年，东方电气集团东方电机有限公司明确企业质量文化，系统梳理并确定了“用户满意，塑造尊严”和“一次就把工作做好”的质量文化，组织开展“培养良好行为习惯，一次就把工作做好”质量日专题活动，质量文化深入到基层班组。过程质量控制更加有效，识别以发电机装配、线圈装配为主的手工特殊过程和关键工序，试点手工团队作业人员分级制度，严格推行“过程质量控制卡”，线圈、发电机等“常见多发”质量问题得到遏制。

东方电气集团东方电机有限公司的自主质量管理初见实效。公司加强自主质量预防和改进管理，加大奖励力度并纳入质量业绩考核，试点机械类加工工序自主检查，“免专检”覆盖率达 55.41%，产量质量和工作效率均得到提高。

东方电气集团东方电机有限公司深入推进洁净化生产，实现发电机核心装配封闭式生产。强化外委分包过程质量管控，采购质量问题同比下降 0.63%，外包质量问题同比下降 26.03%。试点水电、火电和核电产品关键部件标杆指标管控，检查达标率达 92%。

东方电气集团东方电机有限公司针对 2014 年上半年转子返工问题频发现象，及时组织开展攻关，下半年得以扭转并稳定。快速响应并妥善处置机组运行过程中的质量问题，既提高了用户满意度，也促进了了解与合作。

标准　2014 年，东方电气集团东方电机有限公司生产的水轮发电机组、汽轮发电机、核能发电机、风力发电机组均已贯彻执行有关国际标准、国家标准和行业标准，部分产品按照合同要求，直接执行相关标准，与外商合作生产的产品直接执行国际标准。产品的主要技术性能指标均已达到当代国际同等容量发电机的先进水平，满足用户使用要求。

东方电气集团东方电机有限公司积极参与各标准化委员会的采标活动，2014年参与了GB/Z ××××《1000MW级水轮发电机技术导则》、GB/Z ××××《1000MW级混流式水轮机技术导则》、GB/Z ××××《1000MW级混流式水轮机模型验收》、GB/Z ××××《1000MW级水轮发电机试验导则》、GB/Z ××××《1000MW级水轮发电机组安装质量检测导则》5个国家标准的编制。

基本建设及技术改造 2014年，哈尔滨电机厂有限责任公司技措技改项目总计44项，计划投资2 593万元；其中外购设备39项、建安项目5项、论证项目14项。2014年主要完成39项技措技改专项计划的设备招标、采购、预付款支付等工作，对到货的设备及时组织安装调试并及时投入运行、转固。

2014年，哈尔滨电机厂有限责任公司重点改造项目是电力系统。哈电机公司电力系统共有一个66kV降压站，3个10kV/6.3kV配电所及40多个终端变电所，高压电缆长度约为37km。主电源为双路66kV架空线，66kV设备均为户外设备，采用两台户外式31 500kV·A/66kV/10kV/6.3kV油浸式主变为全厂供电。

此次改造将66kV降压站改为户内式，并将第四配电所与之合并设置；改造各终端变电所，将所有不符合现行国家规范的配电所、变电所改造至符合国家现行规范，并满足实际生产使用需求；同时对厂内电缆系统、电能质量、车间照明供电系统等方面做相应改造，解决目前存在的各种问题，消除各类事故隐患。改造范围主要包括：66kV/10 kV /6.3kV降压站及第一、第四配电所系统改造；厂区电力线路改造；车间变电所改造；保安照明系统等改造。

东方电气集团东方电机有限责任公司2014年完成固定资产投资12 628万元，其中：基本建设4 323万元，技术改造8 305万元；新增固定资产17 795万元。

2014年，东方电气集团东方电机有限责任公司重点建设项目进展顺利，研究试验基地（一期）电机试验室主体基本完工，工程总体进度受控，该项目的建设将提升公司的整体研发能力；新建职工培训中心A、B栋大学生公寓已完工投用，很好地改善了新进大学生的居住条件；新建第二职工食堂5月4日正式投用，职工就餐条件得到很大改善；ϕ260数控镗床完工投用，缓解了生产加工瓶颈，提高了生产加工效率；水力试验台二期，T2、T4台安装工程基本完成，T2台进入调试阶段，进一步增强了公司水力试验能力；110kV降压站改造完工投用，较好地解决了公司电力供应的稳定性问题，降低电力损耗。

信息化 哈尔滨电机厂有限责任公司充分利用现代信息化管理手段，通过对哈电机公司工艺管理、采购收料无纸化管理、电子采购平台、供应商管理、车间工票管理等系统的开发，逐步实现了哈电机公司信息化系统的集成，把哈电机公司的各项业务从原来的职能管理上升到流程管理，提高技术管理效率和技术管理水平。

获奖情况 哈尔滨电机厂有限责任公司科研项目“大型全空冷水轮发电机组研制”获省长特别奖；“大型抽水蓄能电站机组关键技术、成套设备及工程应用”荣获国网新源控股有限公司和国家电网公司科学技术进步特等奖；“超大电流短路发电机自主研制与工程应用”获国家科技进步奖二等奖；“60Hz系列空冷汽轮发电机研制”获黑龙江省科技进步奖二等奖；“冲击发电机励磁装置研制”获黑龙江省科技进步奖三等奖；“核电百万汽轮发电机VPI定子线棒绝缘结构及制造工艺的研究”获黑龙江省科技进步奖三等奖；“冲击式水力模型试验台设计方案研究”获哈尔滨市科技进步奖二等奖；“大型贯流机组非均布可倾瓦径向轴承研究”“大型半速汽轮发电机通风冷却技术研究”“大型转轮三支点压力传感器静平衡工艺研究”“水泵水轮机过渡过程研究”获哈尔滨市科技进步奖三等奖。

管理及改革 为全面深化国有企业改革，实现“稳中求进、提质增效、改革创新、转型升级”的战略目标，哈尔滨电机厂有限责任公司聘请了北大纵横管理咨询公司帮助实施管理模式咨询诊断工作。经过诊断得出初步的诊断结论，内容包括哈电机公司在组织结构和治理模式方面所存在的问题、问题产生的深层次原因和改进建议等。咨询公司将根据诊断结论提出详细的调整方案，重新设计组织架构，明确各部门职能，理顺关键业务流程，逐步建立起以客户为中心的项目管理制、以价值创造为核心的事业部制运营模式，使哈电机公司的运行模式和组织架构设计与哈电机公司发展战略相适应。

哈尔滨电机厂有限责任公司在咨询机构对企业进行诊断并做出结论后，将在2015年制定较为完善的哈电机公司深化改革的方案，对哈电机公司改革进行顶层设计，主要围绕项目管理、事业部运行、全面预算管理等方面进行深入的改革，将哈电机公司打造成运营机制科学、管理规范、全面实现信息化，并能够对市场进行快速反应的现代化企业。

2014年，东方电气集团东方电机有限公司全面启动深化改革工作，成立公司全面深化改革领导小组，出台《全面深化改革，推动企业转型升级工作方案》，部署以“三项制度”改革为核心的八大课题和任务，顶层设计、逐步实施，探索适合东电发展的改革和转型之路。

东方电气集团东方电机有限公司优化组织机构。根据企业发展需要，按照业务相近和效率优先原则，整合部分党群部门、职能管理部门和生产单位，精简6个二级组织，管理幅度进一步减小。

东方电气集团东方电机有限公司推进人事制度改革。完成岗位优化和定岗定员方案，下发执行《职工离岗离职管理办法》和《规范劳务用工三年规划》，用工总量进一步下降。

东方电气集团东方电机有限公司完善绩效考核体系。

建立以“划小核算单位”为原则的绩效考核方案。实施子（分）公司、事业部管控新模式，年度目标和任期目标相结合，加大薪酬和业绩的挂钩力度，提高了子（分）公司、事业部自主经营积极性。

东方电气集团东方电机有限公司健全人才培养体系。创新后备干部选拔和培养模式，建立年轻后备管理人才“蓄水池”；强化管理和技术年轻人才轮岗培养，建立新进专业技术人员综合评价体系；制定技能人才培养实施方案，逐步建立通用工种和手工作业技能实训基地。

东方电气集团东方电机有限公司推进社会职能属地化移交。基本完成生活区供水职能移交，生活区供电、供气职能移交工作按计划推进。

东方电气集团东方电机有限公司加大货款回收考核力度，分析货款资源和用户信息，掌握用户工程进度，使货款回收处于受控状态，减少资金风险，全年回收货款78.39亿元，创历史新高。

东方电气集团东方电机有限公司加强项目交货总体策划及项目全过程跟踪考核，确保重大项目按期成套产出和投产发电，溪洛渡、糯扎渡、鲁地拉、锦屏等大型水电站圆满收官。巴西杰瑞项目一期工程12台机组全部成功投产发电。呼蓄2台机组成功投运。红沿河2#、宁德2#、福清1#、方家山1#核电相继投入商业运行。

东方电气集团东方电机有限公司深化项目管理，注重计划管理和执行控制，保障了项目的顺利推进。优化技术和材料准备期标准，全面压缩了产品生产周期。依托生产管理信息平台，整合计划和产品数据，提高了计划执行性和产品成套性。

东方电气集团东方电机有限公司整合内外部资源，充分利用新能源产能，实现60MW等级汽轮发电机异地制造，及时满足用户进度需求。实施核心制造规划，热电定转子线圈、冲片等核心部件产能同比提高15%以上。

〔撰稿人：中国电器工业协会大电机分会王金华〕

火电设备

截至2014年年底，全国电网发电装机容量已达到13.6亿kW，同比增长8.7%，比上年回落3.8个百分点。其中，水电3亿kW（含抽水蓄能2 183万kW），占22.2%；火电9.16亿kW（含煤电8.25亿kW、气电5 567万kW），占67.4%；核电1 988万kW，占1.46%；并网风电9581万kW，占7%；并网太阳能发电2 652万kW，占1.95%。总发电量已达到55 459亿kW•h，同比增长3.6%，比上年回落4.1个百分点。其中，水电10 661亿kW•h，占19.2%；火电41 731亿kW•h，占75.2%；核电1 262亿kW•h，占2.3%；并网风电1 563亿kW•h，占2.82%；并网太阳能发电231亿kW•h。2014年10万kW及以上常规火电机组（不含燃汽轮机组）加权平均等效可用系数为91.96%，比上年降低0.12个百分点。火电机组台年平均利用小时为4 900.26h，比上年减少337.8h。全国6 000kW及以上火电机组供电标准煤耗318g /（kW•h），比上年度降低3g /（kW•h），下降0.93%。

生产发展情况 近年来，我国电力装备产业实现了跨越式发展，行业规模和技术水平均跃上了新台阶，火电设备产业已进入世界电站装备制造大国行列。然而，市场需求是决定电力装备产业发展的动力，未来我国电力市场虽然仍有需求，但增长趋势将明显放缓。资源环境的约束使得国家正在实施对能源消费的合理控制，以及对污染排放总量的控制。未来清洁能源发电比重将上升，火电比重则会持续下降。

2014年，火电设备行业生产发展状况仍延续了上年的回落调整过程，在全球经济并不景气的环境下，面对行业产能过剩、市场竞争加剧的局面，全行业始终坚持科学发展观，以重管理、调结构作为转变发展方式的主线，坚持科技创新、推进结构调整、发展现代制造服务业，不断扩展产品品种，以适应我国电力结构调整的市场需求。全年发电设备产量仍维持在1.3亿kW水平，其中，火电设备（含气电）产量近8 700万kW，企业的生产任务基本饱满，新产品增多。但是，随着市场订单量的下降和生产成本的上升，行业生产与发展面临着上下挤压的困境以及项目技术要求高、订单不确定性增大、部分项目交货期变动、项目风险增加等局面以及产能过剩、市场需求不足以及产品同质化导致的企业间竞争加剧等困难。2014年火力发电设备制造行业主要锅炉、汽轮机制造企业产量见表1。

表1 2014年火力发电设备制造行业主要锅炉、汽轮机制造企业产量

企业名称	工业总产值（万元）	电站锅炉 / 电站汽轮机产量		
		产量（台）	产量（t/h）	产量（万kW）
东方锅炉股份有限公司		56	74 601.4	
上海锅炉厂有限公司		51	60 355.2	
哈尔滨汽轮机厂有限责任公司	362 195	44		1 758
哈尔滨锅炉厂有限责任公司		28	43 380.2	
东方汽轮机有限公司	1 315 075	63		2 762
上海汽轮机有限公司	735 642	42		2 001
北京北重汽轮电机有限责任公司	81 361	16		219
济南锅炉集团有限公司		70	9 305	
南京汽轮电机（集团）有限责任公司	284 252	84		325
中国长江动力（集团）有限公司	89 558	48		144
青岛捷能汽轮机集团股份有限公司	179 519	245		286
无锡华光锅炉股份有限公司		94	1 8631	

产品分类产量 2014年全国发电设备完成总产量1.33亿kW，同比增长5.2%，其中，水电机组2 290万

kW，占 17.3%，同比下降 9.2%；火电机组 8 773 万 kW，占 66.1%；同比增长 11.0%；风电机组 1 833 万 kW，占 13.8%，同比增长 14.9%；核电机组 375 万 kW，占 2.8%，同比下降 37.3%。

全年累计生产电站锅炉 233 886t(蒸汽)。30 万 kW 及以上电站锅炉完成 95 台 /158 803 t(蒸汽)，其中，100 万 kW 级超超临界 11 台 /33 179 t(蒸汽)；60 万 kW 级 34 台 /68 921 t(蒸汽)；30 万 kW 级 50 台 /56 703 t(蒸汽)；20 万 kW 级及以下电站锅炉 75 083 t(蒸汽)。

全年累计生产汽轮机 8 097 万 kW。30 万 kW 及以上电站汽轮机完成 131 台 /6 432 万 kW，其中，100 万 kW 级 10 台 /1 013 万 kW（含核电汽轮机）；60 万 kW 级 41 台 /2 683 万 kW；30 万 kW 级 80 台 /2 736 万 kW；20 万 kW 级及以下汽轮机 1 665 万 kW。

全年累计生产汽轮发电机 8 933 万 kW。30 万 kW 及以上汽轮发电机完成 131 台 /6 888 万 kW，其中，100 万 kW 级 13 台 /1 540 万 kW（核电汽轮发电机 2 台 /235 万 kW）；60 万 kW 级 43 台 /2 818 万 kW；40 万 kW 级 2 台 /96 万 kW；30 万 kW 级 73 台 /2 435 万 kW；20 万 kW 级及以下汽轮发电机 2 045 万 kW。

市场及销售 2014 年，由于国家能源结构进一步调整，清洁能源比重进一步得到提升，国内常规大型火电设备市场需求仍处于下降调整期。据统计，2014 年 30 万 kW 及以上火电机组共招标 115 台/6 133 万 kW，容量明显下降。目前，国内汽轮机市场基本上由国内企业所占领，在煤电/核电领域，三大主机企业基本上占据了国内 300MW 汽轮机及以上级的 95% 以上的市场份额；在气电领域，国内几家企业基本上占据了国内 90% 以上的市场份额；中小机组企业基本占据了国内 135MW 以下热电联产/余热利用汽轮机 90% 市场份额，产品应用领域依次为化工（石油/煤及其他化工）、冶金、生物质/垃圾发电以及建材/制糖行业、区域供热/造纸等其他行业；在工业汽轮机（驱动）领域，国内企业在中低端领域基本占据国内市场的 85% 以上的份额。

近十年来，为了谋求行业新的增长点，面对国内外复杂经济形势及汇率波动的严峻挑战，各企业纷纷实施“走出去”战略，积极开拓东南亚、印度、土耳其、哈萨克斯坦以及中东、非洲、南美洲等国际市场，并在海外项目实施中积累了一定的经验。除传统的成套设备出口、EPC 工程总承包项目外，国内企业也在积极探索和应用国际市场高端差异化的工程建设和运营承包模式，如 BOT、BOOT、PPP、PMC 等。但随着国际市场竞争的日益激烈，加之受国际局势、地区安全以及汇率风险等因素影响，海外项目执行风险加大，近年来出口发电设备机组明显下降。2014 年，出口水、火、核电机组共 1 255.44 万 kW，同比下降 25.3%，占发电设备产量的 9.5%。2014 年，国内企业境外火电项目签约额约 140 亿美元。2014 年，电站装备产品价格仍延续 2012 年以来的低位运行走势，月价格指数仍呈逐月微降趋势，且短期内难以改变。

科技成果及新产品 大型火电设备企业通过引进技术、合作设计以及自主开发等多种方式，已在核电、煤电、气电、风电、光电等方面取得了新进展。目前，三大电气集团分别借助技术优势，开发了百万千瓦等级火电二次再热、热电联供、空冷机组，超/超超临界机组发电装备。自我国“十一五”投运以来，行业累计产出超临界机组 330 多台，超超临界机组 150 多台，在技术与制造工艺方面积累了较为丰富的经验，产品参数从 24.2MPa/538℃ /566℃到 28MPa/600℃ /620℃。据中电联能效对标的数据统计，超临界竞赛机组的供电煤耗（湿冷）平均为 303g/（kW·h），超超临界竞赛机组的供电煤耗（湿冷）平均为 291 g/（kW·h）。超/超超临界火电机组设计/制造技术已基本完成消化和吸收，并基本形成超/超超临界机组全系列产品，目前，正逐步过渡到自主研发和技术改进阶段，620℃参数超超临界 1 200MW 汽轮机产品（28 ～ 31MPa/600℃ /620℃）即将推出，并有望突破现有技术转让的约束，而拥有该项技术产品的自主知识产权。自“国家 700℃超超临界燃煤发电技术创新联盟”成立以来，我国已开展了大型镍基合金铸锻件的材料筛选、采购规范、制造工艺和检验标准的科研探索，积累了大量材料性能数据，并对镍基合金材料叶片等零件展开了试制。

上海发电设备成套设计研究院强化战略管理，推进各项科研工作。在 EQ 中心建设上，该院完成 LOCA 试验台架（大仓）建设，并通过国家能源局委托组织开展的成果鉴定。完成了汽轮机、锅炉和材料的 13 个试验室的设备采购、安装和单机调试。该院在煤电领域自主研发完成 700℃等级的新型高温合金材料、湿式电除尘器（WESP）研发，开展了电站高端阀门研发；在气电领域自主研发的三冗错控制系统 TMFR 首个工程项目得到应用，控制系统改造进行实践并积累经验。在节能减排领域上，该院开发和拓展电站系统节能减排与运行优化技术以及大容量火电机组材料、设备及寿命期服务的新技术及新产品，如：低温省煤器、MGGH、锅炉全工况脱硝烟温控制技术等。2014 年，该院申请专利 19 项，其中发明专利 14 项，获得专利授权 35 项，其中发明专利 12 项。

2014 年，东方汽轮机有限公司推进“多电并举”战略，不断加大科研资金的投入和基础试验设施建设，建立起了从工艺试验、产品研发到基础研究的技术研发平台，拥有多级透平试验台、轴承试验台、转子高速动平衡试验台等一批先进实验设备，完成了核电焊接转子研制中心、重型燃气轮机转子研制中心的建设。该公司年内获列国家科技部第三批国家重点实验室“长寿命高温材料国家重点实验室”拟新建立项的名单，该实验室研究方向设置为长寿命高温材料设计、重型燃气轮机高温叶片精确成形技术、大尺寸高温部件服役性能及可靠性。2014 年，该公司新产品超超临界双抽 660MW 汽轮机投入商业运行，获发明专利 76 项，实用专利 27 项。

哈尔滨汽轮机厂有限责任公司 2014 年积极落实科技创新战略，公司“大型半速饱和蒸汽汽轮机、大型汽轮发电机等设备关键共性技术研究”课题顺利通过预验收；“大型空冷汽轮机专用940mm末级长叶片研制”获黑龙江省科技进步奖二等奖；全转速汽轮机1 200mm末级钢制长叶片开发和大型半转速核电汽轮机低压缸模块研制通过省级鉴定和验收。2014年，该公司获发明专利31项，实用专利145项。

2014年，杭州汽轮机股份有限公司积极推进科技发展，百万吨级大型乙烯装置用工业汽轮机荣获浙江省科技进步奖一等奖；具有完全自主知识产权的有机朗肯循环（ORC）系统样机完成带负荷试验。2014年，该公司获发明专利2项，实用新型专利5项。

质量及标准 火电设备行业加速提升现代化管理水平，无论在车间的6S现场管理，还是在卓越绩效管理、精细化管理以及采用ERP、PLM等现代信息化管理手段上，业内主要骨干企业的整体管理水平得到了提高。主要骨干企业进一步完善了ISO 9001、ISO 10012、ISO 14001、OHSAS 18001四大管理体系的整合工作，在此基础上，主要骨干企业还通过了军方质量保证能力评定以及ASME压力容器“U”认证。

哈尔滨汽轮机厂有限责任公司近几年来采用了适宜的方法对质量管理体系过程进行了监视测量，确保了质量管理体系过程实现所策划结果的能力。该公司工艺处、叶片分厂工艺质量控制QC小组荣获2014年度全国优秀质量管理小组，一分厂一工段立车班荣获2014年度全国机械工业优秀质量信得过班组一等奖，一分厂技术质量组QC小组荣获全国机械工业优秀质量管理小组活动成果奖一等奖。

杭州汽轮机股份有限公司2014年完成了管理体系的换版，完成质量、环境和职业健康安全管理体系手册，完成军工质量管理体系和质量、环境、职业健康安全管理体系换证审核，并取得了上述管理体系的认证证书。此外，该公司还通过了三星工程、沙特阿美、印度NTPC、美国INGREDION以及意大利TECHNTIP等国外高端市场顾客的第二方审核，质量管理能力得到认可。

东方汽轮机有限公司2014年对各个部门进行定期质量体系检查，对程序文件进行修订、完善、推广、实施及验证，对压力容器、军工、核电、CRDM等特殊项目，辅以质保大纲与专用程序文件相结合的方式进行管控。

管理及改革 2014年，南京汽轮电机（集团）有限责任公司推进扁平化管理，技术方面采用项目制考核；生产方面进行了大型机加工设备的搬迁集聚，统一调度，解决了过去按产品划分、综合利用效率不高的问题；信息化方面推进PLM、MRP Ⅱ的实施应用等。

东方汽轮机有限公司2014年开展了管理提升活动，以精益制造、降本增效、班组建设及人力资源优化等为载体，系统全面地推动管理水平的提升：全面推进精益制造，启动精益质量、精益研发、精益供应链、精益财务等工作，以提高企业的管理水平。

2014年，杭州汽轮机股份有限公司成功实施了财务成本核算系统、新OA系统、PLM系统、知识管理系统、SCM和MES项目，信息化水平显著提高，提升了该公司整体管理水平。

北京北重汽轮电机有限责任公司加强企业管理，经过多年的积累，目前已上线的系统包括财务物流EIP系统、PLM系统、Vault系统、紫光档案管理系统、OA系统、加密系统、智能网络、人力资源管理系统，内外部网站以及视频会议系统。正在开发的ERP生产运营系统将于2015年进行系统上线运行。

〔撰稿人：上海发电设备成套设计研究院郑健富　审稿人：上海发电设备成套设计研究院张瑞〕

大型风电设备

风电装机情况 2014年，我国风电场装机容量增长速度比2013年有较大回升，新增安装风电机组(我国台湾省未计入)13 121台，新增装机容量23 196MW（其中海上风电场229.3MW），同比增长44.2%。截至2014年年底，我国风电机组累计吊装76 241台，累计装机容量114 609MW，同比增长25.4 %。

2014年，我国新增装机的风电机组平均功率为1 768kW，2013年为1 720kW，同比增长2.8%。截至2014年年底，我国累计装机的平均功率为1 503kW，同比增长3.8%。在2014年我国新增风电机组中，1.5MW和2MW风电机组占据主体地位，占全国新增装机容量的87%；与2013年相比，2014年1.5MW机组份额（46%）下降了5个百分点，而2MW机组份额（41%）上升了10个百分点；另外，功率在1.5～2MW之间的机组份额为2%，功率在2～3MW之间的机组份额为7%，3MW及以上机组份额为4%。

截至2014年年底，我国累计风电装机中，1.5MW的风电机组仍占主导地位，占总装机容量的61%；2MW的风电机组市场份额达到22%，小于1.5MW的机组占10%，容量为2~3MW机组占4%，3MW及以上的风电机组所占比例不断升高，达到2%。功率为1.5～2MW之间的机组份额为1%。

从1.5MW和2MW机型装机历史看，1.5MW机组最早装机出现在2004年，2004年至2010年装机量持续上升，2010年达到装机量峰值，之后出现下滑，直到2014年装机容量再现上升。2MW机组最早装机出现在2006年，之后装机容量一路攀升，持续保持上升态势。

到2014年年底，我国（台湾省未计入）风电场风电机组累计并网容量约9 732万kW，占全国电力装机的6.2%。2014年，我国风电场风电机组发电量达到1 550亿kW·h,

比 2013 年同期（1 371 亿 kW·h）增长 13%，占全国总发电量的 2.8%。

2014 年，我国风电新增装机 (台湾未计入) 超过 100 万 kW 的省份有 8 个，分别为甘肃（363 万 kW）、新疆（321.6 万 kW）、内蒙古（208.1 万 kW）、宁夏（169.37 万 kW）、山西（159.0 万 kW）、河北（137.25 万 kW）、山东（128.28 万 kW）和云南（115.65 万 kW）。

到 2014 年年底，我国风电累计装机 (台湾未计入) 超过 600 万 kW 的省份有 6 个，分别为内蒙古（2 231.23 万 kW）、甘肃（1 072.59 万 kW）、河北（987.24 万 kW）、新疆（966.81 万 kW）、山东（826.33 万 kW）和辽宁（711.11 万 kW）。

截至 2014 年年底，风力资源丰富的内蒙古自治区实现累计风电装机容量 2 231.23 万 kW，建成了辉腾锡勒、辉腾梁、巴音郭勒和赤峰等多处大型风力发电场，成为唯一超过 2 000 万 kW 级风电装机大省，占全国风电总装机容量的 19.46%。与此同时，中国国电集团所属风电场到 2014 年年底，累计并网容量超过了 2 000 万 kW，占全国 17.93%。

2014 年，我国金风科技、国电联合动力、广东明阳和远景能源进入全球前十大风电整机制造企业行列。2014 年，我国新增装机容量超过 100 万 kW 的机组制造商有：金风科技（443.4 万 kW）、联合动力（258.25 万 kW）、广东明阳（205.8 万 kW）、远景能源（196.26 万 kW）、湘电风能（178.10 万 kW）、上海电气（173.56 万 kW）、东方电气（129.8 万 kW）和重庆海装（114.4 万 kW）。同时，我国风电机组的招投标价格也有所回升，主机每千瓦平均价格上升到 4200 元，同比 2013 年增长 5% 左右。

2014 年我国风电场平均满负荷利用小时数回落到 1 908h，比 2013 年减少 166h。2014 年全国因弃风限电造成的电量损失为 148.8 亿 kW·h，比 2013 年下降 13.5 亿 kW·h，弃风限电情况有所好转。

所有这些数字都说明，我国风电产业经过多年技术进步后，跨过了连续快速发展的阶段，已经进入稳定成熟的发展阶段。

风电场建设及分布情况

1. 已核准的风电基地

截至 2014 年年底，我国（台湾省未计入）有 31 个省（直辖市）、自治区和特别行政区进行了风电场建设，已核准大型风电基地 10 个，核准容量 2 140.2 万 kW。10 个大型风电场基地核准及建设情况见表 1。

表 1　10 个大型风电场基地核准及建设情况

序号	大型基地名称	规划（万 kW）	核准（万 kW）	并网（万 kW）	在建（万 kW）	项目数（个）
1	甘肃酒泉基地	680	680	620	60	28
2	甘肃武威民勤红沙岗基地	100	100	40	60	3
3	内蒙古通辽开鲁基地	150	150	90	60	5
4	内蒙古巴彦淖尔乌拉特中旗基地	210	210	70	140	10
5	内蒙古包头达茂旗巴音基地	160	160	30	130	8
6	河北张北基地	300	220	185	35	25
7	河北承德基地（一期）	100	100	60	40	6
8	河北承德基地（二期）	287.56	109.7	0	109.7	27
9	新疆哈密基地（东南部）	200.50	200.5	60	140.5	10
10	新疆哈密基地（二期）	800	480	0	480	21
总 计		2 988.06	2 410.2	1 155	1 255.2	89

2. 分散式风电场建设

分散式风电项目是指位于用电负荷中心，不以大规模远距离输送为目的，所产生的电力就近接入电网，并在当地消纳的项目。2012 年 3 月 19 日国家能源局下发的《关于印发“十二五”第二批风电项目核准计划的通知》（国能新能〔2012〕8 号）里同意安排分散式接入风电项目 83.7 万 kW。截止到 2014 年年底，第二批核准计划内的 18 个项目，已核准 15 个项目，核准容量达 76.2 万 kW，核准容量占核准计划下达分散式项目总容量的 92%。已并网的项目有 10 个，并网容量为 52.35 万 kW。我国分散式风电场项目进展情况见表 2。

表 2　我国分散式风电场项目进展情况

序号	省份	规划项目（个）	规划项目容量（万 kW）	核准项目（个）	核准容量（万 kW）	并网项目（个）	并网容量（万 kW）
1	陕西	12	59.4	12	59.4	7	35.55
2	内蒙古	1	4.95	1	4.95	1	4.95

（续）

序号	省份	规划项目（个）	规划项目容量（万 kW）	核准项目（个）	核准容量（万 kW）	并网项目（个）	并网容量（万 kW）
3	湖南	1	4.95	1	4.95	1	4.95
4	山西	1	3.00	0	0.00	0	0.00
5	浙江	1	2.40	0	0.00	0	0.00
6	新疆	1	6.90	1	6.90	1	6.90
7	江苏	1	2.10	0	0.00	0	0.00
合计		18	83.70	15	76.2	10	52.35

3. 海上风电场建设

自从 2009 年 1 月国家能源局启动全国海上风电场工程规划工作以来，截至 2014 年年底，国家能源局已批复河北、山东、上海、广东、江苏以及辽宁（大连）的海上风电规划报告。海南省风电规划为报批阶段。浙江省海上风电规划已完成审查正在完善。福建省海上风电规划为报审阶段，广西的海上风电规划正在编制中。

2013 年，我国海上风电项目核准工作取得了突破性进展，国家首批 4 个海上风电特许权招标项目中，江苏大丰 200MW 海上风电特许权项目、江苏东台 200MW 海上风电特许权项目和江苏滨海 300MW 海上风电特许权项目已获得江苏省能源主管部门核准。上海东海大桥海上风电二期、江苏响水近海风电场 200MW 示范项目、中广核如东海上风电场项目、华能大丰 300MW 海上风电示范项目以及国电舟山普陀 6 号海上风电场 2 区工程项目等海上风电项目也已获得国家或省级能源主管部门核准。

截至 2014 年年底，全国海上风电项目累计核准规模 308 万 kW。其中，江苏省核准海上风电项目 188 万 kW，居全国第一，占全国海上风电项目核准总规模的 61%。2014 年，全国海上风电新增核准项目 65 万 kW，分布在河北、江苏、上海和福建四省。

2014 年，我国新增海上风电机组 61 台，容量 229.3MW（包括潮间带风电场 130MW），同比增长 487.9%，远景能源和上海电气的海上风电机组供应量较大，其他企业只安装了试验样机。

截至 2014 年年底，我国已建成的海上风电项目共计 657.88MW，其中：潮间带风电装机容量达到 430.48MW，占我国海上风电场总装机容量的 65.6%，近海风电装机容量为 223.4MW，占 34.4%。截至 2014 年底我国海上风电装机情况见表 3。

表 3　截至 2014 年底我国海上风电装机情况

序号	制造商	装机数（台）	装机容量（MW）	装机容量占比（%）
1	华锐风电	56	170.00	25.84
2	上海电气	54	161.18	24.50
3	远景能源	34	131.00	19.91
4	金风科技	44	109.50	16.64
5	联合动力	22	39.00	5.93
6	重庆海装	4	14.00	2.13
7	广东明阳	4	12.00	1.82
8	东方电气	2	8.00	1.22
9	湘电风能	2	7.50	1.14
10	三一重能	2	4.00	0.61
11	久和能源	2	1.70	0.26
	总计	226	657.88	100.00

数据来源：《风能》杂志。

风电并网规模及发电量　2014 年，我国新增风电并网容量约 2 016 万 kW。到 2014 年年底，我国（台湾省未计入）风电场风电机组累计并网容量约 9 732 万 kW，占全国电力装机的 6.2%。2014 年，我国风电场风电机组发电量达到 1 550 亿 kW·h, 比 2013 年同期（1 371 亿 kW·h）增长 13%，占全国电源总发电量的 2.8%。按每度电替代 320g 标准煤计算，2014 年风电年发电量可替代 4 960 万 t 标准煤，满足 5 000 万户城市居民一年的用电量需求。

1. 各省（自治区、直辖市）风电并网容量

全国共有 16 个省（自治区）风电累计并网容量超过百万千瓦。其中内蒙古并网容量 2 050 万 kW，居全国首位；甘肃和河北分别以 1 007 万 kW 和 899 万 kW 位居第二和第三。华北、东北、西北地区风电并网容量合计约占全国风电并网容量的 83.6%。全国各省（自治区、直辖市）截至 2014 年底风电并网容量见表 4。

表 4　全国各省（自治区、直辖市）截至 2014 年底风电并网容量

（单位：万 kW）

序号	行政区划	2014 年新增并网容量	2014 年底累计并网容量
1	内蒙古	216.75	2 049.75
2	甘肃	304.29	1 007.10
3	河北	124.37	899.41

（续）

序号	行政区划	2014年新增并网容量	2014年底累计并网容量
4	新疆	292.18	787.91
5	山东	120.78	622.68
6	辽宁	43.72	608.94
7	山西	139.10	486.20
8	黑龙江	75.04	461.50
9	宁夏	116.28	417.81
10	吉林	30.55	407.98
11	江苏	45.70	302.00
12	云南	75.25	289.45
13	广东	39.13	220.25
14	贵州	84.53	186.89
15	福建	7.80	155.55
16	陕西	50.75	150.10
17	湖北	30.50	93.69
18	安徽	33.08	82.28
19	浙江	30.92	80.98
20	湖南	44.78	80.31
21	河南	30.62	70.62
22	江西	14.22	44.07
23	四川	32.40	43.35
24	上海	4.79	37.40
25	海南	0.60	30.87
26	青海	14.85	30.68
27	天津	5.70	28.55
28	北京	0.00	15.00
29	新疆兵团	4.95	14.85
30	广西	0.75	13.50
31	重庆	1.60	11.23
32	西藏	0.00	0.75
合计		2 015.97	9 731.62

注：1. 表中以累计并网容量排序。

2. 资料来源于国家可再生能源信息管理中心。

2. 各省（自治区、直辖市）风电上网电量

根据国家可再生能源信息管理中心的统计，2014年全国风电发电量1 550亿kW·h，同比增长13%。全国风电上网电量超过100亿kW·h的省份有内蒙古、河北、新疆、甘肃、辽宁五个省（自治区）。内蒙古2014年上网电量为360.73亿kW·h，约占全国风电上网电量的23.27%。内蒙古自治区风电上网电量约占本自治区电源上网总量的10%，是全国年风电上网电量比例最高的省份。

华北电网、东北电网和西北电网范围内风电上网电量均超过350亿kW·h，三北地区总上网电量超过1 200亿kW·h，占全国上网电量的82%。2014年全国各省（自治区、直辖市）风电上网电量见表5。

表5 2014年全国各省（自治区、直辖市）风电上网电量

序号	行政区划	上网电量（亿kW·h）	占全国风电上网电量比例（%）
1	内蒙古自治区	360.73	23.27
2	河北	146.61	9.46
3	新疆维吾尔自治区	135.50	8.74
4	甘肃	114.80	7.40
5	辽宁	103.64	6.68
6	山东	98.31	6.34
7	山西	73.21	4.72
8	黑龙江	69.82	4.50
9	宁夏	68.27	4.40
10	云南	62.42	4.03
11	吉林	58.42	3.77
12	江苏	56.69	3.66
13	福建	37.73	2.43
14	广东	32.78	2.11
15	陕西	26	1.68
16	贵州	18.09	1.17
17	湖北	12.64	0.82
18	安徽	11.83	0.76
19	浙江	11.06	0.71
20	湖南	7.6	0.49
21	上海	7.08	0.46
22	河南	6.1	0.39
23	江西	5.55	0.36
24	天津	5.54	0.36
25	海南	4.93	0.32
26	青海	4.29	0.28
27	四川	3.49	0.23
28	北京	2.79	0.18
29	重庆	1.89	0.12
30	广西	1.5	0.10
31	新疆生产建设兵团	1.04	0.07
32	西藏自治区	0.11	0.01
合计		1 550.46	100

资料来源：国家可再生能源信息管理中心。

3．风电消纳和弃风限电情况

(1) 风电利用小时数。2013 年风电利用小时数达到 2074h，同比提高 184h。2013 年全国弃风 162.31 亿 kW·h，同比下降 46 亿 kW·h，弃风率 10.7%，比 2012 年降低 6 个百分点。2012 年弃风现象较为严重的蒙东、蒙西和吉林均有较为明显改观，甘肃、黑龙江和辽宁的弃风状况也得到了一定控制。

2014 年我国风电平均利用小时数回落到 1 908h，同比下降 166h。下降的主要原因是 2014 年全年风速偏低。据中国气象局统计，2014 年全国陆地 70m 高度年平均风速约为 5.5m/s，比往年下降 8% ～ 12%。2014 年全国只有 10 个省市自治区风电等效利用小时数超过了 2 000h。其中最高的是云南省 2 511h，最低的是西藏 1 510h。2012—2014 年全国风电利用小时数见表 6。

表 6　2012—2014 年全国风电利用小时数对比情况

行政区划	2012 年利用小时数	2013 年利用小时数	2014 年利用小时数
北京	2 337	2 200	1 932
天津	2 155	2 430	2 102
河北	2 136	2 021	1 950
山西	2 135	2 220	1 912
蒙东	1 685	2 010	1 782
蒙西	1 933	2 188	2 090
辽宁	1 768	1 934	1 733
吉林	1 420	1 660	1 640
黑龙江	1 742	1 951	1 753
上海	1 839	2 282	1 967
江苏	2 050	2 150	2 064
浙江	1 906	1 950	2 196
安徽	1 766	1 948	1 828
福建	2 817	2 666	2 562
江西	2 231	2 225	1 884
山东	1 804	2 008	1 783
河南	1 878	2 202	2 041
湖北	1 627	2 167	1 928
湖南	1 764	2 000	1 800
广东	2 043	1 900	1 702
广西	1 368	2 100	1 561
海南	1 826	2 239	1 627
重庆	1 773	2 185	1 880
四川	2 375	2 415	2 100
贵州	2 192	2 060	1 850

（续）

行政区划	2012 年利用小时数	2013 年利用小时数	2014 年利用小时数
云南	2 438	2 388	2 511
陕西	2 155	2 090	1 900
甘肃	1 666	1 806	1 600
青海	1 613	1 753	2 206
宁夏	1 808	2 084	1 793
新疆	2 467	2 582	2 274
西藏			1 510
全国	1 959	2 074	1 908

资料来源：国家可再生能源信息管理中心。

（2）弃风限电情况。2014 年全国因“弃风限电”造成的损失电量为 148.84 亿 kW·h，比 2013 年，下降 13.5 亿 kW·h。2014 年全国风电平均弃风率为 7.9%。同比下降 2.8 个百分点。全国除了新疆和辽宁以外，弃风率均有不同程度的下降。其中：甘肃下降了 10 个百分点，吉林下降了 6 个百分点，黑龙江下降了 3 个百分点，蒙西下降了 2 个百分点。2013—2014 年重点地区“弃风”损失情况见表 7。

表 7　2013—2014 年重点地区“弃风”损失情况

区　域	弃风损失电量（亿 kW·h）		弃风率（%）	
	2013 年	2014 年	2013 年	2014 年
吉林	15.72	10.91	21.79	15.74
甘肃	31.02	13.86	20.65	10.77
蒙东	33.99	30.12	19.54	18.43
河北	28.00	23.22	16.59	13.68
黑龙江	11.51	9.25	14.61	11.70
蒙西	29.90	26.80	12.17	10.54
新疆	4.31	23.72	5.23	14.80
辽宁	5.28	7.80	5.00	7.00
云南	1.69	2.81	3.68	4.31
宁夏	0.43	0.34	0.73	0.50
全国平均	162.31	148.84	10.74	7.90

资料来源：国家可再生能源信息管理中心。

风电场主要开发商情况　截至 2014 年年底，全国近 1 300 家项目公司参与了我国的风电投资和建设，其中国有企业约 960 家，累计并网容量 7 939 万 kW，约占全国总并网容量的 81.7%。

五大发电集团仍然是风电装机的主力企业，累计并网容量 5 203 万 kW，占全国总并网容量的 53%。其中，国电集团以累计并网容量1 845万kW位列全国风电装机第一位，华能集团和大唐集团分别以1 138万kW和992万kW列第二和第三位。

在风电开发企业中，共有144家民营企业，截至2014年底累计风电并网容量550万kW，占全国累计并网容量的5.7%；有56家外资企业，其2014年底累计并网容量约201万kW，占全国风电累计并网容量的2.1%；中外合资企业也是我国风电开发建设的重要力量，有131家，截至2014年底中外合资企业累计并网容量1 029万kW，占全国总并网容量的10.6%。2014年风电投资企业风电新增装机情况见表8。2014年底风电投资企业风电累计装机情况见表9。2014年底风电投资企业风电并网情况见表10。

表8 2014年风电投资企业风电新增装机情况

序号	投资企业	2014年新增装机容量（万kW）	新增装机容量占比（%）
1	华电	337.85	14.57
2	国电	303.72	13.09
3	中广核	254.10	10.95
4	华能	245.20	10.57
5	中电投	202.27	8.72
6	华润	109.21	4.71
7	大唐	83.00	3.58
8	中国电建	51.00	2.20
9	三峡	48.05	2.07
10	国家电网	40.55	1.75
11	其他企业	644.65	27.79
合计		2 319.60	100

数据来源：《风能杂志》。

表9 2014年底风电投资企业风电累计装机情况

序号	投资企业	累计装机容量（万kW）	累计装机容量占比（%）
1	国电	2 054.94	17.93
2	华能	1 313.84	11.46
3	大唐	1 139.91	9.95
4	华电	940.94	8.21
5	中广核	754.13	6.58
6	中电投	728.91	6.36
7	国华	529.50	4.62
8	华润	417.18	3.64
9	天润	296.84	2.59
10	三峡	240.68	2.10
11	其他企业	3 044.02	26.56
合计		11 460.90	100

数据来源：《风能杂志》。

表10 2014年底风电投资企业风电并网情况

（单位：万kW）

序号	投资企业	到2013年底累计	2014年新增	到2014年底累计
1	国电	1 534.31	310.73	1 845.04
2	华能	938.55	199.55	1 138.10
3	大唐	888.56	103.40	991.96
4	华电	485.71	229.38	715.09
5	中广核	486.31	179.64	665.95
6	中电投	409.27	103.95	513.22
7	国华	414.74	68.90	483.64
8	华润	285.31	66.17	351.48
9	三峡	177.97	78.45	256.42
10	天润	142.10	54.75	196.85
11	其他企业	1 952.82	621.06	2 573.88
合计		7 715.65	2 015.97	9 731.62

数据来源：国家可再生能源信息管理中心。

整机企业风机机组安装情况 2014年，国产机组的累计市场占有率比2013年又有增长，达到90.3%，远远超过外资企业，其中金风科技的份额最大，占全国累计总装机的20.40%；华锐风电第二，占全国累计总装机的13.79%。

2014年外资企业产品占国内累计市场份额的9.7%，其中丹麦Vestas的份额最大，占当年累计总装机容量的4.14%，比2013年的4.91%有所下降。

2013年，我国内资企业和合资企业新增装机的风电机组已占当年国内新增市场份额的94%，2014年我国内资企业和合资企业新增装机市场占有率比2013年有增长，达到98.34%，大大超过外资企业。其中，金风科技的份额最大，占新增总装机的19.12%；联合动力第二，占新增总装机的11.13%。

到2014年底，在累计装机容量中，排名前五位的分别为金风、华锐、联合动力、东方汽轮机和广东明阳。华锐、东方汽轮机和Vestas的累计装机份额比2013年有所下降，而远景能源的市场份额则比上年明显上升，广东明阳、湘电风能、上海电气和联合动力的市场份额则比上年略有上升，金风科技则基本保持原有的市场份额。

2014年，新增风电装机中，排名前五位的分别为金风、联合动力、广东明阳、远景能源和湘电风能。年新增装机超过1 000MW的企业达到8家，市场排名前15位企业新增装机容量均超过了450MW。外资企业的市场占有率进一步下滑。内资企业中，金风科技、华锐风电的市场占有率比2013年明显下滑；联合动力、东方电气、远景能源、湘电风能、上海电气的市场占有率均有明显上升。

我国风电新增装机容量已经恢复增长，风电装机容量慢速增长的时期已经到来，从2011年开始我国风电产业的发展已经进入稳定发展期和慢速增长期。预计2014—2020年，我国每年的风电新增装机容量将在1 800～2 000万kW之间徘徊。

整机企业产业化情况 2014年，国内有26家大型风电机组整机制造企业向国内外风电市场提供了合格的大型风电机组整机产品。根据企业的产品产业化集成程度和销售业绩，大致可分为以下三种类型：

第一类：产业化落实程度非常好，具备大批量生产能力而且新增市场份额大的风电机组制造企业。这类企业有6家，它们是：新疆金风科技股份有限公司（2014年安装了443.4万kW）、国电联动力技术有限公司(2014年安装了258.25万kW）、广东明阳风电技术有限公司(2014年安装了205.8万kW）、远景能源有限公司（2014年安装了196.26万kW）、湘电风能有限公司(2014年安装了178.1万kW）和上海电气风电设备有限公司(2014年安装了173.56万kW）。

这6家企业2013年新增装机容量均超过150万kW，新增市场份额均超过7%。

第二类：产业化落实程度很好，具备大批量生产能力，新增市场份额较大的风电机组制造企业。这类企业有8家，它们是：东方汽轮机有限公司（2014年安装了129.8万kW）、重庆海装(2014年安装了114.4万kW）、浙江运达风力发电工程有限公司（2014年安装了89.8万kW）、华锐风电（2014年安装了72.9万kW）、沈阳华创风能有限公司(2014年安装了70.5万kW）、航天万源(2014年安装了70.05万kW）、株洲南车时代风电公司（2014年安装了61万kW）、三一重能公司（2014年安装了49.45万kW）。

这8家企业2014年新增装机容量均超过或达到50万kW，新增市场份额2%～5.6%。

第三类：产业化集成已经完成，产业化落实程度好，并已具备批量生产能力而且有一定新增市场份额的风电机组制造企业。这类企业有12家，它们是：浙江华仪（2014年安装了46.6万kW）、京城新能源（2014年安装了35.1万kW）、太原重工（2014年安装了30.9万kW）、Vestas公司（2014年安装了26.2万kW）、久和能源（2014年安装了23.79万kW）、许继风电公司（2014年安装了17.4万kW）、潍坊瑞奇能风电公司（2014年安装了8.25万kW）、Gamesa公司(2014安装了6.17万kW)、美国GE风能有限公司（2014年安装了5.92万kW）、新誉重工（2014年安装了3万kW）、银星能源（2014年安装了2.1万kW）和中科天道（2014年安装了0.9万kW）。

此外，还有50多家企业开发了兆瓦级风电机组产品或样机，但2014年在国内外市场没有销售。

大型风电设备的发展趋势 纵观我国风电产业技术现状和前沿技术的发展，目前全国风电制造技术发展主要呈现了以下发展趋势：

1. 风电机组平均单机容量持续增大

近年来，国内风电市场中风电机组的平均单机容量持续增大，2014年我国风电场安装的最大风电机组为6MW，2014年我国下线的最大风电机组为6.5MW。

随着单机容量不断增大和利用效率提高，国内主流机型已经从2010年的1.5MW变更为2015年的2MW。在2015年上半年新增装机容量中，2MW风电机组的市场份额已经超过50%，2MW风电机组成为新增市场份额中占比最大的功率机型。

2. 变桨变速功率调节技术得到广泛采用

由于变桨距功率调节方式具有载荷控制平稳、安全和高效等优点，近年在大型风电机组上得到了广泛采用。结合变桨距技术的应用以及电力电子技术的发展，大多数风电机组制造厂商采用了变速恒频技术，并开发出了电动变桨变速风电机组，在风能转换效率上有了进一步完善和提高。2014年，全国新安装的风电机组全部采用了变桨变速恒频技术。2MW以上的风电机组大多采用三个独立的电控调桨机构，通过三组变速电动机和减速箱对桨叶分别进行闭环控制。广东明阳的3MW风电机组还首次采用了液压变桨技术。

3. 双馈异步发电技术仍占主导地位

国电联合动力、广东明阳、远景能源、上海电气、华锐风电、东方电气、重庆海装和浙江运达等国内主要企业都在生产双馈异步发电机变速恒频风电机组。2014年我国新增风电机组中，双馈异步发电机变速恒频风电机组约占70%的比例。目前，我国2MW双馈异步发电机变速恒频风电机组技术非常成熟，已经成为主流机型。我国华锐风电研发的3MW双馈异步发电型变速恒频风电机组已经在海上风电场批量投入应用，6 MW双馈异步发电型变速恒频风电机组已经试运行。国电联合动力研发的6 MW双馈异步发电型变速恒频风电机组已经安装试验。

4. 直驱永磁式全功率变流技术得到迅速发展

无齿轮箱的直驱方式能有效地减少由于齿轮箱问题而造成的机组故障，可有效提高系统运行的可靠性和寿命，减少风电场维护成本，因而逐步得到了市场的青睐。新疆金风科技股份有限公司生产的1.5MW直驱式风电机组，已有一万多台安装在风电场，该公司研制的2MW和2.5MW直驱式风电机组已经批量投放国内外市场。

金风科技在2011年、2012年、2013年和2014年连续成为我国风电市场的第一大供应商。湘电公司的2MW直驱风电机组也已大批量进入市场，5MW直驱风电机组已安装运行。2014年新增大型风电机组中，永磁直驱式风电机组约占29%以上。

5. 低风速地区风电设备研发取得成功

针对我国大多数地区处于低风速区的实际情况，国内企业通过技术创新，研发出具有针对性的风电机组产品及解决方案，最为明显的特征为风轮叶片更长、塔架更高，捕获的风能资源更多。以1.5MW风电机组为例，国内提供1.5MW风电机组的30余家企业之中，已有10多家具备了直径90m以上风轮机型的供应能力。在2MW机型中，国电联合动力、广东明阳、金风科技等公司的2MW低速风电机组的风轮直径达到 115m 以上，金风科技 2.5MW 低速风电机组的风轮直径甚至达到了 121m。这些低速风电机组在我国南部省份的分散式风电场中发挥了较好的作用。

6. 叶片技术发展趋势

2014 年，2MW 风电机组的风轮直径多分布在 93 ～ 110m 之间，最大达到 115m；1.5MW 风电机组的风轮直径多分布在 82 ～ 87m 之间，最大达到 93m。

随着风电机组尺寸的增大，叶片的长度也变得更长，为了使叶片的尖部不与塔架相碰，设计的主要思路是增加叶片的刚度。为了减少重力和保持频率，则需要降低叶片的重量。为了增加叶片的刚度并防止它由于弯曲而碰到塔架，在长度大于 50m 的叶片上将广泛使用强化碳纤维材料。

7. 塔架技术发展趋势

随着风电机组尺寸的增大，塔架的高度也变得更高，出现了超高的柔性塔架。

为了方便兆瓦级塔架的道路运输，某些公司已经研究出了把塔架制作成两段的技术。

8. 适合特殊气候环境风电机组的可靠性得到提高

我国的北方具有沙尘暴、低温、冰雪、雷暴，东南沿海具有台风、盐雾，西南地区具有高海拔等恶劣气候特点，恶劣气候环境对风电机组造成很大的影响，包括增加维护工作量，减少发电量，严重时还会导致风电机组损坏。因此，在风电机组设计和运行时，必须具有一定的防范措施，以提高风电机组抗恶劣气候环境的能力，减少损失。近年来风电机组研发单位已经开发了抗风沙型、抗低温型、高原型、低风速型等适应恶劣气候环境的各类风电机组，确保了风电机组能够在恶劣气候条件下的风电场可靠运行，并有效地提高了发电量。

9. 海上风电机组开发取得进展

在我国，随着海上风电场规划规模的不断扩大，各主要风电机组整机制造厂都积极投入大功率海上风电机组的研制工作。华锐公司率先推出 3MW 海上风电机组，并在上海东海大桥海上风电场批量投入并网运行。华锐公司江苏省盐城海上风电机组研发基地制造的 6MW 海上风电机组，已于 2011 年 10 月在江苏省射阳县临港产业区完成首台机组的吊装。金风公司在江苏大丰县建设海上风电机组研发基地研制的 6MW 直驱式海上风电机组已经下线。湘电公司研发的 5MW 海上直驱永磁风电机组已经少量投入运行。重庆海装完成了 5 MW 海上风电机组的研发。国电联合动力研制的 6MW 海上风电机组已经安装试运行。远景能源研制的 4MW 海上风电机组已经在江苏海上风电场并网运行。东方电气研制的 5.5MW 高速永磁风电机组、明阳风电研制的 6.5MW 中速传动永磁发电机全功率变流超紧凑型风电机组、上海电气—西门子联合研制的 4MW 海上风电机组都已经下线。东方电气、南车株洲电力、浙江运达等都在全力研制大型海上风电机组。

大型风电机组设备出口情况 从 2007 年起，我国一些风电机组整机制造企业就开始开拓海外市场，2008 年实现零的突破，2009—2010 年取得初步进展，2011 年开始批量进入国际市场。到 2013 年底，先后已有保定惠德、浙江华仪、金风科技、上海电气、华锐风电、江苏新誉、国电联合动力、明阳风电、湘电风能、三一电气、浙江运达、华创风能、瑞其能、重庆海装等多家企业出口风电机组整机设备，累计出口风电机组 748 台，共 1 392.5MW。2011 年以来，以金风科技、华锐风电等为代表的我国风电机组制造企业开始全面发力，我国风电产品开始批量进入国际市场，并在全球风电业产生较大影响。

2013 年，我国风电产品整机出口数量大幅度增长，数量达到 341 台，容量 692.35MW。其中，金风科技风电出口数量最多，达到 179 台，容量 361.25MW，占全国 52.18%; 华锐风电第二，出口 53 台，容量 141MW，占全国 20.37%。

2014 年，我国整机出口数量有所下降，数量达到 189 台，容量达 368.75MW。其中，金风科技风电出口数量最多，达到 97 台，容量 223.25MW，占全国 60.5%; 三一重能第二，出口 57 台，容量 91MW，占全国 24.68%。

我国大型风电机组走进国际市场，已经是一个不可逆转的趋势。随着“一带一路”项目的开展，今后我国大型风电设备出口量将逐年稳步增加。2008—2012 年我国风电机组出口情况见表 11。2013 年我国大型风电机组出口情况见表 12。2014 年我国风电机组出口情况见表 13。

表 11　2008—2012 年我国风电机组出口情况

时间	企业名称	机型	容量（MW）	出口量（台）	出口国家（台数）
2008 年	华仪	HY780	2.34	3	智利
	惠德	HD1000	10.00	10	美国
小计			12.34	13	
2009 年	华锐	SL1500/82	15.00	10	印度
	金风	GW77/1500	4.50	3	美国
	上海电气	W1250/64	6.25	5	英国（3）泰国（2）
	新誉	SD77/1500	3.00	2	美国（1）泰国（1）
小计			28.75	20	

（续）

时间	企业名称	机型	容量（MW）	出口量（台）	出口国家（台数）
2010年	新誉	FD77	3	2	美国（1）泰国（1）
	金风	S49-750	4.5	6	古巴
	华仪	HW1500	4.5	3	智利（2）白俄罗斯（1）
	明阳		1.5	1	美国
	A-Power		2.05	1	美国
小计			15.55	13	
2011年	华仪	HW1/S780(50)-II-50(B)	1.56	2	哈萨克斯坦
	三一电气	SE9320	12	6	美国
	海装	H93-2000（60Hz）	4	2	美国
	联合动力	UP1500-82-DF-SE-NC HH80	9	6	美国
	金风科技	GW82/1500（60Hz）	111	74	美国
		GW77/1500（50Hz）	51	34	埃塞俄比亚
		GW70/1500（60Hz, 高海拔）	16.5	11	厄瓜多尔
		GW87/1500（60Hz）	3	2	美国
		GW100/2500（60Hz）	7.5	3	美国
	湘电风能	型号不明	5	1	荷兰
小计			220.56	141	
2012年	华锐	1.5MW	54	36	土耳其
		1.5MW(9), 3MW(13)	52．5	22	意大利
		3MW	36	12	西班牙
		1.5MW	34.5	23	巴西
	金风科技	GW1500（22）+GW2500（4）	43	26	美国
		GW1500（50Hz）	19.5	13	澳大利亚
		GW1500（60Hz）	16.5	11	厄瓜多尔
		GW2500（60Hz）	7.5	3	泰 国
		750kW	0.75	1	乌兹别克斯坦
	华创	型号不明	61.2	17	美 国
	三一电气	2MW	50	25	美 国
	明阳风电	1.5MW	49.5	33	保加利亚
	湘电风能	2MW	4	2	伊朗
	浙江运达	1.5MW	1.5	1	伊朗
小计			430.45	225	
总计			707.65	412	

表12　2013年我国大型风电机组出口情况

序号	制造商	出口国家	出口量（台）	装机容量（MW）	比例（%）
1	金风科技	澳大利亚	73	165.5	52.18
		巴基斯坦	33	49.5	
		巴拿马	22	55	
		玻利维亚	2	3	
		罗马尼亚	20	50	
		土耳其	7	5.25	
		智利	22	33	
		小计	179	361.25	

（续）

序号	制造商	出口国家	出口量（台）	装机容量（MW）	比例（%）
2	华锐风电	南非	18	54	20.37
		瑞典	10	30	
		土耳其	12	18	
		意大利	13	39	
		小计	53	141	
3	三一电气	埃塞俄比亚	56	84	13.29
		美国	4	8	
		小计	60	92	
4	瑞其能	塞浦路斯	10	20	9.97
		泰国	3	9	
		伊朗	20	40	
		小计	33	69	
5	明阳风电	印度	7	10.5	1.52
6	远景能源	智利	5	10.5	2.04
		丹麦	1	3.6	
		小计	6	14.1	
7	东方电气	芬兰	3	4.5	0.65
总计			341	692.35	100

表 13　2014 年我国风电机组出口情况

制造企业	功率	出口国家	发运数量（台）	发运容量（MW）
华锐	1.5MW	土耳其	24	36
金风科技	750kW	法国	11	8.25
	2 500 kW	巴拿马	86	215
三一重能	1 500 kW	埃塞俄比亚	46	69
	2 000 kW	美国	11	22
明阳风电	1 500 kW	印度	7	10.50
湘电风能	2MW	法国	2	4
		伊朗	2	4
总计			189	368.75

随着国际市场的进一步打开，近年来，国内风电机组出口的国家和地区逐渐增多。

目前看来，美国、南非和澳大利亚是增长潜力巨大、相关配套较为成熟的国际风电市场。在国产风电设备的价格逐渐回升、技术和质量逐步提高的背景下，东南亚、南非、东欧等国家和地区的风电市场可能更适于中国企业发挥。一些整机制造商已经开始进入罗马尼亚、保加利亚等国家市场，并与这些国家签署协议，获得订单。2008—2014 年我国风电机组新增出口和累计出口情况见表 14。2014 年我国大型风电机组累计出口情况见表 15。

表 14　2008—2014 年我国风电机组新增出口和累计出口情况

年　度	2008	2009	2010	2011	2012	2013	2014
当年新增出口（MW）	12.34	28.75	15.55	220.56	430.45	692.35	368.75
累计出口（MW）	12.34	41.09	56.64	277.20	707.65	1 392.50	1 761.25

表 15　2014 年我国大型风电机组累计出口情况

序号	出口国家	出口量（台）	容量（MW）	比例（%）	序号	出口国家	出口量（台）	容量（MW）	比例（%）
1	美　国	197	357.75	20.31	16	巴西	23	34.50	1.96
2	巴拿马	108	270.00	15.33	17	泰国	10	22.00	1.25
3	埃塞俄比亚	136	204.00	11.58	18	塞浦路斯	10	20.00	1.14
4	澳大利亚	86	185.00	10.50	19	厄瓜多尔	11	16.50	0.94
5	土耳其	79	113.25	6.43	20	法国	13	12.25	0.70
6	意大利	35	91.50	5.20	21	芬兰	3	4.50	0.26
7	南非	18	54.00	3.07	22	古巴	6	4.5	0.26
8	保加利亚	34	51.50	2.92	23	英国	3	3.75	0.21
9	罗马尼亚	20	50.00	2.84	24	丹麦	1	3.60	0.20
10	巴基斯坦	33	49.50	2.81	25	玻利维亚	2	3.00	0.17
11	伊朗	25	49.50	2.81	26	哈萨克斯坦	2	1.56	0.09
12	智利	32	48.84	2.77	27	白俄罗斯	1	1.50	0.085
13	瑞典	12	36.00	2.04	28	乌兹别克斯坦	1	0.75	0.042
14	西班牙	12	36.00	2.04		总计	937	1 761.25	100.00
15	印度	24	36.00	2.04					

“十二五”国家风力发电科技项目执行情况

（一）总体实施计划情况

根据《国家中长期技术发展纲要 (2006—2020 年)》，结合《国民经济和社会发展第十二个五年规划纲要》中先进能源领域的总体部署，在“十二五”期间重点开展风电测试公共服务体系建设、先进翼型设计技术、大型风电机组设计制造关键技术、大型风电场关键技术等的研究开发。

风力发电重点专项先后设立“863”计划主题项目 7 项、支撑计划项目 4 项。总课题数“863”计划 28 个，支撑计划 12 个，总计 40 个课题。总支持经费 32 052 万元，其中“863”计划 13 559 万元，支撑计划 18 493 万元。

根据专项规划的总体目标和任务，在 2012、2013、2014 和 2015 年分别进行了合理有序的安排，并分别在不同的计划中落实。“十二五”期间风力发电重点项目实施计划见表 16。

表 16　“十二五”期间风力发电重点项目实施计划

序号	所属计划	项目名称	课题名称	起止时间
1	“863”计划	先进风力机翼型族设计与应用技术	先进风力机翼型族设计技术研究	2012—2015 年
			低风速条件下先进风力机翼型的应用技术研究	2012—2015 年
			大厚度、钝尾缘、低噪声翼型设计应用技术	2012—2015 年
			风力机翼型和叶片空气动力性能测量与评估技术研究	2012—2015 年
2	“863”计划	海上风电场建设关键技术研究	海上风资源、海况及地质勘测测量技术研究	2012—2013 年
			风电机组基础的设计技术研究	2012—2013 年
			海上风电场设计、施工、运维相关技术规范及检测认证体系建设	2012—2013 年
			海上风电送出系统设计技术研究	2012—2013 年
			海上风电工程建设施工关键技术及装备设计	2012—2013 年
			海上风电场运维技术及装备设计	2012—2013 年
			大型海上风电场全生命周期的管理决策系统研究	2012—2013 年
			海上风电防腐技术研究	2012—2013 年
			海上风电场环境评价研究	2012—2013 年

（续）

序号	所属计划	项目名称	课题名称	起止时间
3	“863”计划	超大型海上风电机组设计技术研究	超大型直驱永磁式海上风电机组设计技术研究	2012—2013 年
			超大型超导式海上风电机组设计技术研究	2012—2013 年
			超大型增速式海上风电机组设计技术研究	2012—2013 年
4	“863”计划	前端调速式风电机组设计制造关键技术研究	前端调速式风电机组设计制造关键技术研究	2012—2014 年
			前端调速设计制造技术	2012—2014 年
			前端调速同步式风电机组并网技术研发	2012—2014 年
5	“863”计划	适合低风速、高原、耐低温风电机组设计制造关键技术研究	适用于低温风区的风电机组关键技术研究与示范	2012—2014 年
			适用于高原风区的风电机组关键技术研究与示范	2012—2014 年
			适用于低风速风区的风电机组关键技术研究与示范	2012—2014 年
6	“863”计划	海上风电电力输送、施工和浮动式基础关键技术研究与示范	海上风电场送电系统与并网关键技术研究及应用	2013—2015 年
			海上风电场建设专用设备研制与应用示范	2013—2015 年
			基于钢筋混凝土结构的海上风电机组局部浮力基础研制	2013—2015 年
			浮筒或半潜平台式海上风电机组浮动基础关键技术研究及应用示范	2013—2015 年
7	“863”计划	风电直接制氢及燃料电池发电系统技术研究与示范	风电耦合制储氢燃料电池发电柔性微网系统开发及示范	2014—2017 年
			风电制氢与燃料电池集成系统关键技术研究与示范	2014—2017 年
8	国家科技支撑计划	7MW 级风电机组及关键部件设计和产业化技术	7MW 级风电机组产业化关键技术研发	2012—2015 年
			7MW 级风电叶片产业化关键技术研发	2012—2015 年
			7MW 级风电发电机产业化关键技术研发	2012—2015 年
			7MW 级风电变流器及控制系统产业化关键技术研发	2012—2015 年
			7MW 级风电齿轮箱及主轴轴承产业化关键技术研发	2012—2015 年
9	国家科技支撑计划	分布式中小型风电机组设计制造关键技术	先进中小型风电设计制造关键技术研发	2012—2014 年
			中小型风电机组检测认证关键技术研究	2012—2014 年
10	国家科技支撑计划	风电机组智能控制与智能型风电场关键技术研究及示范	风电机组智能控制技术研究及示范	2015—2018 年
			大型风电场智能化运行维护系统研究及示范	2015—2018 年
			智能风电场设计优化关键技术研究及示范	2015—2018 年
11	国家科技支撑计划	风电机组测试技术	海上风电机组试验检测关键技术研究及设备研制	2015—2018 年
			大型风电机组传动链测试技术研究	2015—2018 年

（二）主要任务推进情况

任务 1：先进风力机翼型族设计与应用技术（项目编号：2012AA051300）

（1）完成了风力机气动性能计算的软件研制，开发了基于动量叶素（BEM）理论的工程计算软件、基于计算流体力学（CFD）技术的数值模拟软件以及结构计算软件等；发展了翼型及风力机风洞测量技术，编制了翼型和叶片的风洞测试技术规范；发展了风力机外场测量技术与设备，为测量大型风力机气动性能打下了基础。

（2）初步设计出了多兆瓦级风力机翼型族，并在西北工业大学 NF-3 风洞中进行了试验，验证了平底后缘翼型在升力线斜率、最大升力系数、减低前缘粗糙度敏感性方面的优势。

（3）加强了低风速条件下先进翼型的应用技术研究，对首支生产的叶片采用多点加载的方式进行了全尺寸静力测试，理论设计与实际测试得到了很好的吻合，实现了兆瓦级风力机叶片设计、测试的完全自主化。

（4）开发了基于遗传算法的多目标大厚度、钝尾缘优化设计平台；开发并验证了基于涡流发生器和锯齿尾缘方法的大厚度、钝尾缘翼型减阻、降噪等气动控制方法；开发并验证了复合材料叶片结构极限强度理论分析模型，以及基于改进多目标、多约束粒子群算法的高效叶片铺层优化设计等方法和模型；形成了能够精确分析复杂工况下叶片损伤累积和破坏开扩展过程的分析方法；针对基于大厚度 47m、2MW 叶片进行了整机载荷校核。

任务 2：海上风电场建设关键技术研究（项目编号：2012AA051700）

该项目共列有九个课题，针对课题的预期目标，各课题组按计划完成了以下工作：

1. 海上风资源、海况及地质勘测测量技术研究

完成了海上风电场风能资源测量技术研究，开发了海上风能资源测量评估软件，建成了 100m 海上测风示范平台，开展了收集传统测风仪器与超声波测风仪器的海上风能资源测量数据等工作。

完成了海上风电场海况测量技术研究，编写了《海洋水文专题研究报告》；完成了海上风电场地质勘测测量技术研究，编写了《海上风电场地质勘查报告》和《海上风电场地质条件评价报告》。

2. 风电机组基础的设计技术研究

建立了针对各种基础型式的风、浪(冰)、流荷载联合作用的计算方法；提出了复合单桩的基础形式；系统研究了大直径单桩与复合单桩的承载模式，实现综合承载力提高 40%；针对福建平海湾地质条件完成了 5MW 机组的基础设计；提出了装配式多桩与复合多桩的基础形式；实现了陆上预制海上安装的施工模式，缩短海上工期 40%；完成了多桩基础设计。制定出干式舱可调平导管架基础和复合导管支架式基础方案，完成了 3MW 风机基础的设计。

3. 海上风电场设计、施工、运维相关技术规范及检测认证体系建设

编制并发布了《220kV 海上升压站设备配置标准》《海上风电场并网及电能质量认证技术规范》等两项技术规范；编制了《近海海上风电场风能资源评估及微观选址标准》等 6 项技术规范。

完成了《海上环境条件勘察认证评估指南》等 8 项评估指南的编写并已转换成风电机组评估认证技术规范；完成了风电机组在线监测平台、风电机组载荷测试数据处理平台、海上风电检测认证示范等 3 项文献。

编制的《海上风电场风电机组混凝土基础运行防腐技术规范》《海上风电场风机基础技术要求》分别被列入国家能源局、国家标准化管理委员会的标准制修订计划；《海上风电场风能资源评估及微观选址标准》等 4 项标准通过华能新能源公司审查并实现企业标准立项。

4. 海上风电送出系统设计技术研究

完成了不同容量、距离的风电场适用不同电压等级的范围及场址选择原则的研究；完成了《海上电气平台典型设计方案》编写；建立了电气平台结构 1 ∶ 1 数值计算模型和 1 ∶ 30 实验模型，进行了模型试验，完成了电气设备海洋环境的适应性研究；完成了《海上风电场电气设备海洋环境的适应性技术要求》《海缆电气接线方案优化及海缆敷设方案研究》和《海上风电集电系统设计及海缆敷设方案》；完成了仿真平台建设和《海上风电场直流输电技术方案》编写。

5. 海上风电工程建设施工关键技术及装备设计

提出了不同风电机组基础桩基施工设备及相应沉桩控制技术，包括齿条抬升装置的研制、桩腿锁紧装置的研制、扶正导向架的研制、大型锤帽设计与加工、打桩主控系统研制和系统集成试验与试桩的一整套技术研发。研究出海上风机一步式整机安装作业的施工工艺，海上风机整机垂直滚装上船、批量运输的方式和高精度整机快速吊装关键技术相融合的联合作业的施工工艺。

6. 海上风电场运维技术及装备设计

完成了《大型海上风电场主设备故障安全性问题分析研究报告》和《大型海上风电场的风机接近技术优化比选规律报告》。通过对设备故障及安全性问题的研究，给出经济可行的海上风机接近方案，使主设备维修成本降低 10%。

完成了海上风电场运行维护数学模型，可推算风电场的运维成本、总发电量和损失电量等；开发了 1 套海上风电场运行状态评价模糊推理系统。

完成了运维专用船设计方案，完成样船制造并通过海试。最大载人 12 人，最大航速 20 节，续航力 200 海里。

7. 大型海上风电场全生命周期的管理决策系统研究

研究出适应我国风电场情况的运行管理模式，实现了风电场与调度中心的“分布自治”“集中协调”的结合。

提出了基于运行维护管理模式的海上风电机组可利用率改善方案，开发了测风塔状态监控管理系统和海上风电机组监测及预警系统

研究了风电场前期规划的多项目多阶段管理模式以及系统功能模型。研究并形成了全生命周期的风电场工程设计信息管理方法。研究了风电场工程建设全生命周期业务流程与管理模式，提出了一种支持资源优化配置的精益 MRO 管理等方法，开发了风电场工程建设管理系统和运行维护系统。开发了海上风电场决策支持系统和风电设备调度管理等 7 套软件系统。

8. 海上风电防腐技术研究

完成了“海上风电基础结构阴极保护监测装置”和“海上风电基础阴极保护监测用参比电极”两项专利；完成了“海上风电基础结构阴极保护监测管理系统 V1.0”“复合包覆技术在海港工程中防腐蚀应用”“海上风机基础钢结构防腐蚀设计”等技术报告；完成了“海上风机单桩基础浪溅区腐蚀及复层包覆防护技术应用实践”“海上风机基础结构阴极防护远程监控系统设计与开发”等技术文献。

9. 海上风电场环境评价研究

建立了海上风电场三维潮流及海床冲淤环境变化的高效并行计算软件；完成了《海上风电场鸟类种群影响调查分析报告》《海上风电场海洋生态环境影响调查分析报告》；建立了“海上风电场海域海床冲淤变化评价体系”；运用 PSR 框架，建立了“海上风电场海洋生态环境影响评价体系”；完成了《海上风电场环境评价研究总报告》。

任务 3：超大型海上风电机组设计技术研究（项目编号：2012AA052300）

包括超大型直驱永磁式海上风电机组设计技术研究、超大型增速式海上风电机组设计技术研究等三个课题。

1. 超大型增速式海上风电机组设计技术

重点研究了 10MW 级增速式海上风电机组总体设计方案以及叶片、齿轮箱、发电机等关键零部件的设计方案。对风电机组的前沿技术如独自变桨及载荷控制系统，海上风电机组整机防腐技术以及复杂海况（含台风）下风电机组安全运行控制在大型海上风电机组中的应用等做了研究。通过本项目的成功实施，解决了 10MW 级大功率风电机组设计技术难题，为国内超大型海上风电机组的样机研制及规模化开发提供了技术基础。

2. 超大型超导式海上风电机组设计技术研究

提出了 13.2 MW 低温超导直驱风力发电机的详细设计方案，绘制了发电机三维装配图和全套工程图纸。控制系统设计，充分考虑到大型风力发电机组结构、组成特点，研究开发了 12MW 海上超导机组的控制与监测系统。完成了叶片设计优化、载荷计算，完成塔筒、机架、主轴、轮毂、变流器、变桨系统等大部件设计优化、结构部件三维图。

3. 超大型直驱永磁海上风电机组设计技术

以 10MW 直驱永磁海上风力发电机组的整机概念设计技术为研究核心，探索超大型海上风电机组的设计技术，同时关注相关关键零部件的初步设计。该概念设计机组额定功率 10MW，叶轮直径 162m，轮毂高度 100m，切入风速 3m/s，额定风速 12m/s，切出风速 25m/s，运行温度范围 -20 ～ 40℃，设计使用寿命 25 年。

任务 4：前端调速式风电机组设计制造关键技术研究（项目编号：2012AA052900）

通过对前端调速式风电机组设计制造关键技术研究，采用液力变矩调速器在机组前端调速、无刷同步风力发电机直接与电网耦合技术方案，完成了 2 套 LEC93-2000-WD 液力变距无刷同步电励磁风电机组工业样机设计制造、安装调试以及工业运行试验验证以及设计认证。目前已完成 25 套 2MW 风电机组的生产制造，并在甘肃民勤红沙岗 49.5MW 试验风场全部完成吊装调试以及风场输变电设备安装调试、线路架设等工作，现正在进行并网运行准备工作。

任务 5：适合低风速、高原、耐低温风电机组设计制造关键技术研究（项目编号：2012AA053200）

1. 适用于低温风区的风电机组关键技术研究与示范

针对我国低温区域的环境特点研发了 1.5MW 直驱永磁低温型风电机组专项技术，全面提高了风电机组在低温区域的运行可靠性和适用性。该机组工作温度：-40 ～ 40℃；机组生存温度：-40 ～ 50℃。机组在工作温度范围内具有安全启动、运行能力。在生存温度范围内，机组各个零部件不降低其设计功能，保证了机组可靠性和使用寿命。

由于国内低温区域分布比较广泛，我国正在低温区域建设一批风电场。通过对控制策略、整机各个部件的改进、基础材料的研究和开发以及采用加热方式，该产品满足了在低温环境下正常安全运行。

2. 适用于高原风区的风电机组关键技术研究与示范

针对我国高原区域的环境特点研发了适应在我国海拔 3 000 ～ 4 000m 地区运行的 1.5MW 直驱永磁高原型风电机组，全面提高了风电机组在高原区域下的运行可靠性和适用性。产品销售对象为我国五大发电集团和国有大型发电公司。

3. 适用于低风速风区的风电机组关键技术研究与示范

针对我国低风速地区的风资源及其他环境特性，从风电机组整机设计出发，针对低风速机组进行专用叶片研发与气动性能优化、低风速机组电气系统进行优化与适应性设计、低风速机组试验环境方案研究，开发出了适应在年平均风速 5.5 ～ 6.5m/s 地区运行的低风速风电机组，扩大现有风电机组的适应范围，为我国低风速区域的分散式风电场提供了适用风电机组。

我国有很多风能资源相对较弱的低风速地区，这些地区电网接入、施工安装等条件较为便利。金风科技股份有限公司开发的 93/1500 直驱永磁型低风速风电机组在低风速区域运行的可靠性和适用性良好。该产品已在市场上批量销售，在低风速区风电场成功应用。由于国内低风速区域分布比较广泛，我国正在低风速区域建设分散式风电场。

任务 6：海上风电电力输送、施工和浮动式基础关键技术研究与示范（项目编号：2013AA050600）

编写了《海上风电发展调研》《海上风电场故障穿越控制策略研究》《海上风电场的有功 / 无功功率协调优化控制技术研究》《海上风电场远程集群控制系统研发》等技术报告；完成了用于海上风电场集电及送出系统的海缆过电压和保护试验平台的建设；完成了海上风电机组组装、全工况测试、整机装运的一体化平台的整体设计，并进行建设；在大丰港口完成了 3MW 样机的装配和吊装，验证了浮动式海上风机相关的钢结构环境适应性设计方案，包括在海洋环境下风机部件及基础的防腐设计方案、机组环境控制系统，同时还验证了建造安装方案中机组相关和基础部分相关的内容，包括机组部件的分体吊装方案和相关施工设备及工序等。

任务 7：风电直接制氢及燃料电池发电系统技术研究与示范（项目编号：2014AA052500）

该项目由“风电耦合制储氢燃料电池发电柔性微网系统开发及示范”和“风电制氢与燃料电池集成系统关键技术研究与示范”两个课题组成。该项目 2014 年启动，目前处于初期进行阶段，尚未取得成效。

任务 8：7MW 级风电机组及关键部件设计和产业化技术（项目编号：2012BAA01B00）

该任务包括 7MW 级风电机组产业化关键技术研发等共 5 个课题。

1. 7MW 级风电机组产业化关键技术研发

完成了 1 台 5MW 高速励磁风力发电机组的工厂总装，完成了机组各部件的联调试验；完成了样机吊装的大部分前期准备工作；基本完成了用于 5MW 机组拖动试验的全功率试验平台，目前正在进行平台的调试；完成了 7MW

永磁半直驱风电机组的总体设计、初步设计和详细设计，并与主要部件供应商签订了技术协议。

2. 7MW级风电叶片产业化关键技术研发

完成了1套7MW级碳纤维叶片模具的制造；完成了2支LZ75-6.0型碳纤维叶片的生产以及频率测试；完成了10MW级风电叶片全尺寸试验台的建设；完成了1套分段叶片模具的制造；完成了1套77m超长型复合材料风电叶片模具的制造和3支叶片的试制，全尺寸静力试验并挂机运行。

3. 7MW级风电发电机产业化关键技术研发

完成了7MW永磁半直驱发电机的图纸设计；完成了7MW永磁半直驱发电机的试验平台建设；完成7MW永磁直驱发电机设计方案。

4. 7MW级风电变流器及控制系统产业化关键技术研发

完成了7.5MW中压变流器样机的试制，以及基本性能调试，并进行型式试验；7MW全功率变流器样机正在试制；完成了2.5MW功率单元试验和测试；完成了5MW变桨距系统样机的装配及部分功能测试。

目前，除了7MW级风电叶片产业化关键技术研发基本完成任务以外，其他课题均处于拖期状态，项目承担单位已经申请延期到2016年年底完成。

任务9：分布式中小型风电机组设计制造关键技术（项目编号：2012BAA06B00）

该项目研发了具备上风式风轮叶片机械气动式变桨距机构的5kW风电机组、伞形功率调节机构的5kW风电机组、具有风轮主动侧偏机构的20kW风电机组、下风式风轮叶片离心式被动变桨距机构的50kW风电机组；并根据低温和沙尘等气候特点在内蒙古自治区苏尼特右旗建设中小型风力发电机组野外测试场，以及沿海台风等气候特点在山东东营经济开发区建设中小型风力发电机组野外测试场，两大测试站具有较高检测能力，检测的科学性、准确性、可靠性已达到国际先进水平。编制完成了《中小型风电机组检测技术规范》《中小型风电机组认证技术规范》以及《中小型风电机组认证实施规则》报批稿。

任务10和11：风电机组智能控制与智能型风电场关键技术研究及示范和风电机组测试技术

以上两个项目，因为启动较晚，目前处于初期进行阶段，尚未取得明显成效。

风电发展规划 2012年，国务院印发《“十二五”国家战略性新兴产业发展规划》；同年，国家发展改革委也印发了《可再生能源发展“十二五”规划》，其中《风电发展“十二五”规划》由国家能源局印发，阐述了我国2011—2015年风电发展的指导思想、基本原则、发展目标、开发布局和建设重点，并对2020年风电的发展进行了展望，是“十二五”时期我国风电发展的基本依据。

《风电发展“十二五”规划》中“十二五”时期具体发展指标为：

（1）到2015年，投入运行的风电装机容量达到1亿kW，年发电量达到1 900亿kW·h，风电发电量在全部发电量中的比重超过3%。其中，河北、蒙东、蒙西、吉林、甘肃酒泉、新疆哈密、江苏沿海和山东沿海、黑龙江等大型风电基地所在省(自治区)风电装机容量总计达到7 900万kW，海上风电装机容量达到500万kW。

（2）“十二五”时期，风电机组整机设计和核心部件制造技术取得突破，海上风电设备制造能力明显增强，基本形成完整的具有国际竞争力的风电设备制造产业体系。到2015年，形成3～5家具有国际竞争力的整机制造企业和10～15家优质零部件供应企业。

（3）在“十二五”时期提升风电产业能力和完善风电发展市场环境的基础上，2015年后继续推动风电以较大规模持续发展。到2020年，风电总装机容量超过2亿kW，其中海上风电装机容量达到3 000万kW，风电年发电量达到3 900亿kW·h，力争风电发电量在全国发电量中的比重超过5%。

风电计划项目核准情况 2011—2014年间，国家能源局开始实施风电项目核准计划，共发布了四批“十二五”核准计划，计划总项目个数1 719个，总装机容量10 425万kW（含第一批增补计划，不包含第一、第二批及增补计划已取消项目）。

到2014年底，全国累计核准风电项目容量17 686万kW，其中并网容量9 732万kW，在建容量7 954万kW，并网容量占核准容量的55%。2014年全国风电新增核准容量3 921万kW，同比2013年增加25%。

2014年内蒙古自治区以累计核准2 960万kW继续领跑全国（占全国风电核准容量的17%），新疆以累计核准容量1 626万kW位居第二（占全国风电核准容量9%），河北省以累计核准容量1 375万kW位居第三（占全国风电核准容量8%）。

在全国已核准风电项目中，华北电网、西北电网和东北电网区域核准容量位列前三，分别为5 205万kW、4 563万kW和3 350万kW，“三北”地区核准的风电项目总规模达到13 117万kW。按照电网区域划分，国家电网范围内共核准项目13 946万kW，蒙西电网范围内共核准1 763万kW，南方电网范围内共核准1 977万kW。

根据《国务院关于取消和下放一批行政审批等事项的决定》（国发〔2013〕）的要求，自2013年5月15日起，企业投资建设风电项目的审批权被下放到地方政府主管部门，2014年风电项目均由地方能源主管部门负责核准，部分省级主管部门进一步将核准权利下放到地市级能源主管部门。2014年，全国共核准风电场项目容量3 921万kW，其中，新疆以604万kW位列全国首位，云南和宁夏新增核准容量430万kW和292万kW，分列第二、第三位，此外河北和山东的新增核准容量也超过了200万kW。

电网消纳能力建设 2012年1月，国家能源局印发《风电功率预报与电网协调运行实施细则(施行)》的特急通知，对风电开发企业和电网调度机构分别提出要求，保证风电优先调度，落实风电全额保障性收购措施。

2012 年 4 月，国家能源局印发《关于加强风电并网与消纳工作有关要求的通知》，要求各省区能源主管部门和电网企业重视和努力解决好风电并网与消纳的工作，不断提高风电建设和运行管理水平。

2012 年 12 月，国家能源局发布了关于征求《可再生能源电力配额管理办法》意见的通知，开始征求各方意见。配额制拟对各省（区、市）规定电力消费总量中非水电可再生能源电力比例指标，要求电网企业积极采取措施接纳可再生能源电力，为可再生能源发展提供基本保障，这也是确保实现 2020 年非化石能源占能源消费总量 15% 的比例目标的重大保障措施。

2013 年 2 月，国家能源局印发关于做好 2013 年风电并网和消纳相关工作的通知，鉴于 2012 年全国弃用风电超过 200 亿 kW · h、风电场满负荷运行小时数继续下降的现实情况，要求地方能源管理部门、风电开发企业及电网公司等机构要更加高度重视风电的消纳和利用，把提高风电利用率作为做好能源工作的重要标准；认真分析风电限电的原因，尽快消除弃风限电；加强资源丰富区域的消纳方案研究，保障风电装机持续稳定增长；加强风电配套电网建设，做好风电并网服务工作。

为做好风电并网服务工作，2013 年 2 月，国家电网公司发布《关于做好分布式电源并网服务工作的意见》，将服务支持范围从原先的分布式光伏扩大至风电、天然气等所有类型分布式电源，此政策于 2013 年 3 月 1 日起正式实施。

2013 年 7 月，国家发展改革委印发了《分布式发电管理暂行办法》，推动我国分布式发电应用，并从分布式项目的建设管理、电网接入、运行管理、政策保障措施等方面进行了规范。

2014 年 3 月，国家能源局发布了《国家能源局关于做好 2014 年风电并网消纳工作的通知》，明确要求地方能源管理部门、风电开发企业及电网公司等机构更加高度重视风电消纳的重要性，对弃风问题较为严重的地区施行规模控制；深入研究分析导致弃风的原因，提出具有针对性的整体解决方案；加强风电基地配套送出通道建设；推动分散式风电发展，合理确定项目建设规模及时序；统筹协调系统内调峰电源配置，深度挖掘调峰能力，确保风电等清洁能源的消纳。

风电产业政策及管理文件

1. 国家能源局印发《关于加强风电项目核准计划管理有关工作的通知》

2014 年 1 月，为保证国家风电核准计划的严肃性，国家能源局印发了《关于加强风电项目核准计划管理有关工作的通知》（国能新能〔2014〕24 号），对已列入“十二五”第一批风电项目核准计划但未按时完成核准的项目，取消其纳入国家核准计划内的资格。若上述项目重新启动核准程序，并争取国家补贴资金，需重新申请纳入国家核准计划。本次共取消了 30 个项目的核准计划资格，总规模 174.35 万 kW。

2. 国家能源局印发《“十二五”第四批风电场项目核准计划》

2014 年 2 月，国家能源局印发了“十二五”第四批风电场项目核准计划，列入第四批计划的风电场项目总装机容量 2 760 万 kW，黑龙江、吉林、内蒙古自治区、云南省的核准计划另行研究。

3. 国家能源局印发《关于做好甘肃河西走廊清洁能源基地建设有关要求的通知》

2014 年 3 月 19 日，国家能源局召开了甘肃河西走廊清洁能源基地建设工作会议，对甘肃河西走廊清洁能源基地方案进行了部署。会上提出，甘肃省发展改革委、能源局要按照“整体规划、科学布局、有序开发、分步实施”的原则，认真做好清洁能源基地规划和建设工作；国家电网公司要加强酒泉至湖南 ±800kV 特高压直流输电工程的前期论证工作，科学制定输电工程的建设方案，确保可再生能源电力的全额上网和可靠送出。风电基地的建设和整体特高压送出有助于提升我国可再生能源占比和解决风电消纳问题，为可再生能源发展创造良好的环境。

4. 国家能源局发布《国家能源局关于做好 2014 年风电并网消纳工作的通知》

2014 年 4 月，国家能源局发布了《国家能源局关于做好 2014 年风电并网消纳工作的通知》（国能新能〔2014〕136 号），通知对 2013 年风电并网、风电消纳情况进行了总结，并对 2014 年风电并网、风电消纳工作提出了明确要求。

通知要求地方能源管理部门、风电开发企业及电网公司等机构要更加高度重视风电的消纳的重要性，同时对弃风问题较为严重的地区施行规模控制；深入研究分析导致弃风的原因提出具有针对性的整体解决方案；加强风电基地配套送出通道建设；推动分散式风电发展，合理确定项目建设规模及时序；统筹协调系统内调峰电源配置，深度挖掘调峰潜力，确保风电等清洁能源的消纳。

5. 国家能源局要求加快推进 12 条重点输电通道建设

2014 年 5 月 16 日，国家能源局发布《关于加快推进大气污染防治行动计划 12 条重点输电通道建设的通知》（国能电力〔2014〕212 号），要求各有关单位抓紧推进实施 12 条重点输电通道相关工作，确保按规定时间形成送电能力。送端配套电源项目首先尽量解决当地富余发电能力，同时因地制宜配套一定规模的风电等清洁能源发电与煤电打捆外送。长距离输电通道的建设将有助于可再生能源的异地消纳，提升电网调度的灵活性，促进地区资源优势向经济优势转化。

6. 国家发改委明确海上风电上网电价政策

2014 年 6 月 5 日，国家发改委出台了《国家发改委关于海上风电上网电价政策的通知》（发改价格〔2014〕1216 号），明确规定了非招标的海上风电项目上网电价为 0.85 元 /(kW·h)(含税)，潮间带风电项目上网电价为 0.75 元 /(kW · h)(含税)；通过特许权招标的海上风电项目上网电价按中标价格执行，但不得高于同类项目的上网电价水平。

海上风电上网电价的出台明确了海上风电项目的投资收益，有助于投资企业选择优质资源进行开发建设，将有效促进我国海上风电建设发展速度。

7. 国家能源局批复承德风电基地二期项目建设方案

2014 年 6 月 29 日，国家能源局以（国能新能〔2014〕306 号）文件批复了承德风电基地二期项目建设方案。承德二期项目共开发建设风电项目 27 个，总装机容量 287.56 万 kW，所发电量全部在京津唐电网内消纳。

该项目的建设对增加华北地区清洁能源供应、减少大气污染物排放、落实大气污染防治计划具有重要意义。

8. 国家能源局发布《关于加强风电项目开发建设管理有关要求的通知》

2014 年 7 月 29 日，国家能源局发布《关于加强风电项目开发建设管理有关要求的通知》。通知要求：应加强风电规划管理，做好项目前期工作，提高风电开发质量；由国家能源局统筹制定风电年度实施方案，并由各省（区、市）能源主管部门负责督促落实各省（区、市）年度开发的具体项目，保证有效实施；强调统筹协调，提升风电开发整体水平。

9. 三部委发布可再生能源电价附加资金补助目录（第五批）

2014 年 8 月 21 日，财政部、国家发改委、国家能源局发布《关于公布可再生能源电价附加资金补助目录（第五批）的通知》（财建〔2014〕489 号），将符合条件的项目列入可再生能源电价附加资金补助目录，并予以公布。第五批可再生能源电价附加资金补助目录共包含项目 900 个，总容量 1 364 万 kW。其中，并网发电项目 386 个，接网工程项目 508 个，公共独立系统项目 6 个。补助目录的发布可有效缓解企业资金压力，推动我国可再生能源良性健康发展。

10. 国家能源局组织召开“全国海上风电推进会”

2014 年 8 月 22 日，国家能源局组织召开“全国海上风电推进会”，研究促进海上风电开发建设的措施，部署下一步工作。会议同时提出《全国海上风电开发建设方案（2014-2016）》。列入这次开发建设方案的项目，视同列入核准计划，由开发企业自担风险，落实各项建设条件，具备条件后，报地方能源主管部门核准建设。

11. 国家能源局组织召开“十三五”风电规划和消纳能力研究启动会议

2014 年 9 月 5 日，国家能源局在北京召开了“十三五”风电规划和消纳能力研究启动会议。水电水利规划设计总院为牵头单位，汇报了《“十三五”风电规划和消纳能力研究》工作方案，对研究工作的工作背景、工作目标、工作范围、工作内容与成果、工作方式、组织管理、进度安排等七个方面进行了重点介绍，各参会单位针对任务分工、进度安排等主要内容进行了讨论。会议明确了课题研究工作内容及工作机制，为“十三五”风电规划和消纳研究工作的顺利开展奠定了良好的基础。

12. 国家能源局发布《关于规范风电设备市场秩序有关要求的通知》

2014 年 9 月 5 日，国家能源局发布《关于规范风电设备市场秩序有关要求的通知》（国能新能〔2014〕412 号）。为促进风电设备制造产业持续健康发展，通知要求：建立风电设备检测认证制度，加强检测认证确保风电设备质量，并规范相关验收工作；建立公平、公正、开放的招标采购市场；以及加强风电设备市场的信息披露和监管。

13. 国家能源局发布全国海上风电建设方案

2014 年 12 月 8 日，国家能源局发布了《关于印发全国海上风电建设方案（2014—2016）的通知》（国能新能〔2014〕530 号）。为落实风电发展“十二五”规划，做好海上风电发展工作，通知要求各相关单位配合海上风电项目的落实，同时对海上风电的资源利用、设备、技术标准及规范提出了要求。方案中共收录了 44 个项目，总容量 1 053 万 kW，方案的出台为海上风电的快速增长和健康发展奠定了坚实的基础。

14. 国家能源局《关于可再生能源领域简政放权加强同步监管的通知》

2014 年 12 月 25 日，国家能源局发布《关于可再生能源领域简政放权加强同步监管的通知》（国能新能〔2014〕574 号）。为贯彻落实国务院关于转变职能、简政放权的有关要求，确保权力与责任同步下放、调控与监管同步加强，更具“规划、设计、政策、监管”四位一体的管理思路，通知对简政放权事项、可再生能源行业监管提出了具体要求，确保在权力下放的同时，通过有效监管手段保证行业的健康有序发展。

15. 国家发改委《关于适当调整陆上风电上网标杆上网电价的通知》

2014 年 12 月 31 日，国家发改委发布了《关于适当调整陆上风电上网标杆上网电价的通知》（发改价格〔2014〕3008 号）。为合理引导风电投资，促进风电产业健康有序发展，提高国家可再生能源电价附加资金补贴效率，国家发改委决定适当调整陆上风电上网标杆电价。陆上风电继续实行分资源区标杆上网电价政策。对第Ⅰ类、Ⅱ类和Ⅲ类资源区风电标杆上网电价降低 0.02 元 /(kW · h)，调整后的标杆上网电价分别为 0.49 元 /(kW · h)、0.52 元 /(kW · h) 和 0.56 元 /(kW · h)；第Ⅳ类资源区风电标杆上网电价维持现行 0.61 元 /(kW · h)。新的电价政策适用于 2015 年 1 月 1 日后核准的陆上风电项目及 2015 年 1 月 1 日前核准但于 2016 年 1 月 1 日以后投运的陆上风电项目。

陆上风电价格的调整有助于优化产业布局、提高风电产业价格竞争力、促进风电产业健康发展。

〔撰稿人：中国农业机械工业协会风能设备分会祁和生、沈德昌、徐涛、梁伟〕

大型电机

生产发展情况　2014年，中国电器工业协会大电机分会统计的11家企业完成工业总产值219.37亿元，同比下降4.36%；完成工业销售产值226.39亿元，同比增长0.96%。

2014年年初，南阳防爆集团股份有限公司经营非常艰难，经营中存在的主要问题是市场需求不足。市场需求不足，导致行业竞争加剧，平均售价下滑；市场不景气，产品库存量增加；资金面紧张，流动性差，企业回款大幅下降；在以上因素的综合作用下，企业产品毛利率下降，利润水平持续下滑。针对上述问题，公司上半年及时调整经营策略，想方设法开源节流，外抓订货、力促回款，内部节约挖潜、提质增效。与此同时，广泛进行形势教育，结合群众路线教育实践活动，深入开展了“打造新南防，从我做起”主题教育实践活动，动员广大员工以饱满的热情迎接挑战，公司上下团结一致，顽强拼搏，认真落实年度方针——“深化改革促转型，创新调整谋发展”，各项工作都取得了新的进展。

2014年，南阳防爆集团股份有限公司完成产量875.5万kW，同比增长0.1%；产值22.27亿元，同比下降1.5%；销售收入23.3亿元，同比下降3.22%；实现利税3.63亿元，同比下降10.2%；销售回款23.43亿元，同比下降10.1%。

2014年，哈尔滨电机厂（昆明）有限责任公司在冶金、矿山、机床等行业需求下滑的同时，公司在生产资金紧张、电机配套不好的前提下完成电动机产值1.07亿元，产量78.02万kW，较2013年的1.31亿元、97.55万kW，产值同比下降18.32%、产量同比下降20.02%，YE3电机实现部分销售。

哈尔滨电机厂（昆明）有限责任公司2014年完成工业总产值36 327万元；工业增加值8 623万元；产品销售收入41 907万元。

2014年，重庆赛力盟电机有限责任公司完成工业总产值40 517万元，完成主要产品产量214万kW，实现主营业务收入44 798万元；产品销售回款36 499万元。从订货情况看，发电机订货实物量比去年同期增长305%，价值量增长79.58%；中电机订货实物量同比增长22.89%，价值量下降25.85%；直流电机订货实物量比上年同期下降95.45%，价值量下降93.15%。2014年总体订货比2013年有所下降。

2014年大电机分会企业工业总产值见表1。2014年大电机分会企业工业销售产值见表2。

表1　2014年大电机分会企业工业总产值

序号	企业名称	2014年（万元）	2013年（万元）	同比增长（%）
1	东方电气集团东方电机有限公司	702 911	707 291	-0.62
2	哈尔滨电机厂有限责任公司	452 239	526 528	-14.11
3	南京汽轮电机（集团）有限责任公司	365 924	284 542	28.60
4	上海电气电站设备有限公司发电机厂	280 572	301 467	-6.93
5	山东齐鲁电机有限公司	134 053	140 016	-4.26
6	兰州兰电电机有限公司	100 706	162 017	-37.84
7	北京北重汽轮电机有限责任公司	76 248	81 361	-6.28
8	哈尔滨电机厂（昆明）有限责任公司	36 327	39 110	-7.12
9	洛阳中重发电设备有限责任公司	20 075	23 627	-15.03
10	杭州杭发发电设备有限公司	19 652	25 661	-23.42
11	南宁发电设备总厂	5 017	2 073	142.02

表2　2014年大电机分会企业工业销售产值

序号	企业名称	2014年（万元）	2013年（万元）	同比增长（%）
1	东方电气集团东方电机有限公司	702 911	707 291	-0.62
2	哈尔滨电机厂有限责任公司	522 244	521 131	0.21
3	南京汽轮电机（集团）有限责任公司	365 909	284 540	28.60

（续）

序号	企业名称	2014年（万元）	2013年（万元）	同比增长（%）
4	上海电气电站设备有限公司发电机厂	280 572	301 467	-6.93
5	山东齐鲁电机有限公司	137 669	135 222	1.81
6	兰州兰电电机有限公司	96 505	111 929	-13.78
7	北京北重汽轮电机有限责任公司	76 248	81 361	-6.28
8	哈尔滨电机厂（昆明）有限责任公司	37 800	44 237	-14.55
9	杭州杭发发电设备有限公司	22 542	24 484	-7.93
10	洛阳中重发电设备有限责任公司	15 804	18 249	-13.40
11	南宁发电设备总厂	5 666	12 374	-54.21

市场及销售 自2013年下半年以来，随着国家经济结构调整的不断深入和持续，各行业的发展趋势均受影响，石化、煤炭、冶金等公司主要服务的行业均面临开工不足、资金短缺的现状，煤炭、冶金行业下滑尤为严重。

市场形势突变，行业发展的变化或下滑，直接导致新建、扩建项目稀少，在建的项目缓、停较多，不确定因素增多，导致电机的需求总量锐减，发货困难，资金回笼难度加大，各电机厂家均千方百计，甚至不择手段地抢抓订单，以求保生存，使得2014年的市场竞争空前激烈，一些已经谈好稳拿的订单也因竞争对手采用超低价等手段被恶意抢夺，客户和项目的开拓、维护难度剧增。

2014年，南阳防爆集团股份有限公司国内销售产品由防爆电机、普通电机、发电机和风机构成，累计完成新增订货898.3万kW，同比下降3.92%，其中防爆电机订货530.3万kW，同比下降4.83%；普通电机订货286万kW，同比增长3.31%；发电机订货82.1万kW，同比下降20.62%；风机新增订货额10 958万元，同比下降14.9%。国外销售防爆电机9.7万kW，同比增长57%；普通电机28.3万kW，同比下降26.2%；发电机1.6万kW，同比下降81.7%。

2014年，东方电气集团东方电机有限公司完成交流电机43台/19.295万kW，比上年增长82.48%；完成直流电机12台/1.422 3万kW，比上年增长492.63%。

2014年，哈尔滨电机厂（昆明）有限责任公司全年完成电动机销售1.17亿元，同比下降22.96%。

2014年，重庆赛力盟电机有限责任公司三大类产品呈下降态势，主打产品交流电动机销售收入出现下降，公司电动机销售31 295万元，占到总收入的75.55%，同比下降18.47%；发电机增长148.45%，销售收入为9 826万元；直流电机销售收入304万元，同比下降42.75%，但其占总收入的比重仅为0.73%。在产销衔接上，公司产销率2014年为103.92%，同比增长10.02%。

2014年，公司实现出口3 529万元，同比下降15.15%，完成全年计划目标3 500万元的100.83%。公司出口地域还是主要集中在东南亚等地区，但辐射面呈扩大趋势，出口渠道呈多元化发展。

科研成果及新产品 南阳防爆集团股份有限公司2012年启动的节能环保型轻型发电机关键技术联合研究项目被列入国家级科研项目，截至2014年底该项目工作已完成，正在准备验收。2014年启动的IE4超超高效三相异步电动机关键技术研发及产业化项目被列入省级科研项目，正在按计划进度执行，截至2014年底已经完成了典型规格样机的试制工作。

2014年，南阳防爆集团股份有限公司研制的铸铜转子超高效电机，获得了全球超高效电机能效大赛国际效率奖章，这是我国电机领域取得的首个国际大奖，标志着南阳防爆集团股份有限公司在电机节能技术领域达到了国际先进水平。为此，中国节能协会、中国机械工业联合会、中国有色金属工业协会在北京人民大会堂联合举办了新闻发布会。兆瓦级高速永磁同步电机、YXKK系列箱式高效电机等前瞻性产品开发成功。结合市场需求，开发出YKS1120-4 23000kW大型高压三相异步电动机、YP560-10 1000kW低压绞车用电机、TAW5000kW-6P同步电机、多规格地铁专用电机、风洞风机及配套变频电机等一批重大新产品。完成了变频电机、低压大容量电机、高压箱式无火花电机、满足新标准的增安型电机、箱式二代高压电机等系列产品的技术装备。与此同时，箱式发电机、空内冷发电机、矿用主通风机优化升级工作取得阶段性成果。标准化、系列化、通用化工作成效显著，深入开展工艺攻关，专业研究为产品研发制造提供了支撑。公司获得国家专利63项，其中发明专利3项，获得省市级科技成果、科技进步奖3项，参与制定6项行业标准。

2014年，受河南省科技厅委托，南阳市科技局组织有关专家对南阳防爆集团股份有限公司研制完成的高温、高压、高湿环境用低压电机绝缘体系研制项目和14 500～31 500kW 4P超大容量高压三相异步电动机项目进行了成果鉴定。14 500～31 500kW 4P超大容量高压三相异步电动机主要技术参数为：型号YKS1000～1120-4；功率14 500～31 500kW；额定电压10kV；额定频率50Hz；相数3；同步转速1 500r/min；绝缘等级F，温升限值80K；定额：S1（连续）工作制；使用系数1.0；安装方式IMB3；主体外壳防护等级IP55；冷却方式IC611 IC81W；轴承温度≤80℃；轴振动≤65μm。经过专家鉴定，高温、高压、高湿环境用低压电机绝缘体系研制项目在高温、高压、高湿环境用低压电机绝缘体系研制方面，达到了国内领先水平；14 500 ～ 31 500kW 4P 超大容量高压三相异步电动机项目在 14 500 ～ 31 500kW 4P 超大容量高压三相异步电动机研制方面达到了国内先进水平。

哈尔滨电机厂（昆明）有限责任公司顺利通过高新技术企业备案；YQD 系列汽车电机成功申报省级立项；YE3 系列超高效电机 66 个规格的产品图样设计完成，并通过了样机性能测试及节能认证生产现场检查，其中 24 个规格已完成样机试制并转入小批量生产销售；Y2X 系列电机共 55 个规格产品全部完成换代升级并投产 ;400kW 永磁无刷直流电机研制完成，并通过了长达 12h 的连续功率试验。

改进了 YLB450 立式深井泵用电动机设计，解决了用户使用中反映出的问题；满足用户需求，为客户定制了 83 个规格具有特殊使用要求或用途的电动机；完成了 YE3 系列和 Y、YKK 系列 10kV 高压三相异步电动机的样本编制。

2014 年，重庆赛力盟电机有限责任公司完成 5100、5500 两个机座号立式水轮发电机上、下机架结构设计，为公司扩展中、大型水轮发电机市场迈出了坚实的一步。

完成 SF-K12-32/5100 10500V 全套图纸设计，公司水轮发电机单机容量突破 10 000kW，正式跨入中大型水轮发电机范围。

完成 SFWE-W6183-12/2600 6300V 出口土耳其水轮发电机组设计，配套水轮机型号为 HLA551-WJ-120, 卧式大转轮机组得到突破。

完成 WS1180-L99.3 大容量低转速无刷励磁机设计，公司无刷励磁机配套主机极数到 40 极以内。

完成了 H630 的铸铝及压缩机座号的全系列设计 , 共 233 个规格。

完成了 YPTKS710-4 2200kW 690V 44.3Hz 最高转速 3 580r/min 的低压大功率电机设计和生产，该电机一次性试验成功，其定子电流超过 2 000A，在参数选取及端部接线等都遇到了比较大的挑战，端部接线采用铜排成形并焊接在汇流环的方式，避免了电缆多而乱的情况。

完成了 YBPKK800-6-W 2240kW 10kV IP54 滚动轴承电机设计，该电机原为上海电机厂生产，使用过程中轴承温度高，而重庆赛力盟电机有限责任司通过多次反复计算并验证，改变了轴承类型和结构，提高了电机使用可靠性并降低了成本。

完成了 YLKK1600-16/1730 10kV IP54 电机设计，首次在大极数上采用空—空冷却结，解决了大极数电机冷却效果差的难题。

重新进行了 YRKK800-10 的典型设计，解决了大极数电机的电磁振动和电磁噪声问题。

2014 年，重庆赛力盟电机有限责任公司结合减薄绝缘，完成了 H710 的改型及压缩机座号设计 , 共 189 个规格，经试验 YRKK710-6 2500kW 10kV IP54 电机一次性合格，降低成本 15% ～ 20%，有效地增强了公司的竞争力。

完成了 ZQ20FJ-ZQ25FJ 座式滑动轴承，并成功使用在电机产品上。该轴承比专业厂家生产的轴承重量还轻 10%，其结构强度与外购基本持平，提高了公司核心竞争力，并拓展了岗位，解决了公司部分就业，并降低了电机总成本。

重庆赛力盟电机有限责任公司为改善漏油问题，对 H710 及以上端盖式滑动轴承电机转轴轴承气封位尺寸公差进行调整。由一道密封圈或盘根密封，改为了两道盘根加密封圈密封，并将防尘环的齿由 1 个改为了 2 个，改善了端盖式滑动轴承漏油的问题。

为降低滚动轴承电机的气隙不均匀度，采用了将端盖止口内圆车小，并在端盖上开孔，将气隙调好后，再采用定位销固定端盖，这样可以将气隙误差控制的 0.1mm 以内。

2014 年，重庆赛力盟电机有限责任公司在大型电机上，通过对一阶齿波磁场的研究，改变了定、转子槽配合，提高气隙不均匀度，降低定转子叠片弹开度等措施，消除了电机运行时的电磁振动和电磁噪声，电机噪声可降低 3 ～ 5dB(A)，该技术目前处于国内先进水平。

通过改变端盖的结构和固定方式，有效地提高因加工设备能力不足而造成的气隙不均匀度，该方法目前处于国内先进水平。

通过对风动噪声的研究，在冷却器的进出风口增加消声器，可有效降低风动噪声 3 ～ 5dB(A), 该技术目前处于国内先进水平。

通过对大型电机滚动轴承的研究及载荷计算，将轻系列的短圆柱滚子轴承更换成特轻系列轴承，可有效降低轴承运行温度和提高轴承运行线速度，该技术目前处于国内领先水平。

采用 Y3 系列冲片槽形，在不增加模具投入的基础上，完成了低压二级能效电机的全系列开发，比行业 3 级能效材料成本（上科所发布）约降低 30%，该技术处于国内先进水平。

对高压定子线圈第四次减薄绝缘工艺进行了研究，该工艺目前处于国内领先水平，目前已批量运用在中心高 H355 ～ H560 的电机上，能提高电机效率 0.5% ～ 1%，降低电机材料成本 5% ～ 8%。

完成了转轴幅筋埋弧焊工艺研究，目前已小批量应用在转轴幅筋的焊接上。该工艺方法不但提高了焊接质量，降低了劳动强度和成本（不再使用气体），还提高了焊接效率，该工艺目前处于国内先进水平。

小型水力发电机磁轭采用钢板激光切割叠压工艺，大大缩短了磁轭加工周期，解决当前制约公司小型水力发电机产能的主要瓶颈问题 , 并在 1180 ～ 2150 机座号逐步推广激光切割磁轭片叠片工艺，提高水力发电机制造工效。

完成了轴流式水轮机桨叶数控加工工艺研究，通过数控编程，降低了人为因素造成的失误，仅一次装夹，粗、精铣程序一次全部加工完成，保证了桨叶加工质量，该工艺目前处于国内先进水平。

2014 年大型电机行业部分企业新产品完成情况见表 3。

表3 2014年大型电机行业部分企业新产品完成情况

型号	额定功率（kW）	额定电压（kV）	额定电流（A）	额定转速（r/min）	功率因数（cos φ）	效率（%）	过载能力（倍）	转动惯量（kg·m^2）	备注
南阳防爆集团股份有限公司									
YKS	23 000	10	1 461	1 186	0.932	97.53	1.1	2 817	
YZYKS	7 750	10	492	2 982	0.94	96.8	1.05	203	
东方电气集团东方电机有限公司									
BPT7500-16	7 500	1.65	2 734	45/90	1	96	2.5	53 000	DD4013-1-13
BPT7500-6	7 500	1.65	2 711	145/360	1	96.8	2.5	7 600	DD4013-6-13
BPT6500-4	6 500	1.65	2 347	250/600	1	96.5	2	3 800	DD4013-9-13
BPT5000-16	5 000	3.12	959	60/120	1	96.4	2.5	28 000	2D-DD140012-1-13
BPT7000-6	7 000	1.65	2 518	160/410	1	97.3	2.5	7 000	DD4014-2-13
BPT3700-12	3 700	3.15	710	70/140	1	94	2.5	12 950	DD2164-1～2-13
YKS11000-4	11 000	10	720	1 494	0.9	96.8	1.9	952	2D-DD140017-1-15
YKK1000-8	7 800	6	891	745	0.87	97.1	1.7	13 000	2D-DD140002-1～2-15
Z900-360	2 300	0.8	3 050	560		94	3	770	DD4014-12-16
Z800-360	1 900	0.8	2 518	690		94.1	2.5	510	DD4013-12-16
重庆赛力盟电机有限责任公司									
YXKK710-8	1 400	10	104	743	0.81	95.7	2	440	高效电机
YXKK710-8	1 600	10	119	743	0.81	95.8	2	460	高效电机
YXKK710-8	1 800	10	132	743	0.82	95.9	2	480	高效电机
YXKK710-8	2 000	10	147	743	0.82	96	2	540	高效电机
YXKK710-8	2 240	10	162	743	0.83	96.1	2	560	高效电机
YRKK710-8	2 000	6.6	221	745	0.83	95.5	2	550	
YRKK1000-8	3 550	10	256	745	0.84	95.5	2.5	2 050	
YRKK1000-8	3 550	11	232	745	0.84	95.5	2.5	2 150	
YRKK900-8	3 550	10	256	745	0.84	95.5	2.5	1 950	
YRKK900-8	3 150	10	230	745	0.83	95.4	2.5	1 850	
YRKK900-8	2 800	11	186	745	0.83	95.2	2.5	1 680	
YRKK710-6	2 500	10	177	990	0.85	95.8	2	490	
YRKK710-6	2 240	10	159	990	0.85	95.6	2	470	
YRKK710-6	2 000	10	142	990	0.85	95.5	2	450	
YRKK710-6	1 600	10	114	990	0.85	95	2	410	
YRKK710-6	1 800	10	128	990	0.85	95.2	2	430	
YPT710-6	1 800	10	128	990	0.85	95.8	1.8	410	变频电机
YPT710-8	1 800	6.6	198	742	0.83	95.6	1.8	490	
YPT710-8	1 800	10	131	742	0.83	95.6	1.8	490	
YKK710-6	1 800	10	128	990	0.85	95.5	1.8	410	
YKK710-8	1 600	6.3	190	742	0.81	95.2	1.8	450	
YKS710-4	3 000	10	203	1 493	0.88	96.9	1.8	380	
YKS710-4	3 300	10	223	1 493	0.88	96.9	1.8	400	

（续）

型号	额定功率（kW）	额定电压（kV）	额定电流（A）	额定转速（r/min）	功率因数（cos φ）	效率（%）	过载能力（倍）	转动惯量（kg·m^2）	备注
YX710-4	2 800	6	316	1 493	0.88	96.8	1.8	350	高效电机
YX710-4	3 150	6	355	1 493	0.88	96.9	1.8	380	高效电机
YX710-4	3 550	6	400	1 493	0.88	97	1.8	400	高效电机
YX710-4	4 000	6	450	1 493	0.88	97.1	1.8	430	高效电机
YX710-4	4 500	6	506	1 493	0.88	97.2	1.8	460	高效电机
YRKK710-6	2 000	6	237	990	0.85	95.5	2	430	
YRKK900-6	4 200	6	491	990	0.86	95.7	2	1 650	
YRKK900-6	3 800	6	445	990	0.86	95.5	2	1 620	
YRKK900-6	3 800	10	267	990	0.86	95.5	2	1 650	
YRKK800-6	3 150	6	373	990	0.85	95.5	2	950	
YRKK800-6	3 150	10	224	990	0.85	95.5	2	980	
YRKK800-6	3 550	10	249	990	0.86	95.6	2	1 020	
YR2250-8/1730	2 250	6	270	745	0.84	95.6	2	1 850	
YX710-8	1 600	6	196	743	0.82	96	2	410	高效电机
YX710-8	1 800	6	220	743	0.82	96.1	2	430	高效电机
YX710-8	2 000	6	241	743	0.83	96.2	2	450	高效电机
YX710-8	2 240	6	270	743	0.83	96.3	2	480	高效电机
YX710-8	2 500	6	301	743	0.83	96.4	2	510	高效电机
YXXX710-10	1 250	10	94	590	0.8	95.5	1.8	410	高效电机
YXXX710-10	1 400	10	106	590	0.8	95.6	1.8	430	高效电机
YXXX710-10	1 600	10	119	590	0.81	95.7	1.8	450	高效电机
YXXX710-10	1 800	10	134	590	0.81	95.8	1.8	480	高效电机
YR1400-12/1430	1 400	6	181	490	0.78	95.3	2	760	
YR1600-12/1730	1 600	6	204	490	0.79	95.4	2	1 060	
YR1800-12/1730	1 800	6	227	490	0.8	95.5	2	1 360	
YR1600-12/1730	1 600	10	121	490	0.8	95.4	2	1 350	
YR800 6	2 800	10	199	990	0.85	95.4	2	950	
YPTKS710-4	2 200	0.69	2 179	1 490	0.88	96	1.8	340	
YR800-10	2 000	6	252	590	0.8	95.5	1.8	940	
Y710-12	950	10	72	490	0.8	95.1	1.8	440	
YBPKK800-6	2 240	10	160	990	0.85	95.3	2	950	
YLKK1600-16/1730	1 600	10	130	370	0.75	95	2	1 250	
SYRKS800-4	4 000	6.6	412	1 490	0.88	96.5	2	920	
Z500-3A	600	0.44	1 455	500/1 000	/	93	2.5	110	
Z560-1	630	0.75	890	850/1 200	/	94	2	118	
Z710-1	1 500	0.75	2 095	750/1 000	/	95	2	340	
Z560-4	1 000	0.66	1 602	600/1 200	/	94	2	175	

质量 2014年，南阳防爆集团股份有限公司没有发生大的质量问题，总体质量水平良好。外购外协件质量问题较多，公司借鉴GE供应商管理模式，分类制定供应商管控方法，以“质量控制计划”为抓手细化并规范供应商内部质量管理，引导供方完善手段，提高质量保证能力。强力推进事业部质量体系落地，完善事业部质量工作机制。深入开展了质量整顿，以治理常见病、多发病为抓手，系统解决技术、管理问题，狠抓现场执行性质量，着力解决焊接、涂装、包装等质量问题。加大质量问题曝光力度，完善“防火墙”管理方法，狠抓军工核电、出口等重点产品的质量控制，促进了产品质量、工作质量提高，出厂产品故障率同比下降，客户满意度同比上升。

2014年，重庆赛力盟电机有限责任公司内、外部质量损失成本同比降低49.41%，其中外部质量损失降低54.01%，内部质量损失增长268.25%。造成这种现象的原因有两点：①由于2014年产量降低16.85%，造成本年外部质量损失费用降低。②2014年为公司质量年，加强内部质量控制，出现质量问题返工返修尽量在公司内部进行，减少了外部质量损失；同时内部质量损失在只统计工废损失基础上扩大了内部质量损失的统计范围，新增返工损失统计，增加了内部质量损失金额。因此产品内部损失额增加非常明显，同时外部质量损失降低也非常明显。说明2014年质量年采取的一系列提高质量的措施取得了显著的成效。

重庆赛力盟电机有限责任公司质量体系管理工作以前是挂靠售后服务部门，从2014年8月1日起成立质量管理办公室，形成以质保部负责产品质量的检验，质量管理办公室负责质量体系管理的质量管理结构组织。

2014年，重庆赛力盟电机有限责任公司通过质量年的质量活动，外部质量损失由309.36万元降至156.50万元。开展一系列质量活动，如征集质量口号、标语、制作质量专刊等，让员工参与其中，提高员工质量意识；收集、分析各部门质量信息，为质量改进提供依据，同时跟踪评价整改措施的有效性，形成闭合的PDCA循环；启动内部质量成本统计工作，提高内部质量控制水平；有效控制重点项目、重点产品质量，满足客户质量要求；及时完成各试验仪器、计量器具的年检工作。

2014年11月，重庆技术质量监督局对重庆赛力盟电机有限责任公司产品进行抽查检验，抽查YCE3-315S-6电机2台，经现场试验电机满足要求，生产YCE2、YCE3电机能源效率满足国家相关标准要求。

基本建设及技术改造 2014年，南阳防爆集团股份有限公司基建与技改投资项目计划共计458项，投资额11 833万元，验收额10 643万元。截至2014年12月底，实际完成373项，完成计划的81.44%；完成投资额2 188.89万元，完成计划的18.5%；完成验收额3 328.08万元，完成计划的31.3%，与年初制定的计划项目数、投资额、验收额相比差距较大，完成情况不乐观。

2014年，哈尔滨电机厂（昆明）有限责任公司完成了YE3电机全系列的开发，部分产品实现销售。大型高压电机订货取得突破。公司生产的单机容量最大机组（10万kW）普西桥电站顺利投入运行，单机容量最大的轴流转桨式机组（2.2万kW）勐瓦电站正在生产。

2014年，重庆赛力盟电机有限责任公司完成公司二期一号厂房建设。

重庆赛力盟电机有限责任公司进行了如下技术改造：

金工分厂添置数控钻床，提高中大电机端盖钻孔质量，减少钻模；冲模分厂10t高速冲床数控改造，提高冲片质量和效率；冲剪分厂添置平台型数控冲床，解决通风板加工问题；总装分厂添置16t、20t行车，解决吊装瓶颈；金工分厂改造1 600数控立车，解决水轮机上冠、下环及转轮数控加工，减轻3.5m数控立车压力；电工分厂添置无纬带打箍机，中大型直流电枢及YR转子打无纬带；电工分厂高压线圈制造设备改造，提高线圈制造质量；冲模分厂1 500×1 200预热炉，解决离心铸铝转子生产能力；总装分厂高频焊水箱，提高接头焊接质量；总装分厂总装水机打磨场地调整避免金属粉尘对设备的影响。

认证 2014年3月份中国质量认证中心（CQC）审核组专家一行8人对南阳防爆集团股份有限公司质量体系进行现场审核。审核组对南阳防爆集团股份有限公司的质量体系的运行进行了评价，认为南阳防爆集团股份有限公司产品质量稳定，顾客满意度、市场占有率稳步提高。2014年11月中国新时代认证中心审核组对南阳防爆集团股份有限公司国军标质量管理体系进行了第三次监督审核。审核组认为南阳防爆集团股份有限公司领导重视质量管理体系的保持和持续改进，主动接受顾客的质量监督，重视员工教育培训和资源投入，产品实现过程受控，质量稳定，没有发生重大质量问题和顾客投诉。

管理 南阳防爆集团股份有限公司2014年强力推进事业部制落地，特机公司、客服公司、重机公司的工作机制、目标体系、绩效体系、薪酬体系基本到位。PLM（产品生命周期管理）系统升级顺利完成，DNC（数控设备网络）系统试点运行。建立了定型产品数据库，提高了报排产效率。人力资源信息管理系统正式运行，应用生产条码、电子采购、销售VPN（虚拟局域网）及视频会议等软件系统，各专业信息化应用范围不断拓宽，被工信部确定为两化融合贯标试点企业。突破性项目运作机制进一步完善，项目内涵不断拓展，促进了开源节流、降本增效。人力资源管理结合绩效考核，对中层干部实施动态管理。按照公司发展战略，优化人力资源配置，定岗定编分步实施，竞争上岗规范运作，转岗分流有序推进。广泛开展一专多能、技术比武、持证上岗培训等活动，薪酬与技能、绩效挂钩力度加大。借助信息化平台，规范和加强了人员、岗位、薪酬管理。对中高层管理人员和特殊岗位人员，深入进行廉洁自律警示教育。加强经营审计、专项审计，降低经营风险。深入开展保密教育，保密管理进一步加强，计量、综合治理工作较好地完成了年度目标。

〔撰稿人：中国电器工业协会大电机分会王金华〕

中小型电机

生产发展情况　2014 年，中小型电机行业受工业生产增速回落影响，虽然全年生产销售总体还较平稳，行业综合经济效益略有上升，但利润总额同比下降；期末存货及产成品存货增加；订货量减少，流动资金紧张；应收应付账款仍处于高位运行。

据统计，中小型电机行业 75 家企业完成工业总产值 667.1 亿元，比上年增加 30.39 亿元，同比增长 4.8%；产品销售收入 669.1 亿元，比上年增加 20.4 亿元，同比增长 3.1%；行业实现利润 30.4 亿元，比上年减少 6.4 亿元，同比下降 17.4%。2014 年中小型电机行业 75 家企业主要经济指标见表 1。2014 年中小型电机行业经济效益综合指数前 20 名企业见表 2。

表 1　2014 年中小型电机行业 75 家企业主要经济指标

序号	指标名称	单位	2014 年	2013 年	2014 年与上年相比	
					增加额	增长率（%）
1	工业总产值	万元	6 671 222	6 367 319	303 903	4.8
2	工业增加值（含应交增值税）	万元	1 375 473	1 317 551	57 922	4.4
3	工业销售产值	万元	6 444 315	6 176 758	267 557	4.3
4	产品销售收入（不含税）	万元	6 691 217	6 487 027	204 190	3.1
5	货款实际回收额	万元	7 217 123	6 748 682	468 441	6.9
6	产品销售成本	万元	5 553 946	5 360 339	193 607	3.6
7	产品销售费用	万元	251 592	253 197	-1 605	-0.6
8	产品销售税金及附加(不含应交增值税)	万元	34 938	31 744	3 194	10.1
9	管理费用	万元	427 714	411 317	16 397	4.0
10	财务费用	万元	159 910	139 036	20 874	15.0
11	其中：利息支出	万元	154 938	131 358	23 580	18.0
12	其他业务利润	万元	42 981	34 409	8 572	24.9
13	利润总额	万元	303 961	367 778	-63 817	-17.4
14	平均流动资产	万元	6 328 480	5 885 936	442 544	7.5
15	期末资产总额	万元	9 526 709	8 874 168	652 541	7.4
16	期末负债总额	万元	5 917 728	5 658 086	259 642	4.6
17	期末产成品存货	万元	616 033	570 836	45 197	7.9
18	期末应收账款净额	万元	1 930 438	1 785 833	144 605	8.1
19	期末应付账款	万元	1 326 496	1 431 075	-104 579	-7.3
20	本年订货总量（含上年为当年订货数）	万 kW	19 344.2	18 719.7	624.5	3.3
21	从业人员劳动报酬	万元	376 603	365 938	10 666	2.9
22	从业人员平均人数	人	77 857	80 096	-2 239	-2.8
23	应交增值税	万元	215 476	181 431	34 045	18.8
24	平均资产总额	万元	9 068 707	8 529 864	538 844	6.3
25	期末所有者权益	万元	3 609 022	3 221 552	387 470	12.0

注：以上汇总数据包含上报中国电器工业协会中小型电机分会统计的大型电机和小功率电机企业。

表2 2014年中小型电机行业经济效益综合指数前20名企业

名次	企业名称	经济效益综合指数	总资产贡献率（%）	资本保值增值率（%）	资产负债率（%）
1	上海日用－友捷汽车电气有限公司	646.6	26.6	110.4	37.4
2	六安江淮电机有限公司	382.0	17.4	113.6	30.8
3	中电电机股份有限公司	363.0	13.0	213.0	24.4
4	卧龙控股集团有限公司	314.6	13.9	113.0	43.2
5	安徽皖南电机股份有限公司	313.5	18.3	101.5	57.3
6	江苏大中电机股份有限公司	309.0	17.7	105.0	45.9
7	浙江西子富沃德电机有限公司	291.1	12.0	113.4	70.3
8	山东华力电机集团股份有限公司	284.4	16.7	101.2	49.7
9	杭州新恒力电机制造有限公司	276.3	17.7	123.1	36.9
10	浙江金龙电机股份有限公司	273.0	12.0	222.5	40.8
11	江苏锡安达防爆股份有限公司	252.0	11.3	104.1	15.5
12	江西特种电机股份有限公司	233.0	6.1	205.0	13.8
13	山东华普电机科技有限公司	232.5	15.3	167.5	35.2
14	上海电气集团上海电机厂有限公司	227.4	5.1	96.9	61.4
15	南阳防爆集团股份有限公司	225.8	12.8	109.7	43.2
16	山东开元电机有限公司	210.3	10.0	136.9	47.9
17	安波电机集团有限公司	207.9	13.6	114.6	46.7
18	大连天元电机股份有限公司	207.6	4.4	90.6	53.5
19	浙江中源电气有限公司	202.7	12.2	109.8	39.1
20	浙江中龙电机股份有限公司	197.7	13.6	96.9	11.9

注：上述排名包含上报中国电器工业协会中小型电机分会统计的大型电机和小功率电机企业。

2014年，有10家盈利企业的工业增加值、电机收入及销量、回款总额、利润总额、人均收入、所有者权益6项指标实现同时增长，较上年减少了1家企业。行业期末存货增加，应收账款与上年相比，有较大增长，企业资金回笼的压力及风险仍然很大。

在75家企业中有30家企业利润同比增加（其中有2家企业扭亏为盈），占企业总数的40%；29家企业利润同比减少，占企业总数的38.67%；16家企业亏损，其中有8家企业亏损加剧、4家企业减亏、有4家企业新步入亏损。75家企业中，利润超过6 000万元的有14家，较上年同期减少3家。

2014年75家企业主要指标变化情况见表3。

表3 2014年75家企业主要指标变化情况

指标名称	变化情况	企业数（家）	占企业总数（%）
电机总产量	增产	37	49.3
销售收入	增加	33	44.0
工业增加值	增长	46	61.3
货款回收总额	增长	32	42.7
企业利润	增加	30	40.0
亏损企业		16	21.3
人均收入	增长	59	78.7
期末所有者权益	增长	52	69.3
成品存货	增长	41	54.7
负债总额	上升	38	50.7
应收账款净额	增长	44	58.7
应付账款	增长	36	48.0
利润总额超过6 000万元		14	18.7

产品分类产量 2014年小型交流电动机产量比上年增长4.9%，其中永磁电动机产量与上年相比，增幅较大，增长57.5%；大中型交流电动机产量比上年下降0.8%，其中高压电机产量下降3.6%；一般交流发电机产量同比增长29%，直流电动机产量同比下降24.1%。全行业总产量达到17 793.1万kW，比上年增长555.4万kW，同比增长3.2%。出口电机产量达到2 731.0万kW，同比下降8.9%。2014年中小型电机行业75家企业的产品产量见表4。2014年中小型电机行业产量超600万kW的10家企业见表5。

表4　2014年中小型电机行业75家企业的产品产量

序号	指标名称	2014年（万kW）	2013年（万kW）	比上年增长	
				数额（万kW）	增长率（%）
1	小型交流电动机	10 400.8	9 915.9	484.9	4.9
	其中：永磁电动机产量	319.5	202.9	116.6	57.5
2	大中型交流电动机	5 929.7	5 978.5	-48.8	-0.8
3	一般交流发电机	1 076.1	833.9	242.2	29
4	直流电动机	386.5	509.4	-122.9	-24.1
5	在总产量中：出口产品产量	2 731.0	2 997.8	-266.8	-8.9

表5　2014年中小型电机行业产量超600万kW的10家企业

序号	企业名称	总产量（万kW）
1	卧龙控股集团有限公司	1 987.2
2	山东华力电机集团股份有限公司	1 265.0
3	湘电集团有限公司	1 049.8
4	上海电气集团上海电机厂有限公司	1 027.3
5	哈电集团佳木斯电机股份有限公司	993.3
6	南阳防爆集团股份有限公司	875.5
7	六安江淮电机有限公司	858.6
8	江苏大中电机股份有限公司	810.0
9	安徽皖南电机股份有限公司	719.0
10	西安泰富西玛电机有限公司	665.0

市场及销售　2014年，电机行业大部分企业常规电机销售下滑，产成品库存增加，随着下游需求的精密化、智能化、个性化发展趋势，电机的通用性逐步向专用性方面发展，过去同一类电机在不同性质、不同场合通用的局面将被逐步打破，中小型电机行业也出现了落后产能过剩态势。

行业统计单位中有34家企业的销售收入增加，占到企业总数的44.2%；有43家企业的销售收入减少，占企业总数的55.8%；有29家企业电动机收入增加，占企业总数的37.7%，其中有10家企业永磁电动机收入增加，占15家永磁电机生产企业的66.7%；有7家企业发电机收入增加，占到行业16家发电机制造企业的43.8%。

2014年中小型电机行业销售情况见表6。2014年中小型电机行业产品销售收入突破10亿元的企业见表7。2014年中小型电机行业电动机销售收入超过10亿元的企业见表8。

表6　2014年中小型电机行业销售情况

序号	指标名称	单位	2014年	2013年	比上年增长	
					增加额	增长率（%）
1	产品销售收入（不含税）	万元	6 691 217	6 487 027	204 190	3.1
2	其中：电动机收入	万元	4 553 622	4 479 950	73 672	1.6
3	发电机收入	万元	309 729	255 418	54 311	21.3
4	总收入中：出口收入	万元	597 025	568 831	28 194	5.0
5	产品销售总量	万kW	17 564.7	17 235.4	329.3	1.9
6	其中：电动机销售量	万kW	16 334.1	16 260.8	73.3	0.5
7	发电机销售量	万kW	1 121.9	870.3	251.6	28.9
8	总销量中：出口销售量	万kW	2 693.1	2 629.3	63.8	2.4

注：电动机收入中永磁电动机收入17.74亿元，增加1.73亿元，同比增长10.8%。

表7　2014年中小型电机行业产品销售收入突破10亿元的企业

序号	企业名称	销售收入（万元）
1	卧龙控股集团有限公司	1 830 215
2	湘潭电机股份有限公司	1 264 902
3	珠海凯邦电机制造有限公司	332 157
4	山东华力电机集团股份有限公司	240 236
5	上海电气集团上海电机厂有限公司	238 188
6	南阳防爆集团股份有限公司	233 024
7	哈电集团佳木斯电机股份有限公司	204 391
8	六安江淮电机有限公司	146 029
9	上海日用友捷汽车电气有限公司	137 825
10	江苏大中电机股份有限公司	137 780
11	安徽皖南电机股份有限公司	125 650
12	西安泰富西玛电机有限公司	116 497
13	浙江西子富沃德电机有限公司	101 928

注：上述排名包含上报中国电器工业协会中小型电机分会统计的大型电机和小功率电机企业。

表8　2014年中小型电机行业电动机销售收入超过10亿元的企业

序号	企业名称	销售收入（万元）
1	卧龙控股集团有限公司	1 348 473
2	珠海凯邦电机制造有限公司	302 174
3	山东华力电机集团股份有限公司	240 236
4	南阳防爆集团股份有限公司	233 024
5	佳木斯电机股份有限公司	204 391
6	上海电气集团上海电机厂有限公司	172 198
7	六安江淮电机有限公司	146 029
8	湘潭电机股份有限公司	145 663
9	江苏大中电机股份有限公司	137 780
10	安徽皖南电机股份有限公司	125 650
11	西安泰富西玛电机有限公司	112 989

注：上述排名包含上报中国电器工业协会中小型电机分会统计的大型电机和小功率电机企业。

从行业统计数据看，对外出口缓中趋稳。出口电机销量一季度同比增长3.3%，二季度同比增长5.5%，三季度同比增长8.3%，全年累计出口电机销量2 693.1万kW，同比增长2.4%。电机出口收入59.7亿元，同比增长5.0%。在45家出口企业中，有19家企业销量增加，占比42.2%；有23家销量减少，占比51.1%。2014年中小型电机出口收入超过1亿元的企业见表9。

表9　2014年中小型电机出口收入超过1亿元的企业

序号	企业名称	出口收入（万元）	出口销量（万kW）
1	卧龙控股集团有限公司	156 666	247.8
2	安波电机集团有限公司	55 451	283.9
3	浙江金龙电机股份有限公司	49 194	351.2
4	山东华力电机集团股份有限公司	43 398	266.0
5	江苏大中电机股份有限公司	34 157	273.0
6	光陆机电有限公司	31 609	101.1
7	上海电气集团上海电机厂有限公司	25 313	105.4
8	江苏微特利电机制造有限公司	20 122	109.0
9	无锡欧瑞京机电有限公司	18 245	124.4
10	苏州德丰电机有限公司	16 866	135.0
11	江苏上骐集团有限公司	16 787	32.6
12	河北电机股份有限公司	16 704	88.5
13	文登奥文电机有限公司	14 658	71.5
14	南阳防爆集团股份有限公司	12 585	43.3
15	浙江大速电机有限公司	10 483	68.5

注：上述以电机出口收入排名。

2014年，随着国家经济结构调整的不断深入和持续，石油石化、煤炭、冶金、电力等行业在建项目缓、停较多，新建、扩建项目稀少，资金短缺，导致对电机的需求总量锐减，发货困难，资金回笼难度加大。受此影响，南阳防爆集团股份有限公司生产经营呈现产销增长乏力，库存上升，回款困难，资金占压持续增加，订货价格下滑，经济效益下降的局面。公司全年完成产量875.5万kW，与上年基本持平；产值22.27亿元，同比下降1.5%；销售收入23.3亿元，同比下降3.22%；实现利税3.63亿元，同比下降10.2%；销售回款23.43亿元，同比下降10.1%。库存184万kW，同比上升7.03%。公司为适应宏观经济增速放缓的新常态，正努力逐步由单纯的产品制造企业向制造服务型企业转型，全年完成服务产值6 424.3万元，同比增长81.14%。

2014年，哈尔滨电气集团佳木斯电机股份有限公司受市场需求大幅下滑影响，订货量持续走低，较上年同期减少151万kW，同比降低13.13%；由于市场需求发生变化，造成订货结构调整，普通电机产量较上年增加74.29万kW，同比增加19.38%，防爆电机、吊车电机产量均较上年减少，以致产能放空；订货额较上年同期减少53 599万元，同比降低17.16%；因固定资产规模大，固定成本占单位成本比重大幅升高，严重挤压利润空间；同时由于整个电机行业的产能闲置，导致电机市场价格竞争激烈，产品销售价格大幅下滑，从而导致公司主要经济指标完成情况低于上年同期。全年公司电机销量911.5万kW，同比下降16.87%；实现销售收入204 391万元，同比下降23.87%；利润总额895万元，同比下降95.34%。

浙江西子富沃德电机有限公司对外进行电梯市场细分，以产品优势维护顾客群，国内电梯客户覆盖率80%以上，并积极拓展外销市场。对内实施精益品质改进，将转子生产线线平衡率由64%提升至75%，UPPH（人均单小时产能）由2.23提升至2.5；制动器生产线线平衡率由64%提升至82%，生产节拍由1.76min/台提升至1.3min/台，大大提升了生产效率。2014年，公司实现发运永磁曳引机88 000多台，同比增加9.3%；在主营业务收入完成101 928万元，同比下降2%的情况下，实现利润总额9 310万元，比上年增长30.96%；上缴税收5 643万元。产量稳居全国电梯用永磁同步无齿轮曳引机前三甲。

江苏大中电机股份有限公司面对激烈的市场竞争，近两年通过对产品结构和用户结构的调整，退出低价的自杀性竞争，甩掉了微利甚至亏损的产品，先后开发了YX3、YE2、YE3、YB3、YBX3、PPA、PPD、NEPM、NEPX等全系列高效、超高效的高附加值产品；同时紧跟国家产业政策调整步伐，牢牢把握市场发展方向，抓住国内外市场对高效、超高效电机需求量大的契机，与耗能大户，如煤炭、石油、化工、钢铁、造纸等行业的高端客户建立了合作关系，占领了相当一部分高端客户市场。公司还利用ERP成本分析系统，找出影响产品成本的关键因素，采取措施，进一步降低成本；通过引入ERP销售、生产、采购等环节各子系统的集成，对企业的生产、库存、采购进行科学计划管理，进一步缩短了产品的生产周期，提高了企业的市场竞争力，降低了库存，减少了占用资金。2014年，公司实现销售收入137 780万元，同比增长10.04%；利润总额7 073万元，同比增长4.77%。

安徽皖南电机股份有限公司加大技改投入力度，对生产工序进行调整，设备更新，流程再造；以自身的研发实力，积极研制派生系列高效电机，如高效制动电机等；同时大力推进高效节能电机的市场开拓，为用户量身定制或针对特殊领域开发新产品，研制了2 000多个规格的非标电机；公司结合下游行业节能改造项目进行高效再制造电机替换等方面采取了一系列措施，全年产品销量达到705万kW，实现销售收入125 650万元，同比增长4.0%；利润总额6 601万元，同比增长12.6%。

六安江淮电机有限公司加大市场营销力度，针对市场逐步对高效电机认可、逐步取代普通低效电机的趋势，以上海、江苏、浙江、广东等为主要开发市场，产品方面以YE3高效电机、YVF2变频电机、YX/YXKK/YXKS高压高效电机、非标电机为主，扩大高效电机、微型电机销售，YE3高效率电机全年推广达到200万kW，基本保持了生产销售的平稳增长。2014年公司实现销售收入146 029万元，利润总额9 211万元，与上年相比，销售收入及上缴税金均有增长，利润有所下滑。

海阳市长川电机有限公司在经济增长转型和政策调整的背景下，秉承"引领高新科技、创造卓越动力"的经营理念，致力于电机行业的高新领域研究，继在木工机械市场推出封边机高速变频电机、木工加工中心和雕刻机高速电主轴、木工加工中心刀库，电火花成型机用的RTC刀库后，又接连研发推出了加工中心主轴及木工加工中心自动换刀电主轴，U形直线电机、平板式直线电机、XY轴复合传动装置及DD马达等，该公司生产的伺服电动机、主轴电机、电主轴、C轴电机部分替代了国外产品，尤其是高速电机有较大幅度的增长。2014年，公司实现销售收入7 000万元，同比增长8%。

河北新四达电机制造有限公司主营业务主要分为三部分：一是常规产品，面向破碎机、制砂机、球磨机、提升机等矿山机械制造商以及工业泵、轴流泵配套企业；二是经销类产品，主要面向石家庄本地水泵企业以及终端用户；三是维修服务，大中型电机修理与改造，以华北地区为主。2014年，矿山市场下滑严重，球磨机受到较大的冲击，面对严峻形势，公司及时调整了方向，将主要市场转到本地终端用户的电机维保和改造上，与佳木斯电机服务公司一起完成了石家庄金万泰17台大型同步电机的增安改造，并开始在大型电机节能改造和再制造上进行了业务开发，先后完成轧钢厂YR-2880kW 6kV升级改造为YR-3550 kW 10kV 的业务，以及水泥厂高压电机的改极和增容；初步开展了YXSQ破碎机专用电机、YXSL轴流泵专用电机以及YX高压电机的再制造业务，取得了一定的成效。2014年，公司完成销售收入4 566.49万元，同比增长10.27%；实现利润总额107.84万元，同比下降4.63%。

2014年，中达电机股份有限公司完成工业总产值26 888万元，比上年下降2 014万元，同比下降7%；产品销售收入23 916万元，比上年减少4 815万元，同比下降16.8%；实现利润2 191万元，比上年降低368万元，同比下降16%；期末产成品存货增多，订货量下滑；在合同总量不足的情况下，造成制造成本上升，加之市场竞争激烈，销售价格下滑进一步压缩了利润空间。

2014年，山东力久特种电机有限公司和北京毕捷电机股份有限公司成功携手，北京毕捷电机以参股方式将电动机业务包括关键设备、品牌、营销人员和技术骨干人员全部转移到山东力久特种电机股份有限公司，其所有电机产品与服务业务也将由力久电机承接，并成立了北京毕捷设计中心、北京毕捷营销中心，为力久电机提供特种电机产品的研发和应用服务，分析不断变化的市场状况。力久电机与北京毕捷电机在资本层面的深度合作，使力久电机实现了产业升级，其产品市场已逐步向泵业、水泥、矿山和压缩机等行业渗透和拓展。公司在拓展和延伸国内市场的同时，加大了国外市场的开发，先后与美国、加拿大、印度、马来西亚、越南、西班牙等国家和地区的客户建立了长期的合作关系。2014年，公司实现工业增加值5 560万元，同比增长12.14%；产品销量112万kW，同比增长40%，其中出口产品销量15.6万kW，同比增长25.8%；销售收入19 602万元，同比增长24.78%，其中出口收入1 913万元；利润总额1 026万元，同比增长28.89%。

重庆赛力盟电机有限责任公司中大型高压电机成品库存上升，全年产品销售回款36 499万元，同比下降

26.26%；电动机新增订货困难，预收货款大幅降低，销售回款出现大量承兑汇票，企业资金运作相当困难；加之公司搬迁工业园后劳动力及运输成本上升，固定资产折旧增长，财务费用大幅上升，公司成本压力剧增；公司在转型过程中新产品改进设计增多，但设计周期难以适应市场进度要求，排产难度加大，生产节奏放缓，导致产出不足与客户催货矛盾突出；除小水电外，各项主要经济指标与上年相比，均出现较大幅度的下滑。2014 年，发电机订货实物量同比增长 305%，中型电机订货实物量同比下降 22.89%，直流电机订货实物量同比下降 95.45%。全年实现主营业务收入 44 798 万元，与上年基本持平。其中，交流发电机销售收入 9 826 万元，同比增长 148.45%；交流电动机销售收入 31 295 万元，占总收入的 75.55%，同比下降 18.47%；直流电机销售收入 304 万元，同比下降 42.75%，但其占总收入的比重仅为 0.73%；在总收入中出口电机收入 3 529 万元，同比下降 15.15%。实现利润总额 2 590 万元，净利润 1 651 万元。

2014 年，西安泰富西玛电机有限公司在市场低迷的严峻形势下，全年完成产量 607 万 kW，其中大中型交流电动机产量 329 万 kW，同比增长 14.6%；直流电机产量 53 万 kW，同比增长 8.2%；小型交流电动机产量 283 万 kW，同比增长 4.4%。完成电机销量 659 万 kW，同比增长 10.57%。实现销售收入 11.65 亿元，与上年基本持平；完成利润总额 6 635 万元，同比下降 56.51%。

山东华力电机集团股份有限公司在国内经济增速放缓的情况下，进一步调整了市场战略，分析了产业链上下游行业的变化趋势，逐步改变公司的销售模式，加大了对重点用户的营销服务；在外贸业务中，分析了不同地区对电机需求的技术要求，针对新兴市场，加强了拓展和维护力度。2014 年，完成总产量 1 265 万 kW，其中小型交流电动机产量 1 103 万 kW，大中型交流电动机产量 162 万 kW，与上年同期相比均略有增长；出口电机销量 266 万 kW，出口电机收入 43 398 万元，比上年分别同比增长 8.57%、4.27%；全年实现销售收入 240 236 万元，同比增长 4.0%；利润总额 7 469 万元，同比增长 9.89%。

江西特种电机股份有限公司传统电机业务下滑较大，占比最大的起重冶金电机业务同比下降 28.7%，冶金电机等毛利率同比有所下降，致净利跌幅大于收入跌幅；锂矿业务进展低于预期，出现较大下滑；电梯扶梯电机和风力发电配套电机高速增长，毛利持续提升，全年电梯扶梯电机同比增长 39.9%，风力发电配套电机同比增长 52.0%。2014 年，公司实现营业收入 7.93 亿元，同比下降 7.26%；实现归属上市公司股东净利润 3 874.0 万元，同比下降 31.89%；扣非后净利润 2 719.4 万元，同比下降 36.85%；每股收益 0.08 元，加权平均净资产收益率 2.92%。

福建亚南电机集团有限公司作为以发电机及机组为主要产品的企业，产品主要销售于制造业、房地产、矿山等行业，这些行业的低迷对该公司国内销售量造成了一定影响。为此，公司加快了发展战略调整，一是积极创新研发，研发出了多个系列新能源汽车电机产品，并加大与配套设备厂商及整车厂商的合作力度；二是在国际市场上打出了一系列组合拳，包括扩大营销力度、设立海外办事处、设立分公司、雇佣外籍雇员，启用多种灵活付款方式、开发新的销售区域等，以确保国际市场的稳定发展。2014 年，公司完成销售额 54 000 万元，同比增长 10.2%；其中国内市场完成销售额约 5 384 万元，占全年销售额的 9.97%，国内市场中新能源汽车电机销售额完成 1 039.013 万元，占全年销售额的 1.92%；国际市场完成销售额约 48 616 万元，约占全年销售额的 90.03%，国际市场中发电机组较上一年度增长 3 200 多万销售额；实现利润总额 3 356 万元，同比增长 17.88%。

安波电机集团有限公司在相关行业需求放缓、欧元汇率波动、成本优势下降的情况下，采取了一系列有效措施，使欧洲这一主要市场出口额基本保持稳定；在东南亚、美国等地深度开拓高效电机及变频电机相关市场，公司全年出口销售额与上年相比基本持平；大力开拓国内市场，积极推出IE3高效节能电机，并根据用户需求，研发定制产品，在产业化推广应用方面取得了不俗的成绩。2014 年，完成总销量 359.49 万 kW，同比增长 6.5%；销售收入 76 967 万元，同比增长 2.6%，其中出口销售收入 55 300 万元；实现利润总额 5 397 万元，同比增长 10.0%。

在经济下行压力持续加大的形势下，兰州电机股份有限公司有效合同不足，生产增速减缓，普通电机订单明显减少，当年电机订货合同同比下降 11.6%；主导产品大中型电机销售价格在连续几年下降的基础上同比下降 2.8%，销售规模同比下降 29.9%，导致企业利润下滑。由于受限银行现金流动的影响，部分客户融资贷款困难加大，电机产成后由于客户未按合同付款无法发货，企业库存高位运行，全年货款回收同比下降 5.5%；同时，企业贷款加大，增加了财务费用，减利因素增加；另外，合同量的减少使预付款减少，造成企业流动资金紧缺，影响部分材料的采购和生产投入，生产线忙闲不均，以致制造成本上升。面对严峻形势，公司虽然采取了一系列措施，但主要经济指标未达预期目标。2014 年，公司全年累计订货 66 063 万元。完成总产量 232 万 kW，其中，大中型电机产量 161.6 万 kW，同比下降 16.7%；一般交流发电机产量 61.3 万 kW，同比增长 1.8%；小型电动机产量 6.5 万 kW，同比下降 37.5%；特种电机产量 2.6 万 kW，与上年基本持平。完成工业总产值 100 706 万元，同比下降 37.8%；工业增加值 21 107 万元，同比下降 34.7%；主营业务收入 58 756 万元，同比下降 29.9%；实现利润 678.7 万元，同比下降 38.2%；上缴税金 2 258 万元，同比增长 342.8%。

2014 年，全国电力拟建项目 422 个，总投资约 6 834 亿元。其中，火电投资占总投资额的 58%、水电占 18%、清洁能源发电占 11%、输变电占 13%。由于中小型水电投资占整个水电份额不到 10%，项目竞争更加激烈。在这样的背景下，哈尔滨电机厂（昆明）有限责任公司在哈电技术、管理、资金的支持下，全年完成水电机组订货 27 150.10

万元，同比增长 9.61%。公司在业主资金不到位、项目调整频繁、生产组织难度加大等因素的影响下，全年完成工业总产值 36 327 万元，同比下降 7.12%；工业增加值 8 623 万元，同比增长 7.65%。完成产量 172.06 万 kW，其中发电机组产量 94.04 万 kW，同比增长 27.13%；电动机产量 78.02 万 kW，同比下降 20.2%。产品销售总收入 41 907 万元，同比下降 9.35%。其中，水力发电设备销售收入 26 771 万元，占产品销售总收入 63.88%；出口 583.3 万美元，出口机组继续保持增长。公司的电动机产品随着国家对节能减排力度的加强，常规电动机价格持续处于低位，货款回收困难，全年交直流、高低压电动机销售收入 11 995 万元，同比下降 28.6%，其中出口 61.62 万美元；公司全年实现利润总额 121 万元，同比下降 20.9%。

科技成果及新产品 2014 年，行业中有 24 家企业的 25 项创新技术列入第一批国家重点推广的电机节能先进技术目录。

南阳防爆集团电气系统工程有限公司采用一体化机电系统拓扑结构和全光纤同步控制技术，匹配优化电机和变频调速装置，实现了输出谐波电压上升率和波形对电机绝缘影响的最佳控制，控制精度达到 0.01，电机损耗下降 10% 以上。相比传统变频调速技术，主要解决了在特定场合多台一体机拖动同一刚性负载的问题，尺寸更加紧凑，成本降低约 20%，线路损耗下降 70% 以上。适用于功率 160 ～ 1 000kW，电压 1 140 ～ 3 300V 的电机系统，可应用于煤矿绞车、掘进机、刮板机、皮带机和压缩机、水泵、风机等设备。在神华集团神东煤炭分公司进行 20 台总功率 10 000kW 电机节能改造，以改造完成的 500kW 一体机（单台）为例，应用到井下防爆负载运行共 3 200h，实现节电 62 万 kW・h，综合节电率达 15%。

浙江琦星电子有限公司采用 MCU（微控制芯片）+PID（比例、积分、微分控制芯片）双核结构及自主研发的传感器，实现智能快速剪线、拨线、抬压脚和高速倒回缝，可匹配 18 个系列产品，通用性强。相对传统的电机系统及控制技术，主要解决了快速定位、智能操作的问题。相比传统的摩擦片式异步电动机（离合器电机）、涡流式异步电动机（电子马达）、混合步进式电动机（变频电机），能耗降低 70%，效率提高 30%，适用于功率 0.55 ～ 1kW 低压电机系统节能改造。可应用于缝制和纺织系统 JUKL8100B-7、ZJ9703、JACK2 等设备改造。完成了中捷股份有限公司 10 万套总功率 55 000kW 伺服电动机及其控制系统改造，综合节电率达 70%，生产效率提高 30%。

浙江西子富沃德电机公司采用低速大转矩永磁同步电机直驱技术，整机体积相对有齿轮的电机减少 50%。通过优化电磁和机械方案，使电机输出稳定，运行平稳，可适配多种变频器。自主开发了静音制动器，噪声降低至 55dB。整机能耗低、使用寿命长、传动效率高、综合效率由 60% 提高到 85% 以上，且基本不用维修。与采用减速齿轮箱的异步电动机相比，综合节电率达 40% 以上。适用于功率 1.9 ～ 110kW 电梯曳引机的电机系统节能改造，可应用于工业电梯、民用住宅、医用电梯等设备。完成杭州中兴大厦电梯 3 台总功率 40kW 电机节能改造，综合节电率 40%。

山东力久特种电机股份有限公司采用高效低速大转矩永磁电机，利用无位置传感器的直接转矩控制等智能化控制技术，实现转速可在 15 ～ 200r/min 范围内无级调节，并具有防反转、记忆、保护、显示功能。通过将抽油杆、油负荷的承重及其密封等电机结构一体化设计及槽口优化，简化了原螺杆泵抽油机的机械结构，降低了成本，减少了振动和噪声，提高了运行的安全可靠性。相对传统的螺杆泵工作的方式，该系统省去了中间减速装置，成本降低了 10% 以上，系统综合节电率 30% 以上。适用于功率 5.5 ～ 55kW 低压电机系统节能改造，可应用于油田螺杆泵抽油机、油气田煤层气采气设备等。完成大庆油田有限责任公司 723 台总功率 15 906kW 电机改造，综合节电率达 30.2%，生产效率提高 15% 以上。

南车株洲电机有限公司采用自主研发的高速大功率内置式磁路转子结构及氟利昂螺旋冷却风道结构，开发了适用高速重载高压油润滑绝缘滑动轴承结构、H 级耐氟利昂耐电晕的绝缘体系，系统提升了电机制造工，电机效率达到 97.5% 以上，重量仅为同等功率传统空调电机的 1/5，成本下降 30% 以上。电机配套的空调离心机 COP（能效比）比国际目前最高水平提高 5% ～ 10%，比传统定频压缩机节能 30% 以上，而体积仅为同规格的 1/3。适用于功率 50 ～ 1 000kW，转速 0 ～ 20 000r/min，电压 0 ～ 10 000V 需要大功率高转速电机驱动的商用空调、工业制冷设备、离心式压缩机、螺杆式压缩机、机床电主轴及其他高效伺服驱动系统。400kW、12 000r/min、380V 高速永磁同步变频电机已应用于珠海格力电器股份有限公司的商用空调双级高效永磁直驱离心式制冷压缩机组，比传统定频压缩机节能 30% 以上。

上海电机系统节能工程技术研究中心有限公司采用负载与运行工况匹配技术，根据工况需求，匹配风机、水泵的输出压力和流量。采用电动机单绕组双速再制造设计技术，根据风机、水泵的输出改变电动机的转速，降低电动机的输出功率，更换定子绕组，再制造成变极双速电动机。适用于火力发电厂循环水泵、增压风机系统的节能改造。完成江苏利港电厂 600MW 机组的锅炉排烟管道脱硫系统用的 2 台总功率 4 000KW 增压风机电动机节能改造，由 12 极再制造为 12/16 极，单台节电率达 20%；浙江兰溪电厂 4 台总功率 15 200kW 循环水泵电机节能改造，由 16 极再制造为 16/18 极，单台节电率达 30%。

山东科汇电力自动化股份有限公司开关磁阻电机采用变斩波频率运行，减小了开关损耗。通过优化槽型设计，降低了杂散损耗。控制采用软斩波技术，减小 IGBT（绝缘栅双极型晶体管）的开关损耗。创新内部风道设计，提高电机的散热能力，同时减小电机体积。采用转子加固设计，可实现频繁正反转及带载起停，可去掉离合器及变速箱，简化机械结构，高效节能。实时反馈闭环运行，能量根据需求输出，减少了能量浪费。适用于功率 4 ～ 315kW，机座号 132 ～ 355 电机系统改造，可应用于电动螺旋压力机、压砖机、纺织机械、抽油机、曲柄压力机、煤矿机械等。完成在山东耐火材料有限公司王村分公司 400t 摩擦压砖机开关磁阻电机系统改造，节电率为 67.86%。

安徽明腾永磁机电设备有限公司采用新型专利结构永磁体独立励磁，无需无功补偿。转子结构的起动功能与运行功能分离，起动转矩大，配电线路电阻损耗低，没有滑环电刷的机械接触、运行可靠，在 25% ～ 120% 负载范围内能效曲线变化平缓，经济运行特性范围宽，温升降低 20K，功率因数达 0.96 以上，运行电流下降约 10%。相比电励磁同步电动机，无需汲取直流电流励磁即无励磁损耗，电机效率高，重载起动能力远高于一般电动机。适用于功率 4 ～ 1 500kW 高压或低压电机系统改造，可应用于冶金、石油、化工、电力、纺织、塑料、煤炭、建材、矿山行业的风机、泵、压缩机、机床、传输带等设备的驱动装置。完成包头钢铁（集团）有限责任公司 4# 高炉主料皮带系统 800kW 电机系统改造，综合节电率达到 20% 以上；完成唐山文丰钢厂风机系统 4 极 450kW 和 6 极 800kW 电机系统改造，综合节电率 9.6%。

江苏爱尔玛科技有限公司通过控制永磁电机气隙磁密的饱和特性，使变频调速器推定转子位置精度得到提高。采用 150℃ /5h 磁稳定工艺及高效率（IE4）、高功率因数（1.0）、高失步转矩（2.2 ～ 2.5）的设计技术，使磁损耗控制在 2.5% 以内，降低成本 4%，使永磁体不退磁，永磁电机不反转，运行可靠不失步，节电效果明显。适用于功率 5.5 ～ 55kW 纺织行业的细纱机、倍捻机和捻线机；功率 22 ～ 90kW 塑胶行业的开炼机、密炼机、注塑机；功率 5.5 ～ 200kW 水泥行业和化纤行业的搅拌机、拌料鼓；功率 22 ～ 75kW（变频调速）金属加工行业的金属拉丝机。完成贝卡尔特（中国）技术研发公司 14 台总功率 224kW 电机节能改造，综合节电率为 12%；华芳集团青纺织染有限公司 13 台总功率 240.5kW 电机节能改造，综合节电率为 15%；上海德福伦化纤有限公司 16 台总功率 88kW 电机节能改造，综合节电率为 25%。

成都伟瓦节能科技有限公司采用先进的控制策略及电机电磁和结构优化设计等专有技术，解决了开关磁阻电机转矩脉动和噪声两大技术难题，实现了良好的无级调速功能。该技术调速范围可达 25∶1，30% 的起动电流可以产生 150% 的起动转矩，3s 内可以实现快速刹车。相比传统电机技术，平均节电率达 30% 以上，可实现全闭环伺服智能控制，功率和转速可以根据工况系统进行自动调节，与工况系统匹配率达到 95% 以上。适用于功率 2.2 ～ 200kW 高压或低压的电机系统节能改造。可应用于石油抽油机、球磨机、注塑机、高铁电机、冶金辊道电机、拉丝机、新能源汽车、重卡或坦克、港口提升机、制冷设备、风力发电设备、水泵、船舶、机床、风机等设备改造。完成克拉玛依油田抽油机 4 台总功率 180kW 电机改造，综合节电率达 75%，电网因数从 0.75 提高到 0.98，平均产油量提高 30% 以上。

山东开元电机有限公司集成高效电机、变频调速控制装置及传感器技术，通过多类型传感器传导，将工况的各种参数直接传输到变频调速控制装置及控制系统，实现运行自动化。系统结构紧凑、简单，制造成本较低。相比传统的电磁调速电动机系统，综合节电率达到 15%。适用于 0.55 ～ 355kW 低压电机系统节能改造。可应用于市政水泵系统；食品行业冷冻机组、建筑行业的高压泵（注水泵、注浆泵）、纺织行业的梳理机等节能改造。该产品可替代目前大量应用的电磁调速电动机系统。完成山东诸城市外贸食品冷藏有限公司 60 台总功率 11 000kW 电机节能改造，系统运行稳定，综合节电率 15% 以上。

湖北华博电机有限公司采用定子绕组优化设计，单绕组双速接法，相比传统的双速技术，节省铜材 50%，效率高、功率因数高，可智能控制，系统匹配方便，主要解决了采用一套绕组代替传统变极电机中两套绕组的问题，且变极多速高压异步电动机设计制造技术解决了变极运行时的噪声振动等问题，生产工艺与普通高压电机基本相同。适用于 10 ～ 20 000kW 高压或低压需要分级调速的水泵、风机等电机系统节能改造，可应用于钢铁、石化、水利、矿山等行业。完成陕西泾惠渠 6 台（600/300kW，8/10 极，10kV）总功率 1 800kW 双速潜水电机节能改造，综合节电率 30% 以上。

2014 年 8 月 11 日，受科技部火炬中心的委托，上海市科委组织专家对上海电机系统节能工程技术研究中心有限公司承担的“中小型电机及系统技术创新服务平台”项目进行了验收评审，该项目的建设拟在针对行业急需的高效节能、专用电机及电机测试系统等开展技术研究，攻克中小型电机系统技术难题，开发具有自主知识产权的新一代中小型电机及系统，向行业内大面积推广、辐射，打造一流的工程技术研发及推广服务平台。项目建设两年来，已累计服务企业 497 家、1 200 家次以上，开展公益培训 52 次 3 000 多人次，加快了电机行业传统产品的更新换代，为电机系统能效提升提供了重要支撑。

由上海电机系统节能工程技术研究中心有限公司承担的“电机系统能效测试评估技术服务能力提升”项目，通过了上海市科委组织的专家验收，专家对平台建设成果进行了充分肯定，并给予高度评价。经过综合评定，专家组一致同意项目通过验收。公司承担的“典型负载电机系统匹配及效率优化技术成果产业化”项目，通过了工业和信息化部科技司组织的专家验收，该项目完成了风机、水泵、压缩机专用三相异步电动机六个系列产品（高效、变频调速），风机、水泵、压缩机专用电机节能变频控制装置三个系列产品的开发及产业化基地建设，验收组一致同意项目通过验收，并给予优秀评价。

河北新四达电机制造有限公司与河北科技大学产、学、研合作项目“大中型高压电机安全运行关键检测技术的研究”获得了河北省科学技术成果鉴定证书（省级编号20140803）。该项目对影响大中型高压电机安全运行的各项参数，通过采集到的信号处理，实时反馈用户，提高电机系统运行的安全性，通过信号处理机特征信息比对，推断电机的故障怀疑点，研究大中型高压电机自动在线检测技术。公司与沈阳工业大学合作研发的“直驱式球磨机专用高压永磁同步电机”为2015年高新技术领域市级科技支撑计划项目，该项目运用低速大扭矩起动、永磁直驱磨盘等多项发明专利完成了永磁半驱和直驱两代不同驱动方式的同步电机设计和试制，已取得突破性进展，目前半驱式球磨机专用永磁电机样机已投产试制，电机正处于技术指标性能、数据比对阶段，而直驱式球磨机专用永磁电机前期设计已经完成，依据半驱式试制结果再进行调整和投产试制。该产品投入使用后，可以提高系统的整体效率，减少占地面积，系统运行更加安全可靠，稳定，减少无功损耗，提高功率因数，增加系统变压器容量，技术水平可达到国内领先。2014年，公司再制造产品技术验证阶段中申报的一种单相低压地轨车车轨、一种可防止轴承蠕动的轴承室结构、一种高压电机密封盖板、一种中大型电机硬线绕组快速起线装置等获得实用新型专利授权。

山东华力电机集团股份有限公司与北京航空航天大学产学研合作项目“大功率高速高能量密度永磁电动机 ”（形成功率30～315kW，转速30 000～60 000r/min的全系列新产品的产业化项目）列入2010年国家重大科技成果转化项目以来，已研发出1.1kW、2.2 kW、4 kW、30 kW、100 kW、315 kW等10多个产品样机，产品性能初步达到了设计要求，目前正在进行进一步的优化设计，并结合风机水泵进行一体化设计。公司自主研发的YVF3系列变频调速三相异步电动机获得威海市科技进步二等奖。

安徽皖南电机股份有限公司承担的安徽省产业技术攻关项目“年产1 500台新能源汽车动力用电机”，系研制90kW、100kW新能源汽车大功率驱动电机项目，该项目已通过省级验收，产品满足纯电动大巴车驱动动力；公司列入安徽省高节能电机高技术研究重点实验室项目，按计划完成了超高效电机的研制，该实验室可对外开放，承担社会上其他企业的需求；公司自主研发的YE4-160超超高效异步电动机，能效等级达到GB 18613—2012标准的1级能效值。

安徽明腾永磁机电设备有限公司的屏蔽磁性粉尘的装置、稀土永磁同步电机、一种基于紊流原理的热交换风管、永磁电机转子铁心、稀土永磁电机转子结构等2014年获得国家实用新型专利授权，用于永磁电动机的转子冲片和转子，于2015年获得发明专利授权。

江西特种电机股份有限公司自主研发的“YB2系列高压隔爆三相异步电动机”“一种用于电机的复合磁钢技术”两项科技创新成果，分别获得2014年宜春市科技进步二等奖、技术发明三等奖。其中，“YB2系列高压隔爆三相异步电动机”采用的新型接线盒结构简单，隔爆效果好，安全可靠；绕组采用少胶绝缘工艺，降低了损耗；座机上有4个通风道，可以更好实现通风散热。该项目作为一种高效、节能环保的电动机，是国家节能产品推广项目之一，广泛应用于煤矿、石油、化工、矿山、电力机械、食品等具有爆炸性气体环境的危险性工作场所，有效提高了生产安全指数。“一种用于电机的复合磁钢技术”通过增设特殊薄膜层缓解了电机在起动和频繁正反转时施加在磁钢上的交替作用力，使得磁钢得到较好的保护，提高了磁钢的抗震强度；同时，通过设于磁钢表面的特殊钢板可以避免强磁场作用下所引起的涡流损耗对磁钢产生的不利影响，对磁钢起到一定的保护作用。公司的“一种防爆电机的引线安全连接装置”等8项技术获得了实用新型专利授权。

西安泰富西玛电机有限公司的“YQD630-10/990一级齿轮传动的三相异步电动机”项目，获得2014年陕西省科技进步三等奖。该项目电动机作为EPC-8000型万吨级智能电动螺旋压力机的驱动动力，对一级齿轮传动的电动螺旋压力机的研发成功具有重大意义。公司的“一种带套的电机轴承装置”获得发明专利授权，“一种兼具导磁的散热筋”等22项技术获得实用新型专利授权，“一种电机机座”获得外观专利授权。

福建亚南电机集团有限公司2014年度承担的国家创新基金项目“小型单相铝壳同步发电机”与“纺织高效稀土永磁同步电动机”均完成项目验收，各项指标达到预期目标，项目产品投产后均带来了良好的经济社会效益；承担的福建省科技重点项目“全数字驱动SLPS系列交流永磁同步伺服电机和SLPW系列异步主轴电机”完成项目验收，该项目的完成为该公司2015年度新承担的“大功率永磁伺服驱动电机的研发及产业化”项目奠定了基础；公司参与编制的“小型单相同步发电机技术条件”JB/T 11817—2014与“小型无刷三相同步发电机技术条件”JB/T 11816—2014标准，被列入行业标准；承担的国家级“863”科研项目“千瓦级燃料电池与太阳能电池互补的供能系统”中的子项目“燃料电池备用应急电源系统的中试规模制造及运行”实施时间为2012年至2015年，该项目目前处于产品小批量推广阶段；承担的福建省重大专项先进装备与制造技术领域“高性能伺服电机及高精度控制系统的研发及产业化”项目实施时间为2012年9月至2015年9月，该项目目前处于大批量投产阶段，已为企业带来600多万元的经济效益，市场前景良好，产品利润空间大。

重庆赛力盟电机有限责任公司的“中小型混流式水轮发电机组关键技术研发及产业化”和“基于提高高压电机功率密度的绝缘结构（系统）研究”列入2014年重庆市技术创新项目指导计划，其中“中小型混流式水轮发电机组关键技术研发及产业化”项目结合出口土耳其水轮发电机SFWE-W6183-12/2600 6300V机组设计，配套水轮机型号为HLA551-WJ-120，在卧式大转轮机组技术上取得了突破；“基于提高高压电机功率密度的绝缘结构（系统）研究”项目对高压定子线圈第四次减薄绝缘工艺进行了研究，该工艺目前处于国内领先水平，目前已批量运用在中心高H355～560上，能提高电机效率0.5%～1%，降低电机材料成本5%～8%。公司的“高效率电动机研发与产业化”列入2014年重庆市应用开发计划项目，该项目采用Y3系列冲片槽形，在不增加模具投入的基础上，完成了低压二级能效电机的全系列开发，对比行业联合设计3级能效电机，约降低30%的材料成本。

2014年11月，山东力久特种电机股份有限公司自主研发的“TYPL系列永磁变频螺杆泵专用电机系统”荣获山东省优秀新产品二等奖。该系统采用立式空心轴高效永磁变频电机直接驱动螺杆泵的螺杆工作，去掉了减速机部分，减少了能耗、降低了维修成本，是在电力电子器件、计算机技术、稀土永磁材料不断发展的基础上研发的一种新型一体化产品。“KYGJ系列空气压缩机专用高效电机系统”荣获山东省优秀成果一等奖。该系统根据空气压缩机的特点，能承受不定期短时过载的要求，具有效率高、转矩大、起动性能好、噪声低、振动小、运行安全可靠等优点，节能效果显著，整体技术水平达到了国内领先。

哈尔滨电机厂（昆明）有限责任公司顺利通过高新技术企业备案；YQD系列汽车电机成功申报云南省省级立项；YE3系列高效电机66个规格的产品设计完成，并通过了样机性能测试及节能认证生产现场检查，其中24个规格已完成样机试制并转入小批量生产销售；Y2X系列电机共55个规格产品全部完成换代升级并投产；400kW永磁无刷直流电机的研制完成，并通过了长达12h的连续功率试验。

安波电机集团有限公司研发的MSE3/YE3超高效三相异步电动机产品，列入福建省2014年科研项目，得到福建省经信委80万元的扶持补助，该产品通过国家节能产品认证，入围节能惠民工程高效电机推广目录。

兰州电机股份有限公司的“前端调速式风电机组设计制造关键技术研究”(机组型式：水平轴 上风向 三叶片，额定功率2 000kW，功率调节方式为全变桨、WinDrive液力变矩，并网类型为同步发电机直接耦合，风轮直径93m，轮毂中心高度100m，额定风速11.2m/s，切入风速4.5m/s，切出风速25m/s，额定风轮转速16.35r/min)，“前端调速设计制造技术”“前端调速同步式风电机组并网技术研发”等三个项目列入国家“863”计划项目。公司承担的“1MW变速恒频双馈风力发电机组及其试验平台”和“甘肃省风电成套工程技术中心”项目通过了甘肃省科技厅组织的项目验收。

浙江西子富沃德电机有限公司列入杭州市工业企业信息化应用项目“质量提升与物流追踪系统”总投资500万元，采用应用管理软件和自动检测设备进行检测，取代传统的检测记录形式，同时引入条码/RFID技术，通过条码实现领用、借用、盘点、报废管理，检定周期提醒，扭力扳手等的每天校验等功能，达到所有的信息可追溯，2014年，该项目完成投入使用。列入浙江省工业新产品项目的“GETM70C曳引机”（10m/s），载重2 000kg，速度10m/s，填补了国内空白，打破了外资品牌在超高速曳引机市场的垄断，树立了中国自主品牌在超高速曳引机领域的地位，该项目申请专利3项，其中发明专利1项。公司与浙江工大学、浙江省特种设备检验研究院共同筹划的面向产业联盟的特种设备云设计服务平台关键技术研究及其应用项目被列入2014年度省重大科技专项计划项目，项目总投资1 155.38万元，预计2017年9月完成。LION永磁同步无齿轮曳引机荣获临安市科学技术进步奖三等奖。2014年，公司申请专利20项，其中发明专利5项，实用新型专利12项、外观专利3项。授权专利17项，其中实用新型专利13项、外观专利4项。

哈尔滨电气集团佳木斯电机股份有限公司的重大技术装备研制及重大技术攻关项目主氦风机研制工作处于技术设计阶段，目前已完成了清华电磁轴承结构试验样机的抱轴故障修复和现场组装调试，确定了模拟叶轮配重盘拆装方案和进口电磁轴承跌落用加载器技术方案，完成了进口磁轴承工程样机装配，结合样机试制，将对关键技术攻关成果进一步验证，最终完成主氦风机零部件工程图纸及相关技术文件；中海石油炼化有限责任公司惠州炼油二期2 200万t/a改扩建及100万t/a乙烯工程、400万t/a渣油加氢装置用TZYW/TAW10000-20/3250正压外壳型/增安型无刷励磁同步电动机技术方案，于2014年9月通过了由中国机械工业联合会组织的专家评审，此同步电机是目前国内单机功率最大的低速防爆同步电机。公司承担的黑龙江省高新技术产业化专项资金项目——NEMA高效变频三相异步电动机项目通过省科技厅的验收。通过该项目的实施，企业在高效节能电机产品的电磁设计方法、特有的降低杂耗的工艺方法等关键技术上实现了突破。企业总体经济指标超过了合同规定的指标。项目产品经济指标完成了修订后的合同经济指标。通过项目的实施，企业高效节能电机的产能得到了大幅提升。列入黑龙江省科技项目计划的“大型隔爆型三相异步电动机研制项目”已研制完成，待鉴定验收。2014年8月，TZYW/TAW7800-18正压外壳型/增安型无刷励磁同步电动机获得黑龙江省科技进步三等奖。

2014年，受河南省科技厅委托，南阳市科技局组织有关专家对南阳防爆集团股份有限公司承担的省级科技项目——高温、高压、高湿环境用低压电机绝缘体系研制项目和14 500～31 500kW 4P超大容量高压三相异步电动机项目进行了成果鉴定，产品分别达到国内领先和国际先进水平。公司承担的国家级科研项目“节能环保型轻型发电机关键技术联合研究项目”已于2014年底完成，正在准备验收；列入河南省省级科研项目“IE4超超高效三相异步电动机关键技术研究及产业化项目”，截至2014年底已经完成了典型规格样机的试制工作。

2014年9月，南昌康富电机技术有限公司承担的“840kW钢轨打磨列车专用发电机”“H315八极复合励磁电机”“W4T系列十二线高效励磁发电机”和“H250六极谐波励磁发电机”4项省级新产品项目通过由江西省科技厅及省工信委组织技术鉴定，与会专家对以上4个项目采用的先进技术给予了高度评价。其中，“840kW钢轨打磨列车专用发电机”“H315八极复合励磁发电机”两项产品被鉴定为国内领先水平；“W4T系列十二线高效励磁发电机”“H250 六极谐波励磁发电机”被鉴定为国内先进水平。

2014 年，重庆德马变频电机研发制造有限公司自主研发的一体化风洞被中国人民解放军总装备部评为“武器装备科技进步三等奖”；公司技术中心被重庆市人民政府认定为“省级技术中心”。

质量 按国家质量监督检验检疫总局 (2014) 国监任字第 02096 号、02097 号、02098 号产品质量国家监督抽查委托书要求，国家中小电机质量监督检验中心、辽宁省产品质量监督检验院和福建省产品质量检验研究院于 2014 年 4—7 月共同承担了 2014 年三相异步电动机产品质量国家监督抽查工作。

此次抽查工作重点是检查电机行业产品整体质量状况，电机安全及能效标准的执行情况，跟踪上次（2011 年）抽查中 31 家不合格企业及其产品现状。抽查企业所在地区涉及北京、天津、河北、山西、辽宁、上海、江苏、浙江、安徽、福建、江西、山东、河南、湖南、广东和陕西等 16 个地区，实际抽查了 96 家企业的 96 批次产品，约占全国同类生产企业的 10%。经检测，有 75 家企业的 75 批次产品合格，21 家企业的 21 批次产品不合格，抽查企业合格率和产品合格率均为 78.1%。

此次抽查电动机产品的依据标准主要有 GB 755—2008《旋转电机 定额和性能》、GB 197—2006《旋转电机 线端标志与旋转方向》、GB 10068—2008《轴中心高为 56 mm 及以上电机的机械振动 振动的测量、评定及限值》、GB 10069.3—2008《旋转电机噪声测定方法及限值 第 3 部分：噪声限值》、GB 14711—2013《中小型旋转电机通用安全要求》、GB 18613—2012《中小型三相异步电动机能效限定值及能效等级》、GB/T 1032—2012《三相异步电动机试验方法》、GB/T 10069.1—2006《旋转电机噪声测定方法及限值 第 1 部分：旋转电机噪声测定方法》。其中，GB 14711—2013、GB 18613—2012 和 GB/T 1032—2012 三项标准是此次监督抽查所依据的新版标准，三项标准分别涉及安全、能效指标以及能效测试方法。

在被抽查的 96 家企业中，有 11 家大型企业、30 家中型企业、55 家小型企业，分别占抽查企业总数的 11.5%、31.2% 和 57.3%，合格率分别为 100%、90.0% 和 67.3%。按生产企业规模统计的企业及产品合格率见表 10。

表 10 按生产企业规模统计的企业及产品合格率

企业规模	抽查企业数（家）	合格企业数（家）	企业合格率（%）	抽查产品数（种）	合格产品数（种）	产品合格率（%）
大型	11	11	100.0	11	11	100.0
中型	30	27	90.0	30	27	90.0
小型	55	37	67.3	55	37	67.3
合 计	96	75	78.1	96	75	78.1

此次抽查按检验项目统计，有 26 家企业的产品涉及安全指标不合格项，有 8 家企业产品涉及环保指标的项目不合格，有 12 家企业产品涉及能效指标项目不合格，按照三类项目属性，其合格率分别为 72.9%、91.7% 和 87.5%。其中，有 15 家企业的产品有一类以上属性的项目不合格。按检验项目统计的合格率见表 11。

表 11 按检验项目统计的合格率

<table>
<tr><th>序号</th><th>检测项目名称</th><th>检测数（家）</th><th>合格数（家）</th><th>合格率（%）</th><th>检测项目属性</th><th>检测数（家）</th><th>合格数（家）</th><th>合格率（%）</th></tr>
<tr><td>1</td><td>旋转方向</td><td>96</td><td>87</td><td>90.6</td><td rowspan="11">安全</td><td rowspan="11">96</td><td rowspan="11">70</td><td rowspan="11">72.9</td></tr>
<tr><td>2</td><td>接线盒及接线装置</td><td>96</td><td>96</td><td>100</td></tr>
<tr><td>3</td><td>接地</td><td>96</td><td>85</td><td>88.5</td></tr>
<tr><td>4</td><td>引线防护</td><td>96</td><td>94</td><td>97.9</td></tr>
<tr><td>5</td><td>接线端子</td><td>96</td><td>96</td><td>100</td></tr>
<tr><td>6</td><td>定额试验</td><td>96</td><td>94</td><td>97.9</td></tr>
<tr><td>7</td><td>热试验</td><td>96</td><td>94</td><td>97.9</td></tr>
<tr><td>8</td><td>接触电流</td><td>96</td><td>96</td><td>100</td></tr>
<tr><td>9</td><td>绝缘电阻</td><td>96</td><td>96</td><td>100</td></tr>
<tr><td>10</td><td>介电强度试验</td><td>96</td><td>96</td><td>100</td></tr>
<tr><td>11</td><td>机械强度试验</td><td>96</td><td>96</td><td>100</td></tr>
<tr><td>12</td><td>振动的测定</td><td>96</td><td>89</td><td>92.7</td><td rowspan="2">环保</td><td rowspan="2">96</td><td rowspan="2">88</td><td rowspan="2">91.7</td></tr>
<tr><td>13</td><td>噪声的测定</td><td>96</td><td>95</td><td>99</td></tr>
<tr><td>14</td><td>效率测定</td><td>96</td><td>84</td><td>87.5</td><td>能效</td><td>96</td><td>84</td><td>87.5</td></tr>
</table>

按照三相异步电动机监督抽查项目的性能属性：安全、环保和能效三类项目统计，其不合格占比分别为56.5%、17.4%和26.1%。按安全、环保和能效三类项目统计的不合格占比情况见表12。

表12 按安全、环保和能效三类项目统计的不合格占比情况

序号	检验项目	检测项目属性	不合格批次	不合格占比(%)
1	旋转方向	安全	26	56.5
2	接地			
3	引线防护			
4	定额			
5	热试验			
6	振动的测定	环保	8	17.4
7	噪声的测定			
8	效率	能效	12	26.1

从2014年抽查的效率检测结果数据，对照GB 18613—2012标准进行统计分析，可以发现，抽检样品中达到新版标准3级能效指标的批次数占到全部抽查批次的87.5%，而且其中有39.6%的样品已经达到2级能效水平。全部抽查样品中仅有12.5%未达到标准规定的3级能效限定值，效率判定为不合格。抽查样机的能效指标达标情况见表13。

表13 抽查样机的能效指标达标情况

项目	2011年依据GB 18613—2006标准抽查达标率(%)	2014年依据GB 18613—2012标准抽查达标率(%)	备注
未达3级能效标准	2.7%	12.5%	根据GB 18613—2012标准，3级能效指标为最低；1级能效指标为最高
达到3级能效标准	77.0	47.9	
达到2级能效标准	19.4	39.6	
达到1级能效标准	0.9	0	
合计	100	100	

近三年，国家质检总局于2011年2季度组织进行了三相异步电动机产品质量国家监督抽查工作，共抽查112家企业的112批次产品，经检测，有81家企业的81批次产品合格，企业合格率和产品合格率为72.3%。主要不合格项目有标识标志检查、振动和噪声、引线防护、绝缘电阻、旋转方向、保护接地，接线标志接线图、发热、效率和功率因数、堵转电流。

2014年与2011年第2季度三相异步电动机产品质量国家监督抽查结果相比，抽查的合格率上升了5.8%。

自1986年起国家对中小型电机产品实施监督抽查以来，三相异步电动机产品的监督抽查已经进行19次，抽查的平均合格率为64.3%，2014年抽查合格率为78.1%，比平均合格率高13.8%。

2014年，南阳防爆集团股份有限公司、江苏大中电机股份有限公司、安徽皖南电机股份有限公司、德州恒力电机有限责任公司等4家企业的中小型三相异步电动机（分别为4个规格）被列入工信部发布的《“能效之星”产品目录（2014年）》。

由南阳防爆集团研制、生产的采用云南铜业压铸科技公司提供铸铜转子的超高效铜转子电机在第三届SEAD（Super-efficient Equipment and Appliance Deployment）全球超高效电机能效大赛中，经过全球30多家电机制造企业的激烈竞争，获澳大利亚和北美地区的两项国际大奖，并获全球唯一“SEAD国际效率奖章”。

经河南省南阳市质量技术监督局初审、荐意，河南省名推委认定，南阳防爆集团股份有限公司“CNE”牌防爆电机、防爆风机、轻型发电机均符合名牌产品条件，达到认可标准要求，被授予“河南省名牌产品”荣誉称号，并颁发了证书。

标准 经国家标准化管理委员会批准，由全国旋转电机标准化技术委员会组团，小电机分标委会广州威凯认证检测有限公司、卧龙电气集团股份有限公司、浙江金龙电机股份有限公司、哈尔滨大电机研究所等6名代表作为中国代表团参加了于2014年9月15—19日在芬兰赫尔辛基召开的IEC/TC2大会（Plenary）及WG12、WG28、WG31工作组会议。

IEC/TC2大会主要介绍了自2012年在日本召开大会以来发布的标准数、开展的标准制修订情况及工作重点（依然为高效、节能、及效率测试方法等标准的制修订）；讨论了TC2近年的战略，对电机领域的标准化发展进行了规划。该会议议程之外，增加了3项内容，分别由日本、中国和美国就三项新工作项目提案进行介绍。其中，中国代表团的新工作项目提案为《水轮发电机基本技术要求》，由哈尔滨大电机研究所孙玉田教授级高工向大会做简要介绍，这是中国代表团首次提案建议。

WG12工作组会议重点讨论了IEC 60034-1《旋转电机定额和性能》、IEC 60034-12等基础标准，对CD文件反馈意见进行了逐条讨论，并形成新的CD文件进一步征求意见。

WG28工作组会议重点讨论了IEC 60034-2-3《确定变频电机效率和损耗的试验方法》标准，该标准与WG31工作组正在制定的交流变速电机的能效分级标准密切相关，因此决定在2015年1月，WG28和WG31将召开联合工作组会议，共同进行讨论。这两项标准是国际上共同关注的标准，也是当前国内电机行业非常关注的重点标准，对行业影响较大。

WG31工作组会议重点讨论了IEC 60034-30-2《交流变速电机能效分级，IE代码》，会议仅就第一版CD文件发布后反馈的共性问题及部分国家和实验室所做的实验进行了介绍及讨论。由于难以达成共识，会议就争议较大的测试点、权重、标识等问题，决定由各国代表回国后进一步进行样机试验及征求各国国家委员会的讨论意见。

2014 年 11 月 23—26 日，全国旋转电机标准化技术委员会七届三次年会在昆明召开。会议总结了旋标委 2014 年标准的制（修）订、新标准的宣贯培训、IEC 文件回复及参与 IEC 国际标准化活动等方面的工作；审查了 GB/T 17948《旋转电机　绝缘结构功能性评定　总则》等 6 项国标和 JB/T 10315.2《高压三相异步电动机技术条件　第 2 部分：YKK、YKK-W 系列 (机座号 355 ～ 630)》等 7 项行标；提出了 2015 年准备上报的标准制修订计划。2014 年中小型电机行业相关标准见表 15。

表 15　2014 年中小型电机行业相关标准

序号	标准号	项目名称
批准发布的国家标准		
1	GB/T 12974.2—2014	交流电梯电动机通用技术条件 第 2 部分：永磁同步电动机
批准发布的行业标准		
1	JB/T 10444—2014	Y2、YX2 系列高压三相异步电动机技术条件及能耗分级（机座号 355 ～ 560）
2	JB/T 10445—2014	YR 系列 10kV 绕线转子三相异步电动机技术条件（机座号 450 ～ 630）
3	JB/T 10446—2014	Y、YX 系列 10kV 三相异步电动机技术条件及能耗分级（机座号 450 ～ 630）
4	JB/T 7118—2014	YVF2 系列（IP54）变频调速专用三相异步电动机技术条件（机座号 80 ～ 315）
5	JB/T 11816—2014	小型无刷三相同步发电机技术条件
6	JB/T 11817—2014	小型单相同步发电机技术条件
7	JB/T 11818—2014	电机产品型号编制方法
8	JB/T 11819—2014	高效率三相异步振动电机　技术条件 (激振力 0.6 ～ 250 kN)
9	JB/T 11820—2014	内馈斩波交流调速电机系统　技术条件
上报立项的国家标准		
1	变频器供电交流感应电动机确定损耗和效率的特定试验方法	
2	用于电力传动系统的交流电机 - 应用导则	
3	在线运行的交流电动机效率分级（IE 代码）	
上报立项的行业标准		
1	TYCKK 系列（IP44）高效高压永磁同步电动机　技术条件	
2	TYC 系列（IP23）高效高压永磁同步电动机　技术条件	
3	YE3 系列（IP23）三相异步电动机技术条件（机座号 160 ～ 355）	
4	三相异步电动机再制造技术规范	

2014 年，GB/T 22670—2008《变频器供电三相笼型感应电动机试验方法》获中国机械工业科学技术奖二等奖，GB/T 28562—2012《YVF 系列变频调速高压三相异步电动机技术条件（机座号 355 ～ 630）》和 GB/T 28575—2012《YE3 系列（IP55）超高效率三相异步电动机技术条件（机座号 80 ～ 355）》获电工标准正泰创新奖二等奖，GB/T 28575—2012《YE3 系列（IP55）超高效率三相异步电动机技术条件（机座号 80 ～ 355）》获上海市标准一等奖。

基本建设及技术改造　福建亚南电机集团有限公司 2014 年度投入技术更新改造资金 1 700 万元，主要用于生产流水线的智能改造以及测试试验平台新设备的购置。

2014 年，安波电机集团有限公司总投资 7 227 万元，其中基本建设投资 5 213.42 万元，技术更新改造投资 2 013.58 万元，主要为缓解生产瓶颈和新产品研发，在上海浦东征地 13 320m²，新建厂房及购置先进机械设备等。

江苏大中电机股份有限公司的超高效三相异步电动机扩产节能技术改造项目总投资 3 000 万元，其中固定资产投资 2 600 万元。购置自动嵌线流水线、数控车床、压力机、XY 伺服 UV 步进线切割机等国产设备 120 台（套），改建厂房 2 000m²。项目竣工投产后，年新增超高效三相异步电动机产量 55 万 kW，新增销售收入 13 000 万元，新增利润 1 410 万元，新增税金 930 万元，创汇 400 万美元。目前该项目已顺利竣工投产。

2014 年，安徽皖南电机股份有限公司固定资产投资 3 200 多万元，其中基本建设投资 1 395 万元，新建了 6 000 多 m² 的生产厂房，完成了试制车间、综合车间、转子车间、冲压车间等改造搬迁；技术更新改造投入 1 805 万元，购入各种生产加工、检验测试设备 127 台（套），其中采购3条自动嵌线生产线，完成调试并投入试生产。

六安江淮电机有限公司技术更新改造投入2 030万元，其中投入500万元，进行H280～355定子绝缘连续沉浸、固化生产工艺改进，减少漆渣产生、废气排放；投入600万元引进3条定子自动嵌线生产线；投入930万元进行定子数控冲制工艺改造，引进数控冲床，并对原来设备加装自动送料、捋料装置，实现了质量提升、提高工效、强化安全性的目标。

西安泰富西玛电机有限公司计划投资人民币20亿元，用于大中型电机扩建项目，初步设定产能1 000万kW/a，已在西安兵器工业园征地266 400 m^2。2014年完成冲压分厂从胡家庙整体迁建至西安经开区明光路公司本部；技术更新改造投资1 500万元，主要购置防爆电机测量、试验、生产设备，解决防爆电机生产的瓶颈；购置大型复杂模具加工中心、数控拉型机、数控涨型机、数控绕线机、数控加工中心，提高电加工技术能力和机加工水平；对喷漆、废水处理系统实施改造升级。

海阳市长川电机有限公司固定资产投资900万元，其中基本建设投资400万元，完成了新办公楼建设，对重点车间地面进行了处理；技术更新改造投资500万元，引进了5台加工中心，设计并改造了重点设备的工装，理顺了工艺流程，提高了劳动生产率。

2014年，重庆赛力盟电机有限责任公司固定资产总投资5 098万元，其中基本建设2 098万元，完成公司二期一号厂房建设；技术更新改造3 000万元，其中投资1 200万元，对电机铁心制造工艺布局及工艺流程进行了研究和改进，配置数控慢走丝线切割加工设备，提高冲片模具制造质量，以减小冲片毛刺，对普通高速冲槽机数控化改造，通过生产线新工艺的设计及技术改造，提高了电机定转子冲片质量及铁心槽形整齐度，降低了生产成本，稳定了产品质量；投资500万元，对零部件机械加工进行数控化、专机化改造，新增数控车床、数控专用钻床、悬臂吊、4m数控专机等设备，提升了零部件及水电产品异型曲面零件加工能力和效率；投资600万元，对电机定转子线圈制造进行数控化改造，新增机器人包带机、数控绕线机、数控包带机等专机设备，实现高压定子线圈数控化加工，新增磁极线圈数控扁绕机，提升水电产品大型磁极线圈制造质量；投资300万元，实施行车地控改造，同时新增半龙门、龙门行车，提高零件周转频率；公司还对电机总装工艺布局等进行优化调整。

山东华力电机集团有限公司在荣成市经济开发区工业园建设华力电机高端产业园（集团新总部），总占地面积200 466 m^2，总投资15 300万元，主要建设高能量密度电机、高效电机研发中心、中试基地和生产与测试中心，总建筑面积12万m^2。2014年，完成固定资产投资4 950万元，其中基本建设投资4 720万元，技术更新改造投资230万元，完成了10 000 m^2办公楼、10 000m^3职工综合楼、10万m^2的生产车间的基础建设。

河北新四达电机制造有限公司2014年完成一期25 000 m^2大型高压电机联合厂房和高压电机检测中心的建设，新增4m立车、4m高压真空浸漆设备、抛丸机、水幕除尘设施、1 250kW全数字型式试验设备等，完成投资6 000余万元，目前设计产能为300万kW/a，销售及服务产值可达到30 000万元。

南阳防爆集团股份有限公司2014年基建与技改投资项目计划共计458项，投资额11 833万元。截至2014年12月底，实际完成373项，占项目计划数的81.44%；完成投资额2 994万元，占项目计划投资额的25.3%，其中基本建设投资945万元，技术更新改造投资2 049万元。公司的“大型防爆电机专业化生产中心建设项目”，规划用地570 096 m^2，计划总投资24亿元。项目一期工程占地273 240m^2，计划投资11亿元，建设科研办公大楼、现代化厂房13.5万m^2。目前已经完成12台（套）价值9 700万元的设备招标采购工作（其中进口设备6台）。

2015年3月份，卧龙控股集团收购南阳防爆集团60%股份，为引进国际一流电机企业的先进工艺技术和先进的管理理念，打造世界领先的数字化、精益化、绿色节能化的新型现代化企业，按照卧龙集团的整体部署，该项目的工艺规划及厂房设计正在进行调整和优化，预计工程建设在2015年6月底将全面展开。

哈尔滨电气集团佳木斯电机股份有限公司2014年完成固定资产投资21 936万元。其中核用电机技术改造项目完成投资504万元，该项目截至2014年末累计完成投资18 258万元，其中土建3 783万元，设备12 662元，安装1 046万元，其他767万元；项目新建厂房已完工验收；VPI真空压力浸漆设备、磨床等部分设备已完工验收并投入使用。天津佳电基地建设项目投资7 568万，该建设项目已备案，并取得了相关规划、用地审批和施工许可，完成了施工单位总包方招标。苏州佳电基地建设项目投资12 810万元，该项目办公楼、倒班宿舍、职工食堂、联合厂房、船用厂房、主要设备安装调试、厂区绿化、照明监控设施已基本完成。其他项目技术更新改造投资1 054万元。

兰州电机股份有限公司2014年度重点项目计划投资99 000万元，实际完成投资99 111.7万元，占计划投资的100.1%。其中：入园新区项目计划投资90 000万元，实际完成投资90 135.3万元，科研办公楼、倒班楼、风电厂房、半成品库及外购件库、大中型电机厂房、成品包装厂房及配送中心、小型发电机联合厂房、冲剪联合厂房、理化计量检测中心、中心变配电站等主体工程已全部完工；民勤49.5 MW试验风电场项目计划投资9 000万元，实际完成投资8 976.4万元，在民勤49.5 MW试验风电场安装25套风力发电机组的计划，现已完成现场安装22套，其余的3套机组将于2015年全部完成并网发电。

浙江西子富沃德电机有限公司以SHA相关条款为指导，对转子生产线和制动器生产线实施了改进。通过面条图分析布局改进，通过时间分析找到瓶颈工序，有针对性地进行设备自动化改造，工装工具调整，工位拆分重组等，运用IE相关手法及工具实施了一系列现场改进，实现相关流程的标准化和制度化，提高了生产柔性，提升了公司适应市场变化的能力。2014年，公司技术更新改造投资1 115万元。

2014年3月8日，巴西在中国投资最大的电机制造商WEG公司投资建设2.5亿美元的电气设备项目在江苏国家级如皋经济技术开发区举行开工典礼，其首期投资1.5亿美元的电气设备项目，占地面积333 000 m²，主要从事普通电机、变频电机、船用电机的生产，建成后可实现年产42万台高、低压工业电机，销售2亿美元，形成税收1 450万美元。

中国台湾东元（TECO）集团是较早投资无锡、扎根新区的台湾大型企业集团，产业版图遍布全球，在电机制造领域处于国际领先水平。集团早期在无锡新区投资兴建了东元电机、台安科技、菱光科技、东捷信息技术4家企业，涵盖了东元集团的主力产品，近两年又以无锡为制造基地，扩大生产规模，投资设立绿能电机项目，打造绿能电机产业链。2015年4月30日，台湾东元集团绿能电机项目正式签约落户江苏无锡新区，项目总投资1.35亿美元。新项目主要生产绿色能源电机和建设冲压中心。

合作 山西电机制造有限公司与北京鑫华源公司合建的立体停车装备项目采用总体规划、分步实施的方式发展和建设。总体规划设计占地约66 600 m²，总建筑面积约70 000 m²，计划总投资3亿元。

2014年3月，山东力久特种电机有限公司为进入资本市场，经有关部门批准由有限责任公司整体变更为“山东力久特种电机股份有限公司”，并于2014年8月14日，正式在全国中小企业股份转让系统挂牌上市，股票代码831121。

卧龙电气通过并购奥地利ATB电机集团、美的清江电机、海尔章丘电机等企业，积极整合行业优势资源，逐步形成了电机本体产品一百亿元的产销规模；在电机主业加速成长的同时，进一步通过外延并购实现电机电控一体化延伸，向机器人、新能源汽车、大型油气传动等工控领域实现快速切入，2014年协议收购工业机器人集成应用制造商意大利SIR股份公司89%的股份，在实现驱动控制产品“一百亿”战略上跨出实质性步伐；2015年3月以16.8亿元收购南阳防爆集团股份有限公司60%股份，布局防爆电机领域；该公司收购ATB和南阳防爆以后国内外销售渠道和产品形成互补，盈利能力将持续提升，收入占比70%电机业务将稳健增长。

2014年3月22日，巴西WEG公司与常州新亚电机有限公司举行签字仪式，WEG公司整体受让常州新亚电机有限公司全部股权，初期投资额为1.4亿元人民币。

2014年1月，兰州电机股份有限公司引进奥地利2MW风电（或3MW）DSgen（差速齿轮箱前端调速）系统，该系统可大幅降低切入风速，更加适应弱风区，已完成前期技术准备工作。

2014年9月，江西特种电机股份有限公司以3 305万元的价格，收购了江西宜春客车厂有限公司50%的股权，加上公司原有的电动机主业，基本完成了锂云母－碳酸锂－正极材料－新能源客车（低速电动车）的全产业链布局。2014年11月，出资3 000万元收购上海交鸿数控科技有限公司51%股份，加快向机器人电机等智能电机转型。2015年4月，以6亿元收购杭州米格电机有限公司100%股权。

〔撰稿人：中国电器工业协会中小型电机分会曹莉敏 审稿人：中国电器工业协会中小型电机分会金惟伟〕

微 电 机

生产发展情况 近年来随着微电机制造业综合成本上升，加之国内外市场需求减少等不良因素的影响，从2011—2014年统计数据来看，我国微电机行业发展速度明显放缓，但随着国家宏观调控政策效果逐渐显现，加之行业企业及时调整产业结构、开发新产品、新技术、开拓新市场等多种举措的实施，已经从低谷走向平稳。

据对微电机行业22家企业的统计，2014年工业总产值183.60亿元，同比增长17%；工业销售产值180.85亿元，同比增长16.9%；新产品产值83.6亿元，同比增长16%；实现利润16.02亿元，同比增长9.3%，其中利润总额增幅超过500万元以上的企业有14家；运营成本148.4亿元，同比增长18%；出口额14.86亿元，同比增长4%，全年从业人员数17 223人，同比增长5.8%。

2014年微电机行业22家企业主要平均经济指标见表1；2014年微电机行业重点企业经济效益综合指数前10名企业见表2；2014年微电机行业重点企业工业增加值增速前10名企业见表3。2014年度微电机行业出口额前10名企业见表4。2014年度微电机行业工业总产值前10名企业见表5。2014年度微电机行业工业销售产值前10名企业见表6。

表1 2014年微电机行业22家企业主要经济指标

指标名称	单位	2014年	2013年	同比增长（%）
工业总产值	万元	1 836 056	1 568 889	17.03
工业销售产值	万元	1 808 536	1 547 123	16.90
新产品产值	万元	836 022	720 434	16.04
出口交货值	万元	148 614	142 876	4.02
年末所有者权益合计	万元	1 262 015	1 117 856	12.90
主营业务收入	万元	1 224 942	876 840	39.70

（续）

指标名称	单位	2014年	2013年	同比增长（%）
主营业务成本	万元	1 484 486	1 257 744	18.03
营业费用	万元	37 077	27 887	32.95
管理费用及财务费用	万元	119 949	110 969	8.09
利润总额	万元	160 296	146 591	9.35
年末资产合计	万元	1 424 053	1 180 058	20.68
从业人员数	人	17 223	16 268	5.87
科技活动经费筹集总额	万元	82 302	70 809	16.23
主营业务利润	万元	295 090	263 523	11.98
工业中间投入合计	万元	1 448 464	1 220 420	18.69
新产品开发经费支出	万元	75762	61 861	22.47

表2　2014年微电机行业重点企业经济效益综合指数前10名企业

序号	企业名称	经济效益综合指数
1	大连德迈仕精密轴有限公司	25.14
2	杭州集智机电股份有限公司	5.98
3	卧龙控股集团有限公司	3.72
4	浙江联宜电机股份有限公司	2.82
5	南通振康焊接机电有限公司	2.40
6	浙江琦星电子有限公司	2.24
7	成都精密电机厂	1.91
8	北京京仪敬业电工科技有限公司	1.48
9	山东祥和集团股份有限公司博山微电机厂	1.41
10	江苏上骐集团有限公司	1.40

表3　2014年微电机行业重点企业工业增加值增速前10名企业

序号	公司名称	工业增加值（万元）	同比增长（%）
1	中大力德传动设备有限公司	15 789	69.50
2	卧龙控股集团有限公司	266 227	46.80
3	大连德迈仕精密轴有限公司	69 231	16.40
4	苏州电讯电机有限公司	1 082	12.40
5	河北电机股份有限公司	14 231	11.60
6	北京曙光航空电气有限责任公司	9 260	11.40
7	深圳市力辉电机有限公司	56 972	10.00
8	浙江琦星电子有限公司	11 634	8.57
9	南通振康焊接机电有限公司	3 780	3.84
10	浙江联宜电机股份有限公司	14 944	1.73

表4　2014年度微电机行业出口额前10名企业

序号	企业名	2014年（万元）	2013年（万元）	同比增长（%）
1	卧龙控股集团有限公司	67 262	67 793	-0.78
2	浙江联宜电机股份有限公司	24 911	24 537	1.52
3	江苏上骐集团有限公司	16 787	13 586	23.56
4	河北电机股份有限公司	16 704	18 061	-7.51
5	大连德迈仕精密轴有限公司	12 894	10 382	24.20
6	中大力德传动设备有限公司	2 826	1 887	49.76
7	贵州华烽电器有限公司	1 925	1 971	-2.33
8	天津市中环天虹微电机公司	1 713	1 552	10.37
9	浙江西子富沃德电机有限公司	1 077	567	89.95
10	天津高胜机械有限公司	749	528	41.86

表5　2014年度微电机行业工业总产值前10名企业

序号	企业名	2014年（万元）	2013年（万元）	同比增长（%）
1	卧龙控股集团有限公司	1 277 794	1 025 809	24.56
2	浙江西子富沃德电机有限公司	106 175	109 235	-2.80
3	河北电机股份有限公司	59 282	61 005	-2.82
4	深圳市力辉电机有限公司	56 972	51 747	10.10
5	浙江琦星电子有限公司	53 727	57 155	-6.00
6	江苏上骐集团有限公司	50 279	49 510	1.55
7	浙江联宜电机股份有限公司	47 878	46 809	2.28
8	贵州华烽电器有限公司	33 242	28 751	15.62
9	大连德迈仕精密轴有限公司	29 093	24 097	20.73
10	中大力德传动设备有限公司	28 629	27 397	4.50

表6　2014年度微电机行业工业销售产值前10名企业

序号	企业名	2014年（万元）	2013年（万元）	同比增长（%）
1	卧龙控股集团有限公司	1 269 996	1 019 527	24.56
2	浙江西子富沃德电机有限公司	102 266	103 884	-2.80
3	河北电机股份有限公司	58 893	61 390	-2.82
4	深圳市力辉电机有限公司	56 972	51 747	10.10
5	江苏上骐集团有限公司	49 328	48 198	-6.00
6	浙江琦星电子有限公司	46 966	54 767	1.55
7	浙江联宜电机股份有限公司	45 847	45 116	2.28
8	贵州华烽电器有限公司	33 242	28 751	15.62
9	大连德迈仕精密轴有限公司	29 108	23 004	20.73
10	中大力德传动设备有限公司	27 550	24 986	4.50

市场及销售　2014年，国内微电机行业在面对市场需求放缓、经济增速回落及市场疲软的大环境下，部分企业在一季度出现了订单萎缩、盈利下降的问题，行业企业积极采取应对措施，加大新品研发力度，不断开拓新市场，从二季度开始，随着企业的各种应对措施效果的不断发力，总体上本年度运营情况相对平稳，个别企业本年度产值几乎翻番。

浙江琦星电子有限公司是一家集伺服电动机及其控制系统研发、生产和销售为一体的高新技术企业，2014年该企业实现工业总产值5.37亿元，同比减少5%，其中工业缝纫机用伺服电动机及其控制系统系列产品实现4.7亿元的销售收入，同比减少12.9%，虽然与去年相比产值略有下降，但基本实现了该企业2013年的规划目标。

2014年，杭州集智机电股份有限公司在整个行业相对疲软产能下降的状况下，依靠企业较强的研发实力，积极开发新产品，开拓新市场，扩大产品覆盖面，实现产值9 882万元，较2013年增长106%，是2014年为数不多的增速较快企业。

广东嘉和微特电机股份有限公司是专业研发、设计、制造、销售与家电配套的微特电机企业，2014年面对订单萎缩、各方面成本上升、盈利能力大幅下降的困难，加大生产线流程优化组合，组建自动化、半自动化及局部智能化生产线，进一步优化设计、提升工艺、降低成本、提高新品成果转化率，全年实现工业总产值10 059万元，实现销售收入9 884万元，该企业总体发展情况略好于往年。

天津万特机械有限公司是一家外贸型中小企业，2013年更名为天津高胜机械有限公司，近年来面对国内、国际的复杂经济形势和各种困难，积极开发新市场，开发新产品，2014年公司经营情况与2013年相比有了明显的好转，销售数量、生产产值均有明显增加，2014年全年实现工业总产值1 984万元，同比增长41%。

中特科技工业（青岛）有限公司是一家集研发、生产智能化设备于一体的科技企业，2014年根据市场和客户的需求加大了研发力度，研发生产了多款新产品，大大提高了用户的生产率和产品精度，并且降低了成本和能耗。2014年公司销售收入1 123万元，同比增长58.4%；完成新产品开发、设计制造6项，并投入正式生产，增加产值约190万元。同年通过ISO 9001国际标准质量体系认证。

科技成果及新产品 浙江联宜电机股份有限公司2014年总体稳中有增，围绕相关行业企业产品细分再细分，产品标准再标准的企业发展战略，在家用电器电机领域有所拓展，如研发了原汁机和变频风机；2014年在电动轮椅和机器人等行业取得了较大技术突破，获得国际客户认可，进入量产。

浙江琦星电子有限公司已取得的知识产权有83项，已取得国家计算机软件著作权登记5项，已取得国家专利证书的78项，2014年申报已受理但还没有取得证书的28项，参与两项国家标准及两项行业标准的起草单位之一。

杭州集智机电股份有限公司2014年研发项目有汽车离合器总成全自动平衡机、汽车发电机冷却风扇盘装电机全自动平衡机、摩托车发电机外转子全自动平衡机、离合器压盘全自动平衡机、五工位电机转子出口型全自动平衡机等10项新产品。

质量及标准 2014年，全国微电机标准化技术委员会在推进国际标准的转化、加速行业产品标准的制（修）订步伐，面向市场、面向企业开展标准工作等方面做了一系列工作。微标委根据国家标准委的要求，顺利完成了国家标准及国家标准计划项目和行业标准计划项目的清理整顿工作。

微标委于2014年11月5日在成都召开年会，会议组织行业专家审查并通过了《微电机安全通用要求》等7项标准项目，并于年底前完成标准报批工作。

基本建设及技术改造 2014年，浙江琦星电子有限公司投入研发经费1 812万元，预计2015年研发总经费投入占当年销售收入的4.87%，其中试制和检测设备购置费用为312万元，办公设备费用32万元，引进人才及其他费用223.8万元，研发中心设有财务科并制定了财务管理等制度，对研发费用进行专项管理。

广东嘉和微特电机股份有限公司2014年计划总投资1亿元，创建永磁直流电机研发和生产示范基地。

2014年度微电机行业固定资产投资前10名企业表7。

表7 2014年度微电机行业固定资产投资前10名企业

序号	企业名	2014年（万元）	2013年（万元）	同比增长（%）
1	卧龙控股集团有限公司	36 000	30 932	16.38
2	北京曙光航空电气有限责任公司	1 998	1 425	40.21
3	浙江联宜电机股份有限公司	1 933	1 068	80.99
4	江苏上骐集团有限公司	1 866	822	127.01
5	贵州华烽电器	1 750	9 830	-82.20
6	河北电机股份有限公司	1 696	463	266.31
7	浙江西子富沃德电机有限公司	1 518	4 268	-64.43
8	深圳市力辉电机有限公司	1 374	127	981.89
9	浙江琦星电子有限公司	969	2 023	-52.10
10	南通振康焊接机电有限公司	766	322	137.89

行业管理 2014年9月17日，微电机分会在西安召开了分会六届四次理事会议，理事及理事长单位42名代表出席了会议。莫会成理事长对近年来协会工作进行了总结，并结合当前行业发展态势，重点讨论了未来行业发展方向及技术发展趋势，同时安排部署来年工作。

微电机分会继续组织行业实施品牌战略，组织开展推进品牌战略的实施，开展诚信体系建设。积极推荐广东惠州龙德科技有限公司参与品牌战略活动。

为了满足微电机相关企业对该领域电机及相关实用型技术人才的需求，提升微电机行业市场竞争力服务，微电机分会于2014年9月13—17日在西安举办了“伺服系统设计”培训班，主讲人为西安微电机研究所白新力高工，通过白老师耐心细致的讲解，使学员充分了解和掌握了伺服系统运行、设计原理及设计过程中的技术难点。

2014年9月中旬，微电机分会在西安成功主办了“第20届微特电机技术创新与发展论坛”。会议邀请我国微电机行业领导、院士、知名学府专家和企业领导到会作精彩的专题报告，来自全国的行业企业、高校、科研院所近90

余家单位的200余位代表参加了此次盛会。报告论文集收集包括综述类、应用类、设计与研究、管理论文共40多篇，目前该项会议已成为微电机行业每年一次的重要技术交流会议。

秘书处按照要求完成《中国电器工业年鉴·微电机行业概况》的编写和上报工作。

微电机分会秘书处受国家统计局和中国电器工业协会的委托，履行行业统计职能，在会员单位的共同努力下，按时完成了行业统计工作，为政府和企业决策提供有用依据。及时完成《行业统计年报》的填报工作，该数据的完成，真实、有效的反映了行业目前现状，为上下级及相关企业提供了详实的参考资料。

《微电机》期刊2014年发表论文共300多篇。《微电机通讯》作为分会同企业间联系的纽带，每月一期向会员单位免费寄送。

2014年微电机分会秘书处积极发展新会员单位5家：中特科技工业（青岛）有限公司、福州万德电气有限公司、科磁电子科技（上海）有限公司、深圳市正德精密技术有限公司等。

2014年分会对主办的中国微电机行业门户网站进行了部分改版和增加功能模块设置工作，充分利用微电机分会会员单位的技术实力，打造网上贸易平台，建立网上采购及供需链，发布商机、展示企业信息及产品、会员自主管理、在线技术论坛，拓展企业信息交流与商贸合作空间。

〔撰稿人：西安微电机研究所延石　审稿人：西安微电机研究所张朴〕

防爆电机

生产发展情况　2014年，我国GDP增速为7.4%，宏观经济增速持续放缓，防爆电机行业主要用户经营效益普遍不佳，导致整个防爆电机行业市场需求萎缩，行业竞争激烈，综合经济效益持续下滑，经营压力增加。从行业企业统计数据汇总分析来看，2014年防爆电机行业的防爆电机产量与2013年持平，订货量与销售量均出现下滑；产成品库存增加较快；防爆电机产品价格下滑，量价齐跌，致使防爆电机销售产值、企业盈利均下滑较多；行业经济整体运营质量同比出现下降。

2014年，防爆电机行业全年总产量8 192万kW，同比增加412万kW，较上年同期增长5.3%（含非防爆电机）；防爆电机产量1 978万kW，同比减少96万kW，较上年同期下降4.63%；高压防爆电机产量668万kW，同比减少28万kW，较上年同期下降4%，低压防爆电机产量1 310.2万kW，同比减少68万kW，较上年同期减少4.94%。防爆电机销量1 824.4万kW，同比减少240万kW，较上年同期下降11.6%。防爆电机累计订货1 788.3万kW，同比减少234万kW，较上年同期下降11.58%。

2014年防爆电机产量超过百万千瓦规模的防爆电机企业有卧龙电气南阳防爆集团股份有限公司、佳木斯电机股份有限公司、江苏锡安达防爆股份有限公司、江苏大中电机股份有限公司、上海品星防爆电机有限公司共5家企业，比2013年增加1家企业，合计产量1 317万kW，占行业总产量的66.58%。其中，防爆电机产量达到300万kW以上的企业有卧龙电气南阳防爆集团股份有限公司和佳木斯电机股份有限公司2家企业，卧龙电气南阳防爆集团股份有限公司产量501万kW，同比减少24万kW，下降4.58%；佳木斯电机股份有限公司产量341万kW，同比减少48万kW，下降13.75%。江苏锡安达防爆股份有限公司产量154万kW，同比减少52万kW，下降25.24%；江苏大中电机股份有限公司160万kW，同比增加5万kW，同比增长3.23%；上海品星防爆电机有限公司产量161万kW，同比增加56万kW，同比增长53.33%。防爆电机产量50万～99万kW的有6家企业。

2014年防爆电机行业工业总产值前15名企业见表1。2014年防爆电机行业工业增加值前15名企业见表2。2014年防爆电机行业部分企业经济效益指标见表3。

表1　2014年防爆电机行业工业总产值前15名企业

序号	企业名称	2014年（万元）	2013年（万元）	同比增长（%）	序号	企业名称	2014年（万元）	2013年（万元）	同比增长（%）
1	*卧龙控股集团有限公司	1 277 794	1 025 809	24.56	9	*宁夏西北骏马电机制造股份有限公司	48 595	54 799	-11.32
2	*山东华力电机集团股份有限公司	238 483	228 827	4.22	10	上海品星防爆电机有限公司	37 642	32 690	15.15
3	卧龙电气南阳防爆集团股份有限公司	222 791	226 223	-1.52	11	江苏锡安达防爆股份有限公司	29 451	35 526	-17.10
4	佳木斯电机股份有限公司	220 451	243 207	-9.36	12	*大连电机集团有限公司	17 023	24 529	-30.60
5	*六安江淮电机有限公司	146 018	141 019	3.54	13	德州恒力电机有限责任公司	16 670	14 608	14.12
6	*江苏大中电机股份有限公司	139 427	126 230	10.45	14	江苏环球特种电机有限公司	16 051	15 315	4.81
7	*安徽皖南电机股份有限公司	126 613	120 593	4.99	15	*大连日牵电机有限公司	15 764	17 700	-10.94
8	*江西特种电机股份有限公司	85 159	88 137	-3.38					

注：带*者的工业总产值，含非防爆电机工业总产值数据。

表 2　2014 年防爆电机行业工业增加值前 15 名企业

序号	企业名称	2014 年（万元）	2013 年（万元）	同比增长（%）
1	* 卧龙控股集团有限公司	200 548	181 314	10.61
2	卧龙电气南阳防爆集团股份有限公司	65 100	69 058	-5.73
3	* 山东华力电机集团股份有限公司	50 691	47 104	7.62
4	* 六安江淮电机有限公司	46 287	45 126	2.57
5	佳木斯电机股份有限公司	35 615	46 514	-23.43
6	* 安徽皖南电机股份有限公司	31 400	32 330	-2.88
7	* 江苏大中电机股份有限公司	31 185	24 310	28.28
8	* 江西特种电机股份有限公司	28 954	35 255	-17.87
9	* 宁夏西北骏马电机制造股份有限公司	17 329	15 316	13.14
10	江苏锡安达防爆股份有限公司	8 846	10 402	-14.96
11	上海品星防爆电机有限公司	5 032	3 684	36.59
12	* 大连日牵电机有限公司	4 499	4 569	-1.53
13	* 大连电机集团有限公司	4 425	8 616	-48.64
14	江苏环球特种电机有限公司	3 841	3 582	7.23
15	德州恒力电机有限责任公司	3 689	519	610.79

注：带 * 者的工业增加值，含非防爆电机工业增加值数据。

表 3　2014 年防爆电机行业部分企业经济效益指标

序号	企业名称	总资产贡献率（%）	资本保值增值率（%）	资产负债率（%）	流动资产周转率（%）	成本费用利润率（%）	劳动生产率（元 / 人）	产品销售率（%）	经济效益综合指数
1	卧龙电气南阳防爆集团股份有限公司	12.56	109.69	43.20	0.98	10.89	183 483.65	98.62	12.56
2	佳木斯电机股份有限公司	4.71	154.57	39.83	0.73	5.48	126 788.89	90.94	4.71
3	* 江苏大中电机股份有限公司	17.66	104.95	44.33	3.51	5.41	299 280.23	100.28	17.66
4	* 山东华力电机集团股份有限公司	16.70	101.23	49.75	4.98	3.20	252 445.22	99.25	16.70
5	* 安徽皖南电机股份有限公司	14.39	101.53	57.32	2.56	5.50	315 577.89	99.52	14.39
6	江苏双云防爆电机有限公司	1.76	450.74	11.81	0.41	1.91	56 382.98	85.52	1.76
7	江苏锡安达防爆股份有限公司	11.01	104.09	15.51	1.05	8.66	245 041.55	98.96	11.01
8	无锡市锡安防爆电机有限公司	13.08	91.66	60.17	1.45	4.82	123 018.87	100.00	13.08
9	卧龙控股集团有限公司	11.42	113.64	42.04	1.35	10.70	277 805.79	99.39	11.42
10	无锡市南方防爆电机有限公司	3.51	99.26	41.71	0.68	0.88	51 818.18	102.28	3.52
11	德州恒力电机有限责任公司	-0.42	89.80	74.93	0.92	-4.36	54 571.01	95.94	-0.42
12	分宜宏大煤矿电机制造有限公司	1.45	104.40	28.19	0.77	0.74	120 120.00	93.79	1.45
13	山东山防防爆电机有限公司	-1.70	89.40	47.68	0.57	-11.21	27 852.76	100.22	-1.70
14	重庆特种电机厂有限责任公司	-11.27	95.24	85.24	0.52	-35.40	14 923.08	112.40	-11.27
15	丹东黄海电机有限公司	-3.06	150.33	132.13	1.19	-17.59	11 090.91	106.32	-3.06
16	河南安阳华安煤矿电机有限责任公司	-3.02	118.74	77.32	0.32	-14.19	11 875.00	95.00	-3.02
17	大连电机集团有限公司	2.95	95.44	37.29	0.86	1.77	85 922.33	96.23	2.95
18	温州南洋防爆电机有限公司	29.23	89.95	32.59	2.59	13.33	188 076.92	85.18	29.23
19	徐州亚泰电机有限公司	9.35	105.28	44.06	6.66	0.62	6 984.13	96.37	9.35
20	宁波长江电机实业有限公司	4.84	104.01	37.82	0.99	3.36	42 894.74	97.25	4.84
21	苏州特种电机厂有限公司	-8.22	61.88	79.88	1.36	-10.40	53 823.53	100.00	-8.22
22	浙江沪新防爆电机有限公司	3.37	100.57	21.89	2.12	3.25	50 000.00	100.00	3.37

（续）

序号	企业名称	总资产贡献率(%)	资本保值增值率(%)	资产负债率(%)	流动资产周转率(%)	成本费用利润率(%)	劳动生产率（元/人）	产品销售率(%)	经济效益综合指数
23	大连日牵电机有限公司	11.15	108.18	48.30	1.26	10.45	112 475.00	100.32	11.15
24	沈阳大明电机有限公司	19.81	102.00	18.83	0.84	22.18	11 111.11	100.00	19.81
25	鞍山三环防爆电机有限公司	-4.95	90.82	43.55	0.37	-20.74	18 604.65	26.09	-4.95
26	江西特种电机股份有限公司	5.60	209.01	12.53	0.74	7.43	216 074.63	91.38	5.60
27	浙爆集团有限公司	6.05	53.57	97.38	0.93	-4.08	75 061.73	103.57	6.05
28	六安江淮电机有限公司	17.36	113.62	30.75	2.90	6.76	420 408.72	100.01	17.36
29	上海亨得防爆电机有限公司	4.89	103.43	27.68	3.76	2.64	0.00	88.41	4.89
30	南阳微特防爆电机有限公司	12.54	110.68	51.35	2.26	3.96	59 800.66	108.37	12.54
31	江苏环球特种电机有限公司	20.14	112.39	26.89	4.17	6.99	212 209.94	93.30	20.14
32	中煤科工集团重庆研究院有限公司	4.10	110.68	17.87	0.90	5.44	183 114.75	92.65	4.10
33	上海品星防爆电机有限公司	14.71	117.48	44.56	5.81	3.42	222 654.87	97.01	14.71
34	佳木斯防爆电机有限公司	5.32	100.26	56.97	2.19	0.27	2 652.17	82.87	5.32
35	宁夏西北骏马电机制造股份有限公司	6.79	104.47	38.51	0.50	6.53	130 587.79	74.41	6.79
36	河南豫通电机股份有限公司	4.31	89.72	63.76	2.06	2.32	11 688.31	95.24	4.31
37	无锡锡山安达防爆电气设备有限公司	4.00	141.42	73.89	0.66	2.12	95 783.13	98.12	4.00

注：带*者含非防爆电机数据。

产品产量及销售 2014年，行业企业电机产品销售收入223.6亿元，同比增加12.6亿元，同比增长5.98%；防爆电机销售产值39.85亿元，同比减少7.8亿元，防爆电机行业市场表现差于非防爆电机行业。

在参加统计的37家企业中有14家企业电机销售收入较上年同期增加，占参加统计企业总数的37.84%；防爆电机销售产值同比增加的有13家，占参加统计企业总数的35.14%。2014年，全行业实现利润19.3亿元，同比减少1.54亿元，较上年降低7.39%。扣除卧龙控股集团有限公司影响，2014年，行业其他企业实现利润7.5亿元，同比下降25%，行业企业盈利下滑较多。在37家企业中有15家企业利润上升，占企业总数40.54%，有14家企业利润下滑，占企业总数的37.84%；8家企业亏损，占企业总数21.62%。2014年末，行业企业存货占压资金35.3亿元，同比增加3.1亿元，增幅9.63%。其中产成品占压资金16.2亿元，同比增加2.8亿元，增幅21%。

利润总额超过4 000万元的企业有8家，分别为：卧龙控股集团有限公司、卧龙电气南阳防爆集团股份有限公司、佳木斯电机股份有限公司、六安江淮电机有限公司、山东华力电机集团股份有限公司、江苏大中电机股份有限公司、安徽皖南电机股份有限公司、江西特种电机股份有限公司；产量超过500万kW的企业有7家，分别为：卧龙控股集团有限公司、山东华力电机集团股份有限公司、佳木斯电机股份有限公司、南阳防爆集团股份有限公司、六安江淮电机有限公司、江苏大中电机股份有限公司、安徽皖南电机股份有限公司；防爆电机产量超过100万kW的企业有5家，分别是：卧龙电气南阳防爆集团股份有限公司、佳木斯电机股份有限公司、上海品星防爆电机有限公司、江苏大中电机股份有限公司、江苏锡安达防爆股份有限公司。

2015年是“十二五”规划的收官之年，在目前能源短缺、环境污染日益严重的情况下，国家更加注重节能减排，努力推动绿色低碳循环发展新方式，相继出台了《电机能效提升计划》《能效领跑者计划》和《节能减排科技专项行动方案》等政策，加大了高效电机推广力度，各企业要抢抓机遇，加大高效产品研发力度、积极调整产品结构，占得市场一席之地。

科技成果及新产品 中国电器工业协会防爆电机分会秘书处协同南阳防爆电气研究所组织行业相关专家开始新一代高效节能防爆电机——YBX3系列高效率隔爆型三相异步电动机的研制工作。通过理论分析和试验验证，掌握降低电机各项损耗设计技术、控制技术、制造技术，确定不同功率等级、不同频率、不同电压的电机设计制造的特点，将现代的电机制造设计、计算机软件控制技术、电力电子技术、测试技术有机地结合起来，使其满足GB 18613—2012《中小型三相异步电动机能效限定值及能效等级》中的2级能效指标。

南阳防爆电气研究所协同中国电器工业协会分会秘书处于2014年底启动行业粉尘防爆基本系列电机的研发工作，已完成YFB2系列粉尘防爆型三相异步电动机（机座号63～355）的全部研发工作，并已在行业推广10多家企业，初步达到产业化生产规模。

质量及标准 2014年，国家防爆电气产品质量监督检验中心（CQST）依据防爆系列国家标准及国际标准完成样机检验3 130台次，发放防爆合格证2 000多份，煤矿安全标志产品检验1 037台，国内客户委托办理国外认证57家。2015年6月，CQST成功通过国际电工委员会（IEC）ExTL复评审。

全国防爆电气设备标准化技术委员会（简称SAC/TC9）圆满完成了2011年、2013年行业标准制修订计划。根据中国机械工业联合会标准工作部的要求，按照最新模板完成了23项防爆电机行业标准报批稿、送审稿、编制说明、签署单、申报单、征求意见汇总处理表、项目情况说明、会审意见汇总处理表等。完成报批的23项防爆电机行业标准见表4。

表4　完成报批的23项防爆电机行业标准

序号	标准名称
1	隔爆型三相异步电动机技术条件 第2部分：YB3-W、YB3-TH、 YB3-THW、YB3-TA、YB3-TAW系列隔爆型三相异步电动机（机座号63～355）
2	隔爆型三相异步电动机技术条件 第3部分：YB3-F1、YB3-WF1、YB3-F2、YB3-WF2系列防腐、户外防腐隔爆型三相异步电动机（机座号63～355）
3	隔爆型三相异步电动机技术条件 第4部分：YB3系列隔爆型(Exd Ⅱ C T1～T4)三相异步电动机（机座号63～355）
4	隔爆型三相异步电动机技术条件 第5部分：YBF3系列隔爆型三相异步电动机（机座号63～355）
5	隔爆型变频调速三相异步电动机技术条件 第3部分：YBBP -W、YBBP -TH、YBBP -THW系列隔爆型变频调速三相异步电动机（机座号80～355）
6	隔爆型变频调速三相异步电动机技术条件 第2部分：YBBP系列隔爆型（Exd Ⅱ CT1～T4）变频调速三相异步电动机（机座号80～355）
7	YA2-W、YA2-WF1系列户外、户外防腐增安型三相异步电动机（机座号80～280）技术条件
8	YA2系列高压增安型三相异步电动机（机座号355～560）技术条件
9	YA2系列增安型三相异步电动机（机座号80～280）技术条件
10	YAKK、YAKK-W系列高压增安型三相异步电动机（机座号355～630）技术条件
11	YB3系列10kV隔爆型三相异步电动机（机座号400～560）技术条件
12	YB3系列低压隔爆型三相异步电动机（机座号400～450）技术条件
13	YBX3系列（10kV）高效率高压隔爆型三相异步电动机（机座号400～630） 技术条件
14	YBX3系列高效率高压隔爆型三相异步电动机（机座号355～630） 技术条件
15	YFB2系列粉尘防爆型三相异步电动机（机座号63～355）技术条件
16	YW2系列无火花型三相异步电动机（机座号80～315）技术条件
17	隔爆型三相异步电动机技术条件 第6部分：YB3-H系列船用隔爆型三相异步电动机（机座号63～355）
18	螺杆抽油泵专用直驱式隔爆型三相永磁电动机 技术条件
19	煤矿用隔爆型三相异步电动机技术条件 第1部分：YBK3系列煤矿井下用隔爆型三相异步电动机（机座号100～315）
20	TZYW正压型高速（四级）无刷励磁同步电动机
21	YBBZ煤矿井下泵用高压隔爆型三相异步电动机
22	YBSD输送机用矿用隔爆型双绕组双速三相异步电动机技术条件
23	YBX3系列高效率隔爆型三相异步电动机 技术条件（机座号63～355）

基本建设及技术改造 2014年，防爆电机行业实现基本建设及更新改造投资额26 335万元，同比下降6.04%，投资速度放缓。在参加统计的防爆电机行业37家企业中，13家企业进行了基本建设及技术改造，占被调查企业总数的35.14%。其中，投资额1亿元以上的企业为卧龙集团股份有限公司，投资额为15 072万元。投资额1 000万～1亿元的企业为卧龙电气南阳防爆集团股份有限公司、佳木斯电机股份有限公司、山东华力电机集团股份有限公司、六安江淮电机有限公司和江苏环球特种电机有限公司。

行业活动 防爆电机行业作为生产特种安全电工产品的行业，开展诚信体系建设，规范行业秩序，显得尤为重要和迫切。按照中国电器工业协会《关于进一步推进电器工业行业信用评价工作的通知》要求，防爆电机分会秘书处继续组织开展了此项工作，分会秘书在会员单位广泛宣传，并于2014年10月27—29日由中国电器工业协会荣誉会长邢玉久带队对江苏环球电机有限公司和江苏锡安达防爆股份有限公司两家企业进行了2014年度信用评价复评审，两家企业均继续取得AAA级信用评价证书。迄今为止，防爆电机分会会员单位已有卧龙电气南阳防爆集团股份有限公司、宁夏西北骏马电机制造股份有限公司、江苏大中电机股份有限公司、江苏锡安达电机股份有限公司、江苏环球特种电机有限公司、安徽皖南电机股份有限公司、无锡华达电机有限公司和上海品星防爆电机有限公司共计8家企业参评，均获得AAA级信用评价证书。

〔撰稿人：南阳防爆电气研究所曹旭〕

变压器

2014年，我国经济基本保持平稳运行态势，实现了稳中有进的预期目标。2014年电工行业经济运行呈现“总体实现平稳增长；价格仍在低位运行；资产投资有所加快；经济略有好转；对外贸易出现下滑；结构调整效果初显”的特点。变压器行业方面，据中国电器工业协会统计分析，2014年变压器产量为17亿kV·A，创历史新高，变压器年产量已经连续7年超过10亿kV·A。

试验鉴定 2014年2月18日，由中国西电集团西安西电变压器有限责任公司自主设计研发的浙江—福州特高压交流输电工程首台1 000kV、1 000MV·A变压器，于常州基地顺利通过全部型式试验，各项指标达到或优于设计要求。

浙江北—福州特高压交流输电工程首台1 000kV、1 000MV·A变压器

2月28日，西安西电变压器有限责任公司为溪洛渡左岸—浙江金华±800kV特高压直流输电工程制造的ZZDFPZ-382000/500-600换流变压器一次性通过全部出厂试验，各项性能指标满足了技术协议和国家标准，这标志着西电西变进一步掌握了特高压输电重大装备制造的核心技术，促进了企业直流设备制造的技术升级和跨越式发展，使我国换流变压器制造水平登上新台阶，巩固了XD品牌在国内同行业的领先水平和领军地位。该产品于2014年5月18日，由中国机械工业联合会在北京组织主持召开的国家级鉴定会通过了鉴定。

3月1日，受国家能源局委托，中国机械工业联合会召开了中国西电集团西安西电变压器有限责任公司新产品国家级技术鉴定会。原部委、工信部、三峡办等领导，国家电网公司、南方电网公司主管部门和工程建设单位的领导和专家，沈阳工业大学、西安交通大学等教授及来自沈阳变压器研究院、中国电力科学研究院等部门的行业知名专家等出席了这次鉴定会。此次会议上，西电西变共有7项新产品进行了国家级技术鉴定，这些产品都是西变公司承担并出色完成的国家重点工程重大产品，包括国网公司皖南站1 000kV特高压大容量有载调压自耦变压器、新疆电力公司西山站750kV大容量自耦变压器、国网公司沙洲站750kV大容量交流有级可控并联电抗器、南网公司糯扎渡送电广东±800kV直流输电工程两个规格的换流变压器、国网公司哈郑线±800kV直流输电工程用大容量换流变压器和溪浙线±800kV直流输电工程用大容量干式平波电抗器。会上鉴定委员听取了西电西变研制工作总结等报告及质量、环境、职业健康三标体系等情况汇报，审查了提交的鉴定资料，针对鉴定产品及创新技术进行了严谨质询和深入探讨，最终认可全部产品通过了国家级技术鉴定，分别达到国际先进和国际领先水平。

西电西变为溪浙±800kV特高压直流输电工程研制的ZZDFPZ-382000/500-600换流变压器

4月8日，西电西变为安吉—福州特高压交流输变电工程（浙南站）自主研制的1 000kV、160Mvar单相单柱并联电抗器通过全部试验，各项性能指标达到或超过国家标准和技术协议的要求。该产品于2014年5月18日，由中国机械工业联合会在北京组织主持召开的国家级鉴定会通过了鉴定。

西电西变制造的安吉—福州 1 000kV、160 万 kvar 单相单柱并联电抗器

4 月 26 日，由中国机械工业联合会组织的特变电工衡阳变压器有限公司新产品鉴定会、发布会在衡阳隆重召开。通过对逐台产品的认真审核和深入讨论，最终鉴定委员会一致通过了特变电工衡阳变压器有限公司 12 项新产品的国家级鉴定，其中单相 40 万 kV·A、1 100kV 发电机变压器，70 万 kV·A、750kV 联络变压器，24 万 kV·A、166kV 柔性直流输电联络变压器等 5 种类型产品达到国际领先水平，114 万 kV·A、500kV 发电机主变压器等 5 种类型产品达到国际先进水平，2 种类型产品达到国内先进水平。

4 月 28 日，在国家电网、中国电科院以及行业知名专家的共同见证下，由特变电工衡阳变压器有限公司自主研发的，用于"浙北—福州特高压交流输变电工程"福州站的首台 160Mvar/1 100kV 特高压并联电抗器一次性通过所有出厂试验和型式试验，各项技术指标均优于技术协议要求。

特变电工衡阳变压器有限公司特高压总装班员工精心总装浙福线 1 100kV 电抗器

4 月，受国家能源局委托，中国机械工业联合会在常州组织召开了常州西电变压器有限责任公司新产品国家级技术鉴定会。三峡办、工信部及国家电网公司、南方电网公司、沈阳变压器研究院、中国电力科学研究院、西安交通大学等单位的国内机械、电力两行业知名专家参加了本次鉴定会。本次进行鉴定的 5 项新产品中有容量最大的国家重点工程"哈密—郑州 ±800kV 直流输电工程"（郑州线）换流变压器、有满足海外市场需求的 500kV 电压等级单相耦电力变压器、有满足山区运输条件的 400kV 电压等级组合式变压器、满足国家智能电网建设需求的 220kV 电压等级智能电网用电力变压器，以及国内容量最大的 110kV 电压等级升压变压器。经专家鉴定，最终 5 项产品全部通过了国家级鉴定，其中 ZZDFPZ-376600/500-800 换流变压器达到国际领先水平，其他 4 项产品达到国际先进水平。

6 月 28 日，由西电西变设计、西电常变制造的国内容量最大的三相一体 500kV 变压器首台一次性通过全部试验。该项目是神华神东电力重庆万州发电厂用三相一体式 SSP-1210000/500 升压变压器，产品具有容量大，阻抗要求高的特点。

国内容量最大的 500kV 发电机变压器

6 月，在中国机械工业联合会的组织下，特变电工沈变公司在北京成功召开了自主研发的交流 1 100kV、交流 500kV/7 000A 套管的国家级新技术鉴定和直流 ±400kV 充 SF_6 套管、直流 ±186kV 干式套管的国家级新产品鉴定会议，并顺利通过。

7 月，在国家变压器质量监督检验中心、电力工业电气设备质量检验测试中心以及广东电网公司东莞供电局等领导和专家的见证下，特变电工衡阳变压器有限公司自主研制的世界首台最大容量的 50 万 kV·A、500kV 单相无励磁调压自耦变压器一次通过所有例行试验、型式试验以及特殊试验，各项试验数据均优于技术协议要求。

7 月，在国家电网的组织下，特变电工沈阳变压器集团有限公司针对地处四川地震高发区的特殊地质环境产品，在北京召开了关于自主研发生产的交流 800kV、交流 145kV 套管的九级抗震试验，并顺利通过。

9 月 13—14 日，受国家能源局委托，中国机械工业联合会在南京主持召开南京电气（集团）有限责任公司研制的 550kV 复合外套油纸电容式套管新产品鉴定会。来自西高院、国网电科院、国网直流部、南网电科院、中国电科院、沈变院、西安交大、天威保变、特变电工衡变等单位的15名专家组成鉴定委员会。鉴定委员会听取了研制总结报告，审查了鉴定资料，进行了产品抽样检测。鉴定委员会认为：该产品综合技术性能达到同类产品的国际先进水平，一致同意通过产品技术鉴定，可以批量生产。

12月6日，受国家能源局委托，中国机械工业联合会在西安组织并主持召开了西电西变新产品国家级鉴定会。以中国工程院院士朱英浩为组长的鉴定委员会，听取了西电西变的溪浙线 ±800kV 特高压直流输电工程用换流变压器等7台新产品研制总结等报告，审查了鉴定资料，审核了试验原始记录和型式试验报告，通过了这7台新产品的国家级技术鉴定。一致认为4台新产品达到国际领先水平，3台新产品达到国际先进水平，这些产品结构合理，设计及工艺先进，具有局放小、损耗小、温升低、噪声低等特点。

12月8—10日，中国西电集团公司暨中国西电电气股份有限公司委托西电变压器产业产品研发中心，组织召开了西电变压器产业所属企业科研项目和新产品鉴定验收会，共计完成39项西电科技计划项目鉴定验收。西电西变20项科技计划项目，分别通过了西电集团级和西电西变级鉴定验收。

12月26—27日，中国华电集团旗下的大型变压器专业制造商——江苏上能新特变压器有限公司的SFP10-780000/220、OSFPSZ11-240000/330两项大型电力变压器新产品鉴定会在常州举行。在中国电力企业联合会的组织下，来自沈阳变压器研究院、国网电力科学研究院、中国电力科学研究院、国家电网公司、中国西电、福建省电力公司、甘肃省电力公司、湖北省电力科学研究院、华电集团的专家们齐聚一堂，由变压器行业朱英浩院士主持，行业部分领导专家出席。经讨论和厂家答疑，得出一致鉴定结论：江苏上能新特变压器有限公司研制的SFP10－780000/220变压器，为国内目前单台容量最大的220kV发电机升压变压器。产品结构合理，工艺先进，采用了特殊的铁心轭部结构，低压线圈双层“U”型布置，高压升高座内引线夹持等专利技术、压敏纸调整线圈预紧力、低压升高座油路管道等电位连接以及油流导向等技术，具有低损耗、低噪声、低局放、低温升等特点。鉴定委员会认为，该产品综合性能指标达到同类产品国内先进水平，同意通过新产品技术鉴定。

西电西变为西安高新区三星城330kV变电站工程自主研制的OSFSZ-360000/330三相自耦电力变压器通过试验，各项性能指标满足了技术协议和国家标准，达到国际先进水平。西电西变为西安高新区三星城330kV变电站工程制造成功的主变压器，担负着我国电子信息行业最大的外商投资项目—韩国三星电子一期项目供电任务。

出口　2014年1月20日，在中国电力研究院、中国中原对外工程有限公司以及巴基斯坦恰希玛项目业主的共同见证下，特变电工衡阳变压器有限公司为巴基斯坦恰希玛核电项目研制的SFPZ-400000/245主变压器一次通过所有出厂试验，各项技术参数均优于技术协议。巴基斯坦恰希玛核电站为30万kW压水堆型核电站，是由中国设计、建造的第一座出口商用核电站，也是我国当时最大的高科技成套出口项目。

特变电工衡阳变压器有限公司为巴基斯坦恰希玛核电项目研制的主变压器

3月3日，西电济南变压器股份有限公司成功生产制造了出口巴基斯坦的40MV·A/220kV变压器，并在GE公司和总包商IEG公司的指导和监督下，顺利完成了为期4天的验收试验，产品质量和优质服务得到业主方的高度认可。

5月9日，西电西变为美国太平洋电力公司设计制造的2台60 554kvar、362kV三相并联电抗器全部通过试验。

西变制造出口美国的362kV三相并联电抗器

10月，特变电工沈变集团下属的康嘉互感器公司生产的800kV和245kV高端互感器产品获得了印度国网公司的试验确认和批准信。这标志着沈变集团自主研发的高端互感器产品首次敲开了印度市场大门。同时，康嘉公司也成为互感器行业被印度国网认可的首家中国公司。

发运　2014年2月27日，特变电工衡阳变压器有限公司隆重举行了世界最高电压等级的1 000kV发电机变压器启运仪式。特变电工衡阳变压器有限公司为“中电国际安徽平圩电厂三期工程2×1 000MV超超临界燃煤发电机组”项目自主研制的2台DFP-400000/1000发电机变压器正式启运平圩电厂服役。

世界最高电压等级 1000kV 发电机变压器从特变电工衡阳变压器有限公司启运

天威云南变压器股份有限公司制造完成中铁陕西中南通道项目 6 台隧道内专用型牵引变压器，并按计划履约发货。该产品属国内首创，牵引类型变压器非常适合中南、长昆、张唐、蒙西等山区铁路较长隧道内使用，具有良好的经济和社会效益，为云变公司提升铁路变压器市场份额创造了良好条件。

奖项 2014 年 4 月，海南金盘电气有限公司一体化智能型光伏发电升压并网及控制成套装置荣获"国家重点新产品"证书（编号：2013GRE20001），被纳入国家重点新产品计划。

7 月，第十届中国工业论坛隆重发布"2013 年度中国工业首台（套）重大技术装备示范项目"，表彰"中国工业重大技术装备首台（套）功勋用户"。特变电工衡阳变压器有限公司自主研制的 SSP-H-860000/500 特大容量组合式变压器列入 2013 年度中国工业首台（套）重大技术装备示范项目，成为获此殊荣的 28 个项目之一。

标准建设 2014 年 4 月，国家标准委专家组宣布，以 1 000kV 晋东南—南阳—荆门特高压输变电工程为蓝本，中国已建立了拥有完全自主知识产权的世界特高压输变电工程标准体系，这标志着我国由此主导了世界高压输电领域的话语权，占据了世界电力技术制高点。

投运下线 2014 年 7 月，我国自主研发的首台重载铁路用牵引变压器在山东达驰电气有限公司成功下线，将用于中国首条高等级重载铁路工程。这台型号为"S-QY-（25000 ＋ 25000）/220"重载牵引变压器由达驰公司自主研发设计，具有完全自主知识产权，其采用的 V-v 型特殊结构是我国首次在重载用牵引变压器中使用，其特点具有结构新颖、损耗低、局部放电量小、绝缘可靠、抗振动性高、过电承载能力强等优点，产品的综合性能指标已达到国际先进水平。

2014 年 7 月 4 日，世界上首个五端柔性直流输电工程、国家电网公司重大科技示范工程——浙江舟山 ±320kV 柔性直流科技工程正式投运。许继集团自主研制的柔性直流输电换流阀、阀控设备、阀冷系统和测量装置在该工程上得到成功应用。这标志着许继成为世界首个拥有柔性直流换流阀、阀控设备、阀冷系统、高速测量装置等全套自主知识产权设备并实现工程应用的企业，公司在柔性直流输电技术领域已经处于国际先进水平。

山东达驰电气有限公司自主研发的重载铁路用牵引变压器

2014 年 7 月上旬，天威保变电气股份有限公司为浙江舟山 ±200kV 五端柔性直流工程自主研制的世界首台容量最大的 450MV·A/220kV 柔性直流变压器顺利投入运行，同时投入运行的还有 1 台 120MV·A/110kV 柔性直流变压器，标志着天威保变电气股份有限公司站上了世界柔性直流输电设备制造领域的制高点。

质量及质量管理 2014 年，变压器行业企业面对严峻的经济形势和竞争态势，按照"管理提升年"的工作要求和"稳中求进"的工作思路，全面开展降本增效和管理提升活动，加大市场化改革力度，各企业不断进行资本结构、产品结构和市场结构调整，使变压器产品的市场占有率不断扩大，为变压器行业的发展做出了贡献。衢州杭甬变压器有限公司重视质量提升，建立首席质量官制度，健全质量管理及考核制度，不断投入资金，定期开展财务及成本分析，提升企业管理水平；西电济南变压器股份有限公司以"外抓市场内强质量"为指导思想，分别在营销系统和生产系统展开，通过营销策略的调整和营销业务人员综合素质的提高，促进西电济变品牌对外形象有不断提升。通过严把质量关，将每台产品都打造成精品，提高西电济变品牌在用户心目中的美誉度；杭州钱江电气集团股份有限公司自 2008 年导入卓越绩效质量管理模式以来，成立了卓越绩效管理推行领导小组，按照 GB/T 19580 卓越绩效评价准则，对各分（子）公司、部门进行访谈和评审，通过卓越绩效模式诊断、组织培训、改进实施等，逐步建立起卓越绩效质量管理发展模式；电能（北京）产品认证中心专家对三变科技股份有限公司 36 个单元产品、41 个单元节能产品进行了现场监督审核，并着重对影响产品能效和质量的关键原材料进行了现场一致性确认，认为公司各管理工作开展有序，现场抽样产品均符合国家节能产品性能参数要求；常州东芝变压器有限公司顺利通过全球三大认证服务机构之一的通标标准技术服务有限公司（SGS-CSTC）的ISO 9001 ：2008质量管理体系换证审核；国家知识产权局对三变科技股份有限公司“一种220kV有载调压单相试验变压器”“一种双高压低压有载调压单相试验变压器”“一种轨道式平车的车轮结构”“一种套管引出线电缆夹”“一种带有软角环结构的变压器”“一种非晶合金变压器油箱结构”“一种变压器铁轭下器身压紧装置”等十多项实用新型实施授权并下发了证书，至此，公司已拥有50多项专利；顺特电气设备有限公司获得施耐德电气低压成套柜“质量卓越”合作伙伴荣誉称号；许继集团参与完成的“±800kV超大容量特高压直流输电关键技术、设备研制和工程应用”项目荣获中国电力科学技术进步奖一等奖，许继集团牵头完成的“电动汽车充换电智能化关键技术、成套设备及工艺应用”项目荣获中国电力科学进步奖二等奖；以“提质增效升级，实现工业强国梦”为主题的第十届中国工业论坛在北京召开，南京电气（集团）有限责任公司荣获‘中国工业示范单位’称号，公司总经理、党委书记沈其荣被授予“中国工业先锋人物”称号；2014年8月初，中国出入境检验检疫协会公布了2014年“中国质量诚信企业”名单，杭州钱江电气集团股份有限公司获此殊荣并受到表彰；2014年以来，山东达驰电气有限公司积极坚持科技创新，加大新产品新技术的开发，共获得10项国家专利授权，其中发明2项、实用新型8项，其中的高压换流变压器压装时油道结构及其处理方法首次获得国家发明专利；衡阳市2014年科技创新大会隆重召开，特变电工衡阳变压器有限公司自主完成的“500kV特大容量组合式变压器”项目获得衡阳市科技进步一等奖，衡变公司总工程师孙树波被授予“科学技术突出贡献奖”荣誉称号；大连北方互感器集团有限公司在长期的发展过程中，努力追求卓越的管理体系，将一些先进的管理思想方法不断融入企业，先后推行了六西格玛管理、卓越纯净管理准则等管理模式，以管理促发展，向管理要效益，企业的综合管理能力显著增强；辽宁省人民政府发布了《辽政发〔2014〕29号》文件，授予特变电工沈阳变压器集团有限公司辽宁省省长质量奖；电能（北京）产品认证中心有限公司通过了中国西电集团西安西电变压器有限责任公司产品认证证书到期复查。复查组经过查阅资料、现场检查等方式，对西电西变生产特点、生产周期、制造水平、技术质量现状，以及产品是否能持续满足顾客要求和技术规范要求进行了精准体检和把脉。在充分肯定成绩的同时，对企业提出了持续改进不断提升质量的意见和建议。此次通过PCCC复查，是对获证企业在产品认证证书有效期满后的继续认证，也是获证企业产品质量持续稳定发展的标志；在全国现场管理星级评价活动暨全国质量信得过班级经验交流大会上，特变电工沈变自动化公司班组获得了由国家质量监督检验检疫总局、工业和信息化部、中华全国总工会、中华全国妇女联合会、中国科学技术协会和中国质量协会等机构联合颁发的“全国质量信得过班组”称号。这是沈变公司首次获得该项荣誉。该公司自动化班组始终以“安全生产，保质保量，牢记三心宗旨，打造班组品牌”为班组建设的目标，以“可靠高效”为班组文化的核心，同时，时刻牢记“创新求变”这一核心理念，通过制度建设打造管理基础、目视化管理责任分明、降本增效从小事做起等方式，解决了一大批生产管理问题。2014年，变压器行业企业狠抓管理，牢记“产品质量是企业的生命”这一主题，攻坚克难，努力拼搏，取得了一定的成绩。但是，目前我国企业的经营管理水平还普遍落后于发达国家的跨国企业，因此要想在国际竞争中争取一席之地，就必须努力提高自身的经营管理水平，切实地培养出一大批优秀的世界级经营管理人才，才能在国际竞争中立于不败之地。

新产品 特变电工衡阳变压器有限公司自主研制的SSP-H-860000/500特大容量组合式变压器是衡变公司自主研制的国内首台（套）产品，也是目前世界上容量最大的500kV组合式变压器。该产品的成功研制，打破了外资企业长期对我国超高压组装式变压器领域的技术垄断，是我国超高压、大容量现场组装式变压器真正实现国产自主化战略的一次重大突破，提升了中国变压器行业自主创新能力和民族重大装备业的制造水平。该项目产品填补了国内多项技术空白，研制过程中获得发明专利1项，实用新型专利4项。该项目产品通过了中国机械工业联合会组织的国家级新产品技术鉴定，技术性能达到国际领先水平。

2014年变压器行业获得新产品型号注册情况见表1。2014年变压器行业新产品试验情况见表2。

表1 2014年变压器行业获得新产品型号注册情况

企业名称	批准注册型号
吴江变压器有限公司	ODFS-334000/500
丹东欣泰电气股份有限公司	S11-M*ZT-315(100)/10
江苏华兴变压器有限公司	S11-M-30～2000/10、SZ11-6300～25000/35
常州西电变压器有限责任公司	ODFPSZ-250000/500、OSFPZ-H-250000/400、SFP-400000/110、ZZDFPZ-376600/500-800
西安西电变压器有限责任公司	ZZDFPZ-239800/500-800、ODFPSZ-1000000/1000、PKDGKL-800-5000-50、BKDFYT-130000/750、ODFPS-500000/750、ZZDFPZ-239800/500-600、ZZDFPZ-382000/500-800、BKD-160000/1000、SSP-1210000/500、OSFPS-JT-750000/500、ZZDFPZ-382000/500-600、SFP-580000/500、ZZDFPZ-376600/500-600、ZZDFPZ-376600/500-800

（续）

企业名称	批准注册型号
莱芜市国能电气设备有限公司	S11-M-30～1600/10
保山市康浩实业集团康华变压器有限公司	S13-M-30～125/10、S13-M-200～800/10
山东鲁能泰山电力设备有限公司	SZ11-6300～25000/35、SSZ11-20000～63000/110、SCB10-630～2000/10、SCB12-160～2500/10、S13-M-125～1600/10
卧龙电气集团浙江变压器有限公司	ODFS-334000/500、SSZ11-240000/220
南京立业电力变压器有限公司	SFSZ11-180000/220
海南金盘电气有限公司	SCB11-800～2500/35
重庆市亚东亚集团变压器有限公司	SC10-30～400/10、SCB10-500～2500/10、SC10-160～315/10、SCB10-400～630/10
西安中扬电气股份有限公司	PKDGKL-800-5000-50W
北京电力设备总厂	PKDGKL-1100-5000-75
昆明耀龙置信变压器制造有限公司	S11-M-30～1600/10
沈阳沈西变压器制造有限公司	S11-M-30～1600/10
宁波仁栋电气有限公司	S13-M*RL-100～1000/10
特变电工衡阳变压器有限公司	DFP-400000/1000、SFP-1140000/500、ODFS-400000/500、ODFPSZ-700000/750、SFPZ-400000/220、QYS-(20000+25000)/220、PQYS-25000/110、SH16-M*RL-630/10-NX1、S14-M*RL-630/10-NX1、ZZDFPZ-405200/500-200、ZZDFPZ-405200/500-400、SZ-240000/166
江阴鹏鑫电气有限公司	S11-M-315～1250/10
黔南望江变压器有限公司	S11-M-30～1600/10
南通晓星变压器有限公司	S13-M-500～1600/10、SC12-200～315/10、SCB12-400～2500/10、SH15-M-125/10、SBH15-M-160～500/10
广州广高高压电器有限公司	S13-M-630/10
山东泰开变压器有限公司	QYD-40000/220、QYD-25000/110、QYS-(40000+40000)/220
河南龙源置信非晶合金变压器有限公司	SH15-M-30～80/10、SBH15-M-100～2500/10
银河电气科技有限公司	S11-M-30～1600/10、S13-M-100～400/10、SBH15-M-100～400/10、SZ11-50000～63000/110、SCB11-100～400/10
特变电工股份有限公司新疆变压器厂	SFP-780000/500、QYD-40000/220、ODFPSZ-267000/500、ODFPSZ-700000/750、SFFZ-50000/500、ZZDFPZ-405200/500-600、SFP-780000/220、SFP-750000/750、ODFPSZ-250000/500
合肥博微田村电气有限公司	SGB10-400～1600/10
芜湖金鹰变压器有限公司	SCB10-250～1000/10
西安天虹电气有限公司	SB11-30～200/10、SCB11-250～2500/10
上海置信电气非晶有限公司	SH15-M*RL-63～80/10、SBH15-M*RL-100～250/10
杭州钱江电气集团股份有限公司	SBH15-M-400/10-NX2
三变科技股份有限公司	QYD-40000/220、SFSZ11-240000/220、ZQSC-3300/35、ZGSB-Z・F-3400/35
特变电工沈阳变压器集团有限公司	DFP-400000/1000、ZZDFPZ-405200/500-400、PKDGKL-800-5000-50、ODFPS-1000000/1000
天津置信安瑞电气有限公司	S11-M-30～630/10、S13-M-30～2000/10、SH15-M-30～80/10、SBH15-M-100～2500/10、SCH15-30～80/10、SCBH15-100～2500/10、SC10-30～315/10、SCB10-400～630/10、SC（H）B10-630～2500/10、S11-M-500～2000/10
湖北汉成电气有限公司	SCB10-315～1250/10、S11-M-30～1600/10
山东电力设备有限公司	ODFS-400000/500、BKD-80000/750-110、BKS-90000/330-110、PKDGKL-800-4000-75、SSZ-120000/115

表2 2014年变压器行业新产品试验情况

企业名称	产品型号
广州西门子变压器有限公司	SRB-M-1000/11.3
卧龙电气集团浙江变压器有限公司	SSZ11-240000/220、SFP11-450000/220
大连市庆维电抗器制造有限公司	CKDGKL-50/6-5
沈阳昊诚电气股份有限期公司	SBH15-M-630/10、SCB11-1600/10、S13-M-630/10
南阳市鑫特电气有限公司	SCB10-1250/10、S11-M-200/10、SCB10-1250/10
中铁电气化局集团保定铁道变压器有限公司	SCZ-1250/10、SCB10-400/10、ODQ(F)-M-25000/55、QYD-20000/330
江苏华兴变压器有限公司	S11-1600/10、SZ11-20000/35、SZ11-20000/35
山东亿玛信诺电气有限公司	S11-M-630/10
大连华亿电力电器有限公司	CKDGKL-90/35-6、CKSC-72/10-6
沈阳通用电抗器制造有限公司	CKDGKL-93/35-6
陕西荣兴电气有限公司	CKSG-10-360/0.381-6%
新郑市郑韩电力电器厂	S13-M-50/10
河南龙源置信非晶合金变压器有限公司	S11-M-50/10、S11-M-100/10、SBH15-M-400/10
山西晋能置信电气有限公司	S11-M-500/10、S11-M-100/10、S13-M-100/10、S13-M-100/10、S13-M-500/10
宁波仁栋电气有限公司	S13-M.RL-800/10、S13-M.RL-315/10、SCB10-315/10
永州市鑫宇变压器有限公司	SH15-M-100/10、SBH15-M-800/10、S13-1600/10、SH15-M-315/10
保定市晶科变压器有限公司	S13-M-800/10
天威云南变压器股份有限公司	D9-QY-40000/220GY、SSZ11-63000/110GYW、SZ11-50000/110GYW
山东鲁能泰山电力设备有限公司	SSZ11-180000/220、SZ11-31500/66、SFSZ11-240000/220
西安中扬电气股份有限公司	PKGKL-120-633-90、PKGKL-120-633-90、PKGKL-121.25-130-1000
保山市康浩实业集团康华变压器有限公司	S13-M-630/10、S13-M-100/10
库柏电子科技（上海）有限公司	SCB-2500/34.5、ZGSB11-Z-800/10、SCB13-2500/10、ZGSB11-Z-800/10
山东菲达电器有限公司	SH15-M-500/10、S11-M-(F)-200/10GZ
中电电气(江苏）股份有限公司	SCB10-1600/20、SC10-20000/35
保定保菱变压器有限公司	SSZ11-50000/110
常州西电变压器有限责任公司	ZZDFPZ-376600/500-800
福州天宇电气股份 有限公司	SBH15-315/10
杭州钱江电气集团股份有限公司	SFSZ11-H-180000/220、SCB-2800/11、SC-7000/11、SZ11-20000/35、SC10-20000/35
山东华驰变压器股份有限公司	SFSZ11-180000/220、ODFS-334000/500、SZ11-50000/66
大连依诺电气有限公司	TGR10.5-10-2
基元电气有限公司	S11-M.D-1000/10、S11-M.D-400/10、S11-M.D-1000/20、S11-M.D-400/20、D11-M.D-100/10
北京合众科技股份有限公司	S11-M.RL-500/10、S13-M.RL-500/10、S13-M.RL-630/10、S11-M.RL-630/10、S11-M.RL-630/10、S13-M-500/10、
特变电工沈阳变压器集团有限公司	OSFPSZ-JT-750000/500、BKS-10000/35、ODFS-334000/500、OSSZ11-240000/220、BKD-30000/500
特变电工股份有限公司新疆变压器厂	SFFZ-50000/500、ODFPSZ-267000/500、S13-M.ZT-630(200)/10、S13-M-ZT-315(100)/100、SFP-780000/500、SFP-780000/220、SC10-20000/35、SC10-20000/35、SFP-750000/800、BKDGKL-20000/35、ZGS11-1000/33
江阴明大变压器有限公司	S13-M.RL-315/10、S13-M.RL-800/10
哈尔滨变压器有限责任公司	SSZ11-63000/110

（续）

企业名称	产品型号
山东电力设备有限公司	SZ11-6300/35、SZ11-3150/35、ZZSSZ-120000/110-220
广东广特电气有限公司	SZ11-63000/110
丹东欣泰电气股份有限公司	SCBH15-630/10、SBH15-M-315/10、S11-M-1000/10、SCB10-315/10、ZGS11-Z.F-1600/35、SCB10-1600/10、SZ11-16000/35、CKDGKL-125/10-6、CKSC-360/10-6
江苏华鹏变压器有限公司	S12-M-2000/11.3、ZQSC-3300/10
重庆 ABB 变压器有限公司	ZZDFPZ-406000/500-800、ZZDFPZ-406000/500-600、ODFS-500000/500
武汉振源电力设备有限公司	SCB11-500/10、SC11-100/10
抚顺市永正电力电器有限公司	S13-M-1000/10
广州广高高压电器有限公司	SSZ11-63000/110
南通晓星变压器有限公司	S13-M-1600/10、SHB15-M-400/10、SCB12-2500/10、SCB12-630/10、SBH15-M-400/10、ODFS-334000/500
山东泰开电力有限公司	CKGKL-600/10-12
荣信电力电子股份有限公司	CKDGKL-400/10-12、BKDGKL-3334/10、CKDGKL-1000/66-5
济南西电特种变压器有限公司	SBH15-630/10、SCBH15-2500/10、SCB10-2500/35、SCZB10-25000/35、SCZB10-25000/35
济南西门子变压器有限公司	SZ11-63000/110
保定天威集团特变电气有限公司	SFZ10-240000/330、SSZ-240000/220
上海通用电气广电有限公司	SCB1000/13.8、SCB-1250/24/0.208
特变电工衡阳变压器有限公司	ZHSPPTK-93100/220、S-QY.J-(20000+25000)/220、BKS-135000/500、ODFS-500000/500、DFP-400000/500
安徽华正电气有限公司	XKDGKL-10-4000-10
重庆源通电器设备制造有限责任公司	SCBF10-800/10
新疆升晟股份有限公司	SSZ11-63000/110
沈阳三江电器设备有限公司	S13-M-800/10
江西变电设备有限公司	S11-M-ZT-315(100)/10
黔南望江变压器有限公司	S11-M-1000/10
西安天虹电气有限公司	SC11-100/10、SCB11-500/10、SCB11-2000/10
海南金盘电气有限公司	SCB10-2500/35、SCBH15-1600/35、SC11-12500/35
大连昌兴电力设备有限公司	S(F)-M-100/10、S(F)H-M-100/10
大连丰和日立电气有限公司	SCBL10-2000/10、SCL10-100/10、SCBL10-500/10
中国能源建设集团葫芦岛电力设备厂	SFFPZ11-50000/220、SFF11-50000/20、SZ11-40000/66、SZ11-180000/220、SFP11-450000/220、Z11-40000/110、SZ11-40000/66、SFP11-450000/220、SCB11-1600/10
临猗县新兴变压器制造有限公司	S11-M-200/10
泰安市创能电气设备有限公司	S11-M-1000/10
西安西变中特电气有限责任公司	SR11-M-1500/11.3
卧龙电气银川变压器有限公司	DQY-25000/330、S-X-QY-(25000+25000)/330、DQY-63000/220、S-X-QY-(63000+63000)/220、OD-32000/2X27.5、QYS-(16000+20000)/110
沈阳市第四变压器厂（有限公司）	TYDK-M-125/35
保定天威顺达变压器有限公司	SCB11-2500/10
山东泰开电力电子有限公司	TK-BJ-35/17.1、CKGKL-2400/35-12、TK-BJ-35/17.1、TK-BJ-10/10、BKGKL-10000/10
国网河南省电力公司电力科学研究院	SW-10000/35
合肥博微田村电气有限公司	SGB10-1250/10

（续）

企业名称	产品型号
辽宁易发式电气设备有限公司	SZ11-40000/66
常州东芝变压器有限公司	ODFS-334000/500
青岛菲特电器科技有限公司	CKSC-720/10-12
鲁特电工股份有限公司	SCB10-2000/10
徐州巨腾变压器有限公司	SCB10-1600/10、SCB10-250/10、S11-M-500/10、S11-M-800/10
华城电机（武汉）有限公司	SZ11-63000/110
沈阳高科电器发展有限公司	S11-M-315/10
盘锦辽河油田宏泰电力有限公司	S11-M-160/10、SH15-M-50/10、S13-M-250/10、SCB10-500/6.3
明珠电气有限公司	DKSC-500/10.5、XHDCZ-630/10.5、ZLSCB10-3500/20/0.75、CKSC-720/10-12、ZQSC(H)B10-3300/33、ZLDC(H)B10-1600/18/ $\sqrt{3}$
三变科技股份有限公司	ZGSBH15-Z.F-2200/35、SSZ11-100000/110GY、ZGSBH15-Z-630/10、SZ11-150000/110、SBH15-M-630/20、SCB10-2500/10、SF11-75000/35、SSZ11-180000/220
武汉振源电气股份有限公司	SC13-100/10、SCB13-500/10
长春三鼎变压器有限公司	SZ11-40000/66
河南森源电气股份有限公司	ZGS11-1600/35
西电济南变压器股份有限公司	SZ11-63000/110
顺特电气设备有限公司	SCB11-2500/20、SCBH16-2500/10、ZGSB11-H.F-2800/35/0.69+、BKSC-10000/35
丹东市互感器有限公司	CKDGKL-400/66-6%
中电电气（南京）特种变压器有限公司	SCRBH15-630/10
沈阳沈变所变压器有限公司	S13-M(F)-200/10GZ
上海置信电气股份有限公司	SCBH15-3150/38.5
山东爱普置信非晶合金变压器有限公司	S13-M-100/10、S13-M-500/10
中铁电气工业有限公司	S-QY-20000+20000/110
广州南车骏发电气有限公司	SCB10-500/ 10、SCB11-500/ 10、SCB11-2500/ 10
北京诚聘成科技有限公司	GMP-27.5
山东哈大电气有限公司	LKGKL-35-120-68.45、CKSCL-360/10-12
山东泰开箱变有限公司	ZSCB10-1000/36.5、SZ11-GM-500/10/10、ZFS11-Z·F-2200/35、S11-1750/35、SSZ13-240000/220
保定天威保变电气股份有限公司	ODFPS-1500000/1000
卧龙电气烟台东源变压器有限公司	SZ11-31500/35
上海博纳杰陈电气有限公司	SBH15-M-315/10
遵义长变变压器有限责任公司	S11-M-315/10、S11-M-100/10
北京电力设备总厂有限公司	DSDB-3300/35
丹东长城供电设备有限公司	CKGKL-200/10-12%
天威保变（合肥）变压器有限公司	SZ11-50000/110
国网上海市电力公司	SBH15-M-630/10、SBH15-M-400/10、SCB10-800/10、SCB10-1000/10、SCB10-1250/10、SBH15-M-200/10、SBH15-M-315/10、DSDB-3300/35
国网福建省电力物资有限公司	SCB10-1000/10.5

〔撰稿人：沈阳变压器研究院股份有限公司陈萍　审稿人：沈阳变压器研究院股份有限公司曲万里〕

电气控制成套设备

生产发展状况 2014年，根据对行业106家生产企业的统计，电气控制成套设备行业产量和产值与2013年相比均有不同幅度的增长。2014年，106家企业工业总产值（当年价）989.81亿元，同比增加37.44亿元，同比上涨3.93%；产品销售产值955.97亿元，同比增加10.27亿元，同比上涨1.09%；工业增加值327.83亿元，同比下降6.10%；主营业务收入1 029.63亿元，同比上涨12.21%；利润总额85.14亿元，同比上涨7.18%。与2013年同期相比，除主营业务收入增幅上涨以外，其他指标增幅均有所回落，工业增加值出现了八年以来首次负增长。

2014年，电气控制成套设备行业重点企业工业总产值见表1。2014年电气控制成套设备行业重点企业工业增加值见表2。2014年电气控制成套设备行业重点企业工业销售产值见表3。2014年电气控制成套设备行业重点企业主营业务收入见表4。2014年电气控制成套设备行业重点企业总资产贡献率见表5。2014年电气控制成套设备行业重点企业资本保值增值率见表6。2014年电气控制成套设备行业重点企业资产负债率见表7。2014年电气控制成套设备行业重点企业全员劳动生产率见表8。2014年电气控制成套设备行业重点企业经济效益综合指数见表9。

表1　2014年电气控制成套设备行业重点企业工业总产值

序号	企业名称	工业总产值（万元）	序号	企业名称	工业总产值（万元）
1	大全集团有限公司	1 827 153	31	宁波燎原电器集团股份有限公司	60 615
2	许继集团有限公司	1 335 654	32	上海纳杰电气成套有限公司	59 894
3	江苏东源电器集团股份有限公司	755 908	33	宁波天元电气集团有限公司	59 643
4	有能集团有限公司	659 328	34	宁夏力成电气集团有限公司	58 590
5	正泰电气股份有限公司	468 316	35	深圳市宝安任达电器实业有限公司	58 500
6	天源华威集团有限公司	300 683	36	广州市半径电力铜材有限公司	53 052
7	宁波天安（集团）股份有限公司	255 216	37	福州天宇电气股份有限公司	52 726
8	环宇集团（南京）有限公司	230 762	38	杭州欣美成套电器制造有限公司	51 160
9	安徽鑫龙电器（集团）股份有限公司	224 571	39	广东顺开电气集团有限公司	47 358
10	远东电器集团有限公司	218 770	40	江苏海纬集团有限公司	43 411
11	江苏华威线路设备集团有限公司	208 680	41	上海天正机电（集团）有限公司	38 929
12	常熟开关制造有限公司（原常熟开关厂）	182 592	42	云南云开电气股份有限公司	36 069
13	川开电气股份有限公司	144 564	43	锦州锦开电器集团有限责任公司	34 094
14	万控集团有限公司	141 793	44	成都科星电力电器有限公司	32 902
15	天津百利特精电气股份有限公司	134 614	45	江苏万奇电器集团有限公司	32 256
16	江苏威腾母线有限公司	125 812	46	天津市德利泰开关有限公司	29 750
17	四川电器集团股份有限公司	96 587	47	欧伏电气股份有限公司	29 415
18	常州太平洋电力设备（集团）有限公司	92 358	48	山东鲁亿通智能电气股份有限公司	29 008
19	浙宝电气（杭州）集团有限公司	89 584	49	天津久安集团有限公司	28 870
20	北京合纵科技股份有限公司	89 424	50	安科瑞电气股份有限公司	28 829
21	库柏（宁波）电气有限公司	87 199	51	唐山创元方大电气有限责任公司	24 886
22	上海南华兰陵电气有限公司	86 563	52	温州兴机电器有限公司	24 624
23	杭申集团有限公司	85 543	53	浙江容大电力设备制造有限公司	24 002
24	上海宝临电气集团有限公司	73 794	54	深圳市光辉电器实业有限公司	23 632
25	天水二一三电器有限公司	71 600	55	北京潞电电气设备有限公司	23 579
26	宁波华通电器集团股份有限公司	70 518	56	杭州圣力电气有限公司	23 154
27	沈阳华利能源设备制造有限公司	66 100	57	厦门协成实业有限公司	21 080
28	河南新开电气集团股份有限公司	62 541	58	北京通州开关有限公司	20 500
29	寿光巨能电气有限公司	62 297	59	宁波耀华电气科技有限责任公司	20 086
30	江苏士林电气设备有限公司	60 876	60	余姚市电力设备修造厂	18 745

表2　2014年电气控制成套设备行业重点企业工业增加值

序号	企业名称	工业增加值（万元）	序号	企业名称	工业增加值（万元）
1	大全集团有限公司	941 969	31	宁夏力成电气集团有限公司	18 142
2	江苏东源电器集团股份有限公司	299 563	32	上海天正机电（集团）有限公司	15 704
3	有能集团有限公司	235 775	33	江苏士林电气设备有限公司	14 490
4	天津百利特精电气股份有限公司	116 056	34	荣尔电气股份有限公司	14 120
5	安徽鑫龙电器（集团）股份有限公司	107 751	35	广东顺开电气集团有限公司	13 573
6	许继集团有限公司	104 333	36	江苏万奇电器集团有限公司	12 934
7	天源华威集团有限公司	101 546	37	浙宝电气（杭州）集团有限公司	12 899
8	常熟开关制造有限公司（原常熟开关厂）	97 609	38	杭申集团有限公司	12 850
9	四川电器集团股份有限公司	93 180	39	安科瑞电气股份有限公司	11 984
10	北京合纵科技股份有限公司	89 737	40	福建森达电气股份有限公司	11 444
11	正泰电气股份有限公司	61 529	41	成都瑞联电气股份有限公司	11 181
12	川开电气股份有限公司	55 579	42	广州市半径电力铜材有限公司	10 958
13	环宇集团（南京）有限公司	52 508	43	厦门宏发电气有限公司	10 750
14	宁波天安（集团）股份有限公司	45 939	44	杭州欣美成套电器制造有限公司	10 311
15	江苏海纬集团有限公司	45 619	45	远东电器集团有限公司	9 410
16	深圳市宝安任达电器实业有限公司	41 213	46	北京基业达电气有限公司	9 120
17	江苏华威线路设备集团有限公司	41 065	47	上海南华兰陵电气有限公司	8 519
18	宁波燎原电器集团股份有限公司	38 278	48	欧伏电气股份有限公司	8 236
19	常州太平洋电力设备（集团）有限公司	30 658	49	江苏现代电力科技股份有限公司	7 888
20	库柏（宁波）电气有限公司	28 452	50	成都科星电力电器有限公司	7 801
21	河南新开电气集团股份有限公司	27 447	51	上海纳杰电气成套有限公司	7 094
22	江苏威腾母线有限公司	27 433	52	云南云开电气股份有限公司	6 710
23	上海宝临电气集团有限公司	27 412	53	山东鲁亿通智能电气股份有限公司	6 196
24	寿光巨能电气有限公司	23 874	54	广东番开电气设备制造有限公司	5 993
25	杭州圣力电气有限公司	23 316	55	北京潞电电气设备有限公司	5 715
26	沈阳华利能源设备制造有限公司	22 521	56	余姚市电力设备修造厂	5 587
27	天水二一三电器有限公司	21 003	57	慈溪市大明电气设备成套有限公司	5 080
28	天津市德利泰开关有限公司	20 959	58	广东珠江开关有限公司	4 856
29	宁波华通电器集团股份有限公司	18 817	59	天津久安集团有限公司	4 851
30	宁波天元电气集团有限公司	18 456	60	广东正超电气有限公司	4 844

表3　2014年电气控制成套设备行业重点企业工业销售产值

序号	企业名称	工业销售产值（万元）	序号	企业名称	工业销售产值（万元）
1	大全集团有限公司	1 827 153	6	天源华威集团有限公司	291 663
2	许继集团有限公司	1 242 833	7	环宇集团（南京）有限公司	230 657
3	江苏东源电器集团股份有限公司	720 133	8	安徽鑫龙电器（集团）股份有限公司	224 571
4	有能集团有限公司	644 346	9	宁波天安（集团）股份有限公司	219 752
5	正泰电气股份有限公司	419 041	10	远东电器集团有限公司	218 770

（续）

序号	企业名称	工业销售产值（万元）	序号	企业名称	工业销售产值（万元）
11	江苏华威线路设备集团有限公司	192 136	36	杭州欣美成套电器制造有限公司	51 160
12	常熟开关制造有限公司（原常熟开关厂）	180 095	37	上海纳杰电气成套有限公司	50 381
13	天津百利特精电气股份有限公司	146 346	38	福州天宇电气股份有限公司	49 213
14	万控集团有限公司	141 476	39	广东顺开电气集团有限公司	47 358
15	川开电气股份有限公司	138 647	40	江苏海纬集团有限公司	43 411
16	江苏威腾母线有限公司	125 812	41	上海天正机电（集团）有限公司	39 048
17	四川电器集团股份有限公司	94 122	42	云南云开电气股份有限公司	35 533
18	常州太平洋电力设备（集团）有限公司	92 358	43	锦州锦开电器集团有限责任公司	32 893
19	浙宝电气（杭州）集团有限公司	88 742	44	天津市德利泰开关有限公司	31 377
20	杭申集团有限公司	87 074	45	江苏万奇电器集团有限公司	30 453
21	北京合纵科技股份有限公司	86 303	46	山东鲁亿通智能电气股份有限公司	29 997
22	库柏（宁波）电气有限公司	86 220	47	欧伏电气股份有限公司	29 415
23	寿光巨能电气有限公司	82 195	48	天津久安集团有限公司	28 870
24	上海南华兰陵电气有限公司	78 029	49	安科瑞电气股份有限公司	28 348
25	上海宝临电气集团有限公司	69 807	50	唐山创元方大电气有限责任公司	24 886
26	天水二一三电器有限公司	66 696	51	北京潞电电气设备有限公司	23 109
27	宁波华通电器集团股份有限公司	66 092	52	深圳市光辉电器实业有限公司	22 982
28	沈阳华利能源设备制造有限公司	65 095	53	温州兴机电器有限公司	22 379
29	河南新开电气集团股份有限公司	60 785	54	杭州圣力电气有限公司	22 353
30	宁波燎原电器集团股份有限公司	60 423	55	成都科星电力电器有限公司	21 307
31	宁波天元电气集团有限公司	59 265	56	浙江容大电力设备制造有限公司	20 604
32	宁夏力成电气集团有限公司	58 404	57	北京通州开关有限公司	20 500
33	江苏士林电气设备有限公司	57 994	58	宁波耀华电气科技有限责任公司	18 775
34	深圳市宝安任达电器实业有限公司	57 567	59	北京普驰电气有限公司	18 601
35	广州市半径电力铜材有限公司	53 052	60	遵义长征电器开关设备有限责任公司	18 224

表 4　2014 年电气控制成套设备行业重点企业主营业务收入

序号	企业名称	主营业务收入（万元）	序号	企业名称	主营业务收入（万元）
1	大全集团有限公司	1 759 675	11	安徽鑫龙电器（集团）股份有限公司	208 144
2	常熟开关制造有限公司（原常熟开关厂）	1 180 095	12	天津百利特精电气股份有限公司	200 260
3	许继集团有限公司	1 062 251	13	江苏华威线路设备集团有限公司	197 216
4	有能集团有限公司	639 805	14	万控集团有限公司	142 483
5	江苏东源电器集团股份有限公司	613 256	15	川开电气股份有限公司	129 709
6	正泰电气股份有限公司	468 164	16	江苏威腾母线有限公司	106 677
7	天源华威集团有限公司	286 737	17	杭申集团有限公司	101 168
8	环宇集团（南京）有限公司	230 657	18	四川电器集团股份有限公司	94 022
9	宁波天安（集团）股份有限公司	219 665	19	常州太平洋电力设备（集团）有限公司	92 458
10	远东电器集团有限公司	218 770	20	北京合纵科技股份有限公司	91 070

（续）

序号	企业名称	主营业务收入（万元）	序号	企业名称	主营业务收入（万元）
21	库柏（宁波）电气有限公司	90 963	41	上海天正机电（集团）有限公司	39 974
22	浙宝电气（杭州）集团有限公司	88 742	42	苏州电器科学研究院股份有限公司	37 579
23	寿光巨能电气有限公司	78 569	43	云南云开电气股份有限公司	35 704
24	上海南华兰陵电气有限公司	78 029	44	锦州锦开电器集团有限责任公司	33 045
25	上海宝临电气集团有限公司	69 807	45	天津市德利泰开关有限公司	31 377
26	宁波华通电器集团股份有限公司	66 992	46	江苏万奇电器集团有限公司	30 453
27	天水二一三电器有限公司	61 355	47	山东鲁亿通智能电气股份有限公司	29 997
28	宁波燎原电器集团股份有限公司	60 281	48	安科瑞电气股份有限公司	29 348
29	宁波天元电气集团有限公司	59 700	49	欧伏电气股份有限公司	29 348
30	河南新开电气集团股份有限公司	59 382	50	成都科星电力电器有限公司	28 181
31	江苏士林电气设备有限公司	57 994	51	唐山创元方大电气有限责任公司	24 886
32	宁夏力成电气集团有限公司	55 968	52	天津久安集团有限公司	24 212
33	沈阳华利能源设备制造有限公司	55 637	53	北京潞电电气设备有限公司	23 109
34	广州市半径电力铜材有限公司	53 052	54	深圳市光辉电器实业有限公司	22 982
35	深圳市宝安任达电器实业有限公司	51 801	55	杭州圣力电气有限公司	22 530
36	上海纳杰电气成套有限公司	50 381	56	温州兴机电器有限公司	22 381
37	广东顺开电气集团有限公司	49 851	57	浙江容大电力设备制造有限公司	20 518
38	福州天宇电气股份有限公司	49 213	58	北京通州开关有限公司	20 310
39	江苏海纬集团有限公司	43 411	59	厦门协成实业有限公司	20 148
40	杭州欣美成套电器制造有限公司	43 179	60	宁波耀华电气科技有限责任公司	19 883

表5　2014年电气控制成套设备行业重点企业总资产贡献率

序号	企业名称	总资产贡献率（%）	序号	企业名称	总资产贡献率（%）
1	天源华威集团有限公司	121.64	16	宁波耀华电气科技有限责任公司	22.82
2	有能集团有限公司	97.33	17	上海南华兰陵电气有限公司	22.81
3	海口海明电器有限公司	80.15	18	江苏东源电器集团股份有限公司	22.41
4	江苏海纬集团有限公司	66.21	19	西安新研高压电器制造有限公司	22.30
5	江苏万奇电器集团有限公司	65.22	20	慈溪市大明电气设备成套有限公司	21.23
6	荣尔电气股份有限公司	52.54	21	浙宝电气（杭州）集团有限公司	21.20
7	大全集团有限公司	48.00	22	江苏威腾母线有限公司	20.77
8	杭州鸿雁电力电气有限公司	42.02	23	安徽鑫龙电器（集团）股份有限公司	20.72
9	深圳市光辉电器实业有限公司	41.08	24	遵义长征电器开关设备有限责任公司	20.56
10	常熟开关制造有限公司（原常熟开关厂）	40.11	25	寿光巨能电气有限公司	20.38
11	远东电器集团有限公司	36.85	26	福建森达电气股份有限公司	20.10
12	天津市德利泰开关有限公司	33.97	27	安科瑞电气股份有限公司	19.83
13	库柏（宁波）电气有限公司	32.55	28	江苏士林电气设备有限公司	19.35
14	环宇集团（南京）有限公司	24.48	29	万控集团有限公司	19.29
15	江苏现代电力科技股份有限公司	23.47	30	宁波天元电气集团有限公司	19.25

（续）

序号	企业名称	总资产贡献率（%）	序号	企业名称	总资产贡献率（%）
31	万电电气股份有限公司	18.55	46	上海宝临电气集团有限公司	13.32
32	常州太平洋电力设备（集团）有限公司	17.00	47	宁波华通电器集团股份有限公司	13.23
33	山东鲁亿通智能电气股份有限公司	16.49	48	哈尔滨朗昇电气股份有限公司	13.05
34	上海纳杰电气成套有限公司	16.20	49	天水二一三电器有限公司	12.45
35	北京通州开关有限公司	15.92	50	广东珠江开关有限公司	12.42
36	川开电气股份有限公司	15.88	51	温州兴机电器有限公司	11.53
37	杭州欣美成套电器制造有限公司	15.87	52	杭州圣力电气有限公司	11.52
38	广东正超电气有限公司	15.33	53	北京合纵科技股份有限公司	11.39
39	四川电器集团股份有限公司	15.08	54	成都瑞联电气股份有限公司	10.45
40	欧伏电气股份有限公司	15.05	55	易霸科技（威海）股份有限公司	10.38
41	宁波富力达电力科技有限公司	14.86	56	厦门协成实业有限公司	10.28
42	河南新开电气集团股份有限公司	14.83	57	南通苏源恒炫电气有限公司	9.94
43	江苏华威线路设备集团有限公司	14.83	58	天津久安集团有限公司	9.70
44	宁波燎原电器集团股份有限公司	14.36	59	余姚市电力设备修造厂	9.64
45	广东顺开电气集团有限公司	13.42	60	浙江容大电力设备制造有限公司	9.44

表6　2014年电气控制成套设备行业重点企业资本保值增值率

序号	企业名称	资本保值增值率（%）	序号	企业名称	资本保值增值率（%）
1	南通苏源恒炫电气有限公司	250.41	31	天水二一三电器有限公司	110.08
2	北京基业达电气有限公司	192.15	32	荣尔电气股份有限公司	110.01
3	哈尔滨朗昇电气股份有限公司	161.93	33	寿光巨能电气有限公司	109.72
4	宁波耀华电气科技有限责任公司	159.57	34	广州市半径电力铜材有限公司	109.71
5	江苏万奇电器集团有限公司	153.93	35	江苏现代电力科技股份有限公司	109.53
6	西安长城开关制造有限公司	148.39	36	江苏华威线路设备集团有限公司	109.22
7	广东明电电力设备有限公司	140.75	37	黑默（天津）电气工程系统有限公司	109.11
8	江苏东源电器集团股份有限公司	135.76	38	浙江容大电力设备制造有限公司	109.08
9	广东珠江开关有限公司	127.10	39	苏州凯达电器仪表成套有限公司	108.86
10	天津科峰电气有限公司	126.19	40	成都科星电力电器有限公司	108.85
11	山东鲁亿通智能电气股份有限公司	124.89	41	余姚市电力设备修造厂	108.60
12	杭州鸿雁电力电气有限公司	122.46	42	大全集团有限公司	108.41
13	库柏（宁波）电气有限公司	122.01	43	宁波天元电气集团有限公司	108.33
14	江苏天港箱柜有限公司	120.48	44	江苏士林电气设备有限公司	108.27
15	天源华威集团有限公司	120.00	45	安科瑞电气股份有限公司	108.24
16	万控集团有限公司	119.87	46	河北宝凯电气有限公司	108.08
17	天津百利特精电气股份有限公司	119.17	47	常州太平洋电力设备（集团）有限公司	108.08
18	杭州欣美成套电器制造有限公司	118.67	48	杭申集团有限公司	107.40
19	广东正超电气有限公司	118.43	49	深圳市宝安任达电器实业有限公司	107.05
20	江苏威腾母线有限公司	116.99	50	安徽鑫龙电器（集团）股份有限公司	107.00
21	四川电器集团股份有限公司	115.20	51	宁波富力达电力科技有限公司	106.86
22	北京合纵科技股份有限公司	115.03	52	唐山创元方大电气有限责任公司	106.71
23	有能集团有限公司	114.92	53	河南新开电气集团股份有限公司	106.48
24	福建森达电气股份有限公司	113.89	54	天津久安集团有限公司	106.09
25	环宇集团（南京）有限公司	113.60	55	南京华洋电气有限公司	106.00
26	常熟开关制造有限公司（原常熟开关厂）	112.96	56	遵义长征电器开关设备有限责任公司	105.25
27	广东顺开电气集团有限公司	112.43	57	宁波华通电器集团股份有限公司	105.20
28	宁夏力成电气集团有限公司	112.21	58	正泰电气股份有限公司	105.18
29	浙宝电气（杭州）集团有限公司	111.11	59	上海南华兰陵电气有限公司	105.13
30	川开电气股份有限公司	110.43	60	唐山盾石电气有限责任公司	105.09

表7　2014年电气控制成套设备行业重点企业资产负债率

序号	企业名称	资产负债率（%）	序号	企业名称	资产负债率（%）
1	杭州圣力电气有限公司	6.42	31	天津久安集团有限公司	35.88
2	杭州鸿雁电力电气有限公司	7.68	32	广州市半径电力铜材有限公司	35.97
3	西安新研高压电器制造有限公司	8.16	33	宁波天元电气集团有限公司	36.23
4	慈溪奇国电器有限公司	13.86	34	寿光巨能电气有限公司	36.35
5	成都瑞联电气股份有限公司	14.04	35	远东电器集团有限公司	36.98
6	常州太平洋电力设备（集团）有限公司	14.76	36	南通苏源恒炫电气有限公司	37.86
7	广东明电电力设备有限公司	16.07	37	宁波耀华电气科技有限责任公司	39.15
8	广东正超电气有限公司	16.41	38	浙宝电气（杭州）集团有限公司	39.34
9	上海精成电器成套有限公司	17.71	39	长沙电控辅件总厂	40.22
10	南通星宇电气有限公司	19.17	40	广东顺开电气集团有限公司	41.02
11	安科瑞电气股份有限公司	20.02	41	宁波富力达电力科技有限公司	41.64
12	深圳市光辉电器实业有限公司	22.73	42	四川电器集团股份有限公司	42.08
13	北京通州开关有限公司	22.94	43	江苏士林电气设备有限公司	42.13
14	江苏海纬集团有限公司	23.28	44	有能集团有限公司	42.18
15	万电电气股份有限公司	23.99	45	西安长城开关制造有限公司	43.08
16	江苏东源电器集团股份有限公司	24.48	46	常熟开关制造有限公司（原常熟开关厂）	43.11
17	河南新开电气集团股份有限公司	26.30	47	温州通达开关有限公司	43.28
18	江苏万奇电器集团有限公司	27.92	48	江苏瑞恩电气股份有限公司	43.41
19	天津文纳尔电气系统有限公司	28.00	49	安徽鑫龙电器（集团）股份有限公司	43.59
20	广东珠江开关有限公司	30.01	50	上海天正机电（集团）有限公司	45.08
21	上海航大电气有限公司	30.37	51	唐山盾石电气有限责任公司	45.36
22	江苏现代电力科技股份有限公司	30.40	52	宁波华通电器集团股份有限公司	45.43
23	福建森达电气股份有限公司	30.80	53	北京普驰电气有限公司	45.80
24	天津科峰电气有限公司	31.65	54	天津百利特精电气股份有限公司	45.85
25	黑默（天津）电气工程系统有限公司	32.70	55	深圳市宝安任达电器实业有限公司	46.48
26	河北宝凯电气有限公司	33.37	56	沈阳华利能源设备制造有限公司	46.61
27	成都鑫新光成套电器有限公司	33.53	57	厦门宏发电气有限公司	47.01
28	余姚市电力设备修造厂	33.87	58	上海南华兰陵电气有限公司	47.32
29	南京华洋电气有限公司	35.23	59	环宇集团（南京）有限公司	47.47
30	川开电气股份有限公司	35.42	60	江苏威腾母线有限公司	47.60

表8　2014年电气控制成套设备行业重点企业全员劳动生产率

序号	企业名称	全员劳动生产率（元／人）	序号	企业名称	全员劳动生产率（元／人）
1	北京合纵科技股份有限公司	4 824 569.89	13	安徽鑫龙电器（集团）股份有限公司	629 386.68
2	江苏东源电器集团股份有限公司	2 108 114.00	14	杭州圣力电气有限公司	610 366.49
3	四川电器集团股份有限公司	1 758 113.21	15	常州太平洋电力设备（集团）有限公司	591 853.28
4	江苏海纬集团有限公司	1 194 201.57	16	厦门宏发电气有限公司	584 239.13
5	宁波燎原电器集团股份有限公司	1 177 784.62	17	常熟开关制造有限公司（原常熟开关厂）	582 392.60
6	大全集团有限公司	1 016 915.69	18	哈尔滨朗昇电气股份有限公司	563 437.50
7	有能集团有限公司	938 221.25	19	西安长城开关制造有限公司	557 529.41
8	天源华威集团有限公司	833 023.54	20	天津百利特精电气股份有限公司	510 360.60
9	易霸科技（威海）股份有限公司	805 000.00	21	上海天正机电（集团）有限公司	503 333.33
10	天津市德利泰开关有限公司	748 535.71	22	寿光巨能电气有限公司	502 610.53
11	福建森达电气股份有限公司	715 250.00	23	江苏威腾母线有限公司	487 264.65
12	川开电气股份有限公司	710 731.20	24	库柏（宁波）电气有限公司	467 967.93

（续）

序号	企业名称	全员劳动生产率（元/人）	序号	企业名称	全员劳动生产率（元/人）
25	沈阳华利能源设备制造有限公司	454 052.42	43	荣尔电气股份有限公司	277 952.76
26	广州市半径电力铜材有限公司	441 854.84	44	宁波华通电器集团股份有限公司	273 901.02
27	宁波天元电气集团有限公司	427 222.22	45	宁夏力成电气集团有限公司	269 970.24
28	江苏万奇电器集团有限公司	386 089.55	46	上海南华兰陵电气有限公司	269 588.61
29	广东番开电气设备制造有限公司	379 303.80	47	浙江容大电力设备制造有限公司	263 164.56
30	北京基业达电气有限公司	360 474.31	48	北京通州开关有限公司	251 366.12
31	成都瑞联电气股份有限公司	356 082.80	49	江苏现代电力科技股份有限公司	249 620.25
32	南通苏源恒炫电气有限公司	350 008.33	50	成都鑫新光成套电器有限公司	244 951.46
33	广东顺开电气集团有限公司	341 889.17	51	江苏瑞恩电气股份有限公司	235 520.00
34	慈溪市大明电气设备成套有限公司	332 026.14	52	天津文纳尔电气系统有限公司	226 666.67
35	江苏士林电气设备有限公司	324 887.89	53	江苏华威线路设备集团有限公司	225 384.19
36	南通星宇电气有限公司	324 225.35	54	浙宝电气（杭州）集团有限公司	220 873.29
37	杭州欣美成套电器制造有限公司	316 285.28	55	宁波耀华电气科技有限责任公司	211 191.52
38	河南新开电气集团股份有限公司	304 628.19	56	成都科星电力电器有限公司	209 704.30
39	上海纳杰电气成套有限公司	299 341.77	57	远东电器集团有限公司	202 365.59
40	上海宝临电气集团有限公司	289 156.12	58	威海华通开关设备有限公司	198 235.29
41	余姚市电力设备修造厂	286 512.82	59	天津科峰电气有限公司	181 146.25
42	深圳市宝安任达电器实业有限公司	284 227.59	60	山东鲁亿通智能电气股份有限公司	172 103.61

表9　2014年电气控制成套设备行业重点企业经济效益综合指数

序号	企业名称	经济效益综合指数	序号	企业名称	经济效益综合指数
1	北京合纵科技股份有限公司	30.33	24	天津百利特精电气股份有限公司	4.07
2	江苏东源电器集团股份有限公司	14.34	25	深圳市光辉电器实业有限公司	4.00
3	江苏海纬集团有限公司	12.96	26	西安长城开关制造有限公司	3.99
4	四川电器集团股份有限公司	12.00	27	沈阳华利能源设备制造有限公司	3.95
5	天源华威集团有限公司	9.34	28	江苏现代电力科技股份有限公司	3.87
6	有能集团有限公司	9.21	29	宁波天元电气集团有限公司	3.87
7	宁波燎原电器集团股份有限公司	8.37	30	上海天正机电（集团）有限公司	3.84
8	大全集团有限公司	7.96	31	厦门宏发电气有限公司	3.69
9	常熟开关制造有限公司（原常熟开关厂）	7.39	32	广州市半径电力铜材有限公司	3.62
10	天津市德利泰开关有限公司	6.16	33	荣尔电气股份有限公司	3.59
11	易霸科技（威海）股份有限公司	5.83	34	杭州鸿雁电力电气有限公司	3.36
12	福建森达电气股份有限公司	5.77	35	广东顺开电气集团有限公司	3.25
13	江苏万奇电器集团有限公司	5.57	36	慈溪市大明电气设备成套有限公司	3.24
14	安徽鑫龙电器（集团）股份有限公司	5.44	37	杭州欣美成套电器制造有限公司	3.14
15	川开电气股份有限公司	5.40	38	南通苏源恒炫电气有限公司	3.14
16	常州太平洋电力设备（集团）有限公司	4.99	39	江苏士林电气设备有限公司	3.12
17	库柏（宁波）电气有限公司	4.70	40	河南新开电气集团股份有限公司	3.11
18	杭州圣力电气有限公司	4.65	41	上海南华兰陵电气有限公司	3.05
19	哈尔滨朗昇电气股份有限公司	4.63	42	安科瑞电气股份有限公司	3.01
20	寿光巨能电气有限公司	4.56	43	上海宝临电气集团有限公司	2.92
21	远东电器集团有限公司	4.43	44	上海纳杰电气成套有限公司	2.89
22	成都瑞联电气股份有限公司	4.41	45	余姚市电力设备修造厂	2.83
23	江苏威腾母线有限公司	4.21	46	广东番开电气设备制造有限公司	2.82

（续）

序号	企业名称	经济效益综合指数	序号	企业名称	经济效益综合指数
47	北京通州开关有限公司	2.78	54	山东鲁亿通智能电气股份有限公司	2.56
48	浙宝电气（杭州）集团有限公司	2.75	55	浙江容大电力设备制造有限公司	2.53
49	宁波耀华电气科技有限责任公司	2.75	56	深圳市宝安任达电器实业有限公司	2.51
50	宁波华通电器集团股份有限公司	2.73	57	环宇集团（南京）有限公司	2.39
51	南通星宇电气有限公司	2.68	58	成都鑫新光成套电器有限公司	2.38
52	宁夏力成电气集团有限公司	2.65	59	温州市裕丰电器有限公司	2.32
53	江苏华威线路设备集团有限公司	2.57	60	万电电气股份有限公司	2.28

经济运行情况

1．产销增速明显放缓，产销率下降到95.67%

根据2014年电控配电行业总体的生产、销售情况，行业增速持续放缓和经济效益增幅收窄趋势明显。2014年，电控配电行业106家企业的工业总产值（当年价）、工业销售产值和工业增加值三项指标的同比增幅分别为3.93%、1.09%和-6.10%，同比增幅大幅回落，产销率仅为95.67%，比上年同期下降3.37个百分点。受宏观经济下行压力加大及行业内部结构调整等因素影响，连续多年高速增长的行业逐步进入中低速增长通道，电控配电行业发展面临进一步收缩趋势，行业内洗牌也即将开始，增量扩能型特征已经逐渐转向存量调整、结构优化模式发展。

2．行业利润增幅继续收窄，盈利能力有待提高

在106家报表企业中，有3家企业出现了亏损状况，企业亏损面比2013年同期有所减少。2014年，上报数据的106家企业实现利润总额约为85.14亿元，同比增长7.18%，增幅与2013年同期相比下降了8.02个百分点。主营业务收入为1 029.63亿元，同比增长12.21%，其中主营业务收入同比增长的企业为68家，占到统计企业数的64.15%。同时，主营业务成本增长了2.24%，增幅回落了9.56个百分点。总资产贡献率17.22%，成本费用利润率为9.23%，比上年同期分别提高了1.01和0.53个百分点。在成本增幅缩减而收入增幅提升的情况下，利润增幅并没有得到相应增长。这些数据进一步表明电控配电行业增速有所放缓，在多年高速发展后，目前已经进入稳步发展期，电控配电行业投资拐点已经出现。

3．新产品研发投入不足，企业创新能力需加紧培育

在技术创新和产品研发上，受制于资金限制，2014年，电控配电行业新产品开发形势不容乐观。根据2014年上报数据的106家企业统计显示，科技活动筹集经费总额同比下降62.29%，研究与试验发展经费支出同比下降55.87%，新产品开发经费支出同比减少8.48%。2014年，上报数据的106家电控配电企业开发的新产品可统计的产值约370.21亿元，同比下降了3.16%，科技成果转化进程减慢。2014年，在上报数据的106家企业生产的产品中，获国家级奖项的有3种产品，省级奖项的6种，各地区、市级奖项的18种。企业开发的新产品，获得各级各类科技进步奖项明显逊于往年。伴随着我国经济发展进入新常态，以中小企业为主的电控配电行业发展确实面临着较大的下行压力，企业新产品研发、市场推广等需要大量资金，而企业普遍资金回笼慢，银行贷款难，企业资金流动越来越困难，从而削弱了企业对技术创新投入的积极性，产业结构调整升级在全行业推进难度也正在加大。

4．企业经营压力较大，利息支出猛增

106家报表企业的营业费用同比增长7.44%，管理费用及财务费用同比增长3.80%，“三费”（销售费用、管理费用和财务费用）总额为120.14亿元，同比同期增长5.33%。三项费用增幅低于主营业务收入增幅（12.21%），但“三费”总额远远超过利润总额。利息支出达到27.23亿元，同比增长高达83.12%，需引起注意。目前，电控配电行业企业总体上的财务费用、利息支出速度比2013年加快，而负债增速下降，行业资产负债率水平也逐年下降，已从2012年的61.66%下降到目前的45.07%。说明企业融资难、融资贵现象没有根本缓解，企业经营压力依然较大。

5．出口贸易回暖

电控配电行业出口贸易一向不多，已上报的106家企业中有38家企业有进出口贸易，企业数较上年有所增加。这38家企业的总出口额为35 592.49万美元，同比增长20.0%，同比增幅显著提高。2014年，虽然美国经济的复苏对出口有一定拉动，但由于人民币汇率升值、国际大宗商品价格下跌使出口商品竞争力受到一定削弱，此外欧日经济依然低迷，新兴经济体总体仍处于增长调整期，在世界经济复苏态势未稳的复杂形势下，各电控配电企业积极拓展销售渠道，开拓国际市场，进一步拉动出口恢复增长，取得了不错的成绩。

科技成果及新产品　2014年10月，由中国电器工业协会电控配电设备分会组织行业骨干企业研发的全国联合设计产品“GCK2低压成套开关设备”获中国机械工业科学技术二等奖。

上海纳杰电气成套有限公司获“2014年度上海企业综合竞争力100强”，再次被认定为上海市高新技术企业，“纳杰电气”荣获中国驰名商标荣誉。2014年，分别开发了多项新产品：轨道交通直流牵引用预装式变电站，适用于城市有轨电车建设，有较大市场；Substutionconyrol控制保护

屏，面向外贸出口市场；BIPV 光伏建筑一体化发电系统，适用于新能源光伏发电市场；能化系统终端监控设备，适用配电系统终端变压器优化运行智能监控，有较大市场；压固体绝缘环网柜，替代不环保的 SF_6 环网柜。

2014 年，杭州欣美成套电器制造有限公司自主开发了 GXM 低压开关设备、ZN □ -40.5 户内高压交流真空断路器、ZN □ -12 户内智能高压真空断路器三项新产品。其开发的 XM-FC-0.4 低压无源电力滤波装置，获得“杭州市优秀新产品新技术奖”三等奖。

常州太平洋电力设备（集团）有限公司开发的 XGN55A-2X27.5 气体绝缘金属封闭开关设备，获得“2014 年度常州市科学技术进步奖”一等奖。

2014 年 12 月，广东正超电气有限公司研制的 4 个产品：核电站电气就地盘箱柜、KYN27-12（Z）智能化铠装式交流金属封闭式开关设备、XGN2B-12(Z) 智能化型箱型交流金属封闭式开关设备、ZCSF 系列智能环网柜被广东省高新技术企业协会认定为“2014 年广东省高新技术产品”。

安科瑞电气股份有限公司开发的 AM4 微机保护装置应用于 10kV 及以下电压等级用户高压侧设备的继电保护装置，可基本满足用户各种保护需求。装置采用先进成熟可靠的保护原理和算法，抗干扰性能强，可靠性高，保护实现方式灵活。微机保护是电力继电保护的发展方向，它具有自我测试功能，逻辑的强大处理能力，数值计算能力和记忆能力，其高可靠性、高选择性、高灵敏度，明显优于传统的电磁继电器和晶体管。继电保护应用领域广泛，覆盖电力、水利、交通、石油、化工、煤炭、冶金等行业，由此可见该项目的产品有着非常广阔的市场。

遵义长征电器开关设备有限责任公司研制的 CZMIZ 智能塑壳断路器，具备长延时、短延时、瞬动保护外，还具备断相、三相不平衡、接地、漏电、负载监控、温度检测、预报警等特性。公司牵头研发的“中低压智能变电站关键设备的研究及产业化”项目获得了省级重大科技专项的支持。

威海华通开关设备有限公司自主研发的 KZB 系列多元融合一体化智能变电室，采用 DDC 和嵌入式 Web 服务技术，实现多元融合一体化智能综合管理和远距离监控；构建全新的 CEMS 中国电力 IT 服务管理平台，实现全球电力服务；独创“电力黑匣子”，电力数据安全、准确、分层存储；配电终端智能综合诊断方法，实现综合预警，保证系统安全、可靠运行；模块化组合设计，实现变电室高低压设备一体化综合调控。

哈尔滨朗昇电气股份有限公司“国家高新技术企业”申请于 2014 年 10 月获得批准，公司主营产品获得“黑龙江省质量奖”，公司被评为“哈尔滨市百家优秀企业”。其开发的金属铠装移开式开关设备，经过哈药集团、哈尔滨供电局、海拉尔供电局、满洲里供电局、北京建工集团等多家企业在国内外使用，获得一致好评，认为其在国内处于绝对领先水平，而且达到国外先进水平。

慈溪奇国电器有限公司开发的分体功能单元抽屉，采用抽屉分体结构特点，操动抽屉后部份运行，这样大大减轻了现有技术中抽屉使用主辅回路接插件的插拔力，并实现门在关闭状态下，抽屉三种位置的运行操作，保证使用安全可靠。其研制的 QMS 智能型低压开关柜，采用 C 型材作为骨架，模数化结构，母线室独立，水平排与开关柜或垂直母线连接单向尺寸不变（水平排单向调整），为便于更换抽屉单元，抽屉装配带固定插头的接插件单元使垂直母线和电缆隔室进行连接，无需停止开关柜的运行就可更换抽屉单元，所有电缆连接安装在单独的电缆隔室内，母线室、抽屉单元及一小门固定一体，使整柜的结构更加理想化。

2014 年，福建森达电气股份有限公司根据行业需求，自主研发了 PJ1-0.38 系列低压计量柜、GCJ 系列低压无功功率补偿装置、APF 系列低压动态有源滤波装置三种新产品。其开发的 KYN □ -12（Z）/T1250-25（UniGear550-S）铠装移开式交流金属封闭开关设备（小型化），获得“2014 年度福州市科学技术三等奖”。

杭州鸿雁电力电气有限公司生产的 HYB6 小型断路器产品获得“2014 年度浙江省输配电设备行业优秀新产品奖”三等奖。2014 年共开发了 5 种产品，分别是：① HYB6H 小型断路器具有电流过载、短路保护，隔离、控制作用。10kA 高分段性能，能够快速分合闸。② HYB6SH-80/HYB6S-80 预付费电表专用小型断路器，具有智能分离脱扣功能，对线路进行远距离控制分断或自动信号控制分断，同时对线路起过载和短路保护作用，也可以作为线路的不频繁操作转换之用。广泛与 IC 卡预付费电度表配套使用来控制线路的通断。③ HYP-T 钛睿终端配电箱，符合 GB7251.3 和 GB17466.24 的标准，主要用于电力系统末端，内有标准导轨，可灵活装配各种标准的模数化元件。是国内行业首家开发的带 LED 照明装置的终端配电箱。④ Flexibox 低压配电箱采用标准化模块化设计，引进电气 U 概念，/U=60mm，使箱体的尺寸、元件安装区域进行标准化，方便客户、设计人员的选型。⑤ TD28 等电位联结端子箱，将卫生间内金属给排水管、金属浴盆、金属采暖管以及建筑钢筋网和卫生间电源插座的 PE 线联结到“等电位”装置上，形成一个相对独立的整体，即可在洗浴时有效地起到“防静电、防漏电、防雷电”的保护作用。

上海宝临电气集团有限公司研发的 KYN61-40.5 小型化铠装金属封闭开关设备，采用复合绝缘结构，主母线采用硫化涂敷的圆形母线，进线及柜间隔板上装有环氧树脂绝缘套管，整个开关柜有一定的绝缘裕度。配用新型的真空断路器和其他新元件；工艺、材料及主要元器件完全立足于国内市场；提高了技术指标，使产品无论在生产、外观、性能等各方面都达到了国内领先水平。

江苏威腾母线有限公司 2014 年开发了 3 项新产品：LV-II 母线槽、HGM 核电中压树脂母线和 MM 母线槽。其开发的 LV 密集型输配电母线系统，获得镇江市科技进步奖三等奖。

江苏现代电力科技股份有限公司开发的滤波式低压电力电容组合电器，获得“2014年度南通市科技进步奖”二等奖。2014年开发的智能集成中压真空断路器，市场前景广阔；配电调压装置，可根据电网电压自动调节输出电压在合理范围，用于山区，由于线路长、电压低，因此需要安装调压装置。

成都瑞联电气股份有限公司开发的超薄型多层接线端子，采用上侧导电片长度大于下侧导电片长度的做法，打破了多层型接线端子导电片从上至下越来越长的固有思维；所有导电片两侧的接线装置均处于同一平面内，减小了产品厚度，极大地节省了空间；采用上侧导电片与接线装置成90°角的方式，使得在安装和维护时，不会被其他导电片连接的导线所妨碍，提升了安装和维护效率；由于采用导电片完全封装在绝缘外壳和绝缘外壳盖板的技术，且使用了对称设计，可不区分方向安装，提升了安装效率。该项目自2014年实施以来，为企业新增销售收入100万元，新增利润46万元，是利润率及附加值极高的新生代高端产品。

温州市裕丰电器有限公司获得“2014年度乐清市明星企业”称号、“乐清市科技（创新）型企业”证书、“浙江省科技型中小企业”证书。其自主研制的电动接地开关、电动底盘车，可实现对电动机构的控制和保护，控制器可在电动机构驱动电动机运转受阻（如安装不到位或机构卡死）达到保护条件时立即对电动机制动，并逆向驱动电动机解除闷车卡死状态。

有能集团有限公司的LV密集型输配电母线系统，获得镇江市科技进步奖三等奖。其开发的3 000m高海拔35kV中压成套开关柜，通过增大空气间隙，空气绝缘距离为360mm，爬电距离为972mm；采用复合绝缘、固封绝缘技术、改进母排及导电体的形状等技术措施来满足3 000m高海拔要求。产品量产后，将新增年销售5 000万元，利税1 500万元。

浙宝电气（杭州）集团有限公司的ZBFV-24/630-20交流金属封闭开关设备，获得浙江机械工业科学技术奖三等奖和浙江省输配电优秀新产品奖三等奖。

河南新开电气集团股份公司自主开发的XKAPF-300F电力有源滤波及无功补偿装置，具有极其广阔的市场前景。一方面，大量存在并日益增加的电力谐波严重影响了电网及用电设备的安全运行，造成大量能耗；另一方面，由于技术及观念上的原因，滤波产品没有得到广泛应用。这种矛盾使技术先进、性价比高、消除谐波及节能效果显著的有源滤波产品存在着巨大的市场空间。

广东顺开电气集团有限公司研制的XGN□-12（Z）/T1250-31.5(GZXO)箱型固定充氮式交流金属封闭开关设备，获得2014年度佛山市科学技术奖三等奖。

唐山盾石电气有限责任公司在2014年获得河北省科技型中小企业称号。其开发的智联可移动电气室可提供完善的自动化设备远程维护解决方案，采用配电网接带电的作业设备，在配电设备不同点的情况下，将负荷往外转带，从而提高了供电的连续性，并提高了安全性。在一些中压线路通过的地方，不需搭建临时变电站，能够随时随地为用户供电。

四川电器集团股份有限公司的电气化铁道箱式并联所的开发与应用，获得四川省科学技术进步奖二等奖。其开发的XYN9-27.5GY/2500-31.5开关柜（配ZN□-27.5GY/T2500-31.5户内高压固封极柱真空断路器）（海拔3 000m），采用手车自动对位装置，断路器动触头采用捆绑式结构，确保大电流，散热性好。产品既满足中、西部地区地理环境，也满足南方的高湿度环境。该款产品是适应国内外几乎所有地区的全天候开关柜。

北京潞电电气设备有限公司研制的发电车低压应急接入装置、模块组合式箱变，获得2014年通州区科学技术奖三等奖、北京产品评价中心产品创新奖。其研制的柱上智能配电箱，适应农村低压配电装置配电要求、集计量保护、无功补偿于一体，用于地铁十四号线。

北京合纵科技股份有限公司的新一代智能化环网开关设备产业化项目，通过北京市科委、市发展改革委、市财政局、市经济信息化委、中关村管委会组织的“2014年高新技术成果转化项目”认定，并获得资金奖励。2014年，公司研制的12kV新型柱上开关融合环保技术和智能化功能，满足电网智能化的需求，是新一代柱上开关产品，可以替代目前的柱上断路器和负荷开关。预计年产值2亿元左右；24kV环网柜，瞄准国内和国际市场，市场前景广阔，预计年产值1亿～2亿元左右；核电级低压配电柜，在技术上达到国际高端水平，生产成本比同等水平的配电柜低，该项目产品的研制成功，将为公司销售带来新的客户群和销售增长点；固定分隔单元馈电系统，项目的成功研发，不但可以使现有产品质量更安全可靠，而且其中新技术的应用、成本的降低，可以更大地提高该产品的市场竞争优势。

2014年9月，万控集团有限公司被认定为“浙江省企业技术中心”，2014年12月“万控”商标被认定为“中国驰名商标”，公司开发的KYN28A-12（Ⅱ）交流金属封闭开关设备柜体，在柜体行业中率先采用双折弯自定位铆接结构，外观新颖独特，该产品已获得6项国家专利，年产量约4万台。

许继集团有限公司研制的中压成套金属封闭开关设备、ZN（VEM）特种户内高压真空断路器分别获得河南省科技进步奖二等奖和三等奖。

广州市半径电力铜材有限公司开发的BJC系列密集铜母线槽，采用Sandwish结构设计，导体排列紧密；采用自产国标T2电解铜，纯度高于99.95%，导体表面全长镀锡，提高导电性能及防腐蚀能力，散热功能强；是一种安全可靠的配电系统，产品防护等级达到IP66，具有稳定可靠、配电效率高、散热好、电压降低、耐机械冲击和安装便捷等特点；可广泛应用于大型商业广场、楼盘、体育馆、医院、工业厂房等项目中，作为大电流的高效输配电系统。

质量及标准 2013年，电控配电设备分会再次在会员单位中就 GCK、GCS、GGD、母线槽、无功功率补偿装置等低压成套开关设备及与以上产品配套的专用辅件等产品开展“质量可信产品”推介评比工作，最终有 39 家企业的 88 个产品通过了“质量可信产品”的评审。

2013 年 12 月，全国低压成套开关设备和控制设备标准化技术委员会标准审查会在浙江省召开，会议审查了《低压成套开关设备和控制设备　第 0 部分：规定成套设备的指南》、《低压成套开关设备和控制设备　第 6 部分：母线干线系统（母线槽）》《低压成套开关设备和控制设备　第 7 部分：特定应用的成套设备—如码头、露营地、市集广场、电动车辆充电站》和《低压成套开关设备和控制设备空壳体的一般要求》共 4 项国家标准送审稿。与会委员和代表对上述 4 项标准（送审稿）进行了认真地讨论，提出了修改意见，经会议审查认为上述 4 项标准（送审稿）按审查意见（见该标准的审查结论）修改后可以作为报批稿上报待批。

2014 年全国低压成套开关设备和控制设备标准化技术委员会秘书处按照报批要求对 2013 年标委会年会审查通过的 GB 7251.6—201×《低压成套开关设备和控制设备　第 6 部分：母线干线系统(母线槽)》（计划编号：20110967 — Q — 604）、GB 7251.7—201×《低压成套开关设备和控制设备　第 7 部分：特定应用的成套设备—如码头、露营地、市集广场、电动车辆充电站》（计划编号：20111905-Q-604）两项强制性国家标准和 GB/T 7251.0—201×《低压成套开关设备和控制设备第 0 部分：规定成套设备的指南》（计划编号：20110965-T-604）、GB/T 20641—201×《低压成套开关设备和控制设备 空壳体的一般要求》（计划编号：20111332-T-604）两项推荐性国家标准进行复核，并上报电器工业协会待批。

2014 年 2 月，全国低压成套开关设备和控制设备标准化技术委员会成立了 GB 7251.5—201×《低压成套开关设备和控制设备　第 5 部分：公用电网电力配电成套设备》、GB/T 3797—201×《电气控制设备》、GB/T 10233—201×《低压成套开关设备和控制设备基本试验方法》3 项国家标准的制（修）订工作组，2014 年 6 月份完成了该 3 项国家标准的草案稿，通过工作组成员的讨论交流，集中整理了工作组成员对标准中关键内容所提出的建设性意见。这 3 项标准经修改后于 12 月召开的标准审查会上进行审查，修改后形成报批稿上报待批。

2014 年 5 月 7 日，中国电器工业协会组织专家组对电工行业申报的 2014 年“电工标准 — 正泰创新奖”23 个项目和 16 名个人进行了审查和评审，评出项目一等奖 3 项，二等奖 5 项，三等奖 9 项，特别奖 1 项；个人奖 10 名。项目范围是与电器工业相关的国家重点产业发展(侧重高效清洁发电设备、新能源和可再生能源发电设备、储能技术及设备、智能电网设备、特高压输电设备、高铁和轨道交通电气设备、新能源汽车电器设备及充电技术、电工产品节能减排与低碳技术、电工产品新材料技术、电气安全风险评估及电气消费品安全、国际标准化工作等)相关的创新标准。

由全国低压成套开关设备和控制设备标委会归口，由天津电气传动设计研究所有限公司等单位起草的 NB/T 31037—2012《风力发电用低压成套开关设备和控制设备》和 NB/T 31038—2012《风力发电用低压成套无功功率补偿装置》两项标准在本次正泰评奖中荣获“电工标准—正泰创新奖”项目一等奖。

为帮助企业贯彻 GB7251 系列新版标准的实施，做好低压成套产品 3C 认证工作，本着为企业服务的宗旨。2014 年中国电器工业协会电控配电设备分会与全国低压成套标委会分别在天津、上海和深圳等地召开了电控配电行业 GB 7251.1—2013 版等系列标准宣贯及研讨行业会议。出席会议的有 400 多个单位，总共 500 余位代表。会上针对低压成套开关设备实行认证依据的 GB 7251.1—2013 相关系列标准进行解读，重点对例行 / 确认试验等重要条款以及涉及新老版本标准的差异进行详细介绍，并在现场对标准难以理解的条款进行答疑，解决了企业在生产实际应用标准中遇到的问题，取得良好效果。

行业活动　2014 年 4 月，电控配电设备分会再次组织 21 家电控配电成套知名企业的 37 位领导和技术专家赴欧洲进行商务考察。代表们参观了“2014 法兰克福照明展”和“2014 汉诺威工业博览会”，同时走访了 ABB 位于德国海德堡的工厂，参观了开关类产品、电缆配线箱和低压断路器等低压产品车间，与 ABB 市场经理进行了深入沟通和交流。

中国电器工业协会电控配电设备分会 2014 年行业年会暨第六届会员大会于 2014 年 11 月在浙江省温州市召开，来自全国 27 个省市的 300 多家企业的 450 多名代表参加。会议完成了分会第六届理事会的换届工作，选举产生了中国电器工业协会电控配电设备分会的第六届理事会。会上举行了 2014 年中国电器工业协会电控配电设备分会“质量可信产品”授牌仪式，授予上海航大电气有限公司等 39 家企业的 88 个产品“质量可信产品”奖牌；为表彰先进，树立典范，授予常熟开关制造有限公司（原常熟开关厂）等 54 家中国电器工业协会电控配电设备分会会员单位“先进协会工作单位”的称号，并颁发奖牌；并对在 GCK2 低压成套开关设备全国联合设计中，做出特别贡献的宁波天安（集团）股份有限公司等 43 家企业颁发中国机械工业科学技术二等奖获奖证书。

〔撰稿人：天津电气科学研究院有限公司孟蝶　审稿人：天津电气科学研究院有限公司崔静〕

电力电子器件与装置

生产发展情况 2014年，电力电子行业受益于我国在电力、交通及基础设施的大规模投入、战略性新兴产业的崛起、绿色能源产业的推动，行业经济运行总体保持平稳增长态势，呈现出“总体实现平稳增长，经济效益有所好转，结构调整效果略显，对外贸易有所增加，价格下降明显，生产成本不断上升，固定资产投资加快，市场竞争越来越烈”的特点。

根据中国电器工业协会电力电子分会对电力电子行业35家主要生产厂家基本生产情况的统计，2014年35家企业共实现工业总产值3 061 810.10万元，同比增长24.62%，增幅比上年增加2.25个百分点；工业销售产值2 979 212.43万元，同比增长22.61%，增幅比上年增加9.33个百分点；工业增加值699 446.69万元，同比增长52.27%，增幅比上年增加37.89个百分点；主营业务收入2 998 884.78万元，同比增长24.23%，增幅比上年增加11.83个百分点；主营业务利润334 139.26万元，同比增长14.16%，增幅比上年下降9.93个百分点。2014年电力电子行业参加年报统计的35家企业主要经济指标指标完成情况见表1。2014年电力电子行业参加年报统计的35家企业主要经济效益指标完成情况见表2。

表1 2014年电力电子行业参加年报统计的35家企业主要经济指标完成情况

主要经济指标	单位	2014年指标值	比上年增长(%)	主要经济指标	单位	2014年指标值	比上年增长(%)
全年工业总产值	万元	3 061 810.10	24.62	年末资产总额	万元	4 502 805.78	43.22
全年工业销售产值	万元	2 979 212.43	22.61	年末所有者权益	万元	2 131 725.69	35.00
其中：出口交货值	万元	91 206.80	18.74	年末负债总额	万元	2 391 223.07	51.37
工业增加值	万元	699 446.69	52.27	累计完成固定资产投资	万元	310 858.88	25.75
主营业务收入	万元	2 998 884.78	24.23	科技活动经费筹集总额	万元	153 539.52	3.68
主营业务利润	万元	334 139.26	14.16	研究与试验发展经费支出	万元	128 153.98	-0.26
利润总额（盈亏相抵后）	万元	175 060.83	-7.20	新产品开发经费支出	万元	73 897.83	-11.97
税金总额	万元	186 626.63	31.09	新产品产值	万元	1 192 342.11	29.60

表2 2014年电力电子行业参加年报统计的35家企业主要经济效益指标完成情况

经济效益指标	单位	2014年	2013年	经济效益指标	单位	2014年	2013年
总资产贡献率	%	11.11	9.37	流动资产周转率	次	1.34	1.68
资本保值增值率	%	135.00	103.02	成本费用利润率	%	6.40	3.21
资产负债率	%	53.11	63.72	产品销售率	%	79.36	92.43

产品分类产量和主要生产厂家 2014年电力电子行业参加年报统计的35家企业共生产电力电子器件2 079 487万只，销售2 022 561万只（其中，销往国外23 900万只）；生产电力半导体器件和电力电子设备配套件1 032万套+780t，销售992万套+705t（其中，销往国外407万套+140t）；生产电力电子设备72万多台、1 187万kW，销售70万多台、1 344万kW（其中，销往国外9万台、15万多kW）。

2014年电力电子行业列入年报统计的电力半导体器件生产厂家有（按生产厂家名称汉语拼音排序）：安徽省祁门县黄山电器有限责任公司、北京卅普科技有限公司、丹阳市科宇整流器有限公司、佛山市蓝箭电子股份有限公司、湖北台基半导体股份有限公司、江苏捷捷微电子股份有限公司、齐齐哈尔齐力达电子有限公司、深圳深爱半导体股份有限公司、苏州能讯高能半导体有限公司、天津中环半导体股份有限公司、西安卫光科技有限公司、西安永电电气有限责任公司、宜兴市东晨电子科技有限公司、浙江正邦电力电子有限公司、中国电子科技集团公司第五十五研究所、淄博市临淄银河高技术开发有限公司、深圳市晶导电子有限公司、北京京仪椿树整流器有限责任公司和上海南泰整流器有限公司。

2014年电力电子行业参加年报统计的19家企业电力电子器件主要产品产、销、存情况见表3。

表3 2014年电力电子行业参加年报统计的19家企业电力电子器件主要产品产、销、存情况

产品类型	产量（只）	国内销量（只）	国外销量（只）	年末库存（只）
合 计	20 794 866 057	1 998 660 383	238 996 341	2 352 829 180
二极管类				
其中：普通整流二极管	100 672 722	70 376 974	20	13 471 481
快恢复二极管	19 770 354	22 140 182	500 120	2 929 037
塑封整流二极管	13 900 000	24 723 510		
肖特基二极管	2 829 086 801	2 448 461 150	81 865 500	641 938 834
高压整流堆（硅堆）	305 470 026	295 077 795		
硅桥	4 0940 000	41 957 946		
TVS	46 130 000	50 788 050		
晶闸管类				
其中：普通晶闸管	90 385 015	84 341 929	1 117 835	18 114 264
快速晶闸管	2 298	162 377	915	2 217
高频晶闸管	3 876	20 677	220	3 811
双向晶闸管		115 002 406	15 000 000	716
电焊机用晶闸管.	217 900	210 120		72 980
单、双向塑封晶闸管（200A以下）	53 982 652	50 877 368		3 105 284
大功率晶体管类				
其中：大功率晶体管	17 057 900 424	16 577 507 653	125 100 000	1 639 120 658
IGBT	4 670 334	4 680 681		701 556
MOSFET	226 467 788	194 074 738	15 338 720	32 895 852
电力模块类				
其中：整流管模块	6 544	58 540	14 408	1 942
晶闸管模块	496 009	1 301 486	47 475	6 919
IGBT模块	20 525	19 300		1 100
混合模块	1 835	103 742	7 004	421
智能功率模块（IPM）	3 875	3 865	92	
其他模块	4 709 263	4 669 251	4	460 008
电力组件				
其中：整流管组件	4 313	5 670	3 300	
晶闸管组件	23 126	41 596	728	2 100
其他组件	377	377		

2014年电力电子行业列入年报统计的电力电子设备生产厂家（按生产厂家名称汉语拼音排序）：北京东风机车电器厂、北京京仪椿树整流器有限责任公司、北京卅普科技有限公司、河南森源集团有限公司、九江九整整流器有限公司、齐齐哈尔齐力达电子有限公司、山东锦华电力设备有限公司、上海南泰整流器有限公司、西安爱科赛博电气股份有限公司、西安西电电力系统有限公司、西安永电电气有限责任公司、厦门科华恒盛股份有限公司、珠海泰坦科技股份有限公司和淄博市临淄银河高技术开发有限公司。

2014年电力电子行业参加年报统计的14家企业电力电子设备主要产品产量见表4。

表4　2014年电力电子行业参加年报统计的14家企业电力电子设备主要产品产量

设备名称	产量		国内销量		国外销量		年末库存	
	台数	kW	台数	kW	台数	kW	台数	kW
合计	714 547	11 873 071	609 863	13 289 211	91 204	147 083	31 450	21 330
一般工业用变流器	1 579	543 802	1 466	531 006			41	12 300
光伏逆变器	660	281 000	660	281 000				
交流变频调速设备	17		17					
软起动器	3 698		3 383				250	
交流电动机串级调速设备	4		4					
直流电动机调速设备	8		8					
同步电动机励磁设备	28		19				12	
电镀电源	21	665	21	665				
电解电源	150	13 135						
其他电化学用电源	102	898						
不间断电源（UPS）	698 060		594 325		91 091		30 952	
感应加热、热处理电源	64		74				25	
工业电池用充电设备	2 149	17 137	2 109	16 754	40	383		
牵引用整流设备（轨道交通）	217	641 400	132	494 700	73	146 700	12	
其他机动车用电力电子装置	2 221	5 328 000	2 221	5 328 000				
无功补偿设备	1 607	475 288	1 539	475 000			63	
直流输电用阀组件	240	4 000 000	308	5 600 000				
有源滤波装置（APF）	2 313	333 217	2 195	323 335			78	7 500
航空航天用变流器	248	22 320	231	20 790			17	1 530
整流装置	1	85 000	1	85 000				
其他	1 160	131 209	1 150	132 961				

注：表中台数与kW不吻合的，是因为有的单位只报了台数和kW二者之一。

2014年电力电子行业列入年报统计的电力电子配套件生产厂家有（按生产厂家名称汉语拼音排序）：北京京仪椿树整流器有限责任公司、常州市武进可控硅附件有限公司、河北华整实业有限公司、河北中瓷电子科技有限公司、湖北台基半导体股份有限公司、江阴市赛英电子有限公司、无锡市陶都电子器件厂、无锡天杨电子有限公司、宜兴市东昊合金材料有限公司和淄博市临淄银河高技术开发有限公司。

2014年电力电子行业参加年报统计的10家企业配套件主要产品产量见表5。

表5　2014年电力电子行业参加年报统计的10家企业配套件主要产品产量

产品名称		产量	国内销量	国外销量	年末库存
		（只/套）	（只/套）	（只/套）	（只/套）
合计		10 316 163+780(t)	5 853 413+565(t)	4 066 810+140(t)	749 060+75(t)
螺栓形管壳（含内压接式结构）		255 000	20 000	221 500	24 000
平板形管壳	凸台	2 552 000	1 207 000	1 243 000	321 500
	凹台	30 000	30 000		3 000
模块外壳		600 000	430 000	140 000	30 000
其他管壳			12 070	3 415	

（续）

产品名称		产量（只/套）	国内销量（只/套）	国外销量（只/套）	年末库存（只/套）
散热器	水冷	5 000	6 588	2 895	
	风冷	43 462	38 000		
	热管	8 700	75 640		60
模块散热器		6 000	4 253		
组件用散热器		6 000	5 900		
散热器配套件		8 0001	60 462		
钼片		780(t)	565(t)	140(t)	75(t)
门极引线		220 000	170 000	91 000	19 000
定位环		400 000	260 000	130 000	10 000
模块结构件		2 520 000	1 430 000	1 050 000	40 000
压接式门极结构件		460 000	300 000	150 000	10 000
弹簧片		2 000 000	1 000 000	800 000	200 000
氧化铝陶瓷覆铜板		770 000	588 500	123 000	58 500
氮化铝陶瓷覆铜板		360 000	215 000	112 000	33 000

经营与管理

1. 面对日益激烈的市场竞争局势，部分企业适时调整产品结构，加大市场开拓力度

西安永电电气有限责任公司按照党的十八大大力发展高铁的战略部署，高铁及动车变流器、IGBT 功率模块需求量保持较高的增长率，公司相关产品新造及修理市场发展势头良好。

厦门科华恒盛股份有限公司转型技术服务，从产品到整体解决方案，提高市场预测能力与应变能力，着力推动以核心电力电子融合互联网技术为基础的高端电源、新能源、数据中心三大业务，建立“技术＋资本”为核心的商业模式，打造生态型能源互联网企业。

西安爱科赛博电气股份有限公司重点抓住军工、电力、高端装备等领域，为公司未来可持续发展打下良好的基础；公司产品和技术平台专业化，聚焦电力电子电能变换和控制专业，做精做深、掌握领先技术，形成平台积累；应用领域适度多元化，重点行业做品牌，重点产品成规模；细化分析具体业务的竞争环境，有针对性地落实行业和产品的竞争策略。

西安卫光科技公司利用传统军工优势，整合现有芯片制造公司、军品事业部、模块生产线资源，形成以抗辐射加固产品为先导，以塑封产品和模块封装产品为主力，以大飞机及汽车功率 MOSFET 和 IGBT 产品为标志的主打产品系列，构建军民融合、前后呼应的产业链，形成以应用技术中心为平台，以网络销售为切入点，以营销公司现有的销售渠道为基础，进一步拓展国内、国际两个市场，以市场开发带动军工产业、民品产业协调发展。

河南森源集团有限公司加大研发资金投入力度，进行产品的升级改造，集中扩大发展输配电开关及控制设备和电能质量治理设备相关产品智能化升级，以及轨道交通、电气化铁路专用设备和新能源光伏发电专用装备的研制。产品主要包含 40.5kV 高压开关设备；27.5kV 电气化铁路用输配电设备；无功补偿装置、逆变器、变压器等系列新能源发电专用装备，为公司强化铁路交通等市场领域、满足智能电网的发展需要以及光伏电站的建设提供有力的支撑。在销售模式创新方面。公司在传统业务方面采用“融资租赁”的销售模式，实现了公司与客户的双赢；在新能源销售过程中，采用合同能源管理模式，提升公司的整体销售水平；在光伏电站建设方面，采用“易货贸易”的方式，有效促进了公司的销售业务，极大地拉动了主业增长。同时，通过整体工程产品销售的方式，完成了向工程总承包商的转型。在新兴市场拓展方面，依靠公司品牌和产品销售渠道的优势，进一步扩大产品的销售领域，同时加强智能电网和轨道交通领域的产品销售力度，积极布局新能源光伏领域的市场销售，从而推动公司智能成套开关设备、智能电能质量治理装置、轨道交通专用设备以及新能源光伏发电产品的市场销售，提高市场占有率。

珠海泰坦科技股份有限公司积极把握电动汽车市场蓬勃发展的历史机遇，大力发展电动汽车充电业务并使其成长为公司的主要业务，2014 年，电动汽车充电业务营业收入比 2013 年同比增长 432.62%。

深圳深爱半导体股份有限公司逐步拓展 LED 节能照明市场，加强新产品的开发，拓展功率器件民用市场领域。

2. 体制改革，资产重组

宜兴市东晨电子科技有限公司原为东光微电子股份有限公司的全资子公司，为东光公司配套集成电路的封装业

务。2014年，江苏东光微电子股份有限公司基于未来稳定持续发展需要，进行了重大资产重组，将公司上市壳资源置换给第三方。同时，将公司全部资产包含土地、房屋、设备、工艺、技术、员工和市场等置入宜兴市东晨电子科技有限公司，至此，东晨电子科技有限公司从事实上承继了原东光微电除上市资质以外全部主体资质和全部资产，继续开展集成电路的设计、制造及销售业务。

3. 加强内部管理

湖北台基半导体股份有限公司按照发展规划和经营计划，致力于产品结构和市场结构的调整优化，加强企业内部管理和成本管控，取得一定的经营业绩，扭转了业绩下滑的势头。

4. 与高校结盟，加强企校合作

佛山市蓝箭电子股份有限公司与中山大学签订片式集成电路的合作协议，从高校方面得到更多更新的技术信息，并在新产品研发中得到技术支持。

西安卫光科技公司与西安电子科技大学郝跃院士签订战略合作协议，建立院士工作站，并依托院士工作站与清华大学就产品开发、项目合作达成初步共识。

河南森源集团有限公司利用拥有的国家级博士后科研工作站、两个省级企业技术中心和三个省级工程技术研究中心，遵循“使用一代、研发一代、储备一代”的研发思路，运用“研发是一种战略、研发是一种投资、研发是一个系统”的现代研发管理理念，坚持自主创新与产学研相结合的创新道路。

新产品、新技术　西安永电电气有限责任公司开发国家02专项——高压大功率IGBT模块封装设计制造平台研发及产业化。自主开发①自主化250km/h动车组和3X动车组用功率模块研制；②工信部远洋渔船电传动系统变流器功率模块。

湖北台基半导体股份有限公司自主研发了7.5kV高压器件、高压快速晶闸管、国家产业振兴项目及湖北省重大科技专项——焊接模块和IGBT模块、国家“863”项目——ETO（新型高压场控型可关断晶闸管器件）、高端国防装备用大功率脉冲功率器和高压模块。

西安西电电力系统有限公司自主研发的国际领先项目有溪洛渡—浙西 ±800kV/5000A 直流输电换流阀研制和大容量电力电子变换装备关键技术与工程示范应用研究。研发的国际先进项目有：①电气化铁道同相供电装置用功率单元柜系统联调；②换流阀组件功能试验回路控制保护系统研制；③换流阀组件功能试验回路用阀组研制；④电力电子直流断路器关键技术研究与样机研制；⑤柔性直流输电控制保护系统设计与样机研制；⑥新型分散式统一电能质量控制器研究；⑦金沙江中游电站送电广西 ±500kV 直流输电工程系统研究与成套设计；⑧晶闸管换流阀设计计算用软件系统。研发的国内领先项目：①柔性直流输电系统研究及装置研制；②基于MMC技术大型风场柔性直流接入系统的核心装置研制；③换流阀控制单元（VBE）实时仿真试验系统建设；④西电分布式微电网示范工程（二期）关键技术研究；⑤杂散电容对换流阀电压分布的影响；⑥频率可调试验回路建立和方法研究；⑦电力电子变压器关键技术研究；⑧换流阀电极除垢研究；⑨柔性直流输电换流阀型式试验技术研究和回路建设；⑩柔性直流输电换流阀功率模块及阀组件例行试验技术研究和回路建设；⑪KYAF-300/3300高压整流电源。研发的国内先进项目：①静止同步无功补偿器；②兆瓦级光伏并网逆变器；③动态电压恢复器研制；④固态短路限流技术及装置研发；⑤ ±500kV 溪洛渡右岸电站双回送电广东直流输电工程直流场设备集成技术研究；⑥大功率电力电子装置实验系统应用技术研究；⑦换流阀组件功能试验回路设计研究；⑧换流阀用饱和电抗器；⑨换流阀国产水冷电阻优化研究。

北京京仪椿树整流器有限责任公司为增加产品功能或提高产品性能，自选科技项目有：①直挂式中低压平衡配电系统；②同步电动机励磁控制装置；③低压混合型无功补偿器；④三相四线制电力滤波器；⑤L形多电平变换器及其控制策略项目；⑥降压型PMW整流器；⑦基于智能电网的小功率家用光伏发电储能终端研究；⑧大功率电力机车辅助变流器IGBT驱动电路研制；⑨工业用高频高效特种电力电子装置；⑩碳化硅半导体器件制备与应用技术研究；⑪APF有源电力滤波器；⑫蓝宝石晶体炉高频开关电源；⑬无功发生器（CSVG），实现量产；⑭交交变频调速控制器，小试阶段；⑮CAPF有源电力滤波器，实现量产。

江苏捷捷微电子股份有限公司根据江苏省科技支撑计划，自主研发技术指标居于国内领先项目—2500V/10A SiC肖特基二极管制作技术的研究开发。自主研发成功800V/100A高压放电管产品、110V/1A高压触发二极管、JSA1941型PNP硅三重扩散平面大功率三极管、台面造型中降低台面侧向腐蚀技术和JX014型门极灵敏触发单向晶闸管，快恢复二极管处于中试阶段。

河北华整实业有限公司自主研发国内领先的IGBT模块结构件和磁饱和电抗器用阻尼环。

佛山市蓝箭电子股份有限公司开展地方科技项目有：片式集成电路创新平台建设、一种表面贴装式LED封装体及其制造方法等专利技术应用及产业化、新型电源管理器件（PMIC）及其配套器件的研发与产业化、三端片式器件的研发、新型半导体分立器件技术改造、半导体器件技术创新平台、半导体元器件及其检测设备开发、基于家电与工控领域的新型功率器件研发与产业化、智能终端应用处理器芯片与驱动器件的开发及产业化、新型片式LED全自动在线检测与分类及装带成套设备、新型功率三极管与分立器件技术改造和新型功率器件及电源管理器件技术改造。

浙江正邦电力电子有限公司自主研发75A FSRD芯片、高通二极管芯片、变频器用芯片产业化、割圆新工艺引进应用项目和方片性能提升技术。

深圳市晶导电子有限公司自主研发一种低正向肖特基

二极管及制造方法和 VDMOS 测试方法和一种新型半导体器件封装机构。研发集成电路 IC 及其制造方法和垂直双扩散金属氧化物半导体场效应晶体管的测试方法。

宜兴市东晨电子科技有限公司（原江苏东光微电子股份有限公司）自主研发超低功耗智能电源用高压集成 VDMOS 产业化和 1 200V 逆导型场终止绝缘栅双极晶体管（RC-FS-IGBT）的优化与可靠性设计。

西安卫光科技有限公司已授权的实用新型专利有：一种减小开关时间的 VDMOS 器件版图结构、一种减小输入电容的 VDMOS 器件结构、一种提高单位面积电流密度的 VDMOS 器件结构、一种超高压二极管多芯片键合管芯结构、一种超高压二极管多芯片键合管芯用工装夹具、一种大电流二极管钝化台面结构和一种大电流二极管管芯封装结构；处于受理阶段的发明专利有：一种 1.3 万 V 以上超高压、快恢复玻璃封装二极管的制作方法和一种 50A 大电流快恢复二极管的制作方法。

河南森源集团有限公司自主研发智能无功补偿装置、智能无功补偿滤波装置、电能质量治理控制器、SAPF 有源滤波装置、静止无功补偿发生器和逆变器等。2014 年，授权的专利有空气绝缘距离≥ 300mm 的 40.5kV 开关设备等 43 项。

北京东风机车电器厂开发新产品：电动轮矿用自卸车变流器、铰接式卡车变流器和钢轨打磨列车控制系统。

珠海泰坦科技股份有限公司完成研发项目有：TQCC-400kW 充电机、TAPF-150-380-A 有源电力滤波器、TQN040/110-A 机车牵引逆变器、TEVC-125kW/700V-A 大巴车直流快充系统、TCZ-Y2-60kW/450V/2X-F 户外一体化直流充电机、TCZ-J-32A220V-C01 壁挂式单口交流充电桩、泰坦变电站用一体化电源系统、数字化电源微机监控系统、泰坦便携式绝缘监测综合系统和基于 V2G 技术的乘用车户外直流快速充电装置。试生产项目有：TIMP-A11-CM 通讯集中器研发和 (TEV-M12.5kW/750V-A)12.5kW/750V 数字化电源模块研发；中试项目有 TCZ-J-63A380V-E01 落地式单口 380VAC 充电桩研发、(TEV-M10kW/450V-A)10kW/450V 数字化电源模块研发和 TCZ-Z-A 电动汽车直流充电桩监控装置研发。

获奖情况 2014 年电力电子行业获奖情况见表 6。

表 6 2014 年电力电子行业获奖情况

获奖单位	获奖时间	奖项名称、等级	获奖项目、产品名称	颁奖单位
湖北台基半导体股份有限公司	2014.1	2013 年度供方生产管理优秀奖		正泰集团股份有限公司
	2014.3	2013 年度全省职业卫生管理规范化先进单位		湖北省安全生产监督管理局
	2014.5	襄阳市 2012—2013 年度守合同重信用企业		襄阳市工商局、襄阳市企业信用促进会
	2014.7	湖北省 2012—2013 年度守合同重信用企业		湖北省工商局、湖北省企业信用促进会
	2014.11	2012—2013 年度全市人才工作先进单位		中共襄阳市委办公室、襄阳市人民政府办公室
宜兴市东晨电子科技有限公司	2014.3	第八届中国半导体创新产品和技术	1 200V 逆导型场终止绝缘栅双极晶体管（RC-FS-IGBT）的实现	中国半导体行业协会、中国电子材料行业协会、中国电子专用设备工业协会、中国电子报社
	2014.5	江苏高新技术产品	高雪崩耐量功率场效应晶体管	江苏省科技厅
	2014.5	江苏高新技术产品	超低电容固体放电管	江苏省科技厅
	2014.5	江苏高新技术产品	KP3016 高压大电流方片可控硅	江苏省科技厅
	2014.12	无锡市专利奖	集成 ESD 保护的功率 MOSFET 或 IGBT 及其制备方法	无锡市科技局
西安爱科赛博电气股份有限公司	2014.8	西安市中小企业 20 强	荣誉资质	西安市人民政府
	2014.11	2014 年国家火炬计划重点高新技术企业	荣誉资质	科技部火炬高技术产业开发中心
	2014.12	第三届设计师及用户优选“电能质量十大品牌”	电能质量产品	赛尔传媒
	2014.12	上海市科技进步一等奖	上海光源工程、加速器电源	中国科学院上海应用物理研究所
西安永电电气有限责任公司	2014.1	一等奖	高压大功率 IGBT 模块的研制及产业化	西安市人民政府

（续）

获奖单位	获奖时间	奖项名称、等级	获奖项目、产品名称	颁奖单位
河南森源集团有限公司	2014.2	电网设备用户综合满意度企业奖、十佳服务明星企业奖		全国输配电技术协作网
	2014.7	中国电子信息企业百强企业		工业和信息化部
	2014.7	2014年中国电子信息百强企业		工业和信息化部
	2014.10	国家火炬计划产业化示范项目证书（智能有载快速调压无功补偿滤波成套装置）		科学技术部
	2014.11	中国电气工业100强		电气时代杂志社
	2014.11	国家火炬计划重点高新技术企业		科学技术部
	2014.12	高新技术企业		河南省科技厅、河南省财政厅、河南省国家税务局、河南省地方税务局
厦门科华恒盛股份有限公司	2014.1	福建省科技进步三等奖	太阳能光伏发电系统逆变器	福建省人民政府
	2014.2	漳州市科技进步奖	医疗设备专用高性能不间断电源	漳州市人民政府
	2014.8	国家重点新产品	超级电容充电器（KHD6080，KHD7570，KHD9080）	科学技术部、环境保护部、商务部、国家质检总局
苏州能讯高能半导体有限公司	2014	半导体创新技术大奖	基于SiC衬底的氮化镓器件技术	中国半导体行业协会
西安卫光科技有限公司	2014	科学技术进步三等奖	150A 600V三相全桥逆变IGBT模块	陕西电子信息集团
	2014	科学技术进步三等奖	SMBJ5.0CA瞬态电压抑制二极管	陕西电子信息集团
	2014	科学技术进步三等奖	FHD300达林顿功率晶体管	陕西电子信息集团
	2014	科学技术进步三等奖	3DK519（2N6678）功率晶体管	陕西电子信息集团
	2014	科学技术进步二等奖	600A 600V IGBT半桥模块	陕西电子信息集团
	2014	科学技术进步二等奖	2CZ237（1N3912）型高频大电流二极管	陕西电子信息集团
	2014	科学技术进步一等奖	表贴封装P沟道功率场效应晶体管	陕西电子信息集团
	2014	科学技术进步三等奖	450A 1200V高端/低端IGBT模块	陕西电子信息集团
江苏捷捷微电子股份有限公司	2014.10	国家火炬计划	超级247晶闸管器件	科学技术部
	2014.11	高新技术产品	双台面可控硅新型结构封装器件	江苏省科技厅
天津中环半导体股份有限公司	2014		2014年中国十大半导体制造企业	中国半导体行业协会
西安西电电力系统有限公司	2014	中国机械工业科学技术奖二等奖	两端为弱交流系统的直流工程技术开发和设备成套	中国机械工业联合会 中国机械工程学会
	2014	陕西省科学技术进步奖 二等奖	韩国济州岛直流示范工程系统研究与设备成套	陕西省人民政府
	2014	西电集团科学技术进步奖一等奖	锦屏－苏南±800kV直流输电工程系统研究和成套设计	西电集团
	2014	西电集团科学技术进步奖二等奖	青海格尔木—西藏拉萨±400kV直流联网工程直流场设备集成技术和换流阀研究	西电集团
	2014	西电集团科学技术进步奖二等奖	阀控制监测设备（VCM）产品化	西电集团
	2014	西电集团科学技术进步奖二等奖	韩国济州岛直流示范工程系统研究与设备成套	西电集团

（续）

获奖单位	获奖时间	奖项名称、等级	获奖项目、产品名称	颁奖单位
北京京仪椿树整流器有限责任公司	2014.1	北京市科学技术奖三等奖	智能型工业用大功率开关电源系统	北京市科技委
	2014.7	中国仪器仪表学会科学技术奖	高精度智能蓝宝石晶体生长电源系统	中国仪器仪表学会
珠海泰坦科技股份有限公司	2014	国家重点新产品证书	国家重点新产品证书	科学技术部

质量管理 2014年12月，湖北台基半导体股份有限公司全国工业产品生产许可证复评通过认证。公司建立了完善的质量管理部门并采取有效措施，实现了管理体系和实际管理能力的提升，提高了客户的满意度，年度经营目标的达成率在稳步提高。

厦门科华恒盛股份有限公司通过加强管理措施和手段，保证质量管理体系持续有效运行，既提高了产品质量和品质，又提高了企业综合管理水平。

西安西电电力系统有限公司进一步推行质量管理体系并将企业质量管理向产业链两端延伸。将企业质量管理向供方延伸，采取供应链品质提升、进行供方评价、与供方签订质量保证协议、对供方进行监造、加强与供方关系等措施从源头保证产品质量；在企业内部加强基础管理，推行现场管理质量提升，完善相关制度，利用信息化手段确保质量管理过程的顺利进行，对重点产品进行监造，从订货、设计、零部件采购、检验、装配、例行试验、现场安装调试以及售后服务等全过程进行控制，加强质量管理技术及理论知识的培训，提升员工质量意识，推进各种群众性质量活动的开展，营造浓厚的质量氛围，利用质量管理的工具方法对质量问题进行分析、处理；将质量管理向用户现场延伸，提升售后服务质量、监测顾客满意度并采取有效措施对顾客关系进行有效管理等。

北京京仪椿树整流器有限责任公司执行GB/T 19001—2008质量管理体系和GJB 9001B—2009武器装备质量管理体系，2014年通过了再认证 / 综合评议现场审核。公司内部采取的自查自纠及产品控制（通过不合格审理小组）保证了公司质量方针和质量目标有效完成和持续改进，顺利通过军友诚信认证中心的历次监督和再认证的现场审核。

江苏捷捷微电子股份有限公司严格按照ISO 9001：2008实施规则要求，建立了一整套适合自身特点的质量管理机制，形成了“合理化建议”“5S管理”“8D方法”“WHY-WHY分析方法”和“纠正与预防措施”等现代管理方法，以自动化、信息化的控制提高生产技术水平，以先进的管理手段提高质量控制水平，从而实现全面保障产品质量，降低生产成本。以为顾客努力提供优质的产品和优良的服务为己任，使公司产品质量保持优质稳定，一次交验合格率始终保持在99%以上，主导产品关键指标始终保持国内领先水平。

河北华整实业有限公司严格按照ISO 9001：2008标准管理体系要求进行生产。公司拥有先进的生产、检测设备，设有专门的质检机构，并明确一名副总专门负责产品质量，每个车间、每道工序都配备了高素质的质检员，实行责任到人，层层把关，相互制约的质监工作体制。

深圳深爱半导体股份有限公司通过挪威船级社DNV认证和ISO 9001质量保证体系认证。经DNV监督审核确认，ISO 9001质量保证体系运作规范、有效。

2014年淄博市临淄银河高技术开发有限公司引入ERP综合管理软件系统，通过两种先进管理方式的施行，公司实现了规范化、精细化管理。

西安爱科赛博电气股份有限公司在质量管理上采取的措施：①公司质量目标编制、分解、落实、检视和考核，保证全年质量目标达成；②质量体系建立、定期审核、评价、整改、优化和完善，不断提高有效性和适用性；③过程质量问题稽核、预警、整改和闭环，加强过程质量问题解决、提高关闭速度；④重大质量问题建立8D处理流程，公司顺利通过了GB/T 19001—2008年度监督审核、GJB 9001B—2009质量管理体系认证审核和国家三级保密资格认证审核。2014年，通过了武器装备科研许可证和装备承制单位资格审核。

江阴市赛英电子有限公司成立质量异常处理小组，由质控、技术、生产三方面共同处理出现的质量异常现象，用SPC等工具监控关键质量特性的走势，使合格率基本稳定在93%左右。

西安永电电气有限责任公司全面推行质量工资制，根据生产、研发、管理、销售、服务等环节，分阶段执行不同的质量工资；推行管理层和执行层分离的质量管理保证体系实施方案。

宜兴市东晨电子科技有限公司设置独立的品质部全面负责产品质量日常工作，并在生产部车间设置质量内控，负责产品质量过程的检验检测、质量改进，以提高生产过程控制水平，降低生产成本，提高产品质量水平。

西安卫光科技有限公司建立质量管理体系并形成《质量手册》《程序文件》和《质量文件》，体系文件符合GJB 9001B—2009质量管理体系标准的所有要求，并且有效执行。质量管理体系文件明确了各级领导、各部门的职责，在职责范围内按照所策划的过程有效地执行了体系文件。建立了监督与激励机制，鼓励全体员工自觉地实施和保持质量管理体系的各项要求，并将过程的运行程序、方法融入到日常工作中。

河南森源集团有限公司建立健全质量管理组织结构，从组织上确保质量目标落实；建立周密严格的质量管理制度，从管理上确保质量目标的实现；严格按照ISO 9001质量体系建立完善的质量管理制度，按《质量手册》《程序文件》的要求对质量进行监控；加强质量监控制度，按规定检查的范围和抽检的频率及时进行质量检验，加强现场质量控制。产品一次交验合格率95%，抽检合格率100%。

北京东风机车电器厂通过了ISO 9000质量体系认证和ISO 9001：2000国际质量体系认证；被中国质量协会授予“国际质量信誉AAA++企业”；整流柜、电器柜、辅助交流柜等获得捷克VOP CZ，S.P和BV LCIE China认证机构颁发的CE认证证书；铁道机车整流柜和电力机车充电机通过CRCC认证。

基本建设及技术改造 2014年，中国电子科技集团公司第五十五研究所以全资子公司扬州国扬电子有限公司为主体，在扬州功率电子产业园新建了新型半导体功率模块厂房、一条新型半导体功率模块专业化生产线，配置国际先进的工艺制作、产品测试和可靠性测试设备。项目建成后，国扬公司将以五十五所为依托，利用五十五所自主开发和生产的新型半导体（碳化硅、氮化镓等）器件芯片（如：肖特基二极管和开关器件等芯片），开发各类新型半导体功率模块产品技术，建立军用、民用以及特种应用的中高端新型半导体功率模块产品研制和生产能力。

湖北台基半导体股份有限公司通过引进丝网印刷机（日）、贴片机（日）、真空回流焊炉（日）、清洗机（日）、粗铝丝键合机（美）、IGBT测试台（日）、X-Ray（德）等设备，组建了2条自动化生产线，产能可达50 000只/月，能够同时兼容IGBT模块及普通焊接式模块的生产。

2014年，西安卫光科技有限公司新增试验、检测设备3台（套）——高低温试验箱、大功率老化筛选台、晶体管动态参数测试系统并投入使用，增强了公司的军品试验能力和检测手段。承担的国内最大的军用元器件基础保障项目—6in VDMOS/IGBT芯片生产线项目已全面通线，极大增强了公司在新型场控器件方面的研发和制造能力，打破了国外同类产品的技术垄断。

2014年1月至2015年12月底，河北华整实业有限公司投资5 442万元，新增建筑面积4 400m^2，购置各类生产、检测设备71台（套），新上年产30万件磁饱和电抗器用阻尼环高新技术产业化项目。

无锡天杨电子有限公司对关键工序进行自动化改造，稳定产品质量；并优化和改造产品工序，降低污染物产生及原材料消耗。

江苏捷捷微电子股份有限公司引进一批先进设备，改造原有厂房，新建2条生产线，提升了现有技术水平。

淄博市临淄银河高技术开发有限公司投资1 550万元，建设一条年产10万片的氮化铝基陶瓷覆铜板生产线。

宜兴市东晨电子科技有限公司完成2 000m^{2}生产厂房的改（扩）建工作，购置相关研发设备，通过对水、电、气等公用工程的适应性改建，预计于2018年形成年产8 000万只高效节能集成ESD保护技术的高端芯片—VDMOS生产线。

天津中环半导体股份有限公司及其下属公司科技投入22 464万元，公司科技立项近百项，其中重点项目20余项，累计申请专利270余项。

西安西电电力系统有限公司投资电力电子应用研发能力建设项目。项目在已建成新厂区的建筑设施及实验室的基础上，新增研发、实验设备及软件，共计63台（套），完成5大实验室的建设，拥有国内一流的电力电子应用研发及产业化的实验能力。项目总投资为20 225万元，2014年累计完成固定资产投资2 447万元。

珠海泰坦科技股份有限公司对7 000m^{2}的办公大楼和生产大楼进行改造，原生产楼全面翻新建设成科研大楼及工程实验室，原办公大楼继续保留作为销售和管理。在珠海北站对租用的12 000m^{2}厂房进行相关工程改造和辅助建设。将常规产品的生产、装配迁移到租用厂房进行集中生产。固定资产投资中技术投资为985万元，主要用于厂房的改造及装修工程，设备购置的安装、调试、检测以及相应的技术投资等。

标准化工作 电力电子技术领域的标准化工作目前由全国电力电子系统和设备标准化技术委员会（SAC/TC 60）和全国输配电用电力电子器件标准化技术委员会（SAC/TC 413）分工负责。两个标准化技术委员会的秘书处均由西安电力电子技术研究所承担。

2014年，1项国家标准获得批准发布，10项国家标准和8项行业标准完成审查、处于报批阶段，24项国家标准和11项行业标准处于起草或征求意见阶段，11项国家标准和11项行业标准完成复审。

2014年标准化工作主要有：

1.积极开展自主创新和以企业为主体标准制修订工作

进行了国家标准《柔性直流输电换流器技术规范》《柔性直流输电系统成套设计规范》《超高压分级式可控并联电抗器晶闸管阀》《电动机软起动装置》系列（7项）《光伏系统用逆变器的安全要求》和《曳引电梯节能逆变电源装置》，以及行业标准《绝缘栅双极晶体管（IGBT）》系列（5项）《模块化交流不间断电源》《模块化直流不间断电源》《直流储能系统用双向变流设备》《三相动力用变频输出逆变应急电源》《低压静态切换装置》《轨道交通站台门不间断电源装置》和《泵类设备应急电源装置》等的研究和制修订工作。

2.完善技术标准体系建设

按工信部和中国机械工业联合会的部署，完成了电力电子系统和设备、电力电子器件及附件两个专业领域标准体系的年度修订并上报。

3.实质性参与国际标准化活动

2014年，组织我国专家参加了IEC大会和IEC/TC 22/SC 22F输配电系统电力电子技术分会2014年会议（IEC/TC 22/SC 22F输配电系统电力电子技术分会年度会议由我国专家主持）；对IEC/TC 22电力电子系统和设备技术委员会及其分会的标准和文件投票。此外，根据我国半导体器件标委会（SAC/TC 78）委托，对IEC 60747-2《半导体

器件 分立器件 第 2 部分：整流二极管》第 3 版审查文本（CDV 文件）和 IEC 60747-6《半导体器件 分立器件 第 6 部分：晶闸管》第 3 版审查文本（CDV 文件），向 IEC/TC 47/SC 47E 半导体分立器件分会分别提出 29 条和 58 条修改意见。

截至 2014 年年底，我国现有 IEC/TC 22 及其分会工作组召集人 4 人，正式注册的专家在册数 79 人次（有的专家同时在两个或多个工作组正式注册），遍布在 IEC/TC 22 及其分会 39 个工作组中的 29 个。

4. 标准化工作为企业服务

充分利用分会会刊《电力电子信息》中的“标准化园地”专栏，宣传标准化工作方针政策，传递标准化工作信息。

分会秘书长应邀分别在第 2 届中国国际储能电站大会和中国电源学会第 7 届标准化工作委员会成立大会上介绍了我国电力电子技术标准。

〔撰稿人：中国电器工业协会电力电子分会郭彩霞 审稿人：中国电器工业协会电力电子分会蔚红旗〕

电力电容器

经济指标 2010—2013 年，电力电容器行业整体运行平稳并保持增长的势头。2013 年，国家在电网建设速度方面进行了阶段性的调整，一批特高压交直流输电工程推后，导致电力电容器行业整体订货额在 2013 年出现大幅下降。而在传统电网工程中，各厂家之间竞争的加剧致使高压电力电容器产品的订货价格也出现明显下降，行业龙头及多数骨干企业出现了产量产值下降的情况。

长期以来，由于大多数电力电容器产品应用在电力系统中，行业的运行受国家电力投资规模的影响一直较大，从行业经济主要指标中可以看出。2010—2014 年电力电容器行业主要经济指标见表 1。

表 1 2010—2014 年电力电容器行业主要经济指标

年份	工业总产值（亿元）	销售产值（亿元）	利润总额（亿元）	销售利润率（%）
2010 年	51.64	49.80	3.79	7.61
2011 年	51.32	50.28	3.32	6.60
2012 年	56.17	53.08	3.19	6.01
2013 年	59.95	60.23	4.68	7.77
2014 年	53.33	58.75	4.99	8.49

2014 年完成工业总产值 53.33 亿元，同比下降 11.04%，降幅非常明显。根据 2013 年的报表统计，产品订货额仅为 46.92 亿元，为近 3 年来的最低水平，直接导致行业 2014 年工业总产值的下滑。2014 年，产品订货额为 49.79 亿元，同比增长 6.13%。

根据统计，销售产值从 2013 年开始超过工业总产值，说明行业企业普遍采用“以市场为导向”的策略。行业的销售利润率也呈现逐年攀升的良好态势，在市场竞争激烈、产品价格下降的情况下还能保持较好的利润，说明行业企业在成本控制等方面做了很大努力。

主要产品生产情况 电力电容器行业的产品覆盖范围广，应用品种多，所占产值的比重也各不相同。2010—2014 年电力电容器行业主要产品的产值见表 2。

表 2 2010—2014 年电力电容器行业主要产品的产值 （单位：亿元）

年份	高压并联电容器	低压并联电容器	并补成套电容器	滤波电容器	滤波成套电容器	CVT	其他电容器	合计
2010 年	20.34	9.70	8.85	3.71	1.11	4.09	3.06	50.86
2011 年	19.52	9.13	9.24	3.77	1.27	3.36	3.94	50.23
2012 年	19.58	10.23	10.15	4.72	1.89	3.43	3.66	53.66
2013 年	18.79	9.67	13.10	6.85	3.19	3.98	3.67	59.25
2014 年	18.12	9.75	10.08	2.10	0.40	3.62	4.36	48.43

从表 2 可以看出，2010—2014 年，作为行业主导产品的并联电容器一直保持相对稳定的状态。其中，高压并联电容器呈略微下降的趋势，低压并联电容器产值基本保持在 10 亿元的水平波动不大。相比较而言，滤波电容器及滤波成套产品在前几年产值逐步攀升的情况下，2014 年出现“断崖式”的跌落，究其原因与本年度直流输电工程开工不足，对交直流滤波电容器组的需求显著下降有关。CVT 的产值仍继续保持 3 亿多元的水平，预计未来几年不会出现大的变化，或将有小幅降低。

行业需要关注的重点方向 目前来看，电力电容器行业要保持稳定持续的发展，很大程度上仍依赖于电网建设的投资规模，特别是在“西电东送”大背景下的特高压交直流输电及其配套工程，这些工程对高压并联和交直流滤波电容器的需求量巨大。值得关注的是，从 2014 年 11 月开始，多条特高压交直流输电工程建设开始提速，这其中包括已经开工的“宁东—浙江”“酒泉—湖南”和“晋北—南京”3条±800kV特高压直流输电工程，“淮南—上海”“锡盟—山东”“蒙西—天津南”和“榆横—潍坊”4条1 000kV特高压交流输电工程，以及±800kV“锡盟—泰州”和±1 100kV“准东—华东”两项待核准的特高压直流输电工程。

对于中低压产品，除了继续发展以自愈式电容器为主的低压无功补偿和交流滤波装置外，还应向中压领域迈进，重点开展直流支撑（DC-Link）电容器、换流阀用电容器、机车电容器等产品的研制，以适用柔性输电、新能源及轨道交通等领域快速发展的需要。

主要经济指标完成情况 2014年与2013年上报统计资料的企业相同。2014年电力电容器行业工业总产值、行业销售产值指标出现了下降，产品销售收入、订货额、利润总额等指标小幅增长。2013—2014年电力电容器行业主要经济指标见表3。

1．产值

（1）工业总产值。2014年，行业31家上报企业完成工业总产值53.33亿元，产值超过5亿元的企业为2家，产值在1亿元以上的企业共有16家。

2014年，行业总产值同比下降11.04%。行业排名靠前的企业中，西安西电电力电容器有限责任公司、桂林电力电容器有限责任公司、日新电机（无锡）有限公司、新东北电气电容器有限公司等企业2014年工业总产值均有不同程度下降，上海思源电力电容器公司、合容电气股份有限公司保持了一定增长，低压电容器产品的市场整体保持稳定。整体来看，2014年电力电容器行业出现负增长。

（2）工业销售产值。2014年，电力电容器行业共完成工业销售产值58.75亿元，主要是部分国网重大工程在2014年进行了结算，部分高压电容器企业受益，因此，在总产值降低的情况下销售产值同比只下降2.46%。

（3）工业增加值。2014年电力电容器行业实现工业增加值16.23亿元，同比增长0.20%，主要是由于2014年原材料价格总体有所下降，使得成本降低。行业各主要企业中，工业增加值在5 000万元以上的有9家。2013—2014年电力电容器行业主要经济指标见表3。

表3 2013—2014年电力电容器行业主要经济指标

序号	项目	单位	2014年	2013年	同比增长(%)	序号	项目	单位	2014年	2013年	同比增长(%)
1	工业总产值	万元	533 310.55	599 482.87	-11.04	18	年末流动资产	万元	623 011.08	607 451.06	2.56
2	其中：新产品产值	万元	60 027.23	113 505.51	-47.12	19	年末流动资产年平均余额	万元	510 737.03	503 675.48	1.40
3	工业销售产值	万元	587 501.03	602 330.80	-2.46	20	其中：应收账款余额	万元	263 390.38	221 419.80	18.96
4	其中：出口交货值	万元	15 069.07	16 114.27	-6.49	21	年末固定资产	万元	197 639.78	175 348.69	12.71
5	工业增加值	万元	162 281.10	161 950.72	0.20	22	年末固定资产净值年平均余额	万元	142 002.72	129 396.55	9.74
6	产品订货额	万元	497 932.74	469 157.75	6.13	23	全年完成基建投资额	万元	3 889.70	13 620.00	-71.44
7	主营业务收入	万元	514 591.16	510 657.15	0.77	24	年末负债合计	万元	477 024.92	371 425.39	28.43
8	主营业务成本	万元	329 790.66	334 356.98	-1.37	25	年末所有者权益合计	万元	467 069.90	534 789.22	-12.66
9	主营业务税金及附加	万元	3 748.20	4 286.29	-12.55	26	工业中间投入合计	万元	343 486.84	395 386.04	-13.13
10	应交增值税	万元	21 368.76	32 448.89	-34.15	27	全年从业人员平均人数	人	7 316	7 804	-6.25
11	营业费用	万元	51 531.24	52 196.87	-1.28	28	年末科技活动人员合计	人	1 479	1 481	-0.14
12	管理费用	万元	39 755.73	39 523.80	0.59	29	年末研究与试验发展人员	人	713	658	8.36
13	财务费用	万元	7 262.77	7 204.23	0.81	30	科技活动经费筹集总额	万元	14 372.80	12 173.80	18.06
14	其中：利息支出	万元	6 763.18	6 131.16	10.31	31	研究与试验发展经费支出	万元	11 061.00	12 427.20	-10.99
15	其他业务收入	万元	2 748.84	3 137.80	-12.40	32	新产品开发经费支出	万元	6 910.89	5 499.10	25.67
16	利润总额	万元	49 875.09	46 793.62	6.59	33	万元产值能耗（标准煤）	t	0.06	0.07	-14.29
17	年末资产合计	万元	944 693.22	907 497.31	4.10						

（4）产品订货额。2014年，电力电容器行业实现产品订货额49.79亿元，同比增加6.13%。各企业积极应对2013年出现的订单下滑，努力开拓市场，取得了一定成绩，同时，国网公司特高压电网战略规划的提出加快了特高压工程的建设速度。

2.收入指标

（1）主营业务收入。2014年电力电容器行业实现主营业务收入51.46亿元，同比增长0.77%，其中14家企业收入超过1亿元，其中有8家企业主营业务收入超过3亿元。

（2）主营业务成本与费用项目。2014年，电力电容器行业实现主营业务成本32.98亿元，同比下降1.37%。营业费用5.15亿元，同比下降1.28%；管理费用3.98亿元，同比增长0.59%；财务费用0.72亿元，同比增长0.81%。

原材料价格有所下降带动了成本下降，各企业积极进行降本增效，提升企业管理水平，总体费用基本保持平稳。

（3）利润。2014年，电力电容器行业实现利润总额4.99亿元，同比增加0.30亿元，同比增长6.59%，主要是由于成本下降，费用得到了一定控制，在收入没有明显增长的情况下能够使得行业整体利润保持增长。

3.资产

（1）资产。2014年，电力电容器行业各企业资产总额为94.47亿元，同比增长4.1%；流动资产62.30亿元，同比增长2.56%；应收账款26.34亿元，同比增长18.96%。

固定资产19.76亿元，同比增长12.71%；固定资产净值年平均余额14.2亿元，同比增长9.74%；基建投资0.39亿元，同比下降71.44%。

（2）负债和所有者权益。2014年，电力电容器行业各企业负债总额47.7亿元，同比增长28.43%；所有者权益总额46.71亿元，同比下降12.66%。

4．经济效益综合指标

2014年，电力电容器行业各企业经济效益综合指标总体有小幅度的下降，2013—2014年电力电容器行业经济效益指标对比见表4。

从表4可以看出，2014年，电力电容器行业经济效益综合指数下降1.32%，主要原因是2014年各指标大多下降，总资产贡献率、资产保值增值率、流动资产周转率都有一定幅度下降，说明企业的经营状况比上年有所下降；产品销售率上升，产品产销衔接情况有所改善；成本费用利润率降低说明各企业单位投入产出比有所下降。

表4　2013—2014年电力电容器行业经济效益指标对比

经济效益评价指标	全国标准值	2014年	2013年	同比增长(%)
总资产贡献率（%）	10.7	9.33	14.75	-36.75
资本保值增值率（%）	120	103.52	136.21	-24.00
资产负债率（%）	≤60	50.46	48.71	3.59
流动资产周转率（次）	1.52	1.56	1.82	-14.29
成本费用利润率（%）	3.71	7.94	9.10	-12.75
全员劳动生产率（元/人）	16 500	218 020	189 182	15.24
工业产品销售率（%）	96	103.89	100.50	3.37
经济效益综合指数	—	2.24	2.27	-1.32

5．2014年电力电容器行业经济运行情况

（1）工业总产值出现下降，行业龙头企业下降明显。由于2013年订货总额的大幅减少，订货价格的下降，2014年，电力电容器行业的总产值出现下降，集中体现在行业龙头企业产值大幅度下降，大部分骨干企业产值出现不同程度下降。据不完全统计，电力电容器行业2014年完成工业总产值53.33亿元，同比下降11.04%。

（2）产销保持增长，产销衔接情况良好。全行业2014年工业销售产值58.75亿元，同比下降2.46%；主营业务收入51.46亿元，同比增长0.77%。产品销售率为103.89%，比2013年小幅增长。同时，国网公司重大工程及时结算，销售收入保持增长，产销衔接有所增强。

（3）原材料价格总体降低，提升企业利润增长空间。2014年，电力电容器行业原材料价格总体降低，薄膜、金属化膜、铝箔、浸渍剂均有一定下降，钢材有微幅上涨。同时，生产成本、营业费用与上年比均出现小幅下降，管理费用、财务费用与上年相比稍有增长，行业总体利润总额继续增长。

（4）科研经费继续增长。2014年，电力电容器行业科技活动经费筹集总额、新产品开发经费支出分别同比增长18.06%、25.67%，继续保持增长。

（5）全年完成基建投资额继续下降。2014年，电力电容器行业完成基建投资额0.39亿元，同比下降71.44%。

主导产品分类产量　2014年，电力电容器行业主要产品中，主导产品的产量产值都有所下降。并联电容器、电容式电压互感器、成套装置的产量产值都有小幅下降；滤波电容器产量产值大幅下降；电热电容器的产量产值有一定下降；串联电容器的产量产值有大幅度的增长；其他电容器的产量大幅增加，产值大幅下降。2013—2014年电力电容器行业主要企业产品产量产值见表5。

表5　2013—2014年电力电容器行业主要企业产品产量产值

产品类型	产量单位/产值单位	2014年	2013年	同比增长(%)
一、电力电容器合计	万kvar/万元	31 543/356 917	36 556/413 736	-13.71/-13.73
1.并联电容器小计	万kvar/万元	20 008/278 661	21 207/284 335	-5.65/-1.99

（续）

产品类型	产量单位/产值单位	2014年	2013年	同比增长(%)
1.1 高压并联电容器	万kvar/万元	9 839/181 210	10 617/187 892	-7.32/-3.56
其中：集合式高压并联	万kvar/万元	375/9 368	474/14 383	-20.88/-34.87
1.2 低压并联电容器	万kvar/万元	10 082/97 481	10 603/96 655	-4.91/0.85
2. 滤波电容器	台/万元	7 243/21 035	59 042/68 544	-87.73/-69.31
其中：直流滤波电容器	台/万元	2 253/650	9 279/5 628	-75.72/-88.45
3. 电容式电压互感器	万kvar/台/万元	1 237/11 023/36 244	1 278/12 898/39 797	-3.21/-8.93
其中：110 kV	万kvar/万元	162/7 000	235/9 507	-31.06/-26.37
220 kV	万kvar/万元	246/5 399	367/7 675	-32.97/-29.65
330 kV	万kvar/万元	62/2 043	120/3 556	-48.33/-42.55
500 kV	万kvar/万元	206/5 024	324/7 242	-36.42/-30.63
750 kV及以上	万kvar/万元	120/5 335	122/5 598	-1.64/-4.70
4. 电热电容器	万kvar/万元	8 450/7 594	11 047/10 156	-23.51/-25.23
5. 串联电容器	台/万元	549/15 583	174/3 875	251.52/302.14
6. 其他电容器	台/万元	1 561/1 870	811/3 377	92.48/-42.63
二、成套装置	台（套）/万元	11 908/105 462	13 229/163 084	-9.99/-35.33
其中：并补成套	台（套）/万元	11 052/100 799	12 086/131 017	-8.56/-23.06
滤波成套	台（套）/万元	831/3 975	1 141/31 884	-27.17/-87.53
三、其余产品合计	台（套）/万元	100 060/18 525	89 721/19 339	11.52/-4.21

从表5可以看出，2014年，高压并联电容器产量同比下降7.32%，产值同比下降3.56%；低压并联电容器产量同比下降4.91%，产值同比增长0.85%，并联电容器的需求出现下降趋势。

随着国网特高压工程建设的减少，2014年滤波电容器需求大幅减少，产量产值同比出现大幅下降。

电压式电容互感器2014年产量同比下降3.21%，产值同比下降8.93%，该类产品总体的需求出现持续下降的趋势。

电热电容器在行业中主要由新安江电力电容公司和上虞电力电容器公司供应。2014年，该类产品产量同比下降23.51%，产值同比下降25.53%，该类产品2014年需求和价格继续下降。

串联电容器产量产值继续保持快速的增长。2014年，该类产品产量产值分别同比增长251.51%、302.14%。

其他电容器中，耦合电容器产品由于电力系统已广泛采用光纤通信，应用耦合电容器的载波通信逐渐被淘汰，总体上随着电容式电压互感器产品需求下降而处于下降趋势。2014年，断路器电容器和脉冲电容器年产量产值大幅增长，因这几类产品总体产值较小，对行业整体情况影响不大。

2014年，成套装置产量同比下降9.99%，产值同比下降35.33%。主要原因是滤波成套装置出现了较大幅度的需求下降。

市场及销售 2014年，电力电容器行业销售情况与2013年相比有微幅上涨，产品销售率上升3.37 %，销售收入同比增长0.77%。行业骨干企业中西安西电电力电容器有限责任公司、新东北电气电容器公司销售收入同比大幅增长，西安西电电力电容器有限责任公司、桂林电力电容器有限责任公司的销售收入均超过6亿元，有8家企业的销售收入超过3亿元。2014年电力电容器行业主要产品产销量见表6。

2014年电力电容器行业出口交货值为1.5亿元，出口额同比下降6.49%。2014年行业出口情况汇总见表7。

表6 2014年电力电容器行业主要产品产销量

产品名称	产量（万kvar）			销量（万kvar）		
	2014年	2013年	同比增长(%)	2014年	2013年	同比增长(%)
并联电容器	20 008	21 207	-5.65	10 520	11 757	-10.52
滤波电容器（台）	7 243	59 042	-87.73	3 185	11 256	-71.70
电容式电压互感器	1 237	1 278	-3.21	938	987	-4.96
电热电容器	8 450	11 047	-23.51	8 352	10 056	-16.95

表7　2014年行业出口情况汇总

公司名称	产品型号／名称	产量（台、套）	产值（万元）	出口国家和地区	出口日期
西安西电电力电容器有限责任公司	电容式电压互感器	214	835	非洲、亚洲、美洲	
	并联及成套	6（万 kvar）	150	亚洲	
	电流互感器	93	461	非洲、亚洲	
桂林电力电容器有限责任公司	电容式电压互感器	42	161	东南亚、非洲	2014.07
	成套装置	1	16	泰国	2014.06
上虞电力电容器有限公司	RFM3.0-5450-0.7J	1 710	697	印度	
	滤波电容器	480	205	印度	
合容电气股份有限公司	高压并联电容器		390	东南亚	
浙江指月电气有限公司	BSMJ 自愈式低压并联电容器		779	土耳其、俄罗斯	2014.03
	控制器 JKL5CF		131	俄罗斯、巴基斯坦	2014.05
	交流接触器 CJ19		88	俄罗斯	2014.09
广东顺容电气有限公司	并联电容器	112	106	波兰	
苏州士林电机有限公司	低压并联电容器	581 770	2 770	中国台湾、东南亚	
浙江九康电气有限公司	低压并联电容器	2 958	2 468	中东、美洲	
深圳市三和电力科技有限公司	并补成套	53	437	非洲、巴基斯坦	

新产品　据不完全统计，2014年电力电容器行业共有2家企业的33种新产品通过了市级以上新产品鉴定。

标准与质量　2014年，全国电力电容器标准化技术委员会新发布实施的标准有4项，①GB/T 7613—2013《电力电容器产品包装通用技术条件》，2014-07-01实施；②GB/T 30841—2014《高压并联电容器装置的通用技术要求》，2015-01-22实施；③GB/T 6115.4—2014《电力系统用串联电容器 第4部分：晶闸管控制的串联电容器》，2015-01-22实施；④JB/T 7114.1—2013《电力电容器产品型号编制方法 第1部分：电容器单元、集合式电容器及箱式电容器》，2014-07-01实施。

2014年，全国电力电容器标准化技术委员会上报国标报批稿2项。GB/T ××××—××××《高压直流输电系统用直流PLC滤波电容器》和GB/T ×××—×××《高压直流输电系统用交流PLC滤波电容器》。

2014年，全国电力电容器标准化技术委员会正在开展制修订工作的标准项目5个。GB/T 19749.1—××××《耦合电容器及电容分压器　第1部分：总则》、GB/T 3667.1—××××《交流电动机电容器　第1部分：总则—性能、试验和定额—安全要求—安装和运行导则》、GB/T 3667.2—××××《交流电动机电容器　第2部分：电动机起动电容器》、GB/T 12747.1—××××《标称电压1 000 V及以下交流电力系统用自愈式并联电容器　第1部分：总则—性能、试验和定额—安全要求—安装和运行导则》和GB/T 12747.1—××××《标称电压1 kV及以下交流电力系统用自愈式并联电容器　第2部分：老化试验、自愈性试验和破坏试验》。

2014年，全国电力电容器标准化技术委员会计划申报标准项目2项。GB/T 6115.2—××××《电力系统用串联电容器　第2部分：串联电容器组用保护设备》国标修订工作，拟等同采用IEC 60143-2（第2版）：2012《电力系统用串联电容器　第2部分：串联电容器组用保护设备》；GB/T ×××××—××××《超级电容器　第1部分：总则》国标制定工作。

2014年，发放型号证书5份，完成了2个企业提交的9个新产品鉴定资料预审工作。

2013年11月至2014年9月，秘书处共收到IEC/TC 33工作文件30份，其中，完成投票文件9份。

2014年共办理试验委托171份。2014年国家电力电容器质量监督检验中心办理委托数见表8。

表8　2014年国家电力电容器质量监督检验中心办理委托数

序号	产品类型	委托数量（项）	序号	产品类型	委托数量（项）
1	串联电容器	4	7	高电压并联电容器装置	1
2	直流支撑电容器	6	8	集合式高电压并联电容器	6
3	电力电子电容器	4	9	交流滤波电容器	12
4	电容器用压嵌式绝缘套管	13	10	脉冲电容器	4
5	高电压并联电容器	48	11	直流滤波电容器	2
6	低电压自愈式并联电容器	71		总计	171

2014年，通过国家电力电容器质量监督检验中心检验并发放试验报告的产品共有179项。

行业活动

1.组织召开了中国电器工业协会电力电容器分会2014年会员大会

中国电器工业协会电力电容器分会2014年会员大会于2014年10月在浙江省宁波市召开，来自全国电力电容器行业及相关行业的69个单位的105位代表参加了本次会议。

2.召开全国电力电容器标准化技术委员会第七届五次会议

全国电力电容器标准化技术委员会第七届五次会议于2014年10月在山东淄博市召开。来自全国电力电容器行业的制造企业、科研院所、运行部门的委员、观察员、标准制修订工作组成员71人参会。

基础建设及技术改造 2014年，电力电容器行业基本建设及技术改造投入3 889万元，比上年下降71.44%。

西安西电电力电容器有限责任公司电容式电压互感器及电流互感器的技术改造2014年搬迁投产。

桂林电力电容器有限责任公司铁山工业园2014年建设特高压电力电容器检测中心，2015年搬迁。

新东北电气电容器有限公司投入150万元进行车间改造。

苏州电力电容器有限公司进行试验站改造建设。

上虞电力电容器有限公司投资164万元新建高压成套装置生产线。

上海思源电力电容器公司投入近500万元增加设备。

淄博莱宝电力电容器有限公司继续投资“电容器用聚丙烯薄膜”项目。

广东顺容电气有限公司投资450万元改造出厂试验设备。

深圳市三和电力科技有限公司投365万元进行无功补偿装置开发。

〔撰稿人：中国电器工业协会电力电容器分会平怡、成明〕

高压开关

2014年，电力工业持续健康发展，装机总量及发电量进一步增长，全国电力供需形势总体宽松，运行安全稳定。全年全社会用电量55 233亿kW·h，同比增长3.8%，比上年下降3.8个百分点。全年全国基建新增发电设备容量10 350万kW。截至2014年年底，全国发电装机容量13.60亿kW，同比增长8.7%。全年发电设备平均利用小时数为4 286h，同比下降235h。全年全国基建新增220kV及以上输电线路长度和变电设备容量分别为3.61万km和2.24亿kV·A，分别同比少投产2 842km和多投产2 563万kV·A。截至2014年年底，全国电网220kV及以上输电线路回路长度、公用变电设备容量分别为57.20万km、30.27亿kV·A，分别同比增长5.2%和8.8%。全年全国主要电力企业电力工程建设完成投资7 764亿元，同比增长0.5%。电源工程建设完成投资3 646亿元，同比下降5.8%。全年全国6 000kW及以上电厂供电标准煤耗318g/(kW·h)，同比降低3g/(kW·h)；全国电网输电线路损失率6.34%，同比降低0.4个百分点。全年全国完成跨区送电量2 741亿kW·h，同比增长13.1%；全国跨省送出电量8 420亿kW·h，同比增长10.8%。

生产发展情况 2014年，高压开关行业主要经济指标稳中有升，但增速放缓。全年实现工业总产值1 927.46亿元，同比增长6.73%，增速同比下降2.57个百分点；完成主营业务收入1 797.95亿元，同比增长7.04%，增速同比下降3.98个百分点；实现利润总额146.65亿元，同比增长16.23%，增速同比下降2.02个百分点；上缴利税总额235.91亿元，同比增长14.39%，增速同比下降9.67个百分点；完成出口交货值52.11亿元，同比增长18.62%，增速同比增加10.79个百分点。

试验检测技术与能力达到了世界先进水平，西安高压电器研究院高压电器试验室已成为世界上少数几个具有国际先进水平的同类实验室之一，开关设备合成试验能力为国际第一，并在国际上首次成功完成了1 100 kV GIS产品的全套型式试验，试验参数达国际最高水平。产业结构进一步优化，积极发展现代制造服务业，实现由生产型制造向服务型制造的转变，以西电集团、平高集团、河南森源、江苏东源等具有系统集成、设备成套、国际贸易和融资能力的大型企业集团不断壮大，以北京合纵、北京双杰、上海天灵、万控集团等一大批具有竞争优势的“专、精、特、新”专业化生产企业迅速成长，厦门ABB、上海西门子等外资企业依靠成熟、可靠的产品优势继续占据高端市场，温州、无锡、苏州等开关制造产业区域逐步拓展，产业集中度明显提升。

2014年高压开关行业经济增长稳定，科技投入不断加大，产业结构调整继续深入，产能充沛并逐步优化，但也存在亟须各方共同解决的问题。2014年高压开关行业主要技术经济指标见表1。

表1 2014年高压开关行业主要技术经济指标

序号	项 目	单位	2014年	2013年	同比增长(%)
1	全年从业人员人数（总计）	万人	16.69	15.89	5.03
2	其中从事高压开关人数	万人	8.70	8.42	3.33

（续）

序号	项　目	单位	2014 年	2013 年	同比增长 (%)
3	从事科技活动人数	万人	4.1	3.72	10.22
4	从事研发人员人数	万人	2.2	2.08	5.8
5	工业总产值	亿元	1 927.46	1 805.89	6.73
6	其中：高压开关产值	亿元	1 068.92	1 039.07	2.87
7	新产品产值	亿元	704.88	608.5	15.84
8	工业销售产值	亿元	1 860.68	1 752.07	6.2
9	其中：出口交货值	亿元	52.11	43.93	18.62
10	工业增加值	亿元	469.48	453.23	3.59
11	主营业务收入	亿元	1 797.95	1 679.73	7.04
12	主营业务成本	亿元	1 318.56	1 218.01	8.26
13	营业费用	亿元	97.78	88.34	10.69
14	主营业务税金及附加	亿元	9.94	9.82	1.23
15	应交增值税	亿元	79.32	70.25	12.91
16	管理费用及财务费用	亿元	133.06	116.14	14.57
17	其中：利息支出	亿元	19.49	22.25	-12.4
18	其他业务收入	亿元	26.83	30.04	-10.68
19	利润总额	亿元	146.65	126.17	16.23
20	其中：高压开关部分	亿元	76.08	69.79	9.01
21	年末资产合计	亿元	2 001.18	1 925.38	3.94
22	年末固定资产——原价	亿元	456.36	411.45	10.92
23	年末固定资产——净值	亿元	314.87	289.18	8.88
24	全年完成基建投资额	亿元	41.26	37.2	10.92
25	全年更改措施项目完成投资额	亿元	8.86	9.07	-2.3
26	流动资产年平均余额	亿元	1 252.10	1 156.02	8.31
27	其中：应收账款余额	亿元	500.75	485.61	3.12
28	年末负债合计	亿元	1 074.79	933.49	15.14
29	年末所有者权益合计	亿元	903.68	831.8	8.64
30	全年科技活动经费使用数	亿元	56.13	49.78	12.75
31	研究与发展经费支出	亿元	48.38	43.36	11.58
32	新产品开发经费支出	亿元	37.49	33.25	12.76
33	全员职工工资总额	亿元	86.85	74.74	16.2
34	资本保值增值率	%	110.23	111.08	-0.77
35	资产负债率	%	53.71	48.48	10.79
36	流动资产周转率	次	1.44	1.45	-0.69
37	成本费用利润率	%	9.47	8.87	6.76
38	工业全员劳动生产率	万元 / 人	28.12	28.52	-1.4
39	产品销售率	%	96.54	97.02	-0.49
40	总资产贡献率	%	12.01	11.17	7.52
41	销售利税率	%	13.12	12.28	6.84
42	资金利税率	%	15.06	14.27	5.54
43	人均创利税	万元 / 人	14.13	12.98	8.86
44	税金总额	亿元	89.26	80.06	11.49
45	利税总额	亿元	235.91	206.23	14.39
46	应收账款占流动资产比率	%	39.99	42.01	-4.81
47	经济效益综合指数	%	2.83	2.8	1.07
48	万元产值能耗平均水平（标准煤）	t	0.04	0.04	0

1. 工业总产值

（1）行业总产值。2014 年，高压开关行业完成工业总产值 1 927.46 亿元，较上年增加 121.57 亿元，增长 6.73%，较上年降低 2.57 个百分点。2014 年高压开关行业工业总产值企业构成情况见表 2

表 2 2014 年高压开关行业工业总产值企业构成情况

项 目	企业数（家）	占比（%）	产值合计（亿元）	占比（%）
20 亿元以上	17	6.51	1 151.65	59.75
10 亿～ 20 亿元	12	4.60	162.72	8.44
5 亿～ 10 亿元	41	15.71	295.21	15.32
1 亿～ 5 亿元	122	46.74	281.50	14.60
1 亿元以下	69	26.44	36.38	1.89

2014 年，高压开关行业中工业总产值 1 亿元以上的企业 192 家，占行业统计企业数的 73.56%，较上年增加 3 家。产值 10 亿元以上企业 29 家，占行业统计企业数的 11.11%，较上年减少 2 家。产值 20 亿元以上企业 17 家，占行业统计企业数的 6.51%，较上年增加 1 家，其产值合计 1 151.65 亿元，占行业总产值的 59.75%。

2014 年，工业总产值增长 20% 以上的企业 46 家，较上年减少 18 家，占行业统计企业数的 17.62%，较上年下降 5.16 个百分点。产值增长 50% 以上的企业 12 家，较上年减少 2 家，占行业统计企业数的 4.6%，较上年下降了 0.38 个百分点。

2014 年，工业总产值 1 亿元以上的企业中，增长 20% 以上的企业 38 家，较上年减少 1 家。增长 50% 以上的企业 8 家，与上年持平。工业总产值 10 亿元以上的企业中，增长 20% 以上的企业 5 家，与上年持平。

2014 年，工业总产值下降的企业有 95 家，较上年增加 22 家，占行业统计企业数的 36.4%，较上年上升了 10.42 个百分点。2014 年工业总产值前 5 位企业见表 3。

表 3 2014 年工业总产值前 5 位企业

序号	企业名称	工业总产值（亿元）
1	河南森源集团有限公司	189.71
2	大全集团有限公司	182.72
3	许继集团有限公司	133.54
4	江苏东源电器集团股份有限公司	75.59
5	山东泰开高压开关有限公司	74.12

（2）高压开关产值。2014 年，完成高压开关产值 1 068.92 亿元，较上年增加 29.85 亿元，同比增长 2.87%，较上年下降 10.12 个百分点。2014 年高压开关产值企业构成情况见表 4。

表 4 2014 年高压开关产值企业构成情况

项 目	企业数（家）	占比（%）	产值合计（亿元）	占比（%）
20 亿元以上	10	3.83	462.71	43.29
10 亿～ 20 亿元	9	3.45	124.94	11.69
5 亿～ 10 亿元	25	9.58	176.72	16.53
1 亿～ 5 亿元	106	40.61	247.98	23.20
1 亿元以下	111	42.53	56.57	5.29

2014 年，高压开关产值 1 亿元以上的企业 150 家，比上年增加 7 家，占行业统计企业数的 57.47%，比上年提高 5.47 个百分点。高压开关产值 10 亿元以上的企业 19 家，与上年持平，占行业统计企业数的 7.28%，较上年提高了 0.37 个百分点。高压开关产值 20 亿元以上企业 10 家，与上年持平，占行业统计企业数的 3.83%，较上年提高了 0.19 个百分点。

2014 年，高压开关产值增长 20% 以上的企业 56 家，较上年减少 13 家，占行业统计企业数的 21.46%，同比下降 3.63 个百分点。高压开关产值增长 50% 以上的企业 23 家，较上年增加 4 家，占统计企业数的 8.81%，较上年提高了 1.9 个百分点。

2014 年，高压开关产值 1 亿元以上的企业中，增长 20% 以上企业有 36 家，较上年增加 2 家。增长 50% 以上企业 11 家，与上年持平。高压开关产值 10 亿元以上的企业中，增长 20% 以上企业 4 家，较上年减少 1 家。

2014 年，高压开关产值较上年减少的企业 90 家，较上年减少 14 家，占到行业统计企业数的 34.48%，较上年提高了 6.84 个百分点。

2014 年，高压开关产值增长低于工业总产值增长 3.86 个百分点。高压开关产值占工业总产值的比重为 55.46%，较上年降低 2.08 个百分点。2014 年高压开关产值前 5 位企业见表 5。

表 5 2014 年高压开关产值前 5 位企业

序号	企业名称	产值（亿元）
1	山东泰开高压开关有限公司	74.12
2	平高集团有限公司	73.96
3	西安西电开关电气有限公司	62.20
4	河南森源集团有限公司	55.14
5	江苏东源电器集团股份有限公司	35.09

2. 工业增加值

2014 年，完成工业增加值 469.48 亿元，较上年增加 16.25 亿元，同比增长 3.59%。

2014 年，工业增加值 1 亿元以上企业 82 家，较上年增加 7 家，占行业统计企业数的 31.42%，较上年提高了 4.82 个百分点。工业增加值 5 亿元以上企业 19 家，较上年增加 3 家，占行业统计企业数的 7.28%，较上年提高了 1.61

个百分点。工业增加值 10 亿元以上企业 10 家，较上年增加 1 家，占行业统计企业数的 3.83%，较上年提高了 0.64 个百分点。

2014 年，工业增加值增长 20% 以上的企业 63 家，较上年减少 20 家，占行业统计企业数的 24.14%，较上年下降了 5.29 个百分点。增长 50% 以上的企业 23 家，较上年减少 2 家，占统计企业数的 8.81%。

2014 年，工业增加值降低的企业 95 家，较上年减少 20 家，占行业统计企业数的 36.4%，较上年提高了 9.8 个百分点。2014 年工业增加值前 5 位企业见表 6。

表 6　2014 年工业增加值前 5 位企业

序号	企业名称	工业增加值（亿元）
1	大全集团有限公司	50.16
2	河南森源集团有限公司	26.56
3	有能集团有限公司	23.22
4	江苏东源电器集团股份有限公司	22.65
5	平高集团有限公司	20.69

3. 资产

2014 年末，高压开关行业资产总额 2 001.18 亿元，较上年增加 75.8 亿元，同比增长 3.94%。

固定资产原价 456.36 亿元，较上年增加 44.91 亿元，同比增长 10.92%。固定资产净值 314.87 亿元，较上年增加 25.69 亿元，同比增长 8.88%。完成基建投资 41.26 亿元，较上年增加 4.06 亿元，同比增长 10.93%。完成更新改造措施项目 8.86 亿元，较上年减少 0.21 亿元。

流动资产年平均余额 1 252.11 亿元，较上年增加 96.08 亿元，同比增长 8.31%。其中，应收账款余额 500.75 亿元，较上年增加 15.14 亿元，同比增长 3.12%。应收账款占流动资产的占比为 39.99%，较上年下降了 2.02 个百分点。

4. 劳动生产率

2014 年，工业全员劳动生产率 28.12 万元 / 人，较上年减少 0.4 万元，下降 1.4%。

全员劳动生产率 20 万元 / 人以上的企业 108 家，较上年增加 2 家，占行业统计企业数的 41.38%，较上年提高了 3.79 个百分点。

产品分类产量　2014 年，高压开关行业共生产 126 kV 及以上电压等级气体绝缘金属封闭开关设备 18 290 间隔，生产 126 kV 及以上电压等级高压 SF_6 断路器 7 077 台，生产金属封闭开关设备 729 320 面，生产预装式变电站 47 526 台，生产 40.5 kV 及以下电压等级高压真空断路器 689 796 台，生产隔离开关 362 906 组，生产真空灭弧室 2 025 101 只。2014 年高压开关产品产量见表 7。

表 7　2014 年高压开关产品产量

产品类别	单位	800 kV 及以上	550 kV	363 kV	252 kV	126 kV	72.5 kV	40.5 kV	24 kV	12 kV	27.5 kV / 55 kV
SF_6 断路器	台	19	124	117	1 031	5 786	2 020	5 660		817	863
真空断路器	台					5		53 212	8 079	625 291	3 214
气体绝缘金属封闭开关设备	间隔	118	539	306	4 723	12 604	63	2 663		2 289	
敞开式组合电器	组					325		228			
金属封闭开关设备	面							69 926	9 425	402 140	4 595
环网柜	台							3 444	927	238 863	
隔离开关	组	185	734	731	9 820	27 689	5 966	31 954	6 966	276 158	2 703
接地开关	组		99	159	740	334	35	29 997	7 237	227 841	81
负荷开关	台							6 064	560	167 851	
熔断器	只							39 069	393	418 855	
分段器	台										
重合器	台									452	
高压接触器	台							306	1 566	34 688	
箱式变电站	台							10 632		36 894	
高压真空灭弧室	只					421	12	132 764	70 646	1 821 178	80

1. 气体绝缘金属封闭开关设备

2014 年，800kV 及以上电压等级气体绝缘金属封闭开关设备产量 118 间隔，较上年增加 73 间隔，生产企业 3 家。

2014 年，550kV 气体绝缘金属封闭开关设备产量 539 间隔，较上年增加 92 间隔，生产企业 6 家。

2014 年，363kV 气体绝缘金属封闭开关设备产量 306

间隔，较上年增加 292 间隔，生产企业 3 家。

2014 年，252kV 气体绝缘金属封闭开关设备产量 4 723 间隔，较上年增加 707 间隔，同比增长 17.6%。生产企业 14 家，较上年增加 2 家。2014 年 252kV 气体绝缘金属封闭开关设备产量前 3 位企业见表 8。

表 8　2014 年 252kV 气体绝缘金属封闭开关设备产量前 3 位企业

序号	企业名称	产量（间隔）
1	山东泰开高压开关有限公司	983
2	平高集团有限公司	863
3	新东北电气集团高压开关有限公司	774

2014 年，126kV 气体绝缘金属封闭开关设备产量 12 604 间隔，较上年增加 1 846 间隔，同比增长 17.16%。生产企业 28 家，与上年持平。产量 500 间隔以上的企业 8 家，较上年增加 3 家，产量合计 9 272 间隔，占行业生产总量的 73.56%，同比增长 6.29%。2014 年 126kV 气体绝缘金属封闭开关设备产量前 3 位企业见表 9。

表 9　2014 年 126kV 气体绝缘金属封闭开关设备产量前 3 位企业

序号	企业名称	产量（间隔）
1	山东泰开高压开关有限公司	2 057
2	西安西电开关电气有限公司	2 054
3	新东北电气集团高压开关有限公司	1 444

2. 高压交流断路器

2014 年，126kV 以上电压等级高压交流断路器均为 SF_6 系列产品。126kV 高压交流断路器中，SF_6 系列占 99.91%，真空系列占 0.09%。72.5kV 高压交流断路器均为 SF_6 系列产品。40.5kV 高压交流断路器中，SF_6 系列占 9.61%，真空系列占 90.39%。12kV 高压交流断路器中，SF_6 系列占 0.13%，真空系列占 99.87%。

（1）800kV 户外高压交流 SF_6 断路器。2014 年，我国 800kV 及以上电压等级户外高压交流 SF_6 断路器产量 19 台，较上年减少 356 台，生产企业 2 家，分别为西安西电开关电气有限公司和平高集团有限公司。

（2）550kV 户外高压交流 SF_6 断路器。2014 年，550kV 户外高压交流 SF_6 断路器产量 124 台，较上年减少 23 台，生产企业 5 家，较上年增加 1 家。产量最高的企业为平高集团有限公司（产量 63 台）。

2014 年，363kV 户外高压交流 SF_6 断路器产量 117 台，较上年增加 21 台，生产企业 3 家。产量最高的企业为平高集团有限公司（产量 82 台）。

（3）252kV 户外高压交流 SF_6 断路器。2014 年，252kV 户外高压交流 SF_6 断路器产量 1 031 台，较上年减少 43 台，较上年下降了 4%。生产企业 6 家，与上年持平。

2006—2014 年，252kV SF_6 气体绝缘金属封闭开关设备和高压交流断路器的产量比例分别为 1.57 ∶ 1、1.55 ∶ 1、1.65 ∶ 1、2.13 ∶ 1、2.41 ∶ 1、3.53 ∶ 1、3.72 ∶ 1、3.65 ∶ 1 和 4.58 ∶ 1。2014 年 252kV 户外高压交流 SF_6 断路器产量前 3 位企业见表 10。

表 10　2014 年 252kV 户外高压交流 SF_6 断路器产量前 3 位企业

序号	企业名称	产量（台）
1	山东泰开高压开关有限公司	330
2	江苏省如高高压电气有限公司	280
3	平高集团有限公司	243

（4）126kV 户外高压交流 SF_6 断路器。2014 年，126kV 户外高压交流 SF_6 断路器产量 5 786 台，较上年增加 684 台，同比增长 13.41%。生产企业 18 家，与上年持平。产量 500 台以上的企业 4 家，较上年增加 2 家，产量合计 4 043 台，占行业产量的 69.88%。

2006—2014 年，126kV SF_6 气体绝缘金属封闭开关设备和高压交流断路器的产量比例分别为 0.72∶1、0.78∶1、1.01∶1、1.06∶1、1.41∶1、1.74∶1、2.09∶1、2.08∶1 和 2.18∶1。2014 年 126kV 户外高压交流 SF_6 断路器产量前 3 位企业见表 11。

表 11　2014 年 126kV 户外高压交流 SF_6 断路器产量前 3 位企业

序号	企业名称	产量（台）
1	山东泰开高压开关有限公司	1 550
2	江苏省如高高压电器有限公司	1 249
3	平高集团有限公司	695

（5）72.5kV 断路器。2014 年，72.5kV 高压交流 SF_6 断路器产量 2 020 台，较上年增加 69 台。生产企业 9 家，较上年增加 1 家。产量最高的企业为山东泰开高压开关有限公司（产量 520 台）。

（6）40.5kV 断路器。2014 年，40.5kV 高压交流 SF_6 断路器产量 5 660 台，较上年减少 1 276 台，同比下降 18.4%。生产企业 15 家，较上年减少 3 家。产量 500 台以上的企业 4 家，较上年减少 1 家。产量最高的企业为厦门 ABB 开关有限公司（产量 1 134 台），占行业总量的 20.04%。

2014 年，40.5kV 高压交流真空断路器产量 53 212 台，较上年减少 9 744 台，同比下降 15.48%。生产企业 59 家，较上年减少 4 家。产量 1 000 台以上的企业有 8 家（其中：华东区 7 家，中南区 1 家），与上年持平，产量合计 37 367 台，占行业生产总量的 70.22%，同比增长 1.76%。

产量最高的企业为山东泰开高压开关有限公司(产量 9 954 台)。2014 年 40.5kV 高压交流真空断路器产量企业构成见表 12。

表 12 2014 年 40.5kV 高压交流真空断路器产量企业构成

企业类别	企业数(家)	所占比例(%)	产量合计(台)	占比(%)
产量 1 000 台以上	8	13.56	37 367	70.22
产量 500 ~ 1 000 台	12	20.34	8 519	16.01
产量 100 ~ 500 台	23	38.98	6 462	12.14
产值 100 台以下	16	27.12	864	1.62

(7)24kV 高压交流真空断路器。2014 年,24kV 高压交流真空断路器产量 8 079 台,较上年减少 4 334 台,较上年下降 34.92%。生产企业 18 家,较上年减少 10 家。产量最高的企业为日升集团有限公司(产量 1 781 台)。

(8)12kV 断路器。2014 年,12kV 高压交流 SF_6 断路器产量 817 台,较上年减少 355 台,较上年下降 30.29%。生产企业 4 家,较上年增加 1 家。产量最高的企业为湛江高压电器有限公司(产量 610 台)。

12kV 高压交流真空断路器产量 625 291 台,较上年减少 37 568 台,同比下降 5.67%。生产企业 115 家,较上年减少 18 家。产量 10 000 台以上的企业有 14 家(其中:华东区 12 家,中南区 2 家),较上年减少 1 家,产量合计为 370 951 台,占行业生产总量的 59.32%,同比增长 2.83%。2014 年 12kV 高压交流真空断路器产量企业构成见表 13。2014 年 12kV 高压交流真空断路器产量前 5 位企业见表 14。

表 13 2014 年 12kV 高压交流真空断路器产量企业构成

企业类别	企业数(家)	所占比例(%)	产量合计(台)	占比(%)
产量 10 000 台以上	14	12.17	370 951	59.32
产量 5 000 ~ 10 000 台	14	12.17	101 573	16.24
产量 1 000 ~ 5 000 台	48	41.74	136 144	21.77
产量 100 ~ 1 000 台	33	28.70	16 357	2.62
产值 100 台以下	6	5.22	266	0.04

表 14 2014 年 12kV 高压交流真空断路器产量前 5 位企业

序号	企业名称	产量(台)
1	华仪电器集团(华仪电气)有限公司	49 221
2	施耐德(陕西)宝光电器有限公司	48 657
3	河南森源电气股份有限公司	46 492
4	厦门 ABB 开关有限公司	42 926
5	施耐德电气华电开关(厦门)有限公司	30 686

3. 交流金属封闭开关设备

(1)40.5kV 气体绝缘金属封闭开关设备(C-GIS)。2014 年,40.5kV 气体绝缘金属封闭开关设备(C-GIS)产量 2 663 间隔,较上年减少 994 间隔,同比下降 27.18%。生产企业 9 家,较上年减少 1 家。产量最高的企业为沈阳高压成套开关股份有限公司(产量 820 间隔),占行业生产总量的 30.79%。

(2)12kV 气体绝缘金属封闭开关设备(C-GIS)。2014 年,12kV 气体绝缘金属封闭开关设备(C-GIS)产量 2 289 间隔,较上年减少 694 间隔,同比下降 23.27%,生产企业 6 家,较与上年持平。产量最高的企业为正泰电气股份有限公司(产量 1 080 间隔)。

(3)40.5kV 交流金属封闭开关设备。2014 年,40.5kV 高压交流金属封闭开关设备产量 69 926 面,较上年减少 6 857 面,同比下降 8.93%。生产企业 80 家,较上年减少 17 家。产量 2 000 面以上的企业 7 家(其中:华东区 6 家,中南区 1 家),较上年减少 3 家,产量合计 42 872 面,占行业生产总量的 61.31%,同比增长 1.47%。2014 年 40.5kV 交流金属封闭开关设备产量企业构成见表 15。

表 15 2014 年 40.5kV 交流金属封闭开关设备产量企业构成

企业类别	企业数(家)	所占比例(%)	产量合计(面)	占比(%)
产量 2 000 面以上	7	8.75	42 872	61.31
产量 1 000 ~ 2 000 面	5	6.25	8 580	12.27
产量 500 ~ 1 000 面	14	17.50	9 500	13.59
产量 100 ~ 500 面	33	41.25	8 329	11.91
产值 100 面以下	21	26.25	645	0.92

在 40.5kV 高压交流金属封闭开关设备中,KYN 系列产品为 63 735 面,占 91.15%;XGN 系列产品为 4 769 面,占 6.82%;GBC、JYN、KGN 等系列产品 1 422 面,占 2.03%。2014 年 40.5kV 高压交流金属封闭开关设备产量前 5 位企业见表 16。

表 16 2014 年 40.5kV 高压交流金属封闭开关设备产量前 5 位企业

序号	企业名称	产量(面)
1	安徽鑫龙电器股份有限公司	9 539
2	山东泰开高压开关有限公司	9 071
3	河南森源电气股份有限公司	8 979
4	江苏东源电器集团股份有限公司	5 822
5	华仪电器集团(华仪电气)有限公司	3 646

(4)24kV 交流金属封闭开关设备。2014 年,24kV 高压交流金属封闭开关设备产量 9 425 面,较上年减少 2 122 面,同比下降 18.38%。生产企业 24 家,较上年减少 5 家。产量 500 面以上的企业 6 家,较上年增加 1 家,产量合计 6 792 面,占行业生产总量的 72.06%,同比增长 5.13%。产量最高的企业为安徽鑫龙电器股份有限公司(产量 3 271 面)。

（5）12kV 交流金属封闭开关设备。2014 年，12kV 高压交流金属封闭开关设备产量 402 140 面，较上年减少 6 622 面，较上年下降 1.62%。生产企业 148 家，较上年减少 12 家。产量 10 000 面以上的企业 7 家（其中：华东区 5 家，中南区 1 家，西北区 1 家），与上年持平，产量合计 141 042 面，占行业生产总量的 35.07%，同比增长 2.84%。2014 年 12kV 交流金属封闭开关设备产量企业构成见表 17。

表 17　2014 年 12kV 交流金属封闭开关设备产量企业构成

企业类别	企业数（家）	占比（%）	产量合计（面）	占比（%）
产量 10 000 面以上	7	4.73	141 042	35.07
产量 5 000 ～ 10 000 面	12	8.11	77 527	19.28
产量 1 000 ～ 5 000 面	62	41.89	153 936	38.28
产量 500 ～ 1 000 面	25	16.89	18 332	4.56
产值 500 面以下	42	28.38	11 303	2.81

在 12kV 金属封闭开关设备中，KYN 系列产品为 344 224 面，约占 85.6%；XGN 系列产品为 46 356 面，约占 11.53%；DFW 系列产品为 5 820 面，约占 1.45%；其他系列产品 5 740 面，约占 1.42%。2014 年 12kV 高压交流金属封闭开关设备产量前 5 位企业见表 18。

表 18　2014 年 12kV 高压交流金属封闭开关设备产量前 5 位企业

序号	企业名称	产量（面）
1	安徽鑫龙电器股份有限公司	31 202
2	河南森源电气股份有限公司	30 066
3	山东泰开高压开关有限公司	24 493
4	浙宝电气（杭州）集团有限公司	14 952
5	厦门 ABB 开关有限公司	14 813

（6）环网柜。2014 年，40.5kV 环网柜产量 3 444 面，较上年增加 195 面，同比增长 6%。生产企业 1 家（为宁波天安 (集团) 股份有限公司），较上年减少 1 家。

2014 年，24kV 环网柜产量 927 面，较上年减少 3 963 面。生产企业 3 家（其中：华东区 2 家，中南区 1 家）。产量最高的企业为北海银河开关设备有限公司（产量 473 面）。

2014 年，12kV 环网柜产量 238 863 面，较上年增加 21 026 面，同比增长 9.65%。生产企业 100 家，较上年减少 9 家。产量 5 000 面以上的企业 17 家（其中：华东区 7 家，中南区 4 家，华北区 5 家，东北区 1 家），较上年增加 8 家，产量合计 146 544 面，占行业生产总量的 67.27%，同比增长 22.08%。2014 年 12kV 环网柜产量企业构成见表 19。2014 年 12kV 环网柜产量前 5 位企业见表 20。

表 19　2014 年 12kV 环网柜产量企业构成

企业类别	企业数（家）	占比（%）	产量合计（面）	占比（%）
产量 5 000 面以上	18	18.00	174 596	73.09
产量 2 000 ～ 5 000 面	11	11.00	34 282	14.35
产量 1 000 ～ 2 000 面	9	9.00	12 918	5.41
产量 500 ～ 1 000 面	14	14.00	9 075	3.80
产量 100 ～ 500 面	25	25.00	6 719	2.81
产值 100 面以下	23	23.00	1 273	0.53

表 20　2014 年 12kV 环网柜产量前 5 位企业

序号	企业名称	产量（面）
1	北京合纵科技股份有限公司	17 732
2	北京双杰电气股份有限公司	14 882
3	北京科锐配电自动化股份有限公司	13 182
4	大亚电器集团有限公司	12 357
5	青岛特锐德电气股份有限公司	12 343

5. 高压交流隔离开关与接地开关

（1）800 kV 高压交流隔离开关。2014 年，800kV 及以上电压等级高压交流隔离开关产量 185 组，较上年减少 28 组，生产企业 4 家。产量最高的企业为湖南长高高压开关集团股份公司（产量 97 组）。

（2）550kV 高压交流隔离开关和接地开关。2014 年，550kV 高压交流隔离开关产量 734 组，较上年减少 101 组。生产企业 6 家。产量最高的企业为湖南长高高压开关集团股份公司 (产量 292 组)。

2014 年，550kV 高压交流接地开关产量 99 组，较上年减少 52 组。生产企业 3 家。产量最高的企业是平高集团有限公司（产量 45 组）。

（3）363kV 高压交流隔离开关和接地开关。2014 年，363kV 高压交流隔离开关产量 731 组，较上年增加 226 组。生产企业 6 家，较上年增加 1 家。产量最高的企业为湖南长高高压开关集团股份公司 (产量 173 组)。

2014 年，363kV 高压交流接地开关产量 159 组，较上年增加 28 组。生产企业 4 家，与上年持平。产量最高的企业为山东泰开高压开关有限公司（产量 119 组）。

（4）252 kV 高压交流隔离开关和接地开关。2014 年，252kV 高压交流隔离开关产量 9 820 组，较上年增加 777 组，同比增长 8.59%。生产企业 10 家，较上年减少 2 家。产量 1 000 组以上的企业 4 家，较上年增加 1 家，产量合计 7 966 组，占行业生产总量的 81.12%，同比增长 10.18%。产量最高的企业是山东泰开高压开关有限公司 (产量 2 739 组)。

2014 年，252kV 高压交流接地开关产量 740 组，较上年减少 174 组，同比下降 19.04%。生产企业 4 家，与上年持平。产量最高的企业为山东泰开高压开关有限公司（产量 291 组），占行业产量的 39.32%，同比增长 6.72%。

（5）126 kV 高压交流隔离开关和接地开关。2014年，126kV 高压交流隔离开关产量 27 689 组，较上年增加 2 467 组，同比增长 9.78%。生产企业 15 家，与上年持平。产量 2 000 组以上的企业共 5 家，较上年增加 2 家，产量合计 24 127 组，占行业生产总量的 87.14%，同比增长 10.95%。产量最高的企业为山东泰开高压开关有限公司（产量 6 927 组）。

2014 年，126kV 高压交流接地开关产量 334 组，较上年减少 198 组，同比下降 37.22%。生产企业 4 家，与上年持平。产量最高的企业是山东泰开高压开关有限公司（产量 117 组）。

（6）40.5 kV 高压交流隔离开关和接地开关。2014年，40.5kV 高压交流隔离开关产量 31 954 组，较上年增加 4 524 组，同比增长 16.49%。生产企业 17 家，较上年减少 1 家。产量 1 000 组以上的企业 7 家（其中：华东区 4 家，中南区 3 家），较上年增加 2 家，产量合计 28 740 组，占行业生产总量的 89.94%，同比增长 9.16%。产量最高的企业为山东泰开高压开关有限公司（产量 6 433 组）。

40.5kV 高压交流接地开关产量 29 997 组，较上年增加 3 303 组，同比增长 12.37%。生产企业 13 家，较上年减少 3 家。产量 2 000 组以上的企业 4 家，与上年持平，产量合计为 22 028 组，占行业生产总量的 73.43%，同比下降 2.2%。产量最高的企业为河南森源集团有限公司（产量 10 532 组）。

（7）24kV 高压交流隔离开关和接地开关。2014 年，24kV 高压交流隔离开关产量 6 966 组，较上年增加 4 831 组，同比增长 226.28%。生产企业 2 家（均为江苏省企业），较上年减少 1 家。产量最高的企业为江苏靖江互感器厂有限公司（产量 6 800 组）。

2014 年，24kV 高压交流接地开关产量 7 237 组，较上年增加 647 组，同比增长 9.82%。生产企业 3 家（其中：华东区 2 家，中南区 1 家），较上年减少 1 家。产量最高的企业为温州市海磁电器有限公司（产量 6 000 组）。

（8）12 kV 高压交流隔离开关和接地开关。2014年，12kV 高压交流隔离开关产量 276 158 组，较上年减少 76 089 组，同比下降 21.6%。生产企业 27 家，较上年减少 3 家。产量 10 000 组以上的企业 9 家（其中：华东区 6 家，中南区 3 家），较上年减少 2 家，产量合计为 245 922 组，占行业生产总量的 89.05%，同比下降 0.97%。产量最高的企业是华仪电器集团（华仪电气）有限公司（产量 82 302 组）。

2014 年，12kV 高压交流接地开关产量 227 841 组，较上年增加 32 839 组，同比增长 16.84%。生产企业 20 家，较上年减少 2 家。产量 10 000 组以上的企业 8 家，（其中：华东区 7 家，中南区 1 家），较上年增加 1 家，产量合计为 199 063 组，占行业生产总量的 87.37%，同比增长 1.14%。产量最高的企业为浙江恒博电气制造有限公司（产量 52 906 组）。

6. 高压交流负荷开关和熔断器

（1）40.5kV 高压交流负荷开关。2014 年，40.5kV 高压交流负荷开关产量 6 064 台，较上年减少 72 台，同比下降 1.17%。生产企业 6 家，较上年减少 1 家。产量最高的企业为华仪电器集团（华仪电气）有限公司（产量为 2 462 台）。

（2）12kV 高压交流负荷开关。2014 年，12kV 高压交流负荷开关产量 167 851 台，较上年增加 10 753 台，同比增长 6.84%。生产企业 39 家，较上年减少 3 家。产量最高的企业为温州新机电器有限公司（产量 20 057 台）。

（3）12kV 高压交流熔断器。2014 年，12kV 高压交流熔断器产量 418 855 只，较上年减少 33 520 只，同比下降 7.41%。生产企业 8 家，与上年持平。产量 50 000 只以上的企业 3 家，与上年持平，其产量合计 375 687 只，占行业生产总量 89.69%，同比增长 14.95%。产量最高的企业为日升集团有限公司（产量 186 747 只）。

7. 预装式变电站

（1）40.5kV 预装式变电站。2014 年，40.5kV 预装式变电站产量 10 632 台，较上年增加 2 770 台，同比增长 35.23%。生产企业 18 家，较上年减少 1 家。产量最高的企业为山东泰开高压开关有限公司（产量 4 183 台）。

（2）12kV 预装式变电站。2014 年，12kV 预装式变电站产量 36 894 台，较上年增加 2 524 台，同比增长 7.34%，生产企业 78 家，较上年减少 8 家。产量 1 000 台以上的企业 9 家（其中：华东区 6 家，东北区、华北区、中南区各 1 家），较上年减少 1 家，产量合计 23 742 台，占行业生产总量的 64.35%，同比下降 1.09%。2014 年 12kV 预装式变电站产量企业构成见表 21。2014 年 12kV 预装式变电站产量前 5 位企业见表 22。

表 21　2014 年 12kV 预装式变电站产量企业构成

企业类别	企业数（家）	占比（%）	产量合计（台）	占比（%）
产量 1 000 台以上	9	11.54	23 742	64.35
产量 500 ～ 1 000 台	8	10.26	5 358	14.52
产量 100 ～ 500 台	32	41.03	6 688	18.13
产值 100 台以下	29	37.18	1 106	3.00

表 22　2014 年 12kV 预装式变电站产量前 5 位企业

序号	企业名称	产量（台）
1	青岛特锐德电气股份有限公司	5 865
2	宁波天安（集团）股份有限公司	3 507
3	河南森源集团有限公司	2 929
4	沈阳昊诚电气有限公司	2 910
5	浙宝电气（杭州）集团有限公司	2 782

8. 高压接触器

2014 年，40.5kV 高压接触器产量 306 台，较上年减少 37 台。生产企业 2 家，产量最高的企业为无锡市蓝虹电子有限公司（产量195台）。

2014年，12kV高压接触器产量34 688台，较上年减少9 634台，同比下降21.74%，生产企业8家，与上年持平。产量最高的企业为无锡市蓝虹电子有限公司（产量27 620台），占行业生产总量的79.62%，同比下降8.8%。

9. 高压交流真空灭弧室

（1）40.5kV高压交流真空灭弧室。2014年，40.5kV高压交流真空灭弧室产量132 764只，较上年增加870只，同比增长0.66%。生产企业11家，与上年持平，产量最高的企业为陕西宝光集团（股份）有限公司（产量27 016只）。

（2）24kV高压交流真空灭弧室。2014年，24kV高压交流真空灭弧室产量70 646只，较上年增加1 258只，同比增长1.81%。生产企业10家，较上年增加1家，产量最高的企业为湖北汉光科技股份有限公司（产量22 510只）。

（3）12kV高压交流真空灭弧室。2014年，12kV高压交流真空灭弧室产量1 821 178只，较上年减少114 127只，同比下降5.9%。生产企业12家，较上年增加1家，产量最高的企业为陕西宝光集团（股份）有限公司（产量411 146只）。

市场及销售

1. 主营业务收入

2014年，高压开关行业实现主营业务收入1 797.95亿元，较上年增加118.22亿元，同比增长7.04%，较上年下降3.98个百分点。2014年主营业务收入企业构成见表23。

表23　2014年主营业务收入企业构成

企业类别	企业数（家）	占比（%）	收入合计（亿元）	占比（%）
20亿元以上	15	5.75	1 029.85	57.28
10亿～20亿元	16	6.13	211.38	11.76
5亿～10亿元	34	13.03	238.13	13.24
1亿～5亿元	119	45.59	277.40	15.43
1亿元以下	77	29.50	41.19	2.29

2014年，主营业务收入增长20%以上的企业44家，较上年减少26家，占行业统计企业数的16.86%。主营收入增长50%以上的企业9家，较上年减少4家，占行业统计企业数的3.45%。主营收入增长100%以上的企业1家，较上年减少3家。

2014年，主营业务收入1亿元以上的企业中，增长20%以上企业35家，较上年减少10家。增长50%以上企业5家，较上年减少3家。主营收入10亿元以上的企业中，增长20%以上企业7家，较上年增加1家。2014年主营业务收入前5位企业见表24。

表24　2014年主营业务收入前5位企业

序号	企业名称	主营业务收入（亿元）
1	河南森源集团有限公司	183.50
2	大全集团有限公司	175.97
3	许继集团有限公司	106.23
4	山东泰开高压开关有限公司	70.80
5	平高集团有限公司	69.24

2. 工业销售产值

2014年，完成工业销售产值1 860.68亿元，较上年增加108.61亿元，同比增长6.2%，较上年下降4.08个百分点，低于工业总产值增长0.53个百分点。产品销售率96.54%，较上年下降0.48个百分点。2014年工业销售产值前5位企业见表25。

表25　2014年工业销售产值前5位企业

序号	企业名称	工业销售产值（亿元）
1	河南森源集团有限公司	184.96
2	大全集团有限公司	182.72
3	许继集团有限公司	124.28
4	泰开电气集团有限公司	74.12
5	江苏东源电器集团股份有限公司	72.01

3. 出口交货值

2014年，实现出口交货值52.11亿元，较上年增加8.18亿元，同比增长18.62%，较上年提高10.79个百分点。90家企业完成出口业务，较上年减少5家，占行业统计企业数的34.48%，较上年下降了0.79个百分点。

2014年，高压开关行业出口交货值1 000万元以上企业52家，较上年减少1家，占出口企业的57.78%，较上年提高了1.99个百分点。出口1亿元以上企业15家，较上年增加4家，占出口企业的16.67%，较上年提高了5.09个百分点，出口值合计36.6亿元，占行业出口总值的70.24%，较上年提高了10.08个百分点。

2014年，出口交货值增长20%以上的企业27家，与上年持平；增长50%以上的企业13家，较上年减少6家；增长100%以上的企业8家，较上年减少2家。出口值1亿元以上的企业中，增长20%以上的企业7家，较上年增加2家；增长50%以上的企业4家。2014年出口交货值前5位企业见表26。

表26　2014年出口交货值前5位企业

序号	企业名称	出口交货值（亿元）
1	正泰电气股份有限公司	6.27
2	许继集团有限公司	4.64
3	厦门ABB开关有限公司	3.84
4	大全集团有限公司	3.23
5	西安西电开关电气有限公司	3.16

4. 利润

（1）行业利润总额。2014 年，高压开关行业实现利润总额 146.65 亿元，较上年增加 20.48 亿元，同比增长 16.23%。

2014 年，利润总额 1 000 万元以上的企业 135 家，较上年增加 3 家，占行业统计企业数的 51.72%，占比较上年提高 4.91 个百分点。1 亿元以上的企业 26 家，较上年增加 3 家，占行业统计企业数的 9.96%，占比较上年提高 1.8 个百分点，利润合计 100.73 亿元，占行业总额的 68.69%，占比较上年提高 2.65 个百分点。2 亿元以上企业 14 家，较上年增加 3 家，占行业统计企业数的 5.36%。

2014 年，利润总额增长 20% 以上的企业 75 家，较上年减少 4 家，占行业统计企业数的 28.74%。增长 50% 以上的企业 37 家，较上年增加 2 家，占行业统计企业数的 14.18%，占比较上年提高 1.77 个百分点。增长 100% 以上的企业 18 家，较上年减少 1 家，占统计企业数的 6.9%，占比较上年提高 0.16 个百分点。

2014 年，利润总额 1 000 万元以上的企业中，增长 20% 以上企业 47 家，较上年增加 2 家；增长 100% 以上企业 10 家，较上年增加 3 家。利润总额 1 亿元以上的企业中，增长 20% 以上企业 9 家，较上年减少 1 家；增长 50% 以上企业 5 家，较上年增加 3 家。

2014 年，利润总额较上年下降的企业 93 家，较上年减少 7 家，占行业统计企业数的 37.93%，较上年提高了 2.47 个百分点。亏损企业 7 家，较上年减少 1 家。2014 年利润总额前 5 位企业见表 27。

表 27　2014 年利润总额前 5 位企业

序号	企业名称	利润总额（亿元）
1	许继集团有限公司	10.68
2	河南森源集团有限公司	10.61
3	大全集团有限公司	10.48
4	有能集团有限公司	8.89
5	平高集团有限公司	6.41

（2）高压开关产品利润。2014 年，实现高压开关产品利润 76.08 亿元，较上年增加 6.29 亿元，同比增长 11.16%，较上年下降 9.25 个百分点。

2014 年，高压开关产品利润 1 000 万元以上的企业 101 家，较上年增加 9 家，占行业统计企业数的 38.7%，占比较上年提高 6.11 个百分点。高压产品利润 1 亿元以上的企业 19 家，较上年增加 2 家，占行业统计企业数的 7.28%，占比较上年提高 1.25 个百分点，高压产品利润合计 45.26 亿元，占行业总额的 59.49%。

2014 年，高压开关产品利润增长 20% 以上的企业 72 家，较上年增加 3 家，占行业统计企业数的 27.59%，较上年提高 3.12 个百分点。增长 50% 以上的企业 41 家，较上年增加 3 家，占统计企业数的 15.7%，占比较上年提高 2.22 个百分点。增长 100% 以上的企业 22 家，较上年增加 3 家，占统计企业数的 8.43%，占比较上年提高 1.69 个百分点。

2014 年，高压开关产品利润下降的企业 78 家，较上年减少 12 家，占行业统计企业数的 29.89%，较上年下降 2.02 个百分点。

2014 年，高压开关产品利润占利润总额的比例为 52.9%，较上年下降了 2.41 个百分点。2014 年高压开关产品利润前 5 位企业见表 28。

表 28　2014 年高压开关产品利润前 5 位企业

序号	产品名称	利润（亿元）
1	平高集团有限公司	6.41
2	山东泰开高压开关有限公司	6.37
3	华仪电器集团（华仪电气）有限公司	3.95
4	西安西电开关电气有限公司	3.25
5	河南森源集团有限公司	3.08

新产品　2014 年，高压开关行业企业不断加大科技投入，通过自主创新，开发出一大批安全可靠、节能环保、高性能、高参数的精品设备，行业整体技术水平逐步提高，为高压开关行业进一步健康发展打下了坚实的基础。

1. 特高压、超高压开关设备

（1）1 100kV 气体绝缘金属封闭开关设备用瓷套管。由西安西电开关电气有限公司和西安西电高压电磁有限责任公司联合研发，已通过技术鉴定。该产品额定载流 6 300A，作为 GIS 产品或断路器的进出套管，采用以 SF_6 作为内部绝缘填充介质结构，利用套管的上下法兰进行密封。产品整体均压屏蔽配置合理，电场分布均匀，其绝缘水平达到 1.1 倍要求，产品结构简单、密封可靠、安装运输方便、机械强度高。该产品属自主创新设计，技术水平国际先进。

（2）1 100kV/800kV/550 kV 气体绝缘复合套管。由河南平高电气股份有限公司自主研制。产品采用复合绝缘子外套，SF_6 气体绝缘单接地屏蔽形式；额定电流 6 300A/5 000 A，短时耐受电流 63 kA /100kA，持续时间 2/3s；额定峰值耐受电流达到 171 kA；悬臂负荷耐受达 5 kN /10 kN /6kN，抗地震能力达 AG5 水平。产品具有完全自主知识产权，性能达到国际领先水平。

（3）±1 100kV/800kV 直流棒形支柱复合绝缘子。由平高集团有限公司自主研制。产品规定弯曲负荷 12.5 kN /16kN，耐受扭转负荷大于 12kN·m。产品为复合结构设计，机械性能稳定可靠，外绝缘采用高温硅橡胶注射成型，具有防污性能好的特点。产品具有完全自主知识产权，性能达到国际领先水平。

（4）ZPLW2-1120/Y6300-6300 型直流旁路开关。由平高集团有限公司自主研制。产品采用双断口结构设计，断口并联阻容式均压电阻，配用液压碟簧操动机构，外绝缘采用复合套管结构。产品直流耐受电压（对地 / 断口）1 680 kV /840kV，额定短时直流电流设计参数为 6 300A，机械寿命5 000次。产品为平高集团自主研发，国际首创，其性能达到国际领先水平。

(5)PGJ-816型二通三通金具。由平高集团有限公司公司自主研制。产品通流部分采用铸铝硅镁合金管母抱夹与纯铝导线焊接方式连接，装配方便，额定电流达到5 000A（最大电流可达5 900A）；管母支撑件采用高强度铝合金材料，具有通流能力强、防腐性能优良等特点。产品具有完全自主知识产权，性能达到国际先进水平。

(6) PGJ-816型阀厅屏蔽球金具。由平高集团有限公司自主研制。产品采用铝合金板旋压加工，两半球对扣结构形式，具有装配方便、金具表面电场强度低的特点。产品具有完全自主知识产权，性能达到国际先进水平。

(7) PGJ-816型滑动管母金具。由平高集团有限公司公司自主研制。产品通流部分采用铝硅镁合金管母抱夹与纯铝导线焊接方式连接，装配方便，额定电流达到5 000A（最大电流可达5 900A）；管母支撑件采用高强度铝合金材料，具有通流能力强、防腐性能优良等特点。产品具有完全自主知识产权，性能达到国际先进水平。

(8) LW30A-800/Y6300-63型SF_6罐式断路器。由山东泰开高压开关有限公司研制。该产品故障开断能力强，采用“压气+热膨胀”灭弧原理，喷口结构经过科学的仿真计算分析和严格的开断试验，具有优良的吹气效果和超强的灭弧性能，燃弧时间短，噪声小。电寿命长，喷口、弧触头均采用新型耐电弧材料，主触头电接触采用新型结构，断口间绝缘筒采用新型浇装工艺。绝缘水平高，采用Ansys有限元分析软件进行电场优化设计，电极表面采用静电涂覆技术，高场强部位采用科学合理的屏蔽技术，使产品绝缘性能超过GB1984及IEC62271标准的最高要求。通流能力强，主回路电接触采用铜合金材料及螺旋弹簧触指、自力型触指等结构，体积小，导电性能好，动热稳定性高。机械可靠性高，配用自主研发设计的CTY-20型弹簧液压操动机构。产品系列化程度高，生产制造工艺成熟。

2. 高压开关设备

(1) 基于一体化方法的智能126kV GIS。由西安西电开关电气有限公司开发。该产品在126kV GIS的基础上融合了电子式电流电压互感器、开关设备控制器、GIS间隔智能监测装置（SF_6气体状态、断路器机械特性状态）、局放监测系统、智能控制柜等主要智能元件，可实现测量、智能控制与在线状态监测等功能；并按照IEC 61850标准与变电站主控系统实现光纤数字化通信，满足智能电网对开关设备的要求。该产品实现了面向间隔的保护、监测和控制一体化，集成度高。该产品属自主创新设计，其综合技术性能达到国际领先水平。

(2) 具有选相合闸功能的开关控制器。由西安西电开关电气有限公司研制，具有选相合闸功能，实现开关的网络控制，并能够对电压互感器信号进行精确追踪，选择最适宜的电压相位发出控制命令，保证电网设备的安全可靠。产品采用低功耗、高性能的CPU、双FPGA硬件架构，具有强大的数据处理能力可与高电压等级的分相操作断路器配合使用。该产品拥有自主知识产权，填补了国内此项技术的空白。

(3) 放电定位检测系统。由西安西电开关电气有限公司研制。产品采用ZIGBEE无线传输技术，防雷击硬件电路设计，通过了功能试验、EMC电磁兼容试验并在多个电压等级GIS和GIL产品试验应用，具有性能优越、结构简单、安装使用方便、可靠性高等特点。

(4) ZFW52-550/Y6300-63(GED-B)型气体绝缘金属封闭开关设备。由河南平芝高压开关有限公司自主研制。该产品断路器灭弧室采用单断口、复合压气式机构，结构间无需装设电容，配集成模块化液压机构。额定电流6 300A，断路器额定短路开断电流63kA，断路器、隔离开关、接地开关机械寿命10 000次。GIS整体设计紧凑，整体运输和现场工作量小，施工方便。该产品具有自主知识产权，达到国际领先水平。

(5) BWP±100/5000CG5992N-3/08和BWP±408/5000CG24315N-3/08型气体绝缘直流复合穿墙套管。由平高集团有限公司自主研制。产品为SF_6气体绝缘直流套管；采用复合绝缘子外套；户外套管爬电比距大，抗污性能好；连续直流电流达到5 000A；抗地震能力达到AG5水平。该产品具有自主知识产权，技术参数及性能达到国际先进水平。

(6) ZCW -126/J2000-40型敞开式组合电器。由西安西电高压开关有限责任公司自主研制，实现了隔离开关、电流互感器、电压互感器的集成，占地面积小、配置灵活，组合式的结构，应用成本低，生产、安装工艺成熟，适用于不需要DCB的新一代智能变电站的需求。

(7)GW4-245/4000-63型双柱水平旋转式隔离开关。由西安西电高压开关有限责任公司自主研制，产品额定电压245kV，额定电流4 000A，额定峰值耐受电流164 kA；3s额定短时耐受电流（有效值）63kA；额定端子静态机械负荷：水平纵向负荷1 600N，水平横向负荷1 000N，垂直力3 040N；额定短时工频耐受电压（有效值）：对地465kV，断口530kV；额定雷电冲击电压（峰值）：对地1 050kV，断口1 050 kV +206kV；机械寿命10 000次；额定开合母线转换电流1 600A，恢复电压200V。

(8)GW4-145/3150-50型双柱水平旋转式隔离开关。由西安西电高压开关有限责任公司自主研制，产品额定电压145kV，额定电流3 150A，额定频率50 Hz /60Hz；额定峰值耐受电流（峰值）130 kA； 3s额定短时耐受电流（有效值）50kA；额定端子静态机械负荷：水平纵向负荷530N， 水平横向负荷180N，垂直力1 110N；额定短时工频耐受电压（有效值）：对地335kV，断口369kV；额定雷电冲击电压（峰值）：对地650kV，断口750kV；机械寿命10 000次；额定开合母线转换电流1 600A，恢复电压100V。

(9) JSQX-110（X）型电磁式电压互感器。由西安西电高压开关有限责任公司自主研制，产品最高工作电压126kV; 额定一次电压$110/\sqrt{3}$kV; 额定二次电压$100/\sqrt{3}$V;

剩余电压绕组电压 100V；准确级及额定输出：二次绕组 0.2 级 75 V•A，0.5 级 120 V•A；剩余电压绕组 3P 级 300 V•A；二次绕组极限输出 1 000V•A；额定工频耐受电压(方均根值)230kV；额定雷电冲击耐受电压 550kV；截断雷电冲击耐受电压 632.5kV；SF_6 气体额定工作压力(20℃) 0.40MPa（表压）；SF_6 气体补气压力(20℃) 0.35MPa（表压）。

（10）JDQX-380 型电磁式电压互感器。由西安西电高压开关有限责任公司自主研制，产品最高工作电压 420kV；额定一次电压 380/$\sqrt{3}$ kV；额定二次电压 100/$\sqrt{3}$ V；剩余电压绕组电压 100V；准确级及额定输出：二次绕组 0.2 级 50 V•A，0.5 级 100 V•A；剩余电压绕组 3P 级 300V•A；额定频率 50Hz；二次绕组极限输出 1 000V•A；额定工频耐受电压(方均根值)630kV；额定雷电冲击耐受电压 1 425kV；截断雷电冲击耐受电压 1 639kV；操作冲击耐受电压 1 050kV；SF_6 气体额定工作压力(20℃) 0.50MPa（表压）；SF_6 气体补气压力(20℃) 0.45MPa（表压）。

（11）GW7-550 型户外高压交流隔离开关。由西安西电高压开关有限责任公司自主研制，产品额定电压 550kV；额定电流 4 000A；额定频率 50 Hz /60Hz；额定峰值耐受电流 164 kA；3s 额定短时耐受电流（有效值）63kA；额定端子静态机械负荷：水平纵向负荷 2 000N，水平横向负荷 670N，垂直力 3 300N；额定短时工频耐受电压（有效值）：对地 620kV，断口 800kV；额定雷电冲击电压（峰值）：对地 1 550kV，断口 1 550 kV +315kV；额定操作冲击电压（峰值）：对地 1 175kV，断口 900 kV +450kV；机械寿命 10 000 次；额定开合母线转换电流 1 600A，恢复电压 300V。

（12）ZCW9-252(L)/T4000-50 型集成式智能隔离断路器。由西安西电高压开关有限责任公司自主研制，采用复合套管，每极为单断口，集成接地开关、电子式电流互感器以及智能化元件，整体结构紧凑，智能化程度高，实现了隔离断路器与智能单元的融合，满足了国家电网公司新一代智能变电站建设的需要。

中压开关设备发展趋势　近年来，中压开关设备制造企业充分发挥企业和行业的优势，以高技术含量的核心器件研制和新技术、新工艺、新材料为主线，遵循小型化、集成化、智能化、高可靠、少(免)维护、环境友好、精品化的原则，不断进行产品研发，加强自主创新能力的提高，提高产品的国内外竞争力，更好地满足电力工业的发展需要。

在中压产品技术发展方面，开展了诸如智能化向高层次发展、环境友好注重更多环节、完善产品结构、提高产品可靠性、集成开发等各方面的工作，在智能、可靠、高效、环保、节能、降耗、产品集成等方面均取得了一定进展和成果。

1. 开关设备的智能化程度进一步提高

国内开关柜电动执行元件有了较快发展，断路器手车、接地开关、隔离开关的电动操作装置已应用于智能化开关柜或已成为部分开关柜的基本选项。微机综合保护装置在开关设备中的应用非常普遍。通过与微电子技术、计算机技术、信息传输技术相结合，提升开关设备成为智能化配电装置。

开关设备应用传感器技术、计算机技术、通信技术、控制技术等现代信息技术与传统电力技术有效结合，实现开关设备的“自我能力”和“被控能力”。

一体化设计的智能化终端，集测量、控制、保护、监视、通讯、显示等多功能于一体，各类传感器信号直接输入智能终端，采用网络通信，支持 IEC 61850 协议，互换性和互操作性好。智能化终端的使用使得二次接线大幅简化，缩小了空间，可对开关设备进行总体布局调整，空间优化。

对于智能化铠装移开式开关柜，其智能化终端控制功能主要包括真空断路器、电动底盘车（隔离开关）、接地开关、温湿度控制器的控制；保护功能主要包括对进线、馈线的保护等；测量功能主要包括电量(电压、电流、功率)、非电量（位移、力、温度）的测量。对于测量、监测、视频、记录等等均可在液晶屏上显示。在线状态监测功能可实现机械特性、绝缘特性、触头温度、环境温湿度、带电显示等在线状态监测。

作为智能化开关柜的在线状态监视，压力传感器、密度传感器、机械特性传感器、温度传感器等状态监视装置已经大量使用，这些信息随着电压、电流信息和控制指令等进行了数字化处理，推进了开关柜的智能化发展。对于绝缘监测的长期稳定性仍然是难点，监测方法有局部放电监测和泄露电流监测。局部放电的测量以往多采用离线测量方式，在线实时监测、有无异常的诊断功能等处于开发中。

智能化开关设备已经开始按智能化开关设备有关标准的要求进行型式试验，验证相关智能化方面的功能。

开关设备智能化也为设备状态诊断（或预测剩余寿命）技术的发展创造了条件。在线检测数据的不断积累，经过分析、归纳，逐渐形成专家诊断系统，推动由时间的计划维护向状态维护转变，防止事故的发生，提高防患于未然的程度，提高维护检修效率。利用网络技术的在线状态监视和专家诊断系统可以正确地判断设备的状态（或预测剩余寿命）。

2. 集成智能配电站整体解决方案得到发展

对电力设备的运行进行高效、统一的管理是一个现代化供电企业的发展要求；而对于一个公司、智能化的小区或楼宇，智能化的配电系统已成为一种必然的配备和选择。

通过将原来分立的不同的材料、元器件、技术方案整合（组合、集成）起来，为用户提供新的整体解决方案，以满足用户的多样化需求。配电站的集成就是将中压开关、变压器、电容补偿、母线、变电站综合自动化系统、通信、远动、计量、直流电源、低压开关、箱体等电气单元有机的组合在一起。智能化就是将现代通信技术、计算机技术、微电子技术、电力电子技术、网络技术等应用于高压断路器、负荷开关、变压器等电力设备，实现遥控、遥测、遥信和遥调功能，使配电网在正常及事故情况下的监测、控制、计量、工作状态远传、保护参数远方设定、事故故障判定、保护及记录等功能和供电部门的工作管理有机地融合在一起，并结合网络技术、无线传输技术等实现远方集中监控和分层分级管理，取代人工值班、查抄仪表，故障即时判断、切除和记录等人工工作。

集成智能配电站除实现变电站的传统功能外，具有强大的数据采集和处理功能，可以测量并记录诸如电压、电流、功率、频率等常用电力参数，同时还具有需量测量、谐波分析、最大/最小值统计、越限报警、电能累计等功能。应用灵活的交流配电技术使配电系统中的三个主要电气参数：电压、线路阻抗和功角按系统需要迅速调整，使其具有快速灵活的无功功率控制能力。实现配送功率的合理分配，降低配电损耗和成本，大幅度提高配网系统稳定性、可靠性，使配电更为安全、可靠、方便、灵活，经济性好，配电站管理更为有效，从而改善供电质量，提高服务水平，减少运行费用。

3. 无（少）SF_6 气体的气体绝缘金属封闭开关设备的研究与开发

为了满足环境保护的要求，减少 SF_6 气体在中压开关设备的使用量，真正从环保的角度出发，同时保证产品的高可靠性，不少厂家在积极进行主绝缘介质为非 SF_6 气体的替代技术或替代结构的开发，积极研究空气、混合气体、固体、真空等多种绝缘结构及其复合绝缘结构的应用，也在进行新的绝缘气体研究。针对替代 SF_6 气体绝缘的开关设备进行了一些探索，将绝缘介质由 SF_6 气体改为采用干燥空气、N_2、固体绝缘材料等，以及采用新型复合绝缘结构的开关设备进行了开发。不少企业对 12kV 的环网柜进行了以 N_2、干燥压缩空气等作绝缘介质的研究与开发，已有产品进入市场。有的以真空灭弧室作为开断单元，用于断路器或负荷开关；有的以干燥压缩空气作灭弧介质的直动压气式灭弧室作为开断元件，用于负荷开关。一些企业开展了以 N_2 或 N2/SF_6 混合气体作绝缘介质的 12～40.5kV C-GIS 研究与开发，对于 N2/SF_6 混合气体，SF_6 的含量大幅下降，有几个产品品种已投入实际运行。

4. 集装箱型开关设备得到了发展和应用

集装箱型开关设备是一种新型应用模式，是将集装箱舱和中压开关设备相结合（空气柜、充气柜和环网柜）相结合，在工厂内进行整体预制，整体安装和整体运输，摒弃目前变电站的土建房屋，实现变电站的模块化设计，具有占地少、工期短、费用省的优点。

中压集装箱型开关设备的电压等级有 12kV、40.5 kV，根据不同变电站的特定主接线方式、地形限制等因素进行开关设备的布局，采用单排布置方式、双排面对面布置方式、双排背对背布置方式等。

考虑到集装箱型开关设备整体运输，整体吊装，开关柜会受到颠簸晃动和侧向力，其在集装箱内的固定十分重要。开关柜电缆进出线在柜体下端，集装箱底部结构应留有电缆孔，以便与电缆沟内铺设的电缆穿越。

集装箱型开关设备运至变电站后，在站内进行集装箱的固定，对于由多个集装箱舱构成的，需进行集装箱舱的拼装焊接，两组开关柜的母线连接，以及开关柜电缆的连接等工作。

集装箱型中压开关设备的优势主要体现在三个方面：能够实现开关设备的完全预装，根据工程需要在工厂中完成开关设备在集装箱中的预装拼接；集装箱整体运输，吊装在需要的地基上，进行集装箱的拼接和固定，大大缩短变电站建设的整体周期，减少了土建基础建设的投资；采用集成度高的设备，减少变电站的占地面积。

5. 固体绝缘环网柜向全屏蔽型发展

固体绝缘环网柜由于得到了政策的支持，在许多场合应用，且使用量不断增加。通过这几年的应用，对固体绝缘环网柜的认识有了进一步提高。

固体绝缘环网柜集固封、绝缘母线及组合单元小型化等技术于一体，开关及高压带电部件采用固体绝缘材料进行整体浇注，以固体绝缘材料作为带电体对地及相间绝缘，并起隔离电位的作用。

有些企业开发了绝缘模块外表面全部涂覆有导电或半导电屏蔽层并直接可靠接地，然后安装于金属封闭壳体内的固体绝缘环网柜，在实现表面屏蔽接地的同时也保证了极小的局部放电水平，整柜在 1.2 倍额定电压下的局部放电水平可达到 10pC 以下；在型式试验时进行凝露试验，绝缘模块外表面在形成凝露的状态下仍能达到耐受额定绝缘水平，以证明这种结构的固体绝缘环网柜是安全的；还进一步就绝缘模块外表面感应电压的分布进行了研究，绝缘模块外表面防止人员受到电击的防护进行研究，对整柜或各绝缘模块进行热稳定性试验研究。一些企业还对绝缘模块外表面屏蔽层上任意一点与主接地铜排之间的回路电阻进行了规定，例如，有的产品规定该回路电阻≤ 100mΩ。

这种全屏蔽型固体绝缘环网柜的主要结构特征概括为：采用环氧绝缘材料将主回路包覆为几个模块，如断路器模块、隔离开关模块、母线、电缆模块等，断路器（或负荷开关）采用真空灭弧室；隔离开关密封于环氧绝缘材料的腔体中；各模块插接连接或螺栓连接；对包覆后的绝缘介质外表面进行涂覆导电或半导电屏蔽层处理，且屏蔽连续、直接可靠接地。绝缘模块外表面采用屏蔽处理的目的是降低、排除使用环境对产品的影响（如灰尘和潮气侵入、凝露），提高产品的环境适应性，并能够防止人员受到电击，或直接可触及。

6. 高效节能产品的开发与完善

通过设备的小型化，降低设备的重量和尺寸，以降低设备的材料消耗，减少占地面积。

采用新材料、新工艺以节约能耗和材料，实现节能目标。环氧树脂材料浇注的绝缘件在生产过程中耗能高、生产效率低，在寿命终结时，环氧树脂与可回收的其他材料剥离困难，以及这种使用后的环氧树脂回收再利用的价值不高，回收的经济效益不好。出于提高工效、降低耗能考虑，正积极开发热塑性材料制造的绝缘件。

通过减少二次接线或改变布线方式，减少工作量，提高工效。

对操动机构进行改进，降低开关设备的操作耗能，并提高可靠性。

通过使用新的工艺或工艺细化，减少加工时间，提高工效。

通过结构及制作工艺的归类、合并及标准化，减少零部件的数量以及合理减少制作工序的种类，提高批量化程度。

7. 强化质量控制使产品向精品化方向发展

结合工艺创新进行产品创新，产品的生产技术（包括新工艺、新设备及新的管理和组织方法）发生了重大变革，使产品适应于自动化、信息化、智能化生产线。结合生产技术、生产控制系统、质量管理系统等对产品进行创新，实现信息化管理、数字化制造。从精益化设计着手，开展精益化生产与管理，强化产品质量控制，使产品向精品化方向发展，达到提高产品的一致性、互换性、可靠性的目的。

高压开关设备运行情况 2014 年，全国共有 37 个省级电网企业及所辖 384 个地市级供电公司（含所属发电厂、检修公司、超高压公司）向电力可靠性管理中心报送了 220 kV 及以上电压等级架空线路、变压器、电抗器等 13 类输变电设施的可靠性统计数据。2014 年全国电网 13 类输变电设施统计数量情况见表 29。2014 年全国电网 13 类输变电设施主要可靠性指标完成情况见表 30。

表 29 2014 年全国电网 13 类输变电设施统计数量情况

类 别	220 kV	330 kV	400 kV	500 kV	660 kV	750 kV	800 kV	1 000 kV	合计
架空线路	3 403.699	234.031	8.458	1 682.710	22.517	133.976	185.140	29.008	5 699.539
变压器	9 035	338	0	3 350	6	146	18	73	12 966
电抗器	126	101	0	1 726	0	304	0	70	2 327
断路器	31 082	1 527	0	5 511	0	225	0	4	38 349
电流互感器	95 032	2 720	0	13 296	0	0	0	0	111 048
电压互感器	47 267	3 665	0	14 020	0	628	0	156	65 736
隔离开关	118 782	3 534	0	14 000	0	617	0	11	136 944
避雷器	84 730	3 484	0	15 030	0	990	0	172	104 406
耦合电容器	9 783	105	0	348	0	0	0	0	10 236
阻波器	14 973	715	0	2 572	0	4	0	0	18 264
电缆线路	34.021	0.000	0.000	0.584	0.000	0.000	0.000	0.000	34.605
组合电器	2 398	60	0	1 192	0	15	0	20	3 685
母线	9 158	251	0	1 144	0	48	0	8	10 609

注：表中统计数量单位：架空线路、电缆线路为百公里，其他设备为台（段）。

表 30 2014 年全国电网 13 类输变电设施主要可靠性指标完成情况

类 别	可用系数 (%)	强迫停运率	非停时间	类 别	可用系数 (%)	强迫停运率	非停时间
架空线路	99.492	0.081	0.56	避雷器	99.938	0.008	0.00
变压器	99.857	0.239	0.20	耦合电容器	99.900	0.039	0.01
电抗器	99.806	0.178	1.28	阻波器	99.884	0.038	0.00
断路器	99.926	0.093	0.02	电缆线路	99.542	0.000	0.00
电流互感器	99.947	0.028	0.01	组合电器	99.969	0.032	0.03
电压互感器	99.917	0.027	0.01	母线	99.955	0.048	0.02
隔离开关	99.975	0.016	0.00				

注：1. 强迫停运率单位：架空线路、电缆线路为次 / 百公里年，其他设备为次 / 百台（段）年。

2. 非停时间单位：架空线路、电缆线路为小时 / 百公里年，其他设备为小时 / 台 (段) 年。

通过上表可以看出：2014 年全国电网 220 kV 及以上电压等级 13 类输变电设施可靠性指标呈下降趋势。架空线路、变压器、断路器可用系数较 2013 年分别降低 0.361、0.101、0.051 个百分点。

故障情况 2014 年，全国电网断路器共发生非计划停运 49 次，比 2013 年减少 3 次。其中：220 kV 发生 34 次，比 2013 年增加 11 次；330 kV 发生 1 次，比 2013 年减少 6 次；500 kV 发生 12 次，比 2013 年减少 8 次；750 kV 发生 2 次，与 2013 年持平。2014 年，累计非计划停运 0.014 小时/台年，比 2013 年减低 0.006 小时/台年，影响全国电网断路器可用系数 0.000 2%。

标准 2014 年高压开关行业相关标准见表 31。

表 31　2014 年高压开关行业相关标准

标准号	标准名称
2014—2015 年正式发布的国家标准、行业标准	
GB 1984—2014	高压交流断路器
GB 1985—2014	高压交流隔离开关和接地开关
GB/T 14810—2014	额定电压 72.5 kV 及以上交流负荷开关
GB/T 30846—2014	具有预定极间不同期操作高压交流断路器
NB/T 42044—2014	3.6 ～ 40.5 kV 智能交流金属封闭开关设备和控制设备
即将发布的国家标准、行业标准	
GB 3804—201×	3.6 ～ 40.5 kV 交流负荷开关
GB/T 5273—201×	高压开关设备和控制设备端子尺寸标准化
GB/T 2900.20—201×	电工术语　高压开关设备和控制设备
GB/T 14808—201×	高压交流接触器、基于接触器的控制器及电动机起动器
JB/T 8754—201×	高压开关设备和控制设备型号编制办法
NB/T ××××—201×	真空断路器开合容性电流老炼试验导则
NB/T ××××—201×	核电厂 1E 级电气设备的安全评定
NB/T ××××—201×	核电厂用 1E 级高压、低压开关设备和控制设备的质量鉴定
正在制定、修订的国家标准、行业标准	
GB 7674—201×	额定电压 72.5 kV 及以上气体绝缘金属封闭开关设备
GB/T 22381—201×	额定电压 72.5 kV 及以上气体绝缘金属封闭开关设备与充流体及挤包绝缘电力电缆的连接充流体及干式电缆终端
GB/T 22382—201×	额定电压 72.5 kV 及以上气体绝缘金属封闭开关设备与电力变压器之间的直接连接
GB/T 22383—201×	额定电压 72.5 kV 及以上的刚性气体绝缘输电线路
GB/T ××××—201×	交流断路器声压级测量的标准规程
GB/T ××××—201×	高压成套开关设备和高压 / 低压预装式变电站产生的稳态、低频 EMF 的量化方法
NB/T ××××—201×	高压开关设备用盆式绝缘子
NB/T ××××—201×	高压直流断路器

型号证书发放　2014 年度，西安高压电器研究院共为 26 个科研生产单位，12 类高压开关设备产品发放型号证书 103 个，其中颁发证书 22 个，使用证书 81 个。

试验检测　2014 年完成的试验检测项目见表 32。

表 32　2014 年完成的试验检测项目

时间	项目名称
2014 年 6 月	西安高压电器研究院 4# 发电机完成励磁和变频改造
2014 年 6 月	西安高压电器研究院完成了大功率换流阀试验系统扩容升级改造项目全部设备安装和调试工作，试验系统投入试运行
2014 年 6 月	西安高压电器研究院建成 300kN・m 弯矩试运能力
2014 年 7—8 月	西安高压电器研究院成功完成首例柔性直流输电工程用电压源型换流器阀—南澳柔性直流输电工程用 VSC 阀最小直流电压试验，IGBT 过流关断试验和阀短路电流试验
2014 年 7—8 月	西安高压电器研究院主持完成 2014 年国家质检总局下达的避雷器监督抽查工作，参与完成 2014 年国家质检总局下达的变压器监督抽查工作
2014 年 8 月	西安高压电器研究院建成 60Hz/8 000A 温升试验能力
2014 年 10 月	西安高压电器研究院 4# 发电机和 5# 发电机并机运行为 24kV 发电机保护断路器进行了 210kA 开断试验
2014 年 11 月	西安高压电器研究院低压电器网络试验系统调试完成
2014 年 11 月	西安高压电器研究院完成了电气及环境老化试验室建设项目厂房土建施工
2014 年 11 月	西安高压电器研究院完成了西电济变晶闸管阀阳极电抗器 5 600A 直流温升试验和 51kA 短路故障电流试验
2014 年 11 月	西安高压电器研究院完成 CB 复评审
2014 年 12 月	西安高压电器研究院低压电器 100kA 短路调试成功
2014 年 12 月	西安高压电器研究院新十米法电磁兼容实验室建成投入试运行

2014年，由国家/行业授权的4家高压电器质检机构共对1 378台各类高压电器设备实施了试验。2014年开关类试验产品数量见表33。

表33　2014年开关类试验产品数量　　（单位：台）

质检机构	开关柜	断路器	环网柜	隔离开关	其他	合计
国家高压电器质量监督检验中心	347	312	22	74	113	868
机械工业高压电器产品质量检测中心（沈阳）	190	88	32	47	54	411
电力工业电力设备及仪表质量检验检测中心	34	25	10	20	10	99
合　计	571	425	64	141	177	1 378

行业会议　2014年3月22日，高压开关分会组织召开了七届二次常务理事工作会议。会议审议了“分会2013年工作总结和2014年工作计划的报告”“分会2013年财务收支情况和2014年财务预算的报告”，听取了“关于增补河南森源电气股份有限公司为分会第七届副理事长，增补宁波舜利高压开关科技有限公司、波瑞电气有限公司为第七届常务理事的情况说明”，审批了南京南瑞集团公司等20个单位成为会员单位。

2014年6月12—15日，高压开关分会2014年年会在长沙市召开。七届二次理事会通过了“高压开关分会2013年工作总结和2014年工作计划的报告”“高压开关分会2013年财务收支情况和2014年财务预算的报告”和“高压开关分会固定资产的清理情况的说明”，批准增补河南森源电气股份有限公司为分会第七届副理事长单位、增补宁波舜利高压开关科技有限公司和波瑞电气有限公司为第七届常务理事单位，审议通过了2013年高压开关行业先进单位和先进个人名单。召开了“深化改革，推进自主创新，提高产品质量，促进高压开关行业健康发展”的专题报告会。同期举办了“高压电器设备及配套产品展示”。

2014年9月13日，高压开关分会组织召开了七届三次常务理事工作会议。会议听取“高压开关分会近期工作情况”，审查批准了句容华正电气有限公司等43家单位为会员单位，通过了对27家拖欠会费的会员单位予以注销其会员资格的决定。

2014年9月13日，中国电器工业协会高压开关分会与西安高压电器研究院主办、宁波舜利高压开关科技有限公司承办的“第二届高压开关设备用操动机构可靠性研讨会”在浙江余姚召开。南网科研院、电科院高压所、西高院、浙江省电力公司、伊顿公司、电力工业无功补偿成套装置质检中心等170多位行业专家出席会议。。

2014年11月15日，中国电器工业协会高压开关分会与西安高压电器研究院联合主办的固体绝缘技术研讨会在西安召开。西安交通大学、电科院、南网科技处、广东电网有限责任公司、江苏省电力公司电科院、国网安徽电科院和西高院等160余位专家代表出席会议。

信息服务　按时完成2014年1～12期《高压开关行业通讯》编辑、出版工作。

按时完成2014版《高压开关行业年鉴》编辑、出版工作。

编译、出版《2014年国际大电网会议高压设备论文集》、《气体绝缘开关设备标准动向》《国外高压开关设备技术发展趋势》等文集。

出版2014版《高压开关分会会员通讯录》。

职工培训　2014年11月，高压开关分会在苏州市举办了“高压开关制造技术”进修班。邀请具有多年经验的行业知名专家授课，培训内容包括：真空断路器设计与制造、开关柜的结构特点和关键技术、高压开关设备容量试验、相关标准解析等。培训学员66人，均为企业生产、技术等骨干。

〔供稿单位：中国电器工业协会高压开关分会〕

绝缘子避雷器

2014年，绝缘子避雷器行业总体生产运行平稳，产销基本衔接，各项指标几乎全部为负增长，工业总产值比上年下降1.85%，为十多年来的首次下降。工业销售产值比上年下降4.51%，工业增加值比上年下降5.52%，利润总额比上年下降17.81%，行业经济下行压力持续加大，形势严峻。

生产发展情况　据估算，绝缘子避雷器行业2014年的工业总产值约为150亿元，其中绝缘子行业超过100亿元，避雷器行业约40亿元。2014年列入绝缘子避雷器行业统计报表的企业有93家，其工业总产值为115亿元，经济总量占全行业75%以上，估计220kV及以上系统用绝缘子避雷器产品在总量中的比重超过85%。按照产品类别区分的主要生产企业见表1。2014年绝缘子避雷器行业主要经济指标见表2。

表 1　2014 年绝缘子避雷器各类产品主要生产企业

序号	产品类别	企业名称
1	线路瓷绝缘子	大连电瓷集团股份有限公司、NGK 唐山电瓷有限公司、苏州电瓷厂有限公司、内蒙古精诚高压绝缘子有限责任公司
2	电站电器用棒形支柱瓷绝缘子	西安西电高压电瓷有限责任公司、唐山高压电瓷有限公司、抚顺电瓷制造有限公司、河南省中联红星电瓷有限责任公司、苏州电瓷厂有限公司、中材高新材料股份有限公司
3	电站电器用空心瓷绝缘子	西安西电高压电瓷有限责任公司、醴陵市华鑫电瓷电器有限公司、抚顺高科电瓷电气制造有限公司、抚顺电瓷制造有限公司、湖南华联火炬电瓷电器有限公司、河南爱迪德电力设备有限责任公司
4	线路玻璃绝缘子	南京电气（集团）有限责任公司、成都环球特种玻璃制造有限公司、塞迪维尔玻璃绝缘子（上海）有限公司
5	套管	西安西电高压套管有限公司、南京电气（集团）有限责任公司、沈阳传奇套管有限公司
6	线路复合绝缘子	长园高能电气股份有限公司、广州市迈克林电力有限公司 淄博泰光电力器材厂、襄阳国网合成绝缘子有限公司、新疆新能天宁电工绝缘材料有限公司、大连电瓷集团股份有限公司
7	电站电器用复合绝缘子	江苏神马电力股份有限公司、浙江华高电气有限公司、西安西电高压套管有限公司、河南平高电气股份有限公司复合绝缘子事业部
8	高压金属氧化物避雷器	西安西电避雷器有限责任公司、南阳金冠电气有限公司、抚顺电瓷制造有限公司、廊坊电科院东芝避雷器有限公司、西安神电电器有限公司、深圳 ABB 银星避雷器有限公司

表 2　2014 年绝缘子避雷器行业主要经济指标

序号	项目指标	单位	2014 年	2013 年	比上年增长（%）
1	工业总产值	万元	1 151 592	1 173 334	-1.85
2	工业销售产值	万元	1 086 791	1 138 137	-4.51
3	工业增加值	万元	279 013	295 325	-5.52
4	出口交货值	万元	201 387	226 019	-10.90
5	利润总额	万元	63 163	76 847	-17.81
6	从业人员数	人	24 786	25 667	-3.43
7	全员劳动生产率（增加值）	元 / 人	112 569	115 060	-2.16

（1）工业总产值：2014 年，绝缘子避雷器行业完成工业总产值 115.16 亿元，较上年减少 2.17 亿元，比上年下降 1.85%，增速较上年下降了 8.06 个百分点。

2014 年，绝缘子避雷器行业中，工业总产值 5 000 万元以上的企业有 62 家，占行业统计企业数的 66.67%，其产值合计为 108.17 亿元，占行业总产值的 93.93%；产值 1 亿元以上的企业有 37 家，占行业统计企业数的 39.78%，其产值合计为 90.75 亿元，占行业总产值的 78.80%；产值 3 亿元以上的企业有 10 家，占行业统计企业数的 10.75%，其产值合计为 40 亿元，占行业总产值的 34.78%。

（2）工业销售产值：2014 年，绝缘子避雷器行业完成工业销售产值 108.68 亿元，较上年减少 5.13 亿元，比上年下降 4.51%，增速较上年下降了 9.97 个百分点。

（3）工业增加值：2014 年，绝缘子避雷器行业完成工业增加值 27.90 亿元，较上年减少 1.63 亿元，比上年下降 5.52%，增速较上年下降了 20.02 个百分点。

（4）出口交货值：2014 年，绝缘子避雷器行业完成出口交货值 20.14 亿元，较上年减少 24 632 万元，比上年下降 10.90%，增速较上年下降了 7.98 个百分点。

（5）利润总额：2014 年，绝缘子避雷器行业完成利润总额 63 163 万元，较上年减少 13 684 万元，比上年下降 17.81%，增速较上年下降了 48.82 个百分点。

（6）从业人员数：2014 年，绝缘子避雷器行业从业人员数为 24 786 人，较上年减少 881 人，比上年下降 3.43%。

（7）全员劳动生产率：2014 年，绝缘子避雷器行业全员劳动生产率为 112 569 元 / 人，较上年减少了 2 491 元 / 人，比上年下降 2.16%，增速较上年下降了 5.36 个百分点。

2014 年绝缘子避雷器行业工业总产值前 20 名企业见表 3。2014 年绝缘子避雷器行业工业增加值前 20 名企业见表 4。2014 年绝缘子避雷器行业全员劳动生产率前 20 名企业见表 5。

表3　2014年绝缘子避雷器行业工业总产值前20名企业

序号	企业名称	2014年（万元）	2013年（万元）	比上年增长（%）	序号	企业名称	2014年（万元）	2013年（万元）	比上年增长（%）
1	南京电气（集团）有限责任公司	59 298	72 801	-18.55	11	青州市力王电力科技有限公司	27 660	25 660	7.79
2	大连电瓷集团股份有限公司	50 612	75 268	-32.76	12	重庆鸽牌电瓷有限公司	27 046	23 832	13.49
3	苏州电瓷厂有限公司	43 750	47 780	-8.43	13	西安西电避雷器有限责任公司	26 722	26 782	-0.22
4	金凤凰控股集团有限公司	40 989	50 590	-18.98	14	醴陵华鑫电瓷科技股份有限公司	26 200	26 897	-2.59
5	河北新华高压电器股份有限公司	38 594	34 621	11.48	15	内蒙古精诚高压绝缘子有限责任公司	24 642	24 063	2.41
6	成都环球特种玻璃制造有限公司	36 678	39 300	-6.67	16	浙江金利华电气股份有限公司	22 400	18 179	23.22
7	西安西电高压电瓷有限责任公司	33 654	32 438	3.75	17	自贡塞迪维尔钢化玻璃绝缘子有限公司	21 700	22 100	-1.81
8	南阳金冠电气有限公司	33 560	28 159	19.18	18	塞迪维尔玻璃绝缘子（上海）有限公司	21 597	24 055	-10.22
9	江苏神马电力股份有限公司	32 060	31 106	3.07	19	萍乡百斯特电瓷有限公司	21 300	18 500	15.14
10	温州益坤电气有限公司	30 800	28 000	10.00	20	中材高新材料股份有限公司	20 473	13 765	48.73

表4　2014年绝缘子避雷器行业工业增加值前20名企业

序号	企业名称	2014年（万元）	2013年（万元）	比上年增长（%）	序号	企业名称	2014年（万元）	2013年（万元）	比上年增长（%）
1	青州市力王电力科技有限公司	18 487	17 278	7.00	11	浙江中能电气有限公司	8 510	7 880	7.99
2	南阳金冠电气有限公司	18 006	16 653	8.12	12	安徽一天电气技术有限公司	8 052	10 995	-26.77
3	内蒙古精诚高压绝缘子有限责任公司	16 503	16 422	0.49	13	浙江泰仑绝缘子有限公司	7 352	7 267	1.17
4	南京电气（集团）有限责任公司	14 548	17 318	-15.99	14	固力发集团有限公司	7 011	5 936	18.11
5	苏州电瓷厂有限公司	12 256	9 618	27.43	15	长园高能电气股份有限公司	6 705	5 792	15.76
6	金凤凰控股集团有限公司	10 948	12 417	-11.83	16	西安西电高压电瓷有限责任公司	6 366	4 859	31.01
7	山东齐林电力设备有限公司	9 987	10 507	-4.95	17	深圳ABB银星避雷器有限公司	6 259	2 884	117.02
8	温州益坤电气有限公司	9 614	8 740	10.00	18	中材高新材料股份有限公司	5 792	6 909	-16.17
9	红光电气集团有限公司	8 997	8 603	4.58	19	山东瑞泰玻璃绝缘子有限公司	5 400		
10	河北新华高压电器股份有限公司	8 965	6 373	40.67	20	浙江金利华电气股份有限公司	5 356	5 797	7.60

表5　2014年绝缘子避雷器行业全员劳动生产率前20名企业

序号	企业名称	全员劳动生产率（元/人）	序号	企业名称	全员劳动生产率（元/人）
1	青州市力王电力科技有限公司	803 783	11	明电舍（郑州）电气工程有限公司	253 303
2	浙江中能电气有限公司	486 286	12	山东瑞泰玻璃绝缘子有限公司	236 842
3	南阳金冠电气有限公司	455 848	13	江苏祥源电气设备有限公司	229 167
4	深圳ABB银星避雷器有限公司	447 071	14	红光电气集团有限公司	212 193
5	河北新华高压电器股份有限公司	428 947	15	浙江金利华电气股份有限公司	200 610
6	浙江泰仑绝缘子有限公司	348 436	16	内蒙古精诚高压绝缘子有限责任公司	200 522
7	温州益坤电气有限公司	343 357	17	长园高能电气股份有限公司	192 672
8	山东齐林电力设备有限公司	332 900	18	石家庄市发运电气有限公司	188 000
9	正泰电气股份有限公司	323 889	19	西安神电电器有限公司	186 727
10	安徽一天电气技术有限公司	272 027	20	杭州永德电气有限公司	166 828

产品分类产量 2014年，绝缘子避雷器行业共生产瓷绝缘子33.42万t，比上年下降1.28%，其中：线路瓷绝缘子23.41万t，比上年下降2.63%；电站电器瓷绝缘子10万t，比上年增长2.04%。线路玻璃绝缘子产量为2 511万片，比上年增长3.93%。复合绝缘子产量为882万只，比上年增长9.84%。避雷器产量为574.46万只，比上年增长18.88%。

2014年绝缘子避雷器行业主要产品产量见表6。2014年绝缘子避雷器生产企业110kV及以上产品产量见表7。

表6 2014年绝缘子避雷器行业主要产品产量

项目指标	单位	2014年	2013年	比上年增长(%)
1. 瓷绝缘子	t	334 164	338 490	-1.28
1.1 线路瓷绝缘子	t	234 137	240 465	-2.63
其中:160kN及以上悬式	万只	607	582	4.29
1.2 电站电器瓷绝缘子	t	100 027	98 025	2.04
1.2.1 空心瓷绝缘子				
110kV等级	只	395 780	355 775	11.24
220kV等级	只	94 031	101 393	-7.26
330kV等级	只	10 483	8 279	26.62
500kV等级	只	17 590	19 461	-9.61
750kV及以上等级	只	3 303	3 143	5.09
1.2.2 支柱瓷绝缘子元件				
110kV等级	只	591 042	620 831	-4.80
220kV等级	只	196 442	163 540	20.12
330kV等级	只	35 834	21 595	65.94
500kV等级	只	44 845	35 448	26.51
750kV及以上等级	只	4 326	7 941	-45.52
2. 线路玻璃绝缘子	万片	2 511	2 416	3.93
100(120)kN及以下	万片	1 338	1 070	25.05
160kN	万片	454	476	-4.62
210(240)kN	万片	409	465	-12.04
300kN	万片	80	90	-11.11
400(420)kN	万片	95	99	-4.04
530(550)kN	万片	34	96	-64.58
3. 盘形悬式瓷（玻璃）复合绝缘子	万片	99	95	4.21
4. 高压套管	只	21 452	17 978	19.32
4.1 瓷外套高压套管	只	20 056	17 852	12.35
110kV等级	只	13 844	12 270	12.83
220kV等级	只	3 042	1 879	61.89
330kV等级	只	236	271	-12.92
500kV等级	只	275	223	23.32
750kV及以上等级	只	11	14	-21.43
4.2 复合外套高压套管	只	1 396	126	1 007.94
110kV等级	只	34	68	-50.00
220kV等级	只	5	43	-88.37
330kV等级	只	27	3	800.00
500kV等级	只	80	12	566.67
750kV及以上等级	只	6		
5. 复合绝缘子	万只	882	803	9.84
5.1 棒形悬式复合绝缘子				
110kV等级	只	1 148 018	1 272 950	-9.81

（续）

项目指标	单位	2014 年	2013 年	比上年增长 (%)
220kV 等级	只	475 772	447 066	6.42
330kV 等级	只	82 593	99 034	-16.60
500kV 等级	只	106 080	98 949	7.21
750kV 及以上等级	只	57 302	112 365	-49.00
5.2 支柱复合绝缘子元件				
110kV 等级	只	106 171	104 744	1.36
220kV 等级	只	40 695	42 930	-5.21
330kV 等级	只	25 137	26 461	-5.00
500kV 等级	只	6 804	5 357	27.01
750kV 及以上等级	只	11 946	6 854	74.29
5.3 空心复合绝缘子				
110kV 等级	只	49 732	50 577	-1.67
220kV 等级	只	21 018	21 407	-1.82
330kV 等级	只	10 425	9 254	12.65
500kV 等级	只	16 268	14 397	13.00
750kV 及以上等级	只	6 338	6 791	-6.67
6. 避雷器	只	5 744 606	4 832 201	18.88
10kV 及以下	只	4 927 138	4 770 173	3.29
12 ～ 35kV	只	748 972	558 987	33.99
45 ～ 69kV	只	16 890	16 817	0.43
110kV 等级	只	13 624	12 537	8.67
220kV 等级	只	29 721	26 278	13.10
330kV 等级	只	1 068	769	38.88
500kV 等级	只	3 516	3 448	1.97
750kV 及以上等级	只	396	407	-2.70
直流避雷器	只	3 299	1 772	86.17

表 7　2014 年绝缘子避雷器生产企业 110kV 及以上产品产量

（企业名称按汉语拼音排序）

序号	企业名称	产品名称	单位	110kV	220kV	330kV	500kV	750kV
1	安徽一天电气技术有限公司	避雷器	只	185	45			
2	成都环球特种玻璃制造有限公司	线路玻璃绝缘子	万片	477.48（其中：160kN 及以上 256.92 万片）				
3	重庆鸽牌电瓷有限公司	线路瓷绝缘子	t	6 073（其中：悬式 160kN 及以上 3.96 万片）				
		空心瓷绝缘子	只	338				
		支柱瓷绝缘子元件	只	1 992				
4	重庆市华能氧化锌避雷器有限责任公司	棒形悬式复合绝缘子	只	60				
		避雷器	只	34	15			
5	长园高能电气股份有限公司	棒形悬式复合绝缘子	只	81 973	30 826	8 505	17 057	37 264
		支柱复合绝缘子元件	只	222	165			
6	大连北方避雷器有限公司	避雷器	只	335	139			
7	大连电瓷集团股份有限公司	线路瓷绝缘子	t	34 517（其中：悬式 160kN 及以上 154 万片）				
8	抚顺电瓷制造有限公司	空心瓷绝缘子	只	8 750	3 654	632	87	
		支柱瓷绝缘子元件	只	1 053	13 559	7 759	2 298	222
		空心复合绝缘子	只	1 380	784		294	
		避雷器	只	3 390	2 294	65	476	

（续）

序号	企业名称	产品名称	单位	110kV	220kV	330kV	500kV	750kV
9	抚顺高科电瓷电气制造有限公司	空心瓷绝缘子	只	44 568	15 671	577	6 161	24
		支柱瓷绝缘子元件	只	3661	65		157	
10	固力发集团有限公司	棒形悬式复合绝缘子	只	150 000	87 000	1 200	12 000	5 000
11	广州市迈克林电力有限公司	棒形悬式复合绝缘子	只	57 896	56 198	6 234	21 446	1 538
		支柱复合绝缘子元件	只	149	42			
12	贵州振华红云电子有限公司	避雷器	只	90	30			
13	邯郸市电瓷厂	空心瓷绝缘子	只	2 300	2 410			
14	杭州永德电气有限公司	避雷器	只	7 524	4 304		110	
15	河北新华高压电器股份有限公司	棒形悬式复合绝缘子	只	4 254	2 200		300	
16	河南平高电气股份有限公司复合绝缘子事业部	复合外套高压套管	只		5		74	
		支柱复合绝缘子元件	只	15				
		空心复合绝缘子	只	722	505	24	263	105
17	河南省中联红星电瓷有限责任公司	支柱瓷绝缘子元件	只	25 600	55 000	1 560	2 100	400
		棒形悬式复合绝缘子	只	100 360	59 000	4 700	1 200	
		支柱复合绝缘子元件	只	3 800	1 000			
		空心复合绝缘子	只	2 000				
		避雷器	只	1 000				
18	河南毅达电气科技有限公司	棒形悬式复合绝缘子	只	96 000	24 000			
		避雷器	只	4 120				
19	红光电气集团有限公司	棒形悬式复合绝缘子	只	5 800	2 200	400	800	800
		支柱复合绝缘子元件	只	800				
		避雷器	只	220	48			
20	湖南华联火炬电瓷电器有限公司	空心瓷绝缘子	只	113 986	125			
		支柱瓷绝缘子元件	只	27 983	1 022	101	219	
		瓷外套高压套管	只	7 686	1 081	42	97	
21	湖南太阳电力电瓷电器制造有限公司	空心瓷绝缘子	只	60 000	20 000			
		支柱瓷绝缘子元件	只	410 000				
22	江苏南瓷绝缘子有限公司	线路瓷绝缘子	t	1 147（其中：悬式 160kN 及以上 15 万片）				
23	江苏神马电力股份有限公司	棒形悬式复合绝缘子	只	30 800	11 001	8 600	5 600	1 310
		支柱复合绝缘子元件	只	1 812	788	137	6 744	604
		空心复合绝缘子	只	26 154	6 311	4 046	3 132	433
24	江苏祥源电气设备有限公司	棒形悬式复合绝缘子	只	120 040	63 500	1 260	27 420	3 462
		支柱复合绝缘子元件	只	320	180		60	10 832
25	江西强联电瓷股份有限公司	支柱瓷绝缘子元件	只	10 764	6 458	3 565	1 149	
26	金凤凰控股集团有限公司	棒形悬式复合绝缘子	只	150 000	60 000	50 000		
		支柱复合绝缘子元件	只	75 000	35 000	25 000		
		空心复合绝缘子	只	12 000	9 000			
27	醴陵华凌电瓷电器制造有限公司	空心瓷绝缘子	只	5 100			200	50
28	醴陵华鑫电瓷科技股份有限公司	空心瓷绝缘子	只	84 491	42 143	7 541	6 754	2 031
29	连云港石港高压电瓷有限公司	线路瓷绝缘子	t	5 500（其中：悬式 160kN 及以上 2 万片）				
30	明电舍（郑州）电气工程有限公司	避雷器	只	979	369		96	
31	牡丹江北方高压电瓷有限责任公司	线路瓷绝缘子	t	3 416（其中：悬式 160kN 及以上 14.22 万片）				

（续）

序号	企业名称	产品名称	单位	110kV	220kV	330kV	500kV	750kV
32	南京电气(集团)有限责任公司	支柱瓷绝缘子元件	只	212				
		瓷外套高压套管	只	3 607	941	37	81	
		线路玻璃绝缘子	万片	493.97(其中：160kN 及以上 220.21 万片)				
		棒形悬式复合绝缘子	只	61 820	5 137	250	108	
		支柱复合绝缘子元件	只	3 086				
33	南阳金冠电气有限公司	避雷器	只	15 163	8 230	159	1 311	64
34	内蒙古精诚高压绝缘子有限责任公司	线路瓷绝缘子	t	23 514（其中：悬式 160kN 及以上 125.32 万片）				
35	宁波市镇海国创高压电器有限公司	避雷器	只	1 453	1 102			
36	萍乡百斯特电瓷有限公司	线路瓷绝缘子	t	26 030（其中：悬式 160kN 及以上 51.83 万片）				
37	萍乡华通电瓷有限公司	线路瓷绝缘子	万片	118（其中：悬式 160kN 及以上 17 万片）				
		空心瓷绝缘子	只	6 035	2 013		812	405
38	萍乡华维电瓷科技股份有限公司	线路瓷绝缘子	t	7 000（其中：悬式 160kN 及以上 2.1 万片）				
39	萍乡市第二高压电瓷厂	线路瓷绝缘子	t	9 800（其中：悬式 160kN 及以上 25 万片）				
40	青州市力王电力科技有限公司	棒形悬式复合绝缘子	只	9 785	1 988			
		支柱复合绝缘子元件	只	550	338			510
		避雷器	只	242				
41	塞迪维尔玻璃绝缘子（上海）有限公司	线路玻璃绝缘子	万片	440.5（其中：160kN 及以上 197.7 万片）				
42	山东高亚瓷绝缘子科技有限公司	线路瓷绝缘子	t	8 212（其中：悬式 160kN 及以上 48 万片）				
43	山东瑞泰玻璃绝缘子有限公司	线路玻璃绝缘子	万片	312.72（160kN 及以上 132.97 万片）				
44	山东淄博电瓷厂有限公司	线路瓷绝缘子	t	11 247（其中：悬式 160kN 及以上 16 万片）				
45	山东齐林电力设备有限公司	棒形悬式复合绝缘子	只	14 011	16 047			241
46	山东省垦利县新型电力器材厂	棒形悬式复合绝缘子	只	131 602	7 752			
		避雷器	只	225				
47	陕西同远机电有限公司	避雷器	只	140				
48	上海德力西集团有限公司	避雷器	只	2 850				
49	上海电瓷厂	避雷器	只	51	3			
50	深圳 ABB 银星避雷器有限公司	避雷器	只	4 117	2 980		398	
51	石家庄市发运电气有限公司	棒形悬式复合绝缘子	只	11 498				
		支柱复合绝缘子元件	只	19 000	3 000			
		避雷器	只	1 350	110			
52	苏州电瓷厂有限公司	线路瓷绝缘子	t	30 743（悬式 160kN 及以上 104 万只）				
		支柱瓷绝缘子元件	只	39 046	31 688	6 202	3 888	168
53	唐山高压电瓷有限公司	支柱瓷绝缘子元件	只	17 300	20 881		11 469	1 016
54	温州益坤电气有限公司	棒形悬式复合绝缘子	只	629				
		避雷器	只	2 042	115			
55	西安安捷迅电气有限公司（西安秦阳电气有限公司）	避雷器	只	100	45			

（续）

序号	企业名称	产品名称	单位	110kV	220kV	330kV	500kV	750kV
56	西安神电电器有限公司	避雷器	只	1 530	336	288		
57	西安唯实输配电技术有限公司	棒形悬式复合绝缘子	只	3 500				
		空心复合绝缘子	只	70				
58	西安西电避雷器有限责任公司	避雷器	只	9 684	4 358	556	1 125	315
59	西安西电高压电瓷有限责任公司	空心瓷绝缘子	只	19 681	7 569	1 733	3 576	793
		支柱瓷绝缘子元件	只	23 057	15 920	1 181	4 428	1 522
60	西安西电高压套管有限公司	瓷外套高压套管	只	2 551	1 020	157	97	11
		复合外套高压套管	只	34		27	6	6
		棒形悬式复合绝缘子	只	8 851	75	478	3	2 324
		支柱复合绝缘子元件	只	161				
		空心复合绝缘子	只	610	66	33	252	
61	扬州市双宝电力设备有限公司	棒形悬式复合绝缘子	只	9 588	5 435	71		
62	阳泉高压电瓷有限责任公司	空心瓷绝缘子	只	2 079	325			
63	宜宾志源高压电器有限公司	避雷器	只	600	330			
64	宜兴华源电工设备有限公司	棒形悬式复合绝缘子	只	23 200	3 110			
		空心复合绝缘子	只	1 265				
		避雷器	只	153	9			
65	浙江电瓷厂有限责任公司	空心瓷绝缘子	只	48 452				
		支柱瓷绝缘子元件	只	3 853	1 086			
66	浙江华高电气有限公司	空心复合绝缘子	只	2 500	3 600	6 100	12 000	5 800
67	浙江金利华电气股份有限公司	线路玻璃绝缘子	万片	180.2(其中：160kN 及以上 115.6 万片)				
68	浙江九天科技有限公司	空心复合绝缘子	只	3 031	752	120		
69	浙江泰仑绝缘子有限公司	线路玻璃绝缘子	万片	274.5(其中：160kN 及以上 40.5 万片)				
70	浙江中能电气有限公司	棒形悬式复合绝缘子	只	12 000	2 000			
		避雷器	只	9 330	2 210			
71	正泰电气股份有限公司	棒形悬式复合绝缘子	只	18 400	1 250			
		避雷器	只	8 998	1 415			
72	中材高新材料股份有限公司	线路瓷绝缘子	t	12 377（其中：悬式 160kN 及以上 27.5 万只）				
		空心瓷绝缘子	只		121			
		支柱瓷绝缘子元件	只	49 561	50 763	15 466	19 137	998
73	淄博泰光电力器材厂	棒形悬式复合绝缘子	只	42 748	37 053	895	19 903	5 604
		支柱复合绝缘子元件	只	1 256	182			
		空心复合绝缘子	只			102	327	
74	自贡塞迪维尔钢化玻璃绝缘子有限公司	线路玻璃绝缘子	万片	332.01（其中：160kN 及以上 112.53 万片）				

市场及销售 绝缘子避雷器行业统计报表显示，2014 年绝缘子避雷器行业完成工业销售产值 108.68 亿元，较上年减少 5.13 亿元，比上年下降 4.51%，增速较上年下降了 9.97 个百分点。2014 年产品销售率为 97.57%，较上年下降 2.54 个百分点。工业销售产值排名前 20 位企业中，其增长率排名前 5 位的企业为：中材高新材料股份有限公司、青州市力王电力科技有限公司、重庆鸽牌电瓷有限公司 、温州益坤电气有限公司 、塞迪维尔玻璃绝缘子（上海）有限公司。2014 年绝缘子避雷器行业工业销售产值前 20 名企业见表 8。

表 8　2014 年绝缘子避雷器行业工业销售产值前 20 名企业

序号	企业名称	2014 年（万元）	2013 年（万元）	比上年增长（%）	序号	企业名称	2014 年（万元）	2013 年（万元）	比上年增长（%）
1	南京电气（集团）有限责任公司	61 790	78 881	-21.67	11	成都环球特种玻璃制造有限公司	27 363	39 100	-30.02
2	大连电瓷集团股份有限公司	54 928	76 222	-27.94	12	西安西电避雷器有限责任公司	26 722	26 782	-0.22
3	金凤凰控股集团有限公司	41 380	50 580	-18.19	13	温州益坤电气有限公司	26 554	23 231	14.30
4	苏州电瓷厂有限公司	41 349	41 119	0.56	14	内蒙古精诚高压绝缘子有限责任公司	26 510	25 686	3.21
5	河北新华高压电器股份有限公司	36 258	32 536	11.44	15	醴陵华鑫电瓷科技股份有限公司	25 676	24 421	5.14
6	西安西电高压电瓷有限责任公司	33 089	33 250	-0.48	16	自贡塞迪维尔钢化玻璃绝缘子有限公司	22 517	26 839	-16.10
7	塞迪维尔玻璃绝缘子（上海）有限公司	31 395	28 059	11.89	17	中材高新材料股份有限公司	21 549	14 827	45.34
8	江苏神马电力股份有限公司	31 362	30 763	1.95	18	青州市力王电力科技有限公司	19 530	15 897	22.85
9	南阳金冠电气有限公司	29 758	27 851	6.85	19	广州市迈克林电力有限公司	18 933	20 308	-6.77
10	重庆鸽牌电瓷有限公司	29 061	25 363	14.58	20	长园高能电气股份有限公司	18608	18277	1.81

2014 年国内销售产值为 88.54 亿元，较上年减少了 2.67 亿元，比上年下降 2.9%。国内销售产值占工业销售产值的 81.47%，较上年增加了 0.49 个百分点。国内销售产值排名前 20 位企业中，增长率在 20% 以上的企业有：自贡塞迪维尔钢化玻璃绝缘子有限公司、中材高新材料股份有限公司、长园高能电气股份有限公司、青州市力王电力科技有限公司。2014 年绝缘子避雷器行业国内销售产值前 20 名企业见表 9。

表 9　2014 年绝缘子避雷器行业国内销售产值前 20 名企业

序号	企业名称	2014 年（万元）	2013 年（万元）	比上年增长（%）	序号	企业名称	2014 年（万元）	2013 年（万元）	比上年增长（%）
1	南京电气（集团）有限责任公司	54 080	55 158	-1.95	11	江苏神马电力股份有限公司	21 839	23 126	-5.57
2	大连电瓷集团股份有限公司	40 839	60 420	-32.41	12	青州市力王电力科技有限公司	19 530	15 897	22.85
3	河北新华高压电器股份有限公司	36 258	30 811	17.68	13	中材高新材料股份有限公司	19 297	12 642	52.64
4	金凤凰控股集团有限公司	34 662	41 126	-15.72	14	浙江泰仑绝缘子有限公司	18 050	17 980	0.39
5	西安西电高压电瓷有限责任公司	32 494	32 512	-0.06	15	自贡塞迪维尔钢化玻璃绝缘子有限公司	17 312	8 609	101.09
6	重庆鸽牌电瓷有限公司	29 061	25 363	14.58	16	西安超码复合材料公司	17 097	16 630	2.81
7	南阳金冠电气有限公司	28 492	26 725	6.61	17	醴陵华鑫电瓷科技股份有限公司	15 196	23 396	-35.05
8	苏州电瓷厂有限公司	28 363	28 043	1.14	18	长园高能电气股份有限公司	14 616	11 757	24.32
9	西安西电避雷器有限责任公司	26 722	26 782	-0.22	19	萍乡百斯特电瓷有限公司	14 477	13 504	7.21
10	内蒙古精诚高压绝缘子有限责任公司	26 510	25 686	3.21	20	安徽一天电气技术有限公司	14 448	16 344	-11.60

2014 年绝缘子避雷器行业完成出口交货值 20.14 亿元，较上年减少 24 632 万元，比上年下降 10.9%，增速较上年下降了 7.98 个百分点。出口交货值排名前 20 位企业中，其增长率排名前 5 位的企业为：醴陵华鑫电瓷科技股份有限公司、红光电气集团有限公司、山东瑞泰玻璃绝缘子有限公司、塞迪维尔玻璃绝缘子（上海）有限公司、江苏神马电力股份有限公司。2014 年绝缘子避雷器行业出口交货值前 20 名企业见表 10。

表 10　2014 年绝缘子避雷器行业出口交货值前 20 名企业

序号	企业名称	2014 年（万元）	2013 年（万元）	比上年增长（%）	序号	企业名称	2014 年（万元）	2013 年（万元）	比上年增长（%）
1	温州益坤电气有限公司	22 450	19 500	15.13	7	抚顺高科电瓷电气制造有限公司	10 073	13 807	-27.05
2	塞迪维尔玻璃绝缘子（上海）有限公司	20 109	15 725	27.88	8	江苏神马电力股份有限公司	9 523	7 637	24.70
3	大连电瓷集团股份有限公司	14 089	15 802	-10.84	9	山东瑞泰玻璃绝缘子有限公司	9 405	6 033	55.89
4	成都环球特种玻璃制造有限公司	13 870	14 000	-0.93	10	正泰电气股份有限公司	7 950	7 068	12.48
5	苏州电瓷厂有限公司	12 986	13 076	-0.69	11	南京电气（集团）有限责任公司	7 710	23 723	-67.50
6	醴陵华鑫电瓷科技股份有限公司	10 480	1 025	922.44	12	广州市迈克林电力有限公司	7 432	6 842	8.62

（续）

序号	企业名称	2014年（万元）	2013年（万元）	比上年增长（%）	序号	企业名称	2014年（万元）	2013年（万元）	比上年增长（%）
13	金凤凰控股集团有限公司	6 718	9 454	-28.94	17	江苏祥源电气设备有限公司	4 045	3 698	9.38
14	福建和盛崇业电瓷有限公司	6 618	5 565	18.92	18	长园高能电气股份有限公司	3 992	6 520	-38.77
15	自贡塞迪维尔钢化玻璃绝缘子有限公司	5 205	18 230	-71.45	19	红光电气集团有限公司	3 800	2 200	72.73
16	浙江金利华电气股份有限公司	4 360	6 660	-34.53	20	抚顺电瓷制造有限公司	3 134	3 802	-17.57

科技成果及新产品 据不完全统计，2014年绝缘子避雷器行业有10余项科研成果分别获国家、省、市科学技术进步奖、优秀新产品奖等奖项；多个产品获省（市）名牌产品称号；多个商标获省、市著名商标和驰名商标；获得国家专利70余件，其中发明专利18件。2014年绝缘子避雷器行业的科技成果获奖（含名牌产品等）情况见表11。

表11 2014年绝缘子避雷器行业科技成果获奖（含名牌产品等）情况

序号	项目名称	获奖单位	奖项及级别
1	特高压交流油－SF_6套管核心技术研究及装备研制	南京电气（集团）有限责任公司	中国电力科学研究院科技进步一等奖
2	±800kV特高压直流输电技术开发、装备研制及工程应用	江苏神马电力股份有限公司参与	中国电力科学研究院科技进步一等奖
3	1 000kV变电站高抗中性点高抗震避雷器	抚顺电瓷制造有限公司	辽宁省优秀新产品二等奖
4	XSP-420、XSP-550耐污型盘形悬式瓷绝缘子新产品	内蒙古精诚高压绝缘子有限责任公司	内蒙古自治区科技进步三等奖
5	特高压输电线路用钢化玻璃绝缘子	南京电气（集团）有限责任公司	南京市科技进步三等奖
6	直流盘形悬式玻璃绝缘子生产工艺优化研究	山东瑞泰玻璃绝缘子有限公司	泰安地区科技成果奖
7	交流盘形悬式玻璃绝缘子生产工艺优化研究	山东瑞泰玻璃绝缘子有限公司	泰安地区科技成果奖
8	特高压输变电设备用耐污型户外棒形支柱瓷绝缘子的开发	中材高新材料股份有限公司	建材行业科技进步二等奖
9	薄壁直筒形瓷套内孔净尺寸成型工艺方法研究	中材高新材料股份有限公司	建材行业科技进步二等奖
10	“神电”牌接地保护装置	西安神电电器有限公司	陕西省名牌产品
11	FXWP牌盘形悬式玻璃复合绝缘子	青州市力王电力科技有限公司	山东省名牌产品
12	XP-550、XWP-550耐污型盘形悬式瓷绝缘子	内蒙古精诚高压绝缘子有限责任公司	内蒙古名牌产品
13	盘形悬式钢化玻璃绝缘子	南京电气（集团）有限责任公司	南京市名牌产品
14	电容套管	南京电气（集团）有限责任公司	南京市名牌产品
15	“雷电”商标	南京电气（集团）有限责任公司	江苏省著名商标
16	“LA”图形	西安神电电器有限公司	陕西省著名商标
17	“高能”商标	长园高能电气股份有限公司	广东省驰名商标

绝缘子避雷器行业统计报表显示，2014年行业新产品产值为30.15亿元，较上年增长2.14亿元，比上年增长7.66%，增速较上年增长了11.31个百分点。新产品产值排名前20位企业中，增长率在20%以上的企业有：中材高新材料股份有限公司、南京电气（集团）有限责任公司、固力发集团有限公司、南阳金冠电气有限公司、浙江金利华电气股份有限公司、青州市力王电力科技有限公司、红光电气集团有限公司、河北新华高压电器股份有限公司。2014年绝缘子避雷器行业新产品产值前20名企业见表12。2014年绝缘子避雷器行业新产品产值率前20名企业见表13。

表12 2014年绝缘子避雷器行业新产品产值前20名企业

序号	企业名称	2014年（万元）	2013年（万元）	比上年增长（%）	序号	企业名称	2014年（万元）	2013年（万元）	比上年增长（%）
1	苏州电瓷厂有限公司	25 612	27 557	-7.06	11	杭州永德电气有限公司	10 825	10 923	-0.90
2	金凤凰控股集团有限公司	24 224	30 859	-21.50	12	抚顺电瓷制造有限公司	10 420	9 709	7.32
3	温州益坤电气有限公司	20 657	17 870	15.60	13	抚顺高科电瓷电气制造有限公司	10 248	14 897	-31.21
4	青州市力王电力科技有限公司	19 915	16 248	22.57	14	西安西电避雷器有限责任公司	9 953	8 395	18.56
5	醴陵华鑫电瓷科技股份有限公司	18 602	19 433	-4.28	15	西安西电高压电瓷有限责任公司	8 664	7 698	12.55
6	浙江金利华电气股份有限公司	18 086	14 543	24.36	16	南阳金冠电气有限公司	8 655	6 728	28.64
7	中材高新材料股份有限公司	16 979	2 680	533.54	17	正泰电气股份有限公司	5 815	5 192	12.00
8	河北新华高压电器股份有限公司	15 685	12 933	21.28	18	固力发集团有限公司	5 314	3 794	40.06
9	南京电气（集团）有限责任公司	14 753	10 361	42.39	19	唐山高压电瓷有限公司	4 560	4 650	-1.94
10	长园高能电气股份有限公司	11 494	11 278	1.92	20	红光电气集团有限公司	4 460	3 668	21.59

表13 2014年绝缘子避雷器行业新产品产值率前20名企业

序号	企业名称	新产品产值率（%）	工业总产值（万元）	新产品产值（万元）	序号	企业名称	新产品产值率（%）	工业总产值（万元）	新产品产值（万元）
1	杭州永德电气有限公司	84.39	12 827	10 825	11	抚顺电瓷制造有限公司	63.63	16 376	10 420
2	中材高新材料股份有限公司	82.93	20 473	16 979	12	红光电气集团有限公司	60.27	7 400	4 460
3	浙江金利华电气股份有限公司	80.74	22 400	18 086	13	长园高能电气股份有限公司	60.00	19 156	11 494
4	唐山高压电瓷有限公司	78.91	5 779	4 560	14	金凤凰控股集团有限公司	59.10	40 989	24 224
5	青州市力王电力科技有限公司	72.00	27 660	19 915	15	苏州电瓷厂有限公司	58.54	43 750	25 612
6	醴陵华鑫电瓷科技股份有限公司	71.00	26 200	18 602	16	抚顺高科电瓷电气制造有限公司	57.41	17 851	10 248
7	固力发集团有限公司	68.00	7 815	5 314	17	浙江电瓷厂有限责任公司	55.66	5 570	3 100
8	温州益坤电气有限公司	67.07	30 800	20 657	18	芜湖市凯鑫避雷器有限责任公司	42.68	4 920	2 100
9	邯郸市电瓷厂	65.48	3 360	2 200	19	江苏南瓷绝缘子股份有限公司	42.51	9 929	4 221
10	江西强联电气有限公司	64.94	4 061.8	2 637.8	20	河北新华高压电器股份有限公司	40.64	38 594	15 685

据不完全统计，2014绝缘子避雷器行业通过国家、行业、省、市鉴定的新产品有30项。2014年绝缘子避雷器行业通过鉴定的重要新产品研制项目见表14。

表14 2014年绝缘子避雷器行业通过鉴定的重要新产品研制项目

序号	项目名称	完成单位
1	交流多伞型盘形悬式玻璃绝缘子LXWY-70D、LXWY-100D、LXWY-120D、LXWY-160D、LXWY1-160D、LXWY-160T、LXWY-210T、LXWY-300T、LXWY-420T、LXWY-550T	南京电气（集团）有限责任公司
2	交流盘形悬式玻璃绝缘子LXY-830（760、840）	南京电气（集团）有限责任公司
3	500kV复合外套油纸电容式变压器套管	南京电气（集团）有限责任公司
4	±204kV/2 800A胶浸纸电容式换流变套管	西安西电高压套管有限公司
5	±400kV/5 515A胶浸纸电容式换流变套管	西安西电高压套管有限公司
6	±400kV、±204kV干式换流变套管	西安西电高压套管有限公司、西安交通大学
7	1 100kV空心瓷绝缘子（48001）	西安西电高压电瓷有限责任公司
8	1 100kV气体绝缘金属封闭开关设备用瓷套管-701101	西安西电高压电瓷有限责任公司

（续）

序号	项目名称	完成单位
9	盘形悬式瓷绝缘子 XHP-120(100)、XHP-70、XMP-120(100)、XMP-70、XP-120(100)、XP-160、XP-70、XSP-120(100)、XSP-160、XSP-70、XWP-160、XWP-210、XWP-300、XWP2-160	萍乡百斯特电瓷有限公司
10	FZSPW-±1100/16 型直流系统用复合支柱绝缘子	青州市力王电力科技有限公司
11	交流复合瓷绝缘子 FXWP-70、FXWP-120、FXWP-160、FXWP-210、FXWP-300、FXWP-400（420）、FXWP-530（550）	青州市力王电力科技有限公司
12	直流复合瓷绝缘子 FXZWP-160、FXZWP-210、FXZWP-400（420）、FXZWP-530（550）	青州市力王电力科技有限公司
13	交流棒形悬式复合绝缘子 FXBW4-220/120、FXBW4-220/210、FXBW4-500/210、FXBW4-500/300	红光电气集团有限公司
14	交流棒形悬式复合绝缘子 FXBW4-10/120、FXBW4-35/120、FXBW4-110/120	红光电气集团有限公司
15	10～220kV 交流系统用复合外套无间隙金属氧化物避雷器	吉林市能兴电力设备有限公司
16	35～220 kV 交流系统用瓷外套无间隙金属氧化物避雷器	吉林市能兴电力设备有限公司
17	10～220kV 交流系统用复合外套有串联间隙金属氧化物避雷器	吉林市能兴电力设备有限公司
18	10～220kV 交流棒形悬式复合绝缘子	吉林市能兴电力设备有限公司
19	66～220kV 交流线路棒形悬式复合绝缘子	吉林市能兴电力设备有限公司
20	交流棒形悬式复合绝缘子 FXBW-10/100(70)、FXBW-35/100(70)、FXBW-66/120(100、70)、FXBW-110/120(100、70)、FXBW-110/160、FXBW-220/120(100)、FXBW-220/160	江东金具设备有限公司
21	交流棒形悬式复合绝缘子 FXBW-110/210（180）、FXBW-220/210（180）和 FXBW-220/300	江东金具设备有限公司
22	330～750kV 交流棒形悬式复合绝缘子	江东金具设备有限公司
23	1 000kV 交流棒形悬式复合绝缘子	江东金具设备有限公司
24	直流盘形悬式瓷复合绝缘子（钟罩形）FXZP-160、FXZP-210、FXZP-300	天津市新玻电力复合绝缘子制造有限公司
25	直流盘形悬式瓷复合绝缘子（钟罩形）FXZP-400（420）、FXZP-530（550）	天津市新玻电力复合绝缘子制造有限公司
26	交流盘形悬式瓷复合绝缘子（钟罩形）FU400(420)BP/205、FU530(550)BP/240	天津市新玻电力复合绝缘子制造有限公司
27	800kV 带断雨伞出线瓷套（48901D）	西安西电高压电瓷有限责任公司
28	8～16kN 系列电气化铁道棒形瓷绝缘子	重庆鸽牌电瓷有限公司
29	300kN 高强度增韧瓷质绝缘子	萍乡百斯特电瓷有限公司
30	高速铁路电气化铁路接触网用复合绝缘子	沧州华菱电器有限公司

质量及标准 2014 年，受国家质检总局委托，国家绝缘子避雷器质量监督检验中心接受生产企业、运行部门、政府部门等 200 余家单位的委托检验 897 项，比上年增长 33.09%。其中绝缘子检验 616 项，比上年增长 33.91%；避雷器检验 281 项，比上年增长 31.31%。

2014 年 4—6 月，国家绝缘子避雷器质量监督检验中心对复合外套无间隙金属氧化物避雷器进行了国家监督抽查工作。抽查企业涉及浙江、河北、陕西、贵州、辽宁、山东、河南、江苏、上海 9 个省、直辖市。实际抽查了 40 家企业的 40 种产品，包括跟踪 2013 年抽查中 9 家不合格企业。经检测，有 29 家企业的 29 种产品合格，11 家企业的 11 种产品不合格。抽查企业合格率和产品合格率均为 72.5%。其中 2013 年抽查中 9 家不合格企业中有 2 家企业的 2 种产品，2014 年抽检仍然不合格。

综合历年来避雷器行业的国家抽查情况，与 2002 年的企业合格率 82.05%、2011 年的企业合格率 80.0%、2012 年的企业合格率 81.4%、2013 年的企业合格率 73.3% 相比，可以看出，2014 年国家抽查的企业合格率仍在下降。

2014 年，由西安高压电器研究院独立承担完成的“±1 100kV 特高压直流工程用设备关键试验技术研究及试验能力建设”项目荣获国家能源科技进步奖。该项目包括“±1 100kV 特高压直流工程用换流阀绝缘试验技术研究”“±1 100kV 特高压直流工程用换流阀运行试验技术研究”“±1 100kV 特高压直流工程用直流转换开关容量试验技术研究”等内容。通过西高院自主研究建立的试验回路，项目成功完成了 ±1 100kV 直流换流阀的绝缘试验型式试验、运行型式试验和 ±1 100kV 直流开关的容量试验，试验参数均达到国际最高水平。

2014 年发布的绝缘子避雷器专业国家标准和行业标准共5项，其中绝缘子专业标准2项、避雷器专业标准3项。2014 年发布的绝缘子避雷器专业国家标准和行业标准见表 15。

表 15　2014 年发布的绝缘子避雷器专业国家标准和行业标准

序号	标准编号	标准名称
1	GB/T 19519—2014	架空线路绝缘子　标称电压高于 1 000 V 交流系统用悬垂和耐张复合绝缘子　定义、试验方法及接收准则
2	GB/T 21421.2—2014	标称电压高于 1 000 V 的架空线路用复合绝缘子串元件　第 2 部分：尺寸与特性
3	GB/T 18802.12—2014	低压电涌保护器（SPD）　第 12 部分：低压配电系统的电涌保护器　选择和使用导则
4	JB/T 6479—2014	交流电力系统阻波器用有串联间隙金属氧化物避雷器
5	JB/T 9670—2014	金属氧化物避雷器电阻片用氧化锌

西安高压电器研究院负责国内对口的 IEC/TC36 和 IEC/TC37 国内技术工作，2014 年共收到文件 65 个，其中 IEC/TC36 文件 14 个， IEC/TC37 文件 51 个。投票文件共 18 个，其中 IEC/TC36 文件 8 个， IEC/TC37 文件 10 个。投票或答复率均为 100%。2014 年，IEC/TC36 发布绝缘子出版物 1 个，IEC/TC37 发布避雷器出版物 2 个。2014 年 IEC 发布的绝缘子避雷器刊物见表 16。

表 16　2014 年 IEC 发布的绝缘子避雷器刊物

序号	IEC 编号	刊物名称	属性	发布时间
1	IEC 60507:2013	交流系统用高压瓷和玻璃绝缘子的人工污秽试验	国际标准	2013-12
2	IEC 60099-4:2014	避雷器　第 4 部分：交流无间隙金属氧化物避雷器	国际标准	2014-06
3	IEC 60099-9:2014	避雷器　第 9 部分：高压直流换流站无间隙金属氧化物避雷器	国际标准	2014-06

注：IEC 60507:2013 为 2013 年发布，2014 年收到。

全国绝缘子标准化技术委员会 2014 年年会于 2014 年 10 月 27—29 日在浙江省诸暨市召开。来自全国各地的绝缘子制造企业、科研院所、运行部门、质检和大专院校等 76 个单位的委员（或委员代表）和观察成员共 102 人参加了会议。

会议讨论审查了 GB/T 7253—×××× 《标称电压高于 1 000V 的架空线路绝缘子　交流系统用瓷或玻璃绝缘子元件盘形悬式绝缘子元件的特性》、GB/T 4056—×××× 《绝缘子串元件的球窝连接尺寸》、GB/T 25318—××××《绝缘子串元件球窝连接用锁紧销：尺寸和试验》、GB/T 22079—××××《标称电压高于 1 000V 户内和户外用的聚合物绝缘子—一般定义、试验方法和接收准则》4 项国家标准修订议案。

本次会议对绝缘子标委会归口管理的 GB/T 24622—2009《绝缘子表面湿润性测量导则》等8项标准进行了复审，复审结论为继续有效 6 项，修订 2 项。会议期间，还举办了国家标准 GB/T19519—2014 研讨会。

全国避雷器标准化技术委员会 2014 年年会于 2014 年 10 月 30 日至 11 月 2 日在江苏省扬州市召开。来自全国各地的避雷器制造企业、科研院所、电力部门和观察员等共 86 人参加了会议。

会议审议了 2 项机械行业标准和 1 项能源行业标准，分别是：JB/T 10609《交流三相组合式有串联间隙金属氧化物避雷器》、JB/T 10496《交流三相组合式无间隙金属氧化物避雷器》、NB/T ××××《金属氧化物避雷器用脱离器》。

会议期间，还以研讨的方式组织了对 GB11032《交流无间隙金属氧化物避雷器》在应用过程中出现的相关问题进行了宣贯。

基本建设及技术改造　2014 年，绝缘子避雷器行业在基本建设及技术改造投资方面比 2013 年略有提高。据不完全统计，2014 年绝缘子避雷器行业投资 1 000 万元以上的项目不足 10 项，全行业实际完成投资额不足 3 亿余元。

2014 年绝缘子避雷器行业主要基本建设和技术改造情况见表 17。

表17　2014年绝缘子避雷器行业主要基本建设和技术改造情况

序号	项目名称	投资（万元）	建设单位	备注
1	自动收缩绝缘保护套管技术改造项目	5 200	山东省垦利县新型电力器材厂	具备50万只/年有机复合绝缘子、1 000t/a自动收缩绝缘保护套管的生产能力，建成生产车间9 360 m^2，现已投产
2	干法棒形生产线	3 500	河南省中联红星电瓷有限责任公司	年产特高压棒形支柱绝缘子15 000支，产值3 000万元
3	新建160kN及以上悬式绝缘子生产线3条	3 200	萍乡百斯特电瓷有限公司	年生产160kN及以上瓷绝缘子140万只的生产能力
4	800～1 100kV GIS用出线瓷套产业化项目	1 900	西安西电高压电瓷有限责任公司	具备年产800～1 100kV出线瓷套360只的能力
5	玻璃绝缘子二期工程	1 500	山东瑞泰玻璃绝缘子有限公司	绝缘子产能提高60%
6	生产工艺调整技术改造	1 200	牡丹江北方高压电瓷有限责任公司	新增销售收入2 000万元，利润500万元，税金150万元
7	高压套管技改	1 087	南京电气（集团）有限责任公司	扩大产能、提高产品质量
8	双重复合棒形悬式绝缘子、复合空心绝缘子生产线	1 000	青州市力王电力科技有限公司	形成年产5万支双重复合棒形悬式绝缘子生产能力
9	年产12 000t线路悬式绝缘子生产线改造	980	中材高新材料股份有限公司	生产能力由原来的5 000t/a提高到12 000t/a，可以生产160～300kN悬式线路绝缘子
10	购置高压试验设备	474	西安西电高压套管有限公司	实现套管出厂试验中直流试验能力；解决145kV及以下产品的出厂检验；满足大型产品的吊装需要
11	电瓷窑炉及电瓷工艺改造清洁生产	430	湖南太阳电力电瓷电器制造有限公司	减排粉尘5.2t/a、固体废物600.5t/a、悬浮物1.05 t/a；节能量645.6(标煤)；经济效益230万元/年
12	复合绝缘子技改	428	南京电气（集团）有限责任公司	扩大产能、提高产品质量
13	变压器用35kV螺纹瓷套绝缘子研发项目	380	湖南太阳电力电瓷电器制造有限公司	新增销售收入200万元/年
14	隧道窑自动化、节能改造	350	福建和盛崇业电瓷有限公司	
15	18#中等强度配方的研制	300	抚顺高科电瓷电气制造有限公司	每吨合格瓷降耗300元，年节省450万元
16	500kV及以上出线套管用瓷套制造质量及可靠性提升	300	抚顺高科电瓷电气制造有限公司	产品合格率由50%提升至70%
17	高强度电阻或电容空心瓷套产业化	290	抚顺高科电瓷电气制造有限公司	生产实现月发货450支，年销售额24万元
18	河北省重大科技成果转化项目	240	河北新华高压电器股份有限公司	新增一条环氧复合绝缘子生产线，预计年产量可达20万标准支胶装式盘形悬式环氧复合绝缘子
19	试验设备更新	216	南京电气（集团）有限责任公司	满足产品试验要求
20	高吨位悬式生产线	200	山东高亚瓷绝缘子科技有限公司	批量生产420kN、550kN产品
21	自动阴干输送系统	190	内蒙古精诚高压绝缘子有限责任公司	减轻劳动强度，提高坯件加工质量
22	电容套管厂房一洁净车间完善化项目技术改造	160	西安西电高压套管有限公司	装配区达到百万级清洁度要求；芯子卷制区达到十万级净化度要求；切纸间等作业区达到一般清洁区要求；绝缘处理设备系统满足部分集中控制管理要求
23	仓储改造	150	上海电瓷厂	提高仓储能力
24	悬式成型系统改造	140（总投资714）	苏州电瓷厂有限公司	提升了机械化程度，减轻了劳动强度，保证了产品质量
25	泥段搬运机械手	120	内蒙古精诚高压绝缘子有限责任公司	减轻劳动强度，提高坯件质量

（续）

序号	项目名称	投资（万元）	建设单位	备注
26	能量耐受试验设备	110	西安神电电器有限公司	对金属氧化物电阻片的热容量进行试验
27	新建电涌保护器全自动生产线	102	西安神电电器有限公司	生产效率较之前提高 2 倍
28	超声波金具清洗	100	长园高能电气股份有限公司	解决了人为作业的质量一致性问题
29	生产线组装机器设备改造更新及自动配料系统安装	100	自贡塞迪维尔钢化玻璃绝缘子有限公司	
30	自动过筛除铁设备及附属设备的安装调试	100	福建和盛崇业电瓷有限公司	

对外合作 据不完全统计，2014 年绝缘子避雷器行业 20 余家企业组织了 60 余次近 170 人次分别前往俄罗斯、美国、印度、德国、韩国、巴西、意大利、马来西亚、日本、迪拜、菲律宾及泰国等国家和地区，参加展会、商务洽谈、走访用户、市场调研等。2014 年绝缘子避雷器行业出国考察情况见表 18。

表 18 2014 年绝缘子避雷器行业出国考察情况

序号	考察单位	考察内容	人数	地点
1	南京电气（集团）有限责任公司	参加展会	4	美国
		商务洽谈	4	印度
		商务洽谈	3	巴西
		商务洽谈	2	马来西亚
		参加展会	2	哈萨克斯坦
		参加展会	4	俄罗斯
		设备验收	3	德国
		设备验收	8	德国
2	西安西电高压套管有限责任公司	商务洽谈	6	印度
3	抚顺电瓷制造有限公司	参加展会	3	美国
		商务洽谈	2	韩国
		商务洽谈	2	日本
4	苏州电瓷厂有限公司	商务活动	2	欧洲
		参加展会	4	美国
		商务活动	2	菲律宾
		商务活动	2	马来西亚
		商务活动	2	美国
		商务活动	2	印度尼西亚
5	新疆新能天宁电工绝缘材料有限公司	绝缘子技术指导	3	印度
6	抚顺高科电瓷电气制造有限公司	商务洽谈	2	巴西
		参加展会	2	美国、墨西哥
		拜访客户、商务洽谈	2	欧洲
7	醴陵华鑫电瓷科技股份有限公司	参加展会	2	南非
		汉诺威工业博览会	2	德国
		参加展会	2	俄罗斯
		参加展会	2	美国
8	南阳金冠电气有限公司	参加展会	3	德国
9	萍乡百斯特电瓷有限公司	电力参展	2	巴西
		商务活动	2	缅甸
		商务活动	2	印度尼西亚

（续）

序号	考察单位	考察内容	人数	地点
10	江苏神马电力股份有限公司	商务活动	12	欧洲
		参加展会	6	美国
11	河北新华高压电器股份有限公司	参加展会	2	迪拜
		参加展会	5	美国
		参加展会	2	日内瓦
12	山东淄博电瓷厂有限公司	考察绝缘子市场	3	印度尼西亚
13	沧州华菱电器有限公司	参加展会	2	迪拜
14	长园高能电气股份有限公司	参加展会	2	俄罗斯
		商务投标与谈判	2	越南
15	四川省宜宾环球集团有限公司	商务谈判	2	巴西
		参加展会	2	美国
		参加展会	2	俄罗斯
		商务谈判	1	巴西
16	萍乡华维电瓷科技股份有限公司	商务谈判	2	阿尔及利亚
17	山东瑞泰玻璃绝缘子有限公司	投标	1	阿尔及利亚
		商务谈判	2	印度
		参加展会	1	美国
		参加展会	1	韩国
		参加展会	2	蒙古
18	湖南太阳电力电瓷电器制造有限公司	参加展会	2	迪拜
		业务洽谈	2	泰国
19	中材高新材料股份有限公司	参加展会	2	美国
		采购设备、商务洽谈	2	意大利、德国、葡萄牙等
20	重庆鸽牌电瓷有限公司	参加展会	1	泰国
21	山东高亚瓷绝缘子科技有限公司	参加展会	2	中东
		参加展会	2	印度尼西亚
		参加展会	3	中东
		参加展会	3	缅甸
22	正泰电气股份有限公司	参加展会	12	德国、意大利、印度

行业会议　中国电器工业协会绝缘子避雷器分会2014年会员大会于2014年10月11—13日在河南省郑州市召开。来自全国绝缘子避雷器行业的129个单位的161位代表参加了会议。分会秘书长姚君瑞通报了“中国电器工业协会绝缘子避雷器分会六届三次理事会纪要”，并且宣读了“中国电器工业协会绝缘子避雷器分会关于表彰2014年度先进会员单位的决定”，对长园高能电气股份有限公司等10个先进会员单位予以表彰，并颁发了奖牌。

2014年10月31日—11月1日，2014年输变电年会暨专委会工作会议在桂林市召开，共有147家单位的197名委员和代表（电工陶瓷专委会25位）参会。大会在全体会议之后设立了两个分会场进行了技术交流。

编辑出版　出版发行内部刊物《绝缘子避雷器动态》12期。出版并发布《2013年绝缘子避雷器行业统计资料汇编》。

《2013年绝缘子避雷器行业统计资料汇编》共收集了行业108家企业的统计资料（其中生产企业90家、配套件企业18家），90家生产企业工业总产值超过100亿元，经济总量占全行业的近70%以上，覆盖行业内全部电压等级和产品类型。主要内容包括“综述”“汇总表”“主要经济指标排序”“主要产品产量排序”“各企业报表”和“绝缘子避雷器行业统计指标解释”六部分。

翻译出版《国外绝缘子避雷器技术文集》。出版发行公开出版刊物《电瓷避雷器》6期，刊登论文150篇左右。

《国家职业分类大典》的职业标准编制工作于2013年正式启动。2013年，中国电器工业协会绝缘子避雷器分会秘书处牵头，组织绝缘子制造工和套管制造工职业标准的编写工作，大部分编写工作已经完成了初稿并已上报。2014年，避雷器装配工和避雷器试验工的标准编制工作也已启动，避雷器试验工职业标准初稿已经完成并已上报，避雷器装配工职业标准的编写工作还在进行中。

〔供稿单位：中国电器工业协会绝缘子避雷器分会秘书处〕

继电保护及自动化设备

2014年，电力工业持续健康发展，装机总量及发电量进一步增长，全国电力供需形势总体宽松，运行安全稳定。受气温及经济稳中趋缓等因素影响，全社会用电量同比回落3.8个百分点。

生产发展情况 2014年，自动化及保护设备行业梳理统计了中国输配电行业56家上市公司的经营发展情况。同时，中国自动化及保护设备行业综合统计数据覆盖1 672家企业，其数据来源于上市公司年报、企业申报及其他渠道。

输配电行业发展概况 输配电设备行业作为国民经济的重要产业，其近年来保持平稳较快增长。《电力工业"十二五"规划滚动研究报告》中，我国"十二五"规划目标是，2015年全国发电装机容量达到14.63亿kW；非化石能源发电装机总规模将达到4.95亿kW；全国110kV及以上线路达到133万km，变电容量56亿kV·A。中国智能电网已进入全面建设阶段，驱动一次设备领先企业积极与二次设备领导企业合作，打破分割的行业格局，形成明确的一二次设备融合的特点。同时，我国输配电行业出现从单机向组合、成套设备供应升级的态势。2014年，中国输配电设备行业规模以上企业到达1万多家，从业人员达240多万人；行业实现销售收入约27 000亿元。

2014年，输配电行业纳入统计的56家上市公司，其主营业务收入2 163.16亿元，固定资产670.64亿元，流动资产2 740.6亿元，负债总额2 307亿元，实现利润总额151.68亿元，资产总额达3 862.29亿元。输配电行业上市公司主要经济指标完成情况（以首字母为顺序）见表1。

表1 输配电行业上市公司主要经济指标完成情况（以首字母为顺序） （单位：万元）

序号	企业名称	主营业务收入	固定资产	流动资产	序号	企业名称	主营业务收入	固定资产	流动资产
1	安徽鑫龙电器股份有限公司	80 900	32 100	164 000	29	江苏金智科技股份有限公司	78 269	10 440	64 709
2	宝胜科技创新股份有限公司	1 220 000	116 000	659 000	30	江苏林洋电子股份有限公司	221 000	40 100	285 000
3	保定天威保变电气股份有限公司	390 000	113 000	511 000	31	江苏中超电缆股份有限公司	487 000	68 400	496 000
4	北海银河产业投资股份有限公司	80 200	38 500	139 000	32	南京新联电子股份有限公司	58 000	31 900	132 000
5	北京鼎汉技术股份有限公司	79 600	18 900	113 000	33	青岛特锐德电气股份有限公司	193 000	36 800	216 000
6	北京动力源科技股份有限公司	93 900	31 800	123 000	34	荣信电力电子股份有限公司	92 800	69 300	254 000
7	北京科锐配电自动化股份有限公司	135 000	20 000	122 000	35	三变科技股份有限公司	92 400	22 900	100 000
8	北京四方继保自动化股份有限公司	208 336	16 379	278 432	36	厦门科华恒盛股份有限公司	149 000	29 000	144 000
9	成都旭光电子股份有限公司	54 500	23 400	95 000	37	陕西宝光真空电器股份有限公司	59 200	24 000	36 100
10	大盛微电科技股份有限公司	30 354	3 161	48 790	38	上海海得控制系统股份有限公司	154 000	24 200	121 000
11	东北电气发展股份有限公司	19 800	6 221	30 200	39	上海威尔泰工业自动化股份有限公司	12 300	3 821	17 500
12	东方电气股份有限公司	3 900 000	854 000	7 250 000	40	上海置信电气股份有限公司	420 000	49 900	396 000
13	东方电子股份有限公司	184 000	46 800	221 000	41	深圳市惠程电气股份有限公司	31 300	43 100	95 500
14	福建中能电气股份有限公司	45 800	19 800	74 000	42	深圳市科陆电子科技股份有限公司	195 460	85 233	238 276
15	广东易事特电源股份有限公司	197 000	26 400	214 000	43	思源电气股份有限公司	367 000	59 100	443 000
16	广州智光电气股份有限公司	60 741	34 152	85 498	44	苏州电器科学研究院股份有限公司	42 200	115 000	45 700
17	国电南京自动化股份有限公司	486 057	152 096	682 605	45	苏州海陆重工股份有限公司	140 000	53 900	231 000
18	国电南瑞科技股份有限公司	890 700	50 324	1 347 492	46	特变电工股份有限公司	3 610 000	1 790 000	3 510 000
19	哈尔滨九洲电气股份有限公司	19 000	34 600	82 700	47	天津百利特精电气股份有限公司	91 100	30 200	84 300
20	海润光伏科技股份有限公司	496 000	659 000	619 000	48	温州宏丰电工合金股份有限公司	66 800	19 900	57 000
21	杭州炬华科技股份有限公司	98 800	7 140	140 000	49	卧龙电气集团股份有限公司	689 000	257 000	541 000
22	杭州中恒电气股份有限公司	60 100	9 940	87 000	50	无锡华光锅炉股份有限公司	314 000	68 100	356 000
23	河南平高电气股份有限公司	461 000	167 000	650 000	51	武汉中元华电科技股份有限公司	17 452	3 589	62 580
24	河南森源电气股份有限公司	115 000	55 200	292 000	52	西安隆基硅材料股份有限公司	368 000	238 000	334 000
25	华仪电气股份有限公司	175 000	54 600	358 000	53	许继电气股份有限公司	836 000	103 000	948 000
26	积成电子股份有限公司	110 831	21 147	153 508	54	浙江南都电源动力股份有限公司	379 000	122 000	315 000
27	吉林永大集团股份有限公司	16 100	11 000	72 900	55	浙江正泰电器股份有限公司	1 280 000	138 000	919 000
28	江苏东源电器集团股份有限公司	88 600	38 800	81 200	56	中国西电电气股份有限公司	1 390 000	508 000	2 270 000

注：以上数据包含企业所有产品（包含一次设备、二次设备）营业利润。

自动化及保护设备行业 2014年，中国自动化及保护设备行业统计企业2 120家，其数据来源于上市公司年报、企业申报及其他渠道。2014年，自动化及保护设备行业完成主营业务收入1 606.96亿元，实现利润总额为86.92亿元，参与统计的行业内企业资产总额为5 867.43亿元。自动化及保护设备行业企业所在行业技术要求较高，尤其以智力成果为产品依托的软件开发企业，人才对企业的发展至关重要，因此行业内的市场竞争越来越体现为对高素质人才的竞争。2014，行业企业全部职工人数811 219人，其中工程技术人员465 776人，占总人数的57.42%。

2014年自动化及保护设备行业情况见表2。2014年自动化及保护设备行业部分企业主营业务收入见表3。2014年自动化及保护设备行业部分企业总资产贡献率见表4。2014年自动化及保护设备行业部分企业资本保值增值率见表5。2014年自动化及保护设备行业部分企业流动资产周转率见表6。2014年自动化及保护设备行业部分企业产品销售率见表7。2014年自动化及保护设备行业部分企业全员劳动生产率见表8。2014年自动化及保护设备行业部分企业经济效益综合指数见表9。

表2 2014年自动化及保护设备行业情况

指标名称	单位	数值
企业数	家	2 120
主营业务收入	亿元	1 606.96
利润总额	亿元	86.92
资产总额	亿元	5 867.43
固定资产	亿元	14 387.63
流动资产	亿元	691.22
职工人数	人	811 219

表3 2014年自动化及保护设备行业部分企业主营业务收入

序号	企业名称	主营业务收入（亿元）	序号	企业名称	主营业务收入（亿元）
1	国电南瑞科技股份有限公司	89.10	16	深圳奥特迅电力设备股份有限公司	4.58
2	许继电气股份有限公司	83.60	17	宁波福特继电器有限公司	3.74
3	南京南瑞继保电气有限公司	55.00	18	北京紫光测控有限公司	3.30
4	国电南京自动化股份有限公司	48.60	19	石家庄科林电气股份有限公司	3.23
5	思源电气股份有限公司	36.70	20	大盛微电科技股份有限公司	3.04
6	东方电子集团有限公司	24.13	21	广州金升阳科技有限公司	2.92
7	北京四方继保自动化股份有限公司	20.83	22	西门子电力自动化有限公司	2.89
8	深圳市科陆电子科技股份有限公司	19.50	23	安科瑞电气股份有限公司	2.83
9	河南森源电气股份有限公司	11.50	24	南京磐能电力科技股份有限公司	2.37
10	积成电子股份有限公司	11.08	25	苏州万龙电气集团股份有限公司	2.37
11	长园深瑞继保自动化有限公司	10.60	26	山东科汇电力自动化股份有限公司	1.96
12	北海银河产业投资股份有限公司	8.02	27	江苏斯菲尔电气股份有限公司	1.93
13	江苏金智科技股份有限公司	7.83	28	南京因泰莱电器股份有限公司	1.85
14	广州智光电气股份有限公司	6.07	29	武汉中元华电科技股份有限公司	1.75
15	重庆新世纪电气有限公司	5.61	30	上海华群实业股份有限公司	1.61

表4 2014年自动化及保护设备行业部分企业总资产贡献率

序号	企业名称	总资产贡献率（%）	序号	企业名称	总资产贡献率（%）
1	江苏斯菲尔电气股份有限公司	42.98	11	上海申瑞继保电气有限公司	22.55
2	北京德威特继保自动化科技股份有限公司	37.55	12	南京南瑞继保电气有限公司	21.79
3	南宏电力科技有限公司	36.69	13	长园深瑞继保自动化有限公司	21.78
4	上海科梁信息工程有限公司	35.16	14	安科瑞电气股份有限公司	19.83
5	西门子电力自动化有限公司	33.04	15	哈尔滨光宇电气自动化有限公司	19.60
6	广州金升阳科技有限公司	32.09	16	保定和易法电气科技有限公司	17.88
7	宁波福特继电器有限公司	25.01	17	北京紫光测控有限公司	17.83
8	山东科汇电力自动化股份有限公司	24.81	18	苏州万龙电气集团股份有限公司	17.25
9	淄博元星电子有限公司	23.46	19	哈尔滨电气集团阿城继电器有限责任公司	17.24
10	广东南丰电气自动化有限公司	22.61	20	许继电气股份有限公司	16.59

（续）

序号	企业名称	总资产贡献率（%）	序号	企业名称	总资产贡献率（%）
21	湖北天瑞电子有限公司	16.43	26	河北北恒电气科技有限公司	14.63
22	西安富邦科技实业有限公司	15.91	27	南京钛能电气有限公司	14.49
23	天津市双源津瑞科技有限公司	15.57	28	南京因泰莱电器股份有限公司	14.40
24	武汉市华意电子有限公司	15.47	29	思源电气股份有限公司	13.80
25	南京磐能电力科技股份有限公司	15.14	30	上海德创电器电子有限公司	13.61

表5　2014年自动化及保护设备行业部分企业资本保值增值率

序号	企业名称	资本保值增值率（%）	序号	企业名称	资本保值增值率（%）
1	南京中凯光电技术有限公司	1 412.77	16	西门子电力自动化有限公司	121.62
2	重庆新世纪电气有限公司	162.78	17	苏州万龙电气集团股份有限公司	120.67
3	哈尔滨电气集团阿城继电器有限责任公司	161.56	18	南京南瑞继保电气有限公司	120.26
4	北京德威特继保自动化科技股份有限公司	156.48	19	广东昂立电气自动化有限公司	119.31
5	大盛微电科技股份有限公司	150.77	20	江苏金智科技股份有限公司	118.02
6	淄博元星电子有限公司	138.74	21	广东南丰电气自动化有限公司	117.91
7	保定和易法电气科技有限公司	133.66	22	国电南瑞科技股份有限公司	117.78
8	上海科梁信息工程有限公司	132.71	23	许昌中正电子科技有限公司	117.76
9	许继电气股份有限公司	131.16	24	南京钛能电气有限公司	117.47
10	上海申瑞继保电气有限公司	131.00	25	石家庄科林电气股份有限公司	117.09
11	广州市宁志电力科技有限公司	129.04	26	西安富邦科技实业有限公司	115.17
12	广州金升阳科技有限公司	128.35	27	深圳奥特迅电力设备股份有限公司	114.01
13	山东科汇电力自动化股份有限公司	128.12	28	湖北天瑞电子有限公司	113.70
14	长园深瑞继保自动化有限公司	126.67	29	安科瑞电气股份有限公司	112.44
15	哈尔滨光宇电气自动化有限公司	125.47	30	武汉鑫森华科技产业发展有限公司	112.07

表6　2014年自动化及保护设备行业部分企业流动资产周转率

序号	企业名称	流动资产周转率（次）	序号	企业名称	流动资产周转率（次）
1	南京中凯光电技术有限公司	30.79	16	北京紫光测控有限公司	1.45
2	广东昂立电气自动化有限公司	5.11	17	江苏斯菲尔电气股份有限公司	1.42
3	杭州瑞胜电气有限公司	4.47	18	苏州万龙电气集团股份有限公司	1.31
4	上海科梁信息工程有限公司	3.37	19	淄博元星电子有限公司	1.29
5	南宏电力科技有限公司	3.30	20	天津市双源津瑞科技有限公司	1.26
6	宁波福特继电器有限公司	3.30	21	保定浪拜迪电气股份有限公司	1.26
7	武汉市华意电子有限公司	2.30	22	上海置恒电气有限公司	1.25
8	广州金升阳科技有限公司	2.14	23	山东科汇电力自动化股份有限公司	1.24
9	石家庄科林电气股份有限公司	2.11	24	重庆新世纪电气有限公司	1.17
10	广东南丰电气自动化有限公司	1.92	25	保定和易法电气科技有限公司	1.17
11	湖北天瑞电子有限公司	1.69	26	东方电子集团有限公司	1.14
12	西安富邦科技实业有限公司	1.52	27	武汉鑫森华科技产业发展有限公司	1.09
13	上海华群实业股份有限公司	1.50	28	南京因泰莱电器股份有限公司	1.03
14	北京德威特继保自动化科技股份有限公司	1.49	29	山东泰开自动化有限公司	0.99
15	珠海新金珠电力设备有限公司	1.48	30	河北北恒电气科技有限公司	0.98

表 7　2014 年自动化及保护设备行业部分企业产品销售率

序号	企业名称	产品销售率（%）	序号	企业名称	产品销售率（%）
1	广东昂立电气自动化有限公司	1 497.46	16	江苏金智科技股份有限公司	100.00
2	淄博元星电子有限公司	132.35	17	湖北天瑞电子有限公司	100.00
3	上海德创电器电子有限公司	116.15	18	江苏斯菲尔电气股份有限公司	100.00
4	保定市冀能电力自动化设备有限公司	104.72	19	上海置恒电气有限公司	100.00
5	许昌中正电子科技有限公司	102.73	20	南京因泰莱电器股份有限公司	100.00
6	天津市双源津瑞科技有限公司	102.00	21	南京中凯光电技术有限公司	100.00
7	武汉中元华电科技股份有限公司	101.24	22	保定和易法电气科技有限公司	100.00
8	北京星原丰泰电子技术股份有限公司	100.65	23	哈尔滨光宇电气自动化有限公司	100.00
9	武汉市华意电子有限公司	100.45	24	北京安通尼电子技术有限公司	100.00
10	宁波福特继电器有限公司	100.21	25	重庆新世纪电气有限公司	99.27
11	山东泰开自动化有限公司	100.12	26	广州金升阳科技有限公司	98.77
12	西安富邦科技实业有限公司	100.00	27	北京德威特继保自动化科技股份有限公司	98.70
13	河北北恒电气科技有限公司	100.00	28	哈尔滨电气集团阿城继电器有限责任公司	98.58
14	河南东海电气有限公司	100.00	29	安科瑞电气股份有限公司	98.33
15	无锡斯达四方电气有限公司	100.00	30	山东科汇电力自动化股份有限公司	98.00

表 8　2014 年自动化及保护设备行业部分企业全员劳动生产率

序号	企业名称	全员劳动生产率（万元／人）	序号	企业名称	全员劳动生产率（万元／人）
1	南京南瑞继保电气有限公司	270.76	16	保定浪拜迪电气股份有限公司	22.16
2	北京四方继保自动化股份有限公司	128.98	17	江苏斯菲尔电气股份有限公司	20.67
3	北京紫光测控有限公司	94.59	18	南京因泰莱电器股份有限公司	19.29
4	重庆新世纪电气有限公司	49.38	19	哈尔滨光宇电气自动化有限公司	18.25
5	长园深瑞继保自动化有限公司	45.66	20	西安市远征科技有限公司	18.01
6	武汉中元华电科技股份有限公司	39.35	21	东方电子集团有限公司	16.52
7	南京钛能电气有限公司	36.01	22	珠海万力达电气自动化有限公司	15.80
8	广东南丰电气自动化有限公司	35.81	23	广州金升阳科技有限公司	15.39
9	杭州瑞胜电气有限公司	32.92	24	山东泰开自动化有限公司	15.14
10	积成电子股份有限公司	27.44	25	北京德威特继保自动化科技股份有限公司	14.95
11	山东科汇电力自动化股份有限公司	27.26	26	安科瑞电气股份有限公司	11.81
12	西安富邦科技实业有限公司	26.55	27	湖北天瑞电子有限公司	11.47
13	南京磐能电力科技股份有限公司	24.60	28	株洲三达电子制造有限公司	10.00
14	南宏电力科技有限公司	24.57	29	天津市双源津瑞科技有限公司	9.94
15	石家庄科林电气股份有限公司	23.13	30	保定和易法电气科技有限公司	8.14

表 9　2014 年自动化及保护设备行业部分企业经济效益综合指数

序号	企业名称	经济效益综合指数	序号	企业名称	经济效益综合指数
1	南京中凯光电技术有限公司	5.09	9	武汉中元华电科技股份有限公司	1.98
2	广东昂立电气自动化有限公司	2.91	10	南宏电力科技有限公司	1.89
3	江苏斯菲尔电气股份有限公司	2.61	11	上海华群实业股份有限公司	1.84
4	南京南瑞继保电气有限公司	2.55	12	河南森源电气股份有限公司	1.83
5	广州金升阳科技有限公司	2.40	13	哈尔滨光宇电气自动化有限公司	1.77
6	安科瑞电气股份有限公司	2.21	14	南京因泰莱电器股份有限公司	1.74
7	石家庄科林电气股份有限公司	2.17	15	长园深瑞继保自动化有限公司	1.62
8	北京德威特继保自动化科技股份有限公司	2.15	16	山东科汇电力自动化股份有限公司	1.61

（续）

序号	企业名称	经济效益综合指数	序号	企业名称	经济效益综合指数
17	上海科梁信息工程有限公司	1.58	24	许继电气股份有限公司	1.43
18	北京四方继保自动化股份有限公司	1.58	25	深圳奥特迅电力设备股份有限公司	1.41
19	广东南丰电气自动化有限公司	1.51	26	北京紫光测控有限公司	1.33
20	淄博元星电子有限公司	1.48	27	国电南瑞科技股份有限公司	1.31
21	苏州万龙电气集团股份有限公司	1.47	28	南京磐能电力科技股份有限公司	1.29
22	宁波福特继电器有限公司	1.45	29	南京钛能电气有限公司	1.29
23	西门子电力自动化有限公司	1.44	30	湖北天瑞电子有限公司	1.25

经济类型情况 自动化及保护设备行业参与统计的2 120 家企业中国有及国有控股企业有111 家，民营企业有1 532 家，合资及外资企业为226 家；国有企业规模较大，2014 年主营业务收入完成488.98 亿元，占总收入的30.43%；民营企业盈利能力较强，利润总额占总利润的14.58%，合资及外资企业数量相对较少，而且更多的是和国内巨头合作参与市场竞争，所占市场份额较小。2014 年自动化及保护设备行业不同经济类型企业主要经济指标及其行业占比见表10。

表10 2014 年自动化及保护设备行业不同经济类型企业主要经济指标及其行业占比

指标名称	单位	总数	国有企业	民营企业	合资及外资企业
企业数	家	2 120	111	1 532	226
占比	%	100	5.24	72.26	10.66
主营业务收入	亿元	1 606.96	488.98	865.07	112.10
占比	%	100	30.43	53.83	6.98
利润总额	亿元	86.92	50.58	12.67	4.82
占比	%	100	58.19	14.58	5.54
资产总额	亿元	5 867.43	1 555.74	3 607.60	413.26
占比	%	100	26.51	61.49	7.04
全部职工人数	人	811 219	143 308	553 861	78 401
占比	%	100	17.67	68.28	9.66

注：涉及所有企业全部产品不局限继电保护及自动化。

企业规模情况 2014 年，自动化及保护设备行业参加统计的企业2 120 家中，主营业务收入在4 亿元以上的大型企业有234 家，共完成主营业务收入1 376.37 亿元，占总收入的85.65%；主营业务收入在2 000 万元和4 亿元之间的中型企业有595 家，共完成主营业务收入171.79 亿元，占总收入的10.69%；主营业务收入在300 万元以上2 000 万元以下的小型企业有936 家，完成主营业务收入51.49 亿元，占总收入的3.20%。主营业务收入在300 万元以下的微型企业有355 家，完成主营业务收入7.30 亿元，占总收入的0.45%。2014 年自动化及保护设备行业不同规模企业主要经济指标及其行业占比见表11。

表11 2014 年自动化及保护设备行业不同规模企业主要经济指标及其行业占比

指标名称	单位	合计	微型企业	小型企业	中型企业	大型企业
企业数	家	2 120	355	936	595	234
占比	%	100	16.75	44.15	28.07	11.04
主营业务收入	亿元	1 606.96	7.30	51.49	171.79	1 376.37
占比	%	100	0.45	3.20	10.69	85.65
利润总额	亿元	86.92	0.08	3.26	8.03	75.56
占比	%	100	0.09	3.75	9.24	86.92
资产总额	亿元	5 867.43	5.53	64.33	349.65	5 447.93
占比	%	100	0.09	1.10	5.96	92.85
全部职工人数	人	811 219	3 596	60 361	247 226	500 036
占比	%	100	0.44	7.44	30.48	61.64

主要经济圈情况 2014 年，自动化及保护设备行业参加统计的企业，基本上集中在珠三角经济圈、长三角经济圈、京津冀都市经济圈（渤海湾经济圈）这三个经济圈内。

珠三角经济圈的企业集中了大量中小型企业，企业发展迅速，企业规模虽然不大，但盈利能力较强。该经济圈分布了336 家行业企业，占总企业数的15.85%；主营业务收入248.23 亿元，占总主营业务收入的15.45%；实现利润总额8.56 亿元，占总利润总额的9.84%。

长三角的优势是商业贸易氛围良好，商业环境好，国际化程度高，有强大的品牌消费市场，民营经济强大，中国继电保护的主要大、中型企业都集中在这个区域内，分布了691 家行业企业，占总企业数的32.59%；主营业务收入607.91 亿元，占总主营业务收入的37.83%；实现利润总额45.77 亿元，占总利润总额的52.65%。

京津冀都市经济圈分布了366 家行业企业，占总企业数的17.26%；主营业务收入248.17 亿元，实现利润总额8.55 亿元，占总利润总额的9.83%。西部地区有280 家行业企业，占比13.21%；主营业务收入103.76 亿元，占比6.46%；实现利润总额1.88 亿元，占比2.16%。

2014 年自动化及保护设备行业不同经济圈企业主要经济指标及其行业占比见表12。

表12 2014年自动化及保护设备行业不同经济圈企业主要经济指标及其行业占比

指标名称	单位	合计	珠三角经济圈	长三角经济圈	京津冀都市经济圈	中部地区	西部地区	其他
企业数	家	2 120	336	691	366	293	280	154
占比	%	100	15.85	32.59	17.26	13.82	13.21	7.26
主营业务收入	亿元	1 606.96	248.23	607.91	248.17	259.75	103.76	139.13
占比	%	100	15.45	37.83	15.44	16.16	6.46	8.66
利润总额	亿元	86.92	8.56	45.77	8.55	19.44	1.88	2.73
占比	%	100	9.84	52.65	9.83	22.37	2.16	3.15
资产总额	亿元	5 867.43	1 022.92	1 962.21	1 011.15	886.30	409.98	574.87
占比	%	100	17.43	33.44	17.23	15.11	6.99	9.80
全部职工人数	人	811 219	137 053	259 859	146 548	114 349	77 110	76 300
占比	%	100	16.89	32.03	18.07	14.10	9.51	9.41

地区情况 2014年，自动化及保护设备行业参加统计的企业，分布在全国30个省、直辖市、自治区。其中广东、上海、江苏、北京、浙江集中了1 180家企业，广东有288家、上海有282家、江苏有235家企业分别进入统计名单。2014年自动化及保护设备行业省份分布见表13。

表13 2014年自动化及保护设备行业省份分布

省份	企业数（家）	主营业务收入（亿元）	利润总额（亿元）	资产总额（亿元）	职工人数（人）
广东	288	226.45	7.69	932.88	123 123
上海	282	191.12	9.59	710.77	102 231
江苏	235	371.36	35.37	1 084.09	117 634
北京	201	123.24	4.83	491.68	71 692
浙江	174	45.44	0.80	167.34	39 994
河南	145	153.04	18.03	393.12	46 559
河北	112	69.58	1.33	305.19	45 827
山东	108	134.61	4.46	514.25	65 115
陕西	96	25.77	0.34	98.96	25 183
湖北	61	55.27	1.21	258.13	33 547
天津	53	41.03	0.46	189.62	26 894
四川	53	15.62	0.17	66.83	12 970
福建	43	17.16	0.82	68.68	10 720
安徽	41	19.29	0.21	86.53	14 490
辽宁	39	10.71	0.12	45.16	9 120
湖南	38	18.50	0.20	84.71	12 840
黑龙江	33	11.75	-0.22	47.91	8 993
重庆	24	10.91	0.56	27.88	4 866
江西	19	9.67	0.10	43.41	7 250
云南	10	4.94	0.05	21.94	3 850
广西	9	8.43	0.34	22.65	2 721
新疆	8	4.33	0.05	20.56	2 510
甘肃	8	0.73	0.01	1.47	1 400
贵州	8	0.20	0.00	0.18	280
青海	7	8.13	0.09	40.12	4 200
宁夏	7	4.67	0.05	21.41	3 280
山西	6	0.16	0.00	0.15	260
吉林	6	16.23	0.17	80.48	8 460
海南	5	4.62	0.05	21.37	3 210
内蒙古	1	4.00	0.04	20.00	2 000

产品出口情况 2014年，电工行业进出口总额1 648.54亿美元，同比增长5.07%。出口额1 075.02亿美元，同比增长6.95%。自动化及保护设备行业总出口额为7.32亿元，占整个电工行业不足1%。2014年自动化及保护设备行业部分企业出口情况见表14。

表14 2014年自动化及保护设备行业部分企业出口情况

企业名称	2014出口值（万元）	2013出口值（万元）	同比增长（%）
南京南瑞继保电气有限公司	28 823	21 718	32.71
宁波福特继电器有限公司	19 587	17 511	11.86
东方电子集团有限公司	13 350	12 800	4.30
广州金升阳科技有限公司	9 478	8 973	5.63
哈尔滨电气集团阿城继电器有限责任公司	4 922	4 670	5.40
北京四方继保自动化股份有限公司	4 141	2 907	42.45
重庆新世纪电气有限公司	2 819	1 582	78.19
广东南丰电气自动化有限公司	2 056	2 586	-20.49
淄博元星电子有限公司	2 019	1 884	7.17
广东昂立电气自动化有限公司	1 296	1 050	23.43
江苏斯菲尔电气股份有限公司	362	205	76.59
苏州万龙电气集团股份有限公司	310	150	106.67
珠海万力达电气自动化有限公司	222	463	-52.05
山东科汇电力自动化股份有限公司	159	182	-12.64
湖北天瑞电子有限公司	40	33	21.21
上海申瑞继保电气有限公司	31	220	-85.91
株洲三达电子制造有限公司	1	12	-91.67

市场分布情况

1. 进口继电保护设备市场占有情况

截至2014年年底，220 kV及以上电压等级系统在运的进口保护装置中，ABB公司的市场占有率最高，其生产的产品占全部进口装置的52.19%，其次分别是ALSTOM公司(24.79%)、GE公司(9.42%)、SEL公司(6.94%)、SIEMENS(2.77%)。2012—2014年进口各主要保护厂家市场占有情况见表15。

表15 2012—2014年进口各主要保护厂家市场占有情况

（单位：%）

厂家名称	2012年	2013年	2014年
ABB	57.32	52.39	52.19
ALSTOM	19.56	21.08	24.79
GE	7.07	7.18	9.42
SEL	10.81	13.23	6.94
SIEMENS	2.34	2.70	2.77

2014年220～500kV电压等级国外主要保护厂家市场占有情况见表16。

表16 2014年220～500kV电压等级国外主要保护厂家市场占有情况

（单位：%）

厂家名称	500kV系统	330kV系统	220kV系统	合计
ABB	51.43	40.35	54.34	52.19
ALSTOM	30.50	17.54	12.86	24.79
GE	9.31	17.54	9.39	9.42
SEL	2.16	1.75	17.36	6.94
SIEMENS	2.40	/	3.67	2.77

2014年各类保护装置主要进口厂家市场占有情况见表17。

表17 2014年各类保护装置主要进口厂家市场占有情况

（单位：%）

保护类别	厂家名称				
	ABB	ALSTOM	GE	SEL	SIEMENS
线路保护	46.58	35.34	8.74	2.20	1.01
母线保护	95.46	1.30	1.62	1.46	/

（续）

保护类别	厂家名称				
	ABB	ALSTOM	GE	SEL	SIEMENS
变压器保护	43.81	10.19	14.38	23.24	7.33
电抗器保护	100	/	/	/	/
断路器保护	51.22	41.46	2.66	3.66	0.33
过电压远跳保护	85.19	3.70	/	11.11	/
其他保护	27.41	25.90	25.33	0.38	7.39
总计	52.19	24.79	9.42	6.94	2.77

2. 国产继电保护设备市场占有情况

截至 2014 年年底，220 kV 及以上电压等级系统中国内各主要保护设备制造厂家的市场占有情况如下：南瑞继保生产的保护装置共 60 691 台，占全部国产保护装置的 43.71%；国电南自生产的保护装置共 30 061 台，占全部国产保护装置的 21.65%；四方继保生产的保护装置共 24 947 台，占全部国产保护装置的 17.97%；许继电气生产的保护装置共 11 795 台，占全部国产保护装置的 8.49%；长园深瑞生产的保护装置共 10 260 台，占全部国产保护装置的 7.39%；国电南瑞生产的保护装置共 645 台，占全部国产保护装置的 0.46%。2012—2014 年国产主要保护设备制造厂家市场占有情况见表 18。

表 18　2012—2014 年国内主要保护设备制造厂家市场占有情况

项目名称		南瑞继保	国电南自	四方继保	许继电气	长园深瑞	国电南瑞
2014 年	设备数量（台）	60 691	30 061	24 947	11 795	10 260	645
	比例 (%)	43.71	21.65	17.97	8.49	7.39	0.46
2013 年	设备数量（台）	55 649	27 431	21 818	9 967	8 611	302
	比例 (%)	44.87	22.12	17.59	8.04	6.94	0.24
2012 年	比例 (%)	44.99	22.27	17.13	7.72	6.45	/

应用于 1 000 kV 系统的国产保护装置中，南瑞继保生产的装置占全部装置的 41.21%，其次分别是四方继保 (19.70%)、许继电气 (18.79%)、国电南自 (12.12%) 和长园深瑞 (8.18%)。2014 年各电压等级国内主要保护设备制造厂家市场占有情况见表 19。

表 19　2014 年各电压等级国内主要保护设备制造厂家市场占有情况　（单位：%）

厂家名称	1 000kV 系统	750kV 系统	500kV 系统	330kV 系统	220kV 系统	合计
南瑞继保	41.21	39.86	53.78	35.51	41.77	43.71
国电南自	12.12	14.98	14.49	20.49	23.84	21.65
四方继保	19.70	24.94	18.64	25.42	16.99	17.97
许继电气	18.79	16.12	6.57	12.08	8.54	8.49
长园深瑞	8.18	4.05	5.30	6.07	8.13	7.39
国电南瑞	/	0.06	0.30	0.18	0.54	0.46

截至 2014 年年底，220 kV 及以上电压等级系统在运的国产线路保护中，南瑞继保生产的产品占 46.34%，其次分别是四方继保 (20.56%)、国电南自 (20.01%)、许继电气 (8.29%)、长园深瑞 (4.38%) 和国电南瑞 (0.37%)。2014 年国产主要保护设备制造厂家不同类型产品市场占有情况见表 20。

表 20　2014 年国产主要保护设备制造厂家不同类型产品市场占有情况　（单位：%）

保护类别	南瑞继保	国电南自	四方继保	许继电气	长园深瑞	国电南瑞
线路保护	46.34	20.01	20.56	8.29	4.38	0.37
母线保护	32.46	12.43	9.87	8.42	36.33	0.27
变压器保护	38.31	30.69	14.42	9.77	5.30	0.91
电抗器保护	33.21	37.43	14.17	9.30	4.29	0.66
断路器保护	44.86	23.36	19.80	7.17	4.08	0.51
过电压远跳保护	51.43	12.64	25.37	8.30	2.01	0.25
其他保护	52.87	21.43	9.73	11.96	1.15	0.08
总计	43.71	21.65	17.97	8.49	7.39	0.46

应用于 1 000 kV 系统的新投运国产保护装置中，长园深瑞生产的设备占全部装置的 33.33%，其次分别是南瑞继保 (25.64%)、许继电气 (20.51%)、国电南自 (15.39%) 和四方继保 (5.13%)。2014 年各电压等级新投运国内主要保护设备制造厂家市场占有情况见表 21。

表 21　2014 年各电压等级新投运国内主要保护设备制造厂家市场占有情况

项目名称		1 000kV 系统	750kV 系统	500kV 系统	330kV 系统	220kV 系统	总计
南瑞继保	台数	10	66	765	59	2 492	3 392
	比例 (%)	25.64	36.46	34.44	17.88	31.98	32.11
国电南自	台数	6	19	405	69	1 566	2 065
	比例 (%)	15.39	10.50	18.24	20.91	20.10	19.55
四方继保	台数	2	59	522	90	1 617	2 290
	比例 (%)	5.13	32.60	23.50	27.27	20.75	21.68
许继电气	台数	8	18	256	66	925	1 273
	比例 (%)	20.51	9.95	11.53	20	11.87	12.05
长园深瑞	台数	13	18	208	38	965	1 242
	比例 (%)	33.33	9.95	9.37	11.52	12.38	11.76
国电南瑞	台数	/	1	65	8	227	301
	比例 (%)	/	0.55	2.93	2.42	2.91	2.85

标准　继电保护及自动化设备分会秘书处挂靠单位也是全国量度继电器和保护设备标准化技术委员会（SAC/TC154）秘书处单位，与国际电工委员会（IEC）TC95 技术委员会“量度继电器和保护装置”对口，主要组织开展量度继电器、电力系统继电保护设备专业领域的标准发展规划、标准体系研究，以及相关标准的制修订工作。

1. 国际标准化

2014 年参加国际会议情况见表 22。

表 22　2014 年参加国际会议情况

召开时间	地点	会议主题	参加专家
2014 年 12 月 1—5 日	美国佛罗里达州	IEC/TC95 年会暨工作组会议	李亚萍、胡家为、赵希才、袁文广、杨慧霞

继电保护及自动化设备分会标准与技术行业评价中心组织国内专家认真研究和密切跟踪国际标准的发展，积极参与国际标准的制订，主导和参与起草了 3 项国际标准，完成了 6 项国际标准草案的研究和投票。

2. 国家标准制定

2015 年，分会标准与技术行业评价中心共组织业内专家对 10 项（其中 3 项报批中）国家标准和 8 项能源行业标准开展制修订工作。

正在制定 7 项国家标准：GB/T 14598.121《量度继电器和保护装置　第 121 部分：距离保护功能要求》、GB/T 14598.24《量度继电器和保护装置　第 24 部分：电力系统暂态数据交换 (COMTRADE) 通用格式》、GB 14598.27《量度继电器和保护装置　第 27 部分：产品安全要求》《智能电网保护测控设备技术要求》《智能微电网保护设备技术导则》《电力系统变频器保护技术规范》《分布式电源并网继电保护技术规范》。

正在制定 8 项能源行业标准：《弧光保护装置选用导则》《保护和控制用智能单元设备通用技术条件》《继电保护及安全自动装置产品型号编制办法》《无线测温装置技术要求》《低频振动与冲击传感器校准规范》《汽轮发电机组轴系扭振监测和保护装置技术要求》《合并单元测试设备技术规范》《继电保护故障信息系统子站技术规范》。

已完成 3 项国家标准报批：GB/T 7261《继电保护和安全自动装置基本试验方法》、GB/T 14598.149《量度继电器和保护装置　第 149 部分：电热继电器功能要求》、国家标准《弧光保护装置技术要求》。

检测

1. 智能电网设备入网检测平台建设

行业检测中心包括开普实验室、中国电科院和国网电科院。行业检测中心拥有完善的电气安全、环境、电磁兼容试验能力，承担生产许可证、产品认证、国网专业集中测试及企业委托检测和试验研究工作。

（1）国家电网专业测试：2014 年承担了国家电网公司保护装置和故障录波分析装置的专业检测工作。

保护装置涉及 220kV 及以上断路器、短引线和过电压远跳保护。参与厂家有6家共计42套保护装置。测试项目包括保护功能、六统一符合性、气候环境、绝缘性能、机械性能、电磁兼容、外壳防护、通信及信息、规约一致性等。在测试过程中，发现的问题主要在保护功能、绝缘、振动耐久、六统一符合性、通信及信息和规约一致性等方面。

故障录波分析装置包括模拟量输入动态记录装置和数字量输入动态记录装置。参与模拟量输入动态记录装置测试的有8个厂家共8台装置，数字量输入动态记录装置测试的10个厂家11台装置。测试项目包括基本功能、气候环境、绝缘性能、机械性能、外壳防护。其中在基本功能的检测中数字量输入动态记录装置出现的问题的数量多于模拟量输入动态记录装置。

在专业集中测试中，发现的各类保护装置存在的问题及差异，均与相关企业进行了沟通，并上报国家电网相关部门，便于国家电网了解产品质量状况和企业产品质量的改进。

（2）为满足不断增加的产品和标准的需求，新增加了水平／垂直燃烧试验仪、引燃丝试验仪、1 000A程控电源等安规试验设备，提高了安全检测的技术能力。

（3）谐波发射测试系统升级：对电磁兼容谐波发射限值测试系统进行了升级，升级后测试系统满足了IEC 61000-3-2和GB 17626.1最新标准的要求。

（4）电磁兼容试验能力扩容：投资100余万元扩容了电磁兼容测试场地和测试设备，改造和新增测试场地50m^2，新增5套测试设备，含浪涌抗扰度测试系统、阻尼振荡波测试系统、工频磁场测试系统、阻尼振荡磁场测试系统和脉冲磁场测试系统。电磁兼容试验能力扩容后即满足了新增业务需求，又解决了测试排队的问题。

（5）电动汽车充电设备电磁兼容试验场地改造：2014年，为满足电动汽车充电设备电磁兼容测试需求的快速发展，改造了电动汽车充电设备电磁兼容测试场地，并配置了丰富的测试负载，提高了测试的效率。

2. 新能源实验室建设情况

新能源实验室专注于研究各国新能源产品标准的变化，并和国际知名机构保持良好的合作关系，为客户提供高度灵活的一站式测试认证服务解决方案，配合客户轻松便捷地获得进入多国市场的通行证。

（1）开普实验室耗资3 000万元建设的1MW光伏并网逆变器低电压穿越试验系统顺利通过中国合格评定国家认可委员会（CNAS）评审，并获得国家质量监督检验检疫总局授权正式对外开展认证检测工作。

（2）开普实验室投资500万元购置了630kW光伏阵列Ⅳ模拟器一套、800kV·A交流模拟电源一套，进一步增强了光伏并网逆变器的试验能力，目前是国内光伏并网逆变器综合试验能力最强的实验室。

（3）开普实验室将原有的容量为500kW防孤岛检测装置升级为1MW，满足了大功率光伏逆变器的防孤岛测试需求。

（4）随着电动汽车的迅猛发展，开普实验室与中国台湾Chroma公司合作研发了电动汽车充换电设备自动测试系统，大大提高了测试效率，同时提升了开普实验室在电动汽车充换电设备领域测试的权威性和影响力。

3. 规约测试情况

行业检测中心（自动化系统及通信测试研究中心）积极参与各类智能电网设备的研究和试验活动，构筑了电力用户与制造厂间技术协调的新平台。

（1）组织制订智能电网保护控制检测规范，引导制造企业产品技术满足应用需求。在国家电网公司、国调中心的统一领导和协调下，开普实验室、中国电科院、各主要厂家开展了智能电网和智能变电站技术研究和规范制定工作，开展了模拟量输入式合并单元、合并单元智能终端集成装置、故障录波装置、网络记录分析仪、变压器保护、母线保护等测试规范的编写工作。

（2）积极推动智能设备通信互操作研究和检测。2015年3月，行业通信测试研究中心将原有61850 UCA B级实验室资质升级为A级实验室，这是中国第一家，也是唯一的一家61850 A级实验室。

（3）积极参与国网、南网智能设备专业检测工作，为智能设备的应用提供质量服务。行业智能设备测试研究中心承担了国网、南网众多产品的专业检测工作，如合并单元、智能终端、合智一体化装置、录波器、数字化保护等变电站用装置，截至2015年3月，共开展了10批次共500多套产品的检测工作，有效地支持了国网、南网建设。

4. 仿真中心试验及研究情况

行业电力系统仿真中心许昌开普检测技术有限公司在多年仿真测试经验的基础上，经过长时间潜心研制开发出新型实时数字仿真继电保护测试系统（KPF9），具有性价比高、模型成熟、操作简易的优点。

行业电力系统仿真中心分别从RTDS仿真建模、自定义元件开发、脚本技术研究以及试验数据的自动记录和整理4个方面对基于RTDS的电力系统仿真自动测试关键技术进行了深入的研究，提出了一种集RTDS自动试验功能、波形数据自动记录分析功能、继电保护装置报文自动记录功能、试验信息自动整理功能为一体的基于RTDS实时仿真系统的自动测试方法，极大地提高了使用RTDS进行电力系统仿真研究和继电保护产品试验的效率，有效地缩短了实验研究机构对交流输电工程现场各种问题及故障的响应速度。

学术交流及服务平台建设

1. 中国电工技术学会电力系统控制与保护专业委员会中国智能电网学术研讨会

为了推动我国智能电网技术的发展，提高智能电网设备的研发、制造和运行水平，促进与世界先进水平接轨，自2010年中国电工技术学会控制与保护专委会成立以来，专委会联合清华大学、华中科技大学和华北电力大学共同举办中国智能电网学术研讨会，现已召开六届（2010年8月许昌，2011年6月北京、2012年9月济南、2013年11

月北京、2014 年 7 月北京、2015 年 5 月南京）。

2.《电力系统保护与控制》杂志

《电力系统保护与控制》成为中国科学引文数据库（Chinese Science Citation Database，简称 CSCD）2015—2016 年度来源期刊，被中国科学评价研究中心、武汉大学图书馆、中国科教评价网共同评为 2015—2016 年度 RCCSE 中国权威学术期刊。

蝉联“河南省第三届自然科学综合质量检测一级期刊”和“河南省第三届自然科学二十佳期刊”。根据中国科学技术信息研究所 2014 年 9 月 26 日发布的中国科技论文统计结果，《电力系统保护与控制》2013 年在电气工程类期刊中核心总被引频次 5 376，排名第 5；核心影响因子 1.509，排名第 5。

根据中国学术期刊（光盘版）电子杂志社和中国科学文献计量评价研究中心 2014 年 12 月 16 日发布的中国学术期刊影响因子年报，《电力系统保护与控制》2013 年的复合总被引 13 260 次，复合影响因子为 2.633，期刊综合总被引 6 798 次，期刊影响因子 1.757，在电气工程学科排名第 4。《电力系统保护与控制》杂志社获得 2014 中国国际影响力优秀学术期刊。

3.《电力装备》杂志

2015 年，《电力装备》共报道行业信息 200 余条、电力政策 13 条，会员企业动态 123 条，各种会议 70 余次，对行业内关注的焦点、热点话题 —— 核电、是否应在中国内陆建造核电作了专题报道，给行业内的专家学者提供激辩平台；对太阳能光伏、风能发电等新能源话题及时进行专题报道。

行业工作 2015 年 6 月 25—27 日，中国自动化及保护设备行业统计工作年会在许昌召开。会议主旨是分析 2015 年电力经济运行的形势、发布 2015 年中国自动化及保护设备行业发展研究报告。会议由中国电器工业协会继电保护及自动化设备分会常务副秘书长、许昌开普电气研究院副院长李志勇主持。

行业内共有 7 家企业参与了信用等级评价，已通过 AAA 级企业信用等级评价的企业有 6 家，通过 AA 级企业信用等级评价有 1 家。

分会依托行业网站，投入大量资金和人力物力，重构 IT 架构和科技体系，进行全面信息系统的改造升级，搭建中国自动化及保护设备行业信息系统服务平台，目的是通过构建具有科学合理、规范高效特点的数据仓库及数据分析系统，加强企业信息和互联网信息的分析，建立政府及各事业单位的公共信息服务平台，给会员企业提供有效的经营分析、风险管控等服务。

2014 年，分会新增会员 5 家（河南许继智能科技股份有限公司、南京中凯光电技术有限公司、无锡市宇峰电气有限公司、西电通用电气自动化有限公司、浙江达能科技有限公司），现有会员 142 家。

〔撰稿人：许昌开普电气研究院胡韵华、陈勇　许昌许继风电科技有限公司邓清闯〕

低压电器

生产发展情况 2014 年低压电器行业实现稳中有进，平稳运行的态势，加上电力设施建设逐步扩大，低压电器需求普遍处于扩张状态，市场前景较可观。然而，仍存在缺乏高端市场竞争力，发展后劲不足的问题。在统计的 105 家企业中，有 27% 的企业利润增长率同比下降。但以正泰、常熟、上海人民为代表的企业取得了新的发展，实力进一步加强；以上海良信、北京人民为代表的新型企业正在崛起。这些企业总体利润水平在行业中继续处于领先水平，利润总额均占销售额的 20% ～ 35%。

在低压电器行业已开发的四代产品中，除第一代产品已完全淘汰外，二、三和四代产品三代同堂，中、低档产品(主要为二代和三代产品)产量仍占有较大比例（二代产品占 20%，三代产品已占 70%），第四代高端产品已陆续推向市场（占 10%）。

低压电器行业总体上呈现了平稳发展的态势，行业经济运行效率和运行质量保持良好。2014 年低压电器行业主要经济指标见表 1。

表 1　2014 年低压电器行业主要经济指标

名 称	单 位	金额	同比增长（%）
产品销售收入	亿元	730	7.35
工业增加值	亿元	172	7.50
利润总额	亿元	52	8.33
低压电器主要元器件进出口总额	亿美元	50.63	-12.54
进口额	亿美元	21.44	-22.68
出口额	亿美元	29.19	-3.22

据行业统计数据，2014 年低压电器行业工业总产值（低压元器件总产值）超亿元的企业为：

10 亿元以上：正泰电器股份有限公司、德力西电气有限公司、浙江天正电气股份有限公司、厦门 ABB 低压电器设备有限公司、常熟开关制造有限公司（原常熟开关厂）、苏州西门子电器有限公司、上海电器股份有限公司人民电器厂、人民电器集团有限公司、施耐德万高（天津）电气设备有限公司等。

5 亿～ 10 亿元：环宇集团有限公司、天水二一三电器有限公司、上海良信电器股份有限公司、北京 ABB 低压电器有限公司、杭申集团有限公司、天津百利特精电气股份有限公司、华通机电集团有限公司、常安集团有限公司、罗格朗低压电器(无锡)有限公司、厦门宏发开关设备有限公司等。

1亿～5亿元：上海西门子线路保护系统有限公司、上海精益电器厂有限公司、北京人民电器厂有限公司、西蒙电气（中国）有限公司、安德利集团有限公司、上海天逸电器有限公司、宁波燎原电器集团股份有限公司、上海永继电气股份有限公司、江苏大全凯帆电器有限公司、上海一开电气集团有限公司、河北宝凯电器有限公司、法泰电器（江苏）股份有限公司、沈阳斯沃电器有限公司、三信国际电器上海有限公司、遵义长征电器开关设备有限责任公司、巨邦电器有限公司、天水长城控制电器有限责任公司、北京明日电器设备有限责任公司、苏州万龙集团有限公司、杭州乾龙电器有限公司、北京北元电器有限公司、上海电器陶瓷厂有限公司、宁波奇乐电气集团有限公司、福建鑫威电器有限公司、桂林机床电器有限公司、创奇科技有限公司等。2014年低压电器行业各项综合经济指标见表2。

表2 2014年低压电器行业各项综合经济指标

经 济 指 标	行业年平均值
工业经济效益综合指数	2.52
总资产贡献率（%）	17.13
成本费用利润率（%）	9.98
资本保值增值率（%）	113.54
资产负债率（%）	113.54
流动资产周转率（次）	1.86
全员劳动生产率（万元/人）	20.38
工业产品销售率（%）	96.28

2014年低压电器行业经济效益综合指数前10名企业见表3。

表3 2014年低压电器行业经济效益综合指数前10名企业

序号	企 业 名 称	经济效益综合指数	总资产贡献率(%)	资本保值增值(%)	资产负债率(%)	流动资产周转率(次)	成本费用利润率(%)	全员劳动生产率(万元/人)	产品销售率(%)
1	施耐德万高（天津）电气设备有限公司	12.89	95.61	83.19	64.72	2.22	56.56	138.38	100.80
2	厦门ABB低压电器设备有限公司	10.01	40.17	120.34	70.38	1.06	44.98	11.60	107.95
3	德力西电气有限公司	7.06	22.93	112.63	61.11	2.19	12.88	91.36	93.42
4	常熟开关制造有限公司（原常熟开关厂）	6.69	40.11	112.96	43.11	1.27	49.94	58.24	98.63
5	华通机电集团有限公司	5.34	35.35	101.01	50.50	3.50	6.96	60.83	96.74
6	上海电器股份有限公司人民电器厂	5.05	18.17	91.17	70.91	2.47	5.57	64.19	90.79
7	北京ABB低压电器有限公司	4.98	33.56	106.67	45.40	2.25	22.81	47.37	97.85
8	苏州西门子电器有限公司	4.47	30.91	134.51	53.25	2.84	26.83	35.55	106.75
9	浙江正泰电器股份有限公司	3.92	25.71	113.47	43.41	1.45	25.09	32.02	97.95
10	浙江天正电气股份有限公司	2.76	24.31	75.79	59.42	2.43	7.54	23.59	97.51

行业发展

1. 产销保持平稳增长

根据行业统计分析，整个行业的发展仍保持了比较平稳的增长态势。在上报的105家企业中，全年出现生产销售增长的企业占整个行业的55%，有15%的企业生产销售与2013年持平，有30%的企业生产销售同比2013年下降。

2014年，在公布的第十一届中国电气工业发展高峰论坛暨第15届中国电气工业100强中，通用低压电器分会会员浙江正泰电器股份有限公司等单位占居百强18席。

2014年，低压电器行业主要产品的产量均有不同程度的增长。2014年低压电器行业主要产品产量见表4。

表4 2014年低压电器行业主要产品产量

产 品 名 称	单 位	产 量	同比增长(%)
万能断路器	万台	108	8.00
塑壳断路器（含漏电）	万台	5 600	7.69
小型断路器（含漏电）	亿极	10.5	8.25
接触器	万台	12 700	8.09
刀开关类	万台	1 670	8.44

2. 经济运行质量保持良好

行业在主营业务收入主要经济指标上继续保持平稳增长；工业增加值和利润总额同比有7.5%的增长；反映

行业盈利水平的成本费用利润率高于全国标准值3.71%。反映资本获利能力的总资产贡献率，有60%的企业超过10.7%的国家标准值，反映资金效率的流动资产周转率，45%的企业高于1.52次的全国标准值。

3.利润总额小幅增长

2014年，行业的利润总额同比增长8.33%，增长幅度同比下降。随着国内国际宏观经济增速普遍放缓，工业生产对金属铜、银的需求将有所下降，2014年，低压电器主要原材料铜、银等价格同比也呈下降趋势，但行业部分中小企业仍受原材料价格、劳动力成本、财务成本不断上涨及价格恶性竞争等影响，造成产品成本增加，利润空间变小，30%的企业利润增长率同比处于下降态势，其中10%左右的企业出现了不同程度的亏损。这些企业缺乏规模效益和核心竞争力的产品，长期以来缺乏技术改造、产品单一，产品附加值低，生产能力过剩，产品同质化等，导致企业发展后劲严重缺乏。

4.新产品研发投入不足

2014年，行业产品科研与研发投入同比增长仅5%（同比增长下降），占行业销售收入的2.1%（同比增长下降）。下降的主要原因是大部分中小企业资金紧缺、财务成本上升、人员成本提高等诸方面因素导致。不少企业已处于微利和亏损状态，不能加大科研、新品研发与技改等投入，导致产品创新能力、市场竞争能力等受到较大影响。

5.缺乏自主研发能力和高端市场竞争能力

在低压电器市场良好发展的同时，行业生产企业和国际先进的大型制造商相比，在研发、设计、管理能力及整体的技术与生产水平方面都相差较大。特别是低压电器企业整体规模偏小，各方面的资源都相对分散，企业多存在在中低端领域的重复研发或互相模仿的情况，加上企业规模、产品质量等方面的良莠不齐等，导致缺乏足够的自主研发能力和高端市场竞争能力。行业一些有前瞻性的企业，通过强强合作来全面提升品牌和产品竞争力，新产品开发及知识产权保护意识也越来越强，价格竞争正在趋向稳定。而且随着新产品的推出，低端产品将逐渐退出市场，行业的产品结构也将得到很大的调整，同时将加速整个低压电器产品的更新换代。

6.低压电器出口竞争力增强

据海关数据统计，2014年我国低压电器产品累计进口153.3亿美元，同比增长6.95%；2014年受2013年出口低迷影响，出口增速大幅提高，出口额142.7亿美元，同比增长15.4%升。低压电器进口主要来自亚洲市场，占比75.38%，欧洲市场占比15.29%；出口方面，亚洲、欧洲和北美洲三大市场出口占比分别为64%、14.45%和13.25%，出口分别同比增长15.21%、16.85%和12%。2014年，我国低压电器对非洲的出口呈现较为明显的增长，同比增长39.16%，说明我国低压电器企业在开拓新兴国际市场方面取得了一些成效。

2008—2014年，低压电器产品进出口贸易逆差自2010年起呈逐年递减趋势，2014年贸易逆差降至10.66亿美元，我国低压电器产品的国际竞争力在逐步增强。全行业有30%左右的企业均有不同程度的出口量，且2014年比2013年均有所增长。

2014年，进出口量较大的元器件为继电器、断路器、熔断器等。继电器进口额同比增长9.75%，出口额同比增长10.2%；断路器进口额同比增长11.24%，出口额同比增长6.96%；熔断器进口额同比下降5.71%，出口额同比增长19.41%。2014年低压电器主要元器件进出口情况见表5。

表5　2014年低压电器主要元器件进出口情况

税号	产品名称	进口		出口	
		数量（个）	金额（万美元）	数量（个）	金额（万美元）
85361000	熔断器 $U \leqslant 1\,000V$	8 245 329 404	49 807	4 556 626 884	26 873
85362000	自动断路器 $U \leqslant 1\,000V$	117 543 272	23 022	390 169 131	90 973
85363000	其他电路保护装置 $U \leqslant 1\,000V$	1 257 924 270	39 352	822 986 387	57 359
85364190	继电器 $U \leqslant 60V$	1 066 457 108	72 378	1 816 751 377	82 121
85364900	继电器 $60V \leqslant U \leqslant 1\,000V$	166 658 611	32 408	499 059 819	42 258
85365000	开关 $U \leqslant 1\,000V$	11 663 907 443	225 579	10 341 948 271	255 689
85369000	其他连接用电器装置 $U \leqslant 1\,000V$	12 964 447 217	171 566	5 166 645 036	209 628

科技成果及创新　浙江正泰电器股份有限公司2014年公司完成新产品开发76项，技术改造22项；获得专利173件，参与行业标准制（修）订8项，完成国内外认证353项（含换发133项）；“NB1L小型化整体式系列剩余电流断路器研发及产业化”获全国工商联科技进步奖三等奖及中国机械工业科学技术奖三等奖；“NA8-2500万能式断路器”获浙江机械工业科学技术奖三等奖；荣获全国首批知识产权管理体系第1号认证证书。

常熟开关制造有限公司完成7个新产品的开发鉴定，全年新申请专利共计160项，其中发明专利25项；新获授权专利135项，其中发明专利12项。高性能光伏发电系统关键元件的研发和GCK2成套开关设备分别荣获中国机械工业科学技术奖二等奖，高性能光伏发电系统关键元件的研发和产业化荣获江苏省科学技术奖三等奖，CS1G并网型光伏发电逆变器与CX光伏汇流箱荣获江苏省高新技术产品称号。

上海人民电器厂获得全国机械工业优秀质量管理小组活动成果二、三等奖。RMM1塑料外壳式断路器被评为质量可信产品。上联牌万能式断路器、塑料外壳式断路器获评中国机械工业优质品牌。

2014年，上海良信电器股份有限公司完成研发的新产品主要有NDM1F-63（预付费小型断路器）、NDB2-40（1P+N小型断路器）、NDM3Z（光伏用DC1000V塑壳断路器）、NDC1-2650（大电流接触器）、NDC1T-185（防尘型接触器）、NDB1C-125（小型断路器）等。该公司一年来新增专利30项，拥有有效专利196项，其中发明专利21项，实用新型专利121项，外观设计专利54项。

2014年，北京人民电器厂有限公司荣获2014年度十大电气创新企业、2014年度十大电气创新产品、第二届中国低压电器行业“十大最具影响力品牌”，“GM5系列光伏保护专用断路器”荣获第二届中国低压电器行业“最佳用户满意产品”。

2014年，低压电器行业各企业积极开发新产品，据不完全统计，全行业推出了数百种新产品。2014年低压电器行业新产品见表6。

表6 2014年低压电器行业新产品

序号	企业名称	产品型号、名称
1	正泰电器股份有限公司	NM8-250直流塑料外壳式断路器
		NA100-4000万能式断路器
		1P+N剩余电流动作断路器（经济性）
		NJBK1-80电动机保护器
		NJR2-D系列软起动
2	常熟开关制造有限公司(原常熟开关厂)	CW3R-1600万能式断路器
		CW3F-2500万能式断路器
		CM3ZL系列、CM3Z系列四极多功能智能型塑壳断路器
		CD3智能型电动机控制保护器
		CAP1-630自动转换开关
3	上海电器股份有限公司人民电器厂	RMW3-1600万能式断路器
		RMM3-160塑壳断路器
4	浙江天正电气股份有限公司	TGM2E2-125Y/3N剩余电流保护断路器
		TGM3G-125、250、400、800隔离开关
		TGM2E2-125/3N剩余电流保护断路器
		TGM2E-125/3N剩余电流保护断路器
		TGQ2-63自动转换开关电器
		THB5-63小型断路器
		THK1-45H控制与保护开关电器
		THK1H-100控制与保护开关电器
		THM5-100/160/250/400/630系列塑料外壳式断路器
		THW3-1600/2500系列万能式断路器
		THM5L-100/160/250/400/630剩余电流保护断路器
5	天水二一三电器有限公司	GSA2-125、250自动转换开关
		GSC3-40/65Z直流操作交流接触器
		GSC3-0904/2504、0908/2508四极交流接触器
		GSZ6-200、400直流接触器
		GSZ8-300、400直流接触器
6	天津百利特精电气股份有限公司	TW40-4000万能式断路器
		TM31L(G)-63剩余电流动作断路器
7	华通机电集团有限公司	CFW1-4000万能式断路器
		CFB2LE-63剩余电流动作断路器
		CFHQ3-100智能型自动转换开关
		CFM1LE-630剩余电流断路器
		CFB6LE-100剩余电流漏电断路器
		CFB3Z小型直流断路器

（续）

序号	企业名称	产品型号、名称
8	环宇集团有限公司	PC级自动转换开关
		HUDY1电涌保护器
		H8BN-40(DPN)小型断路器
		HUM1L(Y)-225L/2300剩余电流断路器
9	上海良信电器股份有限公司	NDM1F-63系列小型断路器
		NDB2-40系列小型断路器（B型脱口特性）
		NDM3-160系列塑壳断路器
		NDM3Z-400-800系列塑壳断路器
		NDC1系列接触器
		NDQ2A系列双电源产品
10	北京人民电器厂有限公司	GM5-250PT塑壳断路器
11	法泰电器（江苏）股份有限公司	FTM2LZC一体式重合闸断路器
		FTB3LE自动控制高分断微型断路器
12	罗格朗低压电器（无锡）有限公司	DRX400塑壳断路器
		DEX3200万能式断路器
		TX3S小型断路器
13	上海电器陶瓷厂有限公司	STFG10系列太阳能光伏熔断器
		STG1智能化熔断器式隔离开关
14	桂林机床电器有限公司	GB3-10LC、16LC系列转换器式漏电保护器
		GB1-32L-D系列剩余电流保护开关
15	无锡新宏泰电器科技股份有限公司	HTS2Z塑壳断路器
16	上海精益电器厂有限公司	HA60G-2500/4000隔离开关
		HM60-100/250/400/600带剩余电流保护塑壳断路器
17	河北宝凯电气有限公司	BKW7-系列万能式断路器
		BKK1控制与保护开关电器
		BKQ1-63N末端型双电源自动转换开关
		BKM3系列塑壳断路器
		BKH75系列小型隔离开关
		BKB75-80(NS)系列小型断路器
		BKB75L-63系列小型剩余电流断路器
18	北京北元电器有限公司	BM3D系列产品
		BM5-250系列产品
19	宁波奇乐电气集团有限公司	M60-100、250三极塑壳断路器
		QLM3-225、400智能剩余电流保护断路器
20	人民电器集团有限公司	RDM67E系列电子式塑壳式断路器
		RDM67L系列剩余电流塑壳式断路器
		RDM67系列塑壳式断路器
		RDM1-125/250塑壳式断路器
		RDB5-63小型断路器
		RDB5LE-63小型剩余电流断路器
		RDCPS（KBO）-125控制与保护开关
21	巨邦电气集团有限公司	GTZL-250、400、630/3N型剩余电流保护断路器
		GTQ6-32～630PC级三段式双电源自动转换开关
		GTB7-80/GTB7S-80型小型断路器
22	常熟市通润开关厂有限公司	TRW2-2500系列智能型万能式断路器
23	安徽鑫龙低压电器有限公司	AXM1系列塑壳断路器
		AXQ2-63自动转换开关电器
24	杭州乾龙电器有限公司	QLL2-250剩余电流断路器
		QLMZ-250剩余电流断路器

（续）

序号	企业名称	产品型号、名称
25	沈阳斯沃电器有限公司	SIWOT6-1600/2500 自动转换开关电器
26	江苏凯隆电器有限公司	CKW65-4000 智能型万能式断路器 CKM55LC 系列剩余电流断路器
27	邳州市国龙电器有限公司	GLM30L-400/H 型剩余电流动作断路器
28	苏州电气集团有限公司	1SMIB-125 塑壳断路器
29	浙江万松电气有限公司	RWQ5B 自动转换开关电器
30	遵义长征电器开关设备有限责任公司	CZM1Z 智能型塑壳断路器
31	杭州鸿雁电力电气有限公司	HYB6H 小型断路器
32	宁波开关电器制造有限公司	HH15-1250 熔断器组合电器
33	上海永继电气股份有限公司	LVL11-63 剩余电流断路器

产品型号注册与管理 低压电器型号管理是保护知识产权、整顿市场经济秩序的重要内容。按照型号管理办法，行业对申请型号的资料进行认真审查、严格把关，反复确认，严防假冒或滥用他人产品型号。

2014 年，低压电器发证型号共 88 份。2014 年低压电器发证型号见表 7。

表 7 2014 年低压电器发证型号

序号	申请单位	产品名称	行业型号 / 企业型号
1	台州科泰电气有限公司	塑壳断路器	CKTM2
2	上海逸丽电气有限公司	塑壳断路器	SYLM1
3	日照淼淼电气有限公司	塑壳断路器	YCDM1
4	日照淼淼电气有限公司	交流接触器	YCDC1
5	日照淼淼电气有限公司	塑壳断路器	YCDM1E
6	上海华建电力设备股份有限公司	塑壳断路器	HJIM1
7	上海上联电气有限公司	塑壳断路器	SHLM1-225
8	杭州卿浦科技有限公司	塑壳断路器	HQPM1
9	杭州卿浦科技有限公司	万能式断路器	HQPW1
10	温州天耐电气有限公司	塑壳断路器	TNKM1
11	天水长城电工起重电气有限公司	交流接触器	QZC5
12	杭州万禾电力科技有限公司	塑壳断路器	HECM1
13	杭州万禾电力科技有限公司	万能式断路器	HECW1
14	上海沃斯通实业有限公司	塑壳断路器	WSTM1-100
15	上海赛时工控设备有限公司	塑壳断路器	SKSM1-100
16	上海赛时工控设备有限公司	自动转换开关电器	SKSQ3-125
17	上海三开电气有限公司	交流接触器	SSC2
18	上海三开电气有限公司	热继电器	SSR2
19	天津诺尔电气股份有限公司	软启动器	TJNR1-055(045、037、030、022、015)
20	天津诺尔电气股份有限公司	软启动器	TJNR1-075(090、115、132、160、185、200)
21	天水二一三电器有限公司	软启动器	GSRQ1
22	江苏南瑞泰事达电气有限公司	塑壳断路器	TXTM1
23	江苏南瑞泰事达电气有限公司	万能式断路器	TXTW1

（续）

序号	申请单位	产品名称	行业型号/企业型号
24	江苏南瑞泰事达电气有限公司	万能式断路器	TXTW2
25	江苏南瑞泰事达电气有限公司	剩余电流动作断路器	TXTM8L
26	杭州乾龙电器有限公司	剩余电流动作断路器	QLL1
27	四川百思腾电气有限公司	塑壳断路器	BSTM1
28	广东东申电气有限公司	塑壳断路器	GDSM1
29	广东东申电气有限公司	剩余电流动作断路器	GDSB2L
30	广东东申电气有限公司	小型断路器	GDSB2
31	广东东申电气有限公司	剩余电流动作断路器	GDSM1L
32	广东东申电气有限公司	万能式断路器	GDSW1
33	广东东申电气有限公司	塑壳断路器	GDSM1E
34	广东东申电气有限公司	双电源自动转换开关	GDSQ1
35	江阴朗众电器有限公司	塑壳断路器	LZDM1
36	浙江嘉皇智能电气有限公司	万能式断路器	GEHW1
37	成都成开电气有限公司	塑壳断路器	MCKM8-100
38	成都成开电气有限公司	剩余电流动作断路器	MCKB18L-63
39	杭州泽霖电器有限公司	塑壳断路器	ZELM1-100
40	云南骁电电子科技有限公司	小型断路器	DQZB1
41	重庆樱花电气开关有限公司	万能式断路器	YHRW1
42	重庆樱花电气开关有限公司	塑壳断路器	YHRM1
43	温州市新蓝天电器有限公司	塑壳断路器	NBSM1-125
44	云南骁电电子科技有限公司	小型断路器	DQZB1
45	常熟开关制造有限公司	控制与保护开关	CB1
46	常熟开关制造有限公司	自动转换开关电器	CAP2
47	常熟开关制造有限公司	塑壳断路器	CM5
48	常熟开关制造有限公司	塑壳断路器	CM5Z
49	常熟开关制造有限公司	塑壳断路器	CM5L
50	常熟开关制造有限公司	塑壳断路器	CM5ZL
51	常熟开关制造有限公司	塑壳断路器	CM3DC
52	常熟开关制造有限公司	万能式断路器	CW3
53	常熟开关制造有限公司	真空断路器	CW3V
54	常熟开关制造有限公司	塑壳断路器	CM5X
55	上海精益电器厂有限公司	万能式断路器	HA60-5000、8000
56	上海旭泰电器有限公司	小型断路器	CXTB1-63
57	上海旭泰电器有限公司	塑壳断路器	CXTM1-100
58	温州英铂瑞电气有限公司	塑壳断路器	YBRM8-250
59	浙江中凯科技股份有限公司	控制与保护开关	KB02
60	上海华联低压电器有限公司	塑壳断路器	HLM1
61	上海华联低压电器有限公司	万能式断路器	HLW1-2000
62	杭州越能电气有限公司	塑壳断路器	FHDM1

（续）

序号	申请单位	产品名称	行业型号／企业型号
63	杭州越能电气有限公司	万能式断路器	FHDW1
64	深圳市瑞智电力股份有限公司	小型断路器	RZB1-32
65	深圳市瑞智电力股份有限公司	剩余电流动作断路器	RZB1L-32
66	深圳市瑞智电力股份有限公司	小型断路器	RZB2-63
67	深圳市瑞智电力股份有限公司	剩余电流动作断路器	RZB2L-63
68	深圳市瑞智电力股份有限公司	自动转换开关电器	RZQ1
69	深圳市瑞智电力股份有限公司	万能式断路器	RZW1
70	深圳市瑞智电力股份有限公司	塑壳断路器	RZM1
71	深圳市瑞智电力股份有限公司	剩余电流动作断路器	RZM1L
72	江苏爱可信电气有限公司	转换开关	LW51-16
73	江苏爱可信电气有限公司	信号灯	AD115
74	江苏爱可信电气有限公司	按钮	LA135
75	常熟市通润开关厂有限公司	塑壳断路器	TRM2
76	天水二一三电器有限公司	自动转换开关电器	GSA2
77	天水二一三电器有限公司	电动机保护器	GSD2
78	深圳丁永昌电子科技有限公司	双电源自动转换开关	DYCQ6-630
79	深圳上联人民电气有限公司	万能式断路器	SLRW1
80	深圳上联人民电气有限公司	塑料外壳式断路器	SLRM1
81	蒙上（上海）电气科技有限公司	万能式断路器	MSEW1-2000
82	蒙上（上海）电气科技有限公司	塑壳断路器	MSEM1-100
83	苏州辉能电气有限公司	塑壳断路器	SHNW2
84	苏州辉能电气有限公司	万能式断路器	SHNM2
85	国网施耐德输配电设备（湖南）有限公司	塑壳断路器	GSTM6
86	乐清之洲电气有限公司	交流接触器	AJC1

质量可信产品 2014年2—4月，行业向“质量可信产品”获证企业下发中电协低〔2014〕4号文《关于开展低压电器“质量可信产品”复审工作的通知》，收到10家企业上报的24个系列产品资料。经通用低压电器分会复审后上报中国电器工业协会参加终审并通过。“质量可信产品”复审通过汇总见表8。

表8 “质量可信产品”复审通过汇总

序号	单位名称	产品型号			
		万能断路器	塑壳断路器	小型断路器	交流接触器
1	上海良信电器股份有限公司	NDW1	NDM2	NDB2、NDM1	
2	江苏国星电器有限公司	GXW50			
3	法泰电器（江苏）股份有限公司	FTW1、FTW2	FTM1		
4	天津市百利电气有限公司	TW30	TM30、TM40		
5	浙江正泰电器股份有限公司			DZ267、NBH8、NB1	
6	上海电器股份有限公司人民电器厂		RMM1		
7	杭州之江开关股份有限公司		HSM1		HSC1
8	环宇集团有限公司	HUW1		HUM18	
9	华通机电股份有限公司	CFW1		CFB1	CFC2
10	北京明日电器设备有限责任公司	BMW50	SB		

品牌培育 完成2014年机械工业品牌培育及表彰活动方案的制定。同时，依据中国机械联合会战略推进委员会提供的编写模板，结合低压电器行业的特点和实际情况，编制形成低压电器行业“中国机械工业优质品牌”的评选细则。

9月，收到5家企业的申报资料，完成初审。

11月，中国电器工业协会组织召开初评会，专家组一致同意推荐上报企业参加“中国机械工业优质品牌产品”的评比和表彰（2015年4月中国机械工业联合会召开表彰大会进行表彰）。低压电器行业推荐参加“中国机械工业优质品牌产品”的企业及品牌产品见表9。

表9 低压电器行业推荐参加“中国机械工业优质品牌产品”的企业及品牌产品

序号	企业名称	产品名称	品牌
1	常熟开关制造有限公司	万能式断路器	Rc（图形）
		塑壳断路器	
2	杭州之江开关股份有限公司	万能式断路器	杭申
		塑壳断路器	
3	上海电器股份有限公司人民电器厂	万能式断路器	上联
		塑壳断路器	
4	北京人民电器厂有限公司	塑壳断路器	固安详
5	上海良信电器股份有限公司	小型断路器	Nader、良信

标准化 2014年全国低压电器标准化技术委员会（以下简称低压电器标委会）制定、修订国家标准18项。2014年低压电器行业制定、修订国家标准见表10。

表10 2014年低压电器行业制定、修订国家标准

序号	标准项目名称	制定或修订
1	过载继电器可靠性试验方法	修订
2	家用和类似用途的剩余电流动作断路器可靠性试验方法	修订
3	家用及类似场所用过电流保护断路器的可靠性试验方法	修订
4	接触器式继电器可靠性试验方法	修订
5	塑料外壳式断路器可靠性试验方法	修订
6	小容量交流接触器可靠性试验方法	修订
7	电气附件 家用及类似场所用过电流保护断路器 第3部分：用于直流的断路器	制定
8	低压系统内设备的绝缘配合 第3部分：利用涂层、罐封和模压进行防污保护	修订
9	自恢复式过欠电压保护器	制定
10	低压电器可靠性通则	制定
11	低压开关设备和控制设备 第6-1部分：多功能电器 转换开关电器	修订
12	低压开关设备和控制设备 第7-1部分：辅助器件 铜导体的接线端子排	修订
13	低压开关设备和控制设备 第7-2部分：辅助器件—铜导体的保护导体接线端子排	修订
14	低压开关设备和控制设备 第7-3部分：辅助电器—熔断器端子排的安全要求	修订
15	低压熔断器 第4部分 半导体设备保护用熔断体的补充要求	修订
16	家用及类似用途机电式接触器	修订
17	低压系统内设备的绝缘配合 第2-2部分：接口考虑—应用指南	修订
18	智能电网用户端系统通用技术要求	制定

2014年低压电器各标委会归口的现行标准112项，其中国标79项，行标32项，协会标准1项。现行国家标准中，强制性标准27项，推荐性标准42项，指导性技术文件10项；等同采用国际标准50项，修改采用国际标准14项，

非采标项目 15 项。

2014 年，低压电器标委会秘书处共收到 IEC 文件 111 份，其中应投票文件 32 份，投票率 100%。

2014 年，全国低压电器标准化技术委员会开展的主要活动有：

4 月 25—26 日，家用及类似用途剩余电流动作保护电器标准培训及新标准宣贯在上海举行。标准起草人就 GB 16916.1《家用和类似用途的不带过电流保护的剩余电流动作断路器（RCCB） 第 1 部分：一般规则》等相关标准进行了讲解。

5 月 20—22 日，国际电工委员会家用断路器和类似设备分技术委员会的电击防护工作组（IEC/SC23E/WG2）会议在德国的雷根斯堡举行，30 名专家出席了会议，全国低压电器标委会派 1 人参加会议。

6 月 26 日，2014 年中国电器工业标准化工作会议暨中国电器工业协会标准化工作委员会二届五次会议在常熟召开。会议部署 2014 年电工行业标准化工作，颁发 2014 年度“电工标准—正泰创新奖”，对 18 项标准研制项目、5 名突出贡献专家，5 名优秀中青年提出表彰。

7 月 7—11 日，IEC SC121A WG2 工作组会议在俄罗斯圣彼得堡召开。会议对所负责标准的制修订情况进行讨论，低压电器标委会派 4 人参加了此次会议。

9 月 22—23 日，全国低压电器标委会 (SAC/TC 189)、全国低压设备绝缘配合标委会 (SAC/TC 417)、全国熔断器标委会 (SAC/TC 340)、全国低压电器标委会家用断路器及类似设备分委会 (SAC/TC 189 SC1)、全国熔断器标委会低压熔断器分委会 (SAC/TC 340 SC2) 在厦门联席召开标准审查会。同期，全国低压电器标委会家用断路器和类似设备分委会 (SAC/TC 189 SC1) 召开换届会议。

9 月 23 日，全国低压电器标准化技术委员会家用断路器及类似设备分技术委员会（SAC/TC189/SC1）第二届换届工作会议暨标准审查会在厦门召开。会议讨论通过分标委第二届章程（草案）、分标委第二届工作细则（草案）、标准体系框图（草案）以及分标委第二届工作计划。会议对国家标准（送审稿）GB/T 10963.3《家用及类似场所用过电流保护断路器　第 3 部分　用于直流的断路器》进行审查并通过。

10 月 26—27 日，对国家认监委于 2014 年 7 月 16 日发布的第 23 号公告《国家认监委关于发布强制性产品认证实施规则的公告》中涉及 5 类产品的认证用标准组织召开培训与研讨。

12 月 2—4 日，国际电工委员会家用断路器和类似设备分技术委员会的电击防护工作组（IEC/SC23E/WG2）会议在法国波尔多举行，30 名专家出席了会议，全国低压电器标委会派 1 人参加了会议。

行业活动　1 月 7 日，通用低压电器分会以中电协低〔2014〕1 号发出“关于做好 2013 年度低压电器企业统计年报的通知”，并以各种形式开展调研。

3 月 7 日，通用低压电器分会在上海召开五届五次常务理事会会议。

3 月 31 至 4 月 9 日，由上海电器科学研究院尹天文院长为团长，电器分院季慧玉院长为领队的低压电器德国考察团一行 65 人参观了德国 2014 国际楼宇及照明展和汉诺威工业博览会，并对德国海格集团电气成套设备厂和荷兰德凯认证公司进行技术考察和交流。

4 月 11—12 日，由通用低压电器分会、上海电器科学研究院组织的“专业技术人才知识更新工程 2014 年岗位（急需紧缺）培训项目” —“低压断路器研发技术系列培训”首期培训在上海举办。

5 月，完成 2013 年年鉴的稿件编撰工作。

5 月 18—19 日，中国低压电器企业家联谊会会议在南京市举行。

5 月 22—24 日，由通用低压电器分会、上海电器科学研究院组织“专业技术人才知识更新工程项目”—低压断路器研发技术系列培训 - 设计篇的培训。

6 月 18 日，通用低压电器分会召开五届六次常务理事会议。

6 月 19—20 日，中国电器工业协会通用低压电器分会第六届全体会员大会暨行业发展信息研讨会在常熟召开。在六届一次理事会上，选举产生分会第六届常务理事单位 22 个；正、副理事长单位 8 个；秘书长 1 名；同时推举名誉理事长 1 名、副秘书长 1 名并通过。

7 月 24—25 日，由通用低压电器分会和全国低压电器标委会组织开展的第二期“低压电器可靠性工程师系列培训”在上海举办。

7 月 30 日，中国低压电器行业第二届“艾唯奖”颁奖典礼在北京举行。

8 月 7—9 日，由通用低压电器分会、上海电器科学研究院主办的“低压断路器研发技术系列培训 - 制造篇”在上海举办。

8 月 27 日，由分会组织的低压电器可靠性工作组研讨会在天水二一三电器有限公司召开。

9 月，分会开展“质量可信产品”复审工作，完成 10 家企业上报的 24 个系列产品资料的复审工作，并上报总会终审通过。

9 月 14—15 日，由通用低压电器分会和上海电器科学研究院联合举办的“低压断路器研发技术系列培训之试验篇”在上海召开。

9 月 15—19 日，由中国机械工业联合会主办，中国电器工业协会通用低压电器分会承办的“现代智能电器数字化仿真设计及应用高级研修班”在上海举办。

10 月，行业开展企业信用等级评价工作，完成 2 家企业的现场核查，企业荣获 AAA 信用等级称号。

10 月 22—24 日，中国电工技术学会低压电器专业委员会在杭州召开低压电器专业委员会第十七届学术年会及第六届第五次专委会会议，10 篇论文荣获优秀论文奖并进行表彰。

10 月 27—29 日，中国低压电器企业家联谊会会议在温州市举行。

11 月 7—8 日，由通用低压电器分会、全国低压电器标准化技术委员会和上海电器科学研究院联合主办的第三期“低压电器可靠性工程师培训”在上海召开。

11 月 24 日，由上海电器科学研究院《电器与能效管理技术》（原《低压电器》）杂志社主办，江苏国星电器有限公司协办，中国电器工业协会通用低压电器分会大力支持的主题为“安全、可靠、创新”的万能式断路器相关附件新技术研讨会在上海召开。

11 月 25 日，中国电器工业协会通用低压电器分会，美国电气制造商协会，上海电器股份有限公司人民电器厂和国家智能电网终端用户设备产业技术创新战略联盟共同举办的中美用户端智能配电系统解决方案研讨会在上海隆重举行。

11 月，分会开展品牌培育推荐工作，先后编写通用低压电器行业情况，制定开展 2014 年机械工业品牌培育及表彰活动方案及低压电器行业“中国机械工业优质品牌”的评选细则。

11 月 27 日，以“创新 · 合作 · 发展”为主题的第十一届中国电气工业发展高峰论坛暨第 15 届中国电气工业 100 强颁奖盛典在北京举行。

〔撰稿人：中国电器工业协会通用低压电器分会 孙琪荣〕

电线电缆

生产发展情况 根据对电线电缆行业 3 777 家电线电缆制造企业的统计快报，2014 年，主营业务收入 12 502.72 亿元，同比增长 5.23%，利润总额 623.44 亿元，同比增长 4.78%。另据对 226 家光纤光缆企业统计，2014 年主营业务收入 1 546.98 亿元，同比增长 11.43%，利润总额 111.54 亿元，同比增长 14.07%。2014 年电线电缆行业部分企业经济指标（按行政区域排列）见表 1。

表 1 2014 年电线电缆行业部分企业经济指标（按行政区域排列） （单位：万元）

企业名称	工业总产值	资产总计	主营业务收入	企业名称	工业总产值	资产总计	主营业务收入
北京市电线电缆总厂	1 443	119 737	1 855	冠城大通股份有限公司	322 152	654 735	321 351
天津德芃科技集团有限公司	1 994	15 972	2 986	赣州金信诺电缆技术有限公司	19 800	15 948	19 783
保定天威线材制造有限公司	45 212	24 154	44 302	青岛豪迈电缆集团有限公司	191 206	54 695	193 281
山西鑫源电线电缆有限责任公司	5 236	6 246	6 047	青岛中能电线电缆制造有限公司	16 119	51 349	10 752
沈阳古河电缆有限公司	68 127	116 996	70 847	焦作铁路电缆有限责任公司	88 857	70 126	77 798
黑龙江沃尔德电缆有限公司	132 860	47 346	121 965	河南许昌阳光电线缆有限公司	64 749	103 377	64 749
上海南大集团有限公司	159 119	129 403	156 118	航天电工集团有限公司	304 667	328 327	296 393
上海起帆电线电缆有限公司	320 202	122 368	278 863	衡阳恒飞电缆有限责任公司	170 478	79 916	124 281
中利科技集团股份有限公司	782 343	1 040 359	789 610	广东蓉胜超微线材股份有限公司	78 723	52 488	72 142
远东电缆股份有限公司	1 125 435	1 224 307	1 131 224	东莞市益达实业有限公司	138 602	28 612	137 836
远程电缆股份有限公司	199 240	227 305	196 326	广东中联电缆集团有限公司	197 875	60 838	198 276
江苏上上电缆集团有限公司	1 099 315	458 319	1 084 742	桂林国际电线电缆集团有限责任公司	242 350	259 553	246 896
扬州曙光电缆股份有限公司	138 576	130 090	129 681	重庆科宝电缆股份有限公司	214 314	73 871	215 154
宁波球冠电缆股份有限公司	118 922	86 000	118 24	重庆鸽牌电线电缆有限公司	286 116	90 991	277 423
浙江万马电缆股份有限公司	544 180	533 767	519 387	特变电工（德阳）电缆股份有限公司	297 342	169 741	278 453
杭州电缆股份有限公司	269 461	265 380	268 044	四川川东电缆有限责任公司	122 788	44 373	124 093
浙江长城电工科技股份有限公司	373 565	103 206	329 297	贵阳电线厂有限公司	120 227	261 390	96 526
安徽蓝德集团股份有限公司	473 929	291 810	453 025	昆明电缆集团股份有限公司	184 668	157 392	142 992
安徽华菱电缆集团有限公司	95 572	137 883	91 629	兰州众邦电线电缆集团有限公司	230 000	124 086	225 000
福建南平太阳电缆股份有限公司	375 070	262 247	267 492				

市场及销售 青岛汉缆股份有限公司与中国电线电缆进出口有限公司签订电缆采购合同，由青岛汉缆股份有限公司承担由中国电线电缆进出口有限公司承接的科威特电缆项目，合同价格 31 960 万元；中标南方电网项目，总金额约为 3 亿元；中标灵州—绍兴 ±800kV 特高压直流输电线路工程（安徽段），钢芯铝绞线 ,JL1/G2A,1250/100，2 115.88t；中标灵州—绍兴 ±800kV 特高压直流输电线路工程（安徽段），钢芯铝绞线 ,JL1/G3A,1250/70，1069.63t；中标伊敏换流站—兴安—乌兰浩特线路工程，钢芯铝绞线 ,JL/G1A,400/35，3 336.11t；中标舟山蓬莱（岱山）—沈家湾 110kV 输电线路工程，海底电缆 ,AC110kV,YJQ,630,1,41,24，共 114km。

江苏中超电缆股份有限公司及其控股子公司江苏远方电缆厂有限公司分别中标国网山东省电力公司、国网江苏省电力公司项目，中标金额共计 1.53 亿元；中标重庆嘉智达物资有限公司 2014 年物资协议库存集中招标采购的电线电缆设备，金额 2 391.32 万元；中标天津铁路枢纽西南环线扩能改造工程第二批次建管甲供物资招标的电力电缆、钢芯铝绞线设备，金额 1 650.93 万元；中标江苏省电力公司 2014 年新建居住区供配电项目物资第三批和第二批协议库存招标采购项目的低压电力电缆、10kV 电力电缆、1kV 架空绝缘导线设备，金额 2.95 亿元；中标国网新疆公司 2014 年配农网第二批协采项目，架空绝缘导线 ,AC10kV,JKLGYJ,240/30，1 773.998km。

江苏中天科技股份有限公司获得了厄瓜多尔国家电网公司总金额约 1.6 亿元特种导线供货合同；签署了苏丹尼罗河州输变电项目导线供货合同，合同总金额约 9 000 万元。

无锡市曙光电缆有限公司与江苏省电力公司物资供应公司签署了南京青奥会工程电缆项目，中标金额近 1 800 多万元；中标深圳市地铁集团有限公司、广东省机电设备招标中心组织的深圳地铁 7 号、11 号线工程 110kV 电力电缆采购项目，中标金额 2 094.655 万元。

江苏通光电子线缆股份有限公司的全资子公司江苏通光光缆有限公司、江苏通光强能输电线科技有限公司中标国家电网相关产品 2014 年第二批集中招标项目，中标金额为 6 109 万元。

山东万达电缆有限公司在国家电网公司山东电网 2014 年第一批配网线路材料集中招标中中标，中标金额 5 000 万元。

宁波东方电缆股份有限公司中标珠海桂山海上风电示范项目，中标 35kV 光电复合交流海底电缆项目，中标金额 3 000 万元；中标国网上海市电力公司 2014 年第三批用户出资协议库存采购项目、国家电网公司变电项目 2014 年第五批货物集中招标 35 ～ 110kV 电力电缆、国网山东省电力公司 2014 年第二批电网物资协议库存招标采购项目，中标金额分别为 9 835 万元、2 084 万元、1 159 万元。

江苏亨通高压电缆有限公司在国家电网公司变电项目 2014 年第三批货物集中招标 35 ～ 110kV 电力电缆项目中，中标 2 500 多万元。

中复碳芯电缆科技有限公司中标浙江省伏江特高压浙中站配套 500kV 工程用碳纤维复合芯导线 175km。

四川明星电缆股份有限公司中标中广核工程有限公司阳江、红沿河 5-6 号机组 LOT73 全厂非 K1 类电力电缆采购项目，金额 5 024.92 万元。

耐克森 (阳谷) 新日辉电缆有限公司中标国家电网公司变电项目第一批货物集中招标电力电缆 5 550 万元；中标国家电网天津市电力公司 2014 年大孟庄 220kV 的 1 000mm^2 和 2 000mm^2 的 220kV 电力电缆 555 万元。

远东电缆有限公司获得神华物资集团有限公司采购合同，签订了 21.94 万 m YJLV 型交联电力电缆供货合同，金额约 3 701 万元；中标宁东 (灵州) —浙江 (绍兴)±800kV 特高压直流输电线路工程，钢芯铝绞线 ,JL1/G2A,1250/100，3 167.13t；中标宁东 (灵州) —浙江 (绍兴)±800kV 特高压直流输电线路工程，钢芯铝绞线 ,JL1/G3A,1250/70，988.48t；中标二郎电厂至隆盛变双回 500kV 线路工程，钢芯铝绞线 ,JL/G1A,500/45，2 000t。

江苏南瑞银龙电缆有限公司中标灵州—绍兴 ±800kV 特高压直流输电线路工程（陕西段），钢芯铝绞线 ,JL1/G2A,1250/100，3 055.89t；中标宁东 (灵州) —浙江 (绍兴)±800kV 特高压直流输电线路工程，钢芯铝绞线 1 287.52t；中标灵州—绍兴 ±800kV 特高压直流输电线路工程（河南段），钢芯铝绞线 ,JL1/G3A,1250/70，5 285.57t；中标 500kV 平安—包家—东丰输变电工程 / 新建 500kV 包家—东丰送电线路工程，钢芯铝绞线 ,JL/G1A,400/35，855.233t；中标吉林延吉 500kV 输变电工程 /500kV 线路建设工程，钢芯铝绞线 ,JL/G1A,400/35，1695.7t；中标风光储二期至尚义 220kV 线路工程，钢芯铝绞线 ,JL/G1A,400/35，363.1t；中标燕南—利州 500kV 线路工程，钢芯铝绞线 ,JL/G1A,400/35，1 600t；中标国网公司 2014 年第一批配农网物资协议库存采购项目，架空绝缘导线 ,AC10kV,JKLYJ,150，280km；中标国网公司 2014 年第一批配农网物资协议库存采购项目，架空绝缘导线 ,AC1kV,JKLYJ,120，400km。

江苏亨通光电股份有限公司获得中国移动 10.87 亿元的供货合同，将累计提供光缆光纤产品总量超 2 000 万芯 km；公司全资子公司江苏亨通电力电缆有限公司中标国家电网公司 2014 年淮南—南京—上海 1 000kV 交流特高压输变电工程 1 000kV 交流线路工程铝合金导线项目，中标金额 1.02 亿元；中标国家电网公司 2014 年输电线路材料节能导线第五批项目，中标金额 3 004 万元。

浙江万马电缆股份有限公司获得国电光伏有限公司的 400MWp 太阳能光伏发电工程电线电缆采购项目“标段一：动力电缆 200MW”“标段三：动力电缆 80MW”，中标金额约 10 163.52 万元；中标国网新疆电力公司配农网协采新增项目，架空绝缘导线 ,AC10kV,JKLGYJ,120/20，共 440.42km；中标国网新疆电力公司配农网协采新增项目，架空绝缘导线 ,AC10kV,JKLGYJ,150/25，406.35km；中标国网新疆公司 2014 年配农网第二批协采项目，架空绝缘

导线 ,AC10kV,JKLGYJ,150/25，1 640.191km。

重庆泰山电缆有限公司中标灵州—绍兴 ±800kV 特高压直流输电线路工程（陕西段），钢芯铝绞线 ,JL1/G2A,1250/100，2 865.53t；中标宁东（灵州）—浙江（绍兴）±800kV 特高压直流输电项目，钢芯铝绞线 ,JL1/G2A,1250/100，573.99t；中标宁东（灵州）—浙江（绍兴）±800kV 特高压直流输电项目，钢芯铝绞线 ,JL1/G3A,1250/70，3 570.58t；中标狮泉河至札达 110kV 输变电工程（线路设计Ⅰ标），钢芯铝绞线 ,JL/G1A,240/30，259.05t；中标狮泉河至札达 110kV 输变电工程（线路设计Ⅱ标），钢芯铝绞线 ,JL/G1A,240/30，302.943t。

杭州电缆股份有限公司中标灵州—绍兴 ±800kV 特高压直流输电线路工程（安徽段），钢芯铝绞线 ,JL1/G2A,1250/100，2 997.79t；中标灵州—绍兴 ±800kV 特高压直流输电线路工程（安徽段），钢芯铝绞线 ,JL1/G3A,1250/70，4 159.41t；中标浙中站 500kV 送出工程，钢芯铝绞线 ,JL/G1A,800/55，2 037t。

绍兴电力设备有限公司中标灵州—绍兴 ±800kV 特高压直流输电线路工程（安徽段），钢芯铝绞线 ,JL1/G2A,1250/100，2 801.23t；中标灵州—绍兴 ±800kV 特高压直流输电线路工程（浙江段），钢芯铝绞线 ,JL1/G2A,1250/100，3 177.22t；中标 2014 年国网浙江配农网协议库存第一批项目，架空绝缘导线 ,AC10kV,JKLYJ,240，663.77km；中标 2014 年国网浙江配农网协议库存第一批项目，架空绝缘导线 ,AC1kV,JKLYJ,120，1 037.09km。

无锡华能电缆有限公司中标灵州—绍兴 ±800kV 特高压直流输电线路工程（浙江段），钢芯铝绞线 ,JL1/G2A,1250/100，3 008.01t；中标灵州—绍兴 ±800kV 特高压直流输电线路工程（河南段），钢芯铝绞线 ,JL1/G3A,1250/70，4 663.56t。

特变电工股份有限公司新疆线缆厂中标宁东(灵州)—浙江(绍兴)±800kV 特高压直流输电线路工程，钢芯铝绞线 ,JL1/G2A,1250/100，1 938.55t；中标灵州—绍兴 ±800kV 特高压直流输电线路工程（陕西段），钢芯铝绞线 ,JL1/G2A,1250/100，2 475.98t；中标国网新疆公司 2014 年配农网第二批协采项目，钢芯铝绞线 ,JL/G1A,70/10，349.97t；中标（基建）阿勒泰龙湾—和丰 220kV Ⅱ回输变电工程项目，钢芯铝绞线 ,JL/G1A,400/50，625.36t；中标（基建）阿勒泰龙湾 - 和丰 220kV Ⅱ回输变电工程项目，钢芯铝绞线，JL/G1A,400/35，849.41t；中标国网新疆公司 2014 年配农网第二批协采项目，架空绝缘导线 ,AC10kV,JKLGYJ,150/25，1 532.849km；中标国网新疆电力公司配农网协采新增项目，架空绝缘导线 ,AC1kV，JKLGYJ,120/20,761km。

河北中兴电力装备有限责任公司中标灵州—绍兴 ±800kV 特高压直流输电线路工程（陕西段），钢芯铝绞线 4 754.45t。

无锡江南电缆有限公司中标灵州—绍兴 ±800kV 特高压直流输电线路工程（陕西段），钢芯铝绞线，JL1/G2A，1250/100，3 070.33t；中标浙中站 500kV 送出工程，钢芯铝绞线，JL/G1A，800/55，2 037t；中标金塔 330kV 输变电工程，钢芯铝绞线，JL/G1A，300/40，1 453.3t。

江苏南瑞淮胜电缆有限公司中标肥南至昭关 500kV 线路工程，钢芯铝绞线 ,JL/G1A,630/45，2 973.53t；中标灵州—绍兴 ±800kV 特高压直流输电线路工程（河南段），钢芯铝绞线 ,JL1/G2A,1250/100，3 570.7t；中标宁东(灵州)—浙江(绍兴)±800kV 特高压直流输电线路工程，钢芯铝绞线 ,JL1/G3A,1250/70，1 756.88t；中标灵州—绍兴 ±800kV 特高压直流输电线路工程(河南段)，钢芯铝绞线，JL1/G3A,1250/70，1 475.95t；中标宁东(灵州)—浙江(绍兴)±800kV 特高压直流输电线路工程，钢芯铝绞线 ,JL1/G2A,1250/100，1 287.52t。

河南科信电缆有限公司中标灵州—绍兴 ±800kV 特高压直流输电线路工程（河南段），钢芯铝绞线 ,JL1/G2A,1250/100，1 951.95t；中标灵州—绍兴 ±800kV 特高压直流输电线路工程（河南段），钢芯铝绞线 ,JL1/G3A,1250/70，2 858.71t；中标国网新疆电力公司配农网协采新增项目，架空绝缘导线，AC10kV，JKLGYJ,150/25，783.65km；中标北京协议库存项目，架空绝缘导线 ,AC10kV,JKLYJ,185，830km；中标福建公司 2014 年第一批配网协议库存采购项目，架空绝缘导线 ,AC10kV,JKLYJ,240，382.024km；中标福建公司 2014 年第一批配网协议库存采购项目，架空绝缘导线，AC1kV，JKLYJ,120，315.003km；中标 220kV 沿海输变电工程，铝合金芯铝绞线，JL1/LHA1,465/210，374.8t；中标湖州长二—梅溪线改接太傅入妙西变 220kV 线路工程，铝合金芯铝绞线，JL1/LHA1,465/210，420t。

上海中天铝线有限公司中标灵州—绍兴 ±800kV 特高压直流输电线路工程（安徽段），钢芯铝绞线 ,JL1/G2A,1250/100，936.23t；中标灵州—绍兴 ±800kV 特高压直流输电线路工程（安徽段），钢芯铝绞线 ,JL1/G3A,1250/70，2 443t。

航天电工集团有限公司中标灵州—绍兴 ±800kV 特高压直流输电线路工程（河南段），钢芯铝绞线 ,JL1/G3A,1250/70，2 211.22t；中标灵州—绍兴 ±800kV 特高压直流输电线路工程（河南段），钢芯铝绞线 ,JL1/G3A,1250/70，4 335.16t；中标浙中站 500kV 送出工程，钢芯铝绞线 ,JL/G1A,800/55，2 037t；中标伊敏换流站—兴安—乌兰浩特线路工程，钢芯铝绞线，JL/G1A,400/35，2 011.6t。

新远东电缆有限公司中标灵州—绍兴 ±800kV 特高压直流输电线路工程（安徽段），钢芯铝绞线 ,JL1/G3A,1250/70，1 128.86t；中标伊敏换流站—兴安—乌兰浩特线路工程，钢芯铝绞线 ,JL/G1A,400/35，3023.76t；中标灵州—绍兴 ±800kV 特高压直流输电线路工程（安徽段），钢芯铝绞线 ,JL1/G2A,1250/100，2 036.97t。

河南通达电缆股份有限公司中标国网新疆公司 2014

年配农网第二批协采项目，钢芯铝绞线 JL/G1A,150/20，313.388t；中标常德电厂 π 接岗复 500kV 线路工程，钢芯铝绞线 JL/G1A,630/45，655.21t；中标许昌 500kV 许昌西输变电工程，钢芯铝绞线 JL/G1A,630/45，605.56t。

河南中录电缆有限公司中标国网新疆公司 2014 年配农网第二批协采项目，钢芯铝绞线 312.076t。

河南嵩声电缆有限公司中标南阳新野 500kV/ 南阳南变 220kV 送出项目，钢芯铝绞线 JL/G1A，630/45，750.73t；中标金山岭—土城 220kV 线路工程，钢芯铝绞线 JL/G1A,630/45，1476.2t；中标新乡塔铺至古固寨变 220kV 断面加强工程，钢芯铝绞线 JL/G1A，630/45，467.532t。

宣城南天电线电缆有限责任公司中标肥南至众兴 500kV 线路工程，钢芯铝绞线 2 326.18t。

维世佳沈阳电缆有限公司中标吉林延吉 500kV 输变电工程 /500kV 线路建设工程，钢芯铝绞线 2 255.6t。

沈阳力源电缆有限责任公司中标冀北检修本部 2013—2014 年 500kV 沽太二线杆塔紧凑型线路常规性改造工程，钢芯铝绞线 JL/G1A，630/45，655.15t；中标 500kV 平安—包家—东丰输变电工程 / 新建 500kV 包家—东丰送电线路工程，钢芯铝绞线，JL/G1A，400/35，1 728.88t；中标伊敏换流站—兴安—乌兰浩特线路工程，钢芯铝绞线 JL/G1A,400/35，1 896.6t。

江苏通光强能输电线科技有限公司中标上河至江都、上河至扬州西 500kV 线路 π 接入扬州北线路工程 / 架空工程，钢芯铝绞线 2 514t。

特变电工(德阳)电缆股份有限公司中标大岗山水电站 / 雅安变电站 500kV 线路工程，钢芯铝绞线 JL/G1A，630/45，2 500t；中标二郎电厂至隆盛变双回 500kV 线路工程，钢芯铝绞线 JL/G1A，500/45，2 000t。

河南佳能电力物资有限公司中标大岗山水电站 / 雅安变电站 500kV 线路工程，钢芯铝绞线 2 060.3t。

辽宁宝林集团大连金州电缆有限公司中标内蒙古开鲁风电送出工程，钢芯铝绞线 1 117.59t。

江苏宏图高科技股份有限公司中标国网新疆公司 2014 年配农网第二批协采项目，架空绝缘导线，AC10kV，JKLGYJ，150/25，1 449.96km；中标国网新疆公司 2014 年配农网第二批协采项目，架空绝缘导线，AC10kV，JKLYJ，150，206.43km；中标国网新疆电力公司配农网协采新增项目，架空绝缘导线，AC1kV，JKLGYJ，120/20，71.95km；中标国网新疆电力公司配农网协采新增项目，架空绝缘导线 ,AC1kV，JKLGYJ，70/10，1 084.57km；中标福建公司 2014 年第一批配网协议库存采购项目，架空绝缘导线，AC1kV，JKLYJ，120，455.004km。

河南华通电缆有限公司中标国网新疆公司2014年配农网第二批协采项目，架空绝缘导线，AC10kV，JKLGYJ，70/10，1 572km；中标国网新疆公司 2014 年配农网第二批协采项目，架空绝缘导线，AC10kV，JKLYJ，120，773.37km；中标国网新疆公司 2014 年配农网第二批协采项目，架空绝缘导线，AC10kV，JKLYJ,70，491.65km；中标国网新疆电力公司配农网协采新增项目，架空绝缘导线，AC1kV，JKLGYJ，70/10，1 238km。

上海新益电力线路器材有限公司中标国网公司 2014 年第一批配农网物资协议库存采购项目，架空绝缘导线，AC10kV，JKLYJ，150，630km；中标国网公司 2014 年第一批配农网物资协议库存采购项目，架空绝缘导线，AC10kV，JKLYJ，185，405km；中标福建公司 2014 年第一批配网协议库存采购项目，架空绝缘导线，AC10kV，JKLYJ，240，827.717km；中标国网公司 2014 年第一批配农网物资协议库存采购项目，架空绝缘导线，AC1kV，JKLYJ，120，900km。

南京优路电缆有限责任公司中标国网公司 2014 年第一批配农网物资协议库存采购项目，架空绝缘导线，AC10kV，JKLYJ，150，490km；中标国网公司 2014 年第一批配农网物资协议库存采购项目，架空绝缘导线，AC10kV，JKLYJ，185，315km；中标国网公司 2014 年第一批配农网物资协议库存采购项目，架空绝缘导线，AC1kV，JKLYJ，120，700km。

无锡市明珠电缆有限公司中标国网新疆公司 2014 年配农网第二批协采项目，架空绝缘导线，AC1kV，JKLGYJ，120/20，1 505.692km；中标国网新疆公司 2014 年配农网第二批协采项目，架空绝缘导线，AC1kV，JKLGYJ，70/10，2 284.7km。

泛亚电缆集团有限公司中标国网新疆公司 2014 年配农网第二批协采项目，架空绝缘导线 3 630.321km。

山东中州电缆有限公司中标国网新疆公司 2014 年配农网第二批协采项目，架空绝缘导线 3 280.4km。

苏州古河电力光缆有限公司中标香格里拉 110kV 变电站系统通信工程，OPGW 光缆 142.6km。

江苏通光光缆有限公司中标新龙 110kV 变电站系统通信新建工程，OPGW 光缆 167.23km。

鲁能泰山曲阜电缆有限公司中标 750kV 西安南—宝鸡送电线路工程，OPGW 光缆 119.5km。

河北硅谷化工有限公司中标 500kV 江都变至晋陵变线路改造工程，碳纤维复合芯导线，JRLX/T，460，356km；中标浙中站 500kV 送出工程，碳纤维复合芯导线，JLRX/F2B，450/50，175km。

中复碳芯电缆科技有限公司中标 500kV 江都变至晋陵变线路改造工程，碳纤维复合芯导线 227km。

远东复合技术有限公司中标 500kV 江都变至晋陵变线路改造工程，碳纤维复合芯导线 272km。

江苏中天科技股份有限公司中标 500kV 洪板一、二线增容改造(四川段)项目，铝包钢芯耐热铝合金绞线 1 708.61t。

宝胜科技创新股份有限公司中标新加坡电力局的电缆采购项目，合同金额近 4 亿元，中标产品供货周期为三年。

科研成果及新产品 远东电缆有限公司的“JL1/G3A-1250/70-76/7、JL1/G2A-1250/100-84/19 特高压线路

用钢芯铝绞线”和“JL1X1/G3A-1250/70-431、JL1X1/G2A-1250/100-437 特高压线路用钢芯成型铝绞线”两项新产品通过中国电力企业联合会在北京组织召开的技术鉴定会；公司收到了国家知识产权局颁发的发明专利证书三项，分别是：“风力发电软电缆用耐寒 EPR 绝缘橡皮 ZL201110137441.2”“烯烃共聚物与 EPDM 并用低成本绝缘橡皮 ZL201110161491.4”和“烯烃共聚物和 CPE 与 EPDM 三元并用低成本绝缘橡皮 ZL201110164316.0”；公司的 6 项新产品：额定电压 1kV 光伏电站用直流汇流电缆、额定电压 0.6kV/1kV 改性超柔性防火电缆、额定电压 300V/500V 高柔性控制电缆、额定电压 450V/750V 及以下耐高温 (500℃) 环保型软电缆、额定电压 20kV 及以下中强度铝合金导体节能型架空绝缘电缆、3G 发射塔基站用供电电源电缆入选 2014 第一批江苏省高新技术产品；公司的 JLXK/G1A-500(630)/45-338 特高压线路用型线扩径导线、JL1X1/LHA1-800/550-452 铝合金芯成型铝绞线通过江苏省高新技术产品认定。

四川明星电缆股份有限公司的“海底电缆专用去气室”发明专利获得国家知识产权局颁发的发明专利证书；公司研发的“35kV 海洋石油平台用电力电缆”获得国家知识产权局颁发的实用新型专利证书；公司自主研发的“铝合金电缆”“光纤复合中压绝缘电力电缆”“额定电压 6kV 到 35kV 挤包绝缘耐火电力电缆”和“电气化铁路 27.5kV 单相交流交联聚乙烯绝缘电缆”通过由四川省科技厅组织的科技成果鉴定。

江苏亨通高压电缆有限公司的“一种铝芯分割导体挤出绝缘出口高压电力电缆”产品获得了国家知识产权局颁发的实用新型专利证书；公司的“35kV 铜芯交联聚乙烯绝缘铜带铠装防白蚁防紫外线无卤低烟阻燃电力电缆”“160kV 交联聚乙烯绝缘铅套聚乙烯护套直流陆地电缆”“132kV 交联聚乙烯绝缘电力电缆”和“150kV 交联聚乙烯绝缘铜丝屏蔽铅护套电力电缆”4 项产品被评为江苏省高新技术产品。

航天电工技术有限公司研制的“JL1/C3A-1250/70-76/7、JL1/G2A-1250/100-84/19 钢芯铝绞线”“JL1X1/G3A-1250/70-431”“JL1X1/G2A-1250/100-437 钢芯成型铝绞线”“JL3/G1A-630/45-45/7 钢芯高导电率铝绞线”和“JL1X1/LHA1-800/550-452 铝合金芯成型铝绞线”等六款产品通过中国电力企业联合会新产品技术鉴定。

特变电工(德阳)电缆股份有限公司研制的“JL4/G1A-630/45-45/7 钢芯高导电率铝绞线”“JL3/LHA1-465/210-42/19 铝合金芯高导电率铝绞线”和“JLHA3-675-61 中强度铝合金绞线”等产品通过中国电力企业联合会组织的技术鉴定会。

湖南华菱线缆股份有限公研发的“特高压输电线路用大截面架空导线关键技术开发及应用”被评为“2014 年度湘潭科学技术奖一等奖”，“JL/G3A-900/40-72/7 钢芯铝绞线”和“JL/G3A-1000/45-72/2 钢芯铝绞线不同型号的特高压导线”，通过湖南省科技厅组织的成果鉴定和中国电力企业联合会组织的新产品鉴定。

江苏上上电缆集团有限公司的三代核电 AP1000 壳内电缆通过中国机械工业联合会组织的专家鉴定，该产品填补国际空白，达到国际领先水平。

江苏南瑞银龙电缆有限公司研发的铝合金芯成型铝绞线、钢芯铝绞线和钢芯成型铝绞线等 3 种类型、5 种规格 1 250mm^2 大截面导线通过中国电力企业联合会的产品技术鉴定。

特变电工股份有限公司新疆线缆厂的“柔性矿物绝缘防火电缆”“35kV 及以下塑料绝缘铝合金电力电缆”“铜芯辐照交联电线”“防火专用电线”和“斗轮机用移动橡套扁电缆”5 个产品通过新产品鉴定。

浙江万马天屹通信线缆有限公司的“4G 移动通信用集束同轴电缆”“高清数据专用短卷边三同轴电缆”和“高硬度防蝉接入网用异形光缆”3 项新产品通过省级工业新产品鉴定。

兰州众邦电线电缆集团有限公司的“额定电压 0.6kV/1kV 铝合金导体交联聚乙烯绝缘联锁铠装电力电缆”和“额定电压 750V 铜芯轧纹铜护套无机矿物绝缘电缆”通过省级科技成果暨新产品鉴定。

宁波东方电缆股份有限公司“±160kV 交联聚乙烯挤包绝缘直流海缆”被认定为 2014 年度国家重点新产品。

江苏中超电缆股份有限公司的“带石墨烯导电层的高压电缆”“石墨烯复合高半导电聚乙烯屏蔽电力电缆”和“带石墨烯涂层的架空导线”获得国家知识产权局颁发的实用新型专利证书。

湖南华菱线缆股份有限公司自主研发的“相变自控温屏蔽电缆”及“低噪音三轴射频多功能抗拉电缆”两项产品获得国家实用新型专利证书。

四川明星电缆股份有限公司研发的“一种光电复合海底电缆的制备方法”和“电缆用铝或铝合金导体绞制紧压工艺”获得国家知识产权局颁发的发明专利证书。

宝胜科技创新股份有限公司自主研发的“35kV 及以下光纤复合电缆”，获得 2014 年度国家科技部火炬计划一产业化示范项目立项支持。

江苏亨通线缆科技有限公司获得国家知识产权局颁发的“以太网交换机用低压远程供电电缆”发明专利证书。

基本建设及技术改造　江苏中天科技股份有限公司拟通过定向增发募集资金 22.6 亿元投入太阳能分布式光伏发电、海缆、新能源研发中心、高温超导项目。其中，海缆系统工程项目包括脐带缆、海洋柔性管道、中继器件及柔性直流电缆的生产，实施主体为本公司全资子公司中天科技海缆有限公司，项目总投资 53 650 万元。项目建成后，将形成每年 200km 的脐带缆、每年 150km 的海洋柔性管道、每年 300 套（件）的中继器件和每年 500km 的柔性直流海缆的生产能力。

山东阳谷电缆集团有限公司计划投资 18.6 亿元，重点建设以太平洋光缆有限公司光缆为主体的光纤光缆产业化项目和光器件项目；以阳谷电缆集团有限公司为主体的光电复合缆项目和核电缆项目；以耐克森新日辉有限公司为主体的高压电缆附件项目。

质量及认证 浙江兴乐电线电缆制造有限公司获得中国船级社工厂认可证书(CCS认可)，公司生产的船用电缆产品被认可准入船舶行业。

江苏永鼎股份有限公司光纤项目通过了泰尔ISO9001体系及产品认证。

宁波东方电缆股份有限公司的“10kV及以上电力电缆”首次被认定为浙江名牌产品；公司研发的“额定电压220kV及以下光电复合海底电缆关键技术研发与产业化”项目获全国工商联科技进步奖一等奖。

兴乐集团有限公司获得中国船级社颁发的“船用产品无石棉认可证书”；公司获得德国莱茵技术(上海)有限公司颁发的TüV证书。

无锡市明珠电缆有限公司开发的新产品EV电动汽车充电装置电缆获得德国莱茵公司的TüV认证证书。

兰州众邦电线电缆集团有限公司研发生产的PV1500DC-F型光伏系统用直流1 500V光伏电缆和PV1-F型交流0.6kV/1kV光伏电缆两类产品通过了德国莱茵公司的技术鉴定，获得了TüV认证证书。

特变电工山东鲁能泰山电缆有限公司的低压交联电缆和光伏电缆产品，获得了能在欧盟成员国范围内自由流通的CE证书。

广东南洋电缆集团股份有限公司下属的全资子公司广州南洋电缆有限公司的“500kV铜芯交联聚乙烯绝缘焊接皱纹铝套聚乙烯护套纵向阻水电力电缆系统”获得欧洲荷兰KEMA认证机构颁发的认证证书。

特变电工股份有限公司新疆线缆厂获得TüV光伏产品认证证书。

扬州曙光电缆股份有限公司的110kV电缆获得电能(北京)产品认证中心有限公司颁发的PCCC产品认证证书;公司的“煤矿用额定电压10kV及以下铜芯固定敷设阻燃电力电缆”和“450V/750V及以下橡套电缆”获得了矿用产品安全标志证书。

无锡市群星线缆有限公司“复合隔火层阻燃防火电力电缆”和“多功能移动场合用软电缆”两项产品通过江苏省高新技术产品认证。

江苏永鼎股份有限公司的三项产品“特种耐火阻燃光缆”“野外拖曳电缆”和“圆形皮线光缆”获得了江苏省高新技术产品认定证书。

天津金山电线电缆股份有限公司的“海上石油平台用电缆”被认定为天津市“专精特新”产品。

天津塑力线缆集团有限公司生产的66～220kV交联聚乙烯绝缘电力电缆、塑料绝缘控制电缆和计算机及仪表电缆被北辰区人民政府认定为天津市名牌产品。

标准 中华人民共和国工业和信息化部发布了CB/T 3667.1—2014《船舶电缆敷设和电气设备安装附件 第1部分：电缆贯通装置》、CB/T 3667.5—2014《船舶电缆敷设和电气设备安装附件 第5部分：灯架及其附件》、CB/T 4396—2014《额定电压0.6/1kV及1.8/3 kV船舶和近海设施变频传动用电力电缆》、CB/T 4398—2014《海洋石油平台用电缆桥架设计通用要求》、CB/T 4405—2014《额定电压6kV(Um=7.2kV)至30kV(Um=36kV)船舶和近海设施变频传动用电力电缆》、JB/T 10181.11—2014《电缆载流量计算 第11部分：载流量公式(100%负荷因数)和损耗计算 一般规定》、JB/T 10181.12—2014《电缆载流量计算 第12部分：载流量公式(100%负荷因数)和损耗计算 双回路平面排列电缆金属套涡流损耗因数》、JB/T 10181.21—2014《电缆载流量计算 第21部分：热阻 热阻的计算》、JB/T 10181.22—2014《电缆载流量计算 第22部分：热阻 自由空气中不受到日光直接照射的电缆群载流量降低因数的计算》、JB/T 10181.31—2014《电缆载流量计算 第31部分：运行条件相关 基准运行条件和电缆选型》、JB/T 10181.32—2014《电缆载流量计算 第32部分：运行条件相关 电力电缆截面的经济优化选择》、JB/T 10259—2014《电缆和光缆用阻水带》、JB/T 10260—2014《架空绝缘电缆用绝缘料》、JB/T 10261—2014《额定电压450/750V及以下聚氯乙烯绝缘尼龙护套电线和电缆》、JB/T 8640—2014《额定电压26/35kV及以下电力电缆附件型号编制方法》、JB/T 8996—2014《高压电缆选择导则》、SJ/T 11473—2014《交联聚乙烯绝缘铜膜屏蔽控制电线和电缆》、SJ/T 1563—2014《实心聚四氟乙烯绝缘同轴射频电缆》、YD/T 1119—2014《通信电缆 无线通信用物理发泡聚烯烃绝缘皱纹外导体超柔射频同轴电缆》、YD/T 2740.2—2014《无线通信室内信号分布系统 第2部分：电缆（含漏泄电缆）技术要求和测试方法》、YD/T 2761—2014《通信电源用交联聚烯烃绝缘电缆》、YD/T 839.3—2014《通信电缆光缆用填充和涂覆复合物 第3部分：缆膏》、YD/T 839.4—2014《通信电缆光缆用填充和涂覆复合物 第4部分:涂覆复合物》。

国家能源局发布了DL/T 1263—2013《12kV～40.5kV电缆分接箱技术条件》、DL/T 5490—2014《500kV交流海底电缆线路设计技术规程》、DL/T 5707—2014《电力工程电缆防火封堵施工工艺导则》、DL/T 802.8—2014《电力电缆用导管技术条件 第8部分：埋地用改性聚丙烯塑料单壁波纹电缆导管》、SY/T 5585—2014《地震勘探专用电缆》、SY/T 7003—2014《海底电缆地震勘探数据处理技术规程》。

中华人民共和国国家质量监督检验检疫总局和中国国家标准化管理委员会发布了GB/T 30552—2014《电缆导体用铝合金线》、GB 31247—2014《电缆及光缆燃烧性能分级》、GB/T 31248—2014《电缆或光缆在受火条件下火焰蔓延、热释放和产烟特性的试验方法》；中华人民共和国住房和城乡建设部发布了JG/T 442—2014《额定电压0.6/1kV双层共挤绝缘辐照交联无卤低烟阻燃电力电缆》。

对外合作 江苏中天科技股份有限公司与晶澳太阳能

控股有限公司签订了战略合作协议，双方拟在分布式能源建设、光伏组件、背板采购方面展开全方位合作。

天津金山电线电缆股份有限公司和印度商联（集团）公司就金山电缆进军印度市场达成初步合作意向。

管理及改革与行业交流 2014 年 3 月 4 日，中国电器工业协会电线电缆分会召开了秘书处工作研讨会，协会领导以及各专业工作部秘书长等出席会议。会上，就 2013 年工作进行总结，对 2014 年工作设想提出计划草案和工作打算。各专业工作部秘书长分别介绍了各自 2013 年工作情况，以及 2014 年工作设想。

3 月 20—21 日，中国电器工业协会电线电缆分会在宜兴召开了 2014 年全国通信电缆光缆专家委员会议，来自行业主要企业、研究所、运营商、设计院专家委员共 40 多位代表出席会议。

4 月 2—3 日，全国电线电缆标准化技术委员会第三届第三次全体大会在上海召开，会议出席代表共 137 名，包括标委会委员、8 项审查标准的起草工作组成员以及其他业内企业代表。会议肯定了标委会 2013 年工作，明确了 2014 年工作要点，并在会议上审查了 8 个系列，共 14 项标准。

5 月 5 日，中国电器工业协会电线电缆分会八届一次理事长工作会在合肥召开。本次会议是第八届理事会成立以后第一次理事长工作会议，会议回顾总结了 2013 年协会工作，结合当前行业发展形势，讨论研究了协会工作重点并布置了 2014 年的各项工作。

5 月 11 日，2014 海峡两岸光通信论坛在武汉举行。本届论坛由海峡两岸光通信产业联盟主办，中国电子元件行业协会光电线缆及光器件分会、中国电器工业协会电线电缆分会、上海市通信学会光通信专业委员会协办，长飞光纤光缆股份有限公司承办。

6 月 18 日，由中国机电工业价格协会、中国电器工业协会电线电缆分会、上海电缆研究所联合主办的“2014 年全国电线电缆重点产品价格监测会议暨电线电缆论坛”在北京举行。会上全面总结了 2013 年以来价格监测工作，深入分析了一年来价格监测工作的经验和体会，指出在完善价格信息、重点用户参考运用、落实违规惩处措施等方面的不足，并从扩大监测范围、延伸价格内涵、规范工作流程、提升行业影响的角度，提出了下一步工作计划，着力构建行业自律管理、诚信建设的长效机制，为电缆行业发展提供一个有序、公平和规范的市场环境。

8 月 3—5 日，中国电器工业协会电线电缆分会电气装备用电线电缆专业工作部和橡塑材料专业工作部在无锡召开 2014 年工作会议暨技术交流会。

9 月 22 日，第三届全国电线电缆协会商会秘书长联系会在上海召开。会议对行业呼吁书（初稿）进行了修改讨论，对以后工作及合作方案进行了介绍，会议旨在加强沟通合作，共同推进线缆行业更好发展。

9 月 22 日，亚洲电线电缆行业组织 2014 主席团会议在上海电缆研究所召开。参会人员在会上共同回顾了亚洲电线电缆合作组织在 2013 年至 2014 年间的工作活动，进行了两年一届的主席团换届选举，同时，进一步商讨 2015 年的工作计划。

9 月 23 日，由中国电器工业协会电线电缆分会和上海电缆研究所主办的“2013 中国电线电缆行业大会”在上海召开。“亚洲电线电缆合作组织 2014 主席团会议”的亚洲同行和全国电线电缆地方行业协会（商会）相关领导、来自全国电线电缆、光纤光缆、专用设备、材料及相关企业的领导、技术负责人、行业专家学者、代表等近 500 多人参加了会议。大会上对“2014 年度中国线缆产业最具竞争力企业”评选活动进行了总结分析，并对新形势下行业转型发展、兼并重组以及国际市场开拓、国际化发展、市场运营模式创新、技术研发模式创新等方面进行交流。

9 月 24—27 日，由上海电缆研究所和杜塞尔多夫展览（上海）有限公司共同主办的全球第二、亚洲最大的电线电缆行业旗舰展——第六届中国国际线缆及线材展览会(wire China 2014) 在上海新国际博览中心举行。展出面积超过 57 500m^2，来自全球 1 000 多家企业、品牌参展，吸引海内外 30 000 多名专业买家到场参观。

10 月 29—31 日，由中国电工技术学会电线电缆专业委员会主办的“2014 电线电缆专委会学术年会”在山东泰安召开，会议主题“技术创新促进线缆行业转型升级”。会议讨论了 2015 年学术年会内容，就目前电缆行业的技术需求和发展形势提出很多方案，并提出了 2015 年会议主题。

11 月 6 日，2014 绕组线行业技术论坛在苏州会议中心召开，来自近 110 家相关企业的 180 多名代表出席会议。会议主要围绕“新产品、新工艺、新材料、新设备”展开讨论。此次会议通过技术交流，推动行业技术进步，引导行业健康发展，将影响行业未来的技术方向。

12 月 12—13 日，第一届华南电缆技术交流研讨会在广州举行。

〔撰稿人：上海电缆研究所陆成玉 审稿人：上海电缆研究所吴士敏〕

绝缘材料

生产发展情况 2014 年，国内绝缘材料行业总体形势仍然是产能过剩，产品销售价格走低，资产投资增速回落趋稳，出口贸易低速增长，企业经营成本上升压力不减，经济效益上行艰难。根据绝缘材料分会对行业内主要企业的统计数据，2014 年行业统计企业完成工业总产值 2 004 389 万元，主营业务收入 1 846 611 万元，全员劳动生产率 158 885 元 / 人。2014 年绝缘材料行业统计企业工业总产值前 10 位企业见表 1。2014 年绝缘材料行业统计企业主营业务收入前10位企业见表2。2014年绝缘材料行业统计企业工业增加值前10位企业见表3。

产品分类及产量 2014年绝缘材料行业统计企业主要产品产量、销售量及销售收入见表4。

表1 2014年绝缘材料行业统计企业工业总产值前10位企业

企业名称	全年工业总产值（万元）		
	当年完成	上年同期	同比增长（%）
广东生益科技股份有限公司	465 520	491 191	-5.23
长园集团股份有限公司	391 291	327 720	19.40
山东金宝电子股份有限公司	230 500	220 440	4.56
四川东材科技集团股份有限公司	195 715	200 032	-2.16
宁波华缘玻璃钢电器制造有限公司	65 895	65 436	0.70
苏州巨峰电气绝缘系统股份有限公司	56 566	58 416	-3.17
浙江荣泰科技企业有限公司	54 491	49 133	10.91
苏州太湖电工新材料股份有限公司	52 600	38 140	37.91
株洲时代电气绝缘有限责任公司	38 153	55 096	-30.75
江苏亚宝绝缘材料股份有限公司	38 022	33 819	12.43

表2 2014年绝缘材料行业统计企业主营业务收入前10位企业

企业名称	主营业务收入（万元）		
	当年完成	上年同期	同比增长（%）
广东生益科技股份有限公司	440 809	427 737	3.06
长园集团股份有限公司	334 864	282 151	18.68
山东金宝电子股份有限公司	240 730	222 480	8.20
四川东材科技集团股份有限公司	143 701	109 122	31.69
宁波华缘玻璃钢电器制造有限公司	63 895	61 644	3.65
浙江荣泰科技企业有限公司	55 884	49 092	13.84
苏州巨峰电气绝缘系统股份有限公司	48 347	48 718	-0.76
苏州太湖电工新材料股份有限公司	47 698	35 201	35.50
株洲时代电气绝缘有限责任公司	38 153	52 734	-27.65
江苏亚宝绝缘材料股份有限公司	37 906	33 619	12.75

表3 2014年绝缘材料行业统计企业工业增加值前10位企业

企业名称	工业增加值（万元）		
	当年完成	上年同期	同比增长（%）
广东生益科技股份有限公司	123 913	147 012	-15.71
长园集团股份有限公司	99 393	130 547	-23.86
四川东材科技集团股份有限公司	50 886	52 008	-2.16
苏州巨峰电气绝缘系统股份有限公司	16 650	13 137	26.74
浙江荣泰科技企业有限公司	15 030	11 572	29.88
宁波华缘玻璃钢电器制造有限公司	13 969	12 703	9.97
苏州太湖电工新材料股份有限公司	12 990	9 589	35.47
泰州魏德曼高压绝缘有限公司	9 717	8 766	10.85
衡阳恒缘电工材料有限公司	5 082	4 620	10
许绝电工股份有限公司	5 013	2 887	73.64

表4 2014年绝缘材料行业统计企业主要产品产量、销售量及销售收入

项目名称	油漆树脂	浸渍纤维制品	层压制品	云母制品	电工塑料	薄膜及复合材料	其他类绝缘材料
生产量(t)	87 290	10 689	181 659	13 137	136 688	64 021	51 812/1 976万m/6 800件
销售量(t)	84 463	7 980	181 537	12 410	135 094	63 985	53 453/1 976万m/6 800件
销售收入(万元)	174 676	23 111	626 347	57 335	108 976	157 655	565 136

市场及销售 2014年，持续受国家经济运行下行压力等因素影响，增长动力不足，发电设备容量增幅减缓；输变电设备中高压开关设备（110kV以上）需求有所增长；变压器产能仍然为低速增长；通信及电子信息需求量仍保持增长的趋势。2014年国内绝缘材料行业市场需求动力不足，产品同质化导致的企业间竞争加剧，由此造成产品销售价格走低和应收货款回收难度加大，企业资金使用效率下降，行业创新能力不强，产品结构调整投入力度不足，新产品销售收入占主营业务收入的比重有所下降，市场开拓难度大，出口低速增长。行业统计资料表明：2014年，绝缘材料中薄膜及复合材料、云母制品产量增幅较大，其他类绝缘材料减产较多。2014年，绝缘材料总产量增幅为4.42%，表明2014年绝缘行业产品总产量增长不大。绝缘材料油漆树脂产品中，无溶剂浸渍漆的产量占总量的47%，仍位居首位，与上年相比无溶剂漆产量有所增长；层压制品中应用于高铁的成形件仍保持较大增幅；覆铜箔板产量与上年度相比，仍增产但增幅减小；薄膜及复合材料中聚丙烯、聚酯、聚碳酸酯增产较多，复合材料产量持平；高压开关和干式变压器用的浇注胶及高性能绝缘纸及纸板和成型件等仍保持增长态势；云母制品与上年度相比产量有所增长，云母板产量持平，云母带增产，其中F级、H级多胶云母带、少胶云母带增产较多。

2014年，绝缘材料行业统计企业销售绝缘材料产品总量538 399t/1 976万m/异形件6 800件，销售收入1 713 540万元，2014年与上年相比行业销售总量有所增加，薄膜及复合材料销售量增幅较大为38.33%，浸渍纤维制品销售量下降较多。薄膜及复合制品、层压制品、云母制品、油漆树脂销售量与销售收入同步增长，浸渍纤维制品销量与销售收入同步减少，其它类绝缘材料销量减少，销售收入持平。2014年绝缘材料行业统计企业销售收入前10位企业见表5。

表5 2014年绝缘行业统计企业销售收入前10位企业

企业名称	销售收入		
	2014年（万元）	2013年（万元）	同比增长（%）
广东生益科技股份有限公司	338 475	328 927	2.9
山东金宝电子股份有限公司	240 730	221 760	8.55
四川东材科技集团股份有限公司	143 701	109 122	31.69
宁波华缘玻璃钢电器制造有限公司	63 895	61 644	3.65
浙江荣泰科技企业有限公司	55 884	49 092	13.84
苏州巨峰电气绝缘系统股份有限公司	51 757	49 928	3.66
吴江市太湖绝缘材料有限公司	47 698	35 201	35.50
株洲时代电气绝缘有限责任公司	38 153	55 096	-30.75
江苏亚宝绝缘材料股份有限公司	37 906	33 619	12.75
衡阳恒缘电工材料有限公司	27 671	25 156	9.99

2014年，绝缘材料产品出口60 413t，出口交货值235 099万元，创汇38 421万美元。2014年，出口交货值、创汇与上年度相比均略有增加。从产品分类来看，绝缘材料行业出口产品主要是层压制品中的覆铜箔板，为27 608万美元，约占出口总额的72%；薄膜及复合材料出口额为3 017万美元，电工塑料出口额为1 083万美元，浸渍纤维制品出口额为908万美元，云母制品659万美元，其他类绝缘材料出口为4 419万美元。2014年绝缘材料行业出口创汇金额前10名企业见表6。2014年部分绝缘材料产品出口创汇额增长情况见表7。

表6 2014年绝缘材料行业出口创汇金额前10名企业

企业名称	创汇金额（万美元）	比上年增长（%）
广东生益科技股份公司	25 643	-0.66
山东金宝电子股份有限公司	5 943	27.18
四川东材科技集团股份有限公司	2 440	33.55
宁波华缘玻璃钢电器制造有限公司	1 083	-5.25
南通中菱绝缘材料有限公司	1 032	8.06
浙江荣泰科技企业有限公司	664	5.73
江苏亚宝绝缘材料股份有限公司	331	0.91
龙口澳兴绝缘材料有限公司	325	-37.5
河南许绝电工绝缘材料有限公司	310	-8.55
北京新福润达有限责任公司	278	122

表7 2014年部分绝缘材料产品出口创汇额增长情况

项目		创汇金额（万美元）	比上年增长（%）
层压制品	覆铜箔板	27 608	0.73
	层压板材	727	-2.42
电工塑料		1 083	-5.25
薄膜及复合制品		3 017	10.15
浸渍纤维		908	71.32
其他绝缘材料		4 419	2.13
云母制品		659	5.61

科技成果及新产品 2014年，绝缘行业各企业加强自主创新能力，加快重点产品的产业化，取得多项科技成果和新产品。

四川东材科技集团股份有限公司开展新型N-P协同无卤阻燃苯并噁嗪/环氧树脂合成技术研究及应用，解决了高含N苯并噁嗪单体、含P、N环氧树脂固化剂的合成，含马来酰亚胺基团的P系化合物添加剂合成及单体-固化剂-通用环氧树脂复配体系等技术难题；开发了两种高含N苯并噁嗪单体和含N、P环氧树脂固化剂，含马来酰亚胺基团的P系化合物添加剂等产品。2014年，结合市场及技术发展要求新开发了含磷腈结构的P系阻燃添加剂，并建成了相应的中试生产线。

苏州巨峰电气绝缘系统股份有限公司研制开发高效节能电动机用纳米绝缘材料，采用先进的纳米漆包线漆、纳米聚酰亚胺薄膜、纳米浸渍树脂等关键材料集成纳米绝缘结构，具有耐电晕性好、工艺性优异、稳定性强等优点，性能达到国际先进水平。该材料用于电动汽车、新能源、国防军工等高效节能电动机的绝缘处理，是其关键核心技术，直接决定电动机寿命及运行可靠性。现已实现销售收入1.45亿元，利税3 364万元。该公司研制的高透气性少胶云母带，为我国百万千瓦发电机组等高端能源装备制造业提供了关键的主绝缘材料。该产品相对于进口产品价格下降约1/3，为电动机制造企业节约了大量材料采购成本和电动机制造成本，提升电动机产品的技术水平和国际市场竞争力。在生产过程中不使用有机溶剂，节约成本（每生产100t产品可节约溶剂成本约420万元）、节能环保，推动高端绝缘材料、绝缘系统产业的发展，促进我国绝缘系统和电机制造技术水平的升级换代。

浙江荣泰科技企业有限公司研制的R-850系列纯水浸渍绝缘漆，无助溶剂、VOC含量低（＜4%）、黏度小（59.3s）、固含量高（42.1%）、介电性能优异、机械强度高、储存期长，是一种新型、环保、高效的绝缘漆产品，有效解决了普通绝缘浸渍漆高污染、高能耗问题，突破了普通水性浸渍漆黏度高、固含量低、固化剂与环氧树脂相容性差、潜伏性低、绝缘性差、稳定性低、助溶剂含量高等技术难题。

湖南广信科技股份有限公司研制的（±200kV）高压直流变压器整体出线装置，在高压直流变压器中，采用纯净均匀的高质量的整体出线装置，是保障大容量、小型化直流变压器绝缘安全运行的关键，也是变压器小体积、大容量的必由之路，是替代进口的关键绝缘部件。

西安西电电工材料有限公司研制的252kV GCB用绝缘拉杆及DS用绝缘扭杆，采用模具底灌式工艺，通过对制作高强度真空压力浸胶管及配方、结构设计等关键技术的改进，达到252kV GCB用绝缘拉杆及DS用绝缘扭杆的机械、电气性能要求，其综合技术水平处于国内领先水平。技术参数：SF_6气体中，工频耐受电压460kV 1min；雷电冲击耐压1 050 kV；局部放电量GCB用绝缘拉杆303 kV下≤3pC，DS用绝缘扭杆210 kV下≤3pC，机械强度GCB用绝缘拉杆，抗拉强度≥140kN；DS用绝缘扭杆，扭曲强度≥500N·m。

苏州太湖电工新材料股份有限公司开展SiO_2与有机硅新型复合材料的制备技术及应用研究，该产品以氯硅烷单体等为主要原料，运用高分子模拟设计理论和原位共聚合方法，对合成纳米SiO_2杂化有机硅互穿网络功能高分子材料的催化剂体系选择、反应工艺参数（如压力、温度和传质效率）及性能进行研究；以此为基础，采用二次回归正交设计，研制制备纳米SiO_2/有机硅涂料（耐高温涂料和航空航天涂层）、耐电晕绝缘树脂（电工电子领域）及纳米SiO_2/有机硅LED透光胶（光电子和信息产业）等中试产品的配方、性能及工艺参数。通过中试产品在相关客户的应用过程中的性能和质量跟踪，改进配方和生产工艺，稳定纳米SiO_2/有机硅互穿网络功能高分子材料的生产工艺，建立相应开发产品的质量保证和生产工艺文件，并在应用的基础上编制相关产品企业标准。苏州太湖电工新材料股份有限公司研制的T1170改性有机硅浸渍树脂，针对支化不饱和聚酯树脂的简易制备工艺，筛选改进有机硅树脂性能，研制了潜伏性固化催化剂，优选了环保活性稀释剂作为黏度调节剂来获得具有国际水平的新一代耐高温无溶剂浸渍漆。

质量及标准

1.检测及质量

2014年，机械工业电工材料产品质量监督检测中心为绝缘材料生产厂家和应用厂家提供包括各类绝缘材料、绝缘制品及绝缘结构在内的检测服务1 000多批次。对产品在检测中暴露出来的问题，提出改进建议。2014年，通过检测发现传统的绝缘材料如绝缘漆、以云母为基的绝缘材料、电工层压制品等材料的检测量基本保持平稳状态。新能源如核电、风电随着产量复苏，相应的绝缘材料和绝缘结构的综合评定小幅度增加。电力行业近年对有关电力设备及部件的绝缘性能检测需求有一定增长。受国内经济环境的影响，前几年快速增长的绝缘结构的综合评定业务有所缩减。

2.标准化工作

2014年，全国绝缘材料标准化技术委员会组织完成2项国家标准审查和6项行业标准的复核上报工作，根据国家标准委和工信部有关标准报批工作细则的要求，对《晶体硅太阳电池组件用绝缘背板》等2项国家标准及《变频电机用绝缘材料耐重复脉冲电应力试验方法》等6项行业标准报批稿进行了逐一复核，经过仔细修改后按规定程序分别于2014年4月和7月完成了上报工作。针对2013年完成报批的《电气绝缘浸渍漆和漆布快速热老化试验方法—热重点斜法》等25项行业标准，根据中国机械工业联合会行业标准报批材料审查会的新要求，重新对其按新要求进行修改、复核，并重新完成上报，目前已通过审查，并已上报工信部等待最后批准发布。

2014年，标委会组织开展对《以云母为基的绝缘材料 第12部分：高透气性玻璃布补强环氧少胶云母带》等6项国家标准及《电气绝缘用围板》等2项行业标准的制修订工作。争取到4项国家标准委下达的绝缘材料国家标准制修订计划（其中制定计划3项，修订计划1项）。争取到3项工信部下达的绝缘材料行业标准制定计划项目。

根据国家标准委《2014年国家标准项目立项指南》的要求，申报了《晶体硅太阳电池组件用聚氟乙烯绝缘薄膜》和《叠层母线排用绝缘胶膜》（用于光伏、风电、动力机车、电动汽车、蜂窝基站等领域，属新型绝缘材料）等2项国家标准制定计划、《电气绝缘用树脂基复合物　第2部分：试验方法》1项国家标准修订计划。根据上级要求和有关厂家建议，按时申报了《电气用菱格涂胶聚酯薄膜聚酯纤维非织布柔软复合材料》1项机械行业标准制定计划。根据2014年能源行业标准项目申报原则的要求，及时申报了《晶体硅太阳电池组件用聚烯烃（POE）封装绝缘胶膜》1项能源行业标准制定计划。

为了提升行业标准立项的系统性和科学性，参加了国家工业和信息化部标准计划项目现场答辩评审，《电气用层合纸板》和《电气用菱格涂胶绝缘纸》等6项行业标准修订计划已全部获工信部批准立项。

2014年，根据国家标准委《关于国家标准复审管理的实施意见》的要求，对已实施5年的GB/T 5591.3—2008《电气绝缘用柔软复合材料　第3部分：单项材料规范》等39项国家标准列入复审，按照国家标准委“复审结果的确定”的原则，将20项标准确认继续有效，将19项标准列入修订，完成2014绝缘材料国家标准的复审工作。2014年6月，按照中国电器工业协会《关于电工标准体系支撑国家标准立项的通知》的要求，根据技术和产业发展情况对2012年编制的标准体系进行补充、修改和完善，秘书处将新能源、新材料等有关项目补充列入绝缘材料标准体系，以满足申报标准计划的需要，并按时将修改的绝缘材料体系表等相关资料上报。

基本建设及技术改造　2014年，绝缘材料行业全年基本建设投资为22 666万元，更新改造资金额为17 059万元。用于固定资产投资额为71 428万元，其中技术改造资金为28 862万元。2014年绝缘材料行业部分企业基建、技改投资情况见表8。2014年绝缘材料行业部分企业完成技术改造项目及效果见表9。

表8　2014年绝缘材料行业部分企业基建、技改投资情况　（单位：万元）

企业名称	基本建设投资					更新改造资金	
	投资计划	投资完成数	其中			计划数	实际完成
			生产性	建安工程	设备工具购置		
广东生益科技股份公司	1 737	996			996	1 862	1 108
四川东材科技集团股份有限公司	14 162	14 162		2 678	11 484	14 162	14 162
西安西电电工材料有限公司	691	664	70	174	267	150	144
株洲时代电气绝缘材料有限公司	1 000	800	700	100			
宁波华缘玻璃钢电器制造有限公司		1 192			1 192		
江苏冰城电材股份有限公司		1 500	200	1 000	300		
湖南广信科技股份有限公司		3 289	3 289				
河南许昌电工绝缘材料有限公司	66	63					93
北京福润达绝缘材料有限责任公司						243	243
宝应县精工绝缘材料有限公司						1 000	1 050
浙江乐清树脂厂						91	91

表9　2014年绝缘材料行业部分企业完成技术改造项目及效果

企业名称	项目名称	效果
四川东材科技集团股份有限公司	年产2 000t电容器用超薄型聚丙烯薄膜项目	项目计划总投资14 779万元，建成投产时间2015年6月。项目建成后，形成年产2 000t电容器用超薄型聚丙烯薄膜的生产能力，其中：新增2 000t/a。预计2017年达产后，新增销售收入15 980万元，新增利润5 989万元，新增税金1 472万元，新增出口创汇200万美元
苏州巨峰电气绝缘系统股份有限公司	百万千瓦高效发电机组绝缘系统技术改造项目	2014年9月完成技术改造，已达到3 000t环氧酸酐VPI树脂、2 000t高透气性少胶云母带、300～500台(套)百万千瓦发电机组和大型高压电机绝缘系统的年生产能力。截至2014年9月，项目产品总销售额42 264万元
湖南广信科技股份有限公司	8 000t/a特高压变压器纸板	该项目建设从2013年1月至2014年12月，项目总投资22 826万元，其中固定资产投资总额22 343万元。项目达产后，可实现销售收入16 769万元/年，税金3 312万元
西安西电电工材料有限公司	3 725层压棒工艺改进	2014年6月完成设备改造后，使其生产过程节能降耗，改善工作环境，降低材料损耗，提高产品合格率

行业活动 中国电器工业协会绝缘材料分会与中国电工技术学会绝缘材料与绝缘技术专委会于2014年9月25—26日，在广东省东莞市召开“第十二届全国绝缘材料与绝缘技术学术交流会”。中国电器工业协会副会长郭振岩、中国电工技术学会学术部主任王志华应邀出席会议并讲话，桂林电器科学研究院有限公司副总经理、中国电器工业协会绝缘材料分会理事长刘亮到会致辞。会议分别由桂林电器科学研究院有限公司副总工程师、中国电工技术学会绝缘材料与绝缘技术专委会主任委员李学敏和中国电工技术学会绝缘材料与绝缘技术专委会副主任委员唐超主持。来自全国各地的会议代表共230余人参加了会议。

〔撰稿人：桂林电器科学研究院有限公司孙瑛　审稿人：桂林电器科学研究院有限公司马林泉〕

铅酸蓄电池

生产发展情况 2014年，随着行业准入制度的实施，行业门槛提高，相当数量的小企业被淘汰，大企业通过重组、并购等模式快速扩张，铅酸蓄电池行业的新格局正在形成，行业集中度大幅提高，行业的制造水平、设备水平、技术发展都有大幅度的提升。截至2014年年底，铅酸蓄电池行业共有12家企业在上海、深圳证交所及中小企业板、中国香港及美国等地上市。

目前，国内的铅酸蓄电池企业呈多元化发展，市场日趋国际化，外资及合资企业不断增加，形成了激烈的竞争模式。国内企业也不断地学习国外优秀企业的先进管理方法，提升公司的整体发展水平。铅酸蓄电池行业无论是技术水平、运行质量及经济效益，都朝着国际化方向发展。

2014年，通过国家五部委联合开展的环保整治、环保核查，以及通过深入贯彻实施《铅蓄电池行业准入条件》，规范了铅酸蓄电池企业的生产方式，快速推动了企业生产的转型升级，进一步增强了企业的环保意识和社会责任感，提高了行业准入门槛，淘汰了一批不合格企业，促进了产业的转型升级。至2014年年底，共有27家企业通过了工信部、环保部的铅酸蓄电池行业准入条件审查。约80%的企业已着手或已完成以行业准入条件为标准的淘汰落后工艺，完善清洁化生产和蓄电池专用设备、环保设备的改造，待接受行业准入审查。

2014年，各企业的主营业务利润情况不乐观。按可比口径比较，2014年较2013年下降17.9%。增长幅度最大的为深圳市瑞达电源有限公司和上虞奥龙电源有限公司，增长幅度均超过100%。出现利润下降的企业有13家，占该项有效统计企业的50%。多数企业出现利润下滑的原因是企业处于半生产或停产状态。

分类产品产量 2014年，铅酸蓄电池指标统计汇总表共收集37家企业有效数据。按可比口径比较，2014年工业总产值较2013年增长15.8%，达到1 249亿元，其中工业总产值超过百亿元的企业有三家，分别为超威电池有限公司、天能集团、骆驼集团股份有限公司，占37家统计企业总额的71%。

2014年铅酸蓄电池主要产品产量均较2013年有提高。2013—2014年铅酸蓄电池行业各类产品产量见表1。

表1　2013—2014年铅酸蓄电池行业各类产品产量

产　品	2013年（万kVA·h）	2014年（万kVA·h）	增幅（%）
全线产品	14 382	20 626	43.42
起动用蓄电池	4 002	4 528	13.14
固定用蓄电池	2 074	2 879	38.81
摩托车用蓄电池	276	304	10.14
电动助力车用蓄电池	6 096	12 005	96.93

现阶段国内起动用蓄电池产量最大的是骆驼集团股份有限公司，2014年，该公司起动用蓄电池产量为1 792万kVA·h，其次是风帆股份有限公司，产量为1 134万kVA·h，这两家企业的产量总和占该规格产品的64.6%。

生产固定型蓄电池的企业共11家，其中理士国际技术有限公司、江苏双登集团有限公司和浙江南都电源动力股份有限公司三家企业产量最高，分别为1 435万kVA·h、438万kVA·h、400万kVA·h，占该类型总产量的79%。

摩托车用蓄电池虽然增长幅度不多，但是总产量的52%都集中在理士国际技术有限公司，说明该企业在目前国内摩托车蓄电池市场稳居第一的位置，而且还有扩大化的趋势。

可以看出，随着电动助力车产业的产量增加，配套所需电池产量也大幅增加，但是这些高产企业的库存量也随之增大，不仅造成企业的资金流动出现滞待，同时也恶化了终端销售市场，造成激烈竞争，形成了市场的价格战。

2014年，在经济全球化的大趋势下，出口产品情况仍呈现持续发展的态势，一批具有较强竞争力的产品和企业在国际市场上脱颖而出，培养和铸造了一批以产品出口型为主的的企业，产品远销全球近百个国家和地区。按可比口径相比，2014年出口产品较2013年整体增长25%，其中增长幅度最大的是深圳瑞达电源有限公司，增长了296%，可以看出，该公司的主要经营方向在逐渐转向国外。

科技成果及新产品 2014年，新产品发展情况较好，全国铅酸蓄电池行业被国家认定为高新技术企业17家，已获批准建立国家级企业技术中心等国家级科研平台9个；省级企业技术中心、省级工程技术研究中心、省级高新技术开发中心等省级科研平台23个；从事科技研发人员9 272名；共发明、发展220多项新产品新技术；新产品开发费用较2013年增长一倍。2014年，共计有1 400

余项企业获得的授权发明专利，包含了电池型号、端子、系统集成、板栅等各个领域，体现出龙头企业内建立的博士站、研究院等高端技术部门的技术水平。

标准制定 2014年，共制定通过了四个铅酸蓄电池相关标准：GB/T ××××—201×《电动道路车辆用铅酸蓄电池　第1部分：技术条件》、GB/T ××××—201×《电动道路车辆用铅酸蓄电池　第2部分：产品品种和规格》、GB/T ××××—201×《民用铅酸蓄电池安全技术规范》、JB/T ××××—201×《起停用铅酸蓄电池技术条件》。

基本建设及技术改造 行业总体的基建及改造所投入的资金在呈现下降的趋势。2012—2013年企业处于大规模的改革、改造期，更换大量的先进环保设备、建设新厂址，自2013年起，大部分企业已陆续开始调试运行，逐步进入正常的生产常态。

行业大事 2014年年初，国家发改委将要把铅酸蓄电池纳入《管理目录》，也就是像以往四机一脑一样，每只废旧电池收取管理基金，工信部委托有色金属协会下属中国再生资源回收利用协会起草了基金回收制度管理草案，提出3种回收基金管理方案，核心是铅酸蓄电池行业的废旧电池要缴纳基金，这笔钱交给再生铅行业，每只大约缴纳15～20元，这对正在进行环保整顿的铅酸蓄电池行业来说是雪上加霜，目前行业多数企业亏损，利润不过2%，如果再缴纳管理基金对行业大多数企业将是致命一击。2014年3月9日，铅酸蓄电池分会在浙江省长兴县召开紧急会议，研讨在铅酸蓄电池行业实施废旧电池加回收基金制度的意见，各大系列主要企业出席了会议。经过一天激烈研讨，形成建议稿，以中电协蓄2014（15）号文件上报国家发改委环资司。

2014年4月，国家先后向蓄电池行业下发《关于征收蓄电池产品消费税的通知》，针对国家要增收的铅酸蓄电池产品消费税征求意见。铅酸蓄电池行业协会召开了关于铅酸蓄电池行业消费税相关事项的紧急会议，国内重点铅酸蓄电池生产企业参加了研讨，并在会上达成一致意见，提出建议，会后协会以中电协蓄2015（17）号文件上报给国家五部委，反映铅酸蓄电池行业的现状和存在的实际困难，表示如果征收蓄电池产品消费税，多数企业将面临倒闭，建议国家延缓或免征铅酸蓄电池产品消费税。

2014年5月，为了更好地向国家有关部门反映行业现状及制约行业发展的问题，分会组织编写了《2014年铅蓄电池行业发展现状与亟待解决的问题》，集企业、专家、学者意见，实事求是地剖析了铅酸蓄电池产业状况，为有关部门提供了详细的参考资料，延缓了国家对铅酸蓄电池行业消费税和回收基金的实施时机和运行机制。

2014年6月，铅酸蓄电池分会第七届四次会员大会暨四次理事会在西安举办。来自全国的130余名会员代表相聚在一起，共同探讨行业的发展趋势和制约行业发展亟待解决的热点问题。会上对2013年度先进集体及个人进行了表彰，增强了会员企业对协会工作的热情。

2014年8月，铅酸蓄电池分会在上海成功主办了中国国际铅酸蓄电池展览会，展会同期举办“中国国际铅酸蓄电池展览会技术研讨会”，邀请了国内铅酸蓄电池业界的权威专家，结合当前铅酸蓄电池行业的经济形势与“十二五”节能政策，共同探寻全球蓄电池行业的技术新发现及今后的发展趋势。

虽然铅酸蓄电池行业在产品结构、技术创新、经营环境等方面存在着一些问题，特别是行业准入执行力度良莠不齐，盈利能力下降等方面制约行业的持续发展，但电池行业是一个具有无限发展空间的永续产业，面对时代机遇和挑战，只要积极变革进取，铅酸蓄电池行业一定能再创辉煌。

〔撰稿人：中国电器工业协会铅酸蓄电池分会郇冬妮〕

电工合金

生产发展情况 2014年，电工合金行业主要原材料白银的价格在低价徘徊，市场需求也有所降低，产量略微增加，该利好因素使全行业工业总产值与2013年几乎持平，大部分产品产量相对2013年有所增加。电工合金产品产量同比增长5%，银铜复合带材和电器元件等产品继续呈现较高的增长势头，其中一个原因是触头产品出口退税的取消使绝大部分企业对触头进行深加工，触头与组件铆接或焊接后制造出元件产品，既增加了产品的附加值，又可按照元件产品出口退税。2014年全行业完成工业总产值90亿元，同比下降5%。2014年电工合金行业工业总产值前5名的企业及其产量和主要经济指标见表1。

表1　2014年电工合金行业产值前5名的企业及其产量和主要经济指标

序号	企业名称	产量（t）	工业总产值（万元）	利润总额（万元）
1	中希集团有限公司	387.9（加430t复合带材，18t铜基触头）	143 179	4 678
2	福达合金材料股份有限公司	1 100（含电器元件）	106 536	4 996
3	温州宏丰电工合金股份有限公司	1 827（含电器元件）	67 759	2 519
4	桂林金格电工电子材料科技有限公司	186（不含铜基触头）	50 091	1 255
5	佛山通宝精密合金股份有限公司	2 211（双金属）87.23（银基）	48 605	4 434

注：表中不含磁钢和中高压企业。

产品分类及产量　2014 年全行业银基电触头材料（线材、片材）产量 1 500t，比上年增长 7%；铜基触头材料（主要为 CuW 触头，不含真空开关用触头和低压用铜基触头）720t，与上年基本持平；真空开关用触头材料（主要为 CuCr 系列）产量约 650 万片，同比增长 10%；其他电工合金材料（包括换向器用银铜复合带材、热双金属、焊料和电器元件等）13 060t，同比下降 8%；铸造铝镍钴磁钢 2 900t，与上年度基本持平。2014 年电工合金分类产量见表 2。

表 2　2014 年电工合金分类产量

产品名称	产量（t）
电触头材料	
银基触头材料	1 500
铜基触头材料（不含真空触头）	720
真空触头材料	650（万片）
银铜复合带材和元件	6 500
银铜合金	3 000
热双金属	2 210
其他	1 350
磁钢产品	
铸造铝镍钴磁钢	2 900

市场及销售　2014 年全行业产品销售收入 900 000 万元，利润总额 32 750 万元，出口创汇 6 000 万美元，同比下降 15%。2014 年电工合金行业国内销售收入前 5 名企业见表 3。2014 年电工合金行业主要出口创汇企业见表 4。

2014 年中高压触头产品销售收入 69 500 万元，同比增长 20%，利润总额约 4 500 万元，出口创汇 1 800 万美元。其中陕西斯瑞工业有限责任公司在中高压触头领域处于领先地位，其工业总产值占整个国内行业的 60% 以上，达到 48 429 万元，主要产品除了中高压触头还有端环导条，行业的出口创汇额主要来自于该公司，主要出口美国、法国、德国、马来西亚、英国等国家和地区。

表 3　2014 年电工合金行业国内销售收入前 5 名企业

序号	企业名称	销售收入（万元）	主要产品
1	中希集团有限公司	142 187	银基触头、银铜复合带
2	福达合金材料股份有限公司	106 536	银基触头、电器元件
3	温州宏丰电工合金股份有限公司	66 849	银基触头、银铜复合带
4	桂林金格电工电子材料科技有限公司	55 631	银基触头
5	佛山通宝精密合金股份有限公司	42 852	热双金属、银基触头

表 4　2014 年电工合金行业主要出口创汇企业

序号	企业名称	产品	出口国家和地区	创汇额（万美元）
1	中希集团有限公司	银基触头、复合带	欧洲、东南亚、美国等	466
2	苏州市希尔孚合金材料有限公司	银基触头、铜钨系列产品	欧洲、亚洲	960
3	福达合金材料股份有限公司	银基触头及其元件	欧洲、美国等	976
4	温州宏丰电工合金有限公司	银基触头及其组件	欧洲、美洲	942
5	佛山通宝精密合金股份有限公司	热双金属、银铜带	印度、泰国和中国香港	320
6	桂林金格电工电子材料科技有限公司	银基触头、铜铬触头	欧洲、东南亚	100

科技成果及新产品　桂林金格电工电子材料科技有限公司的“化学法银氧化锡触头材料制备工艺研究”和“高性能环保触头材料研究成果产业化”项目，提高了工艺水平，加快了生产效率。该企业 2014 年度申请 5 项专利均已获得授权。

福达合金材料股份有限公司的“环境友好型智能电器开关用银氧化锡材料”项目获得浙江省科技技术奖二等奖，“一种银碳化钨石墨触头材料及其制备方法”项目获得温州市科学技术奖三等奖。该公司 2014 年有 9 项专利获得授权。

中希集团有限公司的“超细颗粒银镍材料工艺研发”“温复与热复结合复合工艺研发”“节约银型三复合铜基触头”和“复合带材贵金属定位控制”等项目年内获得成功。该公司 2014 年新公开 4 项专利。

温州宏丰电工合金股份有限公司的“微观结构化环保高性能电接触功能复合材料产业化”“新型复合结构 Ag/SnO_2 电接触材料开发与产业化”“环保电接触材料关键技术研究及应用”“电弧侵蚀下金属氧化物触头材料的相变及电性能失效研究及应用”“包覆结构中间体增强银石墨电接触复合材料”和“温州宏丰机联网示范车间建设项目”等项目均已成功实施。该企业 2014 年已专利授权 39 项。

佛山通宝精密合金股份有限公司的项目“大安培用银氧化锡新工艺的研究”“银基复合材料新型高效加工工艺的研究”“提升薄型功能合金带料的生产效率与质量的研究”“智能化技术在双金方面的应用研究”“太阳能用高性能电子银浆料的研制”“高锰型热双金属产品的产业化技术研究”“改性银镍合金材料的工艺研究”和“FEPAC 信息化管理持续提升的研究”等项目均已处于小试或中试

阶段。该公司 2014 年专利授权 3 项。

陕西斯瑞工业有限责任公司的“高性能低成本弥散强化铜产业化项目”“高温合金熔模精密铸造”和“球形粉末和超细铬粉的研发和应用”等项目共投资 5 000 万元，通过这些项目的成功，该公司在该领域的产品已经处于世界先进水平。该公司 2014 年申报专利 11 项，均已授权。

行业活动及标准 来自全国从事电触头材料生产和相关电器制造的专家、企业管理人员、工程技术人员等共 84 人参加了“电工合金分会 2014 年年会”。分会理事长陈仲向大会报告了电工合金行业 2013 年的生产经营情况、技术创新成果及分会下一阶段的工作设想；西安西电开关电气有限公司副总工李心一作了《我国特高压开关产品发展趋势与核心部件制造》的报告；国防科学技术大学堵永国教授作了《银浆料及其研究方法》的报告；西安理工大学梁淑华教授作了《高压铜钨触头材料技术》的报告；西安交通大学王亚平教授作了《银基触头材料应用技术研究》的报告，哈尔滨工业大学任万滨副教授作了《触点材料先进测量与评价技术》的报告。

2014 年 12 月，全国电工合金标准化技术委员会在黑龙江省哈尔滨市召开了“第三届全国电工合金标准化技术委员会 2014 年年会”，共有 65 位委员、起草人及特邀专家代表参加会议。

〔撰稿人：桂林电器科学研究院有限公司崔得锋 审稿人：桂林电器科学研究院有限公司谢永忠〕

电焊机

2014 年电焊机行业经济运行情况呈现出“总体增长缓降、盈利能力疲软、产值产量双减、售价持续下滑、外贸不容乐观”的特点。

截至 2015 年 7 月，电焊机分会秘书处共收到了 60 家生产型企业的 2014 年年报数据，比上年减少 2 家。下面针对这 60 家企业的数据进行汇总分析：

行业运行基本情况 2014 年基本情况指标除新产品开发经费支出和科技活动经费筹集总额略有上升外，其余指标普遍下降，全年工业总产值 11.30%、全年工业销售产值 20.03%、出口交货值 17.85%、工业增加值 11.44%、全年从业人员平均人数 16.86%、工厂占地面积分别下降 12.42%。全年工业销售产值、出口交货值和全年从业人员平均人数下降的幅度较大，行业企业的规模有所降低。新产品开发经费支出增加了 2.69%，研究与试验发展经费支出下降的比例很小为 2.55%，高级职称人数增长了 17.89%，表明企业注重技术研发投入和高级人才储备。2014 年基本情况汇总及增长情况见表 1。

表 1 2014 年基本情况汇总及增长情况

指标名称	2013 年	2014 年	同比增长（%）
全年工业总产值（万元）	1 247 710	1 106 746	-11.30
全年工业销售产值（万元）	1 198 094	958 132	-20.03
其中：出口交货值（万元）	298 734	245 400	-17.85
工业增加值（万元）	407 280	360 674	-11.44
工业中间投入（万元）	932 267	838 242	-10.09
新产品产值（万元）	437 873	414 469	-5.34
新产品开发经费支出（万元）	38 289	39 318	2.69
科技活动经费筹集总额（万元）	45 562	45 908	0.76
年末科技活动人员合计(人)	4 484	3 754	-16.28
研究与试验发展经费支出（万元）	40 854	39 811	-2.55
年末研究与试验发展人员(人)	3 119	2 833	-9.17
全年从业人员平均人数(人)	19 580	16 278	-16.86
其中：技术人员	3 991	3 550	-11.05
管理人员（人）	3 057	2 194	-28.23
工人（人）	12 532	10 534	-15.94
其中：高级职称	475	560	17.89
中级职称	1 478	1 399	-5.35
中级以下	4 351	4 238	-2.60
工厂占地面积（m^2）	2 117 484	1 854 582	-12.42
其中：生产场地面积	1 212 825	1 124 508	-7.28

企业的主要财务指标流动资产平均余额、固定资产净值年平均余额年末资产总额、年末所有者权益总额、主营业务收入、利润总额与 2013 年相比均是下降的。主营业务收入下降的比例为 8.68% 相对偏小，其他业务收入增长了 18.33%，增幅较大，企业营业收入比较平稳。2014 年财务情况汇总及增长情况见表 2。

表 2 2014 年财务情况汇总及增长情况

指标名称	2013 年（万元）	2014 年（万元）	同比增长（%）
流动资产平均余额	1 067 240	962 749	-9.79
固定资产净值年平均余额	326 403	243 265	-25.47
固定资产小计	289 887	321 811	11.01
年末资产总额	1 577 471	1 355 680	-14.06
应交增值税	30 124	28 934	-3.95
年末负债总额	575 718	507 951	-11.77
年末所有者权益总额	1 001 753	847 729	-15.38
主营业务收入	1 124 050	1 026 511	-8.68
主营业务成本	799 829	738 574	-7.66
主营业务税金及附加	6 892	6 782	-1.59
主营业务利润	266 342	203 752	-23.50
其他业务收入	11 842	14 012	18.33
营业费用	66 367	62 567	-5.73
管理费用	104 533	99 545	-4.77
财务费用	7 756	10 190	31.38
其中：利息支出	12 497	12 841	2.75
利润总额	133 014	109 465	-17.70
支付的人力资源费用	105 556	93 930	-11.01
支付的各项税金	63 254	60 608	-4.18
经营活动产生的现金净额	126 427	93 731	-25.86

主要产品情况 2014 年 60 家企业主要产品产销存情况汇总见表 3。

表 3 2014 年 60 家企业主要产品产销存情况汇总

产品名称			2013 年库存量		2014 年生产量		2014 年销售量		2014 年库存量	
			实物量（台/套）	价值量（万元）	实物量（台/套）	价值量（万元）	实物量（台/套）	价值量（万元）	实物量（台/套）	价值量（万元）
电弧焊机	交流弧焊机（弧焊变压器）		34 013	3 043	648 450	39 251	647 191	39 154	35 272	3 141
	直流手工弧焊机（弧焊整流器）	逆变≤ 250A	78 912	77 571	1 151 174	90 021	1 152 769	89 695	81 445	78 160
		逆变＞ 250A	72 161	8 430	385 685	76 458	410 543	73 628	59 491	12 379
		非逆变类	2 598	1 088	37 340	10 310	36 273	10 050	3 665	1 348
	TIG 焊机	逆变≤ 250A	16 734	1 583	183 473	25 880	176 669	25 337	25 335	2 621
		逆变＞ 250A	8 052	3 567	100 310	36 838	96 844	36 019	12 429	4 373
		非逆变类	1 393	1 408	12 952	6 807	13 081	6 808	963	875
	MIG/MAG 熔化极气体保护弧焊机	逆变≤ 250A	9 089	2 126	131 491	33 729	126 445	32 688	14 194	3 163
		逆变＞ 250A	25 986	14 006	201 972	125 025	194 388	123 101	31 263	15 090
		非逆变类	25 211	4 986	469 759	56 736	463 269	56 780	31 701	5 155
	埋弧焊机	逆变类	842	867	15 619	22 193	15 358	21 788	1 124	1 335
		非逆变类	684	765	4 097	5 409	4 118	5360	663	815
	等离子弧焊机	逆变类	1 676	390	19 974	11 055	19 759	11 035	1 891	411
	等离子弧切割机	逆变＜ 100A	6 320	960	62 038	12 140	60 336	11 895	7 603	1 172
		逆变≥ 100A	5 535	2 540	52 034	29 493	47 475	28 597	8 580	2 959
		非逆变类	869	407	5 924	3 395	6 156	3 375	637	422
	其他焊机		497	956	3 319	7 020	3 176	7 204	640	772
电阻焊机	点(凸)焊机		646	1 980	32 947	75 540	32 863	75 303	730	2 245
	缝焊机		53	1 341	493	6 083	437	5 837	105	1 391
	对焊机		71	374	2 228	3 103	2 210	2 967	87	370
	控制器		204	393	6 455	7 630	4 758	7 034	1 901	989
特种焊接设备	螺柱焊机		292	563	1 767	4 860	1 743	5 056	316	388
	光束焊接设备		0	0	10	3 000	10	3 000	0	0
	焊接机器人		173	3 443	5 137	89 092	5 110	89 336	200	3199
专机自动化	专用成套焊接设备		6 586	3 989	164 077	44 644	160 917	40 770	9 746	7 863
	焊接机器人配套专用成套焊接设备		14	659	615	26 484	587	26 394	42	750
焊接中心自动化	操作机		10	150	383	3 047	346	2 870	47	327
	滚轮架		67	301	953	4 316	860	4 053	407	1 206
	变位机		94	314	777	3 483	802	3 504	69	293
	非标配套专用成套焊接设备		30	408	594	10 009	551	9 634	73	783
辅机具及配套件	送丝机（装置）		9 068	1 474	691 690	39 487	685 194	38 972	15 564	1 989
	焊接小车		1 870	224	50 012	6 186	48 826	5 935	3 056	475
	焊枪(炬)	CO_2 焊枪	6 700	489	463 569	15 161	464 502	15 245	5 767	404
		氩弧焊枪	1 630	101	14 928	1 040	14 807	1 036	1 751	104
		割枪	39	9	1 784	577	1 711	556	112	31
	其他		183 349	8 959	7 520 641	64 509	6 882 161	60 445	821 829	13 023
合 计			501 468	149 864	12 444 671	1 000 011	11 782 245	980 461	1 178 698	170 021

2013 年和 2014 年有 56 家企业均上报了产品数据，这 56 家企业的产量和产值占 2014 年 60 家上报企业的产值产量的 80% 以上。

现对 2013 年和 2014 年两年均上报的 56 家企业的产品数据进行分析。

1. 生产、销售和库存情况

56 家企业 2013 年和 2014 年产量实物量与价值量变化情况见表 4。

表 4　56 家企业 2013 年和 2014 年产量实物量与价值量变化情况

类型	2013 年		2014 年		同比增长 (%)	
	实物量（台 / 套）	价值量（万元）	实物量（台 / 套）	价值量（万元）	实物量	价值量
生产	6 434 838	920 021	11 796 878	980 213	83	7
销售	6 281 147	915 185	11 139 048	961 030	77	5
库存	502 558	149 900	1 172 773	168 545	133	12

这 56 家企业 2014 年的生产、销售、库存的实物总量和价值总量比 2013 年均是增加的，实物总量增加的幅度较大，价值总量增加的幅度相对较小。

2. 各大类焊机占比

56 家企业各大类焊机占总量的比例见表 5。

表 5　56 家企业各大类焊机占总量的比例

产品类别	2013 年				2014 年			
	生产量占比（%）		销售量占比（%）		生产量占比（%）		销售量占比（%）	
	实物量	价值量	实物量	价值量	实物量	价值量	实物量	价值量
电弧焊机	53.77	63.89	54.40	64.15	29.44	60.04	31.07	60.29
电阻焊机	0.39	4.77	0.40	4.59	0.36	9.42	0.36	9.48
辅机具及配套件	43.07	10.83	42.41	10.93	68.73	11.26	42.41	11.02
焊接中心自动化	0.04	2.36	0.04	2.29	0.02	2.13	0.02	2.09
特种焊接设备	0.09	10.94	0.09	10.80	0.06	9.89	0.06	10.13
专机自动化	2.64	7.21	2.65	7.23	1.40	7.26	1.45	6.99

电弧焊机和辅机具及配套件生产实物量和销售实物量占比变化较大，电弧焊机生产实物量占比由 53.77% 下降到 29.44%，而辅机具及配套件生产受市场对自动焊接 / 半自动焊接的需求增大，实物量占比由 43.07% 上升为 68.73%，电弧焊机销售实物量占比由 54.40% 下降到 31.07%，辅机具及配套件销售实物量占比由 42.41% 上升到 42.41%。其他类别实物量占比变化不大。

电弧焊机生产价值量和销售价值量占比有所下降，电阻焊机生产受我国乘用车生产企业加大国内采购的影响，价值量和销售价值量占比增加的幅度较大。生产价值量占比由 2013 年的 4.77% 增加到 2014 年的 9.42%，销售价值量占比由 2013 年的 4.59% 增加到 2014 年的 9.48%。

3. 明细产品占总量的比例

56 家企业明细产品实物量与价值量占总量的比例见表 6。

表 6　56 家企业明细产品实物量与价值量占总量的比例

产品名称			2013 年				2014 年			
			生产量占比（%）		销售量占比（%）		生产量占比（%）		销售量占比（%）	
			实物量	价值量	实物量	价值量	实物量	价值量	实物量	价值量
电弧焊机	MIG/MAG 熔化极气体保护弧焊机	非逆变类	6.35	7.04	6.37	7.00	3.98	5.79	4.16	5.91
		逆变＞250A	2.79	12.16	2.81	12.22	1.70	12.64	1.73	12.68
		逆变≤250A	1.74	3.04	1.81	3.11	1.11	3.44	1.14	3.40

（续）

产品名称			2013年				2014年			
			生产量占比（%）		销售量占比（%）		生产量占比（%）		销售量占比（%）	
			实物量	价值量	实物量	价值量	实物量	价值量	实物量	价值量
电弧焊机	TIG焊机	非逆变类	0.28	0.98	0.25	0.92	0.11	0.69	0.12	0.71
		逆变＞250A	1.44	3.56	1.54	3.67	0.85	3.76	0.87	3.75
		逆变≤250A	2.94	2.93	3.00	3.00	1.56	2.64	1.59	2.64
		逆变类	0.31	1.14	0.32	1.14	0.16	1.09	0.17	1.11
	等离子弧切割机	非逆变类	0.11	0.52	0.11	0.51	0.05	0.35	0.06	0.35
		逆变＜100A	0.94	1.25	0.97	1.28	0.53	1.24	0.54	1.24
		逆变≥100A	0.72	2.31	0.71	2.22	0.44	3.01	0.43	2.98
	交流弧焊机（弧焊变压器）		9.99	4.44	10.20	4.49	5.50	4.00	5.81	4.07
	埋弧焊机	非逆变类	0.06	0.54	0.06	0.52	0.03	0.55	0.04	0.56
		逆变类	0.23	2.25	0.25	2.35	0.13	2.26	0.14	2.27
	其他焊机		0.06	1.11	0.06	1.04	0.02	0.63	0.02	0.68
	直流手工弧焊机（弧焊整流器）	非逆变类	0.67	1.44	0.70	1.46	0.30	1.03	0.31	1.02
		逆变＞250A	6.24	8.08	5.91	8.06	3.25	7.75	3.66	7.61
		逆变≤250A	18.90	11.11	19.33	11.17	9.72	9.16	10.31	9.31
电阻焊机	点(凸)焊机		0.27	2.76	0.28	2.72	0.28	7.71	0.30	7.84
	对焊机		0.03	0.66	0.03	0.62	0.02	0.32	0.02	0.31
	缝焊机		0.01	0.79	0.01	0.69		0.62		0.61
	控制器		0.08	0.57	0.08	0.55	0.05	0.78	0.04	0.73
辅机具及配套件	电焊钳		0.01	0.00	0.01					
	焊接小车		0.70	0.36	0.71	0.35	0.38	0.38	0.40	0.37
	焊枪（炬）	CO_2焊枪	7.82	1.95	7.99	1.95	3.93	1.55	4.17	1.59
		割枪	0.02	0.05	0.03	0.06	0.02	0.06	0.02	0.06
		氩弧焊枪	0.23	0.11	0.23	0.11	0.13	0.11	0.13	0.11
	其他		30.70	6.01	29.82	6.16	62.06	6.42	59.99	6.13
	送丝机（装置）		3.58	2.34	3.63	2.30	2.22	2.75	2.33	2.76
焊接中心自动化	变位机		0.01	0.45	0.01	0.42	0.01	0.36	0.01	0.36
	操作机		0.01	0.55	0.01	0.54		0.31		0.30
	非标配套专用成套焊接设备		0.01	0.87	0.01	0.84	0.01	1.02		1.00
	滚轮架		0.02	0.49	0.02	0.49	0.01	0.44	0.01	0.42
专机自动化	光束焊接设备			0.33		0.33		0.31		0.31
	焊接机器人		0.08	10.20	0.08	10.08	0.04	9.09	0.05	9.30
	螺柱焊机		0.01	0.41	0.01	0.39	0.01	0.50	0.02	0.53
	焊接机器人配套专用成套焊接设备		0.02	3.32	0.02	3.38	0.01	2.70	0.01	2.75
	专用成套焊接设备		2.62	3.88	2.62	3.86	1.38	4.54	1.40	4.23
合计			100	100	100	100	100	100	100	100

辅机具及配套件的实物量中其他类占比最大，生产实物量占比分别为30.70%和62.06%，销售实物量占比分别为29.82%和59.99%，增长幅度较大；其次是逆变≤250A直流手工弧焊机（弧焊整流器），生产实物量占比分别为18.90%和9.72%，销售实物量占比分别为19.33%和10.31%，下降幅度较大。

逆变＞250A的MIG/MAG熔化极气体保护弧焊机价值量占比最大，其生产价值量占比分别是12.16%和12.64%，销售价值量占比分别是12.22%和12.68%，均略有上升；其次是特种焊接设备中的焊接机器人，其生产价值量占比分别是10.20%和9.09%，略有下降；销售价值量占比分别是10.08%和9.30%，均略有所下降。

出口情况

1.地区出口情况

2013年、2014年地区出口量和出口额汇总以及占总出口量的比例见表7。

表7　2013年、2014年地区出口量和出口额汇总以及占总出口量的比例

地区	2013年				2014年			
	出口量（台/套）	出口量占比（%）	出口额（万元）	出口额占比（%）	出口量（台/套）	出口量占比（%）	出口额（万元）	出口额占比（%）
北美洲	56 097	28.08	28 232	16.55	627 602	24.74	26 996	15.71
大洋洲	28 008	1.40	5 684	3.33	14 790	0.58	3 731	2.17
非洲	28 305	1.42	4 281	2.51	22 709	0.90	2 751	1.60
南美洲	247 826	12.41	17 219	10.10	101 942	4.02	13 300	7.74
欧洲	931 822	46.67	55 285	32.42	1 169 722	46.10	59 430	34.59
亚洲	199 814	10.02	59 843	35.09	600 393	23.66	65 602	38.19
合计	1 996 472	100 .00	170 542	100 .00	2 537 158	100 .00	171 810	100 .00

注：该数据为2013年和2014年均上报数据的23家企业的统计数据。

2013年和2014年出口量占比最大的是欧洲，其次是北美洲。亚洲增幅较大，占比由2013年的10.02%增加到2014年的23.66%；南美洲下降幅度较大，由2013年的12.41%下降到2014年的4.02%。

2013年和2014年出口额占比最大的亚洲，其次是欧洲，两洲占比分别增加了3.1和2.17个百分点，亚洲占比增幅大于欧洲。

2.出口国家的情况

2013年出口额排名前10名的国家出口量和出口额汇总以及占总出口量见表8。

表8　2013年出口额排名前10名的国家出口量和出口额汇总以及占总出口量

序号	国家	出口量（台/套）	出口量占比（%）	出口额（万元）	出口额占比（%）
1	俄罗斯	355 818	17.82	21 908	12.85
2	美国	443 716	22.23	20 906	12.26
3	日本	15 283	0.77	16 496	9.67
4	德国	361 632	18.11	13 385	7.85
5	意大利	141 893	7.11	8 823	5.17
6	印度	37 217	1.86	8 334	4.89
7	巴西	139 308	6.98	7 721	4.53
8	新加坡	16 221	0.81	6 797	3.99
9	印度尼西亚	57 526	2.88	6 709	3.93
10	澳大利亚	25 451	1.27	5 190	3.04
	合 计	1 594 065	79.84	116 269	68.18

2014年出口额排名前10名的国家出口量和出口额汇总以及占总出口量见表9。

表9　2014年出口额排名前10名的国家出口量和出口额汇总以及占总出口量

序号	国家	出口量（台/套）	出口量占比（%）	出口额（万元）	出口额占比（%）
1	日本	448 000	17.66	23 652	13.77
2	俄罗斯	439 408	17.32	23 087	13.44
3	美国	518 796	20.45	22 226	12.94
4	德国	345 835	13.63	14 958	8.71
5	印度	34 113	1.34	13 173	7.67
6	乌克兰	193 937	7.64	6 856	3.99
7	巴西	50 493	1.99	6 763	3.94
8	新加坡	8 947	0.35	6 076	3.54
9	泰国	16 633	0.66	5 345	3.11
10	印度尼西亚	29 355	1.16	4 625	2.69
	合 计	2 085 517	82.20	126 761	73.78

出口前10名的国家，其出口量（额）占比超过2/3。排名前4名的国家为德国、俄罗斯、美国和日本，这4个国家2013年和2014年出口量占比合计分别为58.93%和69.06%；出口额占比合计分别为42.63%和48.86%，均是增加的，表明出口国家越来越趋于集中。

2013年和2014年出口量占比最大的都是美国，分别为22.23%和20.45%；而2013年出口额占比最大的是俄罗斯为12.85%，2014年出口额占比最大的则是日本为13.77%。出口量占比只有日本呈上升趋势，其他3个国家均呈下降趋势；出口额占比4个国家都呈上升趋势，日本上升幅度较大。

运行特点

（1）行业总产值总体呈下降趋势，但是企业高级人才储备增加，经济效益总体指标向好，有能力应对工业转型。

（2）出口地区和出口国家也越来越趋于集中，同时风险也增大。

（3）行业内的产品基本上都只是焊接生产线中的基本构件，附加值低，没有跟上国内工业改型的步伐，高附加值的产品均被国外产品垄断。

不足与改进 电焊机行业发展的主要问题是小、散、中低端、同质化竞争严重、具有自主知识产权的技术严重不足、基础技术研究投入不足，缺乏基础研究（电弧物理、焊接工艺）的投入，企业喜短期收益，忽视长期效益，无法吸引高端研发人才，特别是跨领域焊接工艺、计算机、自动控制、电力电子等领域的综合人才。

要深刻认识市场环境的变化。从表象看，电焊机行业近两年的颓势是因为需求不旺和产能过剩，但这仅是表层原因，更深、也更本质的原因是我国经济发展阶段已经发生深刻变化，但行业发展模式并未能随之而变化。为此，电焊机行业企业必须转变外延扩张的习惯思维，致力于培育自身特有的核心竞争力，加大研发投入，重视试验条件建设和人力资源投入，提高技术、工艺和产品的创新能力；积极推进信息化和工业化的深度融合，追求产品和生产过程的绿色化和国际化，提高企业的生产和营销管理的精益化水平。

〔撰稿人：中国电器工业协会电焊机分会王晓华〕

电碳制品

生产发展情况 电碳制品广泛应用于钢铁、有色金属、电气、机械、化工、环保、新能源、航空、航天、国防、核工业、体育及医学等各领域。其主要原材料是石油和煤焦油炼制的废渣再加工而成，符合循环经济理论，是一个朝阳行业和高科技产业。

目前，新型碳材料的研究和发展非常活跃，石墨烯、碳纳米管储能用碳材料、各向同性石墨、环境保护用多空碳材料等新型碳材料在一系列应用领域显示了极好的应用前景，已形成新型储能器件用电极材料、各向同性石墨等新兴碳材料产业。在各种新型碳材料兴起的同时，我国广泛用于干线铁路的直流电动机将被交流异步电动机所替代，换向器和电刷将被电子器件所淘汰，中国电刷市场（约占中国电碳制品市场份额的50%）将趋于萎缩，这将对中国电碳行业的生存和发展带来严重的威胁。如何进一步提高传统碳材料的性能并降低原材料和能源消耗、如何充分利用高新技术改造传统碳材料产业以提升我国碳材料制品的档次是我国碳材料科技工作者和工程技术人员应特别关注的大事。

2014年，电碳行业总体经济比去年同期仍有增长。据对行业23家企业统计，完成工业总产值158 309.14万元，比上年增长7%。2014年电碳制品行业企业完成工业总产值见表1。2014年电碳制品行业企业完成工业销售产值见表2。2014年电碳制品行业企业完成主营业务收入见表3。

表1　2014年电碳制品行业企业完成工业总产值

序号	企业名称	工业总产值（万元）	序号	企业名称	工业总产值（万元）
1	摩根新材料（上海）有限公司	32 207	12	辽宁红德电碳制品有限公司	3 305
2	神奇电碳集团有限公司	30 815	13	无锡中强电碳有限公司	2 730
3	上海东洋炭素工业有限公司	19 470	14	南通市杰利达碳业有限公司	2 580
4	任丘市双楼电碳制品有限公司	12 395	15	桐城徽光电炭有限公司	2 536
5	重庆河海碳素制品有限公司	12 000	16	无锡市康信碳制品有限公司	2 380
6	哈尔滨电碳厂	6 106	17	成都中超碳素科技有限公司	2 303
7	自贡东新电碳有限责任公司	6 055	18	邢台翔九石墨制造有限公司	2 109
8	浙江长征电影碳棒有限公司	5 098	19	乐清市繁荣电碳制品有限公司	1 200
9	南通电碳厂有限公司	4 500	20	自贡凯迪碳业有限公司	1 063
10	江苏华宇碳素有限公司	4 032	21	成都市龙泉曙光电碳制品厂	1 000
11	东台市海天碳棒有限公司	4 000	22	哈尔滨电碳研究所	424

表2　2014年电碳制品行业企业完成工业销售产值

序号	企业名称	工业销售产值（万元）	序号	企业名称	工业销售产值（万元）
1	神奇电碳集团有限公司	30 743	12	辽宁红德电碳制品有限公司	3 395
2	上海东洋炭素工业有限公司	23 364	13	无锡中强电碳有限公司	2 568
3	摩根新材料（上海）有限公司	18 785	14	南通市杰利达碳业有限公司	2 400
4	重庆河海碳素制品有限公司	11 580	15	桐城徽光电炭有限公司	2 481
5	任丘市双楼电碳制品有限公司	11 395	16	成都中超碳素科技有限公司	2 303
6	哈尔滨电碳厂	6 106	17	无锡市康信碳制品有限公司	2 078
7	自贡东新电碳有限责任公司	5 892	18	邢台翔九石墨制造有限公司	1 983
8	浙江长征电影碳棒有限公司	4 559	19	乐清市繁荣电碳制品有限公司	1 066
9	南通电碳厂有限公司	4 275	20	自贡凯迪碳业有限公司	1 056
10	江苏华宇碳素有限公司	4 032	21	成都市龙泉曙光电碳制品厂	1 037
11	东台市海天碳棒有限公司	4 000	22	哈尔滨电碳研究所	424

表3　2014年电碳制品行业企业完成主营业务收入

序号	企业名称	主营业务收入（万元）	序号	企业名称	主营业务收入（万元）
1	摩根新材料（上海）有限公司	33 600	12	无锡中强电碳有限公司	2 481
2	神奇电碳集团有限公司	30 743	13	桐城徽光电炭有限公司	2 409
3	上海东洋炭素工业有限公司	19 478	14	南通市杰利达碳业有限公司	2 400
4	重庆河海碳素制品有限公司	11 580	15	成都中超碳素科技有限公司	2 280
5	任丘市双楼电碳制品有限公司	11 294	16	邢台翔九石墨制造有限公司	1 834
6	自贡东新电碳有限责任公司	6 018	17	无锡市康信碳制品有限公司	1 777
7	哈尔滨电碳厂	4 894	18	成都市龙泉曙光电碳制品厂	1 037
8	浙江长征电影碳棒有限公司	4 559	19	乐清市繁荣电碳制品有限公司	1 010
9	南通电碳厂有限公司	42 753	20	自贡凯迪碳业有限公司	794
10	江苏华宇碳素有限公司	4 032	21	哈尔滨电碳研究所	353
11	辽宁红德电碳制品有限公司	2 902	22	江苏宏基炭素科技有限公司	111

科技成果及新产品　2014年，行业各厂家都在积极巩固和完善已经取得的科技成果。个别厂家把目光投向了汽车电机用电刷，电动工具电刷，风电、水电电刷，电力机车碳滑板，冷等静压石墨等制品的开发研制上。

2014年，中国神奇电碳集团有限公司开发研制了汽车油泵电机用电刷，J4系列汽车发电机用电刷获得国家火炬计划。

无锡中强电碳有限公司注重质量及加强科技创新，生产的高性能机械用碳陶复合材料获无锡市科技进步奖二等奖。

自贡东新电碳有限责任公司自主研发的ADD自动升降用整体碳滑板，在国内高铁、动车全面铺开组网，市场前景广阔，可以取代国外成熟产品，垄断国内市场。

江苏宏基碳素科技有限公司开发的10μm细颗粒电火花加工用等静压石墨材料，应用于中端电火花加工，具有广阔的市场前景。

邢台翔九石墨制造有限公司以碳—石墨材料为基础，研制了新产品——电力机车碳滑板，该产品具有良好的导电、导热、耐磨和润滑性，可应用于电力机车及城市轨道交通。

成都中超碳素科技有限公司是科技主导型碳—石墨生产加工企业，2014年，该公司研发的超高性能石墨材料ZC7-3在高端领域完全能替代国外进口材料。

质量及标准　从行业调研的结果来看，电碳行业产品质量总体上比较好，大多数企业都通过了国家及地方的质量管理体系认证，产品生产能够按照行业标准、地方标准、企业标准执行，产品出厂检测设备齐全，达到了行业标准的规定要求。但一些规模较小的生产企业仍存在技术和工艺、加工设备比较薄弱，没有完善的质量管理体系和必备的出厂检测设备，企业技术文件不完整，产品质量不稳定的问题。

2014年12月，机械工业电炭标准化技术委员会在海南召开了2014年工作会议。会议根据国家标准委对标准制修订计划的要求，组织与会代表审查通过了金属石墨制品的电阻率试验方法、人造石墨的点阵参数测定方法两项行业标准的修订送审稿，现已报批。

行业活动　2014年12月26日，中国电器工业协会电碳分会2014年度七届四次理事大会暨全体会员工作会议在海口市召开。参加会议的共有来自全国电碳行业41个企业的50余位代表。会议代表对电碳行业的发展变化进行了经验交流，针对特种石墨、等静压石墨、电力机车碳滑板的技术问题进行了深入探讨，并对“节能减排”等诸多国家重点事宜也进行了积极探索，把“节能减排”列入到行业今后发展的战略上去。

2014年12月24—28日，中国电工技术学会碳—石墨材料专业委员会会员大会暨第二十四届碳石墨材料学术会在海口召开。

〔撰稿人：哈尔滨电碳研究所李彦侠　审稿人：哈尔滨电碳研究所张启彪〕

热缩材料

生产发展情况 2014年，行业内具有一定规模的热缩材料及制品生产企业200多家，其中上市公司3家，热缩材料产品品种将近100种，生产工业用电子加速器近150台，产品销往60多个国家和地区。参与行业统计的7家企业2014年共完成工业总产值83.42亿元，比上年增长24.77%；产品销售收入75.00亿元，比上年增长17.40%；企业年末从业人员总数10 512人，比上年增长6.55%。2014年热缩材料行业主要经济指标汇总（7家企业）见表1。2014年热缩材料行业工业总产值前7位企业主要经济指标见表2。2014年热缩材料行业经济指标统计平均值与全国标准对比（7家企业）见表3。

表1 2014年热缩材料行业主要经济指标汇总
（7家企业）

指标名称	单位	数值
上报企业数	家	7
工业总产值	万元	834 184
产品销售收入	万元	750 007
工业增加值	万元	157 802
出口交货值	万元	73 716
年末资产总额	万元	1 671 958
年末从业人员总数	人	10 512
从事科研活动人员总数	人	1 659
全年科技活动经费支出	万元	29 394
研究与发展经费支出	万元	29 111

表2 2014年热缩材料行业工业总产值前7位企业主要经济指标 （单位：万元）

序号	企业名称	工业总产值	销售收入	利税总额	年末资产总额
1	长园集团股份有限公司	391 291	331 513	45 378	627 743
2	中科英华高技术股份有限公司	195 932	187 096	338	692 378
3	深圳市沃尔核材股份有限公司	171 426	161 145	16 373	265 859
4	永固集团股份有限公司	56 883	53 248	4 505	54 919
5	广州凯恒科塑有限公司	11 016	9 426	2 033	18 101
6	大连联合高分子材料有限公司	4 605	4 605	482	4 144
7	成都长江热缩材料有限公司	3 031	2 974	426	8 814

表3 2014年热缩材料行业经济指标统计平均值与全国标准值对比（7家企业）

序号	指标名称	单位	全国标准值	热缩材料分会统计平均值
1	总资产贡献率	%	10.70	6.10
2	资产保值增值率	%	120.00	43.70
3	资产负债率	%	≤60.0	21.40
4	流动资金周转率	次	1.52	1.22
5	成本费用利润率	%	3.71	7.52
6	产品销售率	%	96.00	97.9

科技成果及新产品 2014年11月6日，广东省科学技术厅在长园集团组织并主持召开了由长园集团股份有限公司和华南理工大学联合承担的省部产学研结合重点项目“无卤无红磷阻燃环保热收缩材料的关键技术研发与产业化”验收会。项目验收专家组由5位技术专家和1位财务专家构成。验收专家组听取了公司执行副总裁许兰杭做的公司介绍、项目负责人赵成刚做的项目完成情况报告，认真审阅了项目有关资料，进行了充分质询。验收专家组一致认为：该项目已完成合同规定的各项任务，通过验收。

2015年1月7日，在温州市人民大会堂举行的“转型升级助推温州赶超发展”——温州市企业家大会暨“三会”十届四次会员大会上，永固集团荣获了2014“温州市百强企业”称号，排名第79位，这是永固集团连续第七年荣登此榜。

永固集团被认定为国家火炬计划重点高新技术企业，荣获“2014供电系统优选十大供应商”称号。近年来，永固集团领衔参与了GB/T 14315—2008、GB/T 9327—2008等9项国家（行业）标准的制修订，现拥有40多项国家专利，完成了40多项国家火炬计划和省（市）级科技计划项目，其中填补国内空白2项，国内同类领先水平10项。此次评选结果证明了企业的影响力、综合实力、产品质量得到了权威部门和消费者的高度认可，也进一步证明了集团在电力金具行业的龙头地位。

2015年4月，广东商标协会根据《商标法》《商标法实施条例》及《广东省著名商标认定和管理规定》等的有关规定，长园集团在国际商标分类第十七类绝缘材料、电缆绝缘体、非金属套管上使用的“CYG”注册商标被评为广东省著名商标。

长园集团的“广东省高分子材料辐射加工工程技术研究中心”、深圳宏商的“广东省热缩型功能高分子材料工程技术研究中心”通过省级工程技术研究中心认定。

东莞三联顺利通过了“高新技术企业”“广东省著名商标”复审认定，并获得了“高新技术企业”“广东省著名商标”证书。

长园集团管理成果荣获“第二十四届广东省企业管理现代化创新成果奖二等奖”，荣获“2014年度广东省优秀企业文化突出贡献单位”称号。

沃尔核材被认定为“2014年广东省知识产权优势企业”和“广东省守合同重信用企业”，获批成立深圳市博士后创新实践基地，荣获“深圳市高分子行业领军企业”荣誉称号。

大连亚泰科技新材料股份有限公司获得了辽宁省保温协会2014年先进单位称号。

标准化 全国绝缘材料标准化技术委员会电工用热缩材料分技术委员会构建“热缩材料标准体系框架”，积极制定国家标准和行业标准，加大采用国际标准和国外先进标准的力度。

1.发布标准

由热缩材料分标委会组织制定的JB/T 11330—2013《热收缩雨裙》等9项行业标准经国家工业和信息化部批准发布，并于2014年7月1日起正式实施。发布标准项目见表4。

表4 发布标准项目

标准编号	标准名称	标准主要内容
JB/T 11330—2013	热收缩雨裙	规定了热收缩雨裙的型号与命名、要求、试验方法、检验规则以及标志、包装、运输和贮存，适用于聚烯烃热收缩雨裙
JB/T 11329—2013	热收缩耐电痕绝缘管	规定了热收缩耐电痕绝缘管的型号与命名、要求、试验方法、检验规则以及标志、包装、运输和贮存，适用于聚烯烃热收缩耐电痕绝缘管
JB/T 11331—2013	热收缩半导电管	规定了热收缩半导电管的型号与命名、要求、试验方法、检验规则以及标志、包装、运输和贮存，适用于聚烯烃热收缩半导电管。
JB/T 11332—2013	热收缩内绝缘管	规定了热收缩内绝缘管的型号与命名、要求、试验方法、检验规则以及标志、包装、运输和贮存，适用于聚烯烃热收缩内绝缘管
JB/T 11333—2013	核电站用1E级低压热收缩管	规定了核电站用1E级低压热收缩管的型号与命名、要求、试验方法、检验规则以及标志、包装、运输和贮存，适用于核电站用1E级低压聚烯烃热收缩管
JB/T 11334—2013	热收缩应力控制管	规定了热收缩应力控制管的型号与命名、要求、试验方法、检验规则以及标志、包装、运输和贮存，适用于聚烯烃热收缩应力控制管
JB/T 11335—2013	热收缩护套管	规定了热收缩护套管的型号与命名、要求、试验方法、检验规则以及标志、包装、运输和贮存，适用于聚烯烃热收缩护套管
JB/T 11336—2013	热收缩分支套	规定了热收缩分支套的型号与命名、要求、试验方法、检验规则以及标志、包装、运输和贮存，适用于聚烯烃热收缩分支套
JB/T 11337—2013	热收缩爬距增长器	规定了热收缩爬距增长器的型号与命名、要求、试验方法、检验规则以及标志、包装、运输和贮存，适用于聚烯烃热收缩爬距增长器

2.等待发布标准

《电气用热收缩半软质聚偏二氟乙烯软管》等4项行业标准，经中国机械工业联合会组织的专项会议现场修改，符合最新的报批要求，上报国家工业和信息化部等待批准发布。等待发布标准项目见表5。

表5 等待发布标准项目

序号	标准编号	标准名称	标准主要内容	代替标准编号	采标情况	建议实施日期
1	JB/T	电气用热收缩半软质聚偏二氟乙烯软管	规定了电气用热收缩半软质聚偏二氟乙烯软管的要求、试验方法、检验规则以及标志、包装、运输和贮存 适用于最高使用温度为150℃透明和非透明的电气用热收缩半软质聚偏二氟乙烯软管	无	无	2013.12
2	JB/T	电气用热收缩半硬质聚偏二氟乙烯软管	规定了电气用热收缩半硬质聚偏二氟乙烯软管的要求、试验方法、检验规则以及标志、包装、运输和贮存 适用于最高使用温度为175℃透明和非透明的电气用热收缩半硬质聚偏二氟乙烯软管	无	无	2013.12
3	JB/T	电气用热收缩聚四氟乙烯软管	规定了电气用热收缩聚四氟乙烯软管的要求、试验方法、检验规则以及标志、包装、运输和贮存 适用于低收缩比和高收缩比的电气用热收缩聚四氟乙烯软管	无	无	2013.12
4	JB/T	核电站1E级热缩电力电缆连接件	规定了核电站1E级热缩电力电缆连接件的要求、试验方法、标志、包装、运输和贮存 适用于核电站1E级热缩电力电缆连接件	无	无	2013.12

3. 标准立项申请

《电气用热收缩焊锡管》等 3 项标准在国家工业和信息化部申请立项。等待标准立项公示项目见表 6。

表 6 等待标准立项公示项目

序号	名 称	主要起草单位
1	电气用热收缩焊锡管	上海长园电子材料有限公司
2	电气用热缩型压接端子	上海长园电子材料有限公司
3	电气用热收缩模制型材 第 3 部分：尺寸	广州凯恒科塑有限公司

行业活动 2014 年 10 月 14—16 日，中国电器工业协会热缩材料分会换届大会在杭州顺利召开。

会议审议通过了理事长许兰杭所做的第二届理事会工作报告和财务报告、分会工作条例及修改说明，选举产生第三届理事会以及理事长、副理事长、秘书长。

“核电站用 K1 电缆及热收缩电缆附件研究进展”等六篇论文在会议上交流，大家反响热烈。

〔撰稿人：中国电器工业协会热缩材料分会王进 审稿人：长园集团股份有限公司赵成刚〕

智能电网用户端

政策导向与行业发展情况

1. 新一轮电力改革政策出台

2015 年 3 月，中共中央国务院发布了电改纲领性文件《关于进一步深化电力体制改革的若干意见》（中发〔2015〕9 号）。为贯彻落实电改 9 号文，国家发改委、国家能源局于 2015 年 11 月 30 日联合发布了新一轮电改的 6 份配套文件。它们分别是：《关于推进输配电价改革的实施意见》《关于推进电力市场建设的实施意见》《关于电力交易机构组建和规范运行的实施意见》《关于有序放开发用电计划的实施意见》《关于推进售电侧改革的实施意见》和《关于加强和规范燃煤自备电厂监督管理的指导意见》。电改 9 号文是纲领性文件，6 个配套文件是实施细则类文件，二者共同构成了新一轮电改的路线图。

根据国家部署，电网企业对供电营业区内的各类用户提供电力普遍服务，保障基本供电，承担其供电营业区保底供电服务；发电企业及其他社会资本均可投资成立售电公司；拥有分布式电源的用户，供水、供气、供热等公共服务行业，节能服务公司等均可从事市场化售电业务。售电侧改革后，参与竞争的售电主体可分为三类：一是电网企业的售电公司；二是社会资本投资增量配电网，拥有配电网运营权的售电公司；三是独立的售电公司，不拥有配电网运营权，不承担保底供电服务。

售电主体可以采取多种方式通过电力市场购电，包括向发电企业购电、通过集中竞价购电、向其他售电商购电等。售电主体、用户、其他相关方依法签订合同，明确相应的权利义务，约定交易、服务、收费、结算等事项。鼓励售电主体创新服务，向用户提供包括合同能源管理、综合节能和用能咨询等增值服务。各种电力生产方式都要严格按照国家有关规定承担电力基金、政策性交叉补贴、普遍服务、社会责任等义务。

新的电改政策将开放电网公平接入，建立分布式电源发展新机制，积极发展分布式电源。分布式电源主要采用“自发自用、余量上网、电网调节”的运营模式，在确保安全的前提下，积极发展融合先进储能技术、信息技术的微电网和智能电网技术，提高系统消纳能力和能源利用效率，并加快修订和完善接入电网的技术标准、工程规范和相关管理办法，支持新能源、可再生能源、节能降耗和资源综合利用机组上网，积极推进新能源和可再生能源发电与其他电源、电网的有效衔接，依照规划认真落实可再生能源发电保障性收购制度，解决好无歧视、无障碍上网问题。加快制定完善新能源和可再生能源研发、制造、组装、并网、维护、改造等环节的国家技术标准。

未来将全面放开用户侧分布式电源市场，放开用户侧分布式电源建设，支持企业、机构、社区和家庭根据各自条件，因地制宜投资建设太阳能、风能、生物质能发电以及燃气“热电冷”联产等各类分布式电源，准许接入各电压等级的配电网络和终端用电系统。鼓励专业化能源服务公司与用户合作或以“合同能源管理”模式建设分布式电源。

2. 重庆市、广东省成为全国首批售电侧改革试点省市

国家发展改革委办公厅和国家能源局综合司于 2015 年 11 月 28 日批复同意重庆市、广东省开展售电侧改革试点，要求试点结合实际细化试点方案、完善配套细则、突出工作重点，规范售电侧市场主体准入与退出机制，多途径培育售电侧市场竞争主体，健全电力市场化交易机制、加强信用体系建设与风险防范，加快构建有效竞争的市场结构和市场体系，为推进全国面上的改革探索路径、积累经验。

为明确输配电价改革过渡措施，建议重庆市将“以核定的电力直接交易输配电价为基础，按‘准许成本加合理收益’原则预算电网分电压等级输配电价”修改为“加快推进输配电价改革，按‘准许成本加合理收益’原则核定电网分电压等级输配电价。新的输配电价机制建立前，暂执行核定的重庆电力直接交易输配电价”。将“参与市场交易的用户购电价格由市场交易价格、输配电价、政府性基金三部分组成”修改为“参与市场交易的用户购电价格由市场交易价格、输配电价（含线损和交叉补贴）、政府性基金三部分组成”。

为兼顾短期改革目标和中长期改革方向，建议广东省

将“无议价能力或不参与电力市场的用户，由提供保底服务的供电企业按照政府核定的目录电价供电”修改为“无议价能力或不参与电力市场的用户，由提供保底服务的供电企业按照政府核定的目录电价或政府确定的定价规则供电”，并删去“指定企业提供保底供电服务时，电价按照政府核定的规则计算，应高于参与市场的用户平均用电价格水平”的内容。将“拥有分布式能源电源或微网的用户可以委托售电公司代理购售电业务”的内容纳入《试点方案》。

3. 上海市需求响应试点

上海市电力需求响应试点工作于 2015 年夏天继续进行。项目承担单位：上海市经济和信息化委员会、上海市电力公司。上海项目专家组：上海市电力公司、上海电器科学研究院、腾天节能技术公司、同济大学、杭州天丽科技公司、南瑞集团南瑞信通与用电公司、合煌能源科技公司、霍尼韦尔公司、量云能源科技公司等单位和有关专家。国际合作单位：自然资源保护协会（NRDC）、牛津大学环境变化研究所和能源研究所、能源基金会（EF）、繁荣基金（SPF）。

2015 年试点主要工作内容：①评估上海需求响应市场潜力及效益。②建设上海市电力需求响应中心。③深化开展建筑群智能化需求响应试点。④建立完善工业企业智能化需求响应系统和试点。⑤创新开展居民需求响应潜力分析研究。此外，在基线研究、负荷集成商模式、微小用户群、智能化能源管理综合服务等方面也开展了深入研究。

4. 北京市征集冬季需求响应负荷集成商和电力用户

北京市发改委于 2015 年夏负荷高峰期组织全市负荷集成商和电力用户顺利实施了需求响应试点工作，验证了该市需求响应工作机制和实施流程的合理性，预示着北京市已初步建立起服务首都电力运行保障的可调峰资源库。为做好冬季需求响应实施工作，进一步挖掘负荷集成商和电力用户需求响应资源，北京市根据电力需求侧管理城市综合试点工作安排，于 2015 年 10 月 28 日公开征选第二批需求响应负荷集成商和参与需求响应的电力用户，并根据夏季需求响应实施情况对原公示推荐负荷集成商名单进行调整。

行业活动

1.2105 年全国智能电网用户端能源管理学术年会

2015 年 7 月 26—27 日，首次以“用户端能源管理”为主题的学术年会“2015 年全国智能电网用户端能源管理学术年会”在上海电力学院隆重召开，其宗旨是激发和交流智能电网用户端能源管理创意，推进技术创新和产品研发，促进智慧用电技术发展和实际应用。该次学术年会于 2015 年 1 月启动论文征集，共征集到论文 88 篇，从中筛选录用 57 篇，汇编成论文集，由中国电力出版社正式出版发行，并将收录到中国知网（CNKI）的中国重要会议论文全文数据库。又从这 57 篇论文中，评选出 20 篇论文为 2015 年学术年会获奖论文，其中一等奖 2 篇，二等奖 4 篇，三等奖 10 篇，优秀奖 4 篇。一等奖和二等奖论文作者在会议上做技术交流报告。

学术年会由三部分内容组成：一是优秀论文颁奖，二是学术交流，三是参观智能电网实验室。一等奖、二等奖作者以及上海电力学院、上海交大、东南大学、宝钢特钢、上海电器科学研究院、国网上海电科院的学者、专家、工程技术人员共做了 13 个技术交流报告。共有 200 多人参加了学术年会的技术报告交流会。会议组织参观了上海电力学院的上海市电站自动化技术重点实验室和智能微电网示范与研发中心，以及国网上海电力科学研究院的上海电力能源转换工程技术研究中心——城市微电网实验室，将学术、实验环境和实际应用环境有机结合，加深了对智能电网全面深刻的认识。

2.2015 中国智能电网用户端技术论坛

“2015 中国智能电网用户端技术论坛”于 2015 年 10 月 28—29 日在上海绿地国际会议中心成功举行。来自政府主管部门、科研设计院所、高等院校、设备供应商以及电力用户的 400 多名领导、专家、学者、工程技术人员参加了论坛，共同交流智能电网用户端技术发展成果，研讨未来发展方向。2015 年论坛的主题重点聚焦于智能电网用户端技术及能源管理，围绕“需求侧能源能效”“微电网、储能、充电桩”以及“测试、认证、标准”等主题，将政策引导、需求分析、技术引领同实际产品、解决方案、应用案例对接，构筑政府部门、电力公司、设计院所、设备供应商、系统集成商、电力用户关于需求沟通和技术交流的平台，促进产学研用合作，增强不同厂商之间设备互通互联，技术相互借鉴、融合、渗透、集成，促进技术推陈出新以及优秀产品和解决方案推广应用。

附表　用户端能源管理系统最新解决方案

名称	类别	具体方案
SmartPM6000	能源管理系统	SmartPM6000 能源管理系统对企业的用能情况进行全面的采集存储，建立能耗模型，通过数据仓库技术的数据可视化将能耗数据直观展现。系统由能耗发布、能源计量、智能报告、对标管理、统计报表、能耗评估、能耗监测、节能足迹、移动终端等 9 大模块组成。系统平台采用构件化的软件设计，实现用户个性化的快速工程实现。系统采用开放的接口标准，可以实行设备级、系统级的数据集成，配合实时数据库可以完成大型企业的 MES 建设。系统适用于：轨道交通、工业企业、大型公共建筑、城市综合体、大学校园等

（续）

名称	类别	具体方案
SmartPM3000	配电监控系统	SmartPM3000电力综合自动化的数据采集控制系统，主要对现场运行的设备进行监视和控制，以实现数据采集、实时数据监控、实时报警、设备控制、事件记录、事故追忆、历史数据查询分析、谐波分析、报表服务、web发布、电能质量分析等各项功能。系统提高了配电系统运行的可靠性、安全性、经济性、减少了值班人员数量和工作强度、实现电力综合自动化与现代化、提高用电的效率。系统适用于：工业、轨道交通、石油、化工等领域的电力综合自动化、大型建筑用电管理
iPEMS	电力需求侧管理系统	iPEMS智能监控与管理系统面向能源管理、环境监控、绿色能源、智慧建筑、智能工厂、智能交通等领域的物联网应用和服务，通过实时数据采集、传输、存储、挖掘与分析、可视化等技术，助力企业科学用能、有序用能、降本增效、绿色生产，实现可持续发展的循环经济之路
EXC9200	智能化励磁系统	EXC9200型全数字化励磁系统，核心控制单元采用高性能PowerPC+大容量FPGA构架，以主频800MHz、双精度（64位）浮点运算器的32位高性能微处理器以及大容量FPGA芯片为协处理器，组成多CPU的高速实时采样和处理系统；采用高速可靠的嵌入式硬实时操作系统VxWorks实现多任务、各种先进控制策略的控制和运算；采用分布式控制架构，实现励磁系统的操作、显示、状态和故障监测等智能一体化；可控硅触发脉冲传输和内部通信采用光纤方式，提高传输的可靠性。励磁装置可适用于从1万千瓦到百万千瓦不同类型同步发电机组
赛睿	智能家居系统	赛睿智能家居系统以无线ZigBee网络为家庭内部基础控制网络，研发了包括智能网关、智能终端、感知终端、计量终端、移动客户端软件等具有自主知识产权的智慧家居核心产品，实现了智能照明控制、家电智能控制、远程控制、能耗精细化计量等系统功能，构建了一套完整的具有能源管理功能的智慧家居系统。系统具有标准性、规范性和互动操作性强的特点，将改善终端用户用能模式，提高用户用能效率，推动智慧家居、智能楼宇等智能电网用户端技术的发展

〔撰稿人：中国电器工业协会设备网现场总线分会蔡忠勇、王璐玥〕

变 频 器

生产发展情况 根据协会对变频器行业10个较大规模企业的统计，2014年，工业总产值同比下降34%，工业销售产值同比增长1.6%。作为行业经济效益的重要指标，利润总额同比增长2.3%，工业增加值同比增长48.7%。从行业资源配置情况看，10家较大规模企业的资产总量为32.96亿元，同比增长6.6%，其中固定资产净值2.51亿元，同比增长29%。

2014年，变频器行业参与统计的10家较大规模企业的工业总产值17.7亿元、工业销售产值26.1亿元、主营业务收入26亿元。

2014年变频器行业重点企业（部分）工业总产值见表1。

质量及标准工作

1. 标准制修订工作

2014年，组织成立了GB/T ××××—201×《机床专用变频调速设备》和GB/T ××××—201×《注塑机专用变频调速设备》两项国家标准的制定工作组，7月完成工作组讨论稿，通过工作组成员的讨论交流，集中整理了工作组成员对标准中关键内容所提出的建设性意见。经修改后于8月将征求意见稿发送给各委员单位和工作组成员，起草人对回复意见进行归纳、分析，并将可采纳的意见融入标准文本中形成标准送审稿，于2014年12月年会上进行审查。

表1 2014年变频器行业重点企业（部分）工业总产值

序号	企业名称	工业总产值（万元）
1	北京利德华福电气技术有限公司	56 754
2	台州富凌电气股份有限公司	49 474
3	唐山开诚电控设备集团有限公司	36 495
4	山东新风光电子科技发展有限公司	33 560
5	大连普传科技股份有限公司	17 540
6	山东泰开自动化有限公司	12 449
7	山东深川变频科技股份有限公司	11 024
8	天津华云自控股份有限公司	9 356
9	上海奇电电气科技有限公司	5 000
10	广州珠峰电气有限公司	2 389

注：以上厂商提供的总产值数据，包含了部分变频器配套件产值。

2. 国家标准和能源标准的立项工作

2014 年，标委会上报国家标准立项计划 1 项、能源标准立项计划 1 项：

国家标准：起重机专用变频调速设备；

能源标准：变频调速设备的能效限定值及能效等级。

3. 全国标准化技术委员会考核评估工作

上级部门按照“中电协〔2014〕161 号”文件的要求，根据《全国专业标准化技术委员会考核办法（试行）》的规定，从九个方面对各标委会进行考核。变频调速设备标委会通过认真进行工作总结，精心准备相关材料，顺利通过了考核答辩，获得了 4A 级的好成绩。

4. 技术服务工作

及时向企业提供最新的标准资料和信息，提供标准咨询和技术服务。GB/T 30843.1—2014、GB/T 30843.2—2014、GB/T 30844.1—2014 和 GB/T 30844.2—2014 四项标准于 2014 年 6 月 24 日批准发布，2015 年 1 月 22 日实施。在得到新批准发布的上述标准文本后，标委会秘书处在第一时间为参加标准起草的工作组单位寄发新标准文本和资质证书，并根据企业的要求为参加标准起草的单位出具相关证明，为企业完成有关申报工作，做好相应的服务工作。

科技成果及企业运营情况 2014 年，深圳市英威腾电气股份有限公司及其控股子公司共取得 72 项国家知识产权局颁发的发明专利等证书。

2014 年，北京利德华福电气技术有限公司的华福变频管家 V2.0 升级版正式上线。

天津电气科学研究院有限公司与天津理工大学签订战略合作协议，联合天津工程机械研究院、七〇七所、航天 8358 所、天津力神电池股份有限公司共同组建天津市先进动力电池与储能技术协同创新中心。该中心以新能源电动汽车与新材料产业等国家战略新兴产业为方向，设立面向重大基础核心技术的创新方向和科技项目，力争早日在科学前沿方面取得突破。

2015 年，中国半导体市场年会暨第四届中国集成电路产业创新大会在安徽省合肥市隆重举行，江苏宏微科技股份有限公司“一种新型的 NPT IGBT 结构”荣获“中国半导体创新产品和技术”奖。

协会未来重点工作任务 变频器行业要在以下方面来提升产品的品质：

高稳定性、高精度、高响应能力、高安全性、低故障率；

宽电压范围及较强环境适应性；

简易操作和便捷维护；

强大的通信组网能力；

能应用在特殊行业的特殊功能；

更加完善的保护和检测功能；

符合国际相关行业标准。

近年来在智能制造及绿色环保的大背景下，工业机器人、新能源汽车等行业越来越受到关注，这对变频器行业来说是新的机遇。分会将与广大会员单位共同探索新思路，紧抓机遇，努力做好行业在推进转型升级、促进结构调整、开展自主创新等方面的各项工作。

在行业内试点开展客户满意度调查服务工作。在变频器行业竞争愈发激烈的现状下，一些企业已将客户满意作为自己的经营目标，客户满意对企业具有重要价值。行业协会将利用掌握的行业资源，试点开展客户满意度调查工作，科学的采用适合本行业的调查方法，为试点企业出具调查报告，使企业得到客户真实的使用感受和意见，明确企业产品性能、技术服务与客户期望的差距，从而使企业不断改善自身工作，提高竞争力，在激烈的市场竞争中取得不断的进步。

根据中国质量认证中心开展变频器产品 CQC 标志认证项目的进展情况，行业协会将联合标委会、中国质量认证中心和国家电控配电设备质量监督检验中心开展变频器产品认证推广和相关技术研讨工作，帮助企业了解产品标准、检测以及 CQC 标志认证相关知识，并为企业提供相应的技术服务。

〔撰稿人：中国电器工业协会变频器分会董天舒、韩东明　中国变频调速设备标准化技术委员会柴青、詹云〕

防爆电器

生产发展情况 2014 年受全球金融危机、能源价格下降和国内经济放缓三期叠加等多种因素影响，煤炭行业经济效益大规模下降，致使矿用防爆电器生产企业也遭遇了近十年来最严重的生产经营困难，企业营业收入和产品产量均比 2013 年有大幅度下降。石化行业由于产业结构调整，市场需求稳定，经济效益稳中有升，因此，厂用防爆电器基本保持平稳的态势发展。全行业 38 家重点企业共完成工业总产值 700 062 万元，同比下降 19.8%；实现利润 138 760 万元，同比下降 14.8%。

2014 年防爆电器行业重点企业工业总产值排序见表 1。2014 年防爆电器行业重点企业工业销售产值排序见表 2。2014 年防爆电器行业重点企业主营业务收入排序见表 3。2014 年防爆电器行业重点企业工业增加值排序见表 4。2014 年防爆电器行业重点企业总资产贡献率排序见表 5。2014 年防爆电器行业重点企业全员劳动生产率排序见表 6。2014 年防爆电器行业重点企业资产负债率排序见表 7。2014 年防爆电器行业重点企业质量综合评价指数排序见表 8。

表 1　2014 年防爆电器行业重点企业工业总产值排序　（单位：万元）

序号	企业名称	2014 年	2013 年	同比增长（%）	序号	企业名称	2014 年	2013 年	同比增长（%）
1	华荣科技股份有限公司	140 261	144 691	-3.1	20	燎原控股集团有限公司	9 148	8 058	13.5
2	电光防爆科技股份有限公司	70 565	121 323	-41.8	21	振达科技有限公司	9 104	26 211	-65.3
3	飞策防爆电器有限公司	50 436	46 051	9.5	22	济源市华宇矿业有限公司	8 940	12 279	-27.2
4	淮南万泰电子股份有限公司	42 346	40 358	4.9	23	沈阳市环宇防爆电器总厂	8 338	7 580	10.0
5	新黎明科技股份有限公司	38 831	34 761	11.7	24	江苏欧瑞防爆电气有限公司	8 300	7 480	11.0
6	合隆防爆电气有限公司	35 948	31 523	14.0	25	沈阳市电工防爆器材厂有限公司	7 389	7 316	1.0
7	八达电气有限公司	26 610	44 525	-40.2	26	济源煤炭高压开关有限公司	7 311	11 745	-37.8
8	江苏恒通电气仪表有限公司	26 386	31 860	-17.2	27	西安重装渭南光电科技有限公司	7 300	11 373	-35.8
9	创正防爆电器有限公司	25 476	24 634	3.4	28	焦作华飞电子电器股份有限公司	7 120	9 313	-23.5
10	上海宝临防爆电器有限公司	21 986	20 939	5.0	29	甘肃容和矿用设备集团有限公司	6 890	9 454	-27.1
11	沈阳北方防爆股份有限公司	15 117	14 017	7.8	30	德力西集团防爆电器有限公司	6 711	8 386	-20.0
12	无锡军工智能电气股份有限公司	14 934	23 287	-35.9	31	冀州市南午防爆电器有限公司	5 450	3 520	54.8
13	济源市矿用电器有限责任公司	14 071	26 035	-46.0	32	沈阳三丰电气有限公司	4 605	4 847	-5.0
14	天津市天矿电器设备有限公司	12 736	16 357	-22.1	33	通化变压器制造有限公司	3 616	4 969	-27.2
15	大庆安正防爆电气有限公司	11 720	9 459	23.9	34	焦作市景安机电设备制造有限公司	2 716	4 144	-34.5
16	合肥开关厂有限公司	11 032	13 676	-19.3	35	沈阳通联电器厂有限责任公司	2 661	2 600	2.3
17	上海电器厂实业有限公司	10 622	17 518	-39.4	36	沈阳广角成套股份有限公司	2 170	2 714	-20.0
18	长城电器集团防爆电器有限公司	10 280	16 792	-38.8	37	四平市四开电器设备制造有限公司	1 550	2 235	-30.6
19	泰安众诚矿山自动化股份有限公司	10 142	12 683	-20.0	38	成都市兴岷江电热电器有限责任公司	1 244	1 468	-15.3

表 2　2014 年防爆电器行业重点企业工业销售产值排序　（单位：万元）

序号	企业名称	2014 年	2013 年	同比增长（%）	序号	企业名称	2014 年	2013 年	同比增长（%）
1	华荣科技股份有限公司	137 359	141 887	-3.2	20	济源市华宇矿业有限公司	8 760	10 951	-20.0
2	电光防爆科技股份有限公司	76 075	95 131	-20.0	21	振达科技有限公司	8 576	22 792	-62.4
3	淮南万泰电子股份有限公司	41 111	39 129	5.1	22	燎原控股集团有限公司	8 400	7 290	15.2
4	新黎明科技股份有限公司	37 705	33 666	12.0	23	江苏欧瑞防爆电气有限公司	8 300	7 480	11.0
5	合隆防爆电气有限公司	35 467	31 102	14.0	24	沈阳市环宇防爆电器总厂	8 168	7 426	10.0
6	飞策防爆电器有限公司	30 260	42 174	-28.2	25	济源煤炭高压开关有限公司	7 453	11 916	-37.5
7	八达电气有限公司	25 860	42 213	-38.7	26	西安重装渭南光电科技有限公司	7 300	19 107	-61.8
8	创正防爆电器有限公司	25 374	24 206	4.8	27	沈阳市电工防爆器材厂有限公司	7 252	7 180	1.0
9	江苏恒通电气仪表有限公司	24 320	28 300	-14.1	28	焦作华飞电子电器股份有限公司	6 834	8 212	-16.8
10	上海宝临防爆电器有限公司	21 133	20 127	5.0	29	甘肃容和矿用设备集团有限公司	6 480	9 420	-31.2
11	沈阳北方防爆股份有限公司	15 117	14 017	7.8	30	德力西集团防爆电器有限公司	6 451	8 143	-20.8
12	无锡军工智能电气股份有限公司	14 720	23 762	-38.1	31	冀州市南午防爆电器有限公司	5 317	3 414	55.7
13	天津市天矿电器设备有限公司	12 517	16 021	-21.9	32	通化变压器制造有限公司	4 085	4 489	-9.0
14	济源市矿用电器有限责任公司	11 899	21 355	-44.3	33	沈阳三丰电气有限公司	3 855	4 058	-5.0
15	合肥开关厂有限公司	10 957	13 560	-19.2	34	焦作市景安机电设备制造有限公司	2 796	4 241	-34.1
16	上海电器厂实业有限公司	10 622	16 241	-34.6	35	沈阳通联电器厂有限责任公司	2 661	2 600	2.3
17	大庆安正防爆电气有限公司	10 210	8 340	22.4	36	沈阳广角成套股份有限公司	2 170	2 714	-20.0
18	泰安众诚矿山自动化股份有限公司	10 142	12 683	-20.0	37	成都市兴岷江电热电器有限责任公司	1 182	1 395	-15.3
19	长城电器集团防爆电器有限公司	9 700	17 008	-43.0	38	四平市四开电器设备制造有限公司	1 172	1 563	-25.0

表3　2014年防爆电器行业重点企业主营业务收入排序　（单位：万元）

序号	企业名称	2014年	2013年	同比增长（%）	序号	企业名称	2014年	2013年	同比增长（%）
1	华荣科技股份有限公司	133 594	123 473	8.2	20	济源市华宇矿业有限公司	8 940	10 232	-12.6
2	电光防爆科技股份有限公司	76 075	103 656	-26.6	21	西安重装渭南光电科技有限公司	8 840	10 665	-17.1
3	飞策防爆电器有限公司	47 609	42 174	12.9	22	燎原控股集团有限公司	8 650	7 290	18.7
4	淮南万泰电子股份有限公司	41 111	39 129	5.1	23	振达科技有限公司	8 576	22 792	-62.4
5	新黎明科技股份有限公司	37 705	33 666	12.0	24	江苏欧瑞防爆电气有限公司	8 300	7 480	11.0
6	合隆防爆电气有限公司	34 127	29 527	15.6	25	沈阳市环宇防爆电器总厂	7 296	6 633	10.0
7	八达电气有限公司	26 610	41 566	-36.0	26	甘肃容和矿用设备集团有限公司	6 890	8 989	-23.4
8	江苏恒通电气仪表有限公司	26 386	31 860	-17.2	27	沈阳市电工防爆器材厂有限公司	6 814	6 747	1.0
9	创正防爆电器有限公司	25 374	24 206	4.8	28	焦作华飞电子电器股份有限公司	6 740	8 100	-16.8
10	上海宝临防爆电器有限公司	21 227	18 723	13.4	29	德力西集团防爆电器有限公司	6 442	8 126	-20.7
11	沈阳北方防爆股份有限公司	15 117	14 016	7.9	30	济源煤炭高压开关有限公司	6 342	10 125	-37.4
12	无锡军工智能电气股份有限公司	14 720	23 830	-38.2	31	冀州市南午防爆电器有限公司	5 317	3 414	55.7
13	天津市天矿电器设备有限公司	12 517	16 021	-21.9	32	通化变压器制造有限公司	3 943	4 489	-12.2
14	大庆安正防爆电气有限公司	11 720	9 459	23.9	33	沈阳三丰电气有限公司	3 855	4 058	-5.0
15	长城电器集团防爆电器有限公司	10 976	17 008	-35.5	34	焦作市景安机电设备制造有限公司	2 797	4 217	-33.7
16	合肥开关厂有限公司	10 863	13 320	-18.4	35	沈阳通联电器厂有限责任公司	2 274	2 213	2.8
17	上海电器厂实业有限公司	10 622	17 518	-39.4	36	沈阳广角成套股份有限公司	2 170	2 714	-20.0
18	泰安众诚矿山自动化股份有限公司	10 142	12 683	-20.0	37	成都市兴岷江电热电器有限责任公司	1 182	1 395	-15.3
19	济源市矿用电器有限责任公司	9 876	23 546	-58.1	38	四平市四开电器设备制造有限公司	945	1 335	-29.2

表4　2014年防爆电器行业重点企业工业增加值排序　（单位：万元）

序号	企业名称	2014年	2013年	同比增长（%）	序号	企业名称	2014年	2013年	同比增长（%）
1	华荣科技股份有限公司	62 583	61 024	2.6	20	上海电器厂实业有限公司	3 045	5 022	-39.4
2	电光防爆科技股份有限公司	23 437	40 726	-42.5	21	振达科技有限公司	3 016	7 489	-59.7
3	飞策防爆电器有限公司	17 076	12 818	33.2	22	德力西集团防爆电器有限公司	2 992	3 375	-11.3
4	淮南万泰电子股份有限公司	13 411	12 852	4.3	23	江苏欧瑞防爆电气有限公司	2 840	2 635	7.8
5	新黎明科技股份有限公司	13 067	11 758	11.1	24	济源市华宇矿业有限公司	2 640	3 697	-28.6
6	合隆防爆电气有限公司	11 442	10 020	14.2	25	沈阳市环宇防爆电器总厂	2 559	2 336	9.5
7	八达电气有限公司	8 960	13 179	-32.0	26	济源煤炭高压开关有限公司	2 483	3 850	-35.5
8	江苏恒通电气仪表有限公司	6 900	8 940	-22.8	27	西安重装渭南光电科技有限公司	2 140	3 293	-35.0
9	上海宝临防爆电器有限公司	6 512	6 202	5.0	28	焦作华飞电子电器股份有限公司	1 876	2 543	-26.2
10	创正防爆电器有限公司	6 164	5 944	3.7	29	沈阳市电工防爆器材厂有限公司	1 847	1 829	1.0
11	沈阳北方防爆股份有限公司	5 257	5 257	0.0	30	甘肃容和矿用设备集团有限公司	1 758	2 520	-30.2
12	无锡军工智能电气股份有限公司	5 144	8 679	-40.7	31	冀州市南午防爆电器有限公司	1 508	994	51.7
13	合肥开关厂有限公司	4 677	5 719	-18.2	32	沈阳三丰电气有限公司	1 319	1 390	-5.1
14	长城电器集团防爆电器有限公司	4 300	6 724	-36.0	33	通化变压器制造有限公司	1 172	1 531	-23.4
15	燎原控股集团有限公司	3 980	3 609	10.3	34	焦作市景安机电设备制造有限公司	1 086	1 601	-32.2
16	济源市矿用电器有限责任公司	3 717	5 540	-32.9	35	沈阳通联电器厂有限责任公司	718	780	-7.9
17	天津市天矿电器设备有限公司	3 563	4 570	-22.0	36	沈阳广角成套股份有限公司	671	839	-20.0
18	大庆安正防爆电气有限公司	3 476	2 996	16.0	37	四平市四开电器设备制造有限公司	479	648	-26.1
19	泰安众诚矿山自动化股份有限公司	3 380	3 957	-14.6	38	成都市兴岷江电热电器有限责任公司	437	514	-15.0

表5　2014年防爆电器行业重点企业总资产贡献率排序

序号	企业名称	总资产贡献率（%）	序号	企业名称	总资产贡献率（%）
1	华荣科技股份有限公司	55	20	长城电器集团防爆电器有限公司	18
2	沈阳市电工防爆器材厂有限公司	52	21	焦作华飞电子电器股份有限公司	17
3	新黎明科技股份有限公司	42	22	沈阳通联电器厂有限责任公司	16
4	江苏恒通电气仪表有限公司	41	23	甘肃容和矿用设备集团有限公司	15
5	沈阳市环宇防爆电器总厂	37	24	成都市兴岷江电热电器有限责任公司	14
6	创正防爆电器有限公司	35	25	西安重装渭南光电科技有限公司	13
7	合隆防爆电气有限公司	35	26	沈阳北方防爆股份有限公司	12
8	合肥开关厂有限公司	32	27	振达科技有限公司	11
9	德力西集团防爆电器有限公司	31	28	天津市天矿电器设备有限公司	10
10	上海宝临防爆电器有限公司	31	29	沈阳三丰电气有限公司	9
11	飞策防爆电器有限公司	30	30	江苏欧瑞防爆电气有限公司	9
12	沈阳广角成套股份有限公司	29	31	淮南万泰电子股份有限公司	9
13	大庆安正防爆电气有限公司	28	32	济源市矿用电器有限责任公司	8
14	八达电气有限公司	24	33	上海电器厂实业有限公司	8
15	燎原控股集团有限公司	23	34	泰安众诚矿山自动化股份有限公司	8
16	冀州市南午防爆电器有限公司	22	35	四平市四开电器设备制造有限公司	7
17	焦作市景安机电设备制造有限公司	20	36	无锡军工智能电气股份有限公司	5
18	电光防爆科技股份有限公司	19	37	济源煤炭高压开关有限公司	4
19	济源市华宇矿业有限公司	19	38	通化变压器制造有限公司	1

表6　2014年防爆电器行业重点企业全员劳动生产率排序

序号	企业名称	全员劳动生产率（元/人）	序号	企业名称	全员劳动生产率（元/人）
1	合肥开关厂有限公司	351 654	20	泰安众诚矿山自动化股份有限公司	187 778
2	德力西集团防爆电器有限公司	325 217	21	合隆防爆电气有限公司	179 342
3	华荣科技股份有限公司	310 278	22	冀州市南午防爆电器有限公司	167 556
4	创正防爆电器有限公司	271 542	23	西安重装渭南光电科技有限公司	156 400
5	淮南万泰电子股份有限公司	261 934	24	焦作华飞电子电器股份有限公司	146 400
6	新黎明科技股份有限公司	261 340	25	大庆安正防爆电气有限公司	137 723
7	无锡军工智能电气股份有限公司	261 117	26	沈阳三丰电气有限公司	129 314
8	电光防爆科技股份有限公司	250 395	27	天津市天矿电器设备有限公司	122 440
9	八达电气有限公司	248 600	28	济源市矿用电器有限责任公司	115 077
10	飞策防爆电器有限公司	238 825	29	沈阳广角成套股份有限公司	110 000
11	上海电器厂实业有限公司	237 891	30	通化变压器制造有限公司	99 322
12	沈阳北方防爆股份有限公司	220 882	31	甘肃容和矿用设备集团有限公司	98 460
13	上海宝临防爆电器有限公司	220 746	32	济源市华宇矿业有限公司	87 800
14	长城电器集团防爆电器有限公司	214 300	33	焦作市景安机电设备制造有限公司	84 186
15	燎原控股集团有限公司	213 700	34	沈阳通联电器厂有限责任公司	80 674
16	沈阳市环宇防爆电器总厂	213 250	35	成都市兴岷江电热电器有限责任公司	72 833
17	江苏恒通电气仪表有限公司	202 662	36	四平市四开电器设备制造有限公司	61 410
18	振达科技有限公司	199 735	37	沈阳市电工防爆器材厂有限公司	46 291
19	江苏欧瑞防爆电气有限公司	194 600	38	济源煤炭高压开关有限公司	38 200

表7　2014年防爆电器行业重点企业资产负债率排序

序号	企业名称	资产负债率（%）	序号	企业名称	资产负债率（%）
1	沈阳市环宇防爆电器总厂	2	20	新黎明科技股份有限公司	43
2	燎原控股集团有限公司	9	21	淮南万泰电子股份有限公司	44
3	冀州市南午防爆电器有限公司	16	22	长城电器集团防爆电器有限公司	46
4	德力西集团防爆电器有限公司	16	23	合隆防爆电气有限公司	46
5	大庆安正防爆电气有限公司	18	24	沈阳广角成套股份有限公司	46
6	江苏欧瑞防爆电气有限公司	22	25	合肥开关厂有限公司	50
7	飞策防爆电器有限公司	26	26	振达科技有限公司	51
8	上海宝临防爆电器有限公司	27	27	甘肃容和矿用设备集团有限公司	52
9	创正防爆电器有限公司	30	28	通化变压器制造有限公司	53
10	泰安众诚矿山自动化股份有限公司	32	29	华荣科技股份有限公司	60
11	成都市兴岷江电热电器有限责任公司	34	30	焦作华飞电子电器股份有限公司	62
12	无锡军工智能电气股份有限公司	34	31	上海电器厂实业有限公司	64
13	电光防爆科技股份有限公司	36	32	济源市华宇矿业有限公司	66
14	八达电气有限公司	37	33	济源市矿用电器有限责任公司	74
15	天津市天矿电器设备有限公司	38	34	焦作市景安机电设备制造有限公司	76
16	沈阳三丰电气有限公司	38	35	西安重装渭南光电科技有限公司	78
17	沈阳北方防爆股份有限公司	38	36	沈阳通联电器厂有限责任公司	79
18	沈阳市电工防爆器材厂有限公司	40	37	济源煤炭高压开关有限公司	103
19	江苏恒通电气仪表有限公司	42	38	四平市四开电器设备制造有限公司	106

表8　2014年防爆电器行业重点企业质量综合评价指数排序

序号	企业名称	质量综合评价指数	序号	企业名称	质量综合评价指数
1	华荣科技股份有限公司	2.43	20	八达电气有限公司	1.06
2	德力西集团防爆电器有限公司	1.67	21	振达科技有限公司	0.97
3	新黎明科技股份有限公司	1.60	22	冀州市南午防爆电器有限公司	0.95
4	沈阳市环宇防爆电器总厂	1.57	23	济源市矿用电器有限责任公司	0.94
5	沈阳市电工防爆器材厂有限公司	1.56	24	上海电器厂实业有限公司	0.93
6	创正防爆电器有限公司	1.50	25	沈阳三丰电气有限公司	0.92
7	燎原控股集团有限公司	1.48	26	长城电器集团防爆电器有限公司	0.90
8	江苏恒通电气仪表有限公司	1.45	27	淮南万泰电子股份有限公司	0.87
9	焦作市景安机电设备制造有限公司	1.38	28	泰安众诚矿山自动化股份有限公司	0.84
10	合隆防爆电气有限公司	1.35	29	焦作华飞电子电器股份有限公司	0.79
11	大庆安正防爆电气有限公司	1.34	30	天津市天矿电器设备有限公司	0.79
12	成都市兴岷江电热电器有限责任公司	1.32	31	济源市华宇矿业有限公司	0.78
13	沈阳广角成套股份有限公司	1.28	32	江苏欧瑞防爆电气有限公司	0.76
14	上海宝临防爆电器有限公司	1.28	33	西安重装渭南光电科技有限公司	0.76
15	电光防爆科技股份有限公司	1.20	34	无锡军工智能电气股份有限公司	0.67
16	飞策防爆电器有限公司	1.20	35	四平市四开电器设备制造有限公司	0.67
17	合肥开关厂有限公司	1.15	36	甘肃容和矿用设备集团有限公司	0.64
18	沈阳通联电器厂有限责任公司	1.10	37	济源煤炭高压开关有限公司	0.44
19	沈阳北方防爆股份有限公司	1.09	38	通化变压器制造有限公司	0.28

产品分类产量 2014 年各类厂用防爆电器产品产量略有增长，矿用防爆电器产品产量降幅较大。2014 年防爆电器主要产品产量见表 9。

表 9 2014 年防爆电器主要产品产量

产品名称	产量（台）	比上年增长（%）
矿用隔爆型高压配电装置	24 640	-16.9
矿用隔爆型电磁起动器	197 968	-23.5
矿用隔爆型馈电开关	107 420	-22.7
矿用隔爆型组合开关	7 860	15.2
矿用隔爆型变压器综合装置	51 427	-34.3
矿用隔爆型高压电缆连接器	2 168	-44.8
矿用隔爆型主令电器	696 000	-26.2
矿用隔爆型插接电器	193 800	-33
矿用隔爆型干式变压器	1 840	-7
矿用隔爆型移动变电站	3 624	-11
厂用防爆配电箱	168 600	13.9
厂用防爆电磁起动器	169 600	-9.7
厂用防爆操作柱	226 700	7.1
厂用防爆控制按钮	1 028 000	-7.2
厂用防爆插接装置	513 600	-7.4
厂用防爆荧光灯	1 160 000	7.7
厂用防爆其他灯具	2 420 000	18.7
粉尘防爆电器	470 000	13.2
粉尘防爆灯具	490 000	28.7
船用防爆电器	78 600	39.2

市场及销售 2014 年厂用防爆电器产品销售市场较为平稳，产品销量和销售额均比上年略有增长；而矿用防爆电器产品受煤炭行业经济效益下滑影响，产品销量和销售额比上年下降幅度较大。2014 年全行业重点企业共实现产品销售额 667 760 万元，比上年下降 20.5%。2014 年主要产品销量及销售额见表 10。

表 10 2014 年主要产品销量及销售额

产品名称	销量（台）	销售额（万元）
矿用隔爆型高压配电装置	21 640	60 592
矿用隔爆型电磁起动器	188 000	60 160
矿用隔爆型馈电开关	9 340	74 720
矿用隔爆型组合开关	7 400	88 800
矿用隔爆型高压电缆连接器	2 048	410
矿用隔爆型变压器综合装置	42 300	13 536
矿用隔爆型主令电器	485 220	6 402
矿用隔爆型插接电器	126 000	6 798
厂用防爆配电箱	117 600	63 936
厂用防爆电磁起动器	148 580	18 460
厂用防爆操作柱	226 200	13 120
厂用防爆插接装置	364 000	50 960
厂用防爆荧光灯	1 260 000	35 280
厂用防爆灯	2 240 000	71 680
粉尘防爆电器	460 000	22 080
粉尘防爆灯具	486 400	23 347

2014 年防爆电器行业 38 家企业中，11 家企业有出口贸易，共向俄罗斯、法国、越南、伊拉克、澳大利亚、伊朗、印度、巴基斯坦、南非、马来西亚、土耳其、吉尔吉斯斯坦、哈萨克斯坦等国家和地区出口各类厂用、矿用防爆电器和防爆灯具 62 万台，实现出口额 4 860 万美元，比上年增长 16%。

科技成果及新产品 2014 年全行业骨干企业在产品结构调整、企业转型升级和技术创新等方面取得了较大成绩。华荣科技股份有限公司获得上海市节能服务企业、诚信创建企业和专利工作示范企业称号；电光防爆科技股份有限公司获得国家火炬计划重点高新技术企业、浙江省名牌产品和温州市百佳诚信企业称号；上海宝临防爆电器有限公司获得上海市星级诚信创建企业、上海市百佳企事业单位和上海市企业文化建设优胜单位称号；合隆防爆电气有限公司获得科技部国家火炬计划项目奖、浙江省省级高新技术企业研发中心；新黎明科技股份有限公司获得江苏省优秀民营科技企业称号；飞策防爆电器有限公司获得国家高新技术企业和浙江省科技型企业称号，被评定为浙江省著名商标；沈阳北方防爆股份有限公司获得辽宁省科技厅高新技术企业称号；天津市天矿电器设备有限公司获得天津市高新技术企业和天津市守合同重信用称号。另外还有 7 家企业被评为地级或市级明星企业、高新技术企业和科技创新示范企业。

5 家企业 35 种产品获得省、市科技进步奖。其中电光防爆科技股份有限公司研制的 QJGR 矿用隔爆兼本质安全型高压真空交流软起动器获国家重点新产品奖，QJR-630(500)/1140(660) 矿用隔爆兼本质安全型真空交流软起动器、QJZ-400/1140(660)-8(6/4) 矿用隔爆兼本质安全型多回路真空电磁起动器、QJZ16-80~400/1140(660)S 矿用隔爆兼本质安全型真空电磁起动器、KJZ-2400/1140(660)-8Y~14Y 矿用隔爆兼本质安全型移动变电站组合开关、KJZ16-1200/1140(660)-8(6/4) 矿用隔爆兼本质安全型组合真空馈电开关获浙江省科技新产品奖；合隆防爆电气有限公司研制的 BM（D）X5 □高防护防爆配电箱、BAT5 □井架专用防爆泛光灯、BAT5 □防震型防爆投光灯获浙江省科技新产品奖；华荣科技股份有限公司研制的 QJZ 系列矿用隔爆兼本质安全型多回路真空电磁起动器获上海市重点自动化产品质量改进三等奖；无锡军工智能电气股份有限公司研制的 PBG770-1250(630)/10(6)(Y) 矿用隔爆型（永磁机构）高压真空配电装置获江苏省高新技术产品奖；淮南万泰电子股份有限公司研制的 QBZ-4×80、120/660(380)F 矿用隔爆型四回路真空电磁起动器和 QJZ-4×400/1140(660) 矿用隔爆兼本质安全型真空组合开关获国家火炬计划项目奖和国家重点新产品奖，QJZ-80、120/1140(660)SF 矿井风机智能化控制系统获中国企业最具自主创新能力企业成果奖，QJZ-4×400/1140(660) 矿用隔爆兼本质安全型真空组合开关、QBZ-2×120/1140(660)SF 矿用风机用隔爆型双电源真空电磁起动器获安徽省自主创新产品奖，YJWZ127-Z 矿用隔爆兼本安型微震监测仪主机、

BPJ1-400/660 矿用隔爆兼本质安全型交流变频器获安徽省科技厅重点新产品奖，QBZ-4×80、120/660(380)F 矿用隔爆型四回路真空电磁起动器以及 ZBZ2-10/1140(660)M 矿用隔爆型照明信号综合保护装置、QJZ-4×400/1140(660) 矿用隔爆兼本质安全型真空组合开关、QBR-400/1140(660) 矿用隔爆型交流真空软起动器、QBZ-2×120/1140(660)SF 煤矿风机用隔爆型双电源真空电磁起动器、KHP144-K 矿用带式输送机保护电控装置、YJWZ127-Z 矿用隔爆兼本安型微震监测仪主机、KHP143 矿用带式输送机保护装置、QJZ-120(80)/1140(660)SF 煤矿风机用隔爆兼本质安全型双电源真空电磁起动器、ZJZ2-4.0/1140(660)M 矿用隔爆兼本质安全型照明信号综合保护装置、PBG1-□/□Y 矿用隔爆型永磁机构高压真空配电装置、KBZ12 矿用隔爆型真空馈电开关、KHP143-Z 矿用带式输送机保护装置主机、KBZ18 矿用隔爆型真空馈电开关、KTK112-BS 矿用本安型扩音电话、QJZ2-30(60、80、120)/1140(660) 矿用隔爆兼本质安全型真空电磁起动器、QJGR-□/□矿用隔爆兼本质安全型高压真空软起动器获安徽省高新技术产品奖。

2014 年全行业共有多项产品和技术获得发明专利、实用新型专利和外观设计专利。其中，电光防爆科技股份有限公司研制的矿用隔爆兼本安型吊车控制组合真空电磁起动器及控制方法，华荣科技股份有限公司研制的防爆照明灯具、防爆应急照明灯具，无锡军工智能电气股份有限公司研制的 PJG770 智能型隔爆柜接地系统 共 4 项产品和技术获得国家发明专利。

无锡军工智能电气股份有限公司研制的 PBG770 矿用隔爆型高压真空配电装置及内抓钩式快开门机构，淮南万泰电子股份有限公司研制的低压矿用软起动电控单元集成小车装置、低压矿用软起动电控联锁装置、低压矿用软起动电控半插式机芯、高压软起动一体化键盘、低压矿用 4.0kVA 照明防爆外壳、三轴传感器的安装结构、用于微震系统的暂态电压保护装置的过压保护电路、单轴传感器的安装结构、矿用微震监测系统、一种用于微震系统的稳态电压保护电路、矿用设备软起动电控组合系统、新型交流接触器触头系统、采用远方本安控制技术的照明设备、一种矿用带式输送机的集控箱、一种新型矿用通信系统、一种带式输送机综合保护控制系统、采用高性能接触器模块的防爆开关、一种矿用低压馈电开关失压延时跳闸综合保护模块、一种高精度时钟实现时间同步的矿山微震采集仪、一种检测矿用微震传感器耦合质量的工具；华荣科技股份有限公司研制的防爆工作灯、反光镜及包括的照明灯、照明角度调整装置及包括的灯具、嵌入式 LED 灯具、LED 光源模组及包含的 LED 灯具、防爆筒灯、防爆变送器、防爆投光灯、防爆 LED 灯具组件、可调方向的应急灯；河南省济源市矿用电器有限责任公司研制的矿用隔爆型双出线接线箱配电装置、一种矿用防爆开关多台联台装置、一种矿用隔爆型压缩机变压器综合保护装置、一种防爆开关连杆式进车装置、一种矿用隔爆兼本安质安全型多功能电气控制箱、矿用隔爆兼本质安全型高压电抗式电磁起动器、一种矿用防爆电器多个快开门闭锁装置、矿用隔爆兼本质安全型双接触器低压交流软起动器、具有计量通讯功能的矿用隔爆型高压配电装置、一种矿用永磁机构控制器、具有计量通讯功能的矿用隔爆型高压真空电磁起动器、矿用隔爆型静止无功发生器、适用于排水系统的矿用隔爆型阀门控制箱、采用防爆金属键盘的矿用隔爆型阀门控制箱、一种矿用隔爆型高压计量柜、一种应用于煤矿井下自动化排水系统的无线鼠标；合隆防爆电气有限公司研制的双联控制的按钮头、一种指示信号按钮头、一种便捷操作的按钮头、带标识框的旋钮头、一种钥匙操作的急停按钮头、可带挂锁的旋钮、便捷装配的旋钮、一种旋转手柄、可带挂锁的旋转手柄、一种急停的按钮头、一种带密封垫的指示信号按钮头、一种安全防护性高的正压型防爆配电柜、带标识牌的信号灯罩，新黎明科技股份有限公司研制的一种防爆旋钮头、一种防爆按钮、一种防爆蘑菇状按钮头、一种防爆按钮头、一种便于装卸的按钮装置、封闭壳体内使用的小型断路器，飞策防爆电器有限公司研制的一种防爆灯具进线电源的无线连接装置、一种防爆操作柱的外壳结构、一种防爆主令控制器、组合式防爆动力配电箱、一种安装在防爆配电箱前盖上的断路器操作机构、一种防爆断路器的外壳防护结构、一种防爆免维护节能灯的光源结构，沈阳北方防爆股份有限公司研制的插接式圆口防爆配电箱、插接式防爆型配电箱、插接式防爆平台荧光灯、隔爆型贯穿端子、组合式 LED 防爆路灯灯头、防爆指示灯帽、快速插接式分线盒、可快速开盖防爆灯具、快速连接和拆卸的防爆灯具、万向转换手柄、应急通道灯的进线电缆防爆装置；电光防爆科技股份有限公司研制的矿用隔爆兼本质安全型真空组合馈电开关控制系统、矿用隔爆兼本质安全型组合真空馈电开关、矿用隔爆型真空馈电开关的手动分闸机构、一种高压配电装置以及高压配电连台装置、一种三相隔离开关等共 90 项产品和技术获得国家实用新型专利。

电光防爆科技股份有限公司研制的矿用电气设备专用的扳手、矿用电气设备的专用工具，沈阳北方防爆股份有限公司研制的方形 LED 防爆灯、安全通道防爆灯、圆形 LED 防爆灯，飞策防爆电器有限公司研制的防爆高频无极灯、防爆应急灯、电器开关防雨罩、防爆穿线盒、防爆照明开关、防爆视孔灯、防爆声光报警器、防爆低频无极灯，合隆防爆电气有限公司研制的正压型防爆柜、旋转手柄、急停按钮头、蘑菇按钮头、双按钮的按钮头，河南省济源市矿用电器有限公司研制的矿用高压真空配电装置，华荣科技股份有限公司研制的固态照明灯、防爆筒灯、BAD72-400 防爆灯、BBS 智能型防爆变送器、防爆 LED 行灯、手持强光工作灯、固定式 LED 灯具、防爆投光灯具、消防应急照明灯、车载探照灯、应急照明灯具共 30 项产品和技术获得国家外观设计专利。

2014 年全行业骨干企业根据市场需要开发了以下新产品：FCK1-16A 防爆操作柱，FCX6-125A 防爆插接装置，FQD2-63A 防爆电磁起动器，FCK3-10A 防爆防腐防尘操作柱，FBLA6-5A 防爆控制按钮，FXZ-32A 防爆控制箱，FBJA-10A 防爆手动报警按钮，HFXM(D)1-250A 防爆动力照明配电箱，FCTCZ-200A 防爆插头插座，FXCJ7B-400A 防爆检修电源箱，FCZ6-63A 防爆插接装置，FDK2-630A 防爆断路器，FXZ3(4)-160(100、63)A 防爆控制箱，FCTCZ-400（300、150、100、63、32、25、15）A 防爆插接装置，FDK9（8、7、6、5、4）-400（300、200、160、125、63、32）A 防爆断路器，FQD7（6、5、4）-160（125、80、40、25）A 防爆电磁起动器，FYCZ3-16A 防爆仪表操作柱，FCZ3-16A 防爆防腐操作柱，FCK2-16A 防爆防尘操作柱，FCZ1-16A 防爆按钮操作柱，FFPDG2-160A 防爆防腐配电柜，FSPDG2-160A 防爆防水配电柜，FPDG1 ～ 2-200（400）A 防爆配电柜，FDLX4-400A 防爆动力配电柜，FDLX3（2、1）-200（160、100）A 防爆动力配电箱，FZMX3（2、1）-160（100、63）A 防爆照明箱，FDYZM-36V/32A 防爆低压照明系统，FTDQ35B-1000W 防爆节能强光泛光灯，FGWD39-02（150W）LED 防爆灯，FMY25-2×40W 防爆防腐全塑荧光灯，FHSD42-24W 防爆航空闪光障碍灯，FJNDQ34B-400W 防爆节能强光灯，FQFD36-400（1000）W 防爆节能强光泛光灯，FGWD39B-185W 防爆免维护无极灯，FWLD37B-400W 防爆免维护路灯，FSK16-100W 防爆视孔灯，FQFD45-120W 防爆 LED 泛光灯，FBZD17-3W 防爆标志灯，FMD-150W 防爆灯，FMD9-100W 防爆防腐防尘灯，FSGD 防爆防水吊杆灯，FSWD 防爆防水弯灯，FGGD42-400W 防爆高杆灯，FJNDB-100W 防爆节能灯，FMP52-150W 防爆平台灯，FSYD-150W 防爆水银灯，FXDD-100W 防爆吸顶灯，FXHD-20mA 防爆信号灯，FMJ18-150W 防爆应急灯，FMD6 -250W 防爆灯，FMJ18 系列防爆应急灯，FBSL 系列防爆手电筒，FSTD 系列防爆手提灯，FTD 系列防爆探照灯，FBFWD 系列防爆方位灯，FSKD 系列防爆视孔灯，FPFS 3.7kW 防爆排风扇，FSGBJ-10W 防爆声光报警器，FDYZM-32A 防爆低压照明系统，FZJQ 25W 防爆扩音转接器，FBYSQ-120V/25W 防爆扬声器，FJX 系列防爆接线箱，HRD91 系列防爆高效节能 LED 灯，HCBK-N 数字型防爆扩音电话机，BZC53 新型防爆操作柱，BDL 防爆电铃，eJX-g 不锈钢接线箱，B(C)M(D)G58 系列组合式防爆照明（动力）配电箱，BAD63 系列防爆免维护 LED 节能灯，BSDH 系列防爆视孔灯，BKX51-JZ 防爆无线基站，LBZ 系列防爆操作柱，LA53 系列防爆控制按钮，BZD130 系列防爆 LED 照明灯，BFD65 防爆泛光无极灯，Jxd 型防爆灯，BST 防爆手电筒，BAX 系列固态免维护防爆防腐灯，BAYD 防爆标志灯，BAD 系列防爆防腐灯，BAM91-n 专用防爆路灯，BQD53 系列防爆电磁起动器，QJZ2-250/1140(660)-2 矿用隔爆兼本质安全型多回路真空电磁起动器，QJZ2-800/1140(660)-6（8）矿用隔爆兼本质安全型多回路真空电磁起动器，BPJ1 系列矿用隔爆兼本质安全型交流变频器，KJZ-200、400、500、630/1140（660）矿用隔爆兼本质安全型永磁真空馈电开关，PJG-1000、1250/10（6）Y 矿用隔爆兼本质安全型高压永磁真空配电装置，DKB 系列矿用隔爆型滤波电抗器，BPJ 系列矿用隔爆兼本质安全型低压交流变频器，KBSGZY-630、1600、2500、3150、4000/10（6）矿用隔爆型移动变电站，KBSG-630，1600 矿用隔爆型干式变压器，KBSG-800、1250、1600、2500、3150、4000 矿用隔爆型移动变电站用干式变压器，KJZ-400、630、1000/1140（660）矿用隔爆兼本质安全型永磁真空馈电开关，QJZ-80、120、200/1140(660) 矿用隔爆兼本质安全型真空电磁起动器，DGS13/127Y（C）、DGS18/127Y（C）、DGS22/127Y（C）矿用隔爆型荧光灯，PJG1 系列矿用隔爆兼本质安全型高压真空配电装置，PBGPT1-10/6kV 矿用隔爆型高压真空配电装置用电压互感器柜，PJG1 系列矿用隔爆兼本质安全型高压永磁真空配电装置，ZBZ 系列矿用隔爆型照明信号变压器综合保护装置，QJZ 系列矿用隔爆兼本质安全型可逆真空电磁起动器，BHG1-200 ～ 630/10(6)-2(3)G 矿用隔爆型高压电缆接线盒，DGS13(18、24)127Y 矿用隔爆型荧光灯，KYGC-10/6(1200A、10kV) 矿用一般型高压开关柜，KYGD-1 矿用一般型低压开关柜，DHY20/6L(A) 矿用本安型 LED 机车灯，DHY12/6L(A) 矿用本安型 LED 机车照明信号灯，DJC12/127L(A) 矿用隔爆兼本安型 LED 照明灯，BXB1-800/3300Y 矿用隔爆型移动变电站用低压保护箱，PJG760-50-1250/10(6)Y 矿用隔爆兼本质安全型永磁式真空配电装置，QJGZ760-50-400/10(6) 矿用隔爆兼本质安全型高压真空电磁起动器，QJR-400、800/1140(660)-2(3) 矿用隔爆兼本质安全型组合真空交流软起动器，KL4LM(C) 本安型矿灯，BRJV-3×1000(1250)/3.3 矿用隔爆兼本质安全型高压组合变频器，WJ-600/1140 矿用隔爆兼本质安全型静止无功发生器，LB4-600/1140 矿用隔爆型滤波器，ASVG 矿用隔爆兼本质安全型有源电力滤波及动态无功补偿装置。

职业技能鉴定 2014 年 5 月在中国电器工业协会防爆电器分会六届三次会员大会对《防爆电气装配工》《防爆电气检验工》和《防爆电气维修工》三项国家职业技能鉴定标准草案进行了讨论和征求意见。2014 年 11 月在沈阳召开了三项标准起草工作组第三次工作会议，进一步完善和修改了三项标准并在中国防爆电器行业网进行公示，向社会征求意见。

为配合防爆电器行业职业技能鉴定工作，防爆电器分会和黑龙江煤炭职业技术学院编制完成了“防爆电气装配工”“防爆电气检验工”和“防爆电气维修工”职业技能鉴定培训教材，并成立了防爆电器行业职业技能鉴定培训教材编审委员会，负责培训教材和试题库的审定工作。

2014 年完成了防爆电器行业职业技能鉴定实训基地和鉴定站的申报工作和考评员的培训，防爆电器行业共有 10 名同志获得了高级考评员和中级考评员资格。

技能培训 中国电器工业协会防爆电器分会技术培训中心根据企业转型升级、技术创新的需要，对防爆电器行业生产企业和用户的管理、设计和维护人员进行了防爆电器基础知识、产品设计、产品选型、产品安装与维护等专业技能培训。2014 年为大庆钻探工程公司、神华胜利能源有限公司、辽河油田、北京牧晨机电有限公司、安诺（天津）电气仪表防爆检验有限公司等 20 家单位培训 200 多人，收到了很好的效果。

职业教育 中国电器工业协会防爆电器分会经教育部和中国电器工业协会同意，牵头会同黑龙江煤炭职业技术学院联合全国防爆电器行业科研院所、防爆电器产品检测中心和行业骨干企业共同筹建全国防爆电器职业教育集团。2014 年 12 月在江苏无锡召开了筹建防爆电器职业教育集团筹备工作会议。与会代表就防爆职教集团章程、组建方案、组织机构和集团工作任务，提出了许多建设性的意见，一致认为组建防爆电器职业教育集团是加快培养防爆电器行业高中端技能型、应用型人才，促进防爆电器行业转型升级、技术进步的重要举措，一致同意 2015 年召开成立大会。

基本建设及技术改造 2014 年全行业完成基本建设和技术改造投资 3.12 亿元，比上年下降 9.8%；其中基本建设投资 2.76 亿元，技术改造投资 0.36 亿元。

行业活动 2014 年 5 月在山东青岛市召开了中国电器工业协会防爆电器分会六届三次会员大会，共有 86 家单位 102 名代表参加。尹宇理事长代表防爆电器分会六届理事会向会议做防爆电器分会六届三次理事会工作报告；中国电器工业协会白文波副秘书长介绍了我国电工行业经济发展形势；防爆电器分会李绍春秘书长做“2013 年度防爆电器行业经济运行分析”报告；国家防爆设备质量监督检验（广州）中心张迎新主任介绍了该中心筹建情况及检验能力；欧陆检测技术服务（上海）有限公司霍志强介绍了“新欧洲 ATEX 防爆指令”。会议还表彰了“恒通杯”全国防爆电气行业论文大奖赛获奖论文和作者。

全国防爆电气设备标准化技术委员会防爆电器分技术委员会于 2014 年 5 月在贵州省贵阳市组织召开了分标委三届二次工作会议。会议审查了矿用隔爆型高压配电装置、防爆断路器、防爆控制按钮、防爆操作柱四项机械行业标准送审稿，形成了报批稿，可上报审批。该四项标准建议 2015 年起实施。

2014 年 3 月中国电器工业协会防爆电器分会协办了第十四届中国国际防爆电气技术设备展览会，共有国内外 70 余家企业展示了各类先进的防爆电气设备。

〔撰稿人：中国电器工业协会防爆电器分会李绍春〕

小功率电机

2014 年，国内外宏观经济仍然面临较多的不确定性，有效需求不足、资源环境、劳动力紧张等因素对经济复苏产生较大的制约。从行业层面看，电机行业大部分企业常规电机销售下滑，产成品库存增加；下游需求的精密化、智能化、个性化发展趋势，促使电机由通用性逐步向专业性方面发展，同一类电机在不同性质、不同场合通用的局面将被逐步打破。

生产发展情况 受用工成本上升、制造成本增大、无序价格竞争等不利因素影响，小功率电机行业部分企业出现销售产值较上年同期增长，而利润却不同程度下降的情况。但同时也有企业顺应发展趋势，推出新产品，实现工业总产值、销售产值、利润均同比上涨。总体来看，行业整体形势有所改善，但依然面临不小挑战。

卧龙电气集团股份有限公司 2014 年实现营业收入 68.93 亿元，同比增长 20.34%；实现归属于母公司所有者的净利润 4.46 亿元，同比增长 22.46%；实现经营性现金流净额 6.43 亿元，同比增长 137.69%。公司紧紧围绕聚焦家用电机、工业电机、项目电机和驱动控制四大产品的战略，实现从电气产业向电机及控制产业方向的转变，做深做强电机及控制产业，并不断延伸国际业务。报告期内，公司实现电机及控制类产品销售收入 49.63 亿元，销售利润 10.35 亿元，分别占业务比重的 73.71% 和 76.23%。与此同时，公司不断加大电机与控制产业的资源配置，该类产业净资产占比达到 84.18%。

中山大洋电机股份有限公司 2014 年实现营业收入 444 331.35 万元，营业利润 36 545.08 万元，净利润 33 820.06 万元，其中归属于母公司所有者的净利润为 29 687.74 万元。与上年同期相比，营业收入增长 35.75%，营业利润、净利润、归属于母公司所有者的净利润分别增长 50.86%、50.13%、37.80%。

莱克电气股份有限公司 2014 年继续坚持产品差异化战略，通过不断的技术创新，持续改善经营管理，实施智能化、自动化改造，抢抓市场机遇，锁住大客户、大订单，实现了业务的持续增长。实现营业收入 42.31 亿元，比上年 36.73 亿元增长 15.20%；实现利润总额 3.90 亿元，比上年 3.66 亿元增长 6.56%；归属于母公司股东的净利润 3.44 亿元，比上年 3.17 亿元增长 8.52%。

威海泰富西玛电机有限公司 2014 年完成销售收入 34 883 万元，实现利税 7 029 万元，实现净利润 1 236 万元，上缴税款 4 821 万元，总资产 51 806 万元。

广东泛仕达机电有限公司 2014 年总销售收入 39 452 万元，出口 15 652 万元，销售额较上年有所上升，对外贸易有所下降，内销和出口额基本持平。国内主要客户分布在华东、东北、华南地区，而国外市场主要是欧美地区。该公司与西安交通大学能源与动力工程学院签订了风机节能与降噪研究合同。

南京南微电机有限公司自 2011 年年底以来，受大环境金融形势和世界金融风暴影响，以及近年来企业用工成本直线上升的制约，加上一直以来中小型电机、小功率电机行业产品无序的价格竞争，处于微利或者无利状态。

天津市中环天虹微电机有限公司 2014 年完成工业

总产值 3 701 万元，销售收入 3 563 万元。实现出口创汇 278.8 万美元，同比增长 11%。

市场及销售 电机市场正在发生深刻的变化，行业内大部分企业积极采取措施顺应这种变化，通过收购合并、差异化经营策略、建立战略合作伙伴关系等转变发展方式，自觉加强质量品牌建设，提升产品附加值，拓展国内国际市场。

卧龙电气集团股份有限公司收购位于山东济南的章丘海尔电机有限公司，成立卧龙电气章丘海尔电机有限公司。此次收购，卧龙麾下香港卧龙拥有章丘海尔 70% 的股权，章丘海尔另 30% 股权仍由海尔股份持有。

南京南微电机有限公司 2014 年各类小功率电机和油泵电机的生产销售较 2013 年都有所减少。企业加快新产品开发和新市场开拓，开发出一些高附加值产品，开拓了一些优质客户。

天津市中环天虹微电机有限公司 2014 年实施针对性调整策略，主要客户的订单实现增量，全年开发 2 个新客户。公司加大了对重点新项目的开发力度，航天伺服系统的电机配套项目已经实现小批量供货，实现产值 113 万元。2014 年公司共研发新产品 9 个品种 23 个规格，部分新品实现小批量供货。2015 年以“提高经济发展质量和效益”为中心，调整市场和产品结构，抓好新项目，做大优质市场，实现主营业务比上年增长 40%。

中山大洋电机股份有限公司积极开拓市场，目前已与北汽福田、北汽新能源、上海汽车、苏州金龙、宇通客车、恒通客车、青年汽车、长安汽车、一汽集团、中联重科、三一重工等整装汽车企业及工程机械厂家建立了战略合作伙伴关系。

莱克电气股份有限公司采取原始设计制造和自主品牌生产相结合的差异化经营模式：在国外市场，与国际知名家电制造商、品牌运营商合作，为其提供电机核心技术研发、产品方案设计、模具开发及制造、产品制造等一体化解决方案；在国内市场，采取自主品牌销售策略，进一步优化业务结构，提升公司在国内中高端家居清洁健康电器市场的品牌知名度和美誉度，提高公司产品的附加值。

科技成果及新产品 小功率电机是重要的机械基础件和智能型执行元件，行业内的多数产品都列入国家重点鼓励发展的产业、产品和技术目录。2014 年，小功率电机企业自主创新和研发能力明显提高，自主知识产权意识不断增强。大部分企业非常重视新产品、新成果的开发与新技术、新材料、新结构的应用，坚持优化产品结构。

卧龙电气集团股份有限公司高度重视技术和产品研发工作，研发支出稳定增长。2014 年申请专利 82 项，其中发明专利 27 项；授权专利 56 项，其中发明专利 13 项。卧龙电机集团股份有限公司 BROOK 电机事业部与杭州研究院为青年莲花 L3NEV 纯电动汽车联合开发的 L3EV 驱动电机系统顺利完成装车调试，电机及其控制器均系卧龙自主研发产品。该驱动电机系统额定功率 44kW，峰值转矩 180N·m，峰值转速 8 400r/min。

莱克电气股份有限公司的吸尘器用单相无刷电动机项目产品，上下轴承放置在负载叶轮和磁钢中间，两轴承中间增加弹簧给轴承预压力，轴承靠近负载，减小转子的端摆；在转轴与其他部件上做胶水，防止胶水溢出，转轴与部件粘结更好。该项目产品采用了一种新的霍尔固定结构，使霍尔元器件不会上下、左右晃动，能够稳定地感应磁钢的位置和传输信号；高速风叶结构和高效高速铁心结构使电机具备转速高、体积小、性能高、携带方便、节能、降噪等优点。小家电用搅拌电动机项目产品，采用四孔定位的电机结构，上支架增加了集风部位、轴承室开孔，减小电机振动，上支架能够起到上支架加集风罩的作用，延长了电机的寿命，降低了生产成本及电机成本。吸尘器用直流地刷电动机项目产品，采用弹性件结构对碳刷的安装进行限定，缩减了体积。该电机结构简单、成本低廉，经济效益较好。

中山大洋电机股份有限公司继续加大对新能源车辆动力总成系统产业的投入，已设立大洋电机新动力中山技术中心、大洋电机新动力北京技术中心、大洋电机底特律研发中心（BOT 公司），成功完成了控制器控制系统的技术升级换代，实现了 6.5m、7.5m、8.5m、10.5m 纯电动巴士驱动系统产品的平台化；成功开发了直驱、带变速箱的产品等。新能源车辆动力总成系统在电机结构工业化设计、电机及控制器一体化设计能力方面获得较大的提升，生产能力及产品质量不断提高，逐步进入经济批量生产阶段。

威海泰富西玛电机有限公司在立式水泵电动机、锥轴 YS90 专用电动机、YS7124 风机专用电动机、YY71 铝壳电动机、六角轴伸 YL100 食品机械专用电动机方面有所突破。

珠海凯邦电机制造有限公司的定子焊口包扎新型材料引进项目，可在焊点上直接套上新材料，避免了诸多质量隐患，减小了劳动强度，每线可减少焊口包扎岗位操作工 1 人；铁壳车间现有 31 线，可减少 31 人。风扇定子底部隔纸工艺优化应用项目中，将引进的新型长条隔纸改为圆形隔纸投入生产，取消定子底部隔纸岗位，嵌线岗位与定子底部隔纸岗位合并。铁壳二车间手嵌 A4 线嵌线工序改善项目，用设备代替人工手工嵌线，实现自动化。

质量及标准 2014 年，小功率电机行业完成 5 项国家标准、6 项行业标准的立项报批，新发布 1 项国家标准、3 项行业标准，完成 8 项行业标准的上报工作。

卧龙电气集团 BROOK 事业部于 2012 年年底导入 ISO 9001:2008、ISO/TS 16949:2009 质量管理体系。2014 年通过 TüV NORD 审核组第二阶段现场审核。审核的范围包括事业部新能源电动汽车驱动电机所有过程，尤其对 ISO 9001 基础上的新增要求，如产品质量策划、控制计划、设计及过程失效模式分析等进行了重点审核。审核组开具一般不符合项仅 4 项，对一些需要改进的地方提出了建设性意见。在对不符合项进行整改后，获颁 TS16949 体系标准认证证书。

威海泰富西玛电机有限公司 2014 年通过了小功率单相、三相异步电动机 CCC 认证监督检查，通过了 YE3 超高效率三相异步电机节能认证监督检测，通过了交流电动机用电解电容器 CQC 认证监督检查，通过了 ISO 9001、ISO 14001、OHSAS 18001 管理体系认证监督检查。

广东泛仕达机电有限公司 2014 年通过了 ISO 9001:2008 质量体系认证，内部建立完善的 RoHS、REACH 产品管理体系。

天津市中环天虹微电机有限公司 2014 年狠抓产品的加工质量，降低不良率。加强生产过程各环节质量控制，从按期交货及供货质量上加强对供应商的考评与管理，用 8D 方法重点解决供货质量问题，用 SPC 统计方法加强质量管控的统计与分析。全年完成改善项目 5 项。“降低跑步机滚筒加工一次不良率”项目荣获天津市质量攻关优秀成果一等奖。2014 年参加 2 项国家标准、5 项行业标准的审查。

基本建设及技术改造　根据企业年报，行业内企业基本建设和技术改造投入力度加大。加大技术创新和生产工艺设备改造投入，极大提高了产品的技术质量水平，增强了企业市场竞争力。

威海泰富西玛电机有限公司 2014 年完成投资项目 7 项，投入额累计 80 万元。主要用于：购置机床设备 11 台（套），投资 27.05 万元；购置起重设备等 39.22 万元；购置检测设备 0.18 万元；投资 11.2 万元，进行基础设施改造；完成设备大修 3 台，项修 1 台；浸漆炉拆迁、安装；装配流水线拆迁、安装。

广东泛仕达机电有限公司 2014 年基建与技术改造投入 700 万元，其中基本建设投资 200 万元，用于喷涂生产线建设的技术更新改造投资 500 万元。

天津市中环天虹微电机有限公司 2014 年完成基本建设投资 8.3 万元，技术更新改造投资 50.5 万元。

珠海凯邦电机制造有限公司 2014 年投入 640.53 万元用于基建改造，主要项目包括设备基础及电缆沟工程新增（签证单）、自动化噪音房搬迁、主厂房二自动化车间门禁系统改造、冷却水塔移装、换模地基改造、注塑基坑盖板及防护栏改造，零星项目施工工程等。

〔撰稿人：中国电器科学研究院有限公司胡燕华　审稿人：中国电器科学研究院有限公司周修源〕

家用电器

基本情况　2014 年，家电行业艰难前行，产业暂无利好释放，大部分家电品类销售增长放缓，但家电消费升级态势保持良好，产品结构持续优化，环境健康类产品快速增长。根据中国家用电器协会综合国家统计局的数据，2014 年完成利税总额 1 407.3 亿元，利润总额 931.6 亿元，分别比上年增长 19.5% 和 18.4%。家电业 2014 年完成主营业务收入 1.41 万亿元，增幅达到 10%。纵观近几年国家统计局发布的家电产品生产情况，2014 年部分产品产量下降，但全年产量仍处在历史高水平。

发展关键词　面对平淡的国内外经济形势，家电企业积极采取各项应对措施，企业持续创新、产业深化结构调整、制造业进一步升级，“电商”“智能化家居”“互联网 +”等成为 2014 年我国家电业发展的关键词。

1. 智能化

2014 年，可以说是智能家电元年，主要家电企业正式发布智能家电战略。海尔在 2014 年年初推出了智能家电操作系统 U+，计划四年内聚拢 1 亿家庭用户，打造数千亿元的生态圈；美的在智慧家居领域将实施“1+1+1”战略，即“一个智慧管家系统 + 一个 M-Smart 互动社区 + 一个 M-BOX 管理中心”，计划 5 年内智能产品占据销售一半；TCL 集团推出了“双 +”战略，开启“智能 + 互联网”和“产品 + 服务”的新商业模式。

2. 互联网 +

2014 年，家电企业进行了战略转型、业务调整、运营变革等一系列动作，将互联网思维渗透到企业运营管理的每个毛孔，全面加速向互联网的转型与变革。海尔结盟阿里、创维合纵华为等都成为行业普遍关注的对象。

3. 电商

2014 年，整体家电市场不容乐观。从总体销售来看，各品类家电线下市场进一步收紧，而线上市场增速依旧火爆，甚至超过预期。2014 年 B2C 家电网购市场规模（含移动终端）达到 2011 亿元，同比增长 51%。其中，平板电视 296 亿元，空调 112 亿元，冰箱 107 亿元，洗衣机 79 亿元，这四类大家电产品市场规模 594 亿元，同比增长 72%；小家电产品 310 亿元，同比增长 78%；手机产品 1 107 亿元，同比增长 40%。

渠道建设　2014 年，家电企业一方面着力电商渠道快速发展，另一方面深化三四级市场开拓，稳步推进渠道建设。核心品牌开始占据线上销售的主流地位。“双十一”期间的全网家电品牌排行中，美的、海尔、海信、九阳、格力进入前十名，合计市场份额超过 3 成。产品结构升级是线上销售的另一大特点，白电市场中高性能、变频机、智能化等卖点都被消费者广泛接受。

转型升级　近几年，随着房地产热潮的褪去，家电行业产销甚至出现了衰退，家电传统渠道不得不在压力中求前进、转型升级中求发展。智能家居、线上线下融合的 O2O 模式、互联网普及下的大数据应用等将对家电企业的转型起到至关重要的作用，也将成为今后很长一段时间家电企业转型的机遇和挑战。其中，智能家居是产品转型升级的方向，O2O 是营销转型的精髓，而云网、大数据则是实现转型升级必不可少的工具。目前，众多企业包括苏宁、国美、海尔等均实践其中，我国家电企业不论在“软”服务还是在“硬”制造方面，都已经具备一定竞争实力。

出口 根据国家统计局公布的数据，2014 年，全国家电行业完成累计出口额 570.39 亿美元，同比增长 5.73%。其中，家用厨房电器具及其零件出口份额最大，出口额 146.56 亿美元，同比增长 2.19%。我国家电出口主要集中在美国、日本、德国、英国、巴西、俄罗斯、法国、澳大利亚、意大利等国家以及中国香港地区。从主要出口地区来看，我国对发达经济体的家电出口情况总体好于新兴经济体。2014 年美国仍旧是我国家电出口的最主要国家，累计对其实现出口额 128.0 亿美元，比上年增加 10.3 亿美元，同比增长 8.8%。中国对日本累计出口 65.5 亿美元，比 2013 年的 68.5 亿美元略有下降。2014 年家电行业实现对欧盟核心国的出口额 90.6 亿美元，累计上涨 7.3 亿美元，涨幅 8.8%；六国出口额均有不同程度增长，增长较为明显的是荷兰（增加 2.1 亿美元）、法国（增加 1.6 亿美元）、英国（增加 1.7 亿美元）。而新兴经济体中，金砖国家出口 48.1 亿美元，比上年减少 0.7 亿美元。其中，俄罗斯减少 2.9 亿美元，跌幅 15.6%，是金砖四国中出口额下跌最严重的；巴西增加 1.8 亿美元，增幅 10.1%；印度增长 3.5%；南非下降 0.25%。

分类产品市场情况

1. 空调

2014 年我国家用空调累计产量超 1.18 亿台，同比增长 7.8%；全年累计销量 1.17 亿台，同比增长 5.2%。从总体来看，2014 年家用空调产销继续实现双增长。

与 2013 年相比，2014 年国内空调市场整体销量同比增长 16.24%，国内市场销售规模逾 4 200 万台，销售额同比增长 17.49%。其中，三级城市市场销售量、销售额同比增长 22.14% 和 24.32%，四级城市市场增幅分别为 31.48% 和 33.66%。2014 年空调线上销量同比增长 93%，远高于冰箱、洗衣机、彩电等大电产品，同时各大空调厂商对线上市场的重视程度与日俱增。

2014 年是空调产品智能化技术大发展的一年。随着基于物联网和云计算的智能化技术逐步成熟，空调企业纷纷推出智能空调，将空调行业整体的智能化水平推向了新的高度。长虹 CHiQ 的人体状态感知技术、海尔空调的红外探测感应技术等智能化技术，让空调可以根据房间内的人数、人体位置与状态决定送风的温度与方式；格力光伏直驱变频离心机技术的市场化，让中央空调在降低能耗方面取得了重大突破。

2. 冰箱

2014 年 1—12 月家用电冰箱累计生产 9 337.1 万台，同比下降 1.0%。2014 年，冰箱市场规模增速放缓，竞争转向存量市场，技术成熟导致新技术、新材料更新速度较慢，产品升级趋势明显。2014 年冰箱行业零售量同比下降 9.33%，零售额同比下降 3.83%。由于整体行业不景气，国内家电上市公司 2014 业绩报告中冰箱的营收或者净利润都呈现出不同程度的下滑态势。市场饱和、变革性产品鲜有，冰箱市场始终缺乏增长“爆点”。

另外，针对消费者在存储空间精细化管理、智能节能、抗菌除菌、保湿保鲜等方面新的使用诉求，美菱、海尔、美的等冰箱企业在 2014 年推出了应用云图像识别技术、智能云技术、感应技术、智能匀冷技术的智能冰箱，让冰箱也进入了智能化时代。

3. 电视

2014 年，面对宏观经济增速放缓、“后政策时代”消费需求不足、各环节成本显著上升的大环境，以及产品同质化严重、核心技术话语权不足、产品生命周期缩短等问题，全年彩电市场持续低位运行，整体需求收窄，销量下滑。尽管下半年彩电销量较上半年有所回升，但依然无法扭转行业“困局”。2014 年，全行业共生产彩色电视机 14 129 万台，同比增长 10.9%，其中，液晶电视机 13 866 万台，同比增长 13.3%。从月度看，除年初受节日因素影响增幅较小外，液晶电视全年基本保持两位数的增幅。2014 年，我国电视机制造业实现主营业务收入 4 054 亿元，同比增长 1.1%；实现利润 138 亿元，同比增长 20.2%。行业平均利润率为 3.4%，低于电子制造业平均水平 1.5 个百分点。从走势来看，电视机制造业收入除年初受传统节日的影响，收入增幅较大，进入二季度后，增势维持低位；而利润上半年增速维持负增长，进入下半年，随着大屏、智能、4K 销量的增加，扭转了利润负增长的态势。全年整体呈现的运行特点主要有四个方面：①基本完成平板化转型，平板显示工业体系初步建立；②出口量大幅增长，2014 年我国彩电出口增长 22.6%，扭转了连续三年出口下降趋势，成为支持彩电行业上升增长的重要力量；③内销市场低迷；④电商渠道地位进一步提高。

4. 洗衣机

2014 年我国家用洗衣机行业总产量 5 645.2 万台，同比下降 1.0%；总销量 5 636.4 万台，同比增长 0.8%。其中内销出货量 3761.9 万台，同比略有下滑；出口量 1 874.5 万台，同比增长 2.8%。在洗衣机市场中，整体市场同比增速下降，但滚筒洗衣机、大容积洗衣机继续呈现出良好的发展势头。2014 年产品结构各有侧重，在波轮市场 7.0kg、7.5kg 容量的产品仍是大容量产品的主流，在滚筒市场则是 8kg 容量的产品增速最快。大容量洗衣机在今后的发展中将为洗衣机市场的增长带来一股强劲的增长力。

2014 年洗衣机行业在技术领域硕果累累。小天鹅率先迈出了洗衣机智能化步伐，推出洗涤剂自动投放洗衣机；三星、帝度、西门子等品牌则主推智能精控减震技术、物联网技术、3D 智能控制技术。此外还有 LG 的速净喷淋洗涤技术、海尔的内桶自清洁技术等。

5. 健康家电

近年来，持续大范围的雾霾天气和频发的居民饮用水安全问题，带动了空气净化器、净水机等健康家电产品的热销。2014 年市场更加呈旺盛态势。根据中怡康数据，2014 年净水设备零售量 706 万台，同比增长 56.4%；零售额 160 亿元，同比增长 68.9%。奥维云网（AVC）数据显示，空气净化器（含车载产品）2014 年销量为 760 万台，同比增长 95.4%；零售额 151 亿元，同比增长 94.8%。

基本建设及技术改造 2014 年，家电业在变频技术、新能源技术、新材料和材料替代技术、智能化和网络化技术等方面取得突破，这些技术创新显著提高了家电产品的性能和品质。以智能化和健康技术为代表的大量创新技术正在应用与落地，推动行业向前发展。

浙江绍兴苏泊尔生活电器有限公司的年产 2 200 万台（套）智能电器产品技改项目，属于省级技改项目。该项目主要采用自主研发拥有专利权的智能控制、电子应用及表面处理技术或工艺，引进具有国际先进水平的高低温环境试验箱、安捷伦数据采集器、菊水 KIKUITOS9200 耐压/绝缘电阻测试仪等设备，购置自动落料、转件、除蜡、压花、涂胶等自动化专线等国产设备。项目建成后形成年产 2 200 万台（套）智能电器产品生产能力。产品具有节能环保、智能化控制的特点，实现销售收入 4 亿元、利税 4 500 万元、创汇 1 950 万美元，减少员工 80 人，全员劳动生产率提高 6%。

管理及改革 江苏白雪电器股份有限公司 2014 年紧盯国外大客户需求，高效开发个性化产品，饮料柜、电池柜、直流冷柜等外贸产品同比有大幅增量，全年实现出口创汇 4221 万美元，创历史新高。电冰箱厂全面推广使用散装 B 料；与配套厂家协商普遍下浮配套件价格，减少采购成本；整理废旧箱体发泡模具，抵销了部分新品发泡模具费用。

各板块以经营预算为导向，不断优化内部管理机制，夯实基础，激发活力。重庆白雪逐步理顺生产经营，全年销售 42 354 台。辽宁白雪新工厂新风貌，重抓基础管理建设，落实程序要求，规范精细化操作，年内完成了设备调试，并已生产逾 1 万台冷柜。

电冰箱厂注重常规产品的规格型号集中度，模块化设计基本成型；大力推进特殊商用产品的开发，如药品储藏柜、圆弧形组合岛柜等；大规格产品优化匹配 F 系列压缩机，提高了产品可靠性。

〔撰稿人：中国电器科学研究院有限公司胡燕华　审稿人：中国电器科学研究院有限公司许亿祺〕

电器附件

生产发展情况 我国已是世界电器附件产品的主要生产基地，市场需求的品种、规格地区性差异不大。固定式插座和开关基本以 86、120、118 型系列为主，城市以中高档次为主，相当部分农村及山区仍以低档产品为主。目前国内生产企业大多数以中低端市场为主，而外资企业则是中高端产品市场路线。国内一些家电、照明电器企业竞相切入该领域，部分电工企业也纷纷扩充产品线，涉足关联性较强的照明领域。多元化发展已经成为很多实力雄厚的电工企业寻求发展突破的途径之一。

延长线插座（移动式插座）和转换器国内市场基本以国内品牌为主，最大的企业年销量已超过 20 亿元。外销定单出口的企业也不少，主要销往德国、法国、瑞典、荷兰、波兰、英国、美国、日本等几十个国家和地区，涉及外贸插座、开关插座、接线板插座、插头转换器、电缆线材、插座配件等。目前较多的开关插座制造企业都在通过多种方式发展自动化装备，在提高劳动生产率、降低劳动强度、改善产品质量、降低生产制造成本、缩短生产周期等方面发挥了巨大作用。

中国电器工业协会电器附件及家用控制器分会 2014 年对全国家用开关、插头插座等电器附件产品部分生产企业进行了调查，统计了各类指标排名前十名的企业。

经济效益综合指数排名前 10 名的企业：飞雕电器集团有限公司、公牛集团有限公司、浙江正泰建筑电器有限公司、杭州鸿雁电器有限公司、湖南深思电工实业有限公司、跃华控股集团有限公司、西蒙电气（中国）有限公司、浙江德力西国际电工有限公司、宁波瑞明电器有限公司和南京海锚电器有限公司。

工业总产值前 10 名的企业：公牛集团有限公司、飞雕电器集团有限公司、杭州鸿雁电器有限公司、浙江正泰建筑电器有限公司、西蒙电气（中国）有限公司、跃华控股集团有限公司、浙江德力西国际电工有限公司、杭州鸿世电器有限公司、湖南深思电工实业有限公司、宁波瑞明电器有限公司。

产品销售收入前 10 名的企业：公牛集团有限公司、飞雕电器集团有限公司、杭州鸿雁电器有限公司、浙江正泰建筑电器有限公司、西蒙电气（中国）有限公司、浙江德力西国际电工有限公司、跃华控股集团有限公司、杭州鸿世电器有限公司、湖南深思电工实业有限公司和天基电气（深圳）有限公司。

总资产贡献率前 10 名的企业：浙江正泰建筑电器有限公司、公牛集团有限公司、南京海锚电器制造有限公司、西蒙电气（中国）有限公司、湖南深思电工实业有限公司、浙江德力西国际电工有限公司、飞雕电器集团有限公司、宁波瑞明电器有限公司、杭州鸿雁电器有限公司和宁波万事达综研电气有限公司。

资本保值增值率前 10 名的企业：公牛集团有限公司、宁波瑞明电器有限公司、南京海锚电器制造有限公司、浙江德力西国际电工有限公司、湖南深思电工实业有限公司、飞雕电器集团有限公司、浙江正泰建筑电器有限公司、西蒙电气（中国）有限公司、杭州鸿世电器有限公司和宁波万事达综研电气有限公司。

流动资产周转率前 10 名的企业：宁波瑞明电器有限公司、南京海锚电器制造有限公司、湖南深思电工实业有限公司、公牛集团有限公司、浙江正泰建筑电器有限公司、飞雕电器集团有限公司、宁波万事达综研电气有限公司、浙江德力西国际电工有限公司、杭州鸿雁电器有限公司和西蒙电气（中国）有限公司。

成本费用利润率前10名的企业：公牛集团有限公司、湖南深思电工实业有限公司、浙江正泰建筑电器有限公司、浙江佳龙电子有限公司、西蒙电气（中国）有限公司、跃华控股集团有限公司、杭州鸿雁电器有限公司、乐清市恒和科技有限公司、飞雕电器集团有限公司和天基电气（深圳）有限公司。

全员劳动生产率前10名的企业：飞雕电器集团有限公司、杭州鸿雁电器有限公司、公牛集团有限公司、浙江正泰建筑电器有限公司、跃华控股集团有限公司、湖南深思电工实业有限公司、浙江德力西国际电工有限公司、西蒙电气（中国）有限公司、乐清市恒和科技有限公司和宁波万事达综研电气有限公司。

产品销售率前10名的企业：霍尼韦尔朗能电器系统技术（广东）有限公司、南京曼奈柯斯电器有限公司、湖南深思电工实业有限公司、杭州鸿世电器有限公司、余姚市国昌电器有限公司、天基电气（深圳）有限公司、浙江德力西国际电工有限公司、宁波万事达综研电气有限公司、浙江正泰建筑电器有限公司和宁波瑞明电器有限公司。

2014年电器附件行业工业总产值和主营业务收入增幅较大的企业见表1。

表1 2014年电器附件行业工业总产值和主营业务收入增幅较大的企业

序号	企业名称	工业总产值比上年增长（%）	主营业务收入比上年增长（%）
1	浙江德力西国际电工有限公司	30.45	27.24
2	公牛集团有限公司	25.56	26.48
3	广州日顺电子科技有限公司	24.91	24.94
4	浙江正泰建筑电器有限公司	23.79	23.76
5	跃华控股集团有限公司	19.03	19.03
6	飞雕电器集团有限公司	15.82	17.00
7	湖南深思电工实业有限公司	11.93	11.93
8	西蒙电气（中国）有限公司	11.04	9.52
9	杭州鸿雁电器有限公司	9.62	11.03

科技成果及新产品 近年来，各制造企业陆续改变传统制造模式，推行绿色制造技术，生产保护环境、提高资源利用效率的绿色产品。

目前对于电器附件产品安全和环保的要求越来越高，主导企业已建立高水平的检测中心，投入了大量人力和物力研发环保型产品，其有害物质含量低于RoHS指令的规定要求，有些环保指标已达国际领先水平。行业的技术研发趋势也朝着高阻燃性、耐恶劣环境、无卤和控制有害物质的方向发展。

随着电子技术和通信技术的不断发展和应用，一大批智能型、遥控型、节能型的电器附件类产品应运而生：节能型的插座，集防雷、过载保护、USB充电于一体的防雷转换器，“无限延展连体边框设计”和“侧面夜显”的新型工业设计插座，WIFI智能控制插座和智能开关，智能家居系统和通用型声光控延时开关，触屏点开关和直流USB充电插座等。智能电器系统中必不可少的智能开关、智能插座系统也将带来新的需求。随着政府对于电动汽车政策扶持力度的不断加大和各城市电动汽车充电设施的完善，电动汽车充电插座已经成为行业内新的增长点。

公牛集团有限公司2014年度投入“三新”技术研发经费达1亿元，开发上市新产品21系列47款，抗电涌、桌洞插座、立式插座、WIFI插座，G11彩蝶系列开关插座、G15大间距开关插座等一系列新品成功上市，其中抗电涌插座采用了独特的集成抗电涌电路设计，能有效解决屏幕闪抖、声音噪杂、电池短命、数据错失、卡机重启、性能衰退、电路烧毁等电涌导致的7大损伤。2014年度公司共申请专利61项，其中发明专利8项。累计拥有专利230余项。

杭州鸿雁电器有限公司2014年承担国家省市级项目14项，6个项目通过验收。低烟阻燃消防专用电工管获得2014年杭州市科技进步二等奖、2014年杭州市新产品新技术二等奖；HYB6-63小型断路器等新产品成为省级工业新产品。全年共计申请专利75项，其中外观专利申请27项、实用新型申请37项、发明申请11项，专利质量明显提高。此外，企业内部还开展了喷色、会议室LED智慧控制系统、单立管排水、WIFI智能插座、植物组培的高效智能LED光照系统的应用研究等项目。

飞雕电器集团有限公司对防水壁插产品的高密封性、防水结构设计和基料改性优化应用展开研发。在插座背面支架上设计了环状硅胶垫，有效防止墙体渗水对插座的影响。插孔周边设计了密封防水硅胶垫，配合外接插头端面的凸缘具有防水效果；在插座支架四周设计了引流槽和翘口，有效地防止导电、触电事故的发生。在PC主链中引入聚砜的结构单元，以增大聚合物的热变形温度，提高阻燃性，有效地提高了PC材料的性能，降低了生产成本，拓展其应用领域。

浙江德力西国际电工有限公司2014年累计开发新产品14项，同比增长7.69%；申报专利12项，同比增长100%；引进1项新工艺新材料。成立了转换器事业部，陆续开发出5个系列新品，转换器销售总额同比增长25%。旅行转换器荣获红星奖。2014年9月，公司被杭州市经济和信息化委员会授予市级企业工业设计中心。

浙江正泰建筑电器有限公司2014年完成NEW6N系列多材质开关插座、NEW6K系列带模内贴标自复位开关、NEWX系列开关插座、球形插座、三极防雷插座和扁圆插座6项产品的省级鉴定。完善了产品线布局，完成对网络专供产品、市场区隔产品、中高档宾馆系列及国贸产品开发。建立备模数据库并实时监管模具状态，及时优化排产，提升产能和供货稳定性。

杭州鸿世电器有限公司进行了4项新产品研发：HZ0741带开关USB接口方脚插座，依据BS标准制造，通过了 BV 认证；大按钮开关系列 CMA/PRW811/812/813 是主要定位于英国和爱尔兰市场的家用开关；C13 器具插座主要为家电配套，已获欧洲多国认证；带软线锁定式连接器 SW935/937/933/934/936 为家电等设备配套，市场定位为欧盟、美国、日本、韩国、澳大利亚等，已获得 UC、PSE、KC、ENEC、SAA 等认证。

霍尼韦尔朗能电器系统技术（广东）有限公司开发的 S7 极致系列开关插座获得外观专利；一种小角度按键墙壁开关，开关按键的摆动角度小于行业产品，实现了超大按钮及超薄的开关；所有插座均安装有防单极插入功能的保护门。

浙江佳龙电子有限公司开发了 SS-24L 系列拨动开关、KCD1-102B 系列防尘琴键式跷板开关、KAN-41 系列汽车开关，均获得省级鉴定。

湖南深思电工实业有限公司加大产品研发投入，开发新产品 10 个系列，近 700 个规格，获得专利 40 项，其中 2 项发明专利、6 项实用新型专利、32 项外观专利；与湖南科技大学成立了产学研基地，进行工业设计战略合作；积极推动公司生产自动化水平的提升，节能提效。

宁波万事达综研电气有限公司研发新产品 RK2-13D2*1N 翘板开关。该产品为双极小结构大电流（16A）开关，为国内首创；引用特种改性 PA66A5GFV0 级材料，确保产品的阻燃等级符合 UL94V-0 级要求，热变形温度（1.8MPa 负荷）为 215℃。

宁波瑞明电器有限公司新推出 SP2 系列 WIFI 智能插座、美标 AW50011 系列 WIFI 智能墙壁开关，具有 WIFI 远程智能控制和功率计量计费功能；研发了智能家电控制模块。

南京海锚电器制造有限公司研发出转换器 D 系列、带 USB 功能的转换器、防辐射功能的转换器，已全部投放市场，反馈良好。

汕头市东亚电器厂研究开发能用于雨天户外场合的防护配电箱，箱体达到 GB 4208—2008 的外壳防护等级要求，还符合 GB / T 20138—2006 电器设备外壳对外界机械碰撞的防护等级（IK 代码）IK08 以上要求。创新开发出用于该配电箱的电器附件产品，如工业用插头插座与连接器、密封螺塞、固缆装置以及形式多样的密封元件。该项目的创新没有产生污染。

南京曼奈柯斯电器有限公司进行 NMBCG 电容补偿柜、NMGGD 固定式开关柜、NMNS 低压抽出式开关柜和软起变频等智能控制相关技术的研发。

乐清市荣盛引进电器有限公司推出 RSH 系列大电流插头插座及耦合器，适用于较恶劣环境条件；还开发出 RSE 系列电动汽车充电接口，主要包括 RSE01、02 欧标及国标两大系列，充电电流 16 ～ 32A，单相、三相交流充电连接系统，主要用于新能源电动汽车的充电连接子系统中，已获得 4 项国家实用新型专利。

温州宏丰电工合金股份有限公司深入建设省级企业技术研究院和低压电器试验站，不断推进新技术及新专利的申报、新产品的研发及储备。2014 年公司共获得授权专利 39 项，其中发明专利 31 项、实用新型专利 8 项。

佛山通宝精密合金股份有限公司开发出可实现高要求电阻保护的高性能热双金属产品、提升银镍电寿命的改性银镍合金材料、用于 80A 或以上交流 220V 的大电流用银氧化锡，还有最薄可达 0.03mm 的高精度薄型合金材料等新产品。

柳州市建益电工材料有限公司研发出汽车用银氧化锡/铜低压电接触元件生产新技术，克服了纯银、银合金、银—铜机械复合产品易粘着、灭弧性能差、易氧化的缺点，具有硬度高、耐磨性好、化学稳定性好、接触电阻低、抗电腐蚀性能强等优点。

标准 全国电器附件标准化技术委员会 2014 年组织制修订标准 54 项，包括 2015 年获国标委批准发布的标准 10 项、已完成标准送审稿 19 项、标准征求意见稿 15 项、标准草稿 9 项，国家标准外文版 1 项，新申请立项的计划 7 项（其中行标 5 项、团体标准 2 项）；积极采用 IEC 国际标准，已基本做到我国标准与部分国际标准同步制定。目前现行的电器附件 IEC 标准和技术规范共 82 项，我国已采用 75 项，采标率达 91.5%。

GB 2099.7—2015《家用和类似用途插头插座第 2-7 部分：延长线插座的特殊要求》和 GB 2099.3—2015《家用和类似用途插头插座第 2-5 部分：转换器的特殊要求》于 2015 年 10 月 13 日经国家标准化管理委员会批准发布，将于 2017 年 4 月 14 日起正式实施。这两项标准是家用延长线插座及转换器的基础安全标准，以国际标准为基础，参考了国外先进国家对该类产品的相关技术要求，通过设置保护门、增加针焰试验等强制要求提升了延长线插座和转换器的电气安全性能。特别是 GB 2099.7—2015 标准立足实际技术条件，结合我国消费者用电习惯，通过增大电缆导体截面积的方式，增强了延长线插座的承载能力。中国电器工业协会电器附件及家用控制器分会、全国电器附件标准化技术委员会于 2015 年度联合举办了多场宣贯会，邀请有关领导和标准起草人详细讲解了制定标准的原则、依据、主要技术内容以及实施过程中的注意事项。

质量监督抽查 2014 年第一季度，国家质检总局共抽查了北京、上海、江苏、浙江、广东 5 个省、直辖市 80 家企业生产的 80 批次家用和类似用途插头插座产品，有 13 批次产品不符合标准的规定，涉及耐热、插头和移动式插座的结构、拔出插头所需的力、尺寸的检查、标志项目。此次抽查依据 GB 2099.1—2008《家用和类似用途插头插座 第 1 部分：通用要求》、GB 1002—2008《家用和类似用途单相插头插座 型式、基本参数和尺寸》、GB 1003—2008《家用和类似用途三相插头插座 型式、基本参数和尺寸》。

国家质检总局通报“2014 年移动式插座电子商务产品质量国家监督专项抽查”情况，不合格产品检出率为 33.3%。此次抽查采取“神秘买家”从电商平台买样或从物流仓库集中抽样的方式，共抽查了 25 家企业生产的 27

批次产品，重点对尺寸检查、防触电保护、插头和移动式插座的结构、耐热和绝缘材料的耐非常热、耐燃和耐漏电起痕5个项目进行了检验。经检验，有9家企业生产的9批次产品不合格。其中，尺寸检查、耐热各有7批次不合格，防触电保护、插头和移动式插座的结构各有2批次不合格，绝缘材料的耐非常热、耐燃和耐漏电起痕有1批次不合格。

2014年第四季度，国家工商总局按照流通领域重点商品抽查检验计划的安排，组织吉林、浙江、四川、青海四省工商部门开展流通领域插头插座质量抽查检验。此次抽检涉及公牛、飞利浦、罗格朗、秋叶原、贝克、宏剑、飞雕、松下、德力西、正泰、TCL、BIHU等52个品牌，抽检插头插座316批次，其中发现不合格插头插座64批次，共涉及标称南孚、名胜、秋叶原、宏剑、春发、Panongsidec、捷鹰、LG乐冈、罗贝、艾朗、迈高、英普、Smitunce、麦典、朗能、西蒙SmondaVI、欧普、瑜亮、欧迈、本邦、博坚、法恩莎、SHSTOSBEN、松尔、杜邦、冠华26个品牌。检测结果显示，不合格插头插座主要是在尺寸、标志、防触电保护、耐热性、机械强度等项目检测中不符合国家相关强制性标准要求。

2014年5月，央视曝光广东省部分生产企业违反国家强制性标准、以次充好生产不合格电源插线板事件。广东省质监局在全省范围开展为期6个月的电源插线板产品质量集中整治活动。截至6月30日，全省各级质监部门共检查生产企业283家，抽检插线板产品119批次，立案查处33宗，取缔制假窝点1个，查封、扣押问题插线板143 848个，涉案物品货值近14万元。

基本建设及技术改造 2014年，电器附件行业企业积极响应国家推行智能制造、节能环保的政策，投入大量资金购入自动化设备；同时设立废料回收设施，提高循环利用效率。

浙江正泰建筑电器有限公司完成了“装配激光打标机和自动组装装配机”项目，提高了公司生产自动化程度及生产效率，减轻了作业强度，满足生产需求。2015年计划进行新增1 300万只墙壁开关插座、排插技改项目，新增自动在线测试机、除尘系统、中央供料系统、集中包装流水线、注射机等国产设备187台（套），项目总投资2 720.16万元。

飞雕电器集团有限公司开展了开关插座智能化生产线工艺提升技术改造项目，总投资逾4 300万元。其中，改扩建开关插座自动装配生产线26条、自动注塑生产线1条，购置设备127套，共计投资3 420万元；信息化建设投资660万元，用于购置硬件和软件开发。项目预计2017年达产，实现新增开关插座2 800万个，减少一线生产工人100人。

湖南深思电工实业有限公司2014年开展自动生产设备引进项目，引进了功能组件装机、自动包装机和喷码机，产能在原有基础上提升20%。2015年计划进行冲压工序改进，投资80万元制作适用于高速冲床的银点铆接一体模具。

浙江德力西国际电工有限公司2014年进行50多项工艺改进项目，累计投入逾200万元。通过优化转换器装配工艺，引进转换器装配专用线，优化组合工序，旅行排插每组每天的生产效率增长25%；通过改进装配线线体优化、工装夹具、滑道，添加了单工序模块功能，降低了工人的劳动强度，提高生产效率10.85%；引进了小五孔、直五孔半自动化流水线，累计节约约60万元；通过全面改进检测工序，产品合格率提高0.5%；注塑车间引进环保空调，降低了能耗，节约成本45万元。

杭州鸿雁电器有限公司进行了3项技术改造，分别是：引进电工自动化装配设备，提高了生产线的自动化程度，每台设备的生产量达到每年300万片；线缆挤出机分段式水槽项目，实现了对冷却水槽不同阶段水温的分开控制冷却，减小了聚烯烃护套材料内部的应力，在提高了产品质量的同时还提高了生产效率；PP-R车间废料的回收利用项目，主要解决该车间日益增多的废料处置问题，将生产废料重新进行粉碎造粒并作为部分原材料进行生产加工而不影响产品质量，达到了节约原料、节能减排的效果。

公牛电器集团有限公司围绕“机器换人”的发展战略，大力实施制造方式创新，开展工序自动化项目的研究。2014年研制和完成插座自动组装机2台、国标插头全自动组装机2台、线材自动贴标机4台、自动装袋封口机3台等60余台自动化高性能机械化设备，累计节省人工上百人；进行注塑中央集中供料改造项目，能耗下降近50%，年节约电费逾100万元；进行前段工序环保项目改造，实施完成后，造粒品质得以保证，人员工作负荷进一步减轻，车间作业环境得到有效改善。自动焊接机、自动锁螺丝机、注射机生产无人化等一批自动化装备已成功应用到生产中，为后续自动化工作打下了良好的基础。2014年年底集团成立工业发展中心，加强“机器换人”战略的顶层设计，从战略高度全面规划自动化建设与技术升级。

宁波瑞明电器有限公司2014年进行的信息化智能化两化融合项目，是“厂联网”和电商产业链信息化建设项目，获得宁波市经信委技改项目奖励。2015年计划紧跟物联网发展进程，创建智能产品研发设计专业公司，在宁波市和丰创意广场建立专业的智能产品包括软件设计研发的公司，把瑞明电器的战略重心逐步转向设计研发制造销售互联网终端硬件产品和物联网产品的软件开发。

杭州鸿世电器有限公司进行的电器附件配件组装机及其他设备的改进、模具更新及改造、新增流水线3项技术改造，均已安装调试完毕，可正常使用。

南京海锚电器制造有限公司2015年计划进行光伏接线盒设计项目，与太阳能板配套使用的光伏接线盒配件已进入生产阶段。

浙江佳龙电子有限公司投资587万元，开展新增5 000万只高档开关技改项目。该项目主要采用国内先进技术和工艺，购置数控高速走丝电火花线切割机床、精密磨床、激光刻字机、注射机、开关自动插针机、自动铆点机、自动点油机、自动组装机、自动检测机等国产设备。项目总建筑面积3 700m^2，建成后形成年产3亿只电子开关的生产能力，其中新增5 000万只；产品具有质量高、档次高、寿命长、环保、性价比高等特点，预计年新增销售收入5 000万元、利税800万元，创汇200万美元。

天津大和电器实业有限公司进行20A/30A自动焊锡机改造，实现20A和30A插刃的自动焊接；购置了配线器具电源线自动卷线机，实现多种电源线的自动卷线作业，达到每台4 000根/8小时。

宁波万事达综研电气有限公司“机器替代人工项目”截至2014年12月已投资逾650万元，已投入使用的自动化设备共计63台，基本达到预期的目标要求。

佛山通宝精密合金股份有限公司2014年开展三水工业园建设项目，园区及生产厂房建设基本完成，新生产线正在安装。园区及新生产线建设完成之后，生产能力可扩大2倍。

柳州市建益电工材料有限公司开展“用铜基复合材料代替银材生产”项目，在部分产品领域基本达到产品电性能的要求，节银效果明显。还进行了电镀车间中水回用项目，废水处理能力20t/天，废水回用率70%左右。2015年计划进行新型铜基复合材料(代银材料)的生产工艺技术改造。

温州宏丰电工合金股份有限公司开展的乐清市技改项目——“低压电器试验站”技术改造项目，已提交验收资料，等待验收。乐清市信息和工业化融合技改项目——跨区域高性能ERP计算机管理系统开发项目正在进行。公司计划开展的温州宏丰机联网示范车间建设项目，属于浙江省两化深度融合应用示范项目，现已申报成功。

会议 2015年12月17日，电器附件及家用控制器分会第六届三次理事扩大会议在湖南长沙召开。来自公牛、西门子、鸿雁、正泰、TCL－罗格朗、松下、飞雕、德力西、西蒙等全国70多家企业的负责人及知名企业代表90余人参加。此次会议旨在寻找企业发展突破口，拓展销售市场，共谋云商模式的线上线下平台布局和运营技巧。会议同期举办了专题讲座。湖南政协经科委、西门子和苏宁等单位领导分别从国家经济发展形势、互联网和行业视角对新经济新常态进行全面深入的分析，得到参会代表的高度评价。

2015年12月28－29日在广东省深圳市召开了2015年度小型熔断器行业会议。会议围绕家用电器智能制造、陶瓷气体放电管技术、军工产品用熔断器的技术要求与质量保证、金属材料的环境影响特性等技术话题进行了介绍和分析。

论坛 中国电器工业协会电器附件及家用控制器分会、工业日用电器分会联合雅式展览服务有限公司，于2015年4月2日在广州召开“2015中国国际塑料橡胶工业展广州高峰论坛”，介绍了塑料橡胶行业最新发展情况、采购材料及设备、技术及市场发展情况等。

2015年6月9日，中国电器工业协会电器附件及家用控制器分会与《现代建筑电气》编辑部、广东省土木建筑学会建筑电气专业委员会联合组织了第六届现代建筑电气技术论坛（广州站）暨智能配电与电气节能技术论坛。设计院的专家和行业优秀企业代表针对应用在绿色、节能建筑中的新产品、新技术等进行深入探讨，推广优秀系统解决方案的应用。建筑设计院、电气安装公司、制造企业等工程技术人员80多人参与。

2015年9月23—25日，中国电器工业协会电器附件及家用控制器分会在浙江宁波组织召开了2015年全国电器附件金属材料应用暨电气连接技术发展论坛。来自电器附件行业主导制造和上下游企业、科研院所等单位的100多位专家代表交流了电器附件产品金属材料应用和电气连接技术方面的新产品、新技术、新工艺，分享了产品制造过程中的研发、生产和质量控制等经验。

2015年11月20日，中国电器工业协会电器附件及家用控制器分会、温州经济技术开发区管理委员会联合主办，温州经济技术开发区电器协会承办的2015中国建筑电器产业基地高峰论坛在温州召开，论坛以“产业升级，创新融合”为主题，旨在打造中国建筑电器绿色产业生态链。中国电器工业协会副会长方晓燕，分会秘书长谢浩江，温州经济技术开发区管理委员会党委书记、主任徐蓬勃，温州经济技术开发区电器协会王兴川会长以及行业知名经济专家，西门子、TCL-罗格朗、西蒙、飞雕、正泰、鸿雁、公牛、深思、王邦、豪意、泰力等国内外众多电工品牌和供应链厂商企业家代表等500余人参加。论坛邀请经济专家和企业家代表就电器行业的发展方向、产业结构调整、商业模式创新等做专题演讲；在品牌战略对话环节，嘉宾们分别结合自身企业的特点和规划，就产业转型升级，商业模式创新、互联网思维、跨界整合、国际化路线等一系列问题展开对话与交流。

企业管理 2014年是杭州鸿雁电器有限公司产业结构调整的布局之年。公司围绕“渠道变革、品牌重塑、服务提升”经营工作方针，积极调结构、促变革、补短板，收获了丰富的管理成果：荣获“国家技术中心”“浙江省政府质量奖”“杭州市标准创新突出贡献企业”“浙江省文明单位”等称号。公司产业布局进一步优化，以先升级后转型为路径，所属各产业围绕总体战略方向，继续推进自身的发展与转型。电工事业本部按照战略规划，聚焦分销渠道与电商渠道，积极打造精品工程，进一步提升了客户满意度；电力电气积极开拓工程市场，努力提升创新能力，企业规模和经济效益实现较快增长；线缆产业努力调整产品结构，低压电力电缆车间投入运营，产品进入商业地产、电力系统等领域。照明电器专业渠道建设初见成效，全产业链走出困境，开始盈利；智慧家居照明、智慧办公照明、智慧路灯解决方案日益完善，并率先实现产业化和商业化；同时进一步完善了LED产品线布局，陆续推出了“光星”“恒星”“明欣”系列等贴合市场需求的高性价比LED新品。智能科技公司通过加强对外技术合作，在智能家居、微智能家居、智慧社区等核心技术开发方面取得了一定进展，线上零售渠道开始起步。水电管道在房地产市场明显下滑的环境下，业绩仍有增长，专业渠道开发初见成效，产品在品相和成本方面的市场竞争力也有所提高。普天智能照明研究院作为公司研发与管理的统一平台，同时承担公司在物联网产业、智能家居行业的前瞻性产品与技术方面的研究，统筹组织公司智能家居产业的发展。

公牛集团有限公司圆满完成预定的各项目标任务，集团整体业务保持健康、稳健的增长态势，总体销售额较上年增长27%。集团入选2014年度浙江省第一批“三名”培育试点企业，获得全国实施用户满意工程“用户满意产品”称号。2014年度集团进行内部组织架构变革，按照“小集团大事业部”的经营管控理念，按产品线成立事业部制，主要由转换器事业部、墙开事业部、LED光电事业部三大事业部组成，新模式下的战略、组织、流程、管理等有序开展和实施。集团持续加大经销商网点开发力度，已形成经销商2 000余家、终端销售网点84万家的强大渠道体系，其中转换器渠道覆盖率高达81%；强化墙开经销商利益保护与老板营销战略，与经销商共生共赢。全面与天猫、京东、苏宁、亚马逊等国内最具影响力的电子商务平台合作，不断完善、丰富电子商务营销策略，2014年度电商平台销售额同比增长50%以上。

飞雕集团有限公司在扩充产品类别的前提下，不断完善老五类产品，降本增效，坚持以产品质量为根本，以客户的满意为追求，提升产品市场竞争力。公司继续以电视广告为先锋，加强网络广告力度，辅以店铺广告、会议营销等多头并举的营销策略。

浙江正泰建筑电器有限公司新增网点4 000余家，从集中促销转变为区域市场终端促销，开展“庆祝正泰创业30周年”终端推广、专业市场推广等多样形式活动，构建区域物流平台，整合资源，优化提升终端配送体系。实行创新计划模式，延长生产计划流动周期，建立备模数据库并实时监管模具状态，及时优化排产，提升产能和供货稳定性；落实现场精益生产及技改工作，完成各类物资的比价、议价工作，实现采购可比降本。

浙江德力西国际电工有限公司进一步完善质量手册、第三层次管理文件；以拉动式生产计划与预测型生产计划相结合的方式，保证及时交货；进一步对资金使用实行分层把关、严格审核。全年累计组织培训33场，累计参训人员约700人。

温州宏丰电工合金股份有限公司践行“内生和外延”并重的发展思路，经营保持健康发展态势。启动了资产并购计划，收购海和热控复合材料有限公司的大部分股权，全面涉足热双金属材料领域，形成“电接触＋过热保护”功能复合材料及产品体系。继续加大技术研发力度，提升产品质量，优化客户群体，从以内销为主，逐步扩大外销市场。2014年公司通过了国家火炬计划重点高新技术企业、浙江省省级企业技术中心复审，获得“安全生产标准化三级企业”“两代融合示范企业”“温州市专利示范企业”“乐清市‘机器换人’示范企业”和“劳动关系和谐企业”等称号。

宁波万事达综研电气有限公司2014年继续推行“机器替人”，选择几类品种进行由零件投入到成品产出装配过程的自动化生产流水线的改造，RK1-01系列产品已在试验过程中。公司还全面实施新生产计划，继续推行注塑模具全自动生产的改进；铜材、塑料原料的消耗情况经过一年的数据收集，已积累一定信息，为下一步对材料消耗考核奠定基础。

2014年霍尼韦尔朗能电器系统技术（广东）有限公司完成业务重组。在2014年7月剥离原有传统照明和LED业务，签署了回购协议并全面持有霍尼韦尔朗能电工业务。

汕头东亚电器厂坚持科技创新开发特色产品，创新开发防护电器；设计和创新产品的结构、材料以及线路，使产品的各种性能达到用户单位的要求；专家型企业负责人带领的技术研发团队通过参加国内外的各项技术活动，跟踪国内外技术、经济发展形势，推动企业的产品开发和销售；认真做好售前和售后技术服务，及时指导用户做好产品的安装、调试、维护保养，使产品充分发挥优良性能。

跃华控股集团有限公司不断加强企业内部管理，提高管理人员业务水平和员工操作技能，全力投资新厂房建设，加强物料、工艺文件、员工绩效、5S等方面的管理，努力开展创先争优活动。2014年企业获得“浙江省AAA级纳税信用企业”“温州市名牌产品”“温州市创建诚信先进单位”“乐清市明星企业”“乐清市先进单位”等称号。

浙江佳龙电子有限公司实行标准化活动，通过ISO 9001国际质量体系认证和ISO14001国际环境体系认证，推行7S现场管理活动和精细化管理活动。技术研发中心获颁“市技术中心”。

〔撰稿人：中国电器科学研究院有限公司陈明、景意新
审稿人：中国电器科学研究院有限公司谢浩江〕

电自动控制器

生产发展情况　2015年，家电行业发展遭遇极大挑战。工信部公布的家电行业年报数据显示，家电行业2015年主营业务收入14 083.9亿元，同比下降0.4%；利润总额993.0亿元，同比增长8.4%。市场需求下降、行业不利的情况导致家电行业两极分化，也造成全年营收下滑、利润微增的现象。究其原因，除了房地产市场未有大的改观以及缺乏全国性的家电下乡、节能补贴、以旧换新政策之外，行业性的产品饱和是最主要因素，尤其是空冰洗行业尤为显著。在这样的市场行情下，作为制热和制冷家电重要零配件的自动控制器产品，受到的影响尤为明显。企业普遍反映规模发展困难，甚至有企业减产，淡季放假时间延长。但是也有企业市场占有率扩大，出现产品品牌集中趋势。

1. 起动器和保护器、无功耗起动器、变频控制器

受空调、冰箱能耗等级标准提升等因素影响，制冷起动器行业呈现产品不断变革升级的局面。产业链主要集中在广东、江苏和浙江，广州森宝电器股份有限公司、杭州星帅尔电器有限公司、常熟市天银机电股份有限公司、江苏常胜电器有限公司、扬州宝珠电器有限公司、宁波市镇海宏业电器开关厂等企业规模较大，主要生产电动机一压缩机用热保护器、起动继电器（俗称“两器”）、电池用热保护器等产品。该领域的外资企业主要有美国森萨塔科技有限公司等，生产研发基地也主要集中在广东和江浙地区。由于该类产品体积微小，产量较大，目前相关企业自动化生产程度较高，生产较为集中在少数大企业中。

传统的PTC起动器和重锤式起动器逐渐转向低功耗、无功耗起动器产品甚至变频控制器产品。通过无功耗起动器起家的常熟市天银机电股份有限公司2015年产量增长30%，同时试水生产变频控制器，市场效应良好。杭州星帅尔电器有限公司也开发了微功耗起动器，并继续保持较高的市场份额。变频控制器是家用和商用空调、热泵系统压缩机驱动和系统控制的“大脑”，适应家居智能化、建筑智能化和物联网发展趋势，因此继续放量增长。除了原有的变频控制器专业生产公司，传统的制冷零部件企业，例如天银和三花，均在2015年进入变频控制器生产领域。新型制冷产品的研发和市场的争夺，已经到了白热化的程度。

2. 流体感应控制器、电磁阀、四通阀、截止阀

该产品生产企业形成了以长三角地区及广东地区为中心的两大生产基地。浙江盾安精工集团、三花控股集团有限公司、佛山华鹭制冷器件有限公司、常州兰柯四通阀有限公司、常州西玛特电器有限公司、安徽天大企业(集团)有限公司、浙江春晖集团公司等企业的产销量占据了该领域80%以上的市场份额。其中，三花控股集团有限公司在四通换向阀和电磁阀的制造和销售方面稳居行业首位；浙江盾安精工集团的电磁阀产量也占有较高的市场份额。2015年，在制冷整机产品增长乏力的情况下，制冷零部件行业企业发挥各自优势，在原有产品基础上扩大适用范围，提升零部件整体解决方案水平，积极加快产业升级。其中，三花集团整合商用空调、食品冷链、热泵热水器和水路系统应用解决方案，针对不同的应用领域，提供空调、热泵和冷冻等领域的电子膨胀阀及其控制器、压力传感器整体打包解决方案和产品组合，保证系统高效和稳定运行，帮助客户在能效和环境挑战中保持领先。与此同时，三花践行低碳绿色技术路线，拓展变频控制器、微通道换热器等高效和节能产品的应用领域，减少系统冷媒充注量，研发并推动CO_2和R290环保冷媒系列产品的应用。

3. 机械式温控器

机械式温控器是温控器市场的中流砥柱，生产厂家主要分布在浙江、江苏、广东、上海、安徽等地，企业众多，规模不一。温控器市场还没有统一化、规范化，面对竞争压力，国内众多的温控器厂家打起了价格战，没有把重心放在产品的质量和售后服务方面，导致恶性循环，这在2015年表现尤其明显。国内从事机械式温控器生产的企业中，佛山市通宝股份有限公司和江苏常恒自动控制器有限公司规模较大，而浙江中雁温控器有限公司、佛山市天朋温控器有限公司、佛山市九龙机器厂等国内企业也具备一定的生产规模，在温控器生产领域表现活跃。外资品牌主要有艾默生、丹佛斯、英维思、E.G.O.、STRIX(思瑞克思)等。其中，思瑞克思在电水壶温控器和电水壶、咖啡壶、多功能电茶壶等领域均涉足整机代工和生产，具有一定的规模。

4. 智能控制器

美国智能恒温器公司Nest被谷歌以32亿元美元收购，立刻在国内外掀起一波智能控制器的狂潮。国内智能控制器的发展重心还是整机中的零配件产品，像Nest这样的独立直接使用的产品也有出现（如2026互联网温控器等），但是市场上还比较少。目前该产品主要由家电企业自行研发和批量配套整机生产，主要为用手机等网络终端集中控制家庭范围内使用的厨卫、灯具、窗帘、冰箱空调等整机配套。海尔、海信科龙、美的、佛山康宝等各大品牌家电或厨卫家电企业均建立了相关示范小区并批量生产。现阶段智能控制器仍处于单品牌系列和单产品范围阶段，互联互通较为困难。

智能控制器企业往往选择个别产品作为突破口，集中有限资源研究开发，逐渐形成自己的技术优势。另一方面，家电智能控制器企业客户往往比较单一，家电整机厂要求也较高，家电智能控制器企业会投入大量人力物力进行研发或技术升级，争取开发出与家电整机厂产品高度匹配的产品。久而久之，智能控制器企业逐渐积累了在该产品上的优势，进而将其打造成企业的“核心产品”。

2015年电自动控制器行业工业总产值前30位的企业有：浙江三花制冷集团有限公司、浙江盾安人工环境设备股份有限公司、佛山通宝股份有限公司、江苏常恒集团自动控制器有限公司、常州西玛特电器有限公司、浙江中雁温控器有限公司、曼瑞德自控系统有限公司、宁波市镇海宏业电器开关厂、扬州宝珠电器有限公司、佛山市天朋温控器有限公司、艾默生电气（深圳）有限公司、常熟市天银机电股份有限公司、思瑞克斯（广州）电器有限公司、佛山市禅城区九龙机器厂、广东中山中恒电器有限公司、佛山市川东磁电股份有限公司、深圳鑫汇科电子有限公司、广州森宝电器股份有限公司、杭州星帅尔电器有限公司、宁波欧知电器科技有限公司、宁波贞观电器有限公司、深圳拓邦股份有限公司、森萨塔科技有限公司、佛山市金驭电子有限公司、佛山市利安达电器有限公司、广州安的电子技术有限公司、上海康源电气有限公司、宁波市元方温控器有限公司、三春电器实业有限公司、江苏常胜电器有限公司。

市场及销售 2015年，受制于家电产品市场饱和趋势明显、房地产复苏和补贴政策缺乏等因素，家电产业发展停滞，产品库存严重。这也使得控制器行业整体市场停滞不前，竞争加剧。

1. 流体感应控制器方面

浙江三花控股集团依托市场，以产业转型升级为主线，促进产品结构进一步调整优化，加快技改提高生产效率并扩大产能。同时，公司对外设制造基地的整合优化已初步见成效，提升了对主要客户的现地化服务能力。报告期内，公司商用业务推进效果明显；变频控制器得到北美市场主体客户批量供货认可；以电子膨胀阀为代表的节能环保系列产品销售增长显著，四通阀和截止阀产品销售稳步增长；家电 Omega 泵实现 100% 增长。

随着国家大力发展节能环保产业，变频空调能效标准颁布实施，变频空调成为市场主流。浙江盾安集团在做精做强截止阀、四通阀等核心空调元器件的基础上，加大重点领域的研发与市场拓展，其中以电子膨胀阀为代表的节能环保节流控制元器件产品销售取得突破性增长，市场占有率位居全球前列；加大微通道换热器产品的市场开拓，提升商用空调配件主导产品市场份额，逐步做大商用空调元器件，为公司后续发展带来利润增长。

2. 温控器领域

2015 年佛山通宝股份有限公司温控器年销售额达 2.6 亿元，其中，突跳式温控器年销售额达 9 200 万元，保护器年销售额为 8 600 万元，体胀式毛细管温控器年销售额达 4 900 万元。佛山市九龙机器厂和旗下芜湖九龙控制器有限公司 2015 年温控器年销售量约 1 000 万支，主要是毛细管式温控器，其中配套电热水器的温控器约占总产销量的 60%，配套烤箱的温控器占比约 20%，配套洗碗机、取暖器等其他家电的温控器约占 20%。广东中山中恒电器有限公司 2015 年保持传统液胀式、双金属片式温控器的销售份额。江苏常恒集团自动控制器有限公司 2015 年温控器生产销售稳定，全年温控器产销近 3 600 万只。浙江中雁温控器有限公司全年温控器产销量超过 1 500 万只。常州市常宏同力电器有限公司 2015 年销售各类温控器产品超 1 亿支。思瑞克斯（广州）电器有限公司中国区主抓高端电水壶和咖啡壶控制器市场推广，2015 年公司进行了产业结构调整，整体出口量继续保持增长。宁波元方温控器有限公司 2015 年经历了公司产权的调整，引入了外资，国外市场业务发展良好。

3. 制冷起动器保护器领域

受冰箱市场趋冷、变频技术取代等因素影响，该领域市场两极化，传统产品逐渐被低功耗无功耗及变频控制器取代。广州森宝电器股份有限公司 2015 年起动器、保护器业务量小幅增长；杭州星帅尔电器股份有限公司已形成冰箱、空调压缩机用起动器、保护器 9 000 万只的年生产能力。2015 年，兰溪越强冰箱压缩机起动器、保护器产销量接近 2 300 万只。森萨塔电子技术（上海）有限公司冰箱压缩机起动器、保护器 2015 年销量与 2014 年基本持平。受无功耗起动器和变频控制器业务扩张的影响，常熟市天银机电股份有限公司冰箱压缩机起动器、保护器产销量超过 9 300 万只，并加大了变频控制器配套力度。而变频空调市场占有率的不断扩大，对空调保护器生产企业产生了较大冲击。变频空调压缩机不需要装配内置式过载保护器，采用电子控制板来防止压缩机电流过载。随着变频空调市场占比增长，内置式过载保护器相应丧失一部分应用市场。

目前，应用于电流超过 25A 的即热式电热水器的温控器大部分都是由艾默生电气（深圳）有限公司提供，2015 年该公司在珠海的生产基地销售平稳。

4. 地暖温控器领域

国产品牌海林和合资品牌曼瑞德以较高的性价比占据了中端市场较大份额。同时，电地暖温控器较水地暖温控器市场需求更大，其产品本身高能耗的特点加速了新型节能控制器的研发。市场销量在北方地区也逐步扩大。

产品研发 控制器产品种类繁多，变化复杂，某些领域产品如机械式温控器等产业技术非常成熟，技术突破空间十分有限。但是随着节能要求的逐年提高，各种新型节能控制器产品大有替代传统产品的趋势，使得企业更为关注节能优化产品的研发。

1. 微通道换热器项目成功研制

2015 年 1 月 9 日，盾安环境作为“微通道管材与换热器制造技术及其应用”项目主要完成单位之一，荣获 2014 年度国家科学技术进步二等奖。该项目在 2014 年 1 月还荣获教育部科技进步一等奖。微通道换热器具有明显的节能效应，同时减少臭氧层破坏利于环境保护，具有明显的技术、成本和环境优势，是换热器行业的一次革命性创新。

2. 新能源汽车用温度及制冷控制器

新能源汽车对于电子零配件在高速运行和极端环境下的性能要求较为特殊，开发适合新能源汽车用温度及制冷控制器产品成为新的研究方向。目前，三花集团在新能源汽车空调制冷控制器方面投入了大量研发力量并已实现量产。盾安集团与上海交大在诸暨店口生产基地签署了战略合作协议，联合组建新能源汽车技术联合研发中心，致力于发展在新能源汽车的热管理系统及相应关键部件等方面的领先和前瞻技术。

3. 气体膨胀式金属膜盒

气体膨胀产品精细程度要求更高，对于微小体积变化和压力变化的感知灵敏度要求达到极致，因此，产品的性能指标均与传统产品不同，研发难度也较大，对具有相关功能的产品陆续提出了更高的控制灵敏度、稳定性、寿命、成本、节能、低功耗要求。平顶山联立机电有限公司作为国内金属膜盒最大的生产制造商，对气体膨胀式产品进行了科技攻关，并已经完成量产，产品主要供应西门子和霍尼韦尔等大型跨国机构。下一步计划将产品制定为行业标准，为国内生产该类产品提供统一的技术规范。

4. 零功耗起动器及保护器

杭州星帅尔电器股份有限公司研发的智能型零功耗起动器，将单片机的智能技术应用于电机起动方案，通过控制脉冲输出和脉冲宽度准确控制起动时间；具有温度自动调节功能，温度降低时触发电流增大，提高触发可靠性。

研发的多端子零功耗起动器和多端子零功耗热保护器，芯片部分采用安全防短路结构，接线排端子型式可自由转换成 4.8 插片、6.4 插片，能满足不同客户的使用要求；触发热敏电阻器在通电瞬间触发双向可控硅，双向可控硅导通后起动热敏电阻器通电，瞬间接通电机副绕组；启动热敏电阻器和触发热敏电阻器电阻值增大后，双向可控硅触发电流下降并自动关闭。经测试，产品功耗低达毫瓦级，实现了节能。

研发的小型安全组合式起动热保护器，采用三点接触式起动器的结构，为安全型多端子热保护器。接线排端子型式可自由转换成 4.8 插片、6.4 插片及插片螺钉型，热保护器在装载型腔内采用塑料弹性卡爪连接并可自由转换。

质量及标准 国内家用电器控制器的质量和技术水平不断提高，与国际产品的质量差异大大缩小，但是在产品的可靠性和一致性方面还是存在差距。在技术方面，国内的供应商不但能生产一般情况下使用的控制器，还能开发出具有自主知识产权、适用特殊情况的控制器。符合各国安全标准、国际标准及欧盟 RoHS 指令的控制器都已经能够在国内批量生产。

但是，国内家用控制器的制造工艺有待提高。目前，国内家用控制器的生产工艺大都是在消化原来引进技术和工艺设备的基础上，按照各个企业的实际情况制定，但还是以手工操作为主，配以必要的工装设备，工艺过程的机械化和自动化程度不高，效率较低，产品质量的工艺设备保障程度较低，直接和间接地影响产品的质量水平及可靠性。

2015 年度，控制器行业共有 1 项国家标准和 5 项行业标准发布实施，分别是：GB 31459—2015《家用和类似用途地暖设备用温度控制系统的安全要求》、JB/T 6739.2—2015《小型全封闭制冷电动机 压缩机用热保护器》、JB/T 6740.2—2015《小型全封闭制冷电动机压缩机用正温度系数热敏电阻起动继电器》、JB/T 6740.3—2015《小型全封闭制冷电动机 压缩机用电流式起动继电器》、JB/T 12480—2015《电自动控制器 双金属片式防水温控器》、JB/T 12481—2015《电自动控制器 磁敏温控开关》，具体实施时间均为 2016 年 6 月 1 日。这 5 项控制器产品广泛使用在家电产品中，其中热保护器和起动继电器产品主要使用在制冷电器产品中，特别针对冰箱等产品能效标准的提高提出了相应的指标要求；防水温控器产品和磁敏温控开关为近年来大量出现的新型控制器产品，其标准的制定填补了行业空白。

2015 年度分别有 3 项控制器行业标准和 1 项国家标准报批、公示并即将发布，分别是 JB/T ××××—20××《电自动控制器压力传感器》、JB/T ××××—20××《电自动控制器压力行程开关》及 JB/T ××××—20××《家用和类似用途变频控制器的性能 第 1 部分：通用要求》3 项行业标准及《家用和类似用途变频控制器的安全 第 1 部分：通用要求》国家标准。

全国家用自动控制器标委会 2015—2016 年度召开了 5 次标准工作组会议，分别为：7 月 15—17 日，在武汉市召开《电自动控制器用双金属片 技术要求》行业标准起草工作组会议；8 月 30—31 日，在江苏省常熟市召开 2015 压缩机制冷技术研讨会暨《全封闭电动机－压缩机用电子式低功耗及无功耗起动器》行业标准工作组会议；2016 年 1 月 14—15 日，在杭州召开《全封闭电动机－压缩机用热保护器》国家标准起草工作会议。变频控制分标委在青岛和深圳分别召开了《家用和类似用途变频控制器 型号命名方法》和《家用和类似用途变频控制器的安全 第 2-1 部分：热泵、空调器和除湿机用变频控制器的特殊要求》国家标准工作组会议。5 次标准工作组会议分别对 5 项国家及行业标准征求意见稿进行了讨论并形成送审稿。

技术改造 广州森宝电器股份有限公司完成了动簧片组件自动焊接机和静脚三组件自动焊接机的技术改造，购置了 QP2 自动组装机和 H5 自动组装机。

杭州星帅尔电器股份有限公司实施了机器换人技改项目。

管理 杭州星帅尔电器股份有限公司探索建立有利于创新的企业制度，出台了创新奖励办法，2014 年发放各类创新奖金 32 万元，开展创新项目 40 多项，产品生产能力和产品质量有了质的变化；探索建立企业创新人才引育与激励机制；探索建立激励保护创新的知识产权制度，申请各类专利 28 项，其中发明专利 6 项；已授权各类专利 25 项，其中发明专利 3 项。

〔撰稿人：中国电器科学研究院有限公司钱峰 审稿人：中国电器科学研究院有限公司谢浩江〕

小型熔断器

当今互联网逐渐渗透生活的方方面面，LED 照明、可穿戴设备、智能化硬件、新能源、物联网等新生产业的诞生和成长，对电路保护的要求越来越多样化和特殊化：过电流保护、过电压保护、过温保护、浪涌保护、雷击保护、过充保护、静电保护……促使小型熔断器制造商不断开发新产品，提高产品性能。小型熔断器行业的产品小型化和表贴化将成为未来的发展趋势，其中表面贴装熔断器也越来越成为制造者、营销者和使用者的时尚产品。

表面贴装熔断器 目前市场上表面贴装熔断器产品有三大类：

1. 方管熔断器

这是一种由传统管状熔断器发展而来的中空型熔断器。为了表面贴装，方管熔断器由陶瓷圆管改为陶瓷方管，大尺寸（5.2mm×20mm/6.3mm×32mm）改为小尺寸（2mm×6mm），直接以回流焊或波峰焊方式焊接到电路板上，但工作原理和性能指标基本保持圆型管状熔断器的水平，满足了紧凑型电子设备的要求。大多数品牌的方管熔断器都是陶瓷方管的熔丝悬在方管内部空间，所以称为“中空型熔断器”。

方管熔断器有快熔断和慢熔断、125V 和 250V、直流和交流之分，美国力特公司的产品系列最多，我国的香港好利来、台湾功得和华德等知名品牌都有多种系列的产品。方管熔断器的优势是 I^2t 比较高，大多数尺寸是 2 410 的。近年来为满足电子设备小型化和功率提高的要求，力特还具有小尺寸 1 206 和高电压 600V 的方管熔断器，满足各种特殊需求的应用。

AEM 公司独创的 MF 系列熔断器也是一种中空型的熔断器，克服了方管熔断器的工艺缺陷和失效模式，用 PC 板加工达到效率高、可靠性高的效果，是近年来品质好、成本低的新颖熔断器，在 LED 照明驱动电源、充电器等领域已经大量应用，受到市场的欢迎。

2. 晶片熔断器

这是一种在基板表面安有熔体的固体熔断器。晶片熔断器比方管熔断器更小、更薄，通常有 1206、0603 和 0402 三种尺寸。其制造是板块加工，成型以后切割成产品的尺寸，然后再电镀端头，一般用于直流电路的过流保护。根据材料和熔体的成型工艺分为两大类。

第一类产品的基本材料是 PC 板，熔体是由覆铜层蚀刻成型的，也称薄膜熔断器。产品结构是在基板的覆盖中间的熔体和两端的端头，再涂覆薄的绝缘层。其工作原理与中空型熔断器完全不同，额定电流、额定电压和功率都有限额，晶片熔断器的额定分断能力和熔化热能值都不如中空熔断器，小型化和表贴化是它最大的优势。这类产品是 Littelfuse 公司首创的。

第二类产品的基本材料是陶瓷板，熔体是金属浆料印刷成型的。产品结构、性能、工作原理与第一类晶片熔断器相似，不同的是基本材料改为陶瓷，传热快、耐热性好，使用稳定范围要宽一些。熔体印刷的精度比蚀刻低一些，所以熔断器的冷电阻和保护精度比第一类略微逊色。这类产品是 Bussbann 公司首创的。

3. 独石熔断器

这是多层熔体的固态熔断器，由 AEM 公司颠覆了传统片式熔断器的经典结构和两类熔丝成型工艺创造而成。独石熔断器是从玻璃陶瓷浆料和银合金浆料一层层涂覆，然后高温固化而成的，能够把熔体移到熔断器的中间，熔体熔断时周围的玻璃陶瓷吸收能量，大大减少了熔体熔化时的拉弧，提高了安全性；多层分流大大提高熔断器的额定电流，大电流熔断器熔断时断开电流比传统熔断器更彻底。独石熔断器的制造成本低于传统表面贴装熔断器。

三种表面贴装的熔断器都有快熔断和慢熔断的产品系列，慢熔断熔断器技术要求比快熔断的要高，价格也比较贵。独石熔断器的“HI”系列，适用于有高脉冲的电路保护，现在生产晶片熔断器的各家公司也纷纷推出了类似产品。

表面贴装熔断器与管状熔断器、插件熔断器主要向两头发展，小电流、大电流、高电压、高分断、高雷击的规格是各家公司的努力方向。有些公司也在研发多重功能组合的新元件，例如过流保护加过温保护、过压保护加过温保护、受控熔断器、防雷器模组等。缩小体积、大小规格、功能集成等成为熔断器行业的发展方向，也是表面贴装熔断器的发展趋势。

LED 照明促进小型熔断器的变化 近几年来，半导体照明技术日益成熟，价格大幅降低，LED 照明替代节能灯的潮流也引起了所应用小型熔断器的变化。

LED 照明兴起的初期，领头企业都是照明行业以外的半导体企业、驱动电源企业、IC 芯片企业和方案公司。很多设计采用表面贴装的小型熔断器或长方形的塑封插件熔断器，促成超小型熔断器的大发展。随着传统照明企业的加入，价格竞争的激烈，普通小功率的 LED 照明设计纷纷改用熔断电阻，给小型熔断器企业带来了发展的压力和应用成本压力的同时，也造就了应用各类小型熔断器的诸多机会。

好利来（中国）电子科技股份有限公司登陆深圳证券交易所 2014 年 9 月 12 日，好利来（中国）电子科技股份有限公司登陆深圳证券交易所，成为小型熔断器行业第一家上市的公司。

证监会网站显示：股票发行的保荐人（主承销商）是国金证券股份有限公司，好利来电子科技的证券简称为好利来、证券代码为 002729，公开发行 A 股的发行价定为 11.9元/股，对应 2013 年摊薄市盈率为 19.29 倍，公开发行股份总数量为 1 668 万股。上市首日大涨 44.03%，收于 17.14 元。

标准化

1. 国家标准和行业标准制修订

全国熔断器标准化技术委员会小型熔断器分技术委员会(简称小型熔断器分标委)2014年完成了 GB/T 9364.1《小型熔断器　第 1 部分：小型熔断器定义和小型熔断体通用要求》的报批工作；制定了 5 项国家标准 GB/T 9364.7《小型熔断器　第 7 部分：特殊应用的小型熔断体》、GB/T 9364.11《小型熔断器　第 11 部分：LED 灯用熔断体》、GB/T 9816.2《热熔断体　第 2-1 部分：易融合金型热熔断体》、GB/T 9816.3《热熔断体　第 2-2 部分：有机物感温型热熔断体》和 GB/T 9364.2《小型熔断器　第 2 部分：管状熔断体》，1 项行业标准《小型熔断器　贴片式熔断体》；修订了 2 项国家标准 GB/T 9364.3《小型熔断器　第 3 部分：超小型熔断体》和 GB/T 9364.4《小型熔断器　第 4 部分：通用模件熔断体（UMF）—— 穿孔式和表面贴装式》。

2. 国际标准化

中国电器科学研究院有限公司作为承担 IEC/SC32C（国际电工委员会小型熔断器分技术委员会）秘书处及国内分委会秘书处的单位，大力推进本专业的国际标准化工作，2014 年度秘书处完成了以下 8 项 IEC 标准的编制工作：IEC 60127-5 Ed 2.0《小型熔断器　第 5 部分：小型熔断体质量评定导则》的 CD 草案（委员会草案）、IEC 60127-7 Ed 2.0《小型熔断器　第 7 部分：特殊应用的小型熔断体》

的 CDV 草案（征询意见草案）、IEC 60691 Ed 4.0《热熔断体的要求和应用导则》的 CDV 草案（征询意见草案）、IEC 60127-6:2014 Ed 2.0《小型熔断器　第 6 部分：小型管状熔断体的熔断器座》（2014 年 9 月 3 日正式出版）、IEC 60127-2:2014 Ed 3.0《小型熔断器　第 2 部分 : 管状熔断体》（2014 年 9 月 19 日正式出版）、IEC PAS 60127-8:2014 Ed 1.0《小型熔断器　第 8 部分：带有特殊过电流保护的熔断电阻器》（2014 年 12 月 16 日正式出版）、IEC 60127-3:2015 Ed 3.0《小型熔断器　第 3 部分：超小型熔断体》（2015 年 1 月 20 日正式出版）、IEC 60127-1:2006 Ed 2.0+A2:2015《小型熔断器　第 1 部分：小型熔断器定义和小型熔断体通用要求》修订件（2015 年 2 月 18 日正式出版）。

目前我国已将小型熔断器专业领域对口 IEC 国际标准全部转化我国标准，采标率达 100%。

分委会秘书处负责 IEC/SC32C 标准归口及标准文件答复投票等相关工作。2014 年收到及跟踪 IEC/SC32C 的 23 份文件，其中负责处理答复的 IEC 文件 11 份，投票率 100%。许多意见已被 IEC 所接受，维护了我国的利益。IEC 投票文件见表 1。

表 1　IEC 投票文件

序号	文件编号	文件内容
1	32C/486/Q	对 IEC 60127-5《小型熔断器　第 5 部分：小型熔断体质量评定导则》进行维护的问询函
2	32C/488/CD	IEC 60127-7 Ed 2.0《小型熔断器　第 7 部分：特殊申请的小型熔断体》委员会草案
3	32C/490/CDV	IEC 60127-1 A2 Ed 2.0《小型熔断器　第 1 部分：小型熔断器定义和小型熔断体通用要求》修订件 2 征询意见草案
4	32C/491/FDIS	IEC 60127-6 Ed 2.0《小型熔断器　第 6 部分：小型管状熔断体的熔断器座》最终国际标准草案
5	32C/493/FDIS	IEC 60127-2 Ed 3.0《小型熔断器　第 2 部分：管状熔断体》最终国际标准草案
6	32C/494/CDV	IEC 60691 Ed 4.0《热熔断体的要求和应用导则》征询意见草案
7	32C/496/CD	IEC 60127-5 Ed 2.0《小型熔断器　第 5 部分：小型熔断体质量评定导则》征询意见草案
8	32C/499/NP	IEC 60127-8 Ed 1.0《小型熔断器　第 8 部分：带有特殊过电流保护的熔断电阻器》新工作项目提案
9	32C/500/PAS	IEC PAS 60127-8:2014 Ed 1.0《小型熔断器　第 8 部分：带有特殊过电流保护的熔断电阻器》可公开提供的规范草案
10	32C/501/FDIS	IEC 60127-3 Ed 3.0《小型熔断器　第 3 部分：超小型熔断体》最终国际标准草案
11	32C/502/Q	对 SC32C 的 WG 和 MT 会议召集人复审的问询函

3. 协助产品认证工作

2014 年分委会继续协助配合相关部门在产品认证方面开展工作，参与了 2014 版电器附件产品（规则编号：CNCA-C02-01：2014）认证实施规则的编写，并参加了国家认监委组织的强制性产品认证技术专家组器具附件组（TC07）的相关工作。

热熔断体产品强制性认证所依据的 GB 9816.1—2013《热熔断体　第 1 部分：要求和应用导则》标准于 2013 年 12 月 31 日发布，2014 年分委会协助认监委 TC07 专家组开展了认证标准换版工作，完成了《关于 GB 9816.1 热熔断体新版标准实施换版的决议》。

4. 获得的标准化荣誉

2014 年 6 月，“JB/T 11316—2012《矩形熔断体》标准制定”项目荣获“电工标准 - 正泰创新奖”三等奖。

2014 年，分委会挂靠单位中国电器科学研究院有限公司荣获我国标准化领域最高奖项 —— 中国标准创新贡献奖组织奖。

〔撰稿人：中国电器科学研究院有限公司蔡军、中国电器工业协会电器附件及家用控制器分会郑索平　审稿人：中国电器科学研究院有限公司谢浩江〕

中国电器工业年鉴2015

标准化

从标准化重点工作、国际标准化、标准化科研及创新等方面，全面展示电器工业标准化取得的成就

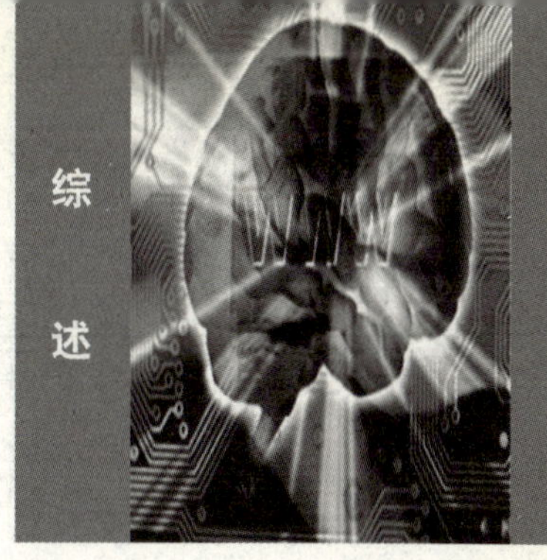
综述

行业概况

标准化

统计资料

大事记

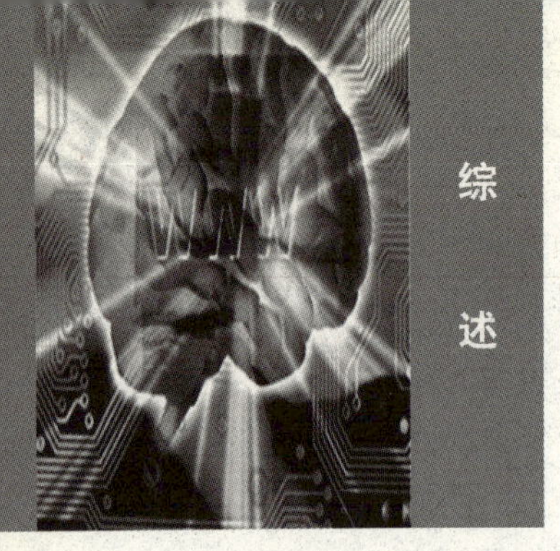
综述

行业概况

标准化

统计资料

大事记

中国电器工业年鉴 2015

标准化

第一部分：标准化大事记

我国电工行业两位专家获得 2014 年“IEC 1906 奖”

“IEC 1906 奖”始建于 2004 年，由 IEC 执行委员会设立，旨在纪念 IEC 于 1906 年成立，用以表彰对 IEC 国际电工标准化做出突出贡献的各国技术专家，是 IEC 三大重要奖项之一。该奖项每年评选一次，由 IEC 各技术委员会的主席、秘书负责提名，经 IEC 中央办公室技术官员审核并发布。每年，包括分技术委员会在内的每个技术委员会最多可以有五位专家获奖。

2014 年共有 21 个国家的 162 名技术专家荣获本年度“IEC 1906 奖”。其中 151 名专家来自 50 个技术委员会，11 名专家来自合格评定系统。我国电工行业两名专家获得该项奖励，分别是中国电器工业协会电工电子产品与系统的环境标准化领域的张亮、同济大学电气绝缘材料和系统的评价及鉴定领域的张冶文。

〔供稿单位：中国电器工业协会标准化与技术评价中心〕

电工行业获 2014 年中国机械工业科学技术奖奖项介绍

一、爆炸性环境用非电气设备防爆安全技术研究

该项目荣获 2014 年“中国机械工业科学技术奖”三等奖，由南阳防爆电气研究所有限公司、郑州永邦电气有限公司、上海工业自动化仪表研究所、浙江杭叉工程机械股份有限公司负责。

该项目结合国内外同类技术并通过大量实践调查、分析研究和理论研究，对爆炸性环境用非电气设备制造、安装、使用等环节所存在的危险因素进行全面分析研究，重点研究了爆炸性环境用非电气设备潜在点燃源的防控技术，确定了非电气设备不同类型的点燃源的点燃危险，提出了非电气设备的防爆安全技术措施及设计、制造要求，并给出了非电气设备及其部件点燃危险评定和实验的详细方案，提出了符合我国国情的非电气设备防爆安全技术解决方案。

该项技术的应用完善了爆炸性环境防爆安全技术，防止非电气设备在运行或故障状态下产生的机械火花、静电火花、高温气体及高温表面点燃爆炸性环境，避免造成人员伤亡和财产损失，对保障社会的公共安全、生命财产安全，为我国非电气防爆设备进军国际市场提供了强有力的技术支撑。研究成果可广泛用于石油、煤炭、化工等行业，能够产生巨大的经济效益和社会效益。

二、《转换开关电器（TSE）选择和使用导则》（JB/T 10980）

该项目荣获 2014 年“中国机械工业科学技术奖”标准类三等奖，由上海电器科学研究所（集团）有限公司提出。

该项目通过对 TSE 相关国际标准的研究，梳理出转换开关电器产品在应用中应关注的技术要素、产品应具备的相关特性。结合 TSE 产品在中国市场上的应用、有关供配电系统的设计规范、负载要求、电源性质以及相关的 TSE 产品制造标准的要求，制定出一份可以指导工程应用的、具有可操作性的行业标准《转换开关电器（TSE）选择和使用导则》，指导广大工程技术人员和用户正确选择与使用 TSE，尽量规避或减少工程应用的风险，提高供电连续性和可靠性，为规范 TSE 产品的应用提供必要的指导。

该项目创造性地提出了按多种选用原则正确选用 TSE 产品等技术观点，它能正确指导用户合理地选择使用 TSE，有利于提高供电系统的安全性，也节省了供电工程的设计与安装周期，具有显著的社会效益。

三、电工行业国际标准化发展战略实施规划研究

该项目荣获 2014 年“中国机械工业科学技术奖”三等奖，由中国电器工业协会和中国标准化研究院提出。

该项目提出了适应我国现状的电工行业国际标准化发展战略及实施规划，其研究成果《电工行业国际标准化发展战略实施规划研究报告》在总结我国电工行业“十一五”期间的国际标准化现状、成果及问题的基础上，就我国“十二五”期间将重点发展的电工领域、国内外技术动态及 IEC 国际标准化动态做出了分析。《电工行业国际标准化发展战略实施规划》主要从我国有效参与国际市场竞争和争取实现国家经济战略目标的角度，从国家利益的战略高度，统筹规划“十二五”期间及至未来更长远时期内我国电工行业国际标准化工作的发展重点。

根据该项目提出的《电工行业国际标准化发展战略实施规划》指导电工行业参与国际标准化工作，将在专家队伍层次结构优化、提升电工行业国际标准化参与能力、提高参与活动质量、探索市场新兴技术观察机制、引入转化提升国际标准快速程序、参与新兴技术领域标准化活动、稳步实施国际标准化突破等方面发挥积极引导作用，将为配合国家战略化新兴产业发展和行业转型升级、实现电工行业国际标准化工作稳中求进、增强国际影响和竞争力打下坚实基础。

四、《电气设备安全设计导则》《电气设备安全通用试验导则》（标准 GB/T 25295、GB/T 25296）

该项目荣获 2014 年“中国机械工业科学技术奖”二等奖。由机械工业北京电工技术经济研究所、上海电动工具研究所、上海电器科学研究所（集团）有限公司、深圳市标准技术研究院、正泰电气股份有限公司、山东艾诺仪器有限公司提出。

GB/T 25295 提炼了电气安全的主要安全因素，将安全设计按三个层次考虑，基本要求、危险要素和防护措施，并在权衡安全要求、技术指标和经济利益间的关系下，规定了直接安全技术、间接安全技术和提示性安全技术的顺序安全设计的技术措施，满足了电气设备安全设计的要求。规定了交流 1 000V 以下，直流 1 500V 以下的电气设备安全设计的基本准则要求。GB/T 25296《电气设备安全通用试验导则》规定了电气设备安全设计后应经受的有关安全的检验和试验方法，主要内容包括了规定环境适用性试验、电击防护的检验、电气设备绝缘试验、对绝缘材料的检验、发热试验和检验规则等内容，是与 GB/T 25295《电气设备安全设计导则》技术要求协调和衔接的配套试验方法标准。

五、《家用和类似用途器具耦合器 第 1 部分：通用要求》等 6 项标准

该项目荣获 2014 年“中国机械工业科学技术奖”二等奖。由中国电器科学研究院有限公司，广东华声电器股份有限公司，思瑞克斯（广州）电器有限公司，广东产品质量监督检验研究院，广东出入境检验检疫局检验检疫技术中心提出。

GB 17465.1—2009、GB 17465.2—2009、GB 17465.3—2008 和 GB 17465.4—2009 系列强制性国家标准是我国电器附件重要标准，涉及的器具耦合器产品主要用途为实现器具与电源之间的连接或者器具之间的相互连接，适用于家用和类似用途的、有接地触头或无接地触头的，额定电压不超过 250V，额定电流不超过 16A，仅为交流的两极器具耦合器（或互连耦合器）。该耦合器用于将电源软线连接到电源频率为 50Hz 或 60 Hz 的电气器具或其他电气设备上。GB 15934—2008 规定了家用和类似用途设备所用的电线组件和互连电线组件的要求。GB/T 26219—2010 规定了家用和类似用途设备使用的 Y 型电线组件和 Y 型互连电线组件的要求，将电气器具或设备与电源连接。

该项目制定的 6 项标准，形成器具耦合器和电线组件的较完整的国家标准体系，具有重大社会效益和经济效益，目前广泛应用于指导行业制造企业产品生产、应用于我国 3C 强制认证，规范我国器具耦合器和电线组件市场，有效指导和规范行业器具耦合器和电线组件的生产，为用户提供安全优质的产品发挥了积极作用，提高了我国电器产品质量安全水平。

〔供稿单位：中国电器工业协会标准化与技术评价中心〕

会议及研讨会

全国电气绝缘材料与绝缘系统评定标准化技术委员二届二次会议（以下简称“绝缘评定标委会”）暨标准审查会于 2015 年 6 月 16—18 日在浙江嘉兴召开，会议通报了绝缘评定标委会 2014 年度工作报告并审议了 2015 年工作计划，审查并通过了《电气绝缘系统 热评定规程 第 3 部分：包封线圈模型的特殊要求 散绕绕组应用》等 4 项国家标准和《固体绝缘材料中空间电荷分布的压力波测试方法》等 4 项机械行业标准送审稿。共有标委会委员及各企业代表 70 余人出席了会议，其中标委会委员 41 人，委员代表 10 人。

会议由标委会主任委员中国电器工业协会常务副会长杨启明主持。标委会秘书长、机械工业北京电工技术经济研究所所长郭振岩向参大会通报了绝缘评定标委会 2014 年工作情况；会议审议了绝缘评定标委会的 2015 年工作计划。郭秘书长还就“中国制造 2025”，向各参会代表介绍了有关概念和心得体会。

西安交通大学的徐阳教授，向各参会代表介绍了我国参与 IEC/TC112（电气绝缘材料与系统的评估与鉴别委员会）领域的国际标准化工作现状。徐阳教授作为我国在 IEC/TC112/AG 顾问组的中国专家和修订国际标准项目的召集人，还向与会代表介绍了参与国际标准化工作的经验与体会。

〔撰稿人：机械工业北京电工技术经济研究所陈昊〕

“燃料电池技术在中国的应用与产业化”主题公益沙龙

2015年7月2日，由中国电动汽车百人会主办，中国电器工业协会协办的“燃料电池技术在中国的应用与产业化”主题沙龙在清华大学召开，共有来自政府部门、燃料电池领域、汽车领域的专家和企业代表250多人参加活动。沙龙邀请了全国燃料电池及液流电池标委会主任委员衣宝廉院士，中国电器工业协会燃料电池分会副理事长、武汉理工大学潘牧教授，清华大学教授李建秋，联合国开发计划署副国别主任何佩德，加拿大国家研究院首席科学家王海江作专家发言。上海汽车集团股份有限公司、丰田汽车（中国）投资有限公司、郑州宇通客车股份有限公司、Hydrogenics、Ballard等四家企业作为企业代表发言。中国电器工业协会郭振岩副会长就协会在新能源及可再生能源领域的发展情况进行了介绍，并介绍了IEC/TC105（燃料电池技术委员会）2015年9月份北京年会以及拟同期召开的“2015年燃料电池技术与标准化国际研讨会”筹备情况。与会专家就我国燃料电池技术的发展路径、如何解决燃料电池的寿命与成本问题、如何打造我国可持续发展的氢产业链等热点话题进行了专题讨论。

工业和信息化部装备司副司长瞿国春、科技部高新司能源处副处长孙鸿航、国家能源局电力司副司长童光毅分别就汽车产业的发展现状、国家相关政策的扶持、氢燃料电池汽车的部署、电动汽车基础设施规划等问题进行了发言。

〔撰稿人：中国电器工业协会莫桓〕

我国电气电子产品生态设计国际研讨会

2015年8月27日，中国电器工业协会在北京组织召开了电气电子产品生态设计国际研讨会。中国电器工业协会副会长方晓燕出席会议。各相关组织、以及企业代表40余名参加了该次会议。会议由全国电工电子产品与系统的环境标准化技术委员会环境设计分技术委员会秘书长张亮主持。

会议邀请了全国电工电子产品与系统的环境标准化技术委员会环境设计分技术委员会秘书长张亮、IEC/TC111（环境标准化）主席市川芳明、欧盟驻华标准化专家项目机构徐斌博士、中国电子技术标准化研究院杨宇涛高工进行专题发言，通过对国内外电气电子行业生态设计相关的国内外法律法规及标准化情况进行了解和比对，从多个角度研讨电气电子产品生态设计发展，为我国电气电子产品的生态设计评价工作统一思路，选择出既适合我国国情和行业现状，又符合国际发展趋势的生态设计评价原则和方法学，为国家政策提供技术支持提供重要参考。

〔撰稿人：中国电器工业协会滕云〕

第二部分：国际标准化

标准是世界的通用语言

IEC主席野村淳二博士　ISO主席张晓刚　ITU秘书长赵厚麟

试想在这样一个世界里，你的信用卡不能保证在每一个收银机上都能使用，人们也不能随便走进任何一家商店就能买到家里台灯适用的灯泡，没有电话区号，也没有国家和货币代码，更不能接入互联网。你不知道电话是从哪里打来的，也不知道如何到达想去的地方。在没有标准的世界里，不仅人与人之间难以沟通，机器、零部件以及产品之间的“联络”也将变得困难重重。

例如，无论你说哪种语言，标准的图形符号都能帮助你快速清楚地识别信息，如服装的清洗和护理指示、紧急疏散标识以及电子设备的说明等。但如果用五花八门的图形符号来表达同样的信息，人们将不知所云，无所适从。

技术同样需要标准进行沟通。你是否想过你的电脑是如何给不同制造商的打印机发送文件指令？正是因为标准设定了通用的规则和参数，不同厂商的产品才能彼此协同工作。你只有通过 MPEG 和 JPEG 等标准文件格式，才能与家人和朋友分享用各种技术拍摄的视频和图片。

请再想象，如果没有标准化的计量单位，因为每个人对于“大”“中”和“小”的概念都不相同，那么面向全球供应商采购产品和零部件将会多么困难。

标准不仅对贸易有益处，还使处于世界各地的人们在一起工作成为小事一桩。

国际标准对技术的作用类似于罗塞塔石碑之于古埃及象形文字的研究，二者本质上都是使产品之间的联通更流畅，人与人之间的交流更简单。有了标准，一切运转正常；没有标准，生活将一团糟。在没有标准的世界里，打电话、上网或旅游使用信用卡等人们习以为常的小事，都会变得非常麻烦，甚至不可能。

〔供稿单位：标准化与技术评价中心〕

IEC/TC 105 年会

2015 年 9 月 24—25 日，国际电工委员会燃料电池技术委员会（简称“IEC/TC 105”）年会在北京顺利召开，该次会议也是 IEC/TC 105 自 2000 年成立以来第一次由中国主办年会。来自美国、德国、瑞典、意大利、法国、中国、韩国、日本、南非的共计 24 名代表出席了年会。机械工业北京电工技术经济研究所作为 IEC/TC 105 国内技术对口技术机构牵头组织国内专家参加了会议。

会议由 IEC/TC 105 主席 Dr. Fumio Ueno 主持，中国国家标准化管理委员会国际合作部刘昕工程师代表中方致欢迎词，并对各国代表的到来表示欢迎。

会议对 IEC/TC 105 现有的 12 个工作组、3 特别工作组、11 联络委员会等方面的工作进行了一一的讨论，并达成一致意见。

会上讨论通过了德国提出的 IEC 62282-2-201《燃料电池模块—性能（PEFC）》提案，确定该项新提案内容涵盖聚合物电解质燃料电池模块性能测试和耐久性评价；针对德国和日本分别提出的燃料电池生命周期评估标准新提案展开了激烈的讨论，由于两国均有燃料电池热电联产的应用，均想以此为例制定燃料电池生命周期评估标准，德国主张对比具有同一功能、不同种类燃料电池的生命周期评估，而日本则建议仅对一种燃料电池（PEFC）进行生命周期评估，会议最终决定，同意制定燃料电池生命周期评估标准，具体的内容将在各成员国间投票表决。

我国专家齐志刚博士作为 WG1（术语）召集人提出了对 IEC/TS 62282-1《燃料电池 术语》标准的修订提案，得到了与会代表的支持，会上确定了修订的方案，及下一步工作计划。IEC/TC 105 成立十多年来，燃料电池国际标准主要由美、日、欧等国家主导，此次我国专家牵头开展术语标准的修订工作，是我国在燃料电池国际标准化领域取得的重大突破。

会议期间还举办了“2015 燃料电池技术与标准化国际研讨会”，来自燃料电池企业、高校、科研院所等单位的 200 多名专家参加了会议。

该次会议邀请了来自中国、日本、韩国、法国、德国、意大利等国家的 28 位专家，做了 32 场报告，得到了与会专家和代表的一致好评。

IEC/TC 105 年会在我国的成功举办，为更多国内专家搭建了参与国际标准化工作的平台，推动我国专家在国际标准化中发挥越来越重要的作用，同时也为国内外同行搭建了技术交流和沟通的平台。

〔撰稿人：机械工业北京电工技术经济研究所陈晨〕

2015 年 IEC/TC112 国际会议召开

2015 年 IEC/TC112 全会和各个工作组会议于 2015 年 8 月 31 日至 9 月 4 日在瑞典西斯塔召开。来自 IEC/TC112 的 P 成员国和 O 成员国的 40 余名代表出席了会议，我国由 IEC/TC112 技术对口单位机械工业北京电工技术经济研究所组织绝缘材料行业的 10 名专家分工明确地参加了工作组会议和全会。会议主要内容及形成的决议如下：

1.WG1 耐热性工作组会议

讨论了分析测试方法的平行试验报告，该平行试验支撑 IEC/TS 60216-7-1 Ed1.0 ：2015《电气绝缘材料　耐热性　第 7-1 部分：利用分析测试方法 - 基于活化能导则计算加速确定相对耐热指数》；提出并讨论了 IEC/TR 60216-7-2 提案建议书；讨论了 IEC/TR 60212-1 Ed1.0 预工作项目建议：关于 IEC 60216《电气绝缘材料　耐热性》系列标准中的 RTE、RTI、ATE 和 ATI 的使用。形成如下决议：

（1）对于支撑 IEC /TR60216-7-1 的平行试验，增加基于恒温方法的被 UL 746B LTTA 论坛通过的平行试验。新平行试验或将使用恒温和升温下针对 PBT 材料的试验。测试结果在测试技术和使用条款方面更有利于支撑 IEC/TS

60216-7-1。

（2）通过了 IEC/TR 60216-7-2 提案建议书，确定将在会后的一个月内完成新工作建议书并提交至 IEC 中办进行立项。

（3）通过了 IEC/TR 60212-1 Ed1.0 预工作项目建议，其内容将加入 IEC 60216 系列标准的附录中。

2.WG2 辐射性工作组会议

讨论了 IEC/TR 61244-4 Ed1.0（暂定）预工作项目建议《非周围环境下辐射的影响　温度的影响》；表决了 IEC 60544-1:2013、IEC 60544-4：2003 和 IEC 60544-5:2011 三个标准的维护日期；汇报了 IEC/SC45A（核设施）联络员报告。形成如下决议：

（1）通过了 IEC/TR 61244-4 Ed1.0 预工作项目，下一步将由项目召集人形成工作提案并进入 IEC 新工作项目提案工作阶段。

（2）确定了 IEC 60544-1:2013 和 IEC 60544-4：2003 的维护日期为 2023 年，IEC 60544-5:2011 的维护日期为 2020 年。

3.WG3 电气强度工作组会议

讨论了 IEC/TS 61934:2011 和 IEC 62068：2013 两个标准的维护日期；讨论由于 IEC/TC112/WG3 现任召集人退休，需更换召集人。形成如下决议：

（1）确定 IEC/TS 61934:2011 的维护日期为 2016 年。由于该标准涉及到与 IEC/TC2（旋转电机委员会）密切相关的短时和重复脉冲下局部放电，经讨论决定在 IEC/TC112 建立一个 JWG 项目工作组，结合 IEC/TC2 对标准的需求，修订 IEC/TS 61934。

（2）确定了 IEC 62068：2013 的维护日期为 2020 年。

（3）IEC/TC112/WG3 现任召集人提议来自德国大学的 Kornhuber 教授担任下一任召集人。

4.WG4 介电和电阻特性工作组会议

讨论了 IEC 62631-2-×《聚合物材料的非接触法介电测量》新工作项目建议；IEC 62631-2-1《确定固体绝缘材料的介电和电阻特性　第 2-1 部分：确定介电常数和介质损耗因数　工频》的委员会草案稿（CD 稿）；IEC 62631-3-4《确定固体绝缘材料的介电和电阻特性　第 3-4 部分：高温下绝缘电阻和电阻率的测试方法》的委员会草案稿（CD 稿）。形成如下决议：

（1）IEC 62631-2-× 提出方法正在由 CIGRE WG D1.59 内部进行评估，根据与会代表研究领域的专长，建议由我国专家牵头对该项目涉及的技术内容进行研究，并形成一个技术规范。

（2）确定将完成 IEC 62631-2-1 委员会投票稿（CDV 稿），且由于 IEC 60250 的低频技术内容被包含在 IEC 62631-2-1，其当 IEC 62631-2-1 出版时将被撤销。

（3）由我国专家担任 IEC 62631-3-4 的项目召集人，并确定在 2016 年 1 月完成 IEC 62631-3-4 的 CDV 稿。

5.WG5 电痕化特性工作组会议

讨论了修订 IEC 60112 Ed4.1:2009《固体绝缘材料在潮湿条件下相比电痕化指数和耐电痕化指数的测定方法》和 IEC 60587 Ed3.0: 2007《评定严酷环境条件下使用的电气绝缘材料耐电痕化和蚀损的试验方法》的项目工作建议；提议澄清相比电痕化指数（CTI）的定义；讨论了 IEC 61302 Ed1.0：1995 和 IEC 61621 Ed1.0:1977 等 2 个标准的维护日期。形成如下决议：

（1）对于 IEC 60112 Ed4.1，主要从推荐新的起始电压为 300V、对于测试材料高压应力下的性能，推荐最初的测试间隔为 100V 和更改附录 B 三个方面进行修订。并确定 2016 年 3 月完成 CD 稿。

（2）对于 IEC 60587 Ed3.0: 2007，讨论了 AC 斜面试验增加样品数量、用激光装置检测泄露电流量等内容；对于 DC 试验方法建议纳入到修订的 IEC 61251 中，而不作为 IEC 60587 的内容。并确定下次工作组会议上讨论项目建议草案。

（3）确定重新提出 CTI 的定义，取代现有参照 IEC 60050:2010 的定义，有利于澄清现有术语中关于“指定的测试条件”的说法。

（4）确定 IEC 61302 Ed1.0：1995 和 IEC 61621 Ed1.0:1977 两个标准的维护日期为 2023 年。

6.WG6 评价电气绝缘系统工作组会议

主要讨论了 IEC 61857-31 Ed1.0《电气绝缘系统　热评估程序　第 31 部分：运行寿命低于 5 000h 的使用》、IEC 61857-32 Ed1.0《电气绝缘系统 热评估程序 第 32 部分：多因素评估—诊断程序》和 IEC 61857-33 Ed1.0《电气绝缘系统　热评估程序　第 33 部分：升温下多因素评估》3 个新工作项目（NP 稿）的各国投票意见；IEC 61858-3《电气绝缘系统　修改已建立绝缘系统的热评估　第 3 部分：主要成分和次要成分的划分》的新工作项目建议。形成如下结论：

（1）IEC 61857-31 Ed1.0 等 3 个 NP 项目，召集人于 10 月末完成修改稿提交至秘书处，进入下一阶段工作程序。

（2）对于 IEC 61858-3 新工作项目建议，不同的标准有不同的描述，如 UL 1446 提出很好的描述、IEC 60034-18-1 描述相对少、而 IEC 61858-1 没有描述，建议该项目作为一个技术报告，进行起草工作。

7.WG7 数据处理工作组会议

会议主要讨论了是否就数据统计处理方面进行一个新工作项目的可能性，该项目被定义为 IEC 60493-3《老化数据统计分析导则　第 3 部分：不同试验条件下的最少样品数量》，并确定 WG7 工作组未来将考虑开展该项目。

8.WG8 其他材料性能

会议主要讨论了 WG8 现任召集人由于身体原因提出退休，选取新任召集人的事宜；我国专家汇报 IEC/TR 62836 平行试验结果，并确定于 2016 年完成五个不同实验室参与的平行试验报告；确定了 IEC 60589 Ed1.0、IEC 60589 Ed1.0 等几个标准新的维护日期。

9.IEC/TC112 全会

按照 IEC/TC112 工作惯例，年度会议的最后一天召开全会，讨论一年来各个WG的工作内容，对需要投票表决的内容，进行P成员国投票，表彰一年来为IEC/TC112做出突出贡献的专家，确定下一年度会议的召开地点和时间。2015年IEC/TC112全会于9月4日如期召开，会议通过各项议程，确定了下一年度会议将于2016年10月10—14日在德国法兰克福召开。

〔撰稿人:机械工业北京电工技术经济研究所刘亚丽〕

IEC/TC 112 组织结构和国际标准化最新动态

电气绝缘材料与系统的评估与鉴别委员会（IEC/TC112）成立于2005年，秘书长为德国西门子公司的Goetter先生，主席为美国杜邦公司的Wicks先生。国内技术对口单位为机械工业北京电工技术经济研究所，对应全国电气绝缘材料与绝缘系统评定标准化技术委员会（SAC/TC301）。IEC/TC112负责电气绝缘材料的耐热性、辐射性、介电特性、电气强度和耐电痕化等测试方法的标准化，负责电气绝缘系统的热分级和热评定等方法的标准化。下面就IEC/TC112的组织结构及标准化最新动态进行概述。

一、IEC/TC 112 的组织结构

1.IEC/TC 112 现有成员国

目前，IEC/TC112共有30个成员国，其中P成员国19个，O成员国11个。P成员国有奥地利、比利时、加拿大、中国、捷克、丹麦、埃及、法国、德国、印度、意大利、日本、荷兰、葡萄牙、俄罗斯、瑞典、瑞士、英国、美国。O成员国有巴西、芬兰、波兰、罗马尼亚、塞尔维亚、斯洛伐克、斯洛文尼亚、南非、西班牙、泰国、乌克兰。

2.IEC 内部联络委员会

与IEC/TC112有关联的IEC内部委员会共有16个，包括TC2（旋转电机）、TC10（电工用液体）、TC14（电力变压器）、TC15（固体电气绝缘材料）、SC17A（设备）、TC23（电器附件）、TC36（绝缘子）、TC42（高压-高电流设备）、SC45A（核设施仪表和电气控制系统）、TC55（绕组线）、SC61（家用和工业用制冷电气安全）、TC89（着火危险试验）、TC96（变压器，反应堆，电源装置及其组合）、TC101（静电学）、TC109（低压设备绝缘配合）、SC121A（低压开关和控制）。

3. 工作组和项目组

目前，IEC/TC 112共有8个工作组（WG）、1个项目维护组（MT10）、1个联合工作组（JWG12）、1个顾问组（AG11）和1个联合维护组（JMT9）。下面对这些工作组及项目组进行介绍。

（1）8个工作组。IEC/TC112的8个工作组分别为WG1耐热性、WG2辐射、WG3电气强度、WG4介电/电阻特性、WG5耐电痕化、WG6评估电气绝缘、WG7数据处理、WG8各种材料性能。各个工作组负责制定的标准是:

1）WG1耐热性。WG1负责电气绝缘材料的相对耐热性分析测试方法的标准化，主要负责IEC 60216《电气绝缘材料　耐热性》系列标准的制定和维护。

2）WG2辐射。WG2负责电气绝缘材料的耐辐射性能测试方法的标准化，主要负责IEC 60544《电气绝缘材料确定辐照剂量影响》和IEC 61244《确定聚合物长期辐射老化》系列标准的制定和维护。

3）WG3电气强度。WG3负责电气绝缘材料和系统的电气强度、局部放电等测试方法的标准化，主要负责IEC 60243《绝缘材料　电气强度》系列标准等的制定和维护。

4）WG4介电/电阻特性。WG4负责电气绝缘材料的介电和电阻特性测试方法的标准化，主要负责IEC 62631《固体绝缘材料 介电和电阻特性》系列标准的制定和维护。

5）WG5耐电痕化。WG5负责电气绝缘材料的电痕化和蚀损相关试验方法的标准化，主要负责IEC 60112、IEC 60587等标准的制定和维护。

6）WG6评估电气绝缘。WG6负责电气绝缘系统的热评估、热分级等方法的标准化，主要负责IEC 61857《电气绝缘系统　热评定规程》、IEC 62332《电气绝缘系统（EIS）液体和固体组合元件的热评定》等方法标准的制定和维护。

7）WG7数据处理。WG7负责试验数据的统计分析处理方法的标准化，主要负责IEC 60493《老化试验数据统计分析》系列标准等的制定和维护。

8）WG8各种材料性能。WG8负责绝缘材料的空间电荷特性、粘均聚合度和循环再利用等相关标准的制定和维护。

（2）项目组。IEC/TC112共有4个项目组，分别是MT10项目维护组、JWG12联合工作组、AG11顾问组和JMT9联合维护组。各个项目组负责的标准化情况和现有专家情况如下:

1）MT10项目维护组。MT10负责IEC/TR 62039《高压应力下室外用聚合物材料的选用导则》的维护，维护组召集人为德国的Stimper先生，工作组成员只有1名英国专家。

2）JWG12联合工作组。JWG12与IEC/TC2联合负责修订IEC/TS 61934《电气绝缘材料与系统　短时上升时间和脉冲电压下局部放电的电气测量》，并在IEC/TC2内制定（1～2）个产品标准。联合工作组召集人为加拿大的G.Sedding先生，工作组成员目前只有2名意大利专家，我国将推荐电气绝缘领域的3名专家加入该工作组。

3）AG11顾问组。AG11负责IEC/TC112现有标准项目的维护、新项目的开拓、重要工作的决策等工作计划的商议和提出。顾问组召集人分为IEC/TC112的秘书长和主

席，现有专家26人，其中加拿大2人、中国1人、德国11人、英国1人、意大利1人、日本3人、荷兰1人、葡萄牙1人、瑞典2人、美国3人。

4）JMT9 联合维护组。JMT9 与 IEC/TC10 联合负责 IEC 60050—212《电工术语　第 212 部分：绝缘固体、液体和气体》标准的维护工作。维护组召集人为德国的 Stimper 先生，现有专家5人，其中加拿大2人、德国1人、英国1人、意大利1人。

二、IEC/TC 112 标准化最新动态

IEC/TC 112 标准制定和维护分别由 8 个工作组负责，其标准项目更新和新项目开展均快速及时，下面对 IEC/TC 112 近期内制修订的标准情况进行介绍。

IEC/TC112/WG1 负责制定和维护的 IEC60216《电气绝缘材料 耐热性》系列标准目前共有 9 部分，包括老化程序和试验结果评定、试验判断标准选择、老化烘箱、耐热指数计算、加速确定耐热性指数方法等，测试和评估绝缘材料耐热老化特性最为基本通用的方法标准。IEC/TS 60216-7-1 ：2015 提出了基于活化能加速确定绝缘材料耐热性指数的方法，为对其提出的方法进行平行试验，近期 WG1 提出了 IEC/TR 60216-7-2《用热力学数据非等温动力学分析 IEC/TS 60216-7-1 提出的各种程序的平行试验结果》新工作项目，预计 2016 年上半年有正式的 IEC 标准文本发布。

IEC/TC112/WG2 负责制定和维护的 IEC61244《确定聚合物长期辐射老化》系列标准目前共有 2 部分，包括监测限制扩散氧化技术、低剂量率下老化测试程序两部分，是评估电缆用聚合物材料辐射老化特性测试的基础方法标准。为满足核电电缆应用对测试方法的需求，WG2 将提出 IEC61244-3《确定聚合物长期辐射老化　第 3 部分：非周围环境下辐射的影响　温度影响》新工作项目。

IEC/TC112/WG3 负责维护 IEC/TS61934《电气绝缘材料和系统　短时上升时间和相对电压脉冲下局部放电测量方法》，近期内将开展该标准维护的工作，目前正在召集工作组专家，在维护的同时，还计划与 IEC/TC2 联合制定（1 ～ 2）个旋转电机相关的产品标准。

IEC/TC112/WG4 负责制定和维护的绝缘材料介电 / 电阻特性相关标准。为保证标准体系的有序和完善，该工作组提出对现有电阻/介电性能测试的方法标准进行修订，并制定相关分析方法标准，同时将重新编号标准即为 IEC62631《固体绝缘材料　介电和电阻特性》系列。IEC62631 系列标准目录见表 1。表 1 也提出了修订后的 IEC 62631 系列标准将替代的现有标准情况。

表 1　IEC 62631 系列标准目录

标准编号	标 准 名 称	修订 / 制定
总则		
IEC 62631-1	固体绝缘材料　介电和电阻特性　第 1 部分：总则	制定
介电常数和电介质损耗因数的确定（AC 方法）		
IEC 62631-2-1	技术频率（1Hz 至 100MHz）	修订 IEC 60250
IEC 62631-2-2	高频（1MHz 至 300MHz）	修订 IEC 60250
IEC 62631-2-3	特高频（300MHz 以上）	修订 IEC 60377
IEC 62631-2-4	低频（1mHz 至 1Hz）	制定
确定电阻特性（DC 方法）		
IEC 62631-3-1	体积电阻和体积电阻率	修订 IEC 60093
IEC 62631-3-2	表面电阻和表面电阻率	修订 IEC 60093
IEC 62631-3-3	绝缘电阻	修订 IEC 60167
IEC 62631-3-4	确定高温条件下材料电阻特性的特殊要求	修订 IEC 60345
特殊方法		
IEC 62631-4-1	计算利用宽带介质光谱仪获得数据的方法	制定
IEC 62631-4-2	通过观察介电性能的热分析	修订 ISO 11357，ISO 6721
IEC 62631-4-3	检测热老化过程的特殊条件	修订 IEC 60216

IEC/TC112/WG6 负责制定和维护的 IEC61857《电气绝缘系统　热评定规程》系列标准目前包括通用要求、评估和分级电气绝缘系统、散绕绕组、成型绕组等，是评估电气绝缘系统耐热性通用的方法标准。为满足产品发展对测试方法的需求，近期 WG6 完成了 IEC 61857-31《电气绝缘系统　热评估程序　第 31 部分：运行寿命低于 5 000h》、IEC 61857-32《电气绝缘系统　热评估程序　第 32 部分：多因素评估　诊断程序》和 IEC 61857-33《电气绝缘系统　热评估程序　第 33 部分：升温下多因素评估》等 3 个新工作项目（NP 稿）。同时还提出了 IEC 61858-3《电气绝缘系统　修改已建立绝缘系统的热评估　第 3 部分：划分主要成分和次要成分》的预工作项目建议（PWI）。

〔撰稿人：机械工业北京电工技术经济研究所刘亚丽、陈昊〕

IEC/SMB第152次会议

IEC/SMB第152次会议于2015年2月9—11日在德国法兰克福举行。国家标准化管理委员会工业二部戴红主任作为IEC/SMB成员参加了此次会议。该次会议审议了7项IEC/TC/SC的工作报告、战略业务方案（SBP）；研究了IEC标准计划管理、系统资源组工作计划、ISO/IEC导则新规则、5G移动通信和感知网络、ISO/IEC/ITU专利政策新内容等议题，做出了24项决议。

一、IEC标准计划管理

IEC/SMB于2015年2月9日召开了主席顾问会，会上重点讨论了现行IEC标准计划管理流程。IEC/SMB主席就IEC标准计划各阶段征求意见时间及IEC中办内部处理标准各阶段草案的时间做出介绍，并提出缩短各阶段草案征求意见时间的建议。部分IEC/SMB成员认为，针对某些特定技术领域，确实需要进一步缩短标准研制周期，按照用户预期的时间框架提供标准供给。还有IEC/SMB成员提出，标准召集人对标准计划研制速度具有掌控权，为标准计划召集人提供培训、工具，可有效提高校准研制效率。为此IEC/SMB同意成立ahG58（IEC标准化计划管理）。由IEC/SMB主席作为此ahG的召集人，有关IEC/SMB成员、中办和TC/SC代表派出专家参与。

二、系统资源组工作计划

伴随IEC有关系统评估组、系统委员会工作进展和IEC系统标准化规则的逐步明确，IEC/SMB拟成立IEC系统资源组（SRG），负责为系统标准化机构研制和使用系统专业工具和软件应用提供指导，促进各个系统标准化机构之间分享最佳实践经验。IEC系统资源组拟于2015年3月广泛向各个IEC国家委员会征集专家，所需要专家资源包括：系统架构、用例方法、术语、系统标准化工具、语意学、IT工具等。

三、ISO/IEC导则新规则

依据实际标准化工作流程调整情况，ISO/IEC/JDMT（联合导则维护组）提出关于系统评估组、系统委员会的工作规则、法语版本标准草案翻译流程规则、以及国际标准新工作项目流程规则。IEC/SMB在会上就各项规则进行了讨论，部分IEC/SMB成员认为，将来有可能出现不经系统评估组研究，直接提出成立系统委员会的情况，只要满足成立系统委员会的条件，即可以成立。为此，IEC/SMB接受上述意见、同意ISO/IEC导则新规则内容，同时要求IEC/DMT相应修改IEC补充规则内容。

四、5G移动通信和感知网络

德国5G移动通信实验室的Rico Radeke博士就“5G移动通信和感知网络”做出发言。随着5G移动通信网络发展，移动通信时延将很可能缩短至1ns，由此带来的不仅是通信速度的变化，而是可以通过移动通信网络实现多种实时控制。

IEC/SMB感谢Rico博士做出的发言，并建议ACTEL（通讯顾问委员会）和IEC市场战略局等机构开展后续工作跟踪。

五、ISO/IEC/ITU专利政策新内容

为进一步明确有关专利转让后、专利受让人继续承认合理无歧视地提供标准中专利使用权事宜，ITU提出对ISO/IEC/ITU专利政策的修改意见。为了使语言简洁易懂，IEC中办提出修改意见。经IEC/SMB会议讨论，原则同意专利转让的规则，建议由IEC秘书长出面与ISO、ITU有关人员进行沟通，尽可能不修改专利政策，而只修改专利政策指南文件和声明格式。

〔撰稿人：中国电器工业协会张亮〕

IEC/SMB第153次会议

IEC/SMB第153次会议于2015年6月14—16日在瑞士日内瓦举行。国家标准化管理委员会工业二部戴红主任作为IEC/SMB成员、中国电器工业协会标准化与技术评价中心张亮作为专家参加了会议。会议审议了46项IEC/TC/SC的工作报告、战略业务方案（SBP）；研究了IEC/TC/SC顾问委员会和战略组管理、积极改善生活环境、机器人电工应用、可穿戴设备、通讯领域标准化需求等议题，做出了29项决议。

一、IEC/TC/SC管理

1. 同一个国家或不同国家承担IEC/TC/SC秘书处、主席

此前，IEC/TC61新提名主席与秘书来自同一个国家、甚至同一企业。经IEC/SMB投票，未通过主席任命。2015年6月15日的IEC/SMB主席顾问组（CAG）会议期间就此事宜进行了讨论。IEC/SMB秘书首先就导则中相关ISO、IEC执行不同规则的背景做出介绍，由于ISO/TC/SC秘书处多由国家标准机构直接承担，而ISO/TC/SC主席要求来自产业，因此ISO允许秘书、主席来自同一个国家；相对地，IEC情况有所不同，因此在ISO/IEC导则第1部分IEC补充规则中明确建议主席任命应尽可能来自非秘书处承担国家。多数IEC/SMB成员认为，IEC补充规则中有关任命主席的要求已明确表示出对秘书处、主席分设在不

同国家的倾向；同时，也应考虑实际工作中可能存在适于承担主席的专家人选较少的情况。经研究，SMB决定如果秘书处提名来自同一个国家的主席候选，则应做出说明；如果IEC/TC/SC中有多名主席候选提名，则应就主席候选做出投票，投票结果只有IEC中办可见，秘书处可以不依据投票结果做出主席任命决定；如果秘书处提名主席候选并非获支持最多的专家，则秘书处必须报告投票结果和主席候选任命理由。

2.不积极参与IEC/TC/SC活动的P成员

此前，ISO/IEC导则第1部分中已明确规定，如果P成员连续2次未参加IEC/TC/SC全会、对IEC/TC/SC文件投票率较低、或未能指派专家参与IEC/TC/SC技术工作，则视为不积极参与IEC/TC/SC活动。首先由IEC/TC/SC官员向有关国家委员会发送提醒邮件，如果未能及时改善参与活动情况，则IEC/TC/SC官员有权将有关国家委员会的P成员身份转为O成员身份，并在12个月内不得再转为P成员身份。

该项规则实施一段时间后，发现存在一些操作问题。如，IEC/TC/SC官员向有关国家委员会发送提醒邮件后，有关国家委员会答复会改进工作，但事后又提出各种客观理由、表达出对积极参与IEC/TC/SC活动存在一定困难。经IEC/SMB/CAG会议讨论，认为调整不积极参与活动的国家委员会P成员身份一事，宜通过共识工作程序，由IEC/TC/SC全体P成员审议决定，以便IEC/TC/SC具体操作。

为此，SMB决定在每次IEC/TC/SC全会开始前，由IEC中办提出各国国家委员会参与活动的情况；针对不积极参与IEC/TC/SC活动的P成员，除非IEC/TC/SC同意，否则将把不积极参与活动的国家委员会由P成员身份转为O成员身份。

3.IEC/TC/SC副主席政策延续

IEC/SMB于2011年6月批准IEC/TC/SC设置副主席的政策。经过4年运行，IEC/TC34（灯和相关设备）、SC37A（低压浪涌保护设备）、SC47A（半导体集成电路）、TC61（家用和类似用途电器安全，由中国专家承担副主席）、TC66（测量、控制和实验室设备安全）、TC76（光学辐射安全和激光设备）、CISPR（无线电干扰）等技术机构均设置了副主席并明确副主席的分管职责，发挥了良好的作用。

为此，IEC/SMB决定延续IEC/TC/SC设置副主席的政策。

4.IEC/TC10标准中涉及的法律问题

2013年，IEC中办接到一家企业诉函，其中提出IEC/TC10标准IEC 62701《电工应用液体——变压器和开关的再生利用矿物绝缘油》对“reclaimed oil”和“refined oil”（再生油）加以区分，同时在标准中还说明部分“refined oil”与未经使用的油品一致；由此，IEC62701可能导致标准歧视问题。

经IEC/SMB研究，于2014年2月决定修改IEC62701标准范围，并要求IEC/TC10尽量保证标准中只提出产品性能要求。

然后，IEC中办又于2015年2月接到另一家企业的诉函，提出与此前同样的质疑。经IEC/SMB/CAG会议讨论，各方提出意见如下：

（1）IEC标准为自愿性标准，意味着市场有权利选择不使用IEC标准；IEC不对使用IEC标准所带来的后果承担法律责任；如果确实需要应诉，IEC标准制定流程的规范性是最好的应诉理由。

（2）IEC标准应保持基于产品性能的要求、而非基于产品设计的要求。

（3）IEC/SMB保护IEC整体权利，并有权利责成并监督IEC/TC10就IEC62701做出进一步修改、或撤消标准。

由此，IEC/SMB决定要求IEC/TC10重新审议现有标准中的问题，基于产品性能编写标准并在做出处理后向IEC/SMB反馈。

5.IEC/TC33、TC38技术协调

此前，由于IEC/TC33（电力电容器）制定标准IEC60358-4与IEC/TC38（互感器）相关标准出现重复问题，IEC/SMB于2015年2月的会议上决定要求IEC/TC33暂停IEC60358-4的制定，由意大利国家委员会（IEC/TC33、TC38秘书处承担国）、IEC中办技术官员和两个TC官员开展协调。经初步协调，建议IEC/TC33从IEC60358-4标准草案的范围中删除互感器内容；同时建议两个TC成立联合任务组，负责定期审议两个TC标准中重复的内容并提出修订意见。

由于在协调过程中两个TC官员均表现出不配合的情况，IEC中办建议由IEC/SMB成员、IEC中办技术官员组成工作组，研究提出意见。经研究，IEC/SMB决定成立ahG59，由西班牙作为召集人，由德国、英国、意大利、瑞典和负责两个TC的技术官员作为成员，于2015年10月以前研究提出协调意见并向IEC/SMB报告。

二、IEC战略组和顾问委员会管理

针对IEC/SMB下设战略组和顾问委员会专家人数经常超编制的情况，IEC/SMB于2015年2月成立IEC/SMB/ahG57，负责审议战略组和顾问委员会工作规则。经审议，提出意见如下：

（1）关于顾问委员会，成员总数增加到20人，与实际情况相符。SMB有权利批准特殊情况。

（2）关于顾问委员会，SMB可任命5位专家。

（3）关于战略组，不对成员数量做出限制，原则上应保持战略组成员精简、工作有效。在成立战略组时，SMB可以对战略组成员数据做出规定。

（4）关于战略组，如果正式成员不能参会，替补成员则可参加会议。主席也有权利按需要邀请专家参会。

在IEC/SMB会议上，多数IEC/SMB成员认为顾问委员会只任命5名专家不能反映各国积极参与国际标准化活动的诉求，建议不限制专家总数，只限定每个国家委员会只能指派1名专家。为此，IEC/SMB决定原则不限制顾问

委员会专家总数，建议顾问委员会专家人数为成员总数的1/3。（注：顾问委员会成员还包括来自IEC/TC/SC的代表）

三、IEC 系统标准化机构管理

1.IEC 辅助改善生活环境系统委员会

IEC 辅助改善生活环境系统委员会于 2015 年 3 月召开了首次会议，会议确定了该系统委员会的工作范围、工作任务，任命我国专家和德国专家作为副主席分管有关工作，成立了用户焦点、参照架构、产业联盟、法规事宜等 4 个任务组以及协调、战略两个主席顾问组。

经 IEC/SMB 审议，同意上述 IEC 辅助改善生活环境系统委员会的各项工作建议。

2.IEC 智慧能源系统评估组

IEC 智慧能源系统评估组目前已完成最终工作报告草稿并拟提出成立 IEC 智慧城市系统委员会的提案。部分 IEC/SMB 国家认为，智慧城市应考虑各国的不同情况，例如对智慧社区的需求；同时应考虑将智慧城市分解成若干个子系统开展标准化工作。

四、IEC 新技术领域标准化

1. 机器人技术电工应用

经 IEC/SMB/SG7（机器人技术电工应用战略组，由中国、德国专家作为联合召集人）研究，考虑到机器人技术快速发展并逐步渗透到 IEC/TC/SC 各专业技术领域，建议 IEC/SMB 成立机器人顾问委员会。

IEC/SMB 会议上，日本 SMB 成员对此持反对意见，认为报告中建议成立的机构为顾问组（Advisory Group），而 IEC 中没有这种机构设置。作为 IEC/SMB/SG7 联合召集人承担国，中国 SMB 成员做出解释，承认“顾问组”为编辑性错误，建议 IEC 考虑机器人市场发展，成立横向协调机构，以便 IEC/TC/SC 各专业技术领域制定机器人标准。

经 IEC/SMB 研究，同意成立机器人顾问委员会（ACART），负责协调机器人共性技术、制定将机器人技术引入产品标准的指南、促进 IEC 和 ISO 就机器人技术开展协调等。

IEC/SMB 将在稍后发送征集 ACART 主席、成员的文件。

2. 可穿戴设备

经 IEC/SMB/ahG56（可穿戴设备，由澳大利亚、瑞典作为联合召集人，原为韩国提案）研究，认为可穿戴设备涉及的技术均已有 IEC/TC/SC 负责，建议 IEC 针对可穿戴设备成立联合工作组，共同协作开展可穿戴设备标准研制。

IEC/SMB 会议上，韩国 SMB 坚持建议针对可穿戴设备成立新 TC，而多数 SMB 成员认为成立战略组更有利于可穿戴设备标准化工作的系统性。为此，IEC/SMB 决定成立 SG10 可穿戴设备战略组，负责提出可穿戴设备术语、市场需求，监督 IEC 内部和外部活动并开展相应协调工作。同时，IEC/SMB 考虑到可穿戴设备涉及多个 TC 的特殊情况，允许有关 TC/SC 指派代表参与 SG10 活动。

IEC/SMB 会上确定由韩国和日本专家承担 SG10 联合召集人，将在稍后发送征集 SG10 成员的文件。

3. 通信领域需求

经 IEC/SMB/ahG55（通信领域需求特别工作组）研究，建议成立战略组，负责就通信协议、物理层、用例、架构、网络、技术及趋势、技术要求、安全、法规等开展研究。

经 IEC/SMB 审议，同意成立 SG9 通信领域需求战略组，由德国专家承担 SG9 召集人，将在稍后发送征集 SG9 成员的文件。

〔撰稿人：中国电器工业协会张亮〕

三峡工程助力中国水电走向世界

——中国专家参加 IEC/TC4 的活动简介

IEC/TC4（国际电工委员会水轮机技术委员会）成立于 1911 年。

中国专家参加 IEC/TC4 的活动始于 1988 年。在 1997 年以前，由于各种原因，中国曾派专家参加 IEC/TC4 每隔两年召开一次的全体会议（Plenary Meeting），没有实质参与 IEC/TC4 标准制（修）订的各工作组（Working Group 简称 WG）的活动。

1997 年中国派出中国长江三峡集团公司副总工程师黄源芳、哈尔滨电机厂有限责任公司副总工程师吴伟章参加 IEC/TC4 全体会议（美国华盛顿）。在全体会议上，黄源芳对三峡工程及其巨型水电机组作了介绍，受到与会各国专家热烈欢迎。黄源芳在会上提议 2001 年全体会议在中国举行（1999 年全体会议先前已决定在英国伦敦举行）。1999 年在英国伦敦召开的 IEC/TC4 全体会议，一致通过 2001 年 IEC/TC4 全体会议在中国北京举行。

这是 IEC/TC4 全体会议第一次在中国举行，国家标准化管理委员会、中国电器工业协会、全国水轮机标准化技术委员会、中国长江三峡集团公司都很重视，明确由中国长江三峡集团公司招标公司派专人（免费）负责对外联系和对内会务。发动行业内有关单位赞助，共有 25 个单位提供赞助。后因美国“911”事件发生，中国与 IEC/TC4 主席、秘书及时沟通情况，决定推迟至 2002 年在北京举行。会议取得异常成功，被称为“北京模式”。在中国长江三峡集团公司的积极支持下，我国提出承办 2016 年 IEC/TC4 全体会议，2013 年在 IEC/TC4 挪威全体会议上一致通过，会议地点定在成都。

中国迄今连续参加了 IEC/TC4 的 8 次全体会议（1997 年在美国华盛顿、1999 在英国伦敦、2002 在中国北京、

2005年德国斯图加特、2007年加拿大温哥华、2009年瑞士洛桑、2012年日本东京（原计划2011年召开，由于日本地震推迟一年召开）、2013年挪威特隆赫姆）。黄源芳在前4次任中国代表团首席代表，后4次中国代表团首席代表为覃大清（哈电机）。

到目前为止中国参加IEC/TC4工作组（WG专家，IEC中央办公室备案）有：IEC/TC4第29工作组（水轮机泥沙磨损评价）成立起至今，中国长江三峡集团公司黄源芳、戴江先后成为该工作组的副召集人。中国长江三峡集团公司张润时为第14工作组（水电站自动化及水轮机调速系统工作组）成员，中国长江三峡集团公司刘洁为第30工作组（水电站机电安装）成员。哈尔滨电机厂有限责任公司覃大清为第33工作组（混流式水轮机压力脉动从模型到原型机换算导则）召集人；中国水利水电科学研究院潘罗平为IEC/TC4与ISOTC108联合第1工作组（水力机械振动）成员。中国专家为标准的制定做了大量工作，受到各工作组召集人的充分肯定。

从1997年中国第一次派专家（黄源芳）参加工作组（WG27）制（修订）IEC/TC4标准以来，2005年中国专家（黄源芳、戴江）第一次成为新成立的工作组（WG29）副召集人。随着三峡工程左岸、右岸、地下厂房32台700MW机组成功投入运行，随着中国大水电龙滩、小湾、拉西瓦、锦屏梯级、向家坝、溪落渡等电站600～800MW机组投产发电，中国在国际水电界，在IEC/TC4的影响力大增。2013年，中国专家提议成立“混流式水轮机压力脉动从模型到原型机换算导则”工作组，获得全体会议认可。覃大清成为中国第一位工作组（WG33）召集人。迄今中国有15位专家参加10个工作组的活动。

三峡工程和中国大水电工程的成功，创立的成功经验和切身体会，增长了中国专家的信心和实力，有力推动IEC/TC4的事业发展，有利于中国向世界学习，有利于中国水电走向世界。我国报名参加IEC/TC4国际标准情况见表1。

表1　我国报名参加IEC/TC4国际标准情况

工作组编号	工作组名称	参加人	单位	备注
JWG1	水力机械振动	潘罗平	中国水利水电科学研究院水力机电所	参加人
		李友平	长江电力技术研究中心	
WG14	水电站自动化及水轮机调速系统工作组	刘卫亚　张润时	天津电气科学研究中国长江三峡集团	参加人
WG18	比尺效应	覃大清	哈尔滨大电机研究所	参加人
MT28	IEC 60041水轮机、蓄能泵和水泵水轮机现场验收试验维护小组	胡鹤鸣	中国计量科学研究院	参加人
		董开松	国网甘肃省电力公司电力科学研究院	
WG29	泥沙磨损	黄源芳　戴　江	中国长江三峡集团	副召集人
WG30	水电站机电安装	刘　洁	中国长江三峡集团公司	参加人
MT32	模型试验	覃大清	哈尔滨大电机研究所	参加人
		石清华	东方电机有限公司	
WG33	混流式水轮机压力脉动	覃大清	哈尔滨大电机研究所	召集人
		孟晓超	中国水利水电科学研究院水力机电所	参加人
MT34	合并及修订IEC 60545《水轮机的交付使用、运行和维护导则》和IEC 60805《蓄能泵和作为水泵运行的水泵水轮机的交付使用、运行和维护导则》	宋晶辉	向家坝电厂	参加人
		张　梁	雅砻江流域水电开发有限公司	
WG35	冲击式水轮机	刘登峰	哈尔滨大电机研究所	参加人

〔撰稿人：全国水轮机标委会秘书处刘诗琪〕

第三部分：标准化研究

2014 年度电工行业国家标准复审情况研究报告

2014 年度电工行业国家标准的复审工作是以国家标准化管理委员会于 2004 年 3 月 19 日发布的《关于国家标准复审管理的实施意见》（下文简称为《实施意见》）为总体指导依据展开工作。

一、标准复审背景

1. 标准复审的目的和意义

本次国家标准复审一是为了确认由中国电器工业协会主管的电工行业现行国家标准条目是否适应科学技术的发展和经济建设的需要，保证标准的时效性和先进性，使标准更好地适应新技术、新产业的发展需求。二是规范国家标准项目的复审程序，进一步确认由中国电器工业协会主管的专业技术标准化技术委员会归口的国家标准项目复审结果是否科学可行。三是在完成复审工作的基础上，提出对标准复审工作的意见和建议，保证今后的复审工作严格有序地进行，加强以往容易轻视甚至忽略的标准复审环节，确保电工行业标准化工作流程的完整性和规范性。

2. 标准复审的方式

本次电工行业国家标准复审工作按照 5 个步骤开展，由中国电器工业协会统筹安排。首先，由中国电器工业协会向电工行业各专业技术委员会发出复审通知，并提出复审工作各环节的具体时间节点。第二步，各专业技术委员会分别召开会议或者通过邮件、投票等方式，对本标委会所归口国家标准项目进行复审。第三步，各专业技术委员会向中国电器工业协会上报复审报告。第四步，由中国电器工业协会进行整理、审查、汇总。第五步，由中国电器工业协会召开复审会议对复审结果进行进一步的确认。

为了做好电工行业国家标准复审工作， 2015 年 1 月 7—8 日中国电器工业协会在北京召开“2015 年度电工行业国家标准复审会议”。会议邀请了 20 多位在技术委员会中工作的人员及专家完成这次国家标准复审工作，各位专家均具备电工领域的专业知识，大部分熟悉被复审标准的基本情况，特别是标准的应用状况和实际使用效果。会后中国电器工业协会根据反馈意见形成最终的复审报告。

3. 标准复审原则

根据“实施意见”的指导说明，结合电工行业标准复审的具体实际情况，本次国家标准复审工作主要依据了以下八项原则：

（1）复审过程是否符合规章制度，复审初步结论是否切实可信。

（2）复审材料是否规范、完整齐备。

（3）复审的结果是否符合市场和企业的需要，国家产业发展政策，对提高经济效益和社会效益是否有推动作用。

（4）复审结果是否符合国家大政方针、政策措施。

（5）被复审的标准是否被其他国家标准有覆盖。

（6）是否符合国家采用国际标准或国外先进标准的政策。

（7）国家标准的内容和技术指标是否反映当前的技术水平和消费水平的要求。

（8）是否符合国家标准化行政主管部门提出的其他要求。

4. 标准复审范围

本次标准复审的标准分为两类：一类是标龄达到 5 年或者距上次复审的时间达到 5 年的标准；另一类是标准实施时间未到 5 年，但其归口的专业技术委员会认为由于技术的进步，市场需求和新国际合作形势的变化，需要进行复审的标准。

二、复审结论及分析

本次共有 34 个标准化专业技术委员会或标准归口单位参与了本年度的复审工作，涉及具体标准共 535 项，其中复审结果为“继续有效”的标准 357 项，复审结果为“修订”的标准 172 项，复审结果为 “废止” 的标准 6 项。2014 年度电工行业国家标准复审结果见表 1。

表 1　2014 年度电工行业国家标准复审结果

统计结果	复审结果		
	继续有效	修订	废止
复审标准数量（项）	357	172	6
占本次复审比例（%）	67	32	1

按照这些标准在电工行业中专业领域的划分，将其分为发电、输电、配电、用电、基础共性这 5 个专业领域，2014 年度电工行业复审国家标准专业领域分布见表 2。

表 2　2014 年度电工行业复审国家标准专业领域分布

统计结果	专业领域				
	发电	输电	配电	用电	基础共性
复审标准数量（项）	35	209	43	116	132
占本次复审比例（%）	7	39	8	21	25
继续有效（项）	26	170	26	56	79
修订（项）	9	38	16	59	50
废止（项）	0	1	1	1	3

从表 2 中各个领域的情况分布可以看出，发电领域由于我国在国际上多是技术领先，很多标准也是自主制定，所以本着标准有引领行业作用的原则，在标准制定时就已经考虑到技术发展问题，技术更新较为缓慢，标准修订数量较少，废止的为 0 项。用电和基础领域采标较多，技术革新快，所以修订速度较快，修订数量分别占总修订数量的 34.3% 和 29%。

本次共提出废止 GB/T 22722—2008《YX3 系列（IP55）高效率三相异步电动机技术条件（机座号 80-355）》、GB/T 3309—1989《高压开关设备常温下的机械试验》、GB/T 22694—2008《家用和类似用途不带过电流保护的固定式剩余电流保护插座（FRCS）》、GB/T 14598.7—1995《电气继电器　第三部分：它定时限或自定时限的单输入激励量量度继电器》、GB/T 14598.16—2002《电气继电器　第 25 部分：量度继电器和保护装置的电磁发射试验》、GB/T 15633—1995《非定时限单输入激励量的量度继电器及保护装置》。主要原因包括所采用国际标准已经废止、技术内容已经与现有其他标准融合、随着技术发展该标准已经不再适用等。

三、复审问题及建议

自国家标准化管理委员会于 2004 年 3 月 19 日发布“关于国家标准复审管理的实施意见”（以下简称“实施意见”）以来，电工行业国家标准项目复审工作在其指导下已经开展了近十年的工作。针对复审过程中存在的问题提出如下建议：

1. 建议修改复审时间

按照“实施意见”要求，每个标准的复审时间是从标准实施时间开始算 5 年一复审，复审的时间是以一个精确到天的截止日期为界定，例如 2014 年 3 月 15 日。标准的实施日期大都不同，所以标准的复审日期也不尽相同。但是按照目前的“实施意见”要求，需要在复审截止日期前通过网上和纸质文件上报复审结论，同时，这些国家标准的复审结论又需要全体委员投票同意，这就造成如果一个技术委员会一年有 8 个标准需要复审，其中一个是 1 月份到期，那么该技术委员会就需要在上一年提前完成所有标准的复审，但是技术的发展瞬息万变，一年的时间可能变化很大，为了让标准更好的与技术发展相结合，更好地起到引领市场的作用，建议将复审的截止时间修改为以年为单位。

2. 建议统一复审形式

目前各技术委员会复审的主要形式是会议审查、邮件审查、网络审查。各个专业技术标准化委员会的审查形式均不统一，难以监控并后期核查。另外，虽然利用网络手段进行复审可以远程投票，进行表决，但是委员之间的协调和沟通不够充分，达不到协商一致的效果。建议统一规定在年会上复审，并规定具体的投票文件格式和要求。

3. 建议增加网上数据库可复审标准项目

标龄满 5 年的标准项目在国家标准委的数据库中自动跳转到复审范围内，而实施不到 5 年的标准项目，则不在复审目录之中。随着当今社会技术发展突飞猛进，有些标准项目虽然标龄不到 5 年，但是已经过时需要修订，却无法在国家标准委数据库的复审目录列表中显示。因此，电器工业协会建议，在国家标准委的标准化信息管理数据库中，对于每条标准项目，除了设置其实施 5 年后自动归属到复审项目目录列表中以外，可为各专业标准化技术委员会或者其主管单位增加权限，让其可以根据需要自行提交某项标准复审的申请。

4. 建议增加制修订系统中复审信息的栏目

国家标准委标准化信息管理系统复审项目汇总表的复审项目条目中没有显示需要复审标准项目的技术委员会归口部门，不利于按领域分类统计管理，这为复审工作造成了一定的不便。建议增加技术委员会归口信息，以方便后期的复核、查找。

5. 建议增加主管部门复审的网络监管功能

目前，主管部门无法从网上看到需要复审或快要到期的标准列表，所属各专业技术标准化委员会是否按时、按量复审所归口的标准条目无法核实，只能被动审查专业技术委员会上报的材料。建议国家标准委对在标准化管理信息系统中给予主管部门相应的管理权限，以更好的协助国家标准委开展标准复审相关的实施和监控工作。

6. 建议完善复审结果处理工作

根据“实施意见”说明，未按时完成国家标准复审工作计划的单位，国家标准委原则上是不予下达下一年度国家标准计划项目的，但是目前对这项规定的执行还不到位，导致部分标准化归口单位对复审工作不重视，延期、拖沓的现象偶有发生。

根据“实施意见”的规定，复审后确定修订的国家标准，列入国家标准计划，废止的国家标准，由国家标准委向社会公布，但是这两项后续工作的实施，做的并不到位，建议国家标准委建立相应的措施，以保证标准的时效性，以便指导社会活动规范有序的进行。

〔撰稿人：中国电器工业协会徐元凤、李昱昊〕

绝缘材料空间电荷测试方法国际标准化
增强我国电工行业自主创新能力

一、空间电荷测量技术和标准化的现状

1. 技术现状

20 世纪 80 年代，出现了一批非破坏性固体绝缘中空间电荷分布测量的新方法，例如压力波法（pressure wave propagation, PWP），电声脉冲法（pulsed electro-acoustic, PEA）和温度波法又称热脉冲法（thermal pulse method, TP）三大类方法。目前对聚乙烯直流高压电缆中的空间电荷分布研究中，PWP 和 PEA 是比较有效的两种方法。还有资料显示，PWP 法和 PEA 法是目前国际上应用最为普遍的空间电荷分布测量技术，性能相近，各有特点。

电声脉冲法（PEA）和压力波法（PWP）不论是从测量系统的构造上还是从测试结果上都是非常接近，分辨率在同一数量级，结论上具有互证性。区别在于，PEA 法的空间分辨率和灵敏度主要取决于电脉冲的形状和压电传感器的性能，而 PWP 法的分辨率主要取决于压力脉冲波的幅度与系统设备的放大器。在实际测量中，这两种方法具有互补性，可根据需要进行选择。从另一方面考虑，PEA 法在使用安全性方面较好，但难以实现在较高温度下的测量。

2. 标准化现状

1996 年，国际大电网会议（CIGRE）成立 15.03 工作组研究空间电荷测量技术的评估、标准化以及各种测量技术的比较。与 CIGRE 的工作相结合，1997 年日本电气学会的诱电・绝缘材料技术委员会成立了“诱电・绝缘材料内部的空间电荷分布测试法调查专门委员会”，研究空间电荷测量技术的标准化问题。该委员会在 2001 年出版了《诱电・绝缘材料的空间电荷分布测试法的标准化》技术报告，对流行的空间电荷测量方法进行了对比分析和标准化工作。国际电工委员会的电气绝缘材料与系统评定委员会（IEC TC112）的第 8 工作组（WG8）于 2012 年 9 月发布了由日本担当召集人的“IEC/TS 62758 Ed1.0 基于 PEA 法空间电荷测量装置的校准”国际标准技术规范。我国于 2012 年 10 月向 IEC TC112 提出了“利用压力波法（PWP）测量绝缘材料内空间电荷分布”的国际标准新工作提案。

二、空间电荷测量方法国际标准化增强自主创新能力

目前尚无绝缘材料内空间电荷分布的测试方法国际标准，因此绝缘材料空间电荷测量方法的国际标准化对直流输电事业的发展和新型纳米绝缘材料的研究起到促进作用，标准适用的产品涵盖直流输变电设备，如变压器、直流复合绝缘子、直流电力电缆等。

从某种程度上说，空间电荷测量方法国际标准化可增强我国自主创新技术的发展。因在测量方法中往往会对测试设备做出规定，这可能会造成我国相应技术的发展依赖国外技术。例如，对于 PEA 法的测量系统，国内外科研机构或企业多采用日本研制的测量装置。国内引进日本的设备，多会导致设备造价较为昂贵、测量装置技术依赖进口的局面。但国内通过近 30 年对空间电荷测量技术的研究，一些科研院所也自主研制出了 PEA 方法测量空间电荷的装置，如，华北电力大学研制出了用电声脉冲法测量电缆本体空间电荷的装置；西南交通大学研制出了基于电声脉冲法的空间电荷直接测量的仪器；我国也早在 2000 年研制出了利用电声脉冲法测量空间分布的装置，并得到了很好的应用。这些自主装置的研制，均为我国 PEA 法测量技术的研制与发展提供了装置保障的作用。对于 PWP 法的测量系统，国内外并无多数采用某个国家或某个机构研制的测量装置的趋势，多是根据 PWP 法测试原理自主搭建测量装置，这虽然不会导致测试装置被少数国家或机构垄断的局面，但也会从某种程度上限制了 PWP 法测量技术的研究和应用。

三、我国为主提出空间电荷测量方法国际标准的情况

IEC TC112 将提出空间电荷测量方法标准列入了未来三年的战略工作计划中。鉴于空间电荷测量常采用的 PEA 测量和 PWP 测量两种方法的技术现状，以及日本为主提出“PEA 方法测量装置校准”技术规范的国际标准化背景，为能够更充分地在国际标准中充分表达我国市场对技术的需求，2012 年 10 月我国提出了“利用压力波法（PWP）测量绝缘材料内空间电荷分布”的国际标准新工作提案，但鉴于制定测量方法国际标准需要世界范围内的 5 个实验室进行平行试验，最终将其定为国际标准技术报告（编号为 IEC/TR 62836 Ed1.0）开展制定工作，待完成平行试验后再考虑是否上升为国际标准。

从我国高压直流输电事业发展和新型纳米绝缘材料研发的未来来看，均需要“空间电荷测试技术”的标准化。从我国自主创新技术的现状出发，对 PEA 方法和 PWP 方法均有市场需求。鉴于 IEC 对 PEA 方法标准化的现状，我国提出 PWP 方法国际标准，不仅为我国行业解决继续技术标准的现状，同时也可协助我国企业市场有效打破国际市场的贸易壁垒。

〔撰稿人：机械工业北京电工技术经济研究所刘亚丽、陈昊、崔鹤松〕

修订 GB 19517—2009《国家电气设备安全技术规范》研究与思考

一、国家标准 GB 19517 制修订背景及简介

GB 19517 于 2004 年首次发布。这项国家标准是在首次总结我国电气安全技术研究成果和相关电气产品安全标准制定的基础上，参考欧盟低电压指令制定的。标准提出了各类电气设备在设计、制造、销售和使用时的共性安全技术要求，并依据我国现行法律、法规提出了规范实施监督等综合要求，是我国低压电气安全标准体系的顶层标准。标准于 2009 年完成第一次修订，发布实施 GB 19517—2009。

GB 19517 适用于交流额定电压 1 200V 以下、直流额定电压 1 500V 以下的各类电气设备。这些电气设备包括：由非专业人员按设计用途使用、接触或直接由使用者手持操作的电气设备；按其结构类型或功能应用与电气作业场或封闭的电气作业场，主要或完全由专业或受过初级训练人员操作的电气设备。标准规定的共性安全技术要求可用作：各类电气产品安全技术内容的结构基础、对无专业安全标准电气产品初步评价其安全水平以及电气设备设计、制造、销售和使用的技术基础。标准不适用于用于医疗目的的电气设备、爆炸环境中使用的电气设备、电梯等。

GB 19517 规定的共性安全技术内容包括：一般要求、电击危险防护、机械危险防护、电气连接和机械连接、运行危险防护、电源控制及其危险防护、标志等，还规定了检验项目、检验规则、检验报告以及实施与监督等要求。

GB 19517 附录中规定了 19 大类 329 项符合性国家标准，其中近 100 项国家标准是我国 3C 认证产品目录的依据标准，为相关电气产品的合格认定提供了标准。符合性标准见图 1。

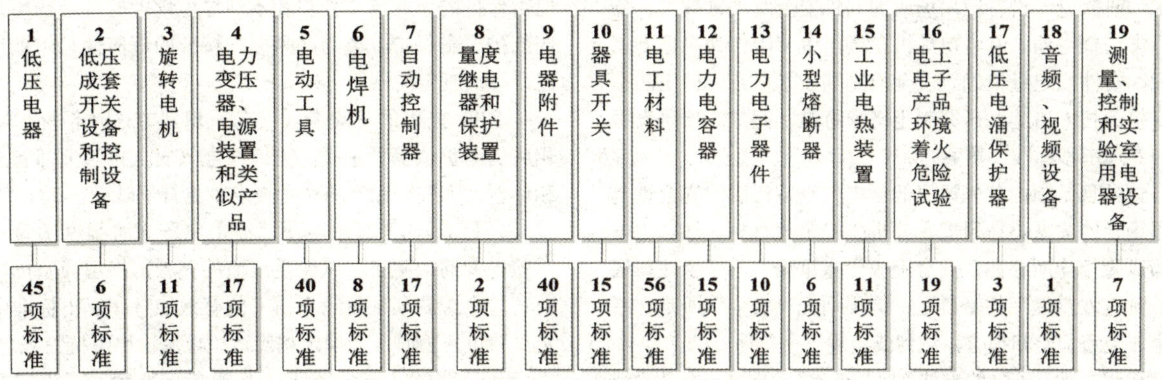

图 1 符合性标准

二、GB 19517—2009 修订思考

结合近两年全国标准化工作会议上提出的有关强制性标准整合精简的要求，以及 GB 19517 实施过程中发现的问题，提出了标准修订计划。通过 2015 年 5 月修订研讨会的讨论，以及与欧盟低电压指令、美国 NEC 标准的比对分析，提出了计划新增和修订的内容：

（1）补充实验方法：必要的安全技术要求要配合指标参数，推荐试验方法进行验证。

（2）增加制造商声明：技术规范的验证仅对送试样品的合格判定负责，不保证整批产品合格；对可能遗漏的由风险因素引起的伤害或损失应由制造商承担。

（3）引进电气设备风险评估：安全技术规范不能完全避免可能的危险，电气设备安全风险评估是可以进一步降低这种风险的有效方法之一，对于无相关专业标准依据的产品，可参考 GB/T 22696.1 ～ 5《电气设备的安全 风险评估和风险降低》系列标准对产品进行系统风险评估。

（4）调整符合性标准：按大类产品规定标准类别，增补相关标准或删减不符合标准。

〔撰稿人：中国电器工业协会马红〕

第四部分：重要标准介绍

《电气设备场所共性安全关键技术标准研究》项目

电气设备场所共性安全关键技术标准研究是国家质量监督检验检疫总局质检公益性行业科研专项，上海电动工具研究所、机械工业北京电工技术经济研究所、成都电气检验所为主要完成单位，项目在 2015 年“电工标准—正泰创新奖”中获得二等奖。

一、标准主要内容

项目旨在研究电气设备应用场所的共性及关键安全技术，定性或定量地确定有关安全原则和技术参数，提出达到安全目的的防护和保护措施，开展国家标准的研究制定。

该项目在研究建立我国电气安全标准体系，电气安全技术，研究电气设备应用场所的共性安全及关键技术、安全标志结合电动工具、电焊机在场所中使用作为对象开展研究，定性或定量地确定安全原则和技术参数，提出防护或保护的技术措施，研究制定国家标准，完成 3 项研究报告和 9 项国家标准（草案）。

该项目是国内首先研究低压电气设备使用的安全性与使用场合的关系。在研究、分析“安全具有相对性”“安全与风险相伴而存在，安全不等于零风险”“安全性与经济性具有双重性”的基础上，提出研究“安全”即是保持安全、免遭危险和损害，达到或实现安全条件。

运用“基于风险的方法”把“安全”的评估转化为“风险评估来提高安全的置信度”，达到安全的目的，使安全程度适合从属于总体认可的技术、经济和科学发展的水平，权衡三者之间的综合因素，研究提出了不同导电程度作业场所的分类方法和对使用低压电气设备应具有的防电击保护的安全性能要求，从而保证安全的系统性和完整性，不但在技术上创新，建立我国电气安全标准体系、发展电气安全技术，而且在经济上具有十分重要的意义。

二、标准的创新点

（1）制定的《手持式、可移式电动工具和园林工具的安全》系列标准，实现了手持式、可移式电动工具和园林工具共性要求的统一，又充分反映特定类型工具安全要求的特殊性，突现标准的系统性，标准的综合化、系列化和配套化，利于标准实施，是电动工具安全标准体系、标准结构的一次技术创新。

（2）以电气产品适用特征与作业环境的适应性，技术与经济兼顾的理念，提出了电气产品防电击措施（包括附加保护）必须与场所的导电程度相适合的原则，规定按电击保护的作业场所分类和不同导电程度的作用场所与不同的按电击保护分类的产品操作特征的适应性是本项目研究，标准制定的创新之一。

（3）提出的危险源（潜在）识别方法及指标体系及相应的防护或保护手段、措施在电气安全技术上都有发展和创新，为安全标准的技术要求制定打下基础。

（4）研究工频耐电压、冲击电压介质强度试验时的试验电源的源阻抗与试验电压值的关系，指出源阻抗值反映试验电源施加到绝缘介质上的有效能量，提出标准中规定试验电压值时必须规定相应试验电源输出阻抗的概念。

（5）引入功能安全和安全功能的概念，提出安全的完整性，运用“基于风险方法”对关键安全功能部件，电子电路的可靠性评估方法。

（6）提出剩余电流装置（RCD）的保护特性与按电击保护分类的低压电气设备在按不同导电程度分类的作业场所的选用，并作为防电击保护的间接接触保护和直接接触保护的附加技术措施制定电动工具的安全标准，反映了电气安全技术的突破和进步。

〔撰稿人：上海电动工具研究所顾菁〕

百万千瓦超大容量水电机组技术规范研究项目

百万千瓦超大容量水电机组技术规范研究项目是国家质量监督检验检疫总局于 2009 年批准的科研项目，项目主要承担单位为哈尔滨电机厂有限责任公司、中国电器工业协会、东方电气集团东方电机厂等。项目于 2014 年 1 月通过验收，完成 5 项国家标准草案和 1 项 NP。项目在 2015 年“电工标准—正泰创新奖”中获得一等奖。

该项目针对“装备业振兴规划”中关于大力发展“高效清洁发电”“进一步提高 70 万 kW 以上水电设备等技术

装备的性能质量”的要求，通过对百万千瓦级水轮发电机组转轮模型试验、参数选择、电磁、温升计算、通风冷却系统设计、结构设计、绝缘系统及新材料、新工艺等关键技术研究，主要针对百万千瓦级水电机组前期调研工作、百万千瓦级水电机组的相关试验研究、5项国家标准草案研制及1项国际标准提案研究等4方面的关键技术开展研究工作。

该项目通过1 000MW级水电机组研制的创新平台，掌握了1 000MW级机组相关的最新技术发展动态，分析了国外最新标准的技术水平，这将为后期经机组投运验证后，制定出适用于此容量等级的水力发电设备产品的国家和行业标准或者修订现行的相关标准，奠定了技术储备的基础；将促进我国大容量、高水头、高可靠性的水电设备发展，对提升装备制造业技术水平，加速其由低端技术向高端技术转变有着重要意义。

该项目在参考国内外相关标准及已建投运的大型水轮发电机组制造运行经验的基础上，依托金沙江流域白鹤滩和乌东德2座大型水电站建设项目，对1 000MW级水轮发电机组的设计制造技术规范、相关的试验及运行技术条件等开展研究，形成《百万千瓦超大容量水电机组技术规范研究》报告；研制完成了《1 000MW级水轮机技术导则》《1 000MW级水轮发电机技术导则》《1 000MW级水轮机模型验收试验导则》《1 000MW级水轮发电机组安装技术导则》和《1 000MW级水轮发电机试验导则》5项国家标准草案；通过对比1 000MW级大容量水轮机技术与小容量水轮机技术的差异，提出修订“IEC 60193水轮机、蓄能泵和水泵水轮机模型验收试验”的国际标准新工作项目提案。研制标准与现行标准的差异见表1。

表1 研制标准与现行标准的差异

序号	研制标准	现行标准	研制标准与现行标准的差异
1	1 000MW级水轮发电机技术导则	GB/T 7894 水轮发电机基础技术条件	（1）在GB/T7894基础上，提出了水轮发电机的额定值和主要参数推荐数值，如容量（SN）、额定功率（PN）、额定电压（UN）、额定功率因数（cos ϕ）、额定频率（fN）、额定转速（nN）等。 （2）对主要部件（转子、定子等）的结构、材料及其允许应力提出了规范建议。 （3）在GB/T 7894基础上，提出了推荐的结构设计规范，主要包括发电机总体结构布置、定子机座细部结构、推力轴承等。 （4）提出主要部件材料选用规范，包括定子铁心、磁极铁心、穿心螺杆、转子磁轭、主轴、镜板、推力头等。
2	1 000MW级混流式水轮机技术导则	GB/T 15468 水轮机基本技术	（1）列出额定水头和转速基本技术参数值，如最大水头（m）、最小水头（m）、加权平均水头（m）、额定水头（m）的要求值、额定转速、飞逸转速等。 （2）提出主要部件结构、材料及工作应力，对部件正常运行工况下主要部件材料的许用工作应力提出了限值要求，如对灰铸铁、碳素铸钢和合金铸钢、碳钢锻件、主要受力部件的碳素钢板、高应力部件的高强度钢板等需用应力提出了要求。 （3）对1 000MW水轮机的结构设计提出总体要求，提出了主要部件的结构和制造要求。 （4）提出主要部件材料选用规范，如对转轮、导叶、主轴、蜗壳、座环部件的材料提出了选用要求。
3	1 000MW级混流式水轮机模型验收试验导则	GB/T 15613 水轮机、蓄能泵和水泵水轮机模型验收试验	（1）在水力性能保证值的性质和范围中，提出“1 000MW级混流式水轮机模型验收试验”相关的特殊规定，如功率应在一个或多个比能下达到；流量应在一个或多个比能下达到；效率需在一个或多个如下比能下需要保证： 一个或多个规定的功率或流量处，或整个规定的功率或流量范围内加权平均功率，整个规定的功率或流量范围内算术平均效率。 飞逸转速要求当运行在最大或任何规定的性能下，稳态飞逸转速值没有被超过。 （2）在GB/T15613基础上，提出“1 000MW级混流式水轮机模型验”的相似规律要求。 （3）在GB/T15613基础上，提出“反击式1 000MW级混流式水轮机”的空化试验。
4	1 000MW级混流式水轮发电机组安装技术导则	GB/T8564 水轮发电机组安装技术规范	1 000MW级水轮机主要部件现场安装检查试验在符合GB/T8564等标准的基础上，还应满足研制标准中提出的相关检查与试验标准，如埋件安装质量检测标准，基础环与座环加工、导水机构预装质量检测标准，水轮机大件吊装与导叶传动系统安装质量检测标准等。
5	1 000MW级水轮发电机试验导则	-	-

〔撰稿人：机械工业北京电工技术经济研究所刘亚丽〕

GB/T 14478—2012《大中型水轮机进水阀门基本技术条件》标准

GB/T 14478—2012《大中型水轮机进水阀门基本技术条件》由全国水轮机标委会归口，标准对应大、中型水轮发电机组及抽水蓄能机组技术领域，适用于大、中型水轮机进水阀门采购、设计、制造、包装、运输、保管、安装和运行维护等方面的需要，规范其技术要求和技术条件，标准在2015年“电工标准—正泰创新奖”中获得二等奖。

一、标准主要内容

核电、风电、太阳能等清洁能源发电的大规模发展，将给电力系统的安全稳定经济运行带来极大压力，需要从技术的可行性、经济性出发，配套建设一批大规模常规水轮发电机组电站及抽水蓄能机组电站，适应我国清洁能源的大规模发展，促进能源结构的转变，实现电力系统的节能减排和安全稳定运行。

随着打捆招标技术引进及消化吸收和技术创新，我国大、中型水轮机进水阀门设计和制造技术取得了长足的进步，涌现出具有自主知识产权的技术和成果。

为适应大、中型水轮机进水阀门采购、设计、制造、包装、运输、保管、安装和运行维护等方面的需要，规范其技术要求和技术条件，以促进我国适应大、中型水轮机进水阀门技术水平的进一步提高，推动我国适应大、中型水轮机进水阀门技术进步，将各水电站大、中型水轮机进水阀门的设计、制造经验和技术积累进行梳理总结，并结合国外公司的先进经验和成果，编制了本标准。

该标准共有9章和2个附录。标准规定了大、中型水轮机进水阀门采购、设计和制造方面的性能保证、技术要求、供货范围和检验项目，并提出了其包装、运输、保管、安装和运行维护应遵守的一般规定。明确了规范性引用文件的内容，引用文件中的条款通过本标准的引用而成为本标准的条款。明确和规范了适应大、中型水轮机进水阀门技术术语的名称、代号和定义，在这个过程中考虑了与国际标准和国内相关标准的一致性；明确规定大、中型水轮机进水阀门公称直径为D；明确和规范了大、中型水轮机进水阀门技术条件、主要技术参数和主要技术文件；明确了大、中型水轮机进水阀门性能保证的具体内容；根据目前国内大、中型水轮机进水阀门电站的实际运行情况，规定了大、中型水轮机进水阀门供货范围和备品备件。

二、标准主要解决的问题

（1）根据近几年来国内外大、中型水轮机进水阀门技术的发展情况，在标准中吸收了国内外先进技术，为我国大、中型水轮机进水阀门设计制造技术水平进入世界先进行列奠定了基础。

（2）给出了大、中型水轮机进水阀门产品质量保证的要求。

（3）通过本标准的应用可以提高大、中型水轮机进水阀门的科研水平，减少了大、中型水轮机进水阀门设计制造的风险。

（4）使大、中型水轮机进水阀门主要部件材料和工作应力的选择有章可循。

（5）为大、中型水轮机进水阀门产品的招标、投标、合同谈判提供了基础。

（6）使我国在该标准方面处以世界领先地位，国外还没有此标准。

三、标准的关键创新点

（1）规范和定义了大、中型水轮机进水阀门的标准术语。

（2）明确大、中型水轮机进水阀门采购、设计、制造和安装的基本技术条件。

（3）对大、中型水轮机进水阀门的结构、材料、试验、运行提出了基本要求。

（4）规范了大、中型水轮机进水阀门性能保证的指标。

（5）规定了大、中型水轮机进水阀门压力试验值、漏水量值、漏油量值。

〔供稿单位：全国水轮机标委会秘书处〕

GB/T 28570—2012《水轮发电机组状态在线监测系统技术导则》标准

GB/T 28570—2012《水轮发电机组状态在线监测系统技术导则》由全国大型发电机标委会归口，标准在2015年“电工标准—正泰创新奖”中获得二等奖。

一、标准的主要内容

该标准是我国首次制定的关于水电站水轮发电机组运行状态在线监测领域的基础技术标准，全面提出和规范了水轮发电机组运行状态在线监测系统相关的各项技术要求，适用于水电站各种类型水轮发电机组状态在线监测系统的设计、制造和运行管理。

（1）该标准首次定义了水轮发电机组状态在线监测系统的专业术语。标准的第3章定义了涉及机组状态在线监测领域的33个术语，是行业内首次、全面地对相关术语作出了规范性的定义。对键相信号、振动、摆度、压力脉动、空气间隙、磁通密度、局部放电、状态监测参量、工况参数、过程量参数、稳定性参数等状态监测系统涉及的各监测参量进行了明确和规范的定义，纠正了此前行业内对这些术语的不同叫法、理解上的歧义等混乱状态。

（2）该标准对机组状态在线监测系统提出了原则性的总体要求。标准第4章“总则”对机组状态在线监测系统提出了原则性的要求，包括监测哪些状态监测参量、状态监测的目标定位、与计算机监控系统的数据共享原则、状态监测内容和系统规模的合理选择等，有利于引导和指导水电站机组状态在线监测系统的规划建设。

（3）该标准对机组状态在线监测系统的功能提出全面的技术要求。标准的第5章详细阐述了机组状态监测在线系统应该具备的各项功能，对数据采集与实时监测、数据分析、数据管理、报警功能、运行工况分析、辅助诊断、动平衡计算、状态报告、远程监测等各项功能提出了明确和具体的技术要求，有利于促进机组状态监测系统技术水平的进步和完善。

（4）该标准对机组状态在线监测系统的基本结构进行了明确。标准第6章明确机组状态在线监测系统宜采用分层分布式结构，并对传感器单元、数据采集单元、上位机单元分别进行了详细的描述。

（5）该标准对各种类型水轮发电机组的典型测点配置提出了详细的规范。标准第7章对立式混流式、混流可逆式、立式轴流式、灯泡贯流式等各种类型的水轮发电机组的振动摆度、压力脉动、气隙、局放等测点提出了详细的规范性要求，并在附录B中以表格的形式分机组类型详细列出，大大有利于规范水电站机组状态在线监测系统的设计和建设。

（6）该标准对机组状态在线监测系统用到的各类传感器提出了明确的技术规范要求。标准第8章对机组状态在线监测系统涉及的摆度和键相传感器、振动传感器、定子铁心振动传感器、轴向位移传感器、压力脉动传感器、空气间隙传感器、磁通密度传感器、局部放电传感器的技术指标提出了规范性要求，并对各类传感器提出了安装方面的技术要求。这将有利于规范传感器的选型，促进传感器技术的进步，避免采用质量低劣、技术不合格或者不适用的传感器。

（7）该标准对机组状态在线监测系统的数据采集设备提出了详细的技术要求。标准第9章重点对机组状态监测系统的核心设备—数据采集箱提出了详细的技术要求，有利于规范机组状态在线监测系统的数据采集和处理，有利于促进状态监测核心技术的进步。

（8）该标准对机组状态在线监测系统的上位机设备提出了详细的技术要求。标准第10章对机组状态在线监测系统用到的数据服务器、WEB服务器、工程师工作站、辅助设备等提出了详细的技术要求，有利于指导设备选型，保证所选服务器等设备处于主流或适度超前状态。

（9）该标准对机组状态在线监测系统设备的出厂和现场试验和检验、出厂文件与资料提出了规范性的要求。标准第11章对试验和检验、第12章对文件与资料提出了规范性的要求，有利于机组状态在线监测系统的出厂验收、现场验收和竣工验收。

（10）该标准提供有丰富详实的资料性附录，即附录A、C、D、E、F和规范性附录B。其中附录A给出了机组状态在线系统的典型结构示意图；附录B首次以表格的形式规范了各种类型水轮发电机组的典型测点配置；附录C给出了空气间隙传感器的典型安装示意图；附录D对水轮发电机局部放电在线监测涉及的核心技术进行了阐述；附录E对状态监测领域涉及的峰值计算方法、相位角定义、局放值和局放量、状态监测参量特征值和单位提出了明确的规约；附录F给出了相关的标准。这些附录都具有非常高的实用价值，将大大提高状态在线监测系统在水电行业的应用效果。

二、标准的创新点

（1）该标准是我国首次制定的关于水电站水轮发电机组运行状态在线监测领域的基础技术标准，此前该领域还没有国家标准，也没有行业标准，国际上也没有类似的标准。该标准历经五年的制订，终于在2012年颁布实施，填补了国内水轮发电机组状态在线监测领域的空白，具有原创性和首创性。

（2）该标准首次定义了水轮发电机组状态在线监测系统的专业术语，首次提出和规范了状态在线监测系统的系统功能、基本结构、测点布置、传感器、数据采集设备、上位机设备等相关技术要求，对行业的发展具有引领作用。

（3）该标准首次明确了水电机组状态监测参量是指被监测的振动、摆度、压力脉动、空气间隙、磁通密度及局部放电参数，并对这些状态监测参量采用的传感器、测点如何布置以及分析方法进行了详细的规范，将大大促进行业的技术进步和健康发展。

（4）该标准提供有丰富的资料性附录，其中的状态监测测点配置、空气间隙传感器安装、局放测量、状态监测参量技术规约等都具有非常高的实用价值，将大大提高状态在线监测系统在水电行业的应用效果。

〔供稿单位：全国大型发电机标委会秘书处〕

海上风力发电设备三项创新标准

NB/T 31041—2012《海上双馈风力发电机变流器》、NB/T 31042—2012《海上永磁风力发电机变流器》和NB/T 31043—2012《海上风力发电机组主控制系统制造技术规范》3项标准由能源行业风电标准化技术委员会归口，标准紧扣国家能源局《能源科技十二五发展规划》第四章“重点任务”中“（四）新能源技术领域”中大型风力发电机技术领域；国家标准化管理委员会“标准化事业十二五发展规划”第七章“加快战略性新兴产业标准化步伐”中“（五）新能源产业”中制修订大型风电机组及关键零部件的设计、制造和检测标准。标准在2015年“电工标准—正泰创新奖”中获得二等奖。

一、标准主要内容

风力发电作为一种清洁、可再生能源项目，得到了国家的大力支持。海上风电是风力发电发展的重要潮流，中国70%的风能资源在海上，而且70%的国民生产总值来自沿海地区，能源和消费在地理位置上十分接近。可以确定，在解决了技术和成本问题后，海上风电将可能成为中国能源架构中的有力支柱。

虽然海上风电在欧洲等发达国家已经趋于成熟，但在国内尚处于起步阶段，其标准化工作也远远落后于该领域的发展速度，因此急需对整个系统及其核心部件制定出相应的设计制造和认证规范。目前，在陆上风电变流器方面，有NB/T 31013—2011《双馈风力发电变流器制造技术规范》、NB/T 31012—2011《永磁风力发电变流器制造技术规范》共2项能源行业标准，在陆上主控系统方面，有NB/T 31017—2011《双馈风力发电机组主控制系统技术规范》。

变流器及主控制系统是风电机组的核心部件之一，在风力发电系统中占有非常重要的地位，其应用不仅有利于机组提高效率，同时能对机组的柔性运行和电网的安全稳定运行起到良好作用。基于电力电子技术的有功/无功功率调节等功能直接关系着风力发电系统的可靠性和稳定性，是保障风电电能质量，实现风电接入电网的关键。作为海上风电机组的核心部件（变流器、主控制系统），还没有细致的、可操作的规范。这样的发展不对称性必然将导致各企业产品的差异巨大，今后将可能带来机组配套、技术性能无法满足特殊环境要求等问题。因此制定出可操作性强、技术要求细致明晰的海上风电变流器、海上风力发电机组主控制系统标准迫在眉睫，这对今后的相关检测与认证工作也提供了必要的指导。

NB/T 31041—2012《海上双馈风力发电机变流器》、NB/T 31042—2012《海上永磁风力发电机变流器》、NB/T 31043—2012《海上风力发电机组主控制系统制造技术规范》共3项标准规定了海上风电变流器及主控制系统的研发设计、组织生产、质量检验、产品认证等依据。该标准主要是结合目前风力发电行业的现状，依据国内外已有的经验和标准条款，形成一个比较完善的行标技术条件。

主要章节及内容如下：

范围：明确了标准的基本内容与适用范围。

规范性引用文件：列出了标准引用情况。

术语和定义：列出了标准中出现的术语定义。

技术要求：列出了变流器的使用条件、产品形式、主要参数以及性能要求。该章内容以NB/T 31013—2011、NB/T 31014—2011、NB/T 31017—2011为基础，在结构与外观、电气连接、电网适应能力、保护功能、防护等级等方面进行了修订；增加了电气元器件、可靠性、耐盐雾性能、耐霉性能等要求。

试验方法：针对第四章所列的各项技术要求给出相应的实验验证方法。该章内容以NB/T 31013—2011、NB/T 31014—2011、NB/T 31017—2011为基础，根据第四章所做的修订添加或修改试验方法部分内容。

检验：规定了型式试验与出厂试验的频度、抽样方法和判定规则，列出了必须进行的试验项目。

标志、包装、贮存及运输：规定了海上双馈/永磁风电变流器、海上主控制系统在标志、包装、贮存及运输方面的具体要求。

此外，针对海上风电特殊风电环境，标准还规定了运行环境条件、振动条件、电网条件、阻燃性试验、功能要求、湿热、耐盐雾、耐霉、绝缘、防雷等环境试验内容。

二、标准的创新点

（1）自主研发性强。该标准为自主创新标准，其创新点是依据我国风电变流器自主研发产品、结合我国风电产业现状，以我国自主研发技术为主，参考企业规范。

（2）融合技术要求和试验方法，操作性强。该项产品标准，作为制造技术规范结合了相关陆上风电零部件设备的技术性能要求、参数参考数据等技术条件以及相关性能指标测试、产品性能试验等方面的试验方法要求。制定了能够有效指导我国相关单位开展自主研发、设计、制造、试验、检测等操作性强的标准规范。

（3）增加海上环境技术条件要求。结合我国海上风资源环境条件以及海上风电场工程需要，参照船用电器的技术要求，通过试验样机测试经验，制定出国内唯一的海上风电用风电变流器及主控制系统的产品技术标准，并增加运行环境条件、振动条件、电网条件、功能要求、阻燃性试验、湿热、耐盐雾、耐霉、绝缘、防雷等环境试验内容。

〔撰稿人：中国电器工业协会果岩〕

特高压交流系统保护控制装置及监控系统系列国家标准研究项目

特高压交流系统保护控制装置及监控系统系列国家标准研究项目是国家质检总局于2013年通过验收的项目，该项目在2015年“电工标准—正泰创新奖”中获得一等奖。

一、标准主要内容

项目结合特高压交流输电的特点及工程实际，对特高压交流输电线路故障时一次系统的暂态过程对保护的影响、过电压及抑制措施、特高压长线分布电容对保护的影响、自适应的重合闸及消弧问题、提高保护动作的可靠性和灵敏性、交流百万伏中CT、CVT和VT对保护的影响、提高继电保护装置的抗干扰水平等进行研究，并对其进行仿真研究及仿真试验验证；研究提出特高压交流线路保护装置、变压器保护装置、母线保护装置、断路器保护装置、电抗器保护装置、测控装置、变电站监控系统的国家标准草案，研制成套保护控制装置及监控系统，提出相应的测试方法，结合工程对系列标准草案技术内容进行进一步验证，建立特高压交流输电系统保护控制装置及监控系统国家标准体系。

二、标准的创新点

1.研究方法的创新

——采用产、学、研、试验相结合的研究方法；

——采用标准草案、产品功能及技术内容研究、仿真研究、仿真试验紧密结合的方法。

2.产品技术创新

——光纤差动传输通道采样值修复技术；

——光纤差动传输数据校验技术；

——距离保护汉明窗算法；

——变压器励磁涌流识别技术；

——CT饱和识别和抗CT饱和技术；

——解决电抗器匝间故障灵敏度技术；

——动态补偿CT传递引起幅值和相位误差技术；

——出口继电器的自检技术；

——采集回路全过程自检技术；

——可视化逻辑编程技术；

——延时非电量保护的可靠性设计技术；

——特高压监控系统中的计算机网络采用自愈环网与星形网络混合组网的方式，并对网络采用了冗余化设计，设计了全站统一的时钟，即使在GPS信号丢失的情况下，全站的设备依然会得到统一的对时信号，保证时间的同步性。

（摘编）

GB/T 29314—2012《电动机系统节能改造规范》标准

GB/T 29314—2012《电动机系统节能改造规范》属我国节能减排领域，十大节能工程之一“电机系统节能工程”技术方向。标准在2015年“电工标准—正泰创新奖”中获得一等奖。

长期以来，我国存量电机系统的运行效率比较低，其中有高效电机及负载设备应用少、电机与负载设备匹配性差、电机系统与运行工况不匹配性等多种原因，而针对电机系统的节能诊断、节能量评价与节能改造方面规范、标准的缺失，也导致电机系统节能改造工程缺少技术依据，严重阻碍了电机系统节能改造的实施。

该项目曾获国家科技支撑计划“矿用电机系统节能技术研究”和上海市科委节能减排重大专项“电机及其系统综合节能技术研究与应用”的资金支持，项目的实施填补了我国电机系统节能改造实施流程、节能诊断与测试方法、节能量评估与计算方法、节能改造技术及应用方法等多项空白，为企业进行电机系统节能改造提供了有力技术支撑，对推动电机系统节能改造、实现节能减排目标具有重要意义。

一、标准主要内容

该标准规定了电动机系统节能改造所必需的技术性活动，包括：电动机系统节能诊断、节能改造的实施、节能改造综合评估，适用于各种电动机系统中的部分装置或整个系统所进行的节能改造。

（1）电动机系统节能诊断评估的方法、要求和具体实施步骤。标准给出了节能诊断的基本方法，按现场调研、现场测试、分析评估及项目评审几个方面进行。

（2）电动机的选用技术，包括电动机类型和额定功率的选择方法。对于不同的负载和工况，电机的类型和功率的选择也趋于多样化，标准中给出了多种选择方法，可以指导使用者选择最合适的电动机。

（3）电动机改造技术，其中包括电机高效再制造、电机降容改造、增容改造、降压改造、升压改造、变极改造和专用电机改造等不同的改造方法。标准阐述了电动机各种改造方法的应用原则。

（4）控制装置改造技术，其中包括变频调速改造、变极变速改造、相控调压改造、串级调速改造、开关磁阻电机及控制器调速和控制模式改造等改造技术。标准给出了不同调速改造技术的适用场合和应用原则。

（5）传动装置的改造技术，其中包括液力耦合器、齿轮变速箱的改造技术；标准对传动装置改造的适用范围进行了描述。

（6）被拖动装置的改造，其中主要包括高效替代、被拖动设备改造及其损耗能量回收改造；标准对被拖动装置改造的具体内容进行了阐述。

（7）输出管网的改造，其中包括所有以提高综合能效水平为目标的管网改造；标准对管网改造的具体类型做了充分说明。

（8）电动机系统节能效果评价的方法和要求。详细阐述了节能改造效果评价的方法和步骤，并提出节能改造效果可以采用测量法或数据分析法进行，同时提出必须对节能改造效果进行偏差分析。

二、标准的创新点

（1）首次提出电机系统节能改造能耗诊断流程。

（2）开发电平衡测试分析软件，软件登记号：2011SR060069。

（3）建立工业无线网络电动机能耗监测诊断平台。

（4）提出电机系统节能改造技术和应用原则。

（5）提出电机系统节能改造项目的节能量审核与计算方法。

［供稿单位：全国旋转电机标委会秘书处］

JB/T 4088—2012《日用管状电热元件》标准

JB/T 4088—2012《日用管状电热元件》由全国电器附件标委会归口，标准中的日用管状电热元件是量大面广的重要关键基础零部件，在空调、电热水器、电热水壶、电饭煲、电熨斗等众多终端产品中均有应用，产品使用范围随着科技的不断发展衍生到国民经济各个领域，在海上油田等前沿领域也有应用。近年来，随着 PTC 加热元件，稀土厚膜电路电热元件，氮化硅陶瓷电热元件，半导体发热元件等新产品的出现，电热元件也发生了革命性的变革，对于加热元件的诸多测试指标和要求，均发生了较大的变化。因此，标准针对加热元件的安全和性能指标进行了大量更新，确保该类产品技术指标涵盖行业最新产品、材料的发展趋势，具有较大的经济和社会效益。标准在 2015 年“电工标准—正泰创新奖”中获得二等奖。

一、标准主要内容

JB/T 4088—2012 标准是日用管状电热元件通用安全和性能要求标准，是目前电热管类产品安全认证的首要采用标准，涉及的产品有各类家用和类似用途的设备中的或随这些设备一起使用的管状电热元件，包括空调电热管、电热水器电热管、电热水壶电热管、电饭煲电热管、电熨斗电热管及诸多异形电热管等等，产品使用范围随着科技的不断发展衍生到国民经济各个领域，在海上油田等前沿领域也有应用，是日常最为普遍、量大面广的加热电热器具元件，其标准也是重要的关键基础零部件标准，广泛引用至家用电器标准、海洋产业标准中。

日用管状电热元件是家用和类似用途电器的重要组成部分。其主要功能是将电能转化为热能，维持电热电器的正常运转和操作，保证其功能和安全可靠地运行，因此日用管状电热元件的安全关系到家电产品及人们的生命、财产和周围环境的安全。该标准对产品额定功率偏差、泄漏电流、电气强度、过载能力、卫生要求、有害物质限值的要求、结构、外观、管体温度、工作寿命、制造、耐燃性、防干烧能力及标志、包装、运输及贮存提出了明确的要求，并对分类、主要技术参数和型号命名、额定功率的测量、泄漏电流的测量、电气强度试验、过载能力试验、密封试验、元件引出棒长度测量、管体温度测量、水压试验、拉力试验、工作寿命试验、防干烧试验、封口材料的耐燃性试验等分类及试验方法进行了详细的规定，确保产品指标符合安全各项要求。

二、标准的创新点

JB/T 4088 是一项技术内容复杂，涉及面广、技术含量较高的安全、性能标准，是我国电热元件行业标准化专家在正确理清电热元件技术发展情况的基础上，总结我国 50 年来在电热元件设计、制造和应用的实践经验，通过验证试验，运用标准化原理自主制定的。为了使标准技术先进、经济合理，安全可靠，在标准制定过程中对产品验证试验进行了认真研究和分析，并在研究不同种类、不同结构管状电热元件的工作原理、结构之后，确定标准对产品的安全、性能要求指标。标准主要关键技术及创新点如下：

（1）创新地定义了电热元件正常工作、潮态条件、干烧、等效电阻等状态值，尤其是冷态电阻和工作温度下的直流电阻的关系，对产品初期设计的指导有重大的意义。

（2）安全要求加入了多项关键技术指标，如增加了冷态条件下的电气强度要求，利于生产企业进行检验时便于操作，同时增加了有害物质限值要求。

（3）在结构要求中增加了新产品技术的要求，尤其是对外管极限温度、外管壁厚度、元件内部结构、圆管和非圆管相关尺寸、发热均匀性的考核做出了较大的调整和修订。为消除国际贸易技术壁垒，对于元件常用材料的极限工作温度也做出了国际上较为通用的要求。

（4）在试验方法上考虑到了新型产品的技术指标并进行了大量验证，增加了冷态电气试验、管体温度测量、防干烧试验、封口材料耐燃性试验等相应的试验方法。同时，考虑到实际操作性，在原有的工作寿命的基础上，增加了加速寿命的方法。

〔供稿单位：全国电器附件标委会秘书处〕

规范电气场所安全标志的应用

—解读 GB/T 29481—2013《电气安全标志》国家标准

安全标志作为安全管理的重要手段，在安全管理和行为控制中起着重要的作用，是目前各个国家采取的最普遍的一种安全管理方式。在我国，应用安全标志在多部法律、法规、国家标志中都有相应规定，《中华人民共和国安全生产法》中规定：“各级人民政府及其有关部门应当采取多种形式，加强对有关安全生产的法律、法规和安全生产知识的宣传，增强全社会的安全生产意识”……“生产经营单位应当在有较大危险因素的生产经营场所和有关设施、设备上，设置明显的安全警示标志”。可见，安全标志作为安全管理的重要手段，在安全生产和行为控制中占据着重要地位。

GB/T 29481—2013《电气安全标志》作为专门用于电气设备应用场所（包括生产场所、公共场所等）进行安全防护提示的国家标准，对带电场所的安全标志进行了全面规定和分类，具有使用规则统一、规范，能够极大方便的指导场所人员预防电气事故、传递危险信息和安全疏导的作用。

电气场所的安全标志包括禁止标志、指令标志、警告标志和提示标志四种类型。标志的构成是由几何形状、安全色、对比色和图形符号色组成。电气场所中的不安全因素包括两类：一类是电气设备自身产生的电气危害，包括电击（触电）、着火和爆炸、电磁场危险；另一类是电气场所中的安全隐患，包括现场的沟、坎、坑、有坍塌危险的建筑物、构筑物、设备等。GB/T 29481—2013 针对这些危险，归纳出了四类电气安全标志，分别是：防止电击（触电）危害的安全标志、防止着火和爆炸危害的安全标志、防止电磁场危害的安全标志和防止电气场所安全隐患伤害的安全标志。以下内容是对四类安全标志的具体介绍：

电流对人伤害的类型分为电击和电灼伤。触及带电体的状态分为直接触电、间接触电、与带电体的距离小于安全距离的触电三类。防止电击（触电）的措施包括保证设备不带电、避免接触带电体和使用安全防护工具等。GB/T 29481—2013 中规定的防止电击（触电）危害的安全标志包括：禁止标志，“禁止合闸，线路有人工作”适用于设备或线路检修时的相应开关附近；“禁止启动”适用于暂停使用的设备附近，如：设备检修、更换零件等。指令标志，“接地”可防雷、防静电；“接机壳”是将设备的金属外壳与大地相连，可以防止金属外壳的用电设备出现故障时外壳带电打到人；“等电位”使不同的电器设备的漏电电位相同，可以避免电位差对人体的触电危害；“必须戴防护手套”“必须穿防护鞋”可避免手部、脚部受到触电危险。警告标志，“当心触电”适用于有可能发生触电危险的电气设备和线路场所中，起到警示作用。

着火和爆炸是由于工作或事故电火花、电气设备过热运行以及危险的外界环境引发的。防止电气设备着火和爆炸事故的发生，应杜绝火源，保证设备的正常运行以及安全的外界环境。GB/T 29481—2013 中规定的防止着火和爆炸危害的安全标志包括：禁止标志，“禁止烟火”悬挂于不允许有火种的场所，如：变压器室、乙炔站等；“禁止堆放”悬挂于消防器材存放处、消防通道、车间主通道、易产生明火等场所，发生着火事故时，可及时灭火；“禁止开启无线移动通信设备”悬挂于火灾、爆炸场所以及可能产生电磁干扰的场所，消除产生着火、爆炸危害的危险源。指令标志，“必须扒出插头”，悬挂在维修、故障、长期停用、无人值守等设备上，避免产生电火花引发着火事故。警告标志，“当心火灾”悬挂在易发生火灾危险的场所，可提示现场人员注意火灾危险。指示标志，“非耐短路的安全隔离变压器”“非耐短路的Ⅱ类安全隔离变压器”“耐短路的安全隔离变压器”“耐短路的Ⅱ类安全隔离变压器”和“耐短路的Ⅲ类安全隔离变压器”可提示操作人员对电气设备的适当选择，避免电气设备运行过程中出现短路引起着火事故的发生。此外，工作场所悬挂的“方向指示标”“应急出口标示标”“出口”“应急出口”等指示标志，可用于发生火灾时指示现场人员按照安全标志及时撤离危险场所，防止人身伤害。

禁止标志
禁止烟火

指令标志
必须穿防护鞋

警告标志
当心火灾

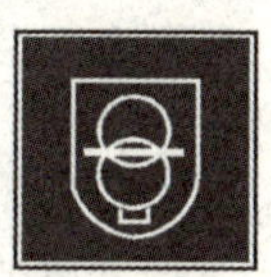

提示标志
耐短路的安全隔离变压器

有电的场所就会有电磁危害，人体就有可能吸收辐射能量，对人体健康造成影响。辐射有多种形式，包括电离辐射、激光、微波、紫外线辐射、磁场、弧光、裂变物质等。防止上述危害，应避免使用可以产生辐射的物品，为工作人员佩戴防护用品并辅以提醒。GB/T 29481—2013 中规定的防止电磁场危害的安全标志包括：禁止标志，在易受到金属物品干扰的微波和电磁场所，应悬挂禁止标志，如“禁止携带金属物品”；安装人工起搏器者应禁止靠近高压设备、大型电机、发电机、电动机、雷达和有强磁场设备等，应悬挂“禁止佩戴心脏起搏器者靠近”。指令标志，“必须穿防护服”适用于具有放射、微波、高温及其他需穿防护服的作业场所，可保护人员避免受到上述物质的伤害；“必须佩戴遮光护目镜”适用于存在紫外线、红外、激光等光辐射的场所，可保护人员眼睛避免受到光辐射的伤害。警告标志，“当心电离辐射”“当心激光”“当心微波”“当心紫外线”“当心磁场”“当心弧光”“当心裂变物质”悬挂在具有上述危险的场所，可提醒人员注意上述危险因素，保护人身安全。

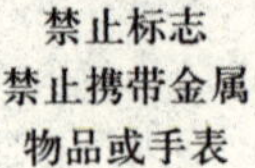

禁止标志
禁止携带金属物品或手表

指令标志
必须穿防护服

警告标志
当心电离辐射

电气场所中的不安全因素包括现场的沟、坎、坑，专用的运输通道，载货电梯，有坍塌危险的建筑物、构筑物、设备等。作业现场的沟、坎、坑中存在腐蚀、高温等危险物质，人员私自搭乘载货电梯，攀登有坍塌危险的建筑物、构筑物时，都会对人员造成伤害，应悬挂相应安全标志禁止人员违规行为、警告人员注意场所中的危险状况并指令人员进行正确操作。GB/T 29481—2013 中规定的防止电气场所安全隐患伤害的安全标志包括：禁止标志，“禁止跳下”是指不允许跳下如下危险地点，如：深沟、深池及盛装过有毒物质、易产生窒息气体的槽车、贮罐、地窖等处；“禁止跨越”是指禁止跨越的危险地段，如：专用的运输通道、带式输送机和其他作业流水线，作业现场的沟、坎、坑等；“禁止乘人”是指禁止乘入易造成伤害的设施，如：室外运输吊篮、外操作载货电梯框架等；“禁止停留”是指禁止停留在对人员具有直接危害的场所，如：粉碎场地、危险路口、桥口等处；“禁止攀登”是指不允许攀登有坍塌危险的建筑物、构筑物、设备等。指令标志，“必须戴安全帽”，应悬挂在头部易受外力伤害的作业场所，避免落物危险；“必须系安全带”应悬挂在易发生坠落危险的作业场所，避免不慎从高处落下等。警告标志，“当心烫伤”“当心坑洞”“当心腐蚀”“当心吊物”“当心自动启动”等可提示现场人员注意不安全因素的存在，及时采取防护措施，保护人身安全。

禁止标志
禁止跳下

指令标志
必须戴安全帽

警告标志
当心坑洞

除上述安全标志外，GB/T 29481—2013 第 6 章还规定了安全标志的设计要求和应用安全标志时应考虑的电气安全标志尺寸与观察距离的关系。

GB/T 29481—2013 对带有电气设备的应用场所中会出现的安全标志做了全面规范规定，针对性强，便于操作，规范、准确应用标准规定内容，结合安全标志内容培训，能够清晰传达安全信息，预防电气事故发生，为营造安全的生产、生存和生活环境发挥积极作用。

〔撰稿人：机械工业北京电工技术经济研究所马红、苏州电器科学研究院股份有限公司胡醇、机械工业北京电工技术经济研究所曾雁鸿〕

中国电器工业年鉴 2015

统计资料

用数据说明电器工业2014年的整体发展情况，以及各重点企业的经济运行情况

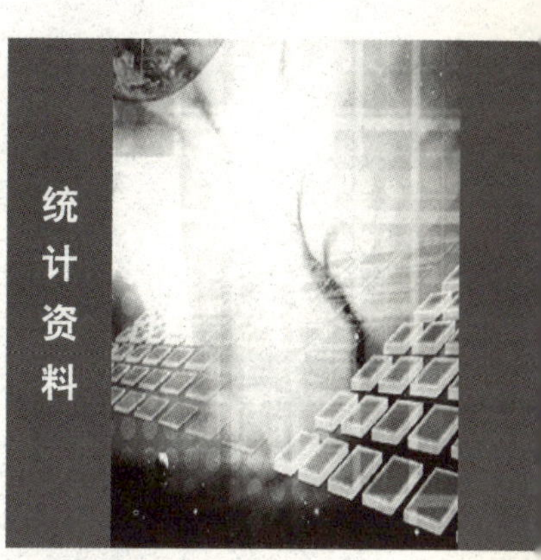

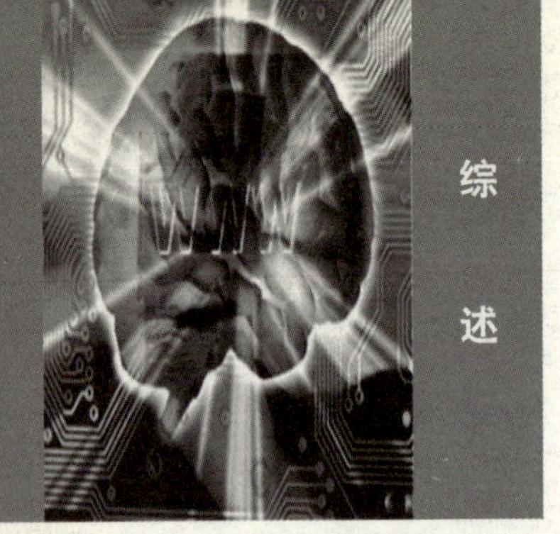

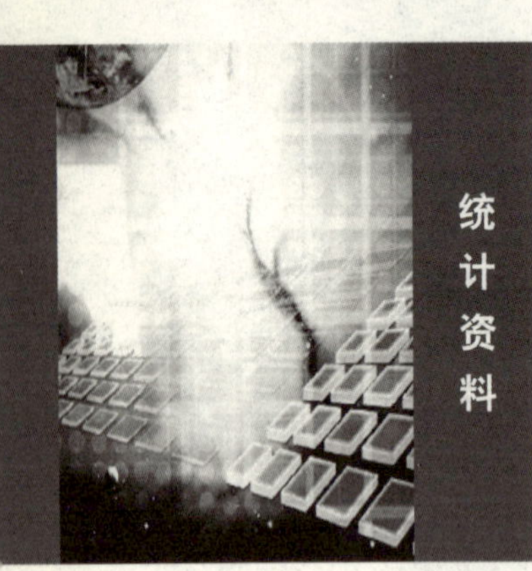

统计资料

电工电器工业行业企业主要经济指标（2014年）

企业名称	工业总产值（万元）	其中：新产品产值（万元）	工业销售产值（万元）	其中：出口交货值（万元）	全年从业人员平均人数（人）	年末资产总计（万元）	年末负债总计（万元）
电工电器工业行业（337家）	**41 593 723**	**19 999 898**	**39 931 993**	**3 003 238**	**343 795**	**67 389 732**	**42 675 505**
锅炉及辅助设备制造（22家）	**4 173 417**	**2 998 734**	**4 170 831**	**281 358**	**28 030**	**8 452 815**	**6 316 826**
大型企业（9家）	**3 906 369**	**2 869 893**	**3 903 120**	**271 996**	**24 152**	**7 984 839**	**6 044 625**
北京巴布科克威尔科克斯有限公司	220 512	93 433	220 512	48 697	2 142	518 775	421 134
太原锅炉集团有限公司	110 278	63 817	101 104		2 192	250 010	187 293
哈尔滨锅炉厂有限责任公司	812 302	649 303	814 447	88 714	5 574	2 015 996	1 526 695
上海锅炉厂有限公司	880 033	871 594	884 952	1 075	2 572	1 432 575	1 236 095
无锡华光锅炉股份有限公司	167 222	118 631	169 462	26 076	1 261	279 561	152 686
济南锅炉集团有限公司	80 327	5 875	80 327	507	1 776	155 523	118 776
华西能源工业股份有限公司	324 126		320 061		1 846	742 590	462 623
四川川润股份有限公司	89 000		89 000		1 632	188 585	66 496
东方电气集团东方锅炉股份有限公司	1 222 569	1 067 240	1 223 255	106 927	5 157	2 401 224	1 872 827
中型企业（5家）	**126 573**	**80 953**	**133 183**	**7 240**	**2 649**	**285 992**	**170 160**
大连锅炉集团有限公司	26 108	15 764	26 730	4 326	420	38 800	13 528
安徽金鼎锅炉股份有限公司	65 047	49 442	63 662	1 919	514	119 081	52 424
山东华源锅炉有限公司	8 424	7 580	15 587	706	430	35 927	24 347
长沙锅炉厂有限责任公司	12 756	4 448	12 966		588	53 726	53 226
四川东方锅炉工业锅炉集团有限公司	14 238	3 719	14 238	289	697	38 458	26 636
小型企业（8家）	**140 475**	**47 888**	**134 528**	**2 122**	**1 229**	**181 984**	**102 041**
北京北锅环保设备有限公司	7 529		7 529		198	8 949	3 973
上海克莱德贝尔格曼机械有限公司	53 415	5 025	51 337	2 122	190	55 618	36 548
杭州杭锅工业锅炉有限公司	43 682	41 752	42 741		242	83 062	42 325
衢州市大通锅炉有限公司	2 711	386	2 884		105	5 037	1 270
自贡东方热能锅炉设备制造有限公司	16 714		16 634		138	3 642	2 514
自贡东联锅炉有限公司	5 232	725	5 232		200	16 057	8 316
新疆西电昌峰锅炉有限责任公司	9 000		6 472		82	6 981	4 673
新疆新天锅炉容器制造有限公司	2 192		1 699		74	2 638	2 421
汽轮机及辅机制造（7家）	**3 650 456**	**2 273 741**	**3 629 198**	**316 266**	**32 136**	**10 391 468**	**8 562 851**
大型企业（5家）	**3 594 264**	**2 270 526**	**3 575 378**	**316 266**	**31 744**	**10 352 158**	**8 528 771**
哈尔滨汽轮机厂有限责任公司	423 394	198 611	404 625	65 555	6 310	1 243 491	1 217 978
上海电气电站设备有限公司	1 058 237	737 397	1 051 606	79 169	6 015	1 942 827	1 526 153
南京汽轮机(集团)有限责任公司	261 737	128 121	262 160	15 062	2 853	597 482	377 873
杭州汽轮动力集团有限公司	481 623	238 668	487 714	41 159	5 460	2 767 269	1 966 523
东方电气集团东方汽轮机有限公司	1 369 273	967 729	1 369 273	115 321	11 106	3 801 089	3 440 243

（续）

企业名称	工业总产值（万元）	其中：新产品产值（万元）	工业销售产值（万元）	其中：出口交货值（万元）	全年从业人员平均人数（人）	年末资产总计（万元）	年末负债总计（万元）
小型企业（2家）	**56 192**	**3 215**	**53 820**		**392**	**39 311**	**34 080**
上海益达机械有限公司	50 440		50 440		287	34 600	30 756
成都龙科重型机械制造有限公司	5 752	3 215	3 380		105	4 711	3 324
水轮机及辅机制造（9家）	**1 048 824**	**594 961**	**1 033 889**	**215 476**	**13 057**	**2 112 046**	**1 269 470**
大型企业（1家）	**702 911**	**454 729**	**702 911**	**106 129**	**8 631**	**1 411 360**	**990 572**
东方电气集团东方电机有限公司	702 911	454 729	702 911	106 129	8 631	1 411 360	990 572
中型企业（7家）	**339 820**	**135 666**	**326 913**	**109 245**	**4 269**	**688 295**	**266 990**
上海福伊特水电设备有限公司	90 531		90 531		599	135 580	71 728
通用电器能源(杭州)有限公司	59 551	1 200	59 761	56 080	536	97 030	16 204
浙江富春江水电设备股份有限公司	51 010	45 832	51 009	32 028	921	200 456	25 599
东芝水电设备(杭州)有限公司	76 312	43 493	72 582	13 980	993	133 900	88 954
浙江金轮机电实业有限公司	26 150	23 262	26 380	7 157	480	61 640	34 533
浙江临海机械有限公司	8 266	2 279	8 351		380	11 224	3 022
宜宾富源发电设备有限公司	28 000	19 600	18 299		360	48 465	26 951
小型企业（1家）	**6 093**	**4 566**	**4 065**	**102**	**157**	**12 391**	**11 908**
邵阳恒远资江水电设备有限公司	6 093	4 566	4 065	102	157	12 391	11 908
风能原动设备制造（2家）	**60 541**	**48 081**	**86 101**		**375**	**310 671**	**96 297**
中型企业（1家）	**48 081**	**48 081**	**73 641**		**351**	**97 344**	**77 386**
天津东汽风电叶片工程有限公司	48 081	48 081	73 641		351	97 344	77 386
小型企业（1家）	**12 460**		**12 460**		**24**	**213 327**	**18 911**
宁夏运达风电有限公司	12 460		12 460		24	213 327	18 911
金属切割及焊接设备制造（7家）	**422 305**	**133 374**	**438 865**	**134 813**	**5 106**	**439 712**	**149 371**
大型企业（2家）	**395 465**	**128 448**	**413 167**	**134 801**	**4 611**	**394 228**	**120 412**
浙江天喜实业集团有限公司	187 336	109 446	167 817	121 777	1 646	67 812	27 090
大西洋焊接材料有限公司	208 129	19 002	245 350	13 024	2 965	326 416	93 322
小型企业（5家）	**26 840**	**4 926**	**25 698**	**12**	**495**	**45 484**	**28 959**
上海梅达焊接设备有限公司	5 800	1 364	5 446	12	80	5 425	3 282
山东飞乐焊业有限公司	2 200		2 251		118	3 961	3 947
银川舟舰钣焊制造有限公司	10 617		10 999		132	15 098	8 119
吴忠市黄河电焊机有限公司	3 911	3 009	3 773		78	1 795	391
新疆威奥科技股份有限公司	4 312	553	3 229		87	19 205	13 220
烘炉、熔炉及电炉制造（2家）	**4 325**		**3 734**		**286**	**47 069**	**55 111**
小型企业（2家）	**4 325**		**3 734**		**286**	**47 069**	**55 111**
北京京仪世纪电子股份有限公司	3 652		3 066		226	31 440	41 684
宁波东方加热设备有限公司	673		668		60	15 629	13 427
发电机及发电机组制造（19家）	**2 192 466**	**1 795 380**	**2 239 171**	**223 401**	**14 486**	**4 295 855**	**3 095 174**
大型企业（3家）	**1 890 856**	**1 677 425**	**1 931 459**	**181 399**	**9 253**	**3 369 960**	**2 699 826**
北京北重汽轮电机有限责任公司	76 248	36 282	76 248	2 295	1 788	208 312	148 413
哈尔滨电机厂有限责任公司	407 485	234 020	477 007	163 739	5 926	106 585	757 516
新疆金风科技股份有限公司	1 407 123	1 407 123	1 378 204	15 365	1 539	3 055 063	1 793 897

（续）

企业名称	工业总产值（万元）	其中：新产品产值（万元）	工业销售产值（万元）	其中：出口交货值（万元）	全年从业人员平均人数（人）	年末资产总计（万元）	年末负债总计（万元）
中型企业（6家）	**152 885**	**111 415**	**167 580**	**14 093**	**3 707**	**773 273**	**311 843**
北京京城新能源有限公司	51 008	45 000	65 747		497	187 239	124 830
天津市天发重型水电设备制造有限公司	31 701	30 694	31 701	4 391	822	148 759	83 650
志诚动力科技(杭州)有限公司	15 524	2 696	16 410	182	382	30 289	22 220
浙江临海浙富电机有限公司	10 552	5 437	10 165	4 724	312	29 441	8 113
湖南零陵恒远发电设备有限公司	7 773	5 800	5 757	825	340	285 401	19 901
哈尔滨电机厂(昆明)有限责任公司	36 327	21 788	37 800	3 971	1 354	92 144	53 130
小型企业（10家）	**148 725**	**6 540**	**140 132**	**27 909**	**1 526**	**152 622**	**83 505**
天津天发发电设备制造有限公司	13 581	714	15 109	4 320	83	8 059	6 481
上海马拉松·革新电气有限公司	25 462		25 239		176	40 750	5 477
上海伊华电站工程有限公司	3 641		3 492		26	4 679	187
莫利电机(嘉兴)有限公司	12 565		12 252	10 440	257	9 108	2 129
浙江省金华市电机实业有限公司	10 954		9 248	8 532	202	14 665	9 163
湖南汉龙水电设备有限公司	8 361	5 826	8 361	4 601	215	18 995	14 540
湖南省冷水滩电线电缆有限公司	9 480		9 525		188	4 484	2 480
昆明电工厂有限责任公司	4 359		4 279	16	210	3 478	5 531
新疆双瑞风电叶片有限公司	27 182		19 487		147	30 927	25 681
新疆北车能源装备有限公司	33 140		33 140		22	17 476	11 837
电动机制造（27家）	**3 765 237**	**1 715 514**	**3 740 699**	**294 414**	**39 086**	**6 334 077**	**4 198 882**
大型企业（8家）	**3 247 292**	**1 617 562**	**3 207 852**	**220 491**	**31 016**	**5 691 483**	**3 758 157**
西门子电气传动有限公司	179 324		177 641	89 845	1 382	133 217	
上海电气集团上海电机厂有限公司	247 186	174 406	235 800	25 313	2 683	375 963	230 997
卧龙控股集团有限公司	1 277 794	460 278	1 269 996	67 262	7 219	1 580 834	664 558
浙江京马电机有限公司	97 174	76 446	96 992	2 911	1 037	81 825	50 775
六安江淮电机有限公司	146 018	94 912	146 029	2 804	1 309	88 198	27 121
南阳防爆集团股份有限公司	222 791	144 421	219 710	12 585	3 548	280 366	126 687
湘电集团有限公司	929 651	640 505	917 516	19 666	12 043	3 016 266	2 565 523
西安泰富西玛电机有限公司	147 354	26 594	144 168	105	1 795	134 814	92 496
中型企业（11家）	**451 159**	**79 342**	**472 634**	**73 681**	**6 754**	**520 842**	**353 746**
天津市百利溢通电泵有限公司	27 055	19 207	32 069	28 419	360	18 973	6 725
山西电机制造有限公司	16 259	4 860	14 740	1 178	936	101 741	60 054
泰豪沈阳电机有限公司	9 634	6 744	9 011	1 500	718	73 270	67 856
大连天元电机股份有限公司	23 010	859	22 760		336	68 040	41 426
上海ABB电机有限公司	94 035		105 767	30 947	766	52 853	29 151
安徽皖南电机股份有限公司	175 011	29 751	173 686	3 242	858	70 777	37 983
淄博牵引电机集团股份有限公司	5 296		4 896		352	20 329	19 515
山东省源通机械股份有限公司	13 773		13 516	6 941	568	10 374	4 239
德州恒力电机有限责任公司	18 670		17 992		688	31 885	23 892
长沙电机厂有限责任公司	44 346	1 072	54 618	1 454	546	57 982	54 134
四川宜宾力源电机有限公司	24 070	16 849	23 579		626	14 618	8 773

（续）

企业名称	工业总产值（万元）	其中：新产品产值（万元）	工业销售产值（万元）	其中：出口交货值（万元）	全年从业人员平均人数（人）	年末资产总计（万元）	年末负债总计（万元）
小型企业（8家）	**66 786**	**18 610**	**60 213**	**242**	**1 316**	**121 752**	**86 978**
山西防爆电机（集团）有限公司	6 490		6 550		231	36 871	36 794
大连电机集团有限公司	11 142	4 074	10 721		252	38 010	14 175
大连洪成电机有限公司	1 669		1 836		50	3 251	2 187
上海电气先锋电机有限公司	20 323	14 300	20 003		222	12 897	11 954
浙江华年电机股份有限公司	4 415		4 315		129	9 696	6 839
杭州恒力电机制造有限公司	8 896		8 638		246	6 522	2 699
杭州调速电机厂	739		730	242	40	1 493	1 010
宁夏鑫瑞特电机机械制造有限公司	13 112	236	7 420		146	13 012	11 320
微电机及其他电机制造（5家）	**527 901**	**280 030**	**496 037**	**23 054**	**4 523**	**713 941**	**323 901**
大型企业（1家）	**220 451**	**44 837**	**200 474**	**6 333**	**2 809**	**400 108**	**160 233**
哈电集团佳木斯电机股份有限公司	220 451	44 837	200 474	6 333	2 809	400 108	160 233
中型企业（2家）	**302 968**	**233 432**	**291 238**	**16 225**	**1 610**	**307 765**	**157 449**
杭州富生电器股份有限公司	259 742	232 062	254 228	6 429	617	194 767	123 484
浙江方正电机股份有限公司	43 226	1 370	37 010	9 796	993	112 998	33 965
小型企业（2家）	**4 482**	**1 761**	**4 325**	**496**	**104**	**6 068**	**6 219**
北京敬业北微节能电机有限公司	1 761	1 761	1 761		17	1 025	1 887
浙江丽水速诚电机制造的限公司	2 721		2 564	496	87	5 043	4 332
风动和电动工具制造（6家）	**292 961**	**47 438**	**325 458**	**122 183**	**5 224**	**387 840**	**157 199**
大型企业（2家）	**232 952**	**39 136**	**270 033**	**71 560**	**3 975**	**297 579**	**98 890**
博世电动工具（中国）有限公司	185 189	5 556	223 870	25 397	2 851	237 890	71 216
浙江华丰电动工具有限公司	47 763	33 580	46 163	46 163	1 124	59 690	27 673
中型企业（1家）	**42 650**	**6 260**	**38 093**	**35 528**	**815**	**72 704**	**51 204**
浙江恒友机电有限公司	42 650	6 260	38 093	35 528	815	72 704	51 204
小型企业（3家）	**17 359**	**2 042**	**17 332**	**15 095**	**434**	**17 556**	**7 105**
杭州潇潇五金工具有限公司	8 846		8 823	8 823	74	5 444	357
浙江金一电动工具有限公司	6 313	842	6 409	6 272	281	6 630	1 713
浙江众环机电设备有限公司	2 200	1 200	2 100		79	5 483	5 035
电工机械专用设备制造（5家）	**175 818**	**40 610**	**162 792**	**5 758**	**1 629**	**215 763**	**133 209**
中型企业（2家）	**148 708**	**30 645**	**138 083**	**5 553**	**1 160**	**156 368**	**108 428**
辽宁东港电磁线有限公司	101 883		100 801		539	43 171	23 856
合肥神马科技集团有限公司	46 825	30 645	37 282	5 553	621	113 197	84 572
小型企业（3家）	**27 110**	**9 965**	**24 709**	**205**	**469**	**59 395**	**24 781**
汕头机械（集团）公司	1 315		1 351		186	9 043	7 644
德阳东佳港机电设备有限公司	16 004	9 965	13 679	205	225	19 853	10 054
宁夏盈谷实业股份有限公司	9 791		9 679		58	30 499	7 083
变压器、整流器和电感器制造（51家）	**3 765 062**	**1 952 453**	**3 589 740**	**235 482**	**26 865**	**7 092 820**	**3 783 817**
大型企业（5家）	**1 993 658**	**1 051 383**	**2 012 110**	**158 886**	**11 110**	**5 040 370**	**2 499 526**
特变电工沈阳变压器集团有限公司	503 079	274 631	502 085	82 269	3 091	991 925	518 970
大连第一互感器有限责任公司	70 229	22 768	78 081	550	1 601	159 228	47 733

（续）

企业名称	工业总产值（万元）	其中：新产品产值（万元）	工业销售产值（万元）	其中：出口交货值（万元）	全年从业人员平均人数（人）	年末资产总计（万元）	年末负债总计（万元）
特变电工衡阳变压器有限公司	643 841	642 891	636 377	66 400	2 127	480 408	203 356
云南通变电器有限公司	76 273	18 170	70 154	1 851	1 141	93 214	45 413
特变电工股份有限公司	700 236	92 923	725 413	7 816	3 150	3 315 596	1 684 054
中型企业（18 家）	**1 107 378**	**729 752**	**1 045 962**	**64 110**	**11 089**	**1 440 962**	**935 640**
天津市特变电工变压器有限公司	48 848	34 194	48 842		615	78 328	36 232
辽宁易发式电气设备有限公司	22 430	22 430	21 035	10 870	300	31 603	27 204
丹东欣泰电气股份有限公司	46 853		46 853	1 281	514	74 789	37 031
哈尔滨变压器有限责任公司	23 127	13 468	23 058		558	66 331	33 968
上海 MWB 互感器有限公司	24 500		26 377	15 331	398	32 474	10 974
杭州钱江电气集团股份有限公司	93 129	57 436	95 416	7 392	832	106 425	67 639
浙江天际互感器有限公司	12 260	9 807	12 260		1 481	26 230	6 966
合肥 ABB 变压器有限公司	71 028		71 036	3 321	513	60 735	33 982
天威保变（合肥）变压器有限公司	54 469	40 948	58 146		637	104 217	84 217
西电济南变压器股份有限公司	44 780	38 008	39 768	3 460	664	132 025	80 684
山东达驰电气有限公司	323 700	258 960	311 820		965	265 333	221 897
明珠电气有限公司	76 009	66 127	61 905	537	575	92 704	62 737
海鸿电气有限公司	78 250	61 817	61 610	3 285	781	60 322	51 382
四川东方变压器集团有限公司	19 574	8 025	19 202	54	318	33 159	14 400
天威云南变压器电气股份有限公司	68 256	56 237	52 107	15 515	772	106 555	65 502
西安中扬电气股份有限公司	18 483	15 034	15 797		327	46 506	26 189
陕西汉中变压器有限责任公司	31 869	14 341	30 580	3 064	475	60 592	41 039
卧龙电气银川变压器有限公司	49 813	32 920	50 150		364	62 634	33 597
小型企业（28 家）	**664 026**	**171 318**	**531 668**	**12 486**	**4 666**	**611 488**	**348 652**
北京天路时代电气设备有限责任公司	32		32		18	1 344	946
大连互感器有限公司	1 825	1 100	725		79	19 977	18 686
辽宁华冶集团发展有限公司	36 320		36 320		232	87 786	47 891
上海电气阿尔斯通宝山变压器有限公司	3 021		22 000	10 525	150	48 550	18 558
上海 ABB 变压器有限公司	54 448		54 900	1 207	223	34 910	24 518
上海南桥变压器有限责任公司	25 928	23 691	26 666		283	20 299	6 891
宁波三爱互感器有限公司	3 770	260	3 668		143	5 857	2 832
浙江格林电气有限公司	133 195		3 000		44	9 292	3 978
浙江龙祥电气有限公司	6 518		4 530	262	57	4 852	1 300
衢州杭甬变压器有限公司	35 953	18 148	35 503		209	31 296	15 168
浙江科升电力设备有限公司	2 820	1 720	2 350		63	3 146	1 773
浙江联能电气有限公司	12 060	12 060	6 440		68	9 004	6 380
安庆变压器有限公司	5 031		4 580		176	11 020	7 249
山东临清益和变压器有限公司	70 297	6 232	69 553		63	9 219	3 573
山东计保电气有限公司	11 789		11 758	126	165	8 083	1 755
济南西电特种变压器有限公司	28 872		28 055		290	30 777	15 719
衡阳市南方互感器有限公司	5 307		4 831	214	147	12 867	13 120

（续）

企业名称	工业总产值（万元）	其中：新产品产值（万元）	工业销售产值（万元）	其中：出口交货值（万元）	全年从业人员平均人数（人）	年末资产总计（万元）	年末负债总计（万元）
华翔翔能电气股份有限公司	49 599	25 200	49 599		294	15 231	7 093
常德国力变压器有限公司	11 053	9 970	10 995		298	10 334	2 932
广州广高高压电器有限公司	24 608	24 608	21 033		249	48 346	32 463
广州南方电力集团电器有限公司	24 476		23 285		275	24 449	20 415
东方日立（成都）电控设备有限公司	28 721	28 721	25 644		275	41 260	28 644
成都双星变压器有限公司	17 718	17 718	17 186	152	200	38 638	2 599
四川宜宾中源电力变压器有限公司	12 930		12 930		88	3 526	2 972
云南昆变电气有限公司	33 422	1 890	34 898		212	31 583	28 686
新疆新特顺电力设备有限责任公司	10 042		7 925		108	11 796	4 511
新疆升晟股份有限公司	13 643		12 483		236	37 319	27 924
新疆新特顺京隆电力设备有限公司	628		779		21	728	76
电容器及其配套设备制造（6 家）	**56 902**	**18 009**	**55 292**		**1 067**	**89 451**	**40 217**
中型企业（1 家）	**11 349**	**6 190**	**11 383**		**302**	**20 360**	**4 683**
新东北电气（锦州）电力电容器有限公司	11 349	6 190	11 383		302	20 360	4 683
小型企业（5 家）	**45 553**	**11 819**	**43 909**		**765**	**69 091**	**35 534**
牡丹江北方高压电瓷有限责任公司	3 254	1 153	2 230		138	6 485	4 344
上海库柏电力电容器有限公司	17 242		18 488		124	26 846	14 064
建德市新安江电力电容器有限公司	5 436	2 458	5 309		92	5 946	2 913
常德市天马电气成套设备有限公司	9 600		9 600		121	9 254	3 943
中山市泰峰电气有限公司	10 021	8 208	8 282		290	20 561	10 270
配电开关控制设备制造（70 家）	**7 495 105**	**2 336 408**	**7 089 219**	**312 348**	**73 731**	**10 227 453**	**4 923 039**
大型企业（8 家）	**4 932 679**	**1 803 164**	**4 914 010**	**199 019**	**54 158**	**7 906 113**	**3 731 269**
新东北电气集团高压开关有限公司	229 043	224 301	270 867	21 155	4 962	627 962	400 853
常熟开关制造有限公司	182 592	148 732	180 095	60	1 676	197 684	85 226
宁波天安（集团）股份有限公司	326 623	115 397	302 815	7 411	2 305	527 657	374 741
德力西集团有限公司	1 172 556	170 372	1 112 750	25 335	11 169	960 809	539 970
平高集团有限公司	723 955	253 810	718 974	27 566	7 882	1 591 917	844 884
广州白云电器设备股份有限公司	113 565	81 944	110 985	13 059	1 226	230 656	10 826
四川川开实业发展有限公司	304 148	89 011	283 521	18 256	1 800	182 179	48 258
中国西电集团公司	1 880 197	719 597	1 934 003	86 177	23 138	3 587 249	1 426 511
中型企业（22 家）	**1 734 292**	**394 354**	**1 696 287**	**110 827**	**13 785**	**1 572 806**	**821 483**
北京 ABB 高压开关设备有限公司	188 772		193 780	17 836	692	157 701	69 384
北京北开电气股份有限公司	93 059	30 155	88 784	3 847	971	105 121	95 238
北京 ABB 低压电器有限公司	71 155	12 939	69 623	11 232	721	57 323	26 024
锦州锦开电器集团有限责任公司	14 094	6 849	16 775		1 836	44 443	28 210
哈尔滨九洲电器股份有限公司	21 012	8 908	17 450	169	424	111 233	34 091
上海电器股份有限公司人民电器厂	137 247	76 785	124 610	3 272	961	57 947	41 091
上海西门子线路保护系统有限公司	41 111	5 753	40 902	12 650	740	26 920	8 792
上海西门子开关有限公司	94 582		94 582	7 881	618	61 101	30 741
上海施耐德工业控制有限公司	132 322		132 322	5 981	774	54 620	29 197

（续）

企业名称	工业总产值（万元）	其中：新产品产值（万元）	工业销售产值（万元）	其中：出口交货值（万元）	全年从业人员平均人数（人）	年末资产总计（万元）	年末负债总计（万元）
上海施耐德配电电器有限公司	246 275		246 275	43 339	316	112 199	65 181
上海大华电器设备有限公司	47 422	36 527	49 005		331	35 544	21 056
上海南华兰陵电气有限公司	86 563		78 029		315	42 249	19 991
浙江开关厂有限公司	118 268	41 000	121 146		836	145 140	112 178
宁波华通电器集团股份有限公司	70 518	38 079	66 092		687	62 123	33 900
西门子（杭州）高压开关有限公司	48 672		50 054	1 844	301	62 766	24 481
杭州欣美成套电器制造有限公司	46 566	16 831	39 800		322	38 472	22 451
日升集团有限公司	57 527	35 185	57 019		513	50 731	14 109
湖南省长高高压开关集团股份公司	55 786	6 984	52 752	1 730	632	139 285	20 988
广东正超电气有限公司	17 855	12 810	17 855		305	16 324	2 679
云南云开电气股份有限公司	36 033	24 565	36 005	1 046	763	64 123	37 951
宁夏力成电气集团有限公司	58 590	38 970	58 404		342	65 759	36 712
新疆新华能电气股份有限公司	50 863	2 014	45 023		385	61 682	47 039
小型企业（40家）	**828 134**	**138 890**	**478 922**	**2 502**	**5 788**	**748 533**	**370 286**
北京宏达日新电机有限公司	7 086	6 391	5 744	1 723	143	34 962	8 812
北京京仪敬业电工科技有限公司	8 403	5 190	8 496	414	231	28 363	10 228
天津百利特精电气股份有限公司	33 641		40 104	364	170	168 959	77 959
天津市百利电气有限公司	6 770	6 767	5 055		225	20 413	11 024
天津市百利开关设备有限公司	5 723		5 839		123	12 644	4 066
瓦房店防爆电器有限公司	243		229		37	1 196	64
瓦房店高压开关有限公司	2 590		2 681		103	22 474	788
上海电瓷厂	12 017	6 051	10 534	1	183	9 593	3 967
上海电器陶瓷厂有限公司	13 125	8 000	13 534		219	8 117	3 173
上海纳杰电气成套有限公司	55 119	18 643	43 061		237	29 271	19 921
宁波开关电器制造有限公司	3 021	35	2 640		112	4 971	1 854
杭州杭开电气有限公司	30 090		30 090		209	36 771	21 691
浙江时通电气制造有限公司	18 795	11 617	18 795		258	26 240	15 389
浙宝电气（杭州）集团有限公司	16 820	10 103	16 763		237	34 937	22 144
浙江申光电气有限公司	1 033	1 006	1 034		47	4 578	2 374
杭州电力设备制造有限公司	370 134	22 221	39 096		199	33 810	19 155
余姚市电力设备修造厂	18 745	381	17 961		190	25 888	8 769
慈溪市大明电气设备成套有限公司	17 727		18 094		113	3 689	3 689
湖州电力设备成套有限公司	11 227		11 227		120	6 285	2 545
浙江科润电力设备有限公司	44 119	26 537	41 526		245	23 113	16 640
浙江亚东电器制造有限公司	13 644	11 621	10 243		95	6 845	5 953
山东名盾防爆装备科技有限公司	4 764		4 772		164	15 252	11 567
湖南雁能森源电力设备有限公司	7 758		6 632		122	9 536	7 531
湖南雁能配电设备有限公司	13 094	1 132	13 094		126	8 349	5 639
湖南天一电气有限公司	10 369	1 247	10 369		172	9 145	3 320
广州南洋电器有限公司	6 741	331	6 934		231	28 529	24 233

（续）

企业名称	工业总产值（万元）	其中：新产品产值（万元）	工业销售产值（万元）	其中：出口交货值（万元）	全年从业人员平均人数（人）	年末资产总计（万元）	年末负债总计（万元）
湛江高压电器有限公司	4 070	1 075	4 148		118	5 092	961
广东珠江开关有限公司	3 262	542	2 942		163	12 167	7 400
宜宾博大电器有限责任公司	3 718		3 718		72	3 722	1 679
昆明开关厂	1 804		1 809		116	8 204	5 144
宁夏国飞电气有限公司	7 140		6 903		95	12 994	5 219
远大中联控股集团有限公司	15 936		15 936		190	21 108	7 303
银川市立恒电气设备有限公司	24 025		23 722		93	7 855	1 910
新疆双新电控设备有限公司	3 644		3 339		88	6 181	3 560
新疆奎开电气有限公司	8 146		8 146		181	15 367	5 924
新疆电控设备有限责任公司	352		277		31	2 148	1 672
新疆安特电气集团股份公司	6 961		5 450		66	9 645	4 953
新疆华德利电器成套设备有限公司	4 588		4 986		42	7 724	2 229
新疆燎源成套电气有限公司	4 004		4 004		27	8 834	3 760
新疆昆仑电气有限公司	7 686		8 995		195	13 564	6 079
电力电子元器件制造（10家）	**169 102**	**45 285**	**170 160**	**7 279**	**2 452**	**366 114**	**252 271**
中型企业（2家）	**101 590**	**30 300**	**104 281**	**4 609**	**1 181**	**257 888**	**178 785**
天津神钢电机有限公司	16 047		17 207	4 609	323	8 891	3 246
杭申集团有限公司	85 543	30 300	87 074		858	248 997	175 540
小型企业（8家）	**67 512**	**14 985**	**65 879**	**2 670**	**1 271**	**108 226**	**73 486**
北京京仪椿树整流器有限责任公司	10 434	6 534	9 308	761	238	19 253	10 823
北京星原丰泰电子技术股份有限公司	2 306	1 337	2 321		173	4 758	3 170
天津机床电器有限公司	2 422	201	2 620	340	174	11 549	4 568
天津市第二继电器厂	3 041	1 117	2 907		115	1 501	1 171
天津市百利纽泰克电气科技有限公司	4 777	4 061	4 797		213	6 890	1 365
天津市百利电气配套有限公司	2 169	1 696	2 074	1 569	112	1 864	1 278
上海电气电力电子有限公司	40 005		40 005		161	60 181	50 413
宜宾志源高压电器有限公司	2 358	39	1 847		85	2 231	697
光伏设备元器件制造（3家）	**644 903**	**511 213**	**604 289**		**1 899**	**936 004**	**756 225**
大型企业（1家）	**593 277**	**479 313**	**552 678**		**1 694**	**855 169**	**688 974**
特变电工新疆新能源股份有限公司	593 277	479 313	552 678		1 694	855 169	688 974
小型企业（2家）	**51 626**	**31 900**	**51 611**		**205**	**80 835**	**67 251**
北京京仪绿能电力系统工程有限公司	49 077	31 900	49 050		136	77 773	65 456
天津威乐斯机电有限公司	2 549		2 561		69	3 062	1 795
其他输配电及控制设备制造（11家）	**3 085 481**	**1 904 437**	**2 893 049**	**409 104**	**29 528**	**4 063 930**	**2 442 326**
大型企业（3家）	**2 934 051**	**1 899 397**	**2 743 541**	**395 400**	**26 420**	**3 843 103**	**2 277 709**
北京ABB电气传动系统有限公司	327 824	213 085	332 287	39 998	1 153	254 591	133 824
正泰集团股份有限公司	2 229 629	1 517 799	2 044 834	342 083	21 807	3 279 676	1 973 291

（续）

企业名称	工业总产值（万元）	其中：新产品产值（万元）	工业销售产值（万元）	其中：出口交货值（万元）	全年从业人员平均人数（人）	年末资产总计（万元）	年末负债总计（万元）
人民电器集团有限公司	376 598	168 513	366 420	13 319	3 460	308 836	170 594
中型企业（4 家）	**111 208**	**5 040**	**110 214**	**13 704**	**2 519**	**181 778**	**149 420**
哈尔滨电气集团阿城继电器有限责任公司	12 736	5 040	12 555	4 922	1 029	33 071	30 670
上海西门子高压开关有限公司	61 432		61 432	7 786	455	106 237	92 917
山东淄博电瓷厂有限公司	9 977		9 164	996	360	7 342	5 847
新疆华隆油田科技股份有限公司	27 063		27 063		675	35 128	19 986
小型企业（4 家）	**40 222**		**39 294**		**589**	**39 049**	**15 197**
大连亿德电瓷金具有限责任公司	2 377		1 922		147	2 217	1 556
阜新封闭母线有限责任公司	5 419		5 819		154	10 925	4 474
浙江三辰电器有限公司	31 256		30 569		235	23 858	7 551
宁夏大有电器有限公司	1 170		984		53	2 050	1 615
电线电缆制造（46 家）	**8 506 729**	**2 627 066**	**7 745 073**	**317 833**	**41 711**	**8 749 895**	**5 021 101**
大型企业（9 家）	**5 415 870**	**1 961 386**	**5 292 466**	**274 673**	**30 194**	**6 337 824**	**3 564 826**
远东控股集团有限公司	2 594 400	1 042 500	2 542 515	76 946	7 610	2 614 859	1 944 013
万马联合控股集团有限公司	581 798	440 647	583 926	41 961	4 790	948 620	622 607
安徽天康（集团）股份有限公司	448 641	277 463	448 606	5 787	4 134	250 543	186 376
绿宝电缆（集团）有限公司	117 641		116 010		1 109	18 543	7 826
安徽蓝德集团股份有限公司	386 659		386 659	1 162	1 357	1 017 323	126 773
山东阳谷电缆集团有限公司					1 982	345 962	61 659
金杯电工股份有限公司	425 699	182 698	382 583	20	1 836	285 997	72 392
广州电气装备集团有限公司	747 329	16 795	722 473	148 797	6 072	718 093	450 954
昆明电缆集团股份有限公司	113 703	1 283	109 694		1 304	137 883	92 226
中型企业（16 家）	**2 392 879**	**525 892**	**1 760 649**	**17 068**	**9 075**	**1 573 877**	**884 161**
上海华普电缆有限公司	135 739	2 000	130 068		668	81 346	46 404
杭州电缆有限公司	269 461	108 241	268 045	1 654	869	265 380	182 744
杭州华新电力线缆有限公司	56 415		52 848		315	97 827	68 317
杭州早川电线有限公司	31 113	25 722	30 410	8 016	716	23 995	8 406
浙江万能集团	633 381		55 970		307	63 074	29 872
安徽电缆股份有限公司	201 403	100 491	201 396		562	79 779	38 461
安徽华菱电缆集团有限公司	110 854	10 760	109 684		502	126 363	85 501
安徽江淮电缆集团有限公司	122 505	75 952	122 505		528	184 345	79 168
安徽华星电缆集团有限公司	80 012	7 911	78 412		437	67 943	25 420
江西南缆集团有限公司	77 907	6 870	75 100	6 022	671	53 011	30 968
长缆电工科技股份有限公司	46 890	7 778	41 546	1 356	669	83 050	31 473
金杯电工衡阳电缆有限公司	203 918	126 599	195 222	20	889	134 239	56 447
衡阳恒飞电缆有限责任公司	170 478	20 391	143 942		565	79 916	58 815
湖南华凌线缆股份有限公司	110 295	26 187	110 226		542	100 091	53 873

（续）

企业名称	工业总产值（万元）	其中：新产品产值（万元）	工业销售产值（万元）	其中：出口交货值（万元）	全年从业人员平均人数（人）	年末资产总计（万元）	年末负债总计（万元）
广东电缆厂有限公司	100 382		100 078		508	43 695	31 328
广州岭南电缆股份有限公司	42 126	6 990	45 197		327	89 823	56 965
小型企业（21家）	**697 980**	**139 788**	**691 958**	**26 092**	**2 442**	**838 194**	**572 115**
北京市电线电缆总厂	1 443		2 006		75	119 737	110 829
北京电线电缆研究所	323		222	108	12	555	1 077
天津金山电线电缆股份有限	46 592	30 750	45 814		272	58 595	27 773
普睿司曼（天津）电缆有限公司	71 052		76 303	9 445	227	58 802	54 993
乐星电缆（天津）有限公司	31 355		30 749	2 212	65	13 564	7 995
辽宁宝林集团大连金州电缆有限公司	27 815		29 913		240	86 305	77 658
哈尔滨电缆（集团）有限公司	73 281		73 021		210	62 337	30 259
上海飞航电线电缆有限公司	127 461	73 755	116 732		271	73 582	52 307
淮北市天相电缆有限责任公司	18 322	3 524	18 358		71	17 004	4 669
安徽华海特种电缆集团有限公司	83 998	25 465	83 998		150	113 191	51 646
怀化湘鹤集团电缆科技股份有限公司	19 980	5 994	19 212		120	14 329	1 200
自贡市西南电线电缆制造有限公司	23 428		23 147		158	27 329	24 033
云南红河瑞捷电工有限公司	6 663		5 892		88	9 106	6 460
云南巨力线缆制造有限公司	20 225		17 439	9 084	74	30 258	13 921
宁夏隆达电缆有限公司	8 739		10 083		61	6 299	3 404
上海胜华（集团）宁夏电缆有限公司	26 185		24 739		58	12 936	8 502
宁夏硕邦电线电缆有限公司	5 675	300	5 645	5 243	45	8 795	2 145
宁夏瑞银有色金属科技有限公司	88 870		91 980		83	39 123	22 486
新疆百商电线电缆有限公司	6 302		6 722		78	73 921	62 281
新疆五元电线电缆厂	1 993		1 705		54	7 028	5 071
新疆博源线缆有限公司	8 278		8 278		30	5 400	3 407
特种陶瓷制品制造（1家）	**50 612**	**30 367**	**53 332**	**14 089**	**1 522**	**117 951**	**47 860**
大型企业（1家）	**50 612**	**30 367**	**53 332**	**14 089**	**1 522**	**117 951**	**47 860**
大连电瓷集团股份有限公司	50 612	30 367	53 332	14 089	1 522	117 951	47 860
石墨及碳素制品制造（3家）	**37 228**	**18 935**	**37 594**	**15 916**	**1 151**	**91 194**	**54 845**
中型企业（2家）	**32 416**	**18 935**	**32 416**	**13 195**	**1 038**	**83 839**	**53 730**
哈尔滨电碳厂	6 106		6 106		468	31 838	25 701
浙江国泰密封材料股份有限公司	26 310	18 935	26 310	13 195	570	52 001	28 029
小型企业（1家）	**4 812**		**5 178**	**2 721**	**113**	**7 356**	**1 114**
天津市中环天佳电子有限公司	4 812		5 178	2 721	113	7 356	1 114
其他原动设备制造（3家）	**85 391**	**68 007**	**80 183**		**807**	**240 228**	**130 154**
中型企业（1家）	**58 027**	**57 797**	**52 920**		**615**	**212 075**	**122 311**
上海第一机床厂有限公司	58 027	57 797	52 920		615	212 075	122 311
小型企业（2家）	**27 364**	**10 210**	**27 263**		**192**	**28 153**	**7 843**
克里特集团限公司	15 868	10 210	15 868		100	17 943	5 050

（续）

企业名称	工业总产值（万元）	其中：新产品产值（万元）	工业销售产值（万元）	其中：出口交货值（万元）	全年从业人员平均人数（人）	年末资产总计（万元）	年末负债总计（万元）
宁夏塞上阳光太阳能有限公司	11 496		11 395		92	10 210	2 793
绝缘制品制造（8家）	**247 948**	**94 835**	**198 460**	**19 107**	**4 179**	**426 184**	**152 387**
大型企业（1家）	**195 715**	**78 286**	**145 253**	**14 222**	**1 896**	**299 367**	**58 573**
四川东材科技集团股份有限公司	195 715	78 286	145 253	14 222	1 896	299 367	58 573
中型企业（3家）	**30 149**	**11 467**	**29 743**	**4 665**	**1 491**	**78 641**	**59 446**
抚顺华泰电瓷电气制造有限公司	13 997	10 420	13 751	3 134	491	57 169	41 455
哈尔滨庆缘电工材料股份有限公司	6 263	1 047	6 222		395	6 359	5 191
山东合太恒科技股份有限公司	9 889		9 770	1 531	605	15 113	12 799
小型企业（4家）	**22 084**	**5 082**	**23 464**	**220**	**792**	**48 176**	**34 368**
北京北益电工绝缘制品有限公司	5 174		4 814	220	109	4 485	2 973
自贡红星高压电瓷有限公司	3 267		5 149		273	21 844	17 856
四川迪弗电工科技有限公司	8 561		8 561		203	10 347	5 122
新疆新能天宁电工绝缘材料有限公司	5 082	5 082	4 940		207	11 500	8 417
其他电池制造（9家）	**963 822**	**388 247**	**917 657**	**16 691**	**12 564**	**1 128 335**	**647 343**
大型企业（4家）	**830 875**	**341 737**	**786 403**	**16 115**	**10 693**	**1 014 537**	**540 765**
风帆股份有限公司	553 700	321 118	506 786	3 035	6 523	434 381	225 500
松下蓄电池（沈阳）有限公司	72 661		75 410	3 011	1 277	98 018	88 147
哈尔滨光宇蓄电池有限公司	121 102		119 928	6 957	1 207	365 839	160 641
淄博火炬能源有限责任公司	83 412	20 619	84 279	3 112	1 686	116 299	66 477
中型企业（3家）	**127 467**	**46 498**	**125 746**	**474**	**1 585**	**101 764**	**78 805**
天津汤浅蓄电池有限公司	16 966		16 419		337	12 146	3 419
沈阳东北蓄电池电池股份有限公司	63 766	4 187	62 592	307	900	64 625	66 663
安徽迅启蓄电池有限公司	46 735	42 311	46 735	167	348	24 993	8 723
小型企业（2家）	**5 480**	**12**	**5 508**	**102**	**286**	**12 034**	**27 773**
浙江调速电机有限公司	2 142	12	2 093	102	76	3 934	25 555
湖南丰源业翔晶科新能源股份有限公司	3 338		3 415		210	8 099	2 218
其他电工器材制造（5家）	**171 187**	**76 773**	**171 170**	**38 666**	**2 381**	**158 919**	**65 633**
大型企业（1家）	**67 970**	**40 782**	**67 387**	**34 984**	**1 236**	**46 747**	**20 704**
杭州河合电器股份有限公司	67 970	40 782	67 387	34 984	1 236	46 747	20 704
中型企业（1家）	**47 326**	**32 381**	**53 644**	**2 461**	**752**	**74 569**	**30 509**
桂林电器科学研究院有限公司	47 326	32 381	53 644	2 461	752	74 569	30 509
小型企业（3家）	**55 891**	**3 610**	**50 139**	**1 221**	**393**	**37 603**	**14 420**
上海捷锦电力新材料有限公司	5 217		5 217		80	4 470	1 537
佛山通宝精密合金股份有限公司	48 605	3 610	42 853	1 221	293	32 540	12 381
宜宾川通电器有限公司	2 069		2 069		20	593	502

〔供稿单位：中国电器工业协会行业发展与咨询部〕

2014 年中国电器工业协会各分会企业主要经济指标完成情况

2014 年大电机分会企业工业总产值排序

序号	企业名称	2014 年（万元）	2013 年（万元）	同比增长（%）
1	东方电气集团东方电机有限公司	702 911	707 291	-0.62
2	哈尔滨电机厂有限责任公司	452 239	526 528	-14.11
3	南京汽轮电机（集团）有限责任公司	365 924	284 542	28.60
4	上海电气电站设备有限公司发电机厂	280 572	301 467	-6.93
5	山东齐鲁电机有限公司	134 053	140 016	-4.26
6	兰州兰电电机有限公司	100 706	162 017	-37.84
7	北京北重汽轮电机有限责任公司	76 248	81 361	-6.28
8	哈尔滨电机厂（昆明）有限责任公司	36 327	39 110	-7.12
9	洛阳中重发电设备有限责任公司	20 075	23 627	-15.03
10	杭州杭发发电设备有限公司	19 652	25 661	-23.42
11	南宁发电设备总厂	5 017	2 073	142.02

2014 年大电机分会企业工业销售产值排序

序号	企业名称	2014 年（万元）	2013 年（万元）	同比增长（%）
1	东方电气集团东方电机有限公司	702 911	707 291	-0.62
2	哈尔滨电机厂有限责任公司	522 244	521 131	0.21
3	南京汽轮电机（集团）有限责任公司	365 909	284 540	28.60
4	上海电气电站设备有限公司发电机厂	280 572	301 467	-6.93
5	山东齐鲁电机有限公司	137 669	135 222	1.81
6	兰州兰电电机有限公司	96 505	111 929	-13.78
7	北京北重汽轮电机有限责任公司	76 248	81 361	-6.28
8	哈尔滨电机厂（昆明）有限责任公司	37 800	44 237	-14.55
9	杭州杭发发电设备有限公司	22 542	24 484	-7.93
10	洛阳中重发电设备有限责任公司	15 804	18 249	-13.40
11	南宁发电设备总厂	5 666	12 374	-54.21

2014 年汽轮机分会企业工业总产值排序

序号	企业名称	2014 年（万元）	2013 年（万元）	同比增长（%）
1	东方汽轮机有限公司	1 369 273	1 315 075	4.12
2	上海汽轮机有限公司	587 062	735 642	-20.20
3	杭州汽轮机股份有限公司	456 777	541 036	-15.57
4	哈尔滨汽轮机厂有限责任公司	423 394	362 195	16.90
5	南京汽轮电机集团有限责任公司	261 737	284 252	-7.92
6	青岛捷能汽轮机股份有限公司	195 277	179 520	8.78
7	武汉汽轮发电机厂	95 016	89 558	6.09
8	无锡透平叶片有限公司	90 886	81 955	10.90
9	北京北重汽轮电机有限责任公司	76 248	81 361	-6.28
10	广州广重企业集团有限公司	32 628	37 161	-12.20
11	洛阳发电设备厂	20 075	23 627	-15.03
12	中州汽轮机厂	16 203	20 503	-20.97

2014 年汽轮机分会企业工业销售产值排序

序号	企业名称	2014 年（万元）	2013 年（万元）	同比增长（%）
1	东方汽轮机有限公司	1 369 273	1 315 075	4.12
2	上海汽轮机有限公司	587 062	735 642	-20.20
3	杭州汽轮机股份有限公司	458 653	529 298	-13.35
4	哈尔滨汽轮机厂有限责任公司	404 625	350 000	15.61
5	南京汽轮电机集团有限责任公司	262 159	284 540	-7.87
6	青岛捷能汽轮机股份有限公司	188 766	176 085	7.20
7	无锡透平叶片有限公司	86 184	80 756	6.72
8	武汉汽轮发电机厂	85 516	75 821	12.79
9	北京北重汽轮电机有限责任公司	76 248	81 361	-6.28
10	广州广重企业集团有限公司	31 722	31 642	0.25
11	中州汽轮机厂	15 835	21 767	-27.25
12	洛阳发电设备厂	15 804	18 249	-13.40

2014 年电站锅炉分会企业工业总产值排序

序号	企业名称	2014 年（万元）	2013 年（万元）	同比增长（%）
1	东方锅炉股份有限公司	1 222 569	1 240 987	-1.48
2	上海锅炉厂有限公司	880 033	950 385	-7.40
3	哈尔滨锅炉厂有限责任公司	812 302	707 011	14.89
4	北京巴布科克威尔科克斯有限公司	220 512	205 888	7.10
5	杭州锅炉集团股份有限公司	170 630	220 042	-22.46

（续）

序号	企业名称	2014年（万元）	2013年（万元）	同比增长（%）
6	无锡华光锅炉股份有限公司	167 222	197 805	-15.46
7	四川川锅锅炉有限责任公司	119 581	102 821	16.30
8	太原锅炉集团有限公司	110 278	102 337	7.76
9	济南锅炉集团有限公司	80 327	100 029	-19.70
10	江联重工股份有限公司	71 784	101 670	-29.40

2014年电站锅炉分会企业主营业务收入排序

序号	企业名称	2014年（万元）	2013年（万元）	同比增长（%）
1	东方锅炉股份有限公司	1 224 114	1 210 944	1.09
2	哈尔滨锅炉厂有限责任公司	763 457	651 397	17.20
3	上海锅炉厂有限公司	730 204	816 347	-10.55
4	北京巴布科克威尔科克斯有限公司	220 512	205 888	7.10
5	杭州锅炉集团股份有限公司	198 893	245 749	-19.07
6	无锡华光锅炉股份有限公司	171 060	171 937	-0.51
7	四川川锅锅炉有限责任公司	114 106	95 878	19.01
8	济南锅炉集团有限公司	97 714	98 160	-0.45
9	太原锅炉集团有限公司	93 540	80 631	16.01
10	江联重工股份有限公司	75 680	100 522	-24.71

2014年电站锅炉分会企业全员劳动生产率排序

序号	企业名称	全员劳动生产率（元/人）	序号	企业名称	全员劳动生产率（元/人）
1	东方锅炉股份有限公司	400 475	6	无锡华光锅炉股份有限公司	179 774
2	杭州锅炉集团股份有限公司	392 143	7	江联重工股份有限公司	174 936
3	哈尔滨锅炉厂有限责任公司	381 424	8	四川川锅锅炉有限责任公司	110 935
4	上海锅炉厂有限公司	268 853	9	济南锅炉集团有限公司	98 800
5	北京巴布科克威尔科克斯有限公司	209 799	10	太原锅炉集团有限公司	86 414

2014年水电设备分会企业工业总产值排序

序号	企业名称	2014年（万元）	2013年（万元）	同比增长（%）
1	东方电气集团东方电机有限公司	702 911	707 291	-0.62
2	哈尔滨电机厂有限责任公司	408 475	431 930	-5.43
3	东芝水电设备（杭州）有限公司	76 312	79 061	-3.48
4	东方电气集团东风电机有限公司	59 701	55 492	7.58
5	浙江富春江水电设备有限公司	51 010	74 720	-31.73
6	宜宾富源发电设备有限公司	47 284	39 403	20.00

（续）

序号	企业名称	2014年（万元）	2013年（万元）	同比增长（%）
7	重庆云河水电股份有限公司	44 737	37 193	20.28
8	华自科技股份有限公司	42 829	41 067	4.29
9	河南瑞发水电设备有限责任公司	41 042	28 494	44.04
10	重庆赛力盟电机有限责任公司	40 517	47 435	-14.58
11	重庆水轮机厂有限责任公司	40 046	59 885	-33.13
12	哈尔滨电机厂（昆明）有限责任公司	36 327	39 110	-7.12
13	天津市天发重型水电设备制造有限公司	31 701	36 137	-12.28
14	广东鸿源众力发电设备有限公司	29 616	24 012	23.33
15	赣州发电设备成套制造有限公司	27 988	21 297	31.42
16	浙江金轮机电实业有限公司	26 150	26 030	0.46
17	杭州杭发发电设备有限公司	18 573	26 589	-30.15
18	广东南丰电气自动化有限公司	14 562	11 256	29.37
19	邵阳恒远资江水电设备有限公司	10 686	13 262	-19.42
20	浙江临海浙富电机有限公司	10 552	7 869	34.10
21	湖南山立水电设备制造有限公司	10 068	9 602	4.85
22	湖南零陵恒远发电设备有限公司	7 773	6 567	18.36
23	潮州市汇能电机有限公司	6 661	7 508	-11.28
24	江西省莲花水轮机厂有限公司	5 690	5 160	10.27
25	浙江临海机械有限公司	5 266	8 968	-41.28
26	南宁广发重工发电设备有限责任公司	5 017	2 073	142.02
27	武汉四创自动控制技术有限责任公司	3 780	2 911	29.85
28	福州方圆电机有限公司	3 096	2 760	12.17
29	福建万新发电设备有限公司	2 146	2 429	-11.65
30	重庆速达水电控制设备有限公司	1 180	1 245	-5.22
31	重庆天人自控设备有限公司	1 176	912	28.95

2014年水电设备分会企业工业增加值排序

序号	企业名称	2014年（万元）	2013年（万元）	同比增长（%）
1	东方电气集团东方电机有限公司	257 134	267 251	-3.79
2	哈尔滨电机厂有限责任公司	155 555	125 717	23.73
3	宜宾富源发电设备有限公司	40 194	33 495	20.00
4	东芝水电设备（杭州）有限公司	22 587	30 743	-26.53
5	重庆云河水电股份有限公司	16 294	13 643	19.43
6	华自科技股份有限公司	14 596	13 762	6.06
7	重庆赛力盟电机有限责任公司	14 348	14 985	-4.25
8	浙江富春江水电设备有限公司	13 990	29 356	-52.34
9	河南瑞发水电设备有限责任公司	11 560	5 693	103.06
10	重庆水轮机厂有限责任公司	10 517	12 921	-18.61
11	哈尔滨电机厂（昆明）有限责任公司	8 623	8 010	7.65
12	广东鸿源众力发电设备有限公司	7 804	5 640	38.35
13	东方电气集团东风电机有限公司	7 500	6 100	22.95
14	赣州发电设备成套制造有限公司	6 610	5 030	31.41

（续）

序号	企业名称	2014年（万元）	2013年（万元）	同比增长（%）
15	浙江金轮机电实业有限公司	5 710	6 010	-4.99
16	江西省莲花水轮机厂有限公司	4 670	4 510	3.55
17	广东南丰电气自动化有限公司	4 369	3 489	25.22
18	湖南山立水电设备制造有限公司	4 327	3 761	15.05
19	浙江临海浙富电机有限公司	4 242	2 568	65.19
20	邵阳恒远资江水电设备有限公司	4 014	5 426	-26.02
21	杭州杭发发电设备有限公司	3 529	6 243	-43.47
22	武汉四创自动控制技术有限责任公司	3 248	2 673	21.51
23	浙江临海机械有限公司	2 823	2 362	19.51
24	潮州市汇能电机有限公司	1 981	2 182	-9.21
25	福州方圆电机有限公司	1 735	1 504	15.36
26	湖南零陵恒远发电设备有限公司	990	748	32.35
27	南宁广发重工发电设备有限责任公司	665	273	143.59
28	天津市天发重型水电设备制造有限公司	-58	-7 773	

2014年水电设备分会企业工业销售产值排序

序号	企业名称	2014年（万元）	2013年（万元）	同比增长（%）
1	东方电气集团东方电机有限公司	702 911	707 291	-0.62
2	哈尔滨电机厂有限责任公司	477 007	421 406	13.19
3	东芝水电设备（杭州）有限公司	72 582	76 141	-4.67
4	东方电气集团东风电机有限公司	67 421	57 695	16.86
5	浙江富春江水电设备有限公司	51 009	74 720	-31.73
6	重庆云河水电股份有限公司	45 746	40 172	13.88
7	宜宾富源发电设备有限公司	42 556	35 463	20.00
8	河南瑞发水电设备有限责任公司	42 301	28 967	46.03
9	重庆赛力盟电机有限责任公司	42 107	45 365	-7.18
10	哈尔滨电机厂（昆明）有限责任公司	37 800	44 237	-14.55
11	华自科技股份有限公司	35 691	34 222	4.29
12	重庆水轮机厂有限责任公司	35 027	42 916	-18.38
13	天津市天发重型水电设备制造有限公司	31 701	36 137	-12.28
14	浙江金轮机电实业有限公司	26 380	26 382	-0.01
15	赣州发电设备成套制造有限公司	24 735	18 269	35.39
16	广东鸿源众力发电设备有限公司	24 684	19 185	28.66
17	杭州杭发发电设备有限公司	22 542	24 499	-7.99
18	湖南山立水电设备制造有限公司	13 424	13 145	2.12
19	广东南丰电气自动化有限公司	12 016	10 435	15.15
20	浙江临海浙富电机有限公司	10 165	7 608	33.61
21	邵阳恒远资江水电设备有限公司	9 869	12 489	-20.98
22	浙江临海机械有限公司	8 351	8 869	-5.84
23	潮州市汇能电机有限公司	7 368	7 859	-6.25
24	湖南零陵恒远发电设备有限公司	5 757	4 891	17.71
25	南宁广发重工发电设备有限责任公司	5 666	12 374	-54.21

（续）

序号	企业名称	2014年（万元）	2013年（万元）	同比增长（%）
26	江西省莲花水轮机厂有限公司	3 960	3 730	6.17
27	武汉四创自动控制技术有限责任公司	3 248	2 673	21.51
28	福州方圆电机有限公司	2 666	2 005	32.97
29	福建万新发电设备有限公司	2 146	2 429	-11.65
30	重庆速达水电控制设备有限公司	1 099	1 109	-0.90
31	重庆天人自控设备有限公司	958	616	55.52

2014年水电设备分会企业主营业务收入排序

序号	企业名称	2014年（万元）	2013年（万元）	同比增长（%）
1	东方电气集团东方电机有限公司	677 139	708 405	-4.41
2	哈尔滨电机厂有限责任公司	465 429	409 663	13.61
3	东方电气集团东风电机有限公司	66 896	55 418	20.71
4	东芝水电设备（杭州）有限公司	56 177	75 978	-26.06
5	浙江富春江水电设备有限公司	52 435	74 720	-29.82
6	重庆云河水电股份有限公司	45 733	40 071	14.13
7	宜宾富源发电设备有限公司	45 121	37 601	20.00
8	重庆赛力盟电机有限责任公司	44 798	44 806	-0.02
9	河南瑞发水电设备有限责任公司	40 937	27 042	51.38
10	哈尔滨电机厂（昆明）有限责任公司	38 766	43 616	-11.12
11	重庆水轮机厂有限责任公司	38 113	33 948	12.27
12	华自科技股份有限公司	35 347	33 868	4.37
13	天津市天发重型水电设备制造有限公司	35 089	41 576	-15.60
14	浙江金轮机电实业有限公司	26 861	26 550	1.17
15	赣州发电设备成套制造有限公司	24 735	19 651	25.87
16	广东鸿源众力发电设备有限公司	23 644	17 959	31.66
17	杭州杭发发电设备有限公司	22 569	24 500	-7.88
18	湖南山立水电设备制造有限公司	13 424	10 410	28.95
19	广东南丰电气自动化有限公司	12 016	10 435	15.15
20	浙江临海浙富电机有限公司	9 919	8 809	12.60
21	邵阳恒远资江水电设备有限公司	9 869	12 489	-20.98
22	浙江临海机械有限公司	8 227	8 609	-4.44
23	潮州市汇能电机有限公司	7 391	7 892	-6.35
24	湖南零陵恒远发电设备有限公司	5 593	4 489	24.59
25	南宁广发重工发电设备有限责任公司	5 160	11 951	-56.82
26	江西省莲花水轮机厂有限公司	4 090	3 810	7.35
27	武汉四创自动控制技术有限责任公司	3 247	2 673	21.47
28	福州方圆电机有限公司	2 666	2 005	32.97
29	福建万新发电设备有限公司	2 146	2 429	-11.65
30	重庆速达水电控制设备有限公司	1 099	1 109	-0.90
31	重庆天人自控设备有限公司	937	616	52.11

2014 年内燃发电设备分会企业工业总产值排序

序号	企业名称	2014 年（万元）	2013 年（万元）	同比增长（%）
1	英泰集团有限公司	271 654	277 600	-2.14
2	兰州电机股份有限公司	100 706	162 017	-37.84
3	上海科泰电源股份有限公司	61 257	42 960	42.59
4	河北华北柴油有限责任公司	51 620	43 014	20.01
5	泰豪电源技术有限公司	46 882		
6	广东康菱动力科技有限公司	37 103	36 196	2.51
7	江西清华泰豪三波电机有限公司	32 464	35 935	-9.66
8	山东华力机电有限公司	32 262	27 119	18.96
9	山东赛瓦特动力设备有限公司	32 136	33 485	-4.03
10	南昌康富电机技术有限公司	30 000	25 000	20.00
11	深圳市沃尔奔达新能源股份有限公司	29 500	28 556	3.31
12	常州顺风发电设备有限公司	18 000	15 000	20.00
13	山东康姆勒发电机有限公司	12 321	7 130	72.81
14	江苏鲲鹏电力设备有限公司	11 840	10 670	10.97
15	天津博威动力设备有限公司	10 765		
16	扬州飞鸿电材有限公司	10 185	10 065	1.19
17	广东保达动力技术有限公司	8 500	7 000	21.43
18	兰州电源车辆研究所有限公司	7 656	4 325	77.02
19	郑州众智科技股份有限公司	6 065	5 445	11.40
20	江西清华泰豪微电机有限公司	5 418	7 999	-32.27
21	福建华泰电力实业有限公司	5 107	4 722	8.15
22	上海伊华电站工程有限公司	3 642	2 453	48.47
23	郑州金阳电气有限公司	3 222	7 869	-59.05
24	天津港保税区新欧亚国家贸易有限公司	1 539	3 469	-55.64

2014 年内燃发电设备分会企业工业销售产值排序

序号	企业名称	2014 年（万元）	2013 年（万元）	同比增长（%）
1	英泰集团有限公司	254 494	271 480	-6.26
2	兰州电机股份有限公司	96 505	111 929	-13.78
3	上海科泰电源股份有限公司	53 733	38 980	37.85
4	河北华北柴油有限责任公司	51 557	45 187	14.10
5	泰豪电源技术有限公司	45 236		
6	广东康菱动力科技有限公司	37 103	36 196	2.51
7	山东华力机电有限公司	31 540	26 313	19.86
8	江西清华泰豪三波电机有限公司	30 221	33 252	-9.12
9	深圳市沃尔奔达新能源股份有限公司	29 009	28 138	3.10
10	南昌康富电机技术有限公司	27 500	22 500	22.22

（续）

序号	企业名称	2014年（万元）	2013年（万元）	同比增长（%）
11	山东赛瓦特动力设备有限公司	21 740	2 416	799.83
12	常州顺风发电设备有限公司	15 000	13 500	11.11
13	江苏鲲鹏电力设备有限公司	11 560	10 440	10.73
14	山东康姆勒发电机有限公司	10 531	7 500	40.41
15	天津博威动力设备有限公司	10 373		
16	扬州飞鸿电材有限公司	9 872	9 756	1.19
17	广东保达动力技术有限公司	8 500	7 000	21.43
18	兰州电源车辆研究所有限公司	7 656	3 699	106.97
19	郑州众智科技股份有限公司	6 403	5 314	20.50
20	郑州金阳电气有限公司	4 991	5 895	-15.34
21	福建华泰电力实业有限公司	4 838	4 125	17.28
22	江西清华泰豪微电机有限公司	3 787	5 636	-32.82
23	上海伊华电站工程有限公司	3 492	2 436	43.35
24	天津港保税区新欧亚国家贸易有限公司	1 702	2 469	-31.07

2014年内燃发电设备分会企业工业增加值排序

序号	企业名称	2014年（万元）	2013年（万元）	同比增长（%）
1	英泰集团有限公司	65 468	67 552	-3.09
2	兰州电机股份有限公司	21 107	32 350	-34.75
3	上海科泰电源股份有限公司	19 133	17 500	9.33
4	河北华北柴油有限责任公司	16 073	12 872	24.87
5	郑州金阳电气有限公司	9 270	1 469	531.04
6	天津博威动力设备有限公司	7 277		
7	山东华力机电有限公司	6 830	5 616	21.62
8	广东康菱动力科技有限公司	6 147	5 998	2.49
9	泰豪电源技术有限公司	6 086		
10	深圳市沃尔奔达新能源股份有限公司	5 312	5 156	3.03
11	江西清华泰豪三波电机有限公司	5 167	8 265	-37.49
12	常州顺风发电设备有限公司	3 500	2 800	25.00
13	江苏鲲鹏电力设备有限公司	2 885	2 600	10.96
14	山东康姆勒发电机有限公司	2 300	7 600	-69.74
15	扬州飞鸿电材有限公司	2 259	2 233	1.16
16	兰州电源车辆研究所有限公司	1 649	1 970	-16.29
17	江西清华泰豪微电机有限公司	1 246	1 610	-22.60
18	郑州众智科技股份有限公司	1 108	894	23.91
19	山东赛瓦特动力设备有限公司	1 022	-2 469	
20	福建华泰电力实业有限公司	967	912	6.03
21	广东保达动力技术有限公司	603	311	93.89
22	上海伊华电站工程有限公司	595	554	7.40
23	天津港保税区新欧亚国家贸易有限公司	191	252	-24.21

2014 年内燃发电设备分会企业主营业务收入排序

序号	企业名称	2014 年（万元）	2013 年（万元）	同比增长（%）
1	英泰集团有限公司	254 494	285 480	-10.85
2	兰州电机股份有限公司	58 758	83 902	-29.97
3	上海科泰电源股份有限公司	53 733	38 980	37.85
4	河北华北柴油有限责任公司	51 557	45 187	14.10
5	泰豪电源技术有限公司	45 362		
6	广东康菱动力科技有限公司	34 225	33 392	2.50
7	山东华力机电有限公司	32 362	26 268	23.20
8	山东赛瓦特动力设备有限公司	30 120	31 162	-3.34
9	南昌康富电机技术有限公司	27 500	22 500	22.22
10	江西清华泰豪三波电机有限公司	26 221	33 250	-21.14
11	深圳市沃尔奔达新能源股份有限公司	25 176	24 442	3.00
12	常州顺风发电设备有限公司	16 800	14 800	13.51
13	江苏鲲鹏电力设备有限公司	12 078	10 980	10.00
14	天津博威动力设备有限公司	10 373		
15	山东康姆勒发电机有限公司	10 239	7 200	42.21
16	扬州飞鸿电材有限公司	9 872	9 756	1.19
17	广东保达动力技术有限公司	8 500	7 000	21.43
18	兰州电源车辆研究所有限公司	6 566	4 035	62.73
19	郑州众智科技股份有限公司	6 401	5 314	20.46
20	郑州金阳电气有限公司	5 192	6 054	-14.24
21	福建华泰电力实业有限公司	4 838	4 125	17.28
22	江西清华泰豪微电机有限公司	3 787	5 620	-32.62
23	上海伊华电站工程有限公司	3 092	2 530	22.21
24	天津港保税区新欧亚国家贸易有限公司	1 455	2 110	-31.04

2014 年高压开关分会企业工业总产值排序

序号	企业名称	2014 年（万元）	2013 年（万元）	同比增长（%）
1	河南森源集团有限公司	1 897 112	1 321 364	43.57
2	大全集团有限公司	1 827 153	1 688 122	8.24
3	许继集团有限公司	1 335 354	1 611 145	-17.12
4	江苏东源电器集团股份有限公司	755 908	683 865	10.53
5	山东泰开高压开关有限公司	741 217	739 536	0.23
6	平高集团有限公司	739 625	726 486	1.81
7	有能集团有限公司	659 328	511 365	28.93
8	西安西电开关电气有限公司	628 765	729 218	-13.78
9	盛隆电气集团有限公司	468 864	450 220	4.14
10	正泰电气股份有限公司	468 315	370 760	26.31

（续）

序号	企业名称	2014年（万元）	2013年（万元）	同比增长（%）
11	华仪电器集团（华仪电气）有限公司	447 235	415 612	7.61
12	新东北电气集团高压开关有限公司	319 043	372 117	-14.26
13	厦门ABB开关有限公司	303 649	317 426	-4.34
14	宁波天安（集团）股份有限公司	255 216	253 932	0.51
15	山东泰山恒信开关集团有限公司	240 680	231 260	4.07
16	安徽鑫龙电器股份有限公司	224 571	209 880	7.00
17	浙江天正电气股份有限公司	204 458	180 945	12.99
18	常熟开关制造有限公司	182 592	178 124	2.51
19	青岛特锐德电气股份有限公司	180 438	158 329	13.96
20	川开电气股份有限公司	144 509	143 078	1.00
21	万控集团有限公司	141 793	129 368	9.60
22	上海电器股份有限公司人民电器厂	137 247	135 226	1.49
23	西安西电高压开关有限责任公司	128 117	124 360	3.02
24	北京科锐配电自动化股份有限公司	126 120	102 643	22.87
25	施耐德电气华电开关（厦门）有限公司	121 830	117 140	4.00
26	成都华川电装有限责任公司	120 783	97 926	23.34
27	北京北开电气股份有限公司	119 000	110 283	7.90
28	珠海许继电气有限公司	112 519	119 467	-5.82
29	天水长城开关厂有限公司	112 201	114 313	-1.85
30	施耐德开关（苏州）有限公司	98 643	89 767	9.89
31	四川电器集团股份有限公司	96 587	107 227	-9.92
32	上海西门子开关有限公司	94 582	96 589	-2.08
33	常州太平洋电力设备（集团）有限公司	92 358	90 215	2.38
34	厦门华电开关有限公司	92 304	90 806	1.65
35	北京合纵科技股份有限公司	91 070	71 407	27.54
36	索凌电气有限公司	90 056	91 220	-1.28
37	厦门宏发电力电器有限公司	88 906	63 889	39.16
38	江苏省如高高压电器有限公司	88 686	95 448	-7.09
39	库柏（宁波）电气有限公司	87 199	75 838	14.98
40	浙宝电气（杭州）集团有限公司	86 821	86 471	0.40

2014年高压开关分会企业工业销售产值排序

序号	企业名称	2014年（万元）	2013年（万元）	同比增长（%）
1	河南森源集团有限公司	1 849 602	1 312 564	40.92
2	大全集团有限公司	1 827 153	1 688 122	8.24
3	许继集团有限公司	1 242 833	1 624 862	-23.51
4	山东泰开高压开关有限公司	741 217	739 536	0.23
5	江苏东源电器集团股份有限公司	720 133	660 551	9.02
6	平高集团有限公司	718 974	637 892	12.71
7	有能集团有限公司	644 346	500 294	28.79
8	西安西电开关电气有限公司	625 318	680 067	-8.05
9	华仪电器集团（华仪电气）有限公司	442 952	410 731	7.84

（续）

序号	企业名称	2014 年（万元）	2013 年（万元）	同比增长（%）
10	盛隆电气集团有限公司	430 724	405 498	6.22
11	正泰电气股份有限公司	419 040	412 976	1.47
12	新东北电气集团高压开关有限公司	360 867	307 018	17.54
13	厦门 ABB 开关有限公司	313 528	324 024	-3.24
14	山东泰山恒信开关集团有限公司	240 680	231 260	4.07
15	安徽鑫龙电器股份有限公司	224 571	209 880	7.00
16	宁波天安(集团)股份有限公司	219 752	238 358	-7.81
17	浙江天正电气股份有限公司	197 862	174 483	13.40
18	青岛特锐德电气股份有限公司	195 329	139 041	40.48
19	常熟开关制造有限公司	180 095	174 797	3.03
20	万控集团有限公司	141 476	127 870	10.64
21	川开电气股份有限公司	139 914	138 529	1.00
22	北京科锐配电自动化股份有限公司	130 813	99 343	31.68
23	西安西电高压开关有限责任公司	127 539	126 269	1.01
24	上海电器股份有限公司人民电器厂	124 609	128 933	-3.35
25	施耐德电气华电开关（厦门）有限公司	122 440	117 190	4.48
26	珠海许继电气有限公司	121 743	150 439	-19.07
27	天水长城开关厂有限公司	113 710	113 632	0.07
28	成都华川电装有限责任公司	112 830	83 149	35.70
29	北京北开电气股份有限公司	106 541	103 618	2.82
30	施耐德开关（苏州）有限公司	98 643	89 767	9.89
31	上海西门子开关有限公司	94 582	96 589	-2.08
32	四川电器集团股份有限公司	93 185	103 450	-9.92
33	常州太平洋电力设备(集团)有限公司	92 358	90 215	2.38
34	厦门华电开关有限公司	91 256	85 517	6.71
35	北京合纵科技股份有限公司	91 070	71 407	27.54
36	杭申集团有限公司	87 074	112 389	-22.52
37	库柏（宁波）电气有限公司	86 220	74 321	16.01
38	浙宝电气（杭州）集团有限公司	85 463	84 780	0.81
39	索凌电气有限公司	85 120	89 210	-4.58
40	厦门宏发电力电器有限公司	82 754	62 907	31.55

2014 年高压开关分会企业工业增加值排序

序号	企业名称	2014 年（万元）	2013 年（万元）	同比增长（%）
1	大全集团有限公司	501 606	471 225	6.45
2	许继集团有限公司	330 000	782 585	-57.83
3	河南森源集团有限公司	265 596	184 991	43.57
4	有能集团有限公司	232 166	179 494	29.34
5	江苏东源电器集团股份有限公司	226 547	196 318	15.40
6	平高集团有限公司	206 884	160 875	28.60
7	山东泰开高压开关有限公司	179 117	175 060	2.32
8	西安西电开关电气有限公司	134 126	161 955	-17.18

（续）

序号	企业名称	2014年 （万元）	2013年 （万元）	同比增长 （%）
9	华仪电器集团(华仪电气)有限公司	116 171	105 850	9.75
10	厦门ABB开关有限公司	101 000	116 625	-13.40
11	常熟开关制造有限公司	97 609	91 676	6.47
12	正泰电气股份有限公司	89 461	70 826	26.31
13	盛隆电气集团有限公司	86 081	81 040	6.22
14	新东北电气集团高压开关有限公司	65 000	30 460	113.39
15	珠海许继电气有限公司	61 278	83 837	-26.91
16	安徽鑫龙电器股份有限公司	59 886	55 968	7.00
17	上海电器股份有限公司人民电器厂	57 579	36 006	59.92
18	山东泰山恒信开关集团有限公司	57 100	56 780	0.56
19	川开电气股份有限公司	54 616	54 076	1.00
20	宁波天安(集团)股份有限公司	45 939	47 825	-3.94
21	青岛特锐德电气股份有限公司	39 111	25 929	50.84
22	万控集团有限公司	35 369	34 580	2.28
23	索凌电气有限公司	35 000	37 400	-6.42
24	北京科锐配电自动化股份有限公司	33 022	29 787	10.86
25	四川电器集团股份有限公司	32 838	36 456	-9.92
26	西安西电高压开关有限责任公司	32 030		
27	施耐德开关（苏州）有限公司	29 600	26 930	9.91
28	常州太平洋电力设备(集团)有限公司	28 276	27 132	4.22
29	浙江高压开关厂有限公司	26 720	26 190	2.02
30	施耐德（陕西）宝光电器有限公司	25 000	16 250	53.85
31	北京合纵科技股份有限公司	24 600	19 340	27.20
32	施耐德电气华电开关（厦门）有限公司	24 000	16 000	50.00
33	上海西门子开关有限公司	23 600	24 500	-3.67
34	益和电气集团股份有限公司	23 475	54 863	-57.21
35	浙江天正电气股份有限公司	23 380	17 581	32.98
36	通用电气企业发展（上海）有限公司	20 964		
37	浙江开关厂有限公司	20 483	22 799	-10.16
38	环宇集团（南京）有限公司	19 671	14 956	31.53
39	陕西宝光集团（股份）有限公司	19 545	12 898	51.54
40	成都华川电装有限责任公司	19 449	16 351	18.95

2014年高压开关分会企业主营业务收入排序

序号	企业名称	2014年 （万元）	2013年 （万元）	同比增长 （%）
1	河南森源集团有限公司	1 835 046	1 303 360	40.79
2	大全集团有限公司	1 759 675	1 607 791	9.45
3	许继集团有限公司	1 062 251	1 458 658	-27.18
4	山东泰开高压开关有限公司	707 971	692 068	2.30
5	平高集团有限公司	692 391	562 794	23.03
6	有能集团有限公司	639 805	500 006	27.96
7	江苏东源电器集团股份有限公司	613 256	581 285	5.50

（续）

序号	企业名称	2014 年 （万元）	2013 年 （万元）	同比增长 （%）
8	西安西电开关电气有限公司	608 884	612 500	-0.59
9	正泰电气股份有限公司	468 163	432 984	8.12
10	盛隆电气集团有限公司	432 016	405 498	6.54
11	华仪电器集团（华仪电气）有限公司	429 226	394 588	8.78
12	厦门 ABB 开关有限公司	312 491	326 037	-4.15
13	新东北电气集团高压开关有限公司	309 541	351 234	-11.87
14	宁波天安（集团）股份有限公司	219 665	217 834	0.84
15	安徽鑫龙电器股份有限公司	208 144	194 527	7.00
16	常熟开关制造有限公司	180 095	174 797	3.03
17	西安西电高压开关有限责任公司	149 588	151 545	-1.29
18	青岛特锐德电气股份有限公司	148 181	103 602	43.03
19	施耐德开关（苏州）有限公司	147 112	165 385	-11.05
20	万控集团有限公司	142 483	126 793	12.37
21	北京科锐配电自动化股份有限公司	134 285	98 586	36.21
22	浙江天正电气股份有限公司	131 908	120 246	9.70
23	川开电气股份有限公司	129 662	128 378	1.00
24	北京北开电气股份有限公司	125 058	105 636	18.39
25	通用电气企业发展（上海）有限公司	124 791	95 993	30.00
26	上海电器股份有限公司人民电器厂	124 434	128 999	-3.54
27	成都华川电装有限责任公司	123 892	93 857	32.00
28	施耐德电气华电开关（厦门）有限公司	122 441	114 796	6.66
29	珠海许继电气有限公司	120 691	149 647	-19.35
30	天水长城开关厂有限公司	107 971	114 477	-5.68
31	杭申集团有限公司	101 168	127 025	-20.36
32	上海西门子开关有限公司	94 582	96 589	-2.08
33	常州太平洋电力设备（集团）有限公司	92 458	95 123	-2.80
34	北京合纵科技股份有限公司	91 070	71 407	27.54
35	库柏（宁波）电气有限公司	90 963	72 804	24.94
36	厦门华电开关有限公司	90 418	84 645	6.82
37	四川电器集团股份有限公司	85 252	94 645	-9.92
38	浙宝电气（杭州）集团有限公司	84 998	84 025	1.16
39	山东泰山恒信开关集团有限公司	84 652	81 648	3.68
40	江苏省如高高压电器有限公司	84 375	88 217	-4.36

2014 年绝缘子避雷器分会企业工业总产值排序

序号	企业名称	2014 年 （万元）	2013 年 （万元）	同比增长 （%）
1	南京电气（集团）有限责任公司	59 298	72 801	-18.55
2	大连电瓷集团股份有限公司	50 612	75 268	-32.76
3	苏州电瓷厂有限公司	43 750	47 780	-8.43
4	金凤凰控股集团有限公司	40 989	50 590	-18.98
5	河北新华高压电器股份有限公司	38 594	34 621	11.48
6	成都环球特种玻璃制造有限公司	36 678	39 300	-6.67

（续）

序号	企业名称	2014年（万元）	2013年（万元）	同比增长（%）
7	西安西电高压电瓷有限责任公司	33 654	32 438	3.75
8	南阳金冠电气有限公司	33 560	28 159	19.18
9	江苏神马电力股份有限公司	32 060	31 106	3.07
10	温州益坤电气有限公司	30 800	28 000	10.00
11	青州市力王电力科技有限公司	27 660	25 660	7.79
12	重庆鸽牌电瓷有限公司	27 046	23 832	13.49
13	西安西电避雷器有限责任公司	26 722	26 782	-0.22
14	醴陵华鑫电瓷科技股份有限公司	26 200	26 897	-2.59
15	内蒙古精诚高压绝缘子有限责任公司	24 642	24 063	2.41
16	浙江金利华电气股份有限公司	22 400	18 179	23.22
17	自贡塞迪维尔钢化玻璃绝缘子有限公司	21 700	22 100	-1.81
18	塞迪维尔玻璃绝缘子（上海）有限公司	21 597	24 055	-10.22
19	萍乡百斯特电瓷有限公司	21 300	18 500	15.14
20	中材高新材料股份有限公司	20 473	13 765	48.73

2014年绝缘子避雷器分会企业工业增加值排序

序号	企业名称	2014年（万元）	2013年（万元）	同比增长（%）
1	青州市力王电力科技有限公司	18 487	17 278	7.00
2	南阳金冠电气有限公司	18 006	16 653	8.12
3	内蒙古精诚高压绝缘子有限责任公司	16 503	16 422	0.49
4	南京电气（集团）有限责任公司	14 548	17 318	-15.99
5	苏州电瓷厂有限公司	12 256	9 618	27.43
6	金凤凰控股集团有限公司	10 948	12 417	-11.83
7	山东齐林电力设备有限公司	9 987	10 507	-4.95
8	温州益坤电气有限公司	9 614	8 740	10.00
9	红光电气集团有限公司	8 997	8 603	4.58
10	河北新华高压电器股份有限公司	8 965	6 373	40.67
11	浙江中能电气有限公司	8 510	7 880	7.99
12	安徽一天电气技术有限公司	8 052	10 995	-26.77
13	浙江泰仑绝缘子有限公司	7 352	7 267	1.17
14	固力发集团有限公司	7 011	5 936	18.11
15	长园高能电气股份有限公司	6 705	5 792	15.76
16	西安西电高压电瓷有限责任公司	6 366	4 859	31.01
17	深圳ABB银星避雷器有限公司	6 259	2 884	117.02
18	中材高新材料股份有限公司	5 792	6 909	-16.17
19	山东瑞泰玻璃绝缘子有限公司	5 400		
20	浙江金利华电气股份有限公司	5 356	5 797	-7.60

2014年绝缘子避雷器分会企业主营业务收入排序

序号	企业名称	2014年（万元）	2013年（万元）	同比增长（%）
1	南京电气（集团）有限责任公司	57 690	78 881	-26.86
2	大连电瓷集团股份有限公司	53 846	62 284	-13.55
3	成都环球特种玻璃制造有限公司	51 015	41 896	21.77
4	金凤凰控股集团有限公司	45 158	49 851	-9.41
5	红光电气集团有限公司	41 457	36 684	13.01
6	苏州电瓷厂有限公司	41 349	41 119	0.56
7	南阳金冠电气有限公司	41 253	40 049	3.01
8	固力发集团有限公司	40 002	30 684	30.37
9	河北新华高压电器股份有限公司	36 258	32 536	11.44
10	西安西电高压电瓷有限责任公司	32 276	33 998	-5.07
11	塞迪维尔玻璃绝缘子（上海）有限公司	31 396	27 117	15.78
12	江苏神马电力股份有限公司	30 697	40 566	-24.33
13	重庆鸽牌电瓷有限公司	28 405	25 322	12.18
14	西安西电避雷器有限责任公司	27 580	25 904	6.47
15	内蒙古精诚高压绝缘子有限责任公司	26 270	25 686	2.27
16	温州益坤电气有限公司	25 554	23 231	10.00
17	醴陵华鑫电瓷科技股份有限公司	22 810	21 595	5.63
18	中材高新材料股份有限公司	21 466	14 827	44.78
19	自贡塞迪维尔钢化玻璃绝缘子有限公司	21 329	26 839	-20.53
20	广州市迈克林电力有限公司	18 933	20 308	-6.77

2014年绝缘子避雷器分会企业全员劳动生产率排序

序号	企业名称	全员劳动生产率（元/人）	序号	企业名称	全员劳动生产率（元/人）
1	青州市力王电力科技有限公司	803 782.61	11	明电舍（郑州）电气工程有限公司	253 302.75
2	浙江中能电气有限公司	486 285.71	12	山东瑞泰玻璃绝缘子有限公司	236 842.11
3	南阳金冠电气有限公司	455 848.10	13	江苏祥源电气设备有限公司	229 166.67
4	深圳ABB银星避雷器有限公司	447 071.43	14	红光电气集团有限公司	212 193.40
5	河北新华高压电器股份有限公司	428 947.37	15	浙江金利华电气股份有限公司	200 610.49
6	浙江泰仑绝缘子有限公司	348 436.02	16	内蒙古精诚高压绝缘子有限责任公司	200 522.48
7	温州益坤电气有限公司	343 357.14	17	长园高能电气股份有限公司	192 672.41
8	山东齐林电力设备有限公司	332 900.00	18	石家庄市发运电气有限公司	188 000.00
9	正泰电气股份有限公司	323 888.89	19	西安神电电器有限公司	186 727.27
10	安徽一天电气技术有限公司	272 027.03	20	杭州永德电气有限公司	166 827.96

2014 年电力电容器分会企业工业总产值排序

序号	企业名称	2014 年（万元）	2013 年（万元）	同比增长（%）
1	桂林电力电容器有限责任公司	61 214	130 820	-53.21
2	西安西电电力电容器有限责任公司	58 253	78 400	-25.70
3	青岛市恒顺电气股份有限公司	41 067	9 881	315.61
4	合容电气股份有限公司	39 449	30 099	31.06
5	上海思源电力电容器有限公司	35 704	33 474	6.66
6	上海库柏电力电容器有限公司	32 800	32 500	0.92
7	日新电机（无锡）有限公司	32 404	33 298	-2.68
8	上海永锦电气集团有限公司	24 084	22 937	5.00
9	正泰（温州）电气有限公司	21 033	20 597	2.12
10	浙江指月电气有限公司	20 678	20 658	0.10
11	淄博莱宝电力电容器有限公司	19 223	11 410	68.47
12	广东顺容电气有限公司	18 805	12 608	49.15
13	新东北电气集团电力电容器有限公司	16 884	30 616	-44.85
14	河南省豫电中原电力电容器有限公司	12 926	16 482	-21.58
15	德力西电气（芜湖）有限公司	12 000	9 560	25.52

2014 年电力电容器分会企业工业增加值排序

序号	企业名称	2014 年（万元）	2013 年（万元）	同比增长（%）
1	桂林电力电容器有限责任公司	27 608	31 864	-13.36
2	日新电机（无锡）有限公司	20 050	10 832	85.10
3	西安西电电力电容器有限责任公司	18 599	20 345	-8.58
4	淄博莱宝电力电容器有限公司	12 938	3 754	244.65
5	合容电气股份有限公司	10 485	9 631	8.87
6	上海思源电力电容器有限公司	9 722	17 911	-45.72
7	浙江指月电气有限公司	8 250	8 240	0.12
8	上海库柏电力电容器有限公司	8 200	8 125	0.92
9	新东北电气集团电力电容器有限公司	6 018	8 060	-25.33
10	广东顺容电气有限公司	4 701	3 278	43.41
11	正泰（温州）电气有限公司	4 665	4 397	6.09
12	青岛市恒顺电气股份有限公司	4 215	1 506	179.87
13	河南省豫电中原电力电容器有限公司	3 231	4 039	-20.00
14	德力西电气（芜湖）有限公司	3 000	2 390	25.52
15	浙江九康电气有限公司	2 926	3 225	-9.27

2014年电力电容器分会企业工业销售产值排序

序号	企业名称	2014年 （万元）	2013年 （万元）	同比增长 （%）
1	桂林电力电容器有限责任公司	101 504	117 604	-13.69
2	西安西电电力电容器有限责任公司	52 931	79 733	-33.61
3	上海思源电力电容器有限公司	43 008	51 678	-16.78
4	青岛市恒顺电气股份有限公司	37 884	9 527	297.64
5	新东北电气集团电力电容器有限公司	33 835	27 417	23.41
6	日新电机（无锡）有限公司	32 932	35 505	-7.25
7	上海库柏电力电容器有限公司	32 800	32 500	0.92
8	合容电气股份有限公司	32 737	31 443	4.12
9	淄博莱宝电力电容器有限公司	30 973	9 655	220.78
10	上海永锦电气集团有限公司	24 084	22 937	5.00
11	正泰（温州）电气有限公司	20 724	20 557	0.81
12	浙江指月电气有限公司	19 890	19 870	0.10
13	广东顺容电气有限公司	18 562	13 440	38.11
14	河南省豫电中原电力电容器有限公司	12 311	15 712	-21.65
15	德力西电气（芜湖）有限公司	12 000	9 560	25.52

2014年电力电容器分会企业主营业务收入排序

序号	企业名称	2014年 （万元）	2013年 （万元）	同比增长 （%）
1	桂林电力电容器有限责任公司	79 905	88 067	-9.27
2	西安西电电力电容器有限责任公司	60 604	54 485	11.23
3	日新电机（无锡）有限公司	36 723	37 383	-1.77
4	上海思源电力电容器有限公司	36 407	48 970	-25.65
5	青岛市恒顺电气股份有限公司	36 187	9 149	295.52
6	新东北电气集团电力电容器有限公司	33 835	26 303	28.64
7	上海库柏电力电容器有限公司	32 800	32 500	0.92
8	合容电气股份有限公司	32 737	32 149	1.83
9	上海永锦电气集团有限公司	22 664	21 696	4.46
10	广东顺容电气有限公司	19 680	14 800	32.97
11	淄博莱宝电力电容器有限公司	16 836	11 609	45.02
12	浙江指月电气有限公司	15 802	15 790	0.08
13	河南省豫电中原电力电容器有限公司	12 311	15 697	-21.57
14	浙江九康电气有限公司	10 126	11 526	-12.15
15	苏州士林电机有限公司	8 800	8 450	4.14

2014 年电力电容器分会全员劳动生产率排序

序号	企业名称	全员劳动生产率（元／人）	序号	企业名称	全员劳动生产率（元／人）
1	淄博莱宝电力电容器有限公司	1 256 116.50	9	德力西电气（芜湖）有限公司	238 095.24
2	上海库柏电力电容器有限公司	652 000.00	10	上海上电电容器有限公司	217 981.65
3	上海思源电力电容器有限公司	422 695.65	11	广东顺容电气有限公司	217 638.89
4	日新电机(无锡)有限公司	378 301.89	12	青岛市恒顺电气股份有限公司	196 954.67
5	正泰(温州)电气有限公司	348 111.94	13	南昌电容器厂	196 126.47
6	浙江指月电气有限公司	290 507.04	14	西安西电电力电容器有限责任公司	185 990.00
7	桂林电力电容器有限责任公司	275 529.74	15	陕西合容电气电容器有限公司	185 575.22
8	深圳市三和电力科技有限公司	242 840.91			

2014 年电力电容器分会企业经济效益综合指数排序

序号	企业名称	经济效益综合指数	序号	企业名称	经济效益综合指数
1	淄博莱宝电力电容器有限公司	9.67	9	陕西合容电气电容器有限公司	2.29
2	上海思源电力电容器有限公司	3.95	10	广东顺容电气有限公司	2.28
3	桂林电力电容器有限责任公司	3.32	11	宁波高云电气有限公司	2.24
4	青岛市恒顺电气股份有限公司	3.12	12	南昌电容器厂	2.19
5	日新电机(无锡)有限公司	3.05	13	浙江九康电气有限公司	2.11
6	浙江指月电气有限公司	2.86	14	西安西电电力电容器有限责任公司	1.95
7	佛山市顺德区胜业电气有限公司	2.81	15	上海上电电容器有限公司	1.84
8	深圳市三和电力科技有限公司	2.67			

2014 年电控配电设备分会企业工业总产值排序

序号	企业名称	2014 年（万元）	2013 年（万元）	同比增长（%）
1	大全集团有限公司	1 827 153	1 688 122	8.24
2	许继集团有限公司	1 335 654	1 611 145	-17.10
3	江苏东源电器集团股份有限公司	755 908	683 865	10.53
4	有能集团有限公司	659 328	511 365	28.93
5	正泰电气股份有限公司	468 316	370 760	26.31
6	天源华威集团有限公司	300 683	261 464	15.00
7	宁波天安（集团）股份有限公司	255 216	307 462	-16.99
8	环宇集团（南京）有限公司	230 762	203 136	13.60
9	安徽鑫龙电器（集团）股份有限公司	224 571	209 880	7.00
10	远东电器集团有限公司	218 770	198 524	10.20
11	江苏华威线路设备集团有限公司	208 680	198 745	5.00
12	常熟开关制造有限公司（原常熟开关厂）	182 592	178 124	2.51
13	川开电气股份有限公司	144 564	140 353	3.00
14	万控集团有限公司	141 793	129 368	9.60

（续）

序号	企业名称	2014年（万元）	2013年（万元）	同比增长（%）
15	天津百利特精电气股份有限公司	134 614	157 199	-14.37
16	江苏威腾母线有限公司	125 812	112 183	12.15
17	四川电器集团股份有限公司	96 587	117 635	-17.89
18	常州太平洋电力设备（集团）有限公司	92 358	90 215	2.38
19	浙宝电气（杭州）集团有限公司	89 584	89 040	0.61
20	北京合纵科技股份有限公司	89 424	74 028	20.80

2014年电控配电设备分会企业工业增加值排序

序号	企业名称	2014年（万元）	2013年（万元）	同比增长（%）
1	大全集团有限公司	941 969	471 225	99.90
2	江苏东源电器集团股份有限公司	299 563	266 345	12.47
3	有能集团有限公司	235 775	183 740	28.32
4	天津百利特精电气股份有限公司	116 056	161 197	-28.00
5	安徽鑫龙电器（集团）股份有限公司	107 751	100 702	7.00
6	许继集团有限公司	104 333	782 585	-86.67
7	天源华威集团有限公司	101 546	88 807	14.34
8	常熟开关制造有限公司（原常熟开关厂）	97 609	91 676	6.47
9	四川电器集团股份有限公司	93 180	37 872	146.04
10	北京合纵科技股份有限公司	89 737	75 572	18.74
11	正泰电气股份有限公司	61 529	70 826	-13.13
12	川开电气股份有限公司	55 579	53 961	3.00
13	环宇集团（南京）有限公司	52 508	46 222	13.60
14	宁波天安（集团）股份有限公司	45 939	36 895	24.51
15	江苏海纬集团有限公司	45 619	43 296	5.36
16	深圳市宝安任达电器实业有限公司	41 213	38 062	8.28
17	江苏华威线路设备集团有限公司	41 065	40 700	0.90
18	宁波燎原电器集团股份有限公司	38 278	33 001	15.99
19	常州太平洋电力设备（集团）有限公司	30 658	27 132	13.00
20	库柏（宁波）电气有限公司	28 452	25 411	11.97

2014年电控配电设备分会企业工业销售产值排序

序号	企业名称	2014年（万元）	2013年（万元）	同比增长（%）
1	大全集团有限公司	1 827 153	1 688 122	8.24
2	许继集团有限公司	1 242 833	1 624 862	-23.51
3	江苏东源电器集团股份有限公司	720 133	660 551	9.02
4	有能集团有限公司	644 346	500 294	28.79
5	正泰电气股份有限公司	419 041	412 976	1.47
6	天源华威集团有限公司	291 663	253 620	15.00
7	环宇集团（南京）有限公司	230 657	203 044	13.60

（续）

序号	企业名称	2014年（万元）	2013年（万元）	同比增长（%）
8	安徽鑫龙电器（集团）股份有限公司	224 571	209 880	7.00
9	宁波天安（集团）股份有限公司	219 752	284 504	-22.76
10	远东电器集团有限公司	218 770	198 524	10.20
11	江苏华威线路设备集团有限公司	192 136	182 986	5.00
12	常熟开关制造有限公司（原常熟开关厂）	180 095	174 797	3.03
13	天津百利特精电气股份有限公司	146 346	150 076	-2.49
14	万控集团有限公司	141 476	127 870	10.64
15	川开电气股份有限公司	138 647	134 609	3.00
16	江苏威腾母线有限公司	125 812	112 183	12.15
17	四川电器集团股份有限公司	94 122	114 634	-17.89
18	常州太平洋电力设备（集团）有限公司	92 358	90 215	2.38
19	浙宝电气（杭州）集团有限公司	88 742	88 219	0.59
20	杭申集团有限公司	87 074	112 389	-22.52

2014年电控配电设备分会企业主营业务收入排序

序号	企业名称	2014年（万元）	2013年（万元）	同比增长（%）
1	大全集团有限公司	1 759 675	1 607 791	9.45
2	许继集团有限公司	1 062 251	1 458 658	-27.18
3	有能集团有限公司	639 805	500 006	27.96
4	江苏东源电器集团股份有限公司	613 256	581 285	5.50
5	正泰电气股份有限公司	468 164	432 984	8.12
6	天源华威集团有限公司	286 737	249 337	15.00
7	环宇集团（南京）有限公司	230 657	203 044	13.60
8	宁波天安（集团）股份有限公司	219 665	248 066	-11.45
9	远东电器集团有限公司	218 770	198 524	10.20
10	安徽鑫龙电器（集团）股份有限公司	208 144	194 527	7.00
11	天津百利特精电气股份有限公司	200 260	230 017	-12.94
12	江苏华威线路设备集团有限公司	197 216	187 730	5.05
13	常熟开关制造有限公司（原常熟开关厂）	180 095	174 797	3.03
14	万控集团有限公司	142 483	126 793	12.37
15	川开电气股份有限公司	129 709	125 932	3.00
16	江苏威腾母线有限公司	106 677	95 883	11.26
17	杭申集团有限公司	101 168	127 025	-20.36
18	四川电器集团股份有限公司	94 022	114 434	-17.84
19	常州太平洋电力设备（集团）有限公司	92 458	95 123	-2.80
20	北京合纵科技股份有限公司	91 070	71 407	27.54

2014 年电控配电设备分会企业经济效益综合指数排序

序号	企业名称	经济效益综合指数	序号	企业名称	经济效益综合指数
1	北京合纵科技股份有限公司	30.33	11	易霸科技（威海）股份有限公司	5.83
2	江苏东源电器集团股份有限公司	14.34	12	福建森达电气股份有限公司	5.77
3	江苏海纬集团有限公司	12.96	13	江苏万奇电器集团有限公司	5.57
4	四川电器集团股份有限公司	12.00	14	安徽鑫龙电器（集团）股份有限公司	5.44
5	天源华威集团有限公司	9.34	15	川开电气股份有限公司	5.40
6	有能集团有限公司	9.21	16	常州太平洋电力设备（集团）有限公司	4.99
7	宁波燎原电器集团股份有限公司	8.37	17	库柏（宁波）电气有限公司	4.70
8	大全集团有限公司	7.96	18	杭州圣力电气有限公司	4.65
9	常熟开关制造有限公司（原常熟开关厂）	7.39	19	哈尔滨朗昇电气股份有限公司	4.63
10	天津市德利泰开关有限公司	6.16	20	寿光巨能电气有限公司	4.56

2014 年通用低压电器分会企业工业总产值排序

序号	企业名称	2014 年（万元）	2013 年（万元）	同比增长（%）
1	浙江正泰电器股份有限公司	1 069 126	975 919	9.55
2	人民电器集团有限公司	986 539	941 240	4.81
3	华通机电集团有限公司	620 163	571 456	8.52
4	德力西电气有限公司	551 958	521 656	5.81
5	浙江天正电气股份有限公司	402 156	373 352	7.71
6	厦门 ABB 低压电器设备有限公司	287 656	331 747	-13.29
7	常熟开关制造有限公司（原常熟开关厂）	182 592	178 124	2.51
8	苏州西门子电器有限公司	174 119	158 804	9.64
9	环宇集团有限公司	162 622	143 995	12.94
10	上海电器股份有限公司人民电器厂	137 247	135 226	1.49
11	天津百利特精电气股份有限公司	134 614	157 199	-14.37
12	施耐德万高（天津）电气设备有限公司	105 383	100 216	5.16
13	常安集团有限公司	97 343	85 216	14.23
14	罗格朗低压电器（无锡）有限公司	97 186	68 739	41.38
15	杭申集团有限公司	85 543	114 885	-25.54
16	上海良信电器股份有限公司	85 440	68 385	24.94
17	天水二一三电器有限公司	71 600	66 807	7.17
18	北京 ABB 低压电器有限公司	71 155	70 835	0.45
19	温州宏丰电工合金股份有限公司	67 759	67 183	0.86
20	西蒙电气（中国）有限公司	67 000	65 000	3.08
21	安德利集团有限公司	63 064	60 129	4.88
22	宁波燎原电器集团股份有限公司	60 615	56 043	8.16
23	厦门宏发开关设备有限公司	57 676	48 500	18.92
24	上海永继电气股份有限公司	52 374	42 391	23.55
25	南京新联电子股份有限公司	49 954	47 000	6.29

（续）

序号	企业名称	2014年（万元）	2013年（万元）	同比增长（%）
26	佛山通宝精密合金股份有限公司	48 605	52 994	-8.28
27	合兴集团有限公司	47 140	45 617	3.34
28	北京人民电器厂有限公司	43 383	42 252	2.68
29	苏州电器科学研究院股份有限公司	42 176	47 657	-11.50
30	绍兴电力设备成套公司	41 679	39 936	4.36
31	上海西门子线路保护系统有限公司	41 111	37 793	8.78
32	上海精益电器厂有限公司	38 768	34 898	11.09
33	无锡新宏泰电器科技股份有限公司	36 361	33 700	7.90
34	福建鑫威电器有限公司	32 958	27 465	20.00
35	江苏大全凯帆电器有限公司	32 697	30 594	6.87
36	江苏新洛凯机电有限公司	32 320	31 027	4.17
37	创奇科技有限公司	30 394	27 591	10.16
38	上海安科瑞电气股份有限公司	28 829	21 457	34.36
39	桂林机床电器有限公司	25 623	25 285	1.34
40	科都电气有限公司	25 164	20 642	21.91

2014年通用低压电器分会企业工业增加值排序

序号	企业名称	2014年（万元）	2013年（万元）	同比增长（%）
1	浙江正泰电器股份有限公司	331 429	303 199	9.31
2	人民电器集团有限公司	243 192	225 178	8.00
3	华通机电集团有限公司	169 592	156 273	8.52
4	厦门ABB低压电器设备有限公司	120 484	187 214	-35.64
5	德力西电气有限公司	107 718	101 583	6.04
6	常熟开关制造有限公司（原常熟开关厂）	97 609	91 676	6.47
7	浙江天正电气股份有限公司	81 567	77 699	4.98
8	苏州西门子电器有限公司	64 809	43 405	49.31
9	施耐德万高（天津）电气设备有限公司	57 841	51 739	11.79
10	上海电器股份有限公司人民电器厂	57 579	36 006	59.92
11	北京ABB低压电器有限公司	34 814	29 551	17.81
12	环宇集团有限公司	34 125	28 912	18.03
13	罗格朗低压电器（无锡）有限公司	27 957	18 236	53.31
14	西蒙电气（中国）有限公司	22 000	15 600	41.03
15	天水二一三电器有限公司	19 473	17 988	8.26
16	厦门宏发开关设备有限公司	19 006	11 050	72.00
17	天津百利特精电气股份有限公司	18 591	38 787	-52.07
18	常安集团有限公司	17 000	14 713	15.54
19	合兴集团有限公司	15 315	14 419	6.21
20	佛山通宝精密合金股份有限公司	13 073	15 873	-17.64
21	上海西门子线路保护系统有限公司	12 055	12 196	-1.16
22	南京新联电子股份有限公司	12 000	11 980	0.17
23	上海安科瑞电气股份有限公司	11 984	10 638	12.65
24	上海良信电器股份有限公司	11 540	9 236	24.95

（续）

序号	企业名称	2014年（万元）	2013年（万元）	同比增长（%）
25	宁波燎原电器集团股份有限公司	11 308	9 081	24.52
26	江苏新洛凯机电有限公司	10 769	5 670	89.93
27	苏州电器科学研究院股份有限公司	10 544	11 914	-11.50
28	无锡飞世龙机电有限公司	10 156	8 134	24.86
29	上海永继电气股份有限公司	9 983	14 935	-33.16
30	绍兴电力设备成套公司	9 543	8 456	12.85
31	温州宏丰电工合金股份有限公司	9 512	4 581	107.64
32	法泰电器（江苏）股份有限公司	9 500	9 900	-4.04
33	桂林机床电器有限公司	8 603	7 119	20.85
34	无锡新宏泰电器科技股份有限公司	8 392	7 785	7.80
35	福建鑫威电器有限公司	8 240	6 866	20.01
36	江苏大全凯帆电器有限公司	8 174	7 647	6.89
37	安德利集团有限公司	7 813	7 933	-1.51
38	上海精益电器厂有限公司	7 490	6 776	10.54
39	北京人民电器厂有限公司	7 293	10 331	-29.41
40	科都电气有限公司	7 090	6 027	17.64

2014年通用低压电器分会企业主营业务收入排序

序号	企业名称	2014年（万元）	2013年（万元）	同比增长（%）
1	人民电器集团有限公司	971 525	939 845	3.37
2	浙江正泰电器股份有限公司	953 314	892 400	6.83
3	华通机电集团有限公司	599 915	552 791	8.52
4	德力西电气有限公司	515 651	484 532	6.42
5	浙江天正电气股份有限公司	386 162	370 541	4.22
6	厦门ABB低压电器设备有限公司	300 399	341 500	-12.04
7	苏州西门子电器有限公司	237 280	175 937	34.87
8	天津百利特精电气股份有限公司	200 260	230 017	-12.94
9	常熟开关制造有限公司（原常熟开关厂）	180 095	174 797	3.03
10	环宇集团有限公司	162 781	144 211	12.88
11	上海电器股份有限公司人民电器厂	124 434	128 999	-3.54
12	施耐德万高（天津）电气设备有限公司	106 078	100 090	5.98
13	杭申集团有限公司	101 168	127 025	-20.36
14	常安集团有限公司	96 818	85 170	13.68
15	罗格朗低压电器（无锡）有限公司	93 192	91 674	1.66
16	上海良信电器股份有限公司	85 558	68 385	25.11
17	北京ABB低压电器有限公司	81 437	79 169	2.86
18	温州宏丰电工合金股份有限公司	65 784	65 551	0.36
19	西蒙电气（中国）有限公司	63 146	57 864	9.13
20	安德利集团有限公司	63 055	60 164	4.81
21	天水二一三电器有限公司	61 339	59 378	3.30
22	宁波燎原电器集团股份有限公司	60 281	54 243	11.13
23	厦门宏发开关设备有限公司	54 036	47 200	14.48

（续）

序号	企业名称	2014年（万元）	2013年（万元）	同比增长（%）
24	上海永继电气股份有限公司	52 419	45 308	15.69
25	南京新联电子股份有限公司	49 954	51 326	-2.67
26	上海西门子线路保护系统有限公司	44 047	39 821	10.61
27	佛山通宝精密合金股份有限公司	43 502	45 403	-4.19
28	江苏新洛凯机电有限公司	42 497	40 828	4.09
29	苏州电器科学研究院股份有限公司	42 176	47 657	-11.50
30	绍兴电力设备成套公司	41 679	39 165	6.42
31	上海精益电器厂有限公司	37 490	36 132	3.76
32	合兴集团有限公司	36 831	38 661	-4.73
33	北京人民电器厂有限公司	35 391	37 726	-6.19
34	无锡新宏泰电器科技股份有限公司	35 282	33 460	5.45
35	福建鑫威电器有限公司	32 958	27 465	20.00
36	江苏大全凯帆电器有限公司	32 289	24 831	30.04
37	上海安科瑞电气股份有限公司	28 348	21 135	34.13
38	桂林机床电器有限公司	25 302	25 180	0.48
39	科都电气有限公司	24 682	20 966	17.72
40	上海天逸电器有限公司	23 775	24 560	-3.20

2014年通用低压电器分会企业全员劳动生产率排序

序号	企业名称	全员劳动生产率（元/人）	序号	企业名称	全员劳动生产率（元/人）
1	施耐德万高（天津）电气设备有限公司	1 383 755.98	21	常熟市通润开关厂有限公司	309 200.00
2	厦门ABB低压电器设备有限公司	1 159 615.01	22	南京新联电子股份有限公司	296 296.30
3	德力西电气有限公司	913 638.68	23	法泰电器（江苏）股份有限公司	283 582.09
4	福建鑫威电器有限公司	659 200.00	24	上海电器陶瓷厂有限公司	269 279.66
5	上海电器股份有限公司人民电器厂	641 906.35	25	上海一开电气集团有限公司	259 340.66
6	华通机电集团有限公司	608 292.68	26	邳州市国龙电器有限公司	250 284.36
7	常熟开关制造有限公司（原常熟开关厂）	582 392.60	27	浙江天正电气股份有限公司	235 879.12
8	北京ABB低压电器有限公司	473 659.86	28	沈阳斯沃电器有限公司	229 901.96
9	佛山通宝精密合金股份有限公司	450 793.10	29	桂林机床电器有限公司	207 301.20
10	绍兴电力设备成套公司	445 934.58	30	环宇集团有限公司	204 831.93
11	人民电器集团有限公司	441 765.67	31	常安集团有限公司	202 140.31
12	无锡飞世龙机电有限公司	423 166.67	32	天津市华明合兴机电设备有限公司	192 079.21
13	广东集雅电器有限公司	405 217.39	33	厦门宏发开关设备有限公司	185 424.39
14	北京明日电器设备有限责任公司	397 368.42	34	江苏新洛凯机电有限公司	184 716.98
15	罗格朗低压电器（无锡）有限公司	381 926.23	35	上海精益电器厂有限公司	181 796.12
16	维纳尔（北京）电气系统有限公司	374 736.84	36	杭州申发电气有限公司	179 024.39
17	上海传诺电子科技有限公司	370 000.00	37	南京鼎牌电器有限公司	167 586.21
18	苏州西门子电器有限公司	355 507.41	38	上海西门子线路保护系统有限公司	162 905.41
19	宁波燎原电器集团股份有限公司	347 938.46	39	苏州市苏燎电力开关厂	160 000.00
20	浙江正泰电器股份有限公司	320 221.26	40	杭州鸿雁电力电气有限公司	159 375.00

2014年电力电子分会企业工业总产值排序

序号	企业名称	2014年（万元）	序号	企业名称	2014年（万元）
1	河南森源集团有限公司	1 897 112	11	珠海泰坦科技股份有限公司	25 001
2	中国电子科技集团公司第五十五研究所	327 735	12	湖北台基半导体股份有限公司	24 879
3	厦门科华恒盛股份有限公司	154 173	13	西安卫光科技有限公司	23 909
4	西安永电电气有限责任公司	106 148	14	江苏捷捷电子股份有限公司	22 785
5	山东锦华电力设备有限公司	56 987	15	九江九整整流器有限公司	21 355
6	佛山市蓝箭电子股份有限公司	43 520	16	西安爱科赛博电气股份有限公司	17 919
7	北京金自天正智能控制股份有限公司	38 930	17	河北中瓷电子科技有限公司	15 520
8	深圳深爱半导体股份有限公司	32 494	18	深圳市晶导电子有限公司	14 871
9	宜兴市东晨电子科技有限公司.	29 560	19	安徽省祁门县黄山电器有限责任公司	13 482
10	天津中环半导体股份有限公司	25 473	20	北京京仪椿树整流器有限责任公司	10 434

2014年电力电子分会企业工业增加值排序

序号	企业名称	2014年（万元）	序号	企业名称	2014年（万元）
1	河南森源集团有限公司	384 799	11	西安爱科赛博电气股份有限公司	7 670
2	中国电子科技集团公司第五十五研究所	99 726	12	北京金自天正智能控制股份有限公司	7 245
3	山东锦华电力设备有限公司	19 945	13	西安永电电气有限责任公司	6 884
4	厦门科华恒盛股份有限公司	19 118	14	河北华整实业有限公司	6 080
5	江苏捷捷电子股份有限公司	16 732	15	河北中瓷电子科技有限公司	5 171
6	佛山市蓝箭电子股份有限公司	15 934	16	天津中环半导体股份有限公司	4 150
7	湖北台基半导体股份有限公司	12 504	17	深圳市晶导电子有限公司	3 994
8	深圳深爱半导体股份有限公司	9 748	18	安徽省祁门县黄山电器有限责任公司	3 401
9	西安卫光科技有限公司	8 369	19	淄博市临淄银河高技术开发有限公司	2 837
10	宜兴市东晨电子科技有限公司	8 218	20	珠海泰坦科技股份有限公司	2 519

2014年电力电子分会企业主营业务收入排序

序号	企业名称	2014年（万元）	序号	企业名称	2014年（万元）
1	河南森源集团有限公司	1 835 046	11	江苏捷捷电子股份有限公司	22 690
2	中国电子科技集团公司第五十五研究所	327 735	12	宜兴市东晨电子科技有限公司	22 270
3	厦门科华恒盛股份有限公司	153 382	13	九江九整整流器有限公司	22 226
4	西安永电电气有限责任公司	89 739	14	湖北台基半导体股份有限公司	22 171
5	山东锦华电力设备有限公司	51 289	15	西安爱科赛博电气股份有限公司	18 990
6	佛山市蓝箭电子股份有限公司	43 206	16	珠海泰坦科技股份有限公司	18 643
7	天津中环半导体股份有限公司	40 876	17	河北中瓷电子科技有限公司	15 043
8	北京金自天正智能控制股份有限公司	32 494	18	深圳市晶导电子有限公司	14 719
9	深圳深爱半导体股份有限公司	29 819	19	北京东风机车电器厂	9 447
10	西安卫光科技有限公司	23 673	20	北京京仪椿树整流器有限责任公司	9 308

2014年防爆电器分会企业工业总产值排序

序号	企业名称	2014年（万元）	2013年（万元）	同比增长（%）
1	华荣集团有限公司	140 261	144 691	-3.06
2	电光防爆科技股份有限公司	70 565	121 323	-41.84
3	飞策防爆电器有限公司	50 436	46 051	9.52
4	淮南万泰电子股份有限公司	42 346	40 358	4.93
5	新黎明防爆电器有限公司	38 831	34 761	11.71
6	江苏恒通电气仪表有限公司	36 386	41 860	-13.08
7	合隆防爆电气有限公司	35 948	31 523	14.04
8	创正防爆电器有限公司	25 476	24 634	3.42
9	上海宝临防爆电器有限公司	21 986	20 939	5.00
10	江苏欧瑞防爆电气有限公司	18 000	7 480	140.64
11	大庆安正防爆电气有限公司	15 720	14 459	8.72
12	沈阳北方防爆电器有限公司	15 117	14 017	7.85
13	无锡军工智能电气股份有限公司	14 934	23 287	-35.87
14	济源市矿用电器有限责任公司	14 071	26 035	-45.95
15	天津市天矿电器设备有限公司	12 736	16 357	-22.14
16	合肥开关厂有限公司	11 032	13 676	-19.33
17	上海电器厂实业有限公司	10 622	17 518	-39.37
18	泰安众诚矿山自动化股份有限公司	10 142	12 683	-20.03
19	振达科技有限公司	9 104	26 211	-65.27
20	沈阳市环宇防爆电器总厂	8 338	7 580	10.00

2014年防爆电器分会企业工业增加值排序

序号	企业名称	2014年（万元）	2013年（万元）	同比增长（%）
1	华荣集团有限公司	62 583	61 024	2.55
2	电光防爆科技股份有限公司	23 437	40 726	-42.45
3	飞策防爆电器有限公司	17 076	12 818	33.22
4	淮南万泰电子股份有限公司	13 411	12 852	4.35
5	新黎明防爆电器有限公司	13 067	11 758	11.13
6	合隆防爆电气有限公司	11 442	10 020	14.19
7	江苏恒通电气仪表有限公司	10 660	14 480	-26.38
8	上海宝临防爆电器有限公司	6 512	6 202	5.00
9	创正防爆电器有限公司	6 164	5 944	3.70
10	江苏欧瑞防爆电气有限公司	5 611	2 635	112.94
11	沈阳北方防爆电器有限公司	5 257	5 257	0.00
12	无锡军工智能电气股份有限公司	5 144	8 679	-40.73
13	合肥开关厂有限公司	4 677	5 719	-18.22
14	大庆安正防爆电气有限公司	4 476	3 996	12.01
15	济源市矿用电器有限责任公司	3 717	5 540	-32.91
16	天津市天矿电器设备有限公司	3 563	4 570	-22.04

（续）

序号	企业名称	2014年（万元）	2013年（万元）	同比增长（%）
17	泰安众诚矿山自动化股份有限公司	3 380	3 957	-14.58
18	上海电器厂实业有限公司	3 045	5 022	-39.37
19	振达科技有限公司	3 016	7 489	-59.73
20	德力西集团防爆电器有限公司	2 992	3 375	-11.35

2014年防爆电器分会企业工业销售产值排序

序号	企业名称	2014年（万元）	2013年（万元）	同比增长（%）
1	华荣集团有限公司	137 359	141 887	-3.19
2	电光防爆科技股份有限公司	76 075	95 131	-20.03
3	淮南万泰电子股份有限公司	41 111	39 129	5.07
4	新黎明防爆电器有限公司	37 705	33 666	12.00
5	江苏恒通电气仪表有限公司	36 386	41 860	-13.08
6	合隆防爆电气有限公司	35 467	31 102	14.03
7	飞策防爆电器有限公司	30 260	42 174	-28.25
8	创正防爆电器有限公司	25 374	24 206	4.83
9	上海宝临防爆电器有限公司	21 133	20 127	5.00
10	大庆安正防爆电气有限公司	15 720	14 459	8.72
11	沈阳北方防爆电器有限公司	15 117	14 017	7.85
12	江苏欧瑞防爆电气有限公司	15 060	8 800	71.14
13	无锡军工智能电气股份有限公司	14 720	23 762	-38.05
14	天津市天矿电器设备有限公司	12 517	16 021	-21.87
15	济源市矿用电器有限责任公司	11 899	21 355	-44.28
16	合肥开关厂有限公司	10 957	13 560	-19.20
17	上海电器厂实业有限公司	10 622	16 241	-34.60
18	泰安众诚矿山自动化股份有限公司	10 142	12 683	-20.03
19	振达科技有限公司	8 576	22 792	-62.37
20	沈阳市环宇防爆电器总厂	8 168	7 426	9.99

2014年防爆电器分会企业主营业务收入排序

序号	企业名称	2014年（万元）	2013年（万元）	同比增长（%）
1	华荣集团有限公司	133 594	123 473	8.20
2	电光防爆科技股份有限公司	76 075	103 656	-26.61
3	飞策防爆电器有限公司	47 609	42 174	12.89
4	淮南万泰电子股份有限公司	41 111	39 129	5.07
5	新黎明防爆电器有限公司	37 705	33 666	12.00
6	江苏恒通电气仪表有限公司	36 386	41 785	-12.92
7	合隆防爆电气有限公司	34 127	29 527	15.58
8	创正防爆电器有限公司	25 374	24 206	4.83
9	上海宝临防爆电器有限公司	21 227	18 723	13.37

（续）

序号	企业名称	2014年（万元）	2013年（万元）	同比增长（%）
10	大庆安正防爆电气有限公司	15 561	14 250	9.20
11	沈阳北方防爆电器有限公司	15 117	14 016	7.86
12	江苏欧瑞防爆电气有限公司	15 060	8 800	71.14
13	无锡军工智能电气股份有限公司	14 720	23 830	-38.23
14	天津市天矿电器设备有限公司	12 517	16 021	-21.87
15	合肥开关厂有限公司	10 863	13 320	-18.45
16	上海电器厂实业有限公司	10 622	17 518	-39.37
17	泰安众诚矿山自动化股份有限公司	10 142	12 683	-20.03
18	济源市矿用电器有限责任公司	9 876	23 546	-58.06
19	振达科技有限公司	8 576	22 792	-62.37
20	沈阳市环宇防爆电器总厂	7 296	6 633	10.00

2014继电保护及自动化设备分会企业工业总产值排序

序号	企业名称	2014年（万元）	序号	企业名称	2014年（万元）
1	南京南瑞继保电气有限公司	567 853	11	大盛微电科技股份有限公司	34 109
2	北京四方继保自动化股份有限公司	260 918	12	广州金升阳科技有限公司	32 928
3	东方电子集团有限公司	191 936	13	南京磐能电力科技股份有限公司	29 165
4	积成电子股份有限公司	144 000	14	安科瑞电气股份有限公司	28 829
5	长园深瑞继保自动化有限公司	106 797	15	苏州万龙电气集团股份有限公司	25 000
6	江苏金智科技股份有限公司	78 269	16	山东科汇电力自动化股份有限公司	22 320
7	重庆新世纪电气有限公司	69 001	17	江苏斯菲尔电气股份有限公司	20 141
8	石家庄科林电气股份有限公司	54 749	18	南京因泰莱电器股份有限公司	18 522
9	宁波福特继电器有限公司	37 274	19	武汉中元华电科技股份有限公司	17 239
10	北京紫光测控有限公司	37 254	20	上海华群实业股份有限公司	16 139

2014继电保护及自动化设备分会企业工业增加值排序

序号	企业名称	2014年（万元）	序号	企业名称	2014年（万元）
1	南京南瑞继保电气有限公司	514 175	11	大盛微电科技股份有限公司	11 663
2	北京四方继保自动化股份有限公司	235 251	12	武汉中元华电科技股份有限公司	10 231
3	东方电子集团有限公司	69 402	13	南京磐能电力科技股份有限公司	9 815
4	长园深瑞继保自动化有限公司	50 090	14	山东科汇电力自动化股份有限公司	9 597
5	积成电子股份有限公司	41 159	15	宁波福特继电器有限公司	8 597
6	重庆新世纪电气有限公司	23 507	16	江苏斯菲尔电气股份有限公司	7 855
7	北京紫光测控有限公司	22 417	17	南京钛能电气有限公司	6 229
8	广州金升阳科技有限公司	18 147	18	南京因泰莱电器股份有限公司	5 556
9	石家庄科林电气股份有限公司	17 743	19	保定浪拜迪电气股份有限公司	5 052
10	安科瑞电气股份有限公司	11 984	20	珠海万力达电气自动化有限公司	4 836

2014 继电保护及自动化设备分会企业主营业务收入排序

序号	企业名称	2014 年（万元）	序号	企业名称	2014 年（万元）
1	国电南瑞科技股份有限公司	891 000	11	长园深瑞继保自动化有限公司	106 000
2	许继电气股份有限公司	836 000	12	江苏通光电子线缆股份有限公司	85 700
3	南京南瑞继保电气有限公司	550 009	13	上海良信电器股份有限公司	85 600
4	国电南京自动化股份有限公司	486 000	14	北海银河产业投资股份有限公司	80 200
5	思源电气股份有限公司	367 000	15	江苏金智科技股份有限公司	78 269
6	东方电子集团有限公司	241 264	16	广州智光电气股份有限公司	60 700
7	北京四方继保自动化股份有限公司	208 336	17	重庆新世纪电气有限公司	56 087
8	深圳市科陆电子科技股份有限公司	195 000	18	深圳奥特迅电力设备股份有限公司	45 800
9	河南森源电气股份有限公司	115 000	19	宁波福特继电器有限公司	37 352
10	积成电子股份有限公司	110 831	20	北京紫光测控有限公司	32 998

2014 年牵引电气设备分会企业工业总产值排序

序号	企业名称	2014 年（万元）	2013 年（万元）	同比增长（%）
1	湘电集团有限公司	929 651	969 485	-4.11
2	永济新时速电机电器有限责任公司	756 014	676 928	11.68
3	河南南车重型装备有限公司	40 600	47 022	-13.66
4	湘潭市电机车厂有限公司	18 249	21 078	-13.42
5	常州基腾电气有限公司	17 363	21 053	-17.53
6	大连日牵电机有限公司	15 764	17 701	-10.94
7	江苏常牵引电机有限公司	13 000	15 000	-13.33
8	湘潭牵引机车厂有限公司	12 260	17 980	-31.81
9	济宁山矿电机车有限公司	9 006	13 913	-35.27
10	湘潭如意电机电器有限公司	5 795	6 071	-4.55
11	平遥同妙机车有限公司	5 417	6 632	-18.32
12	常州华盛电机厂	5 106	5 335	-4.30

2014 年牵引电气设备分会企业工业增加值排序

序号	企业名称	2014 年（万元）	2013 年（万元）	同比增长（%）
1	湘电集团有限公司	271 111	253 988	6.74
2	永济新时速电机电器有限责任公司	117 325	100 208	17.08

（续）

序号	企业名称	2014年（万元）	2013年（万元）	同比增长（%）
3	江苏常牵引电机有限公司	6 000	7 500	-20.00
4	大连日牵电机有限公司	4 499	4 569	-1.53
5	常州基腾电气有限公司	2 309	2 874	-19.66
6	常州华盛电机厂	1 818		
7	平遥同妙机车有限公司	1 354	1 658	-18.34
8	巨大矿业有限公司	806	674	19.58
9	湘潭如意电机电器有限公司	555	550	0.89
10	天水长城控制电器厂一分厂	523	570	-8.24
11	上海立新电器控制设备有限公司	123	67	83.58
12	黑龙江省华鸿科技有限责任公司	45	104	-56.73

2014年牵引电气设备分会企业主营业务收入排序

序号	企业名称	2014年（万元）	2013年（万元）	同比增长（%）
1	湘电集团有限公司	1 280 520	1 320 977	-3.06
2	永济新时速电机电器有限责任公司	722 380	631 449	14.40
3	河南南车重型装备有限公司	40 074	53 699	-25.37
4	常州基腾电气有限公司	17 363	20 179	-13.96
5	大连日牵电机有限公司	15 841	17 351	-8.70
6	湘潭市电机车厂有限公司	13 249	13 768	-3.77
7	江苏常牵引电机有限公司	11 810	13 500	-12.52
8	湘潭牵引机车厂有限公司	7 373	17 980	-58.99
9	平遥同妙机车有限公司	7 124	6 942	2.62
10	济宁山矿电机车有限公司	6 624	10 186	-34.97
11	湖南南电电气有限公司	5 622	4 796	17.22
12	湘潭如意电机电器有限公司	5 564	5 829	-4.55

2014年牵引电气设备分会企业全员劳动生产率排序

序号	企业名称	全员劳动生产率（元/人）	序号	企业名称	全员劳动生产率（元/人）
1	江苏常牵电机有限公司	279 070	7	巨大矿业有限公司	94 824
2	永济新时速电机电器有限责任公司	241 360	8	平遥同妙机车有限公司	75 222
3	湘电集团有限公司	225 119	9	天水长城控制电器厂一分厂	58 111
4	常州华盛电机厂	168 333	10	湘潭如意电机电器有限公司	36 513
5	常州基腾电气有限公司	122 169	11	上海立新电器控制设备有限公司	14 819
6	大连日牵电机有限公司	112 475	12	黑龙江省华鸿科技有限责任公司	10 976

2014年电焊机分会企业工业总产值排序

序号	企业名称	2014年（万元）	序号	企业名称	2014年（万元）
1	唐山松下产业机器有限公司	110 352	16	嘉兴斯达半导体股份有限公司	31 559
2	欧地希机电（上海）有限公司	94 857	17	上海东升焊接集团有限公司	27 066
3	小原（南京）机电有限公司	60 255	18	应城骏腾发自动焊接装备有限公司	25 561
4	深圳市佳士科技股份有限公司	58 824	19	成都焊研威达科技股份有限公司	22 214
5	凯尔达集团有限公司	50 253	20	天津七所高科技有限公司	18 216
6	上海沪工焊接集团股份有限公司	49 625	21	南通富力机电设备有限责任公司	17 286
7	山东奥太电气有限公司	40 303	22	南通振康焊接机电有限公司	17 186
8	上海威特力焊接设备制造股份有限公司	40 042	23	南京顶瑞电机有限公司	16 500
9	深圳华意隆电气股份有限公司	35 903	24	成都华远电器设备有限公司	14 464
10	北京时代科技股份有限公司	35 341	25	成都焊研科技有限责任公司	14 324
11	昆山华恒焊接股份有限公司	34 188	26	山东水泊焊割设备制造有限公司	12 592
12	上海通用电焊机股份有限公司	33 766	27	广州松兴电气有限公司	12 201
13	无锡汉神电气有限公司	33 581	28	南通齐胜则焊接机器制造有限公司	12 000
14	上海沪通企业集团有限公司	32 715	29	成都熊谷加世电器有限公司	10 837
15	浙江肯得机电股份有限公司	31 660	30	武汉凯奇特种焊接设备有限责任公司	10 812

2014年电焊机分会企业工业增加值排序

序号	企业名称	2014年（万元）	序号	企业名称	2014年（万元）
1	唐山松下产业机器有限公司	50 795	16	上海沪通企业集团有限公司	7 282
2	欧地希机电（上海）有限公司	28 457	17	应城骏腾发自动焊接装备有限公司	7 196
3	深圳市佳士科技股份有限公司	19 974	18	浙江肯得机电股份有限公司	7 146
4	凯尔达集团有限公司	19 848	19	南京顶瑞电机有限公司	6 512
5	上海沪工焊接集团股份有限公司	19 713	20	山东水泊焊割设备制造有限公司	6 268
6	上海威特力焊接设备制造股份有限公司	17 790	21	成都焊研威达科技股份有限公司	5 897
7	昆山华恒焊接股份有限公司	15 000	22	成都焊研科技有限责任公司	5 754
8	山东奥太电气有限公司	13 589	23	成都熊谷加世电器有限公司	5 653
9	小原（南京）机电有限公司	13 000	24	南通齐胜则焊接机器制造有限公司	5 000
10	北京时代科技股份有限公司	10 602	25	天津七所高科技有限公司	4 804
11	嘉兴斯达半导体股份有限公司	10 243	26	河北渤海机电有限公司	4 751
12	无锡汉神电气有限公司	9 871	27	深圳市鸿栢科技实业有限公司	4 245
13	上海东升焊接集团有限公司	7 781	28	南通富力机电设备有限责任公司	3 945
14	深圳华意隆电气股份有限公司	7 491	29	成都华远电器设备有限公司	3 816
15	上海通用电焊机股份有限公司	7 285	30	南通振康焊接机电有限公司	3 780

2014年电焊机分会企业主营业务收入排序

序号	企业名称	2014年（万元）	序号	企业名称	2014年（万元）
1	唐山松下产业机器有限公司	96 319	16	上海东升焊接集团有限公司	25 008
2	欧地希机电（上海）有限公司	81 074	17	深圳华意隆电气股份有限公司	24 681
3	小原（南京）机电有限公司	63 217	18	天津七所高科技有限公司	20 075
4	深圳市佳士科技股份有限公司	57 730	19	应城骏腾发自动焊接装备有限公司	19 861
5	上海沪工焊接集团股份有限公司	47 911	20	成都焊研威达科技股份有限公司	18 249
6	凯尔达集团有限公司	45 523	21	南通富力机电设备有限责任公司	18 150
7	上海威特力焊接设备制造股份有限公司	36 412	22	南通振康焊接机电有限公司	17 186
8	无锡汉神电气有限公司	34 251	23	南京顶瑞电机有限公司	16 280
9	山东奥太电气有限公司	34 224	24	成都华远电器设备有限公司	15 841
10	上海通用电焊机股份有限公司	34 065	25	南通齐胜则焊接机器制造有限公司	13 500
11	北京时代科技股份有限公司	32 161	26	广州松兴电气有限公司	12 201
12	嘉兴斯达半导体股份有限公司	31 043	27	北京米勒电气制造有限公司	10 927
13	浙江肯得机电股份有限公司	30 819	28	成都熊谷加世电器有限公司	10 838
14	上海沪通企业集团有限公司	30 108	29	济南诺斯焊接辅具有限公司	10 574
15	昆山华恒焊接股份有限公司	28 493	30	山东水泊焊割设备制造有限公司	10 397

2014年防爆电机分会企业工业总产值排序

序号	企业名称	2014年（万元）	2013年（万元）	同比增长（%）
1	*卧龙控股集团有限公司	1 277 794	1 025 809	24.56
2	*山东华力电机集团股份有限公司	238 483	228 827	4.22
3	卧龙电气南阳防爆集团股份有限公司	222 791	226 223	-1.52
4	佳木斯电机股份有限公司	220 451	243 207	-9.36
5	*六安江淮电机有限公司	146 018	141 019	3.54
6	*江苏大中电机股份有限公司	139 427	126 230	10.45
7	*安徽皖南电机股份有限公司	126 613	120 593	4.99
8	江西特种电机股份有限公司	85 159	88 137	-3.38
9	*宁夏西北骏马电机制造股份有限公司	48 595	54 799	-11.32
10	上海品星防爆电机有限公司	37 642	32 690	15.15
11	江苏锡安达防爆股份有限公司	29 451	35 526	-17.10
12	*大连电机集团有限公司	17 023	24 529	-30.60
13	德州恒力电机有限责任公司	16 670	14 608	14.12
14	江苏环球特种电机有限公司	16 051	15 315	4.81
15	*大连日牵电机有限公司	15 764	17 700	-10.94
16	分宜宏大煤矿电机制造有限公司	10 675	11 258	-5.18
17	南阳微特防爆电机有限公司	8 939	9 010	-0.79
18	浙爆集团有限公司	8 239	7 625	8.05
19	无锡市南方防爆电机有限公司	7 559	10 304	-26.64
20	中煤科工集团重庆研究院有限公司	6 800	7 900	-13.92

注：带*者的工业总产值，含有非防爆电机工业总产值数据。

2014年防爆电机分会企业工业增加值排序

序号	企业名称	2014年（万元）	2013年（万元）	同比增长（%）
1	卧龙控股集团有限公司	200 548	181 314	10.61
2	卧龙电气南阳防爆集团股份有限公司	65 100	69 058	-5.73
3	* 山东华力电机集团股份有限公司	50 691	47 104	7.62
4	六安江淮电机有限公司	46 287	45 126	2.57
5	佳木斯电机股份有限公司	35 615	46 514	-23.43
6	* 安徽皖南电机股份有限公司	31 400	32 330	-2.88
7	* 江苏大中电机股份有限公司	31 185	24 310	28.28
8	江西特种电机股份有限公司	28 954	35 255	-17.87
9	宁夏西北骏马电机制造股份有限公司	17 329	15 316	13.14
10	江苏锡安达防爆股份有限公司	8 846	10 402	-14.96
11	上海品星防爆电机有限公司	5 032	3 684	36.59
12	* 大连日牵电机有限公司	4 499	4 569	-1.53
13	大连电机集团有限公司	4 425	8 616	-48.64
14	江苏环球特种电机有限公司	3 841	3 582	7.23
15	德州恒力电机有限责任公司	3 689	519	610.79
16	分宜宏大煤矿电机制造有限公司	3 003	3 364	-10.73
17	中煤科工集团重庆研究院有限公司	2 234	4 000	-44.15
18	浙爆集团有限公司	1 824	426	328.17
19	南阳微特防爆电机有限公司	1 800	1 846	-2.49
20	无锡市南方防爆电机有限公司	1 026	778	31.88

注：带*者的工业增加值，含有非防爆电机工业增加值数据。

2014年防爆电机分会企业主营业务收入排序

序号	企业名称	2014年（万元）	2013年（万元）	同比增长（%）
1	* 卧龙控股集团有限公司	1 220 007	968 180	26.01
2	* 山东华力电机集团股份有限公司	240 236	230 975	4.01
3	卧龙电气南阳防爆集团股份有限公司	233 024	240 788	-3.22
4	佳木斯电机股份有限公司	196 748	259 431	-24.16
5	* 六安江淮电机有限公司	146 029	141 031	3.54
6	* 江苏大中电机股份有限公司	137 780	125 211	10.04
7	* 安徽皖南电机股份有限公司	125 650	120 814	4.00
8	江西特种电机股份有限公司	77 093	82 362	-6.40
9	上海品星防爆电机有限公司	36 516	33 027	10.56
10	宁夏西北骏马电机制造股份有限公司	35 604	50 275	-29.18
11	江苏锡安达防爆股份有限公司	29 145	34 711	-16.04
12	德州恒力电机有限责任公司	19 751	24 158	-18.24
13	江苏环球特种电机有限公司	15 935	14 976	6.40
14	* 大连日牵电机有限公司	15 840	17 351	-8.71
15	大连电机集团有限公司	15 412	24 251	-36.45

（续）

序号	企业名称	2014年（万元）	2013年（万元）	同比增长（%）
16	分宜宏大煤矿电机制造有限公司	10 028	10 918	-8.15
17	南阳微特防爆电机有限公司	9 223	9 348	-1.34
18	浙爆集团有限公司	8 518	7 803	9.16
19	无锡市南方防爆电机有限公司	8 191	10 471	-21.77
20	沈阳大明电机有限公司	4 682	4 502	4.00

注：带*者的主营业收入，含有非防爆电机主营业收入数据。

2014年防爆电机分会企业全员劳动生产率排序

序号	企业名称	全员劳动生产率（元/人）	序号	企业名称	全员劳动生产率（元/人）
1	*六安江淮电机有限公司	420 409	11	卧龙电气南阳防爆集团股份有限公司	183 484
2	*安徽皖南电机股份有限公司	315 578	12	中煤科工集团重庆研究院有限公司	183 115
3	*江苏大中电机股份有限公司	299 280	13	宁夏西北骏马电机制造股份有限公司	130 588
4	*卧龙控股集团有限公司	277 806	14	佳木斯电机股份有限公司	126 789
5	*山东华力电机集团股份有限公司	252 445	15	无锡市锡安防爆电机有限公司	123 019
6	江苏锡安达防爆股份有限公司	245 042	16	分宜宏大煤矿电机制造有限公司	120 120
7	上海品星防爆电机有限公司	222 655	17	*大连日牵电机有限公司	112 475
8	江西特种电机股份有限公司	216 075	18	无锡锡山安达防爆电气设备有限公司	95 783
9	江苏环球特种电机有限公司	212 210	19	大连电机集团有限公司	85 922
10	温州南洋防爆电机有限公司	188 077	20	浙爆集团有限公司	75 062

2014年中小型电机分会企业工业总产值排序

序号	企业名称	2014年（万元）	2013年（万元）	同比增长（%）
1	卧龙控股集团有限公司	1 931 459	1 524 202	26.72
2	湘电集团有限公司	908 698	969 485	-6.27
3	永济新时速电机电器有限责任公司	756 019	667 737	13.22
4	珠海凯邦电机制造有限公司	413 145	363 106	13.78
5	南京汽轮电机（集团）有限责任公司	261 737	284 252	-7.92
6	上海电气集团上海电机厂有限公司	247 186	261 504	-5.48
7	山东华力电机集团股份有限公司	238 434	228 827	4.20
8	南阳防爆集团股份有限公司	222 791	226 223	-1.52
9	哈电集团佳木斯电机股份有限公司	220 451	243 207	-9.36
10	上海日用友捷汽车电气有限公司	151 060	137 462	9.89
11	六安江淮电机有限公司	146 018	141 019	3.54
12	江苏大中电机股份有限公司	139 427	126 230	10.45
13	安徽皖南电机股份有限公司	126 613	120 593	4.99
14	西安泰富西玛电机有限公司	117 784	105 123	12.04
15	浙江西子富沃德电机有限公司	106 175	109 235	-2.80

2014 年中小型电机分会企业工业增加值排序

序号	企业名称	2014 年（万元）	2013 年（万元）	同比增长（%）
1	湘电集团有限公司	260 000	253 988	2.37
2	卧龙控股集团有限公司	248 702	222 411	11.82
3	永济新时速电机电器有限责任公司	107 380	96 431	11.35
4	上海电气集团上海电机厂有限公司	69 029	72 603	-4.92
5	南阳防爆集团股份有限公司	65 100	52 597	23.77
6	南京汽轮电机（集团）有限责任公司	59 077	56 810	3.99
7	珠海凯邦电机制造有限公司	57 982	58 843	-1.46
8	山东华力电机集团股份有限公司	50 691	47 104	7.62
9	六安江淮电机有限公司	46 287	45 126	2.57
10	上海日用友捷汽车电气有限公司	40 875	35 352	15.62
11	哈电集团佳木斯电机股份有限公司	35 615	46 514	-23.43
12	安徽皖南电机股份有限公司	31 400	32 330	-2.88
13	江苏大中电机股份有限公司	31 185	24 310	28.28
14	西安泰富西玛电机有限公司	29 471	29 434	0.13
15	江西特种电机股份有限公司	28 954	35 255	-17.87

2014 年中小型电机分会企业主营业务收入排序

序号	企业名称	2014 年（万元）	2013 年（万元）	同比增长（%）
1	卧龙控股集团有限公司	1 830 215	1 459 670	25.39
2	湘电集团有限公司	1 264 902	1 320 977	-4.24
3	永济新时速电机电器有限责任公司	763 222	690 891	10.47
4	珠海凯邦电机制造有限公司	332 157	285 162	16.48
5	南京汽轮电机（集团）有限责任公司	263 211	285 424	-7.78
6	山东华力电机集团股份有限公司	240 236	230 975	4.01
7	上海电气集团上海电机厂有限公司	238 188	275 685	-13.60
8	南阳防爆集团股份有限公司	233 024	240 788	-3.22
9	哈电集团佳木斯电机股份有限公司	204 391	268 463	-23.87
10	六安江淮电机有限公司	146 029	141 031	3.54
11	上海日用友捷汽车电气有限公司	137 825	117 825	16.97
12	江苏大中电机股份有限公司	137 780	125 211	10.04
13	安徽皖南电机股份有限公司	125 650	120 814	4.00
14	西安泰富西玛电机有限公司	116 497	117 078	-0.50
15	浙江西子富沃德电机有限公司	101 928	104 312	-2.29

2014年中小型电机分会企业全员劳动生产率排序

序号	企业名称	全员劳动生产率（元/人）	序号	企业名称	全员劳动生产率（元/人）
1	上海日用友捷汽车电气有限公司	807 806	9	上海电气集团上海电机厂有限公司	257 188
2	六安江淮电机有限公司	420 409	10	山东华力电机集团股份有限公司	252 445
3	卧龙控股集团有限公司	329 306	11	江苏锡安达防爆股份有限公司	245 042
4	安徽皖南电机股份有限公司	314 629	12	浙江金龙电机股份有限公司	230 496
5	中电电机股份有限公司	308 422	13	永济新时速电机电器有限责任公司	222 965
6	浙江西子富沃德电机有限公司	302 312	14	大连天元电机股份有限公司	219 315
7	江苏大中电机股份有限公司	299 280	15	江西特种电机股份有限公司	216 075
8	南京汽轮电机（集团）有限责任公司	263 619			

2014年微电机分会企业工业总产值排序

序号	企业名称	2014年（万元）	2013年（万元）	同比增长（%）
1	卧龙控股集团有限公司	1 277 794	1 025 809	24.56
2	浙江西子富沃德电机有限公司	106 175	109 235	-2.80
3	河北电机股份有限公司	59 282	61 005	-2.82
4	深圳市力辉电机有限公司	56 972	51 747	10.10
5	浙江琦星电子有限公司	53 727	57 155	-6.00
6	江苏上骐集团有限公司	50 279	49 510	1.55
7	浙江联宜电机股份有限公司	47 878	46 809	2.28
8	贵州华烽电器	33 242	28 751	15.62
9	大连德迈仕精密轴有限公司	29 093	24 097	20.73
10	中大力德传动设备有限公司	28 629	27 397	4.50
11	北京曙光航空电气有限责任公司	19 870	17 294	14.90
12	南通振康焊接机电有限公司	17 186	15 830	8.57
13	北京京仪敬业电工科技有限公司	14 487	14 462	0.17
14	广东嘉和微特电机股份有限公司	10 059	10 003	0.56
15	杭州集智机电股份有限公司	9 882	9 326	5.96
16	西安微电机研究所	6 141	6 140	0.02
17	天津市中环天虹微电机公司	3 702	4 199	-11.84
18	山东祥和集团股份有限公司博山微电机厂	3 280	3 200	2.50
19	成都精密电机厂	2 922	2 204	32.58
20	苏州电讯电机有限公司	2 329	2 637	-11.68

2014年微电机分会企业工业增加值排序

序号	企业名称	2014年（万元）	2013年（万元）	同比增长（%）
1	卧龙控股集团有限公司	266 227	181 314	46.83
2	大连德迈仕精密轴有限公司	69 231	59 471	16.41
3	深圳市力辉电机有限公司	56 972	51 747	10.10
4	中大力德传动设备有限公司	15 789	9 311	69.57
5	浙江联宜电机股份有限公司	14 944	14 689	1.74
6	河北电机股份有限公司	14 231	12 750	11.62
7	浙江琦星电子有限公司	11 634	10 715	8.58
8	北京曙光航空电气有限责任公司	9 260	8 305	11.50
9	江苏上骐集团有限公司	5 401	5 371	0.56
10	杭州集智机电股份有限公司	4 750	4 935	-3.75
11	南通振康焊接机电有限公司	3 780	3 640	3.85
12	北京京仪敬业电工科技有限公司	3 687	3 790	-2.72
13	浙江西子富沃德电机有限公司	3 473	3 880	-10.49
14	西安微电机研究所	1 983	2 204	-10.03
15	广东嘉和微特电机股份有限公司	1 509	1 501	0.53
16	苏州电讯电机有限公司	1 082	962	12.47
17	天津市中环天虹微电机公司	956	1 507	-36.56
18	山东祥和集团股份有限公司博山微电机厂	826	820	0.73
19	成都精密电机厂	655	490	33.67
20	中特科技工业（青岛）有限公司	157	7	2142.86

2014年微电机分会企业工业销售产值排序

序号	企业名称	2014年（万元）	2013年（万元）	同比增长（%）
1	卧龙控股集团有限公司	1 269 996	1 019 527	24.57
2	浙江西子富沃德电机有限公司	102 266	103 884	-1.56
3	河北电机股份有限公司	58 893	61 390	-4.07
4	深圳市力辉电机有限公司	56 972	51 747	10.10
5	江苏上骐集团有限公司	49 328	48 198	2.34
6	浙江琦星电子有限公司	46 966	54 767	-14.24
7	浙江联宜电机股份有限公司	45 847	45 116	1.62
8	贵州华烽电器	33 242	28 751	15.62
9	大连德迈仕精密轴有限公司	29 108	23 004	26.53
10	中大力德传动设备有限公司	27 550	24 986	10.26
11	南通振康焊接机电有限公司	17 186	15 830	8.57
12	北京曙光航空电气有限责任公司	16 335	15 763	3.63
13	北京京仪敬业电工科技有限公司	14 335	16 112	-11.03
14	广东嘉和微特电机股份有限公司	9 884	9 915	-0.31
15	杭州集智机电股份有限公司	9 625	8 675	10.95

（续）

序号	企业名称	2014 年（万元）	2013 年（万元）	同比增长（%）
16	西安微电机研究所	6 012	5 916	1.62
17	天津市中环天虹微电机公司	3 563	3 148	13.18
18	山东祥和集团股份有限公司博山微电机厂	3 200	3 250	-1.54
19	成都精密电机厂	2 900	2 485	16.70
20	苏州电讯电机有限公司	2 221	2 600	-14.58

2014 年微电机分会企业主营业务收入排序

序号	企业名称	2014 年（万元）	2013 年（万元）	同比增长（%）
1	卧龙控股集团有限公司	1 220 007	968 180	26.01
2	浙江西子富沃德电机有限公司	102 266	103 884	-1.56
3	深圳市力辉电机有限公司	69 863	62 413	11.94
4	河北电机股份有限公司	58 893	61 391	-4.07
5	北京曙光航空电气有限责任公司	52 902	63 521	-16.72
6	江苏上骐集团有限公司	45 200	43 682	3.48
7	浙江琦星电子有限公司	45 121	54 767	-17.61
8	浙江联宜电机股份有限公司	44 016	44 005	0.02
9	贵州华烽电器	33 241	25 109	32.39
10	中大力德传动设备有限公司	29 195	24 978	16.88
11	大连德迈仕精密轴有限公司	28 693	24 586	16.70
12	北京京仪敬业电工科技有限公司	23 255	22 997	1.12
13	南通振康焊接机电有限公司	17 186	15 830	8.57
14	广东嘉和微特电机股份有限公司	9 884	9 915	-0.31
15	杭州集智机电股份有限公司	9 425	8 675	8.65
16	西安微电机研究所	6 302	6 418	-1.81
17	天津市中环天虹微电机公司	3 563	3 148	13.18
18	山东祥和集团股份有限公司博山微电机厂	3 280	3 270	0.31
19	成都精密电机厂	2 831	2 485	13.92
20	苏州电讯电机有限公司	2 221	2 601	-14.61

2014 年电线电缆分会企业工业总产值排序

序号	企业名称	2014 年（万元）	2013 年（万元）	同比增长（%）
1	天津塑力线缆集团有限公司	3 160 607	2 307 013	37.00
2	宝胜集团有限公司	2 802 949	2 428 371	15.43
3	远东智慧能源股份有限公司	1 125 435	1 141 317	-1.39
4	江苏上上电缆集团有限公司	1 099 315	1 034 445	6.27
5	中利科技集团股份有限公司	782 343	691 943	13.06
6	浙江富春江通信集团有限公司	776 026	771 138	0.63
7	青岛汉河集团股份有限公司	651 009	632 778	2.88

（续）

序号	企业名称	2014年（万元）	2013年（万元）	同比增长（%）
8	浙江万马股份有限公司	544 180	488 958	11.29
9	安徽蓝德集团股份有限公司	473 929	325 276	45.70
10	福建南平太阳电缆股份有限公司	375 070	316 945	18.34
11	浙江长城电工科技股份有限公司	373 566	341 762	9.31
12	冠城大通股份有限公司	322 152	344 965	-6.61
13	上海起帆电线电缆有限公司	320 202	316 100	1.30
14	航天电工集团有限公司	304 667	248 915	22.40
15	广东南洋电缆集团股份有限公司	299 985	219 500	36.67
16	特变电工（德阳）电缆股份有限公司	297 343	249 868	19.00
17	宁波金田新材料有限公司	280 218	281 189	-0.35
18	杭州电缆股份有限公司	269 461	336 248	-19.86
19	江苏闪奇电器集团有限公司	268 910	260 160	3.36
20	浙江洪波科技股份有限公司	246 896	240 545	2.64

2014年电线电缆分会企业工业增加值排序

序号	企业名称	2014年（万元）	2013年（万元）	同比增长（%）
1	浙江富春江通信集团有限公司	177 302	150 831	17.55
2	青岛汉河集团股份有限公司	176 406	171 953	2.59
3	远东智慧能源股份有限公司	155 182	144 541	7.36
4	中利科技集团股份有限公司	151 345	141 697	6.81
5	安徽蓝德集团股份有限公司	148 653	91 007	63.34
6	浙江长城电工科技股份有限公司	103 505	81 838	26.48
7	江苏上上电缆集团有限公司	85 953	775 568	-88.92
8	营口亿峰实业集团铜业有限公司	85 000	69 106	23.00
9	特变电工（德阳）电缆股份有限公司	74 603	39 979	86.61
10	浙江万马股份有限公司	65 897	61 403	7.32
11	重庆科宝电缆股份有限公司	58 289	55 151	5.69
12	赣州金信诺电缆技术有限公司	13 536	16 430	6.81
13	福建南平太阳电缆股份有限公司	43 513	47 288	-7.98
14	青岛豪迈电缆集团有限公司	42 065	45 543	-7.64
15	江苏中超电缆股份有限公司	39 068	68 343	-42.84
16	上海红旗电缆（集团）有限公司	37 268		
17	远程电缆股份有限公司	35 901	34 719	3.40
18	扬州曙光电缆股份有限公司	35 655	32 950	8.21
19	湖南华菱线缆股份有限公司	34 489	33 323	3.50
20	杭州电缆股份有限公司	33 692	40 823	-17.47

2014年电线电缆分会企业工业销售产值排序

序号	企业名称	2014年（万元）	2013年（万元）	同比增长（%）
1	天津塑力线缆集团有限公司	2 873 280	2 097 285	37.00
2	宝胜集团有限公司	2 548 817	2 366 941	7.68
3	远东智慧能源股份有限公司	1 131 224	1 153 848	-1.96
4	江苏上上电缆集团有限公司	1 104 198	1 046 911	5.47
5	中利科技集团股份有限公司	776 290	681 180	13.96
6	浙江富春江通信集团有限公司	766 442	757 945	1.12
7	青岛汉河集团股份有限公司	653 808	637 097	2.62
8	浙江万马股份有限公司	546 593	484 917	12.72
9	安徽蓝德集团股份有限公司	453 026	301 739	50.14
10	浙江长城电工科技股份有限公司	329 298	340 859	-3.39
11	冠城大通股份有限公司	323 591	346 021	-6.48
12	航天电工集团有限公司	298 422	242 519	23.05
13	特变电工（德阳）电缆股份有限公司	288 535	243 819	18.34
14	福建南平太阳电缆股份有限公司	281 482	285 615	-1.45
15	上海起帆电线电缆有限公司	278 863	280 764	-0.68
16	宁波金田新材料有限公司	278 155	279 576	-0.51
17	江苏闪奇电器集团有限公司	268 910	260 160	3.36
18	杭州电缆股份有限公司	268 045	330 527	-18.90
19	浙江洪波科技股份有限公司	242 484	238 159	1.82
20	桂林国际电线电缆集团有限责任公司	232 656	306 302	-24.04

2014年电线电缆分会企业主营业务收入排序

序号	企业名称	2014年（万元）	2013年（万元）	同比增长（%）
1	宝胜集团有限公司	2 768 322	2 398 371	15.43
2	天津塑力线缆集团有限公司	2 378 424	2 097 285	13.40
3	浙江富春江通信集团有限公司	1 266 495	1 101 533	14.98
4	远东智慧能源股份有限公司	1 131 224	1 153 848	-1.96
5	江苏上上电缆集团有限公司	1 084 742	1 070 581	1.32
6	中利科技集团股份有限公司	789 610	667 004	18.38
7	青岛汉河集团股份有限公司	656 368	625 190	4.99
8	浙江万马股份有限公司	519 387	483 741	7.37
9	安徽蓝德集团股份有限公司	453 026	301 739	50.14
10	浙江长城电工科技股份有限公司	329 298	340 859	-3.39
11	冠城大通股份有限公司	321 351	344 853	-6.82
12	航天电工集团有限公司	296 393	236 035	25.57
13	上海起帆电线电缆有限公司	278 863	280 764	-0.68
14	特变电工（德阳）电缆股份有限公司	278 453	231 723	20.17
15	宁波金田新材料有限公司	278 155	279 576	-0.51

（续）

序号	企业名称	2014年（万元）	2013年（万元）	同比增长（%）
16	杭州电缆股份有限公司	268 044	330 527	-18.90
17	福建南平太阳电缆股份有限公司	267 492	294 448	-9.15
18	江苏闪奇电器集团有限公司	257 225	249 225	3.21
19	桂林国际电线电缆集团有限责任公司	246 896	257 903	-4.27
20	浙江洪波科技股份有限公司	242 484	238 159	1.82

2014年绝缘材料分会企业工业总产值排序

序号	企业名称	2014年（万元）	2013年（万元）	同比增长（%）
1	广东生益科技股份有限公司	465 520	491 191	-5.23
2	长园集团股份有限公司	391 291	327 720	19.40
3	山东金宝电子股份有限公司	230 500	220 440	4.56
4	四川东材科技集团股份有限公司	195 715	200 032	-2.16
5	嘉兴市清河高力绝缘有限公司	126 681	11 999	955.76
6	宁波华缘玻璃钢电器制造有限公司	65 895	65 436	0.70
7	苏州巨峰电气绝缘系统股份有限公司	56 566	58 416	-3.17
8	浙江荣泰科技企业有限公司	54 491	49 133	10.91
9	苏州太湖电工新材料股份有限公司	52 600	38 140	37.91
10	圣欧芳纶（江苏）股份有限公司	40 000	50 000	-20.00
11	株洲时代电气绝缘有限责任公司	38 153	55 096	-30.75
12	江苏亚宝绝缘材料股份有限公司	38 022	33 819	12.43
13	山东四达工贸股份有限公司	36 900	37 000	-0.27
14	衡阳恒缘电工材料有限公司	31 516	24 328	29.55
15	固德电材系统（苏州）股份有限公司	26 633	18 484	44.09
16	南通中菱绝缘材料有限公司	26 246	23 860	10.00
17	常州乔尔塑料有限公司	22 481	21 093	6.58
18	山东省呈祥电工电气有限公司	22 328	23 105	-3.36
19	浙江省乐清树脂厂	19 898	15 895	25.18
20	泰州魏德曼高压绝缘有限公司	19 820	17 106	15.87

2014年绝缘材料分会企业工业增加值排序

序号	企业名称	2014年（万元）	2013年（万元）	同比增长（%）
1	广东生益科技股份有限公司	123 913	147 012	-15.71
2	长园集团股份有限公司	99 393	130 547	-23.86
3	四川东材科技集团股份有限公司	50 886	52 008	-2.16
4	苏州巨峰电气绝缘系统股份有限公司	15 047	13 137	14.54
5	浙江荣泰科技企业有限公司	15 030	11 572	29.88
6	宁波华缘玻璃钢电器制造有限公司	13 969	12 703	9.97
7	苏州太湖电工新材料股份有限公司	12 290	9 589	28.17

（续）

序号	企业名称	2014年（万元）	2013年（万元）	同比增长（%）
8	泰州魏德曼高压绝缘有限公司	9 717	8 228	18.10
9	衡阳恒缘电工材料有限公司	5 082	3 975	27.84
10	许绝电工股份有限公司	5 013	4 512	11.12
11	蓬莱市特种绝缘材料厂	5 011	3 885	28.98
12	固德电材系统（苏州）股份有限公司	4 968	4 896	1.47
13	西安西电电工材料有限公司	4 662	4 334	7.57
14	株洲时代电气绝缘有限责任公司	3 744	7 501	-50.09
15	江阴市沪澄绝缘材料有限公司	3 546	2 716	30.56
16	湖南广信科技股份有限公司	3 219	2 805	14.76
17	龙口澳兴绝缘材料有限公司	3 200	3 315	-3.47
18	江苏亚宝绝缘材料股份有限公司	3 079	2 958	4.09
19	浙江省乐清树脂厂	3 057	2 408	26.95
20	山东省呈祥电工电气有限公司	2 568	4 256	-39.66

2014年绝缘材料分会企业主营业务收入排序

序号	企业名称	2014年（万元）	2013年（万元）	同比增长（%）
1	广东生益科技股份有限公司	440 809	427 737	3.06
2	长园集团股份有限公司	334 864	282 151	18.68
3	山东金宝电子股份有限公司	240 730	222 480	8.20
4	四川东材科技集团股份有限公司	143 701	109 122	31.69
5	宁波华缘玻璃钢电器制造有限公司	63 895	61 644	3.65
6	浙江荣泰科技企业有限公司	55 884	49 092	13.84
7	苏州巨峰电气绝缘系统股份有限公司	48 347	48 718	-0.76
8	苏州太湖电工新材料股份有限公司	47 698	35 201	35.50
9	江苏亚宝绝缘材料股份有限公司	37 906	33 619	12.75
10	株洲时代电气绝缘有限责任公司	37 892	52 734	-28.15
11	山东四达工贸股份有限公司	35 550	35 530	0.06
12	圣欧芳纶（江苏）股份有限公司	28 663	38 000	-24.57
13	衡阳恒缘电工材料有限公司	27 671	24 698	12.04
14	固德电材系统（苏州）股份有限公司	26 256	18 499	41.93
15	常州乔尔塑料有限公司	24 354	22 202	9.69
16	山东省呈祥电工电气有限公司	21 650	19 173	12.92
17	南通中菱绝缘材料有限公司	21 475	19 523	10.00
18	泰州魏德曼高压绝缘有限公司	20 176	16 463	22.55
19	浙江省乐清树脂厂	19 960	15 809	26.26
20	江阴市沪澄绝缘材料有限公司	19 290	17 439	10.61

2013 年绝缘材料分会企业全员劳动生产率排序

序号	企业名称	全员劳动生产率（元 / 人）	序号	企业名称	全员劳动生产率（元 / 人）
1	浙江荣泰科技企业有限公司	487 987	11	许绝电工股份有限公司	175 905
2	苏州太湖电工新材料股份有限公司	378 154	12	江阴市沪澄绝缘材料有限公司	172 976
3	上海同立电工材料有限公司	371 462	13	浙江省乐清树脂厂	163 476
4	蓬莱市特种绝缘材料厂	350 420	14	嘉兴市清河高力绝缘有限公司	141 986
5	广东生益科技股份有限公司	316 266	15	湖南广信科技股份有限公司	137 564
6	宁波华缘玻璃钢电器制造有限公司	304 336	16	衡阳恒缘电工材料有限公司	132 000
7	四川东材科技集团股份有限公司	268 386	17	江苏亚宝绝缘材料股份有限公司	127 231
8	苏州巨峰电气绝缘系统股份有限公司	242 303	18	宝应县精工绝缘材料有限公司	116 875
9	上海元龙玻璃钢有限公司	210 308	19	上海绝缘材料厂有限公司	105 000
10	龙口澳兴绝缘材料有限公司	177 778	20	株洲时代电气绝缘有限责任公司	95 267

2014 年铅酸蓄电池分会企业工业总产值排序

序号	企业名称	2014 年（万元）	2013 年（万元）	同比增长（%）
1	超威电源有限公司	6 419 752		
2	天能集团	6 181 503	5 705 242	8.35
3	骆驼集团股份有限公司	1 291 724	1 118 994	15.44
4	理士国际技术有限公司	827 587	752 558	9.97
5	江苏双登集团有限公司	676 500	614 938	10.01
6	风帆股份有限公司	553 700	502 500	10.19
7	浙江南都电源动力股份有限公司	389 671	364 256	6.98
8	深圳市雄韬电源科技股份有限公司	198 664	191 330	3.83
9	江苏澳鑫科技发展有限公司	159 976	123 240	29.81
10	天津杰士电池有限公司	139 443	107 925	29.20
11	福建省闽华电源股份有限公司	135 242	108 543	24.60
12	山东圣阳电源股份有限公司	125 190	106 337	17.73
13	淄博火炬能源有限责任公司	121 517	141 052	-13.85
14	哈尔滨光宇集团股份有限公司	121 102	187 651	-35.46
15	浙江卧龙灯塔电源有限公司	111 447	73 077	52.51
16	湖南丰日电源电气股份有限公司	109 140	147 804	-26.16
17	福建亚亨动力科技集团有限公司	102 985	89 428	15.16
18	宁波东海蓄电池有限公司	87 346	78 616	11.10
19	松下蓄电池（沈阳）有限公司	72 661	85 565	-15.08
20	浙江杰斯特电源有限公司	62 350	58 160	7.20

2014 年铅酸蓄电池分会企业工业增加值排序

序号	企业名称	2014 年（万元）	2013 年（万元）	同比增长（%）
1	骆驼集团股份有限公司	403 534	349 571	15.44
2	江苏双登集团有限公司	200 582	184 481	8.73
3	超威电源有限公司	176 630		
4	天能集团	156 007	143 988	8.35
5	风帆股份有限公司	92 287	83 355	10.72
6	浙江南都电源动力股份有限公司	62 593	32 534	92.39
7	理士国际技术有限公司	60 618	61 216	-0.98
8	江苏澳鑫科技发展有限公司	44 793		
9	哈尔滨光宇集团股份有限公司	37 458	28 377	32.00
10	福建亚亨动力科技集团有限公司	31 102	28 031	10.96
11	深圳市雄韬电源科技股份有限公司	29 734	23 172	28.32
12	天津杰士电池有限公司	27 100	27 359	-0.95
13	山东圣阳电源股份有限公司	25 038	21 251	17.82
14	淄博火炬能源有限责任公司	24 319	29 621	-17.90
15	福建省闽华电源股份有限公司	21 521	19 521	10.25

2014 年铅酸蓄电池分会企业主营业务收入排序

序号	企业名称	2014 年（万元）	2013 年（万元）	同比增长（%）
1	超威电源有限公司	6 564 987	5 683 874	15.50
2	天能集团	6 037 873	5 666 097	6.56
3	理士国际技术有限公司	820 253	752 558	9.00
4	江苏双登集团有限公司	628 210	578 436	8.60
5	风帆股份有限公司	568 437	520 608	9.19
6	骆驼集团股份有限公司	516 719	465 335	11.04
7	浙江南都电源动力股份有限公司	376 167	350 753	7.25
8	深圳市雄韬电源科技股份有限公司	192 983	162 482	18.77
9	天津杰士电池有限公司	135 900	162 457	-16.35
10	江苏澳鑫科技发展有限公司	130 658	99 462	31.36
11	淄博火炬能源有限责任公司	128 620	140 443	-8.42
12	山东圣阳电源股份有限公司	123 413	100 897	22.32
13	成都川西蓄电池（集团）有限公司	121 857	140 922	-13.53
14	松下蓄电池（沈阳）有限公司	117 264	79 486	47.53
15	哈尔滨光宇集团股份有限公司	113 119	160 385	-29.47
16	福建省闽华电源股份有限公司	106 428	92 772	14.72
17	浙江卧龙灯塔电源有限公司	104 025	62 330	66.89
18	湖南丰日电源电气股份有限公司	101 748	133 023	-23.51
19	福建亚亨动力科技集团有限公司	100 351	89 173	12.54
20	宁波东海蓄电池有限公司	80 619	73 290	10.00

2014年电工合金分会企业工业总产值排序

序号	企业名称	2014年（万元）	2013年（万元）	同比增长（%）
1	中希集团有限公司	143 179	157 806	-9.27
2	福达合金材料股份有限公司	106 536	118 176	-9.85
3	温州宏丰电工合金股份有限公司	67 759	67 183	0.86
4	桂林金格电工电子材料科技有限公司	50 091	61 634	-18.73
5	佛山通宝精密合金股份有限公司	48 605	52 994	-8.28

注：不含磁钢和中高压企业。

2014年电碳分会企业工业总产值排序

序号	企业名称	2014年（万元）	2013年（万元）	同比增长（%）
1	摩根新材料（上海）有限公司	32 207	26 767	20.32
2	神奇电碳集团有限公司	30 815	29 454	4.62
3	上海东洋炭素工业有限公司	19 470	16 826	15.71
4	任丘市双楼电碳制品有限公司	12 395	14 083	-11.99
5	重庆河海碳素制品有限公司	12 000	8 600	39.53
6	哈尔滨电碳厂	6 106	7 500	-18.59
7	自贡东新电碳有限责任公司	6 055	6 172	-1.90
8	浙江长征电影碳棒有限公司	5 098	8 281	-38.44
9	南通电碳厂有限公司	4 500	4 000	12.50
10	江苏华宇碳素有限公司	4 032	3 649	10.50
11	东台市海天碳棒有限公司	4 000	3 850	3.90
12	辽宁红德电碳制品有限公司	3 305	3 460	-4.48

2014年电碳分会企业工业增加值排序

序号	企业名称	2014年（万元）	2013年（万元）	同比增长（%）
1	神奇电碳集团有限公司	13 670	10 384	31.64
2	摩根新材料（上海）有限公司	11 613		
3	上海东洋炭素工业有限公司	9 301	9 401	-1.06
4	重庆河海碳素制品有限公司	3 600	1 680	114.29
5	任丘市双楼电碳制品有限公司	2 903	2 792	3.98
6	江苏华宇碳素有限公司	1 441	1 379	4.50
7	无锡中强电碳有限公司	1 202	1 007	19.36
8	南通电碳厂有限公司	990	880	12.50
9	浙江长征电影碳棒有限公司	918	1 326	-30.77
10	哈尔滨电碳厂	900	1 110	-18.92
11	邢台翔九石墨制造有限公司	887	1 066	-16.84
12	桐城徽光电炭有限公司	785		

2014 年电碳分会企业工业销售产值排序

序号	企业名称	2014 年（万元）	2013 年（万元）	同比增长（%）
1	神奇电碳集团有限公司	30 743	29 085	5.70
2	上海东洋炭素工业有限公司	23 364	20 191	15.71
3	摩根新材料（上海）有限公司	18 785	33 443	-43.83
4	重庆河海碳素制品有限公司	11 580	8 500	36.24
5	任丘市双楼电碳制品有限公司	11 395	13 986	-18.53
6	哈尔滨电碳厂	6 106	7 500	-18.59
7	自贡东新电碳有限责任公司	5 892	5 983	-1.52
8	浙江长征电影碳棒有限公司	4 559	7 906	-42.33
9	南通电碳厂有限公司	4 275	3 900	9.62
10	江苏华宇碳素有限公司	4 032	3 649	10.50
11	东台市海天碳棒有限公司	4 000	3 850	3.90
12	辽宁红德电碳制品有限公司	3 395	3 220	5.43

2014 年变频器分会企业工业总产值排序

序号	企业名称	2014 年（万元）	2013 年（万元）	同比增长（%）
1	北京利德华福电气技术有限公司	56 754	70 578	-19.59
2	台州富凌电气股份有限公司	49 474	40 235	22.96
3	唐山开诚电控设备集团有限公司	36 495	76 000	-51.98
4	山东新风光电子科技发展有限公司	33 560	31 148	7.74
5	大连普传科技股份有限公司	17 540	16 900	3.79
6	山东泰开自动化有限公司	12 449	12 894	-3.45
7	山东深川变频科技股份有限公司	11 024	10 648	3.53
8	天津华云自控股份有限公司	9 356	8 863	5.56
9	上海奇电电气科技有限公司	5 000	3 000	66.67
10	广州珠峰电气有限公司	2 389	2 073	15.24

2014 年变频器分会企业工业增加值排序

序号	企业名称	2014 年（万元）	2013 年（万元）	同比增长（%）
1	台州富凌电气股份有限公司	25 921	22 650	14.44
2	唐山开诚电控设备集团有限公司	16 219	15 794	2.69
3	山东新风光电子科技发展有限公司	9 615	8 489	13.26
4	大连普传科技股份有限公司	7 865	6 453	21.88
5	山东泰开自动化有限公司	4 286	4 669	-8.20
6	山东深川变频科技股份有限公司	1 523	1 205	26.39
7	天津华云自控股份有限公司	1 100	1 081	1.76
8	广州珠峰电气有限公司	573	568	0.88

2014年变频器分会企业工业销售产值排序

序号	企业名称	2014年（万元）	2013年（万元）	同比增长（%）
1	北京利德华福电气技术有限公司	78 084	77 646	0.56
2	台州富凌电气股份有限公司	50 352	41 580	21.10
3	唐山开诚电控设备集团有限公司	42 708	53 039	-19.48
4	山东新风光电子科技发展有限公司	32 153	30 581	5.14
5	大连普传科技股份有限公司	17 650	17 820	-0.95
6	山东泰开自动化有限公司	12 646	12 632	0.11
7	山东深川变频科技股份有限公司	10 854	10 086	7.61
8	天津华云自控股份有限公司	9 356	8 729	7.18
9	上海奇电电气科技有限公司	5 000	3 000	66.67
10	广州珠峰电气有限公司	2 231	1 804	23.67

2014年变频器分会企业主营业务收入排序

序号	企业名称	2014年（万元）	2013年（万元）	同比增长（%）
1	北京利德华福电气技术有限公司	78 390	76 533	2.43
2	台州富凌电气股份有限公司	41 465	41 355	0.27
3	唐山开诚电控设备集团有限公司	40 590	52 340	-22.45
4	山东新风光电子科技发展有限公司	32 634	31 332	4.16
5	大连普传科技股份有限公司	17 035	16 600	2.62
6	上海奇电电气科技有限公司	15 000	10 000	50.00
7	山东泰开自动化有限公司	12 743	13 771	-7.46
8	山东深川变频科技股份有限公司	10 854	10 086	7.61
9	天津华云自控股份有限公司	9 155	8 940	2.40
10	广州珠峰电气有限公司	2 231	1 804	23.67

2014年焊接材料分会企业工业总产值排序

序号	企业名称	2014年（万元）	2013年（万元）	同比增长（%）
1	天津大桥焊材集团有限公司	645 252	713 654	-9.58
2	天津市金桥焊材集团有限公司	566 500	547 395	3.49
3	山东索力得焊材股份有限公司	167 063	170 181	-1.83
4	山东聚力焊接材料有限公司	142 670	122 280	16.67
5	上海电力修造总厂有限公司	139 125	122 260	13.79
6	林肯电气管理（上海）有限公司	120 000	140 000	-14.29
7	武汉铁锚焊接材料股份有限公司	118 921	92 282	28.87
8	昆山京群焊材科技有限公司	106 127	93 972	12.93
9	常州华通焊业股份有限公司	95 177	90 454	5.22

（续）

序号	企业名称	2014年（万元）	2013年（万元）	同比增长（%）
10	株洲湘江电焊条有限公司	87 643	88 718	-1.21
11	四川大西洋焊接材料股份有限公司	73 253	86 408	-15.22
12	江苏九洲金属制品有限公司	71 309	63 669	12.00
13	江苏中江焊丝有限公司	55 810	61 000	-8.51
14	河北翼辰实业集团有限公司	49 845	45 314	10.00
15	上海大西洋焊接材料有限责任公司	45 530	49 095	-7.26
16	宜昌猴王焊丝有限公司	36 301	36 492	-0.52
17	浙江新元焊材有限公司	34 458	34 844	-1.11
18	林肯电气（锦州）焊接材料有限公司	29 833	30 304	-1.55
19	自贡大西洋焊丝制品有限公司	27 190	29 823	-8.83
20	张家港市亨昌焊材有限公司	26 500	27 850	-4.85

2014年焊接材料分会企业工业增加值排序

序号	企业名称	2014年（万元）	2013年（万元）	同比增长（%）
1	天津市金桥焊材集团有限公司	85 417	85 082	0.39
2	山东聚力焊接材料有限公司	48 340	44 723	8.09
3	天津大桥焊材集团有限公司	41 152	33 315	23.52
4	山东索力得焊材股份有限公司	36 281	35 950	0.92
5	上海电力修造总厂有限公司	28 206	21 424	31.66
6	林肯电气（锦州）焊接材料有限公司	26 964	25 471	5.86
7	常州华通焊业股份有限公司	23 850	22 614	5.47
8	四川大西洋焊接材料股份有限公司	18 407	18 568	-0.87
9	昆山京群焊材科技有限公司	16 827	15 214	10.60
10	江苏九洲金属制品有限公司	15 218	13 588	12.00
11	河北翼辰实业集团有限公司	14 953	13 594	10.00
12	武汉铁锚焊接材料股份有限公司	12 323	8 657	42.35
13	宜昌猴王焊丝有限公司	12 154	13 074	-7.04
14	林肯电气管理（上海）有限公司	12 000	14 000	-14.29
15	江苏中江焊丝有限公司	10 912	10 787	1.16
16	上海大西洋焊接材料有限责任公司	9 073	6 512	39.33
17	株洲湘江电焊条有限公司	6 213	6 416	-3.16
18	张家港市亨昌焊材有限公司	5 800	5 230	10.90
19	北京金威焊材有限公司	5 402	4 343	24.38
20	浙江新元焊材有限公司	4 364	5 097	-14.38

2014年焊接材料分会企业主营业务收入排序

序号	企业名称	2014年（万元）	2013年（万元）	同比增长（%）
1	天津大桥焊材集团有限公司	665 490	505 236	31.72
2	天津市金桥焊材集团有限公司	555 399	594 700	-6.61
3	山东索力得焊材股份有限公司	166 058	169 821	-2.22

（续）

序号	企业名称	2014年（万元）	2013年（万元）	同比增长（%）
4	上海电力修造总厂有限公司	134 849	112 068	20.33
5	山东聚力焊接材料有限公司	125 790	118 840	5.85
6	林肯电气管理（上海）有限公司	120 000	140 000	-14.29
7	常州华通焊业股份有限公司	98 559	94 288	4.53
8	四川大西洋焊接材料股份有限公司	90 796	93 075	-2.45
9	江苏九洲金属制品有限公司	67 046	59 863	12.00
10	株洲湘江电焊条有限公司	60 378	61 758	-2.23
11	上海大西洋焊接材料有限责任公司	55 798	57 074	-2.24
12	江苏中江焊丝有限公司	55 276	62 200	-11.13
13	河北翼辰实业集团有限公司	41 446	37 788	9.68
14	宜昌猴王焊丝有限公司	34 895	36 742	-5.03
15	林肯电气（锦州）焊接材料有限公司	31 697	35 273	-10.14
16	浙江新元焊材有限公司	30 898	29 630	4.28
17	自贡大西洋焊丝制品有限公司	30 469	29 042	4.91
18	张家港市亨昌焊材有限公司	26 000	27 150	-4.24
19	上海焊接器材有限公司	25 080	11 187	124.19
20	浙江亚通焊材有限公司	24 200	25 103	-3.60

2014年焊接材料分会企业全员劳动生产率排序

序号	企业名称	全员劳动生产率（元/人）	序号	企业名称	全员劳动生产率（元/人）
1	云南奥云焊材科技有限公司	805 094	11	江苏九洲金属制品有限公司	315 726
2	林肯电气（锦州）焊接材料有限公司	675 789	12	北京金威焊材有限公司	298 453
3	山东飞乐焊业有限公司	490 000	13	昆山京群焊材科技有限公司	279 518
4	宜昌猴王焊丝有限公司	448 487	14	常熟市华银钎料有限公司	265 641
5	上海电力修造总厂有限公司	420 358	15	浙江亚通焊材有限公司	243 680
6	山东索力得焊材股份有限公司	401 783	16	张家港市亨昌焊材有限公司	218 045
7	武汉银海焊接科技有限公司	390 545	17	成都新大洋焊接材料有限责任公司	204 250
8	山东聚力焊接材料有限公司	383 651	18	四川大西洋焊接材料股份有限公司成都分公司	203 375
9	常州华通焊业股份有限公司	381 600	19	上海大西洋焊接材料有限责任公司	192 633
10	锦州澳林康天鹅焊材有限公司	358 750	20	湖北猴王焊材有限公司	190 093

2014年热缩材料分会企业工业总产值排序

序号	企业名称	2014年（万元）	序号	企业名称	2014年（万元）
1	长园集团股份有限公司	391 291	5	广州凯恒科塑有限公司	11 016
2	中科英华高技术股份有限公司	195 932	6	大连联合高分子材料有限公司	4 605
3	深圳市沃尔核材股份有限公司	171 426	7	成都长江热缩材料有限公司	3 031
4	永固集团股份有限公司	56 883			

〔供稿单位：中国电器工业协会行业发展与咨询部〕

大事记

记录2014年发生的，对电器工业产生重要影响的政策法规、新技术、新产品及重大事件等

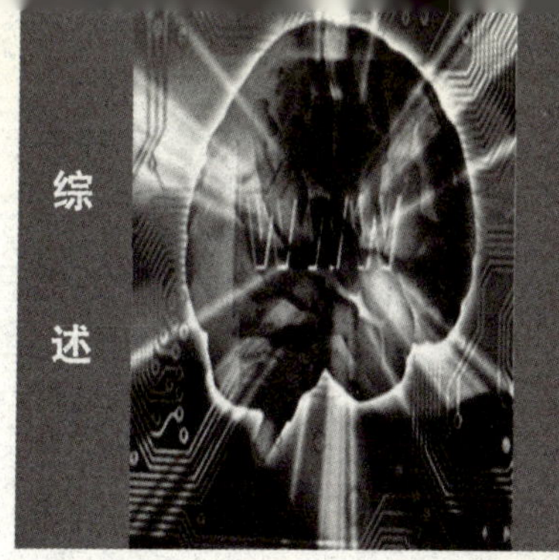

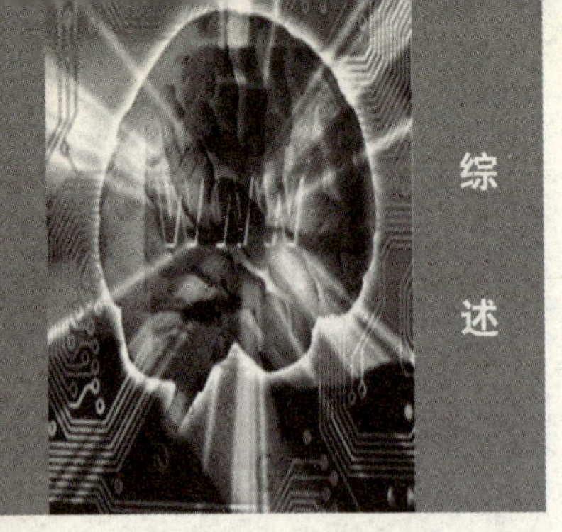
综述

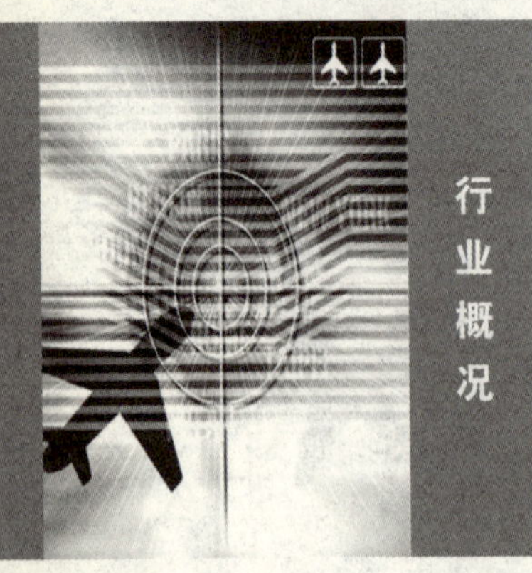
行业概况

标准化

统计资料

大事记

大事记（2014 年）

1月

2 日 保定天威保变电气股份有限公司自主研发的、具有我国完全自主知识产权，在子公司天威秦皇岛变压器有限公司承制的世界首台容量最大的柔性直流变压器—舟山五端柔性直流项目定海站型号为 ZZSFSZ-K-450 000kV·A/220KV 的产品上，一次性通过所有试验。

8 日 中国电器工业协会四届八次理事会暨电工行业科研单位院（所）长联席会在北京召开。此次会议为进一步发挥正副会长的作用，就深入学习和领会党的十八届三中全会精神，认真贯彻以全面深化改革推进我国经济社会持续发展的方向，深入探讨电工行业的改革发展形势，研讨深化科研体制改革工作，研究推进行业转型升级、节能减排等重点工作战略，提出了中国电器工业协会开展改革创新的主要思路。

9—10 日 全国熔断器标准化技术委员会小型熔断器分技术委员会换届工作会议暨标准审查会在浙江省杭州市召开。中国机械工业联合会标准工作部胡珈铭处长、中国电器工业协会标准管理室徐元凤主任、全国熔断器标委会主任委员 / 上海电器科学研究院电器分院院长季慧玉等领导及相关企业代表共43人出席了本次会议。

15 日 国网浙江省电力公司组织相关专家对“智能配电网自愈控制研究与应用”项目进行了验收。与会专家认真听取了项目汇报，并仔细审查了相关资料，经讨论，一致认为项目完成了合同规定的内容，同意通过验收。

16 日 哈尔滨锅炉厂有限责任公司生产制造的国内单机容量最大的褐煤机组—新疆农六师煤电公司 4×1 100MW 超超临界 1 号机组成功通过 168h 试运行，正式投入商业运营，锅炉各项参数均达到设计值。该项目树立了我国大容量电站机组新的里程碑，标志着我国电力装备站稳世界之巅。

2月

上旬 国家标准化管理委员会批复成立全国电力电子学标准化技术委员会电机软起动分技术委员会，其编号为 SAC/TC60/SC5，英文名称为 Subcommittee 5 on Motor Soft Start of National Technical Committee 60 on Power Electronics of Standardization Administration of China。第一届全国电力电子学标准化技术委员会电机软起动分技术委员会由29名委员组成，郭振岩任主任委员，蔚红旗、余龙海、颜家圣、张斌任副主任委员，宋世先任委员兼秘书长，徐元凤任委员兼副秘书长，秘书处由襄阳市标准信息研究所和机械工业北京电工技术经济研究所联合承担。

全国电力电子学标准化技术委员会电机软起动分技术委员会主要负责电机软起动技术及设备领域国家标准制修订工作（涉及变频调速的电机软起动设备标准由全国电力电子学标准化技术委员会电机软起动分技术委员会和全国变频调速设备标准化技术委员会共同组织起草）。

全国电力电子学标准化技术委员会电机软起动分技术委员会由湖北省质量技术监督局负责日常管理，由中国电器工业协会负责其标准立项、报批等业务的指导。

14 日 美国国际贸易委员会做出初裁，认定从中国大陆和中国台湾地区进口的晶体硅光伏产品对美国相关产业造成实质性损害，美国政府将继续对此类产品进行“双反”调查。这距离美国首次对华光伏产品发起“双反”调查仅两年时间。

3月

1 日 《财政部、发展改革委、工业和信息化部、海关总署、国家税务总局、国家能源局关于调整重大技术装备进口税收政策的通知》（财关税〔2009〕55 号）、《财政部、工业和信息化部、海关总署、国家税务总局关于调整重大技术装备进口税收政策有关目录的通知》（财关税〔2012〕14 号）、《财政部 工业和信息化部 海关总署 国家税务总局关于调整重大技术装备进口税收政策有关目录的通知》（财关税〔2013〕14 号）

3 个文件废止。同时，新制定的《重大技术装备进口税收政策规定》，对《国家支持发展的重大技术装备和产品目录》和《进口不予免税的重大技术装备和产品目录》进行了修改。

4 日 保定天威保变电气股份有限公司透露，近日，该公司为美国 Tri-state 发输电联合公司自主研制的 TX-300MV・A/230kV 移相变压器一次通过全部试验项目考核，各项指标均满足合同要求，达到国际先进水平，标志着我国空载移相角最大、结构容量最大的移相变压器诞生，填补了国内空白。

4 月

1 日 经过国网新源控股有限公司的独立自主整组调试，我国自主研制的首台百兆瓦级抽水蓄能机组静止起动变频器（SFC）在响水涧抽水蓄能电站成功启动，拖动 4 台机组抽水调相并网一次性成功，标志着我国百兆瓦级抽水蓄能机组静止起动变频器的研制和调试技术都取得了突破性进展。此次百兆瓦级抽水蓄能机组静止起动变频器的研制和调试技术的突破，将推进我国抽水蓄能电站设备国产化工作进程，对打破国外同类设备的长期垄断、解决静止起动变频器设备采购及后期维护价格高、技术服务响应速度慢等问题具有重要意义。

8 日 新疆金风科技股份有限公司宣布其最新研发的 GW121/2500 系列低风速机组获得 DNVGL 签发的 IEC-B 级设计认证，成为国内首家在 DNVGL 获得该项认证的风机制造企业。该系列低风速机组叶轮直径为 121m，额定功率为 2 500kW，针对年平均风速 6 ～ 7.5m/s 的弱Ⅲ B 风区（IEC Ⅲ类风区）专项设计开发，2014 年 2 月首台样机安装及调试，2014 年 3 月获得 DNVGL 签发的 IEC-B 级设计认证，其年均发电效率相比同额定功率 106m 叶轮直径机组高出 14% 以上。

8—9 日 在美国华盛顿召开了液流电池国际标准化联合工作组成立大会，来自机械工业北京电工技术经济研究所、中国科学院大连化学物理研究所、清华大学、北京普能世纪科技有限公司、中国电力科学研究院以及大连融科储能技术发展有限公司的共计 6 名专家和代表组成国内代表团，参加了此次会议。

10—11 日 “全国电力电子学标准化技术委员会电机软起动分技术委员会”成立大会暨第一次工作会议在湖北省襄阳市隆重召开。国家标准化管理委员会、中国电器工业协会、全国电力电子学标准化技术委员会、襄阳市政府、湖北省质监局、襄阳市科技局、襄阳市质监局等相关部门领导出席了会议。

24 日 第十二届全国人大常委会第八次会议审议通过了修订后的《环境保护法》（简称新《环保法》）。新《环保法》最大限度地凝聚和吸纳了各方面共识，是现阶段最有力度的《环保法》。新《环保法》具有三个突出特点：对现实的针对性；对未来的前瞻性；权利义务的均衡性。这体现了生态文明建设的新要求，体现了现代环境治理体系创新的新方向。

26 日 中国机械工业联合会组织国家能源局、国家工信部、国务院三峡办、国家电网公司、南方电网公司、中国电力科学研究院、国网电科院、沈阳变压器研究院等四十多家科研院所及中国机械工业联合会副会长陆燕荪、中国工程院院士朱英浩等行业顶尖级专家 300 余人参加了特变电工衡阳变压器有限公司新产品鉴定会。鉴定委员会一致通过了衡变公司 12 项新产品的国家级鉴定，其中单相 40 万 kV・A、1 100kV 发电机变压器，70 万 kV・A、750kV 联络变压器，24 万 kV・A、166kV 柔性直流输电联络变压器等 5 种类型产品达到国际领先水平，114 万 kV・A、500kV 发电机主变压器等 5 种类型产品达到国际先进水平，2 种类型产品达到国内先进水平。

26 日 中国电工技术学会无线电能传输技术专业委员会在天津工业大学成立。会议选举天津工业大学校长杨庆新为主任委员，选举哈尔滨工业大学朱春波教授、清华大学赵争鸣教授、重庆大学孙跃教授、华南理工大学张波教授、华中科技大学文劲宇教授、东南大学黄学良教授、中科院电工所刘国强研究员、海尔集团技术中心总工程师李聃等 8 名专家为副主任委员，选举天津工业大学张献博士为第一届委员会秘书长。

中旬 中国机械工业联合会在广州组织专家对广东电网公司、荣信电力电子股份有限公司、清华大学、南方电网科学研究院有限责任公司和广东电网公司东莞供电局合作完成的“百兆伏安级静止同步补偿装置关键技术开发及工程应用”科技成果进行了鉴定。该项目研制出世界上只挂电压最高（35kV）、容量最大（额定容量 ±200Mvar，暂态容量 ±300Mvar）、响应速度达到 16ms 的 STATCOM 装置，使我国在高压大容量 STATCOM 核心技术领域取得了突破性进展。

5月

5日 中国电器工业协会电线电缆分会八届一次理事长工作会在合肥召开。本次会议是第八届理事会成立后的第一次理事长工作会议，会议回顾总结了上年协会工作、结合当前行业发展形势，讨论研究了协会工作重点并布置了今年的各项工作。

8日 西电西变为溪洛渡左岸——浙江金华特高压直流工程自主研发的国内首台 ±800kV 换流变压器，顺利通过全部试验项目，各项技术指标均达到国家标准和技术协议要求，产品达到国际先进水平，填补了我国在高端直流产品项目的空白。

18日 国电联合动力技术有限公司研发制造的全球最大叶轮直径 2MW 双馈风电机组 UP2000-115 并网发电，实现了超低风速领域的又一次价值突破。UP2000-115 机型的叶轮扫风面积约为 10 468m^2，是目前为止并网的全球 2MW 双馈风机中扫风面积最大的产品。

20日 湖北追日电气股份有限公司推出新一代光伏逆变器——逆阻型三电平光伏逆变器。该逆变器与传统的二电平逆变器相比，具有谐波分量降低、脉动转矩降低、元件耐压水平降低等明显优势，在转换效率、谐波控制等关键指标上均优于国际同类产品，将光伏逆变技术推向了一个新的高度。

27日 国家认证认可监督委员会发布 2014 年第 14 号公告《国家认监委关于发布低碳产品认证实施规则的公告》。

26—28日 国家电网公司董事长刘振亚在莫斯科举行的全球可持续电力合作组织 2014 峰会上，提出了“全球能源互联网发展构想”，即推动北极风电大规模、集约化开发，通过特高压和智能电网技术，构建全球能源互联网。

28日 上海电气集团股份有限公司（上海电气，601727.SH；02727.HK）公告，该公司与意大利 Fondo Strategico Italiano S.p.A.（FSI）签署股权转让协议，上海电气同意出资 4 亿欧元，收购 FSI 所持有的燃气轮机生产企业 AEN（意大利安萨尔多能源公司）40% 的股权。双方将在中国建立两个合资公司（含研发中心），生产和销售重型燃气轮机，并将共同合作研发新的燃气轮机产品与技术。两家合资公司暂定名分别为上海电气燃气轮机有限公司和安萨尔多燃气轮机高科技有限公司，预计注册资本分别为 6 亿元和 1.8 亿元，其中上海电气持股比例分别为 60% 和 40%。

6月

12日 由中国西电研制的 1 100kV/16kN 耐污（四级污秽）棒形支柱绝缘子通过了抗震试验。这标志着国内首台百万伏 16kN 耐污棒形支柱绝缘子在中国西电研制成功。1100kV/16kN 耐污（四级污秽）棒形支柱绝缘子是中国西电为淮南平圩第三发电公司三期 2×100 万 kW 燃煤发电机组工程专门研制的。

14日 哈电集团哈尔滨汽轮机厂有限责任公司与哈尔滨电气国际工程有限公司正式签订越南永新三期 3×660MW 燃煤火力发电项目汽轮机及其辅机设备订货合同，标志着哈汽公司大容量火电机组成功进入越南市场。

18日 由中国机电工业价格协会、中国电器工业协会电线电缆分会、上海电缆研究所联合主办的“2014 年全国电线电缆重点产品价格监测会议暨电线电缆论坛”在北京举行。中国机械工业联合会王瑞祥会长，国家发改委、工业和信息化部、国家质监总局分管领导，中国电力企业联合会、国家电网、北京电力公司、华能集团、华强电力集团等用户单位领导及有关方面人士近 150 人出席会议。会议由中国机电工业价格协会会长、全国电线电缆重点产品价格监测工作领导小组组长梅振新主持。

19日 国际电工委员会（IEC）正式发布电动汽车传导充电直流或交直流接口标准，标准编号及名称为 IEC 62196-3《插头、插座、车辆耦合器和车辆接口—电动汽车传导充电—第 3 部分：直流或交直流插针和插套附件的尺寸兼容和互换性要求》，其中包含了中国标准独立接口方案，对应的标准编号及名称为 GB/T 20234.3《电动汽车传导充电用连接装置　第 3 部分：直流充电接口》。

21日 平高集团自主研发的 1 120kV 高压直流旁路开关等 9 种新产品通过了由中国机械工业联合会组织的国家级鉴定。该 9 种新产品通过鉴定，对推动我国特高压直流电网建设，打破国外技术垄断，提高我国配电网技术水平将发挥积极作用。

25日 神华国华舟山发电公司 4 号 35 万 kW 国产超临界燃煤发电机组顺利完成 168h 试运行，正式移交生产。这标志着国内首台“近零排放”燃煤发电机组顺利投入商业运行。该机组试运行期间三项主要大气污染物——二氧化硫、氮氧化物、大气粉尘的平均排放浓度，不仅大大低于环保部最新重点地区燃煤电厂排放标准限值，甚至还不到燃气机组排放限值的一半。这标志着神华集团“煤炭清洁高效利用”技术的新突破，在我国乃至全球燃煤发电史上都具有里程碑意义。

26日 2014年中国电器工业标准化工作会议暨中国电器工业协会标准化工作委员会二届五次会议在江苏常熟召开。此次会议总结回顾了2013年电工行业标准化工作，本着顺应国家标准化改革趋势的原则，贯彻落实2014年全国标准化工作会议精神，按照“改革创新、系统推进”的基本要求，部署了2014年电工行业标准化工作，为开创电工行业标准化事业发展新格局指明了道路。

27日 哈电集团哈尔滨锅炉厂有限责任公司随着首个加氢项目最后两台产品顺利产成发运，赤峰加氢项目全系列5台加氢反应器、1台入口分液罐和1台高压分离器共7台产品全部产成并以优质的焊接质量、精确的装配尺寸和最短的交货周期赢得了用户的好评，标志着哈锅进一步增强了在重型容器制造领域的核心竞争力，在加氢系列容器制造上取得重大突破。

★ 中国光伏行业协会成立大会在北京召开。常州天合光能有限公司董事长、首席执行官高纪凡当选中国光伏行业协会第一届理事长，晶澳太阳能投资有限公司董事长靳保芳、英利集团有限公司董事长苗连生、晶科能源控股有限公司董事长李仙德等13家企业代表当选中国光伏行业协会第一届副理事长，王勃华当选中国光伏行业协会秘书长。

28日 在业主代表北京电能和武高院的见证下，由西电西变设计、西电常变制造的神华神东电力重庆万州发电厂三相一体式SSP-1210000/500升压变压器第一台产品一次性通过全部试验。这是国内目前设计制造的500kV等级三相容量及单柱容量最大的变压器。

28日 在印度古吉拉特邦巴罗达市，由特变电工投资建设的输变电高端装备产业园——特变电工能源(印度)有限公司交流1 200kV、直流±1 000kV特高压变压器研制基地正式落成。该园区研制的1台765kV变压器、3台765kV电抗器正式下线，服务于印度国家主电网建设。

30日 保定天威保变电气股份有限公司自行研制、具有完全自主知识产权和核心技术的世界首台单相交流特高压大容量现场组装变压器通过所有试验项目考核，主要技术性能指标达到国际领先水平。该产品一次研制成功是我国变压器行业攻破整体运输1 500MV·A/1 000kV变压器研制难关后，再一次填补世界特高压变压器研制领域空白，标志着天威保变全面占据世界变压器行业技术最高峰。

7月

4日 由工信部、江苏省镇江市人民政府、镇江新区和瑞士有关部门、瑞士Top10节能中心联合开展的“中瑞电机系统节能试点项目”在江苏镇江正式启动。作为中瑞镇江生态产业园承载引入技术职能、推进国内工业企业节能降耗的开山之作，将加快打造中国低碳化、集约化和可持续发展的新样本。

★ 世界上电压等级最高、端数最多、单端容量最大的多端柔性直流输电工程——浙江舟山±200kV五端柔性直流输电科技示范工程正式投运，标志着我国在世界柔性直流输电技术领域走在了前列，也为我国首个以海洋经济为主题的国家级新区——舟山群岛新区快速发展提供了坚强电能保障。

5日 由中国西电自主研制的1 100kV GIS用出线瓷套顺利通过全部各项试验，这标志着国内首台1 100kV GIS出线瓷套在中国西电研制成功。1 100kV GIS出线瓷套产品研制是中国西电的重点课题项目，该产品的研制成功，一举扭转了百万伏电气瓷套管一直以来“零国产化”的不利局面，打破了国外垄断。

9日 新疆合盛热电工程2号机组DCS系统带电成功，标志着该项工程建设取得了阶段性成果。

10日 南瑞集团有限公司所属银龙电缆公司研制的铝合金芯成型铝绞线、钢芯铝绞线和钢芯成型铝绞线等3种类型、5种规格1 250mm^{2}大截面导线通过中电联新产品技术鉴定，标志着1 250 mm^{2}大截面导线研制成功。

★ 金沙江下游水电开发一期工程取得重大建设成果——世界第三大水电站、中国第二大水电站溪洛渡电站，中国第三大水电站向家坝电站机组全部投产发电。

24日 位于浙江省乐清市柳市镇的德力西智能电气产业园项目正式开工建设。项目建成后，将成为乐清市最大的智能电网终端，研发、生产和测试基地，主要生产智能变电站自动化系统装置和终端可编程应用控制管理系统装置，年产量分别为1万套和500万台。预计投产后，年产值将达24亿元，年创税将达1.2亿元。

28日 由哈电集团哈尔滨汽轮

机厂有限责任公司为重庆大唐国际石柱发电有限责任公司生产制造的1号汽轮机组顺利通过168h试运行。

★ 由国电南瑞研发建设的国内首座升降横移式智能充电停车库——电动乘用车一体化智能充电停车库通过竣工验收，正式投入使用。

该项目是国内首座升降横移式智能充电停车库，填补了国内市场的空白，为充电设施建设提供了全新的建设思路。

30日—8月1日 全国燃料电池及液流电池标准化技术委员会（SAC/TC 342）换届会议暨二届一次会议在吉林召开，国家标准化管理委员会工业二部副主任王莉、国家能源局能源节约和科技装备司副司长修炳林、中国机械工业联合会标准工作部副处长胡珈铭到会指导。标委会主任委员衣宝廉院士、副主任委员、秘书长、委员及相关领域专家代表共计47人参加了此次会议。

8月

3—5日 中国电器工业协会电线电缆分会电气装备用电线电缆专业工作部和橡塑材料专业工作部2014年工作会议暨技术交流会在无锡召开。分会电气装备用电线电缆企业、电缆材料企业及两个专业工作部的正副主任委员和秘书长、分会电气装备线缆和电缆材料专家委员会的专家委员、相关企业代表及电线电缆分会秘书处共计131人参加了会议。

5日 湖南省衡阳市2014年科技创新大会隆重召开。特变电工衡阳变压器有限公司自主完成的“500kV特大容量组合式变压器”项目获得衡阳市科技进步奖一等奖，衡变公司总工程师孙树波被授予2013年度衡阳市“科学技术突出贡献奖”荣誉称号。

上旬 北京电力设备总厂成功中标国家电网公司厦门柔性直流输电科技示范工程项目。该项目是世界上首个采用真双极接线、电压和容量均达到国际之最的柔性直流输电工程，工程额定电压±320kV，额定容量100万kW，计划于2015年12月投产。

上旬 由哈电集团哈尔滨电机厂有限责任公司(以下简称哈电机)自主设计制造，具有完全自主知识产权的溪洛渡水电站6台机组、向家坝水电站4台机组全部并网发电。据统计，包括哈电机在内的3个分包企业，总投产装机达2 026万kW，这两个电站平均发电量880亿kW·h，相当于又投产一座三峡电站。

上旬 在浙北——福州特高压工程福州变项目中，平高集团提供的1 100kV GIS率先进行现场第一阶段耐压试验并一次成功。

上旬 核电技术AP1000——三门2号反应堆压力容器在位于棉花岛的大连制造基地研制成功，并通过验收，交付浙江三门核电站使用。

15日 委内瑞拉当地时间8月14日下午，北京时间8月15日凌晨，东方电气集团东方电机有限公司总经理贺建华率团出席了由委内瑞拉国家电力部组织的古里水电站1至6号机水轮发电机组及其附属设备的增容改造项目的授标仪式。

委内瑞拉电力部部长杰西·查孔及四位副部长，中国驻委使馆商务参赞出席授标仪式。委内瑞拉总统马杜罗通过视频直播发表讲话，并授权查孔部长向东方电机总经理贺建华颁发项目中标通知书。这是中资企业在国外首次通过公开竞标获得的最大电站改造项目。

下旬 由全国有色金属标准化技术委员会归口，美国通用电缆(中国)、包头铝业有限公司等9家企业共同参与的新版《电工圆铝杆》国家标准修订完成。新版标准于2015年2月1日起正式实施。

28日 上海金友金弘电线电缆股份有限公司“金友电缆证券代码830994”在新三板成功挂牌上市。

★ 苏州电器科学研究院股份有限公司公告该公司获得Intertek测试认证公司签发的ASTA认可实验室证书。公司经实验室评审，符合ISO/IEC17025《检测和校验实验室能力的通用要求》和Intertek认可实验室项目导则的相关要求，被Intertek认可为二级认可测试实验室；认可范围包括变压器、高压开关设备和控制设备等产品的型式试验；有效期至2018年1月31日。

9月

2日 保定天威保变股份有限公司在国家电网公司关于淮南—南京—上海北半环特高压交流工程主设备招标采购项目中，中标14台1 000kV电抗器项目，总容量为336万kvar，中标金额2.5亿元。中标项目产品均在2015年10月完成交货。

12日 好利来（中国）电子科技股份有限公司在深圳证券交易所上市。

19日 南京电气（集团）有限责任公司承担的江苏省科技成果转化专项资金项目——“特高压输电线路用钢化玻璃绝缘子研发及产业化项目”通过验收。项目实施五年来，南京电气自主研发成功全系列特高压钢化玻璃绝缘子并实现产业化，产品综合技术性能指标达到国际同类产品的领先水平。

★ 上海福伊特水电设备有限公司获得泰国林塔孔抽水蓄能电站的新合同，合同总金额约为 5 000 万欧元。

上海福伊特水电将负责制造此次项目中的包括两台电动发电机、两台立式水泵水轮机以及自动化元件。

22 日 中国电子元件行业协会线缆分会在浙江省富阳市召开“十三五”行业发展规划编制工作会议。会上，合肥神马科技集团公司董事长、党委书记岳光明当选为光电线缆设备专家组组长。

22 日 随着广西洛香分区所第二台气体自耦变压器安装、调试工作的结束，天威集团保定保菱变压器有限公司承制世界首个隧道内选用气体绝缘变压器铁路工程项目——贵广高铁项目配套的 16 台气体绝缘变压器全部安装完毕，顺利交付给客户，全部带电投入运行。

23 日 由中国电器工业协会电线电缆分会、上海电缆研究所共同主办的“2014 中国电线电缆行业大会”在上海召开。各单位领导及相关人士近 500 人参加了会议。大会由中国电器工业协会电线电缆分会秘书长、上海电缆研究所副所长周炯主持。会上首次公布了“中国线缆企业最具竞争力企业”评选结果，上上电缆集团荣获第一名。

24 日 在巴西利亚进行的杰瑞电站能源效率纪念活动中，东电被 ESBR（巴西可持续能源发展公司）授予优质供货商奖，ESBR 总裁给东方电机颁发了刻有杰瑞电站机组图案的水晶奖杯。巴西能源领域、媒体、供应商的领导人及东方电机副总经理鄢志勇参加本次活动。

29 日 西开电气制造成功 72.5kV 移动式变电站成套装置（50Hz 和 60Hz）。移动式变电站作为一种先进的变电站运行模式，具有运输方便、装备完善、灵活可靠的特点；同时，节省征地、土建、设备安装等方面的资金投入。该产品的成功出产，对于西开电气完善产品种类、提高电力装备的全方位服务质量具有积极意义，为进一步开拓国内外市场奠定了基础。

10 月

3 日 由特变电工能源(印度)有限公司（以下简称印度能源公司）于印度本土生产的 3 台电抗器在 Indore 变电站成功挂网带电运行。

该工程项目是继印度能源公司建成投产后取得的重大成果，是印度能源公司的首台投运产品，同时，这也是特变电工第一批海外基地本土研制投运的产品。

7 日 在瑞士召开的电机峰会 (MOTOR SUMMIT) 上，宣布第三届 SEAD 全球超高效电机能效大赛中，经过全球 30 多家电机制造企业的激烈竞争，来自中国河南的南阳防爆集团股份有限公司获得全球“SEAD 国际效率奖章”；四个区域竞赛中，南阳防爆在美国区域参赛的 NEMA 电机和澳大利亚区域参赛的 IEC 电机均获得区域竞赛奖章，西门子赢得印度赛区的奖章，欧洲赛区空缺。

11 日 核电站应急柴油发电机组 1E 级励磁系统设备在上海通过了中国机械工业联合会组织的鉴定；同日，由上海电气集团上海电机厂有限公司研制的国产出口核电 1E 级 3 700kW 应急柴油发电机也通过了国家鉴定。

该设备是我国首套自主研制的 1E 级可控相复励无刷励磁系统，具有完全的自主知识产权，填补了国内空白，总体性能指标达到了国际同类产品的先进水平，部分指标优于国外同类产品。

同时，该项目还首次在国内完成了应急柴油发电机组加载计算和发电机—励磁机和励磁系统联合优化设计，打破了国外技术在此领域的垄断。

中旬 中国机械工业联合会在西安组织召开鉴定会，对西安中扬电器股份有限公司研制生产的三种特高压电抗器产品进行了技术鉴定。

来自全国高压电抗器研究院校和使用部门的三十多位专家听取了研制单位关于“BKDGKL-8000/110W 特高压交流工程用干式空心并联电抗器”“PKDGKL-800-5000-50W 干式空心平波电抗器”和“CKDGKL-8660/110-12W 特高压交流工程用干式空心串联电抗器”三种产品的研制总结报告，审查了鉴定资料，考察了生产现场。鉴定委员会认为，三种产品主要技术性能指标均达到同类产品国内先进水平，同意通过产品技术鉴定。

14 日 国家质量监督检验检疫总局和国家标准委公布 2014 年度“中国标准创新贡献奖”获奖名单，《Q/GDW 354—2009 智能电能表功能规范》等 39 项标准获得一等奖，GB/T 20234.1—2011《电动汽车传导充电用连接装置 第 1 部分：通用要求》等 4 项标准、DL/T 1121—2009《燃煤电厂锅炉烟气袋式除尘工程技术规范》等 18 项标准获得二等奖。

16—18 日 全国防爆电气设备

标准化技术委员会防爆电机标准化分技术委员会三届四次会议在江西省九江市召开。共55个单位70名代表出席会议。会议由防爆电机标准化分技术委员会秘书长李梅兰主持。

21日 台山核电2号机组1 750MW核能发电机定子在中国东方电气集团有限公司所属企业东方电机实现成功发运。台山2号核能发电机是继台山1号发电机之后，又一台世界最大单机容量发电机。

21—23日 中国电器工业协会工业日用电器分会换届大会暨第七届会员大会在江苏省常熟市举行。各单位领导及代表近60人参加了本次会议。

会议听取和审议通过了第六届理事会工作报告等文件，表彰了22家企业先进会员单位和14名行业工作积极分子。

参会会员单位以无记名投票方式选举中国电器科学研究院有限公司等27家单位组成第七届理事会。

25日 特变电工新疆新能源股份有限公司与乌什县人民政府签署了《光伏发电产业合作项目协议书》，拟在乌什县建设20MW并网光伏发电项目。

29—30日 中国电器工业协会工业锅炉分会第五届理事会在上海召开第六届第一次会员大会进行换届。本次到会的会员单位107个，与会代表共145人。

大会选举产生了由上海工业锅炉研究所等51家单位组成的工业锅炉分会第六届理事会；并一致选举上海工业锅炉研究所为第六届理事会理事长单位，哈尔滨红光锅炉集团有限公司等18家单位为副理事长单位，沈欣当选分会第六届理事会理事长、柳振铎当选分会第六届理事会常务副理事长。

11月

2日 特变电工衡阳变压器有限公司下属子公司湖南工程公司承接的首个生物质发电工程——宜宾琦丰30MW生物质发电工程全面竣工，并顺利通过验收安全投运。

7日 在日本东京召开的年会中，IEC/TC105全票通过我国专家齐志刚博士作为WG1的召集人，实现了我国在该领域的国际突破。

10日 由东方电气集团东方电机有限公司主包生产制造的呼和浩特抽水蓄能电站首台机组顺利完成15天考核试运行，正式实现投产发电。在15天的考核期内，机组各部位的振动摆度数据均满足合同要求，机组稳定性和可靠性在15天考核试运行期间得到了进一步验证。

中旬 江苏亨通光电股份有限公司全资子公司——江苏亨通电力电缆有限公司成功中标浙江千岛湖云数据处理中心项目，为国内首个采用电力、光纤通信于一体的大长度、大跨越中压输配电线路。

中旬 科技部公布了2014年度国家重点新产品认定结果（国科发计〔2014〕303号），东方电缆“±160kV交联聚乙烯挤包绝缘直流海缆”被认定为2014年度国家重点新产品。

16日 中国电器工业协会智能电网设备工作委员会一届四次会员大会暨“顺应形势、创新驱动”智能电网设备行业高层研讨会在福建省福清市举行。中国电器工业协会老领导邢玉久、中国电器工业协会智能电网设备工作委员会理事长周彦伦、中国电器工业协会智能电网设备工作委员会秘书长王琨等出席会议。会议由中国电器工业协会智能电网设备工作委员会副理事长王春华主持。

19日 中国电器工业协会燃料电池分会在北京召开成立大会。来自政府部门、科研院所、企业、检测认证机构、燃料电池上下游产业相关单位、投资机构等60余家单位80余人参加会议。会议选举产生了理事单位21家，其中理事长单位1家，为中国科学院大连化学物理研究所。分会秘书处挂靠在机械工业北京电工技术经济研究所。秘书长为机械工业北京电工技术经济研究所副所长卢琛钰。

23日 由哈电集团哈尔滨电机厂有限责任公司（以下简称哈电机）设计制造、单机容量为85MW的我国首台混流式水轮发电机组藏木水电站机组投产发电仪式在西藏举行。

25日 由西南交大电气工程学院高仕斌教授（院长）主持的，常州太平洋电力设备（集团）有限公司研制的“220kV/56.5MV·A超低损耗卷铁心节能环保型牵引变压器”在国家变压器质量监督检验中心完成了最严酷的突发短路试验，标志着世界上第一台“220kV/56.5MV·A超低损耗卷铁心节能环保型牵引变压器”研制成功。

12月

2日 全国防爆电气设备标准化技术委员会（SAC/TC9）第五届五次会议暨标准审查会议在浙江上虞召开。国家安监总局、中国电器工业协会、标委会秘书处承担单位南阳防爆电气研究所等部门或单位相关领导出席会议，各委员单位的代表共105人参加会议。会议由第五届 SAC/TC9 秘书长、南阳防爆电气研究所副所长张刚教授主持。

3日 2014年海峡技术转移专场——中英新能源领域海上风力发电科技成果推介对接会在福州举办。此次会议旨在加强福建省和英国科技合作交流，促进福建海上风力发电产业的发展，推动英国风电科技成果在福建落地转化。

5日 中国电工技术学会防爆电气技术专业委员会成立暨一届一次会议在浙江上虞召开。中国电工技术学会副秘书长韩毅、南阳防爆电气研究所所长王军、防爆电气技术专业委员会第一届组织机构负责人、专委会第一届委员候选人共42人参加会议。会议由南阳防爆电气研究所副所长张刚教授主持。

经全体会议代表选举，南阳防爆电气研究所所长王军博士当选为第一届主任委员，刘霜秋教授、刘炯天院士当选为副主任委员，南阳防爆电气研究所副所长张刚教授担任专委会秘书长。

7—9日 中国电器工业协会防爆电机分会三届三次工作会议于在福建省厦门市召开。中国电器工业协会副会长方晓燕、分会荣誉理事长魏华钧应邀到会指导工作。本次会议共有68个单位的85名代表参加。会议由中国电器工业协会防爆电机分会秘书长吴建国主持。

上旬 由特变电工衡阳变压器有限公司自主研发的新产品 OSFPS/JT/1000000/500 现场组装式变压器被评为2014年度国家重点新产品。同时，该产品还获得了湖南省科学技术进步奖三等奖和衡阳市科学技术进步奖一等奖。

17日 国家电网公司电子商务平台发布中标公示，在第六批集中招标中，天威保变一举中标607万kV·A/27台，中标金额达1.8亿元。中标容量与中标金额均位居单厂第一。

★ 由哈电集团哈尔滨锅炉厂有限责任公司自主研发的世界最高参数660MW高效超超临界锅炉华能长兴电厂1号机组顺利通过168h试运行，正式投入商业使用。

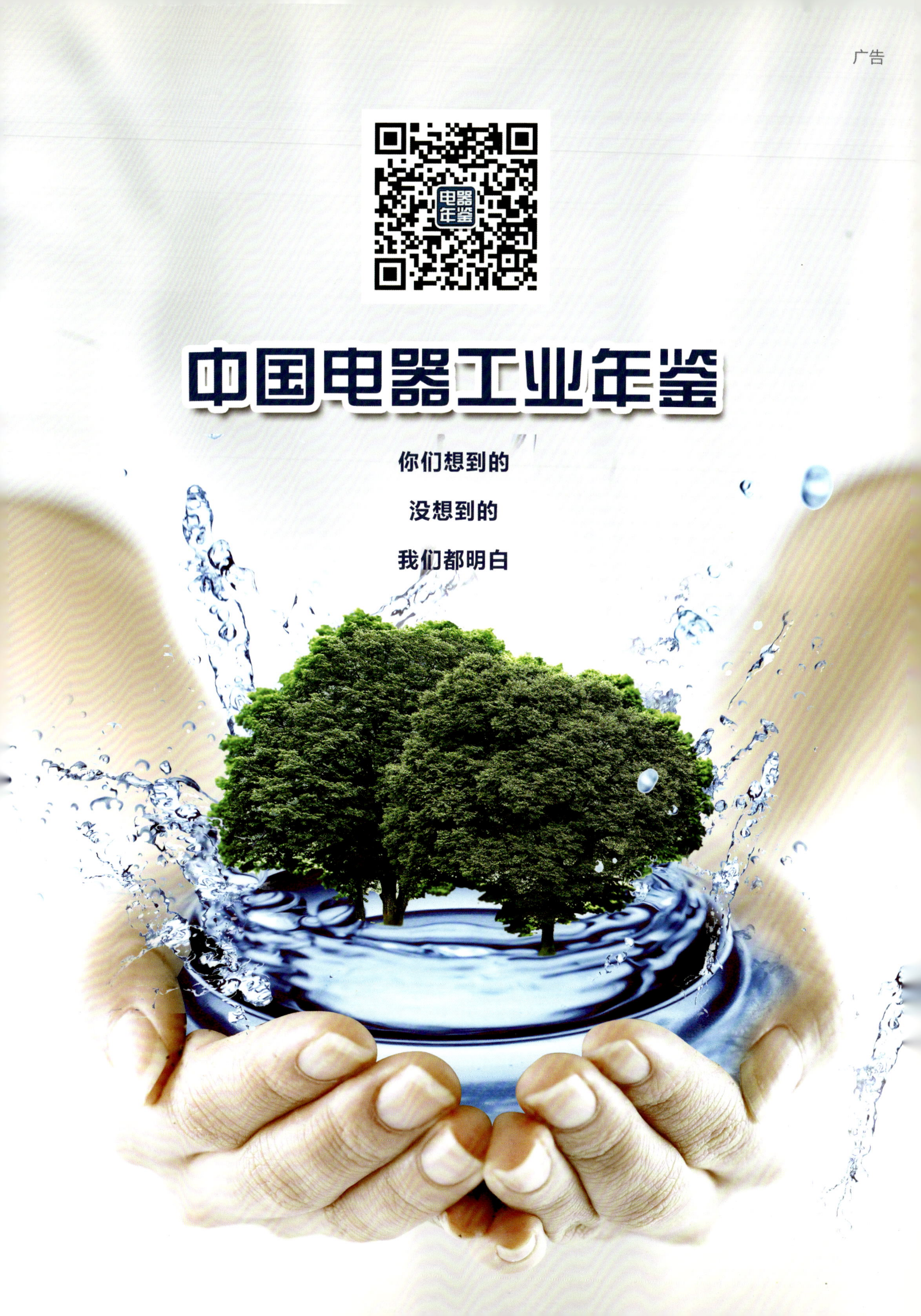
电器年鉴
中国电器工业年鉴
你们想到的
没想到的
我们都明白